KB071592

Applied Behavior Analysis for Teachers
9th ed.

교사를 위한
응용행동분석

Paul A. Alberto · Anne C. Troutman 공저 | 이효신 역

학지사

Applied Behavior Analysis for Teachers, 9th Edition
by Alberto, Paul A. and Troutman, Anne C.

교사라면 누구나 한번쯤 학생의 어떤 행동에 대해 교사로서 개입해야 할지 아니면 하지 않아도 될지를 망설인 경험이 있을 것이다. 그래서 어떤 이는 문제행동이 교사의 인내심에 의해 결정된다고 말하기도 하였다. 그러나 문제행동은 교사의 인내심과 같은 매우 주관적인 요인에 의해서 결정되어서는 안 된다. 예컨대, 시끄러운 것을 참지 못하는 교사가 쉬는 시간에조차 학생들의 작은 소음을 허락하지 않고 엄격히 통제한다면 이것은 응용행동분석의 책임 있는 적용이라고 할 수 없다. 또 어떤 교사가 학생이 나타낸 몇 번의 방해 행동을 참지 못해서 학생을 타임아웃 시켰다면 이 또한 윤리적이지 못할 것이다. 응용행동분석에서 책임 있는 적용은 가장 기본적인 전제가 되어야 한다. 아홉 번째 개정서인 이 책에서는 이러한 응용행동분석의 윤리적인 측면을 중요하게 다루고 있다.

응용행동분석에서 객관성은 자료수집으로부터 확보된다. 응용행동분석을 적용하는 교사라면 자료수집 방법에 능해야 하며 자료가 말하고 있는 것이 무엇인지를 정확하게 파악할 수 있어야 한다. 근래에는 행동의 기능을 중요하게 다루기 시작하면서 기능을 파악하기 위한 자료수집 방법에 관심이 쏠리고 있다. 문제가 되는 행동의 기능을 알게 됨으로써 교사들은 할 일이 많아졌다. 상황에 따라 문제행동을 예측하고 그것을 통제할 수 있는 교육환경을 만드는 데에 주력해야 하는 것이다. 이번 개정서에서도 이러한 긍정적 행동지원에 대한 내용이 보완되었다.

이 책은 사례를 통하여 개념의 이해를 돕고자 한 노력이 돋보였고, 저자는 시대의 흐름에 따라 이번 9판의 내용을 꼼꼼하게 수정, 보완하였다. 따라서 개정 작업이라고 가볍게 여겼던 초반의 나의 생각은 번역과 교정 작업을 진행하면서 매우 틀린 생각이었음을 깨닫게 되었다. 완전히 새로운 책을 번역하는 것처럼 한 문장 한 문장을 다시 살펴봐야 했다. 때문에 생각보다 긴 시간이 필요했던 다소 힘든 작업이었으나, 학지 사의 백소현 과장님 덕분에 많은 부분을 바로잡아가며 진행할 수 있었다. 백 과장님 은 다음에도 함께 일하고 싶은 마음을 들게 하는 분이었다. 그리고 책에 대한 나의 의 견을 흔쾌히 다 반영해 주신 학지사 김진환 사장님께도 진심으로 감사의 마음을 전하 고 싶다.

책을 내는 일은 많은 사람들이 하는 일반적인 일이지만 내게는 특별한 일로 여겨진 다. 이 일을 할 수 있으니 감사하고 완성하였으니 감사하다. 교사들이 이 책을 통하여 무엇인가를 터득할 수 있다면 더 이상 감사한 일은 없을 것이다.

2014년 여름이 끝난 날
이효신

13여 년 전 『교사를 위한 응용행동분석』의 첫판 작업을 시작한 것이 믿어지지 않는다. 우리가 알았던 원리가 달라지지는 않았지만, 이 학문 분야는 대단한 진전을 보이고 있다. 이 분야의 전문가들과 마찬가지로 이제는 우리도 거시적인 요인을 포함한 선행사건이 행동에 지대한 영향을 미칠 수 있다는 것을 알게 되었다. 우리는 과거에는 단지 부적절하다고 여겼던 행동의 기능에 대해 크나큰 관심을 갖게 되었다. 또한 혐오적인 후속결과는 과거에 우리가 믿어왔던 것보다 훨씬 덜 필요하다는 것도 알게 되었고, 가능한 한 학생들이 스스로의 행동을 관리할 수 있도록 가르치는 것을 강조하게 되었다. 우리는 학생들의 적절한 행동과 긍정적인 사회적 상호작용을 지원하기 위한 학교 수준의 체계를 운영하는 데에 응용행동분석 원리를 적용하는 것에 대한 일반 교육자들의 관심을 충분히 이끌어 냈다. 이러한 진전의 모든 것이 제9판의 내용에 반영되어 있다.

처음에는 우리 학생들에게 사용할 전문적이고 체계적이지만 쉽고 재미있는 교재를 개발하고자 집필 작업이 시작되었다. 우리는 학생들에게 응용행동분석의 개념을 이해시키고자 했고 이러한 개념을 교실과 다른 상황에서도 적용할 수 있기를 바랐다. 응용행동분석은 학생들로 하여금 잘 행동하게 만드는 체계보다 한층 우위의 것이다. 우리는 이것이 가장 강력한 교수 도구라는 것을 믿으며, 이러한 믿음은 연구로 지지되고 있다.

우리는 마치 요리책과 같은, 교사들이 맞닥뜨리는 문제를 해결하기 위한 단계별 지시사항을 제공해 온 것이 아니다. 그것은 어떤 일에도 불가능할 것이다. 개개인이 서로 다르고 한 가지 절차가 모두에게 효과적이지 않다는 사실이야말로 아동이나 청소년과 함께 일하는 것을 즐겁게 만든다. 우리는 독자들이 자신의 레시피를 개발하는 데에 응용행동분석의 원리를 사용할 수 있기를 바란다. 교육자는 원리를 성공적으로 적용하기 위해서 창조적이어야 하고 본격적이고도 활동적으로 참여해야 한다. 우리는 응용행동분석이 매우 설득력 있다는 것을 강하게 믿기 때문에 학습을 적절하고도 윤리적으로 사용할 것을 강조한다. 이 교재는 강의와 동시에 학생에게 행동-변화 프로젝트를 부여하는 형식으로 구성되어 있다. 또한 표적행동을 확인하는 것에서부터 자료 수집과 그래프 그리기, 실험설계 선정하기, 기능분석 수행하기, 후속결과 정리하기, 선행사건 정리하기, 행동변화 일반화하기까지 진행된다. 우리는 학생에게 방법론적인 실질적 토대로 작용할 교수법의 기초를 제공하려고 노력해 왔다.

교사는 이 책이 전문성 있고 증거자료가 있어 흥미를 가지게 될 것이다. 우리는 이번 개정판에서 교재를 쉽고 친근하게 만드는 것에 주력하였다. 많은 예시를 추가하였으므로 학생들이 즐겨 볼 수 있기를 바란다. 예시에서는 유치원부터 청소년기까지의 다양한 수준에 대한 기능을 설명하고 있다. 또한 부족한 교사뿐만 아니라 훌륭한 교사도 기술하고 있다. 우리가 생각하는 우리 모습인 교사와 우리가 그렇게 되기를 희망하는, 자신의 실수를 통해 배우는 훌륭한 교사가 기술되어 있는 것이다.

이번 판에서 새로워진 것

개정판에는 이 책을 사용한 동료와 학생들로부터 받은 진심어린 제안과 편지의 내용이 반영되었다. 이에 따라 제9판에서는 다음의 내용이 개정되었다.

- 통합학급에서의 예와 적용을 더 많이 포함
- 자폐스펙트럼장애 학생에게 응용행동분석을 사용하는 것에 관한 새로운 정보
- 학교수준의 긍정적 행동지원에 관한 새로운 예방 전략 정보
- 기능평가와 기능분석에 대한 장의 확장과 개선

행동지원계획이 확대됨에 따라 이러한 내용은 교사가 전통적이고 혐오적이며 벌적인 방법에 의존하지 않고도 도전행동을 다룰 수 있도록 강력한 도구가 되어 줄 것이라고 믿는다. 따라서 우리는 그러한 방법의 범위를 줄였고 다음의 내용을 추가로 변경하였다.

- 독자는 처음에 윤리적인 문제를 제기하고 나머지 부분을 통하여 이것을 이해하게 된다. '응용행동분석 절차의 책임 있는 적용' 장은 최신의 내용을 개정, 확장하여 제2장으로 자리를 옮겼다.
- 독자는 문화가 학생의 행동과 반응에 미치는 영향에 대해 친숙하게 될 것이다. 이것은 교육장면이 매우 다양해지고 있고 이러한 다양성에 민감해질 필요성이 다양한 예와 일화를 통해 소개되고 있기 때문이다.
- 독자들의 피드백에 따라, 대체로 접근성이 좋아졌다. 인용된 연구가 읽기의 흐름을 방해하지 않도록 이것을 문단의 끝에 모았다. 언어 자체의 복합성도 좋게 개정되었다.
- 제9장(이전의 제8장)은 매우 많이 바뀌었다. 벌의 개념은 논쟁적인 것으로 기술되었고 다양한 관점이 소개되었다. 혐오적인 자극과 관련된 '방법적' 정보는 삭제되었다.

늘 그랬던 것처럼 우리는 이 분야의 최근 발전된 모습을 여러분께 선보이기 위해 문헌을 탐색하였다. 조카와 손주를 포함한 다양한 전문가들의 조언으로 우리는 예시를 업데이트하고 최근의 유행어를 삽입하여 청소년들의 흥미를 돋우기 위해 노력하였다. 또한 돈이 언급될 때도 물건의 가격을 현실에 맞게 업데이트하였다.

우리는 교사가 응용행동분석 원리를 다양한 상황에서 실행하는 것을 보여 주기 위해 교실 속 '장면'을 지속적으로 업데이트하였다. 이러한 일화적 장면을 통해 여러분이 응용행동분석 원리를 사용하는 교사가 하고자 하는 것이 무엇인지에 대한 감을 잡기를 희망한다.

차 례

제7장 / 행동의 기능 결정하기   250

제8장 / 행동을 증가시키는 후속결과   300

제9장 / 행동을 감소시키는 후속결과   362

제1장

응용행동분석의 근원

여러분은 알고 있습니까

- 어머니께서 "너는 네 아버지랑 똑같아."라고 하시는 말씀에 어느 정도의 타당성이 있다는 것을?
- 뇌 속의 화학물질이 여러분의 행동에 영향을 미칠 수 있다는 것을?
- 좋은 행동에 대한 보상으로 프레첼(하트 모양의 밀가루 과자–역주)이 M&M(손톱 크기의 동글납작한 초코렛–역주)을 앞질렀다는 것을?
- Benjamin Franklin이 응용행동분석을 사용했다는 것을?

왜 사람들은 그렇게 행동할까? 왜 어떤 사람은 사회적으로 바람직한 방식으로 행동하고, 또 어떤 사람은 사회에서 경멸하고 비난하는 방식으로 행동할까? 사람들이 흔히 갖는 행동 방식을 예측하는 것은 가능할까? 개인에게 해가 되고 사회를 붕괴시키는 행동을 변화시키기 위해 어떻게 해야 할까?

이러한 질문에 답하기 위한 노력으로서 악령의 존재부터 뇌 속 화학물질의 불균형에 이르기까지 인간행동에 대한 다양한 설명을 해 왔다. 수 세기 동안 답으로 제안된 것에 대해 토론하고 문서화하고 공격하고 방어해 왔으며, 오늘날도 끊임없이 새로운 답이 제안되고 있다. 인간의 행동을 끊임없이 조사하는 데에는 그럴 만한 이유가 있다. 부모나 교사는 인간의 어떤 행동이 어떻게 발달하는가에 대한 정보를 통하여 최선의 양육 및 교육 방법을 터득하게 된다. 만일 어떤 조건하에서 사람들이 어떻게 행동하기 쉽다는 것을 안다면, 우리는 그 조건을 제공할 것인지 없앨 것인지를 결정할 수 있다. 교사인 우리는 이러한 행동변화에 각별히 관심을 가지는데, 사실 그것이 우리 직업인 것이다. 우리는 학생에게 어떤 것을 하도록, 또 어떤 것을 하지 않도록 가르치고 싶다.

인간의 행동을 이해하고 예측하고 변화시키기 위해서 우리는 먼저 인간 행동이 어떻게 작용하는지를 이해해야 한다. 가능한 한 완전하게 위에 제시된 '왜' 질문에 답할 수 있어야 한다. 그러므로 Alexander Pope의 "인류의 진정한 연구대상은 사람이다."라는 격언은 수정될 필요 없이, 18세기와 같이 21세기에도 진실로 통한다.

이 장에서는 인간 행동에 대한 의미 있고 유용한 설명의 필요조건에 대하여 논의한다. 교사를 포함한 많은 현장의 관련인에게 영향을 끼쳐 온 인간 행동에 대한 몇 가지 해석을 기술하고, 응용행동분석(applied behavior analysis)[1]이라는 인간의 행동을 이해하고 예측하는 방식의 역사에 대하여 추적할 것이다.

1 설명의 유용성

유용한 이론은 포괄성, 검증 가능성, 예언적 실용성, 경제성을 가진다.

인간 행동에 대한 설명이 유용한 것이 되기 위해서는 다음의 네 가지 필요조건을 충

---

1 본문에 파란 글씨로 진하게 처리된 용어는 이 책 끝에 있는 '용어해설'에 정의되어 있다.

족시켜야 한다. 첫째, 설명은 포괄적이어야 한다. 행동의 많은 부분을 설명하는 것이어야 한다. 인간 행동의 대부분을 설명해 내지 못하며 예측하지 못하고 체계적인 변화를 일으키지 못하는 설명은 유용성에 한계를 가지게 마련이다. 둘째, 설명은 검증 가능한 것이어야 한다. 즉, 특정 방법으로 검증할 수 있어야 한다. 셋째, 설명은 예언적 실용성이 있어야 한다. 사람들이 어떤 환경에서는 어떻게 행동하기 쉽다는 것에 대해 신뢰할 수 있는 답을 제공해야 한다. 그래서 조건을 변화시킴으로써 행동을 변화시킬 수 있는 기회를 제공해야 한다. 넷째, 설명은 경제적이어야 한다. 경제적 설명은 관찰된 현상을 설명하는 단순한 것이다. 경제성은 옳음을 보증하지 않는다(Mahoney, 1974). 왜냐하면 단순한 설명은 항상 옳은 것이 될 수는 없을지도 모르기 때문이다. 그러나 경제성은 관찰된 자료에 근거하지 않는 상상을 예방해 준다. 예를 들어, 새벽 3시에 목욕탕의 전구가 들어오지 않는다면, 우리는 관리실(혹은 전기회사)에 정전인지를 알아보기 전에 전구를 점검해야 한다. 여기서 경제적 설명은 바로 고장 난 전구에 해당된다. 인간 행동을 설명하는 이론을 검토할 때는 포괄성, 검증 가능성, 예언적 실용성 그리고 경제성을 평가해야 한다.

생물리적 설명

고대 그리스의 물리학자들이 처음으로 인간의 행동은 네 가지 신체 분비액 혹은 '체액'—혈액, 점액, 황담즙(성마름), 흑담즙(우울)—간의 상호작용 결과라고 제안한 이래, 이론가들은 신체의 물리적 구조 내에서 행동에 대한 설명을 탐색해 왔다. 여기에는 유전적 요인이나 생화학적 영향을 강조한 연구자들과 뇌의 손상 때문에 일탈행동이 야기된다고 주장한 연구자들이 포함된다. 다음의 일화는 행동의 유전적 영향을 간략히 나타내 주고 있다.

몇몇 이론가는 인간 행동이 물리적 영향을 받는다고 주장한다.

Grundy 교수, 원인을 추적하다

Grundy 교수는 학부 학생인 DeWayne을 일정 기간 동안 관찰한 후, 수업에 계속 늦는 것과 늘 수업준비가 되어 있지 않은 것 그리고 부주의함에 대해 경고하였다. Grundy는 자신의 역동적이고 뜻있는 강의가 학생의 이러한 행동과 관련이 없을 것이라고 확신하였기 때문에 문제를 조사해 보리라고 마음먹었다. 그는 학생이 다녔던 고등학교를 방문하여 10학년 때 영어교사였던 Marner 씨를 만났다.
"네, 그 학생은 고등학교 때도 그랬어요. 중학교에서도 좋은 결과를 갖진 못했죠."라고 Marner 씨는
말했다.

  Grundy 교수는 중학교를 방문하였다. 중학교의 상담교사는 "그런데…… 대부분의 학생이 그와 같아
요. 아이들이 초등학교에서 기초를 다지지 못한 것이지요."라고 말했다. Grundy 교수는 초등학교에 가서
교장선생님한테 말하였다. "그 학생은 처음부터 그랬어요. 가정환경이 좋지 않았던 것 같습니다. 가정에서
지원해 주지 않으면 교육하기가 힘듭니다."

  Grundy 교수는 드디어 답을 찾았다고 확신하며 학생의 어머니에게 갔다. 그녀는 "DeWayne은 친가
쪽을 닮았어요. 친가 식구는 모두 그래요."라고 말했다.

❖ 유전적 영향

  DeWayne의 어머니는 아들의 부적절한 행동을 유전적 성향으로 설명하였다. 어머
니가 옳다고 할 수 있는가? 인간 행동에 대한 유전의 영향은 전형적인 측면과 비전형
적인 측면 모두에 대해 광범위하게 연구되어 왔다. 여러 가지 행동에 결함을 가지는
정신지체는 염색체 이상성이나 열성 유전자와 연관된다고 알려져 있다. 다른 행동적
특성도 유전적 근거를 가지고 있다는 증거가 있다. 자폐장애인들은 뇌발달과 뇌의 신
경화학 측면에 이상을 가지고 있으며 이 장애와 관련된 유전적 요인이 있을 것이라는
사실이 일반적으로 받아들여지고 있다(Abrahams & Geschwind, 2008; Szatmari,
Paterson, Zwaigenbaum, Roberts, Brian, & Liu, 2007). 불안장애, 우울, 정신분열증, 반항
성장애, 품행장애 등과 같은 많은 정서행동장애는 유전적 원인을 가지는 것으로 보인
다(Bassarath, 2001; Burke, Loeber, & Birmaher, 2002). 일부 학습장애와 마찬가지로
(Raskind, 2001) 주의력결핍장애나 주의력결핍과잉행동장애 또한 유전적인 관련성을
보인다(Larsson, Larsson, & Lichtenstein, 2004).

  DeWayne의 어머니가 Grundy 교수에게 아들의 행동에 대해 말할 때 아버지의 가
족을 닮아서 그렇다는 설명도 어느 정도 진실일 수 있다. 어떤 유전적 특성이 어떤 행
동적 특성의 가능성을 증진시킬지도 모른다는 설명이 가능한 것이다.

생화학적 설명

어떤 연구자들은 신체 내 여러 가지 물질이 과도하거나 부족하기 때문에 특정 행동이 나타난다고 주장하였다. 이러한 화학물질은 고대 그리스인이 주장했던 것과는 다른 것이나 사뭇 동일한 행동장애의 원인으로 인식되어 왔다.

생화학적 이상은 심한 행동장애를 가진 아동에게서 발견되어 왔다. 그러나 그러한 요인의 연구는 단지 생화학적 이상성이 존재한다는 사실을 입증한 것이지 그것이 장애의 원인이 됨을 입증한 것은 아니다.

그 밖의 과잉행동, 학습장애, 정신지체 같은 행동장애 특성은 저혈당, 영양실조, 알레르기 반응과 같은 생물리적 요인과 연계되어 왔다. 생화학적 혹은 생물리적 요인이 다른 영향과 함께 뇌나 중추신경계에 손상을 가져온다는 주장도 제기되었다.

어떤 장애아동은 생화학적 이상을 나타낸다.

Grundy 교수, 순환적 사고를 배우다

Grundy 교수는 업무의 일환으로 학교현장에 나가 있는 교생을 방문하였다. 첫 번째 방문은 특수학급에 나가 있는 Harper였다. 학급의 한 학생인 Ralph가 내내 교실을 어슬렁거리며 돌아다니는 것을 볼 수 있었다. 다른 학생들은 자리에 잘 앉아 있었기에 Ralph의 그런 행동이 궁금해져서 Grundy 교수는 "왜 Ralph는 교실을 돌아다니지요? 왜 다른 아이처럼 앉아 있지 않나요?"라고 물었다. Harper는 어이없다는 듯 말했다.

"Grundy 교수님, Ralph가 과잉행동이기 때문이지요. 그게 자리에 앉지 않는 이유예요."

"아~" 교수가 대답하였다. "그것 참 흥미롭군요. 그가 과잉행동이라는 것을 어떻게 알지요?" Harper는 "교수님, Ralph가 자리에 앉지 않기 때문에 과잉행동이라는 것을 알지요."라고 말했다.

교실을 좀 더 관찰한 후에 교수는 다시 한 번 물었다. "Ralph의 과잉행동을 야기하는 것이 무엇이지요?"

Harper는 경멸의 태도를 더 이상 숨기지 않으며 대답했다. "교수님, 과잉행동은 뇌손상 때문입니다."

"과연," 교수는 말했다. "뇌가 왜 손상……"

"교수님, 나는 그의 뇌가 손상되었다는 것을 당연히 압니다. 그는 과잉행동이잖아요, 안 그래요?"

◆ 뇌손상

과잉행동이 반드
시 뇌의 역기능으
로 야기되는 것은
아니다.

Harper 선생님이 행한 순환적 추론은 유감스럽게도 흔히 있는 일이다. 대부분의 전문가가 학생들의 수많은 부적절한 행동을 이와 같은 방식으로 설명한다. 부적절한 행동이 뇌손상의 결과로 나타나는 것이라는 생각은 제1차 세계대전 때 머리 부상을 당하고 돌아온 군인을 대상으로 한 Goldstein(1939)의 연구에 근거를 두고 있다. 그는 분열성, 지각 혼동, 과잉행동 같은 행동 특성을 규명하였다. 몇몇 전문가는 정신지체 아동에게서 동일한 특성을 관찰하고는 그들 역시 뇌가 손상되었음에 틀림없으며, 뇌손상이 행동의 원인이라고 결론을 내렸다. 이러한 결과는 뇌손상을 당한 적이 없는 사람에게서 나타나는 미세한 뇌의 역기능의 결과로 추측되는 과다행동증후군의 규명(Strauss & Lehtinen, 1947)으로 이어졌다. 이 증후군은 과잉행동, 분열성, 충동성, 짧은 주의집중 기간, 정서적 변동성, 지각 문제, 서투름 등의 특성을 가진다. 이러한 특성을 가진 많은 아동이 현재 주의력결핍장애(attention deficit disorder: ADD) 혹은 주의력결핍과잉행동장애(attention deficit hyperactivity disorder: ADHD)로 진단받고 있다(American Psychiatric Association, 2000). 그러나 그러한 행동 특성을 보이는 모든 아동이 뇌손상을 가졌다고 결론지을 수 있는 실험적 근거는 거의 없다.

많은 수의 아동이 출생 전 요인(부모의 영양실조 혹은 물질남용 같은)과 출생 후 환경적 요인의 결과로 학업적, 사회적 발달 문제에서 '위험 수위'로 밝혀지고 있다. 최근에는 태아알코올증후군, 산모 흡연, 산모 약물남용, 소아 AIDS 등이 아동의 학습 및 행동 문제를 분명히 증가시키고 있다(Castles, Adams, Melvin, Kelsch, & Boulton, 1999; Chasnoff, Wells, Telford, Schmidt, & Messer, 2010; Nozyce et al., 2006; Smith et al., 1995). 이러한 요인이 중추신경계, 생화학 및 기타 생리적 이상성의 결과임이 분명하지만 특정 행동결함이나 행동과잉이 특정 요인에 의한 것이라는 직접적인 증거는 없다.

생물리적 및 생화학적 설명의 유용성

인간 행동에 대한 설명을 생리적 요인에 근거하여 연구하는 것은 중요한 함의가 있다. 이러한 연구의 결과로 어떤 심각한 문제를 예방하거나 감소시킬 수 있는 기술이 발전되어 왔다. 아마도 신진대사 관련 유전장애인 페닐케톤뇨증(phenylketonuria: PKU)에 대한 영아 정기검사는 이러한 기술의 가장 잘 알려진 예일 것이다. 영아에게 PKU 특별 식이요법을 적용하면 기존에 이와 관련이 깊었던 정신지체를 예방할 수 있다(Berry, 1969). 미래의 연구는 인간 행동에 관한 생물학적 혹은 유전적 기초를 더 잘 설명할 것이다. 그러나 현재는 방대한 인간 행동의 아주 적은 부분만이 이 방법으로 설명될 수 있을 뿐이다.

어떤 생물리적 설명은 앞서 설명된 유용성에 대한 네 가지 필요조건 중 두 번째를 충족시키면서 검사 가능하다. 예를 들어, 과학자들은 염색체를 관찰함으로써 다운증후군이 있음을 확실하게 밝혀낼 수 있다. 또한 몇몇 신진대사 혹은 생화학적 장애는 과학적으로 증명될 수 있다. 그러나 행동의 원인으로 추정되는 미세 뇌기능에 대한 증명은 신빙성이 없다(Werry, 1986).

생리적 장애가 있다는 어떤 증거가 있을 때조차도 어떤 특정 행동이 자동적으로 그 장애의 결과라는 설명이 뒤따르는 것은 아니다. 생리적 장애의 추정에 근거한 설명은 교사에게 예언적 실용성을 거의 주지 못한다. Rachel이 염색체 문제 때문에 발달적으로 지체되어 있어 걷거나 말하기, 스스로 먹기 등을 할 수 없다는 설명은 그녀가 그러한 행동을 하도록 배울 수 있는 조건에 대하여 아무것도 말해 주지 않는다. Ralph가 뇌손상으로 인한 과잉행동성 때문에 앉아 있지 못한다는 Harper 선생님의 설명은 Ralph가 자리에 앉도록 배우는 데에 도움이 될 어떤 유용한 정보도 제공하지 못한다. Harold가 위험 수준의 아동이기 때문에 읽지 못한다고 말하는 것은 곧 그를 더 위험한 수준으로 몰아넣는 것이다. 우리가 그에 대해 낮은 기대를 하게 되기 때문이다. 기질과 같은 명백하게 타고난 차이조차도 환경적 영향에 매우 취약하기 때문에(Chess & Thomas, 1984), 아동이 주어진 상황에서 이러저러하게 행동하기 쉽다는 정보는 제한적으로만 제공할 수 있을 뿐이다.

마지막 준거인 경제성 역시 학생 행동에 대한 신체적 원인이 상정될 때 흔히 무시된다. 신체적 원인의 발견은 흔히 교사가 교실 내 행동을 조절하는 좀 더 단순하고 즉각적인 요인을 찾는 것을 방해한다. 이러한 설명의 가장 위험한 요소는 몇몇 교사의 가르치지 않는 행위에 대한 정당화의 수단으로 사용될 수도 있다는 것이다. 예컨대, Rachel은 교사가 가르치지 않아서가 아니라 발달적으로 지체되어 있기 때문에 스스로 먹지 못하는 것이고, Ralph는 교사가 수업경영 기술이 부족해서가 아니라 뇌손상 때문에 앉지 못하는 것이다. 그리고 Irving은 교사가 가르치는 법을 모색하지 않아서가 아니라 난독증이기 때문에 읽지 못하는 것이다. 생물리적 설명은 또한 교사로 하여금 학생에 대해 낮은 기대감을 갖게 한다. 이렇게 되면 교사는 학생이 배울 수 있는 것조차도 가르치려고 시도하지 않는다. 다음 도표는 생물리적 이론의 유용성을 요약한 것이다.

생물리적 이론의 유용성		
	훌륭함	타당함	빈약함
포괄성			✓
검증 가능성		✓	
예언적 실용성			✓
경제성			✓

2 발달적 설명

　인간을 관찰해 보면 예측할 수 있는 많은 발달 형태가 있음을 확인할 수 있다. 신체적 성장은 매우 일관적인 방식으로 진행된다. 대부분의 아동은 연령에 따라 꽤 예측 가능한 순서로 걷기, 말하기, 미소 짓기 같은 사회적 행동을 시작한다(Gesell & Ilg, 1943). 몇몇 이론가는 본질적인 발달적 순서에 근거하여 인간 행동의 여러 측면―인지, 사회, 정서, 도덕―을 설명하려고 시도해 왔다. 그들이 제안한 설명은 '일탈' (수용되거나 평범한 것과는 다른) 행동뿐 아니라 정상 행동에 대한 것이기도 하다. 다음에 이어지는 내용은 수많은 발달적 이론 중 두 가지에 대한 설명으로서, 그것의 유용성―포괄성, 검증 가능성, 예언적 실용성, 경제성―에 대하여 살펴볼 것이다.

쓰레기통의 Freud 신봉자

　교생 방문을 마친 Grundy 교수는 대학으로 돌아와서 예정보다 최소한 7개월이나 늦어 버린 저서 집필을 준비하고자 하였다. 그러나 그가 소중하게 모아 놓은 수많은 자료가 더 이상 연구실 바닥에 '정리되어' 있지 않았다. 게다가 벽이나 문, 창문이나 컴퓨터 등에 잘 붙여 놓았던 메모들이 없어져 버렸다. Grundy 교수는 복도로 뛰쳐나가 청소 도우미에게 소리치며 꾸짖었다. 청소 도우미는 교수가 없는 동안 '쓰레기' 라고 생각했던 것을 마음껏 치울 수 있었던 것이다.

　Grundy 교수가 바깥에 있던 쓰레기통을 마구 뒤지자 조교가 안타깝다는 듯 말했다. "'항문기-배제' 성격이 '항문기-보유' 성격과 갈등을 빚으면 이렇게 되는 건가요." 유감스럽게도 Grundy 교수는 고함치며 반응했기 때문에 이런 말까지 듣게 됐다. "'구순기-공격' 단계로의 결정적인 퇴행 신호인 것 같습니다, Grundy 교수님."

"Grundy 교수님, 뭐 잃어 버렸어요, 아니면 쓰레기로 '연구'를 하는 거예요?"

정신분석 이론

서로 다른 많은 설명이 '정신분석'이라는 이름으로 인간 행동을 묘사해 왔으나 그 모든 설명의 뿌리는 주요 발달 방식으로 인간 행동을 묘사한 Sigmund Freud다. 정상적이거나 일탈적인 인간의 모든 행동은 어떤 주요 단계를 통한 진행에 기초하여 이해되고 설명될 수 있다는 Freud의 주장은 아마도 가장 보편적으로 수용되고 가장 널리 보급된 이론일 것이다. Freud가 제안한 단계는 구순기(의존과 공격), 항문기(배제와 보유), 남근기(성 의식이 생길 때)다. 이 단계들은 6세 이전에 일어나며 숙달되면 사춘기가 될 때까지 일종의 휴식기인 잠복기로 들어섰다가 마지막 단계인 생식기로 진입한다.

이 이론은 단계를 성공적으로 진행시키는 사람은 상대적으로 정상적인 성인이 된다고 설명한다. Freud에 따르면 어떤 단계에 고착되거나 불안 때문에 이전 단계로 퇴행할 때 문제가 발생한다. 구순기-의존 단계에 고착되거나 퇴행한 사람은 주로 심하게 의존적이 되거나 과식, 흡연, 알코올 또는 약물 남용 등과 같은 입을 통한 문제해결 방법을 찾는다. 구순기-공격 단계에 고착된 사람은 빈정거리거나 언어 학대 경향을 가질 수 있다. 항문기-배제 단계에서의 고착은 번잡하고 부도덕하거나 무질서의 성향을 드러내며, 항문기-보유 단계에서의 고착은 강박적으로 질서정연한 성향을 드러낸다.

인지발달단계 이론

Jean Piaget는 인간 발달에 관한 단계이론을 제안한 생물학자이자 심리학자다. 아동의 인지적 · 도덕적 발달에 관한 Piaget의 설명은 교육자에게 광범위한 영향을 미쳤다. Freud처럼 Piaget도 생물학적으로 결정된 어떤 힘이 발달에 기여한다고 이론화하였다(Piaget & Inhelder, 1969). 그러나 Piaget가 제안한 그 힘은 유기체가 환경에 적응하도록 하는 것이다. 구체적으로는 환경을 자신의 기능에 적응시키는 동화와 환경에 적응하도록 행동을 변화시키는 조절이다. 두 힘 간의 균형을 유지하는 것을 평형이라고 한다. 평형은 성장을 촉진하며 유기체 성숙, 경험, 사회적 상호작용 또한 성장을 촉진한다. Piaget의 단계는 감각운동기(출생~1.5세), 전조작기(1.5~7세), 구체적 조작기(7~11세) 그리고 형식적 조작기(12세~성인)로 구성된다.

발달적 설명의 유용성

앞서 언급한 발달이론은 모두 포괄적이다. 두 이론은 인지와 정서, 정상과 일탈 등 인간 행동의 상당 부분을 설명하고 있다. 그러나 검증 가능성은 다른 문제다. Piaget 이론가들은 아동의 연령에 따른 학업 및 전학업적 행동의 실재를 반복적으로 설명해 왔지만 정신분석적 설명을 입증하려는 시도에는 성공하지 못했다(Achenbach & Lewis, 1971). 인간 행동을 정신분석적으로 설명하려는 사람 중 상당수가 이론적 개념을 입증하는 것에 대해 동의하지 못했다(Schultz, 1969). 비록 많은 사람이 어떤 연령에서 어떤 방식으로 행동한다는 것을 입증할 수 있다 해도, 이것이 어떤 단계에의 도달이나 통과의 실패가 부적절하거나 부적응적인 행동을 야기한다는 사실을 증명하는 것은 아니다. 또한 단계의 순서가 동일하다거나 이전 단계에의 도달 혹은 통과가 이후 단계의 기능을 위해 필요하다는 것을 증명하는 증거도 거의 없다. 다음의 도표는 발달이론의 유용성을 요약한 것이다.

몇몇 발달이론은 인간이 어떤 연령에서 어떻게 행동할 것이라는 점을 예견할 수 있다. 본질적으로 그 이론들은 평균적인 사람들에 대한 일반적인 정보를 제공한다. 그러나 "평균적인 사람들이 하게 될 행동에 관한 예견은 특별한 사람들을 다루는 데에 유

발달이론의 유용성			
	훌륭함	타당함	빈약함
포괄성	✓		
검증 가능성			✓
예언적 실용성		✓	
경제성			✓

용하지 않다." (Skinner, 1953, p. 19) 발달이론은 어떤 조건이 특별한 환경에 처한 개인의 행동을 예견하는지에 관한 정보를 제공하지 않는다. 조건을 변화시켜서 행동을 바꿔 보려는 현장의 전문가들은 발달이론으로부터 도움받기를 거의 기대할 수 없다.

　행동에 대한 발달적 설명은 경제성의 준거로 볼 때도 역시 부적절하다. 아동이 울화통을 터뜨리는 것은 발달의 구순기 단계에 고착되어 있기 때문이라는 설명은 그리 단순하지 않다. 발달적 설명은 경제성이 결여되어 있기 때문에 생물리적 설명만큼이나 비생산적으로 교사에게 변명거리를 제공한다. 교사, 특히 장애 학생의 교사는 학생이 발달적으로 모든 학습과제에 준비될 때까지 영원히 기다려야 할지도 모른다. 교사가 학생을 현재의 수준에서 다음 단계의 수준으로 끌어올리도록 장려하는 설명은 최소한 실질적인 관점에서 볼 때 발달적 설명보다 분명히 더 유용하다. 우리는 발달이론적 견지를 가진 Grundy 교수의 조교가 Grundy 교수의 어려움, 즉 가정적 개념을 다루는 구체적 조작기 사고 수준에 도달하지 못하는 것에 기초하여 과잉행동의 개념을 이해하는 것의 어려움을 설명할 수 있기를 기대한다. 행동에 대한 보다 경제적이고 유용한 설명이 될지? Grundy 교수는 다음의 에피소드에서 행동이론을 계속해서 수집하였다.

Grundy 교수, 통찰력을 얻다

　교생과의 만남에서 완전히 기가 꺾인 Grundy 교수는 오후에 깜짝 방문을 하기로 하였다. 그는 더 이상 웃음거리가 되지 않기 위해 Ralph의 과잉행동에 대해서는 말하지 않고 대신에 Harper가 가르치는 모습을 집중적으로 관찰하기로 하였다. 시간표 상으로 수학시간이었는데 학생들이 다양한 크기의 작은 나무 블록을 가지고 놀고 있어서 Grundy 교수는 좀 혼란스러웠다. Harper는 학생들과 책상에 앉아 있었으나 그들과 상호작용을 하지는 않았다.

수업이 끝날 무렵, Grundy 교수는 Harper에게 다가가 왜 계획대로 덧셈과 뺄셈을 가르치지 않았는지 물었다.

"교수님, 계획했던 대로 정확히 수업을 했어요. 학생들이 숫자 간 관계에 대한 통찰을 얻을 수 있도록 블록을 이용한 것입니다. 아마도 교수님은 구성주의 접근법에 대해 잘 모르시는 것 같군요. 그러나 배우는 과정에서 진정한 통찰력을 갖는 것은 지극히 중요하며, 그것은 아이들에게 가르칠 수 있는 것이 아님을 누구나 알고 있습니다. 우리는 단지 아이들이 지식을 내재화시키는 것을 촉진해 줄 뿐입니다."

3 인지적 설명

Harper가 채택한 교육이론(확신하기엔 다소 과장된)은 발달이론적 요소, 특히 피아제 이론과 20세기 초 독일에서 처음으로 설명된 이론을 조합하여 인간행동과 학습을 설명하는 것이다. 이러한 설명의 최초 제안자는 현실에 대한 사람들의 지각에 관심을 가졌던 Max Wertheimer(Hill, 1963)였다.

Wertheimer는 중요한 것은 사물 자체보다는 지각된 사물 간의 관계라고 제안하였다. 그는 사람들이 조직화된 방식으로 사물을 지각하는 경향이 있기 때문에 보거나 듣는 것은 그것을 구성하는 부분들이 서로 다르다고 설명하였다. 그는 이러한 형태의 조직화된 지각을 게슈탈트(gestalt)라고 지칭하였다. 이것은 독일어로서 영어로는 정확하게 일치하는 단어를 찾기 어려우나 '모양(form)' '원형(pattern)' 혹은 '형태(configuration)' 정도로 번역될 수 있을 것이다. 영어를 사용하면서 같은 견해를 가진 옹호자들이 게슈탈트라는 용어를 존속시켜 왔으며, 이러한 설명을 형태심리학(Gestalt Psychology)이라고 부른다. 이러한 설명을 교육에 적용해 왔던 사람들은 자신의 의미심장한 패턴과 통찰력을 정보에 도입함으로써 학습이 이루어지며, 기계적인 학습은—비록 문제에 대한 옳은 해결을 가져오더라도—덜 유용하다고 믿는다.

형태심리학은 교육에 중대한 영향을 미쳐 왔다. 행동을 이해하는 데에 이 접근방법을 적용한 가장 잘 알려진 교육자는 Jerome Bruner(1960)다. 교육의 인지이론으로 불리게 된 그의 이론은 사고 형태를 재구조화하는 것과 새로운 학업적, 사회적 행동을 학습하기 위한 기초로서 통찰력을 얻는 것에 강조점을 두었다. 이 교수 전략이 바로 발견학습이다. 이것은 통찰력, 형태 재구조화, 직관적 도약에 기초하여 학습을 설명

형태이론을 지지하는 교육자들은 '발견학습'을 권장한다.

한다. 교사는 지식을 전달하는 것이 아니라 발견을 촉진하기 위해 단지 환경을 조정한다. 동기는 사건이나 사물이 조직화될 때 충족되는 내적 욕구의 결과로서 발생된다. 따라서 동기화는 본질적인 것이며 교사가 제공할 필요가 없는 것이다. 최근 발표에 따르면 교육에 적용되는 인지이론은 **구성주의**(constructivism)라는 용어를 사용한다. 구성주의는 교사가 학생에게 지식을 제공할 수 없으며, 학생이 자신의 정신에 스스로 지식을 구성해야 한다고 본다(Brooks, 1990). "교수 목표는 행동이나 기술보다는 개념 발달과 깊은 이해에 초점을 둔다."(Fosnot, 1996, p. 10)

인지적 설명의 유용성

인지이론은 인간 행동의 상당 부분, 즉 지적·사회적 행동을 모두 설명해 낼 수 있다. 사실상 모든 행동은 비구조화된 환경 내 사건의 구조화나 그러한 사건의 상대적 중요성에 대한 지각의 결과로 설명될 수 있다. 그러므로 인지이론은 포괄성의 준거를 충족시킨다.

그러나 이 이론은 검증 가능성이 부족하다. 모든 과정이 내적으로 일어나는 것이기 때문에 그 존재를 확인할 방법이 없다. 단지 결과를 검증할 수 있으며, 과정은 추정되는 것이다.

인지이론의 예언적 실용성 역시 지극히 제한적이다. 학업 측면에서 발견적 혹은 구성주의적 접근방법을 사용하는 교사는 학생이 발견하고 구성하는 것을 거의 조정하지 못한다. 이 접근방법을 옹호하는 대부분의 사람들은 학습의 결과를 예측하기를 원하지 않는다고 주장할 것이다. 교수–학습 과정의 결과를 조정하지 못하는 이러한 문제는 불행히도 지금까지 보잘것없는 결과를 가져왔다. 인지적 접근방법에 기초한 교육적 실행은 직접교수를 강조한 것보다도 덜 성공적이었다(Engelmann & Carnine, 1982).

마지막 준거에 대해 인지이론은 경제성이 없다고 결론지어야 한다. 인지이론은 지적·사회적 영역 모두에서 행동을 이해하거나 예측하는 데 필요한 설명을 하지 못한다.

비록 지금까지 기술된 모든 이론이 인간 행동에 관한 정보를 제공하고 있지만, 그 중 어느 것도 네 가지 준거 모두를 충족시키지는 못한다. 지금까지의 설명은 매우 일반적이므로 우리가 내린 유용성에 관한 결론이 제안된 이론의 무가치를 의미하는 것

인지이론의 유용성		
훌륭함	타당함	빈약함

	훌륭함	타당함	빈약함
포괄성	✓		
검증 가능성			✓
예언적 실용성			✓
경제성			✓

으로 받아들여져서는 안 된다. 우리는 단지 이 이론들이 학급 교사를 위한 실질적 안내를 충분히 제공하지 못한다고 보는 것이다. 다음의 일화를 소개한 후에 우리는 인간 행동을 설명하는 데에 포괄성, 검증 가능성, 예언적 실용성, 경제성을 가장 잘 갖추었다고 보는 행동주의적 설명을 기술할 것이다.

Grundy 교수, 행동을 취하다

Grundy 교수에게 최악의 날이 계속되었다. DeWayne을 포함한 많은 학생들이 8시 수업에 늦게 와서 그의 강의를 방해했다. 교생에게 조롱당했고, 써 놓은 원고는 구겨진 채 쓰레기통에 버려졌으며, 조교는 Grundy의 거부에도 불구하고 계속해서 '항문기-배제'와 '구순기-공격' 경향에 대해 말하고 있었다.

Grundy 교수는 집에 도착하여 물을 들이키고는 무언가 해야겠다고 결심했다. 그는 구체적인 계획을 몇 가지 세우고, 스스로 옳았다고 확신하며 저녁 잠자리에 들었다. 다음 날 아침, 머리가 조금 아팠으나 계획을 실천에 옮길 것이라 다짐하였다.

첫 단계는 뭔가 새로운 시도로서 8시 수업에 5분 일찍 도착하는 것이었다. 사실 그는 항상 몇 분쯤 늦게 가곤 했다. 그는 여분의 5분 동안에 학생들과 정감 있게 이야기를 나누었고, 부탁을 받으면 전날의 강의에 대해 요약해 주기도 했다. 8시 정각에 와 있는 5명의 학생에게 다음 시험에 2점을 가산해 주는 '쿠폰'을 주었다.

그날 아침 강의 후에 Grundy 교수는 연구실로 돌아왔는데, 문에는 그가 써 놓은 "오늘 이 방은 청소하지 마시오."라는 문구가 붙어 있었다. 그는 방에서 나는 냄새가 무엇인지 궁금해하면서 창문을 열고 자료를 정리하며 1시간가량을 보냈다.

다음에 Grundy 교수는 Harper를 다시 한 번 방문하여 그녀가 Ralph의 행동을 조정하거나 기초 수학을 잘 못 가르치면 교생으로서 낮은 점수를 받게 될 것이라고 단호하게 말했다. Harper는 습관적인 조롱하는 듯한 태도에서 곧바로 집중하는 태도로 바뀌었다. Grundy 교수는 너무 '과잉행동적'이어서 자리에 앉아 있지 못하는 Ralph가 다른 학생이 자유놀이 영역에서 장난감을 가지고 놀 때 그냥 시간을 보내고 있는 것을 관찰할 수 있었다. 그는 Harper에게 Ralph가 일정 시간 동안 자리에 잘 앉아 있으면 장난감을 가지고 놀 수 있게 허락하도록 하였고, 처음에는 짧은 시간 동안 자리에 앉아 있게 하다가 점점 시간을 늘려 나가야 한다고 하였다. 또한 덧셈과 뺄셈에 대한 카드를 만들고, 몇 가지 셈을 배운 후에는 색깔 블록으로 놀이 할 것을 제안하였다.

Grundy 교수는 의기양양하게 연구실로 돌아와서 정신분석학적 설명을 일삼는 조교를 마주하게 되었다. 조교는 계속해서 Grundy에게 익살맞게 말을 했는데, Grundy는 그의 말을 무시한 채, 자신을 도와줘서 원고 정리를 빨리할 수 있었다고 칭찬하였다. 조교는 냄새나는 원고종이를 빨리 없애고 싶었을 뿐이라고 답했다.

짧은 시간 내에 Grundy 교수는 그가 사물을 조정하고 있다고 느꼈다. '쿠폰'을 가끔씩 주었는데도 아침 8시 수업에 대부분의 학생이 정시 출석을 했다. Harper는 냉소적인 태도를 버리고 가르치기 시작했다. Ralph의 어슬렁대며 돌아다니는 행동은 극적으로 감소되었고 덧셈과 뺄셈도 학습되었다. Grundy 교수는 조교의 놀리는 듯한 말을 계속해서 무시했는데 더 이상 반응이 없자 그런 투의 말도 없어졌고, 수집된 자료와 메모를 통하여 신속히 집필할 수 있게 되었다. 한 가지 부정적인 결과라면 교내 경찰에게 연구실이 화재의 위험이 있으므로 즉시 청소를 해야 한다는 경고를 받은 것이었다.

"도서관 사서가 교수님이 빌려간 책 48권을 다 읽으셨다면 가져오라고 했어요."

4 행동주의적 설명

앞의 일화에서 Grundy 교수는 행동주의자로 묘사되었다. 그는 문제를 해결하기 위해서 지금까지 언급된 것과는 다른 설명에서 나온 기법을 사용하였다. 행동주의적 설명에서는 인간의 행동이 적응적이든 부적응적이든 학습되는 것이라고 주장한다. 학습은 행동에 대한 후속결과(consequence)의 성과다. 간단히 말해서, 유쾌한 반응에 뒤따르는 행동은 반복되는 경향이 있어서 학습되며, 불쾌한 반응에 뒤따르는 행동은 반복되지 않는 경향이 있어서 학습되지 않는다. Grundy 교수는 DeWayne처럼 수업에 늦게 오는 학생, 조롱하는 교생, 어슬렁거리는 Ralph, 조교의 버릇없는 말투 등의 행동을 그들이 그렇게 학습했기 때문이라 전제하고 그들이 그러한 행동 대신에 할 수 있는 것을 가르쳤다. 그렇게 하면서 그는 인간 행동에 대한 행동주의자들의 학습 원리를 적용하였다. 이어지는 내용에서는 이러한 원리를 소개할 것이며, 각각의 상세한 내용은 다른 부분에서 좀 더 구체적으로 다룰 것이다.

정적 강화

정적 강화(positive reinforcement)는 두 가지 환경 사건—행동(관찰 가능한 어떤 동작)과 후속결과(그 동작의 결과)—간의 기능적 관계를 기술하는 용어다. 행동의 발생비율을 증가시키는 결과가 뒤따를 때 정적 강화가 일어난다.

많은 인간 행동이 정적 강화의 결과로 학습된다. 장난감을 잘 정리한 것에 대해 자녀를 칭찬하는 부모는 자녀에게 깔끔하게 하는 것을 가르치는 것이다. 자녀가 가게에서 우는 것을 그치게 하기 위해 사탕을 주는 부모는 우는 것을 가르치는 것이다. Grundy 교수의 청소 도우미가 방을 치운 것은 의심할 여지없이 학습된 것이며 정적 강화에 의해 유지되는 것이다. 조교의 농담 역시 그러하다. Grundy 교수는 학생들이 정시에 오는 비율을 증가시키기 위해서, 그리고 Ralph가 자리에 앉아 있는 시간을 늘리기 위해서 정적 강화(점수 쿠폰, 대화, 장난감 시간)를 사용했다.

제8장에서 강화에 대하여 자세하게 다루고 있다.

부적 강화

부적 강화(negative reinforcement)는 어떤 환경적 조건(일반적으로 혐오적이거나 불쾌한)이 제거되거나 강도가 약화되었을 때 행동 발생비율이 증가하는 사건 간의 관계다. 인간은 어떤 행동이 불쾌한 결말을 얻었을 때 많이 학습한다. 예를 들어, Grundy 교수는 창문을 여는 것이 닫혔던 방의 불쾌한 냄새를 제거해 준다는 것을 배웠다. 비슷하게 그의 조교는 원고 자료 정리를 빨리 끝냈는데, 그것은 자료를 빨리 정리하면 냄새나는 종이를 버릴 수 있기 때문이었다.

벌

벌(punishment) 역시 관계를 기술하는 것으로서 행동의 미래 발생비율을 감소시키는 결과를 가져온다. 이전 행동의 발생비율이 감소되는 사건에 대해서만 벌인자(punisher)라고 한다. 행동주의자들은 벌이라는 용어를 특별한 관계를 기술하기 위한 전문용어로 사용하는데, 이 용어는 사람들의 행동을 변화시키기 위해서 그들에게 행해지는 불쾌한 일을 묘사하는 비전문적인 용어로도 사용되기 때문에 혼돈의 여지가 있다. 행동주의자의 입장에서 벌은 이전 행동이 감소될 때만 일어나는 것이다. 전문적인 용어 측면에서 볼 때, 후속 사건을 불쾌한 것으로 지각한다고 해서 그것을 벌로 보지는 않는다. 행동주의자라면 많은 부모나 교사가 말하는 것처럼 "내가 그 아이를 벌줬는데 행동이 전혀 바뀌지 않았어."라고는 결코 말할 수 없다. 기능적 관계가 성립될수 있을 때만이 벌인 것이다. 예를 들어, Grundy 교수가 Harper에게 한 언어적 위협은 명백히 벌인자라고 볼 수 있다. 그것으로 인해 그녀의 조롱하는 듯한 말투가 없어졌기 때문이다. 물론 Grundy 교수가 좀 더 긍정적인 접근방법을 사용했더라면 더욱 좋았을 것이다.

제9장에서 벌과 소거에 관하여 자세하게 다루고 있다.

소거

이전에 강화된 행동이 더 이상 강화받지 못하면 그 행동의 발생비율은 감소한다. 이러한 관계를 소거(extinction)라고 한다. 앞의 일화에서 Grundy 교수가 더 이상 조교의 농담에 반응하지 않으니 조교의 행동이 중단되었다. 행동주의자에게 모든 학습 원리는 생각이 아닌 실제로 일어나는 것에 기초하여 정의되는 것이다. Grundy 교수는 조교에게 고함치거나 불쾌감을 표현하는 것으로 벌을 줬다고 생각했을지도 모른다. 그러나 실제로 이렇게 행동했을 때는 조교의 농담하는 행동비율이 증가하였다. 실질적 관계는 정적 강화였던 것이다. 그 행동은 정적 강화인자가 철회되었을 때 정지되었다.

선제자극 통제

장애 학생의 배치를 새로 하기 전에 기능평가 혹은 기능분석 수행이 요구됨에 따라 선제자극 통제에 대한 관심이 상당히 커졌다(자세한 논의는 제6장 참조). 교사와 연구자들은 행동(적절한 혹은 도전적인)의 선제 사건과 상황이 어떤 것이었는지를 알기 위해 행동 이전에 발생한 사건이나 조건을 조사하는 일에 관심을 갖게 되었다. 또한 행동을 관리하기 위해서 선제 조건이나 사건의 조작을 중요시하게 되었다.

행동 바로 전에 발생하는 선제자극을 변별자극이라 하고 그것을 행동의 '근거'로 본다. 행동과 그 결과 간의 관계보다는 행동과 선제자극(antecedent stimulus) 간의 기능적 관계를 자극 통제(stimulus control)라고 한다. 결과는 관계가 이루어지는 동안에 제공되어야 하지만, 선제 조건이나 사건은 행동에 대한 신호나 단서로서 지금 순간에 제공된다. 앞의 일화에서 연구실의 문에 써 붙여진 문구를 본 청소부의 행동은 분명히 과거에 강화되어 온 것이며, 그렇기 때문에 Grundy 교수의 신호는 강화인자나 벌인자가 없어도 효과적이었던 것이다.

최근에 연구자들은 좀 더 멀리 있는 다양한 선제 사건과 조건을 조사해 왔다(Michael, 2000; Smith & Iwata, 1997). 흔히 배경사건(setting event)이나 유인력(establishing operations)²을 참고할 때 이 두 조건이나 사건은 변별자극이나 이전 시간 혹은 날짜와 동시에 발생할 수 있다. 그것은 동일한 배경에서 일어날 수도 있고 완전히 다른 배경에서 일어날 수도 있다. 그것은 강화인자의 가치나 효과를 일시적으로 변화시킴으로써 행동에 영향을 미친다. 가장 간단한 종류의 배경사건은 결핍과 포만이다. 시원한

자극 통제는 제9장의 핵심 내용이다.

2 일부 학자들(Michael, 2000)은 유인력이라는 용어를 사용하고, 또 다른 일부학자들(Kazdin, 2000)은 배경사건이라는 용어를 사용한다. 일부는 두 가지 용어를 혼용하고 또 다른 일부는 이 둘을 구분하여 사용한다. Kennedy와 Meyer(1998)는 이 두 용어가 서로 다른 이론적 견지의 동일한 개념을 기술하는 것이라고 설명한다. 용어정립이 확실히 될 때까지(Horner & Harvey, 2000) 우리는 배경사건이라는 용어를 사용하기로 한다.

카페에서 사이다를 마시고 있던 학생보다는 운동장에서 발야구를 막 끝내고 온 학생에게 물은 더 강한 강화인자가 될 수 있다. 그러나 배경사건은 더욱 복합적이다. Kazdin (2000)은 세 가지 사회적, 물리적, 환경적 형태의 배경사건을 설명하였다. Bailey, Wolery, 그리고 Sugai(1988)는 환경적 배경사건을 교수 영역, 생리적 영역, 사회적 영역 그리고 환경적 변화로 세분화하였다. 이와 같은 사건이나 조건에는 소음이나 불편한 교실(환경적), 싫어하는 사람이나 또래의 존재(사회적), 두통(생리적) 등이 포함될 수 있다.

  Bailey 등(1988)은 연령이나 성별에 맞지 않는 교재교구도 참작되어야 한다고 하였다. 어떤 강화인자도 10대 소년으로 하여금 인어공주에 관한 그림책을 읽게 하지는 못할 것이다. 학생들이 가지는 윤리적 혹은 문화적 유산 또한 배경사건으로 작용할 수 있다. 학생들은 자신과 같은 사람들과 상호작용할 때 좀 더 동기화된다(Gay, 2002). 교사가 문화적 다양성에 관심을 갖게 되면, 더 의미 있고 강력한 강화인자를 얻을 수 있고 비효과적이거나 혐오적인 전략은 피할 수 있다. 주어진 환경에서 학생이 흥미를 가지는 상황에 깊숙이 관여하도록 하는 개인적 상황 교수(Personalized Contextual Instruction; Voltz, 2003) 같은 전략은 강화인자의 가치를 강화할지도 모른다. 다음 일화는 이 접근방법을 적용한 수업에 관한 것이다.

〈일화 1-1〉

음악은 매력이 있다

  일반교사인 Garcia, 특수교사인 Walden, 치료사인 Nguyen은 25명의 학생으로 구성된 특수학급의 공동책임자며, '다양성이라는 용어에 새로운 의미를 부여하자.'라는 생각에 모두 동의하고 있었다. 그들의 학급은 7~9세의 남자아이 14명과 여자아이 11명으로 구성되어 있다. 그중 12명은 아프리카계 미국인, 8명은 히스패닉계, 4명은 아시아계며, 7명이 학습장애, 4명이 행동장애, 2명이 천재다. 그리고 Yuri라는 자폐증의 러시아 남자아이가 있다. 아이들은 점심을 무료로 먹거나 싼값으로 먹을 수 있으며, 교사 모두는 모든 아이가 많은 일을 할 수 있는 능력이 있다고 믿었다.

  모든 일은 다 잘되어 가고 있었다. 교사들은 일반 교육과정을 사용하여 집단수업과 개별수업을 병행하고 있었다. 그들은 학급 전체에서 간단한 포인트 제도를 적용하고 있었고, 문제행동을 하는 몇몇 아이에게는 좀 더 복잡한 행동지원계획을 실행하고 있었다. 아이들은 학업성취가 조금씩 나아져 갔다. 그런데 어느 날 오후 회의에서 Walden 선생님이 "우리 외에는 아무도 학교생활을 즐거워하지 않는 것 같아요."라고 말했다. 세 명의 교사는 Garcia 선생님이 대학원에서 배운 통합단위 접근법을 실행해 보기로 결정하였다. 다음 날 아침 Garcia 선생님은 이 계획을 아이들에게 설명하고 그들이 무엇을 배우기를 원하는지 생각해 보도록 했다. 아이들은 선생님이 오늘 뭔가 다르다고 생각하면서 스포츠부터 공룡까지 다양한 주제를 말했다. 그러나 드러난 대부분의 흥밋거리는 음악에 집중되어 있었다.

"랩!" 몇몇 아이가 소리쳤다. "살사!" 다른 아이들도 제안했다. "그래 좋아." Garcia 선생님도 다른 두 선생님과 함께 동의했고, 의견을 제안한 아이들을 칭찬해 주었다. "우리가 음악에 대해 이미 알고 있는 것과 알고 싶은 것의 목록을 각각 만들어 보자. Nguyen 선생님, Yuri를 위해 칠판에 적어 주실래요?"

약 한 시간 후에 그들은 목록을 완성했고 벌써 점심시간이 다 된 것에 깜짝 놀랐다. 또한 오전 내내 포인트를 준 일도, 말로 칭찬한 일도, 등을 두들겨 준 일도 없었음을 깨닫고 다시 한 번 놀랐다.

기타 학습 원리

이상의 주요 학습 원리 외에도 Grundy 교수는 인간 행동에 영향을 미치는 것으로서 행동주의자가 말하는 모델링(modeling)과 형성(shaping)의 실례를 보여 주었다. 모델링은 행동의 시범이다. Grundy 교수가 수업에 늦게 오는 부적절한 행동의 모델이 되어 왔기 때문에 학생들은 분명히 모델을 모방함으로써 학습한 것이다. 영아는 부모를 모방하면서 배우고, 성인은 시범을 보면서 복잡한 기계의 작동을 배울 수 있다.

형성은 새로운 행동을 가르치기 위해 바람직한 행동의 연속적 근사치를 강화하는 것이다. Grundy 교수는 Ralph가 자리에 앉아 있도록 가르치기 위해 형성 사용을 Harper에게 제안했다. 교생인 Harper는 처음에는 짧은 시간 동안만 앉아 있으면 강화했고, 점진적으로 Ralph가 강화받기 위해 요구되는 앉아 있는 시간을 늘려 나갔다. 형성으로 많은 행동을 가르칠 수 있다. 예컨대, 부모는 아이가 처음으로 혼자 옷을 입었을 때 거꾸로 입었든 뒤집어 입었든 간에 과장되게 칭찬한다. 그러다가 나중에는 잘 입었을 때만 칭찬한다.

행동주의자의 과제

행동주의자는 앞서 설명한 원리에 의해서 인간의 전형적, 비전형적 행동의 발달을 설명한다. 이러한 접근방법은 행동에 강조점을 둔다는 점에서 중요하다. 행동이 되기 위해서는 관찰 가능(observable)하고, 양화 가능(quantifiable)해야 한다(Baer, Wolf, & Risley,

1968). 우리는 틀림없이 행동을 볼 수 있다(때로는 듣거나 느끼거나 냄새 맡을 수 있다). 그러한 직접적인 관찰이 의미를 갖기 위해서는 행동을 양적 용어로 측정할 수 있는 어떤 방법이 있어야 한다. 행동주의자가 행동 원리로 설명한 어떤 관계도 이 준거를 충족시키지 못한다면 그 원리가 존재한다고 확실하게 말할 수 없다.

Skinner(1953)는 행동주의자가 행동을 설명하는 것보다 기술하는 것에 더 관심을 갖는다고 주장하였다. 그가 말하는 요점은 환경적 요인이 특정 행동 발생비율을 증가시키거나 감소시키거나 유지시킨다는 것이다. 여기서 행동주의자가 행동 문제에 관여하는 생리적 문제를 부정하는 것이 아니라는 것을 아는 것이 중요하다. 대부분의 행동주의자가 유전의 영향을 부정하지 않으며(Mahoney, 1974), 발달적 단계 또한 부정하지 않는다(Ferster, Culbertson, & Boren, 1975). 그러나 그들이 최우선적으로 강조하는 것은 선제자극과 후속결과라는, 행동을 유지시키는 현재의 환경적 조건이며, 또한 그러한 조건과 행동 간의 기능적 관계를 성립시키고 증명하는 것이다.

행동주의적 설명의 유용성

행동주의적 접근방법에 대한 가장 일반적인 비판점 중의 하나는 인간 행동의 많은 부분이 설명되지 않은 채로 남아 있다는 것이다. 관찰 가능한 행동에 대한 강조는 행동주의적 원리가 단순한 운동적 반응 이외에 어떤 것을 설명할 수 없음을 전제하는 것이라고 비판받아 왔다. 그러나 Skinner(1953, 1957, 1971)는 언어행동과 사회학적, 경제적, 정치적, 종교적 신념과 언어행동을 포함하는 복잡하고 광범위한 인간 행동을 설명하는 데에 기본적인 학습 원리를 적용하였다.

행동주의적 원리가 인간 행동의 모든 측면을 설명하지 않는다는 사실이 할 수 없을 것이라는 가정으로 연결되어서는 안 된다. 응용행동분석의 원리로 발전한 행동 원리를 Skinner가 처음으로 규명한 이래로 많은 측면이 설명되어 왔고 또 많은 현상이 아직도 설명되고 있다. "최선의 전략은 행동에 중요하게 영향을 미치는 변인을 밝혀서 더욱 나은 삶을 위해 그것을 조작하는 것이며, 이러한 작업은 영원히 지속될지도 모를 일이다."(Poling & Byrne, 1996, p. 79) 행동주의자가 관찰되지 않은 것에 대해 이론화하는 것을 거부하기 때문에 설명은 입증될 때까지 기다려야 한다. 행동주의자는 입증할 내용을 어느 정도는 단념하기도 한다.

검증 가능성은 행동주의적 설명의 핵심이다. 다른 이론가는 이론을 먼저 단정하고

만일 여러분이 무엇을 볼 수 있거나 들을 수 있거나 느낄 수 있거나 냄새 맡을 수 있다면 그것은 관찰 가능하다. 만일 여러분이 그것을 셀 수 있거나 측정할 수 있다면 그것은 양화 가능하다.

실험적 조사를 통하여 그것을 증명하려고 시도한다. 그러나 행동주의자는 이론이라기보다는 일반적인 것으로 서술된 것을 공식화하기 전에 조사한다. 성인의 관심이 대부분의 아동에게 정적 강화인자로 작용한다는 것(Baer & Wolf, 1968; Harris, Johnston, Kelley, & Wolf, 1964)은 그러한 일반적인 것의 한 예다. 이 진술은 아동의 행동과 성인의 관심 간에 성립된 기능적 관계를 반복적으로 관찰한 후에야 비로소 만들어지는 것이다. 다음 도표는 행동주의적 이론의 유용성에 대한 요약이다.

행동주의적 이론의 유용성			
	훌륭함	타당함	빈약함
포괄성		✓	
검증 가능성	✓		
예언적 실용성	✓		
경제성	✓		

   행동주의적 접근방법의 중심은 행동을 변화시키는 것이다. 예언적 실용성은 행동주의적 설명의 핵심 부분이다. 기능적 관계를 정립하고 일반화해서 그것이 부적절한 행동을 변화시키고 적절한 행동을 증가시키는 데에 사용될 수 있도록 한다. 행동주의자는 행동의 변화로 강화받는 것이지 그에 대해 논의하는 것으로 강화받지 않는다. 만일 사람이 어떤 조건하에서 행동하는 것을 예측하기 위한 일반화의 사용이 가능하지 않다면 행동주의자는 할 말이 거의 없을 것이다. 학습 원리를 인간 행동에 적용한 증거는 수없이 존재한다. 그러한 자료는 다양한 조건하에서의 행동을 예측할 수 있게 해 준다.

   행동주의적 설명은 유용성의 네 번째 준거인 경제성을 가진다. 관찰 가능성과 검증 가능성, 기능적 관계로 행동을 묘사하는 것은 '해석적 허구'의 사용을 피하게 해 준다. 이러한 허구는 결과로만 정의되어, 결국 앞서 논의된 순환적 추론만을 하게 만든다. Grundy 교수는 Ralph의 자리 이탈 행동을 설명하기 위해 해석적 허구의 한 예인 '과잉행동성'을 예로 인용하기보다는, Ralph가 자리에서 이탈하기 전과 후에 어떤 일이 일어났는지를 보는 행동주의적 접근방법을 선택했다. 이 방식에서 행동주의는 관찰된 행동이 환경과는 거리가 먼 관계일 경우의 설명은 피한다. 자리 이탈 행동을 과잉행동이라는 원인으로 설명하거나, 번잡함을 고착으로 설명하거나, 퇴행을 항문기-

배제 단계로 설명하는 것은 수용할 수 없다. 그러한 설명은 문제에 대해 우리가 가진 정보에 아무런 도움도 주지 못한다.

현재의 환경 조건이 그 행동을 유지시킬 것이라는 가정과 환경을 바꿈으로써 행동이 변화될 것이라는 가정은 단지 경제적인 것이 아니라, 지극히 낙천적인 것이다. 학생들의 부적절하고 부적응적인 행동을 유지시키는 환경적 조건을 알아내고 바꾸는 데에 주력하는 교사는 문화적으로 다르다거나, 지체되어 있다거나, 뇌손상이라거나, 정서적으로 장애를 가지고 있다거나, 과잉행동적이라거나, 위험선상에 있다거나, 발달적으로 배울 준비가 되어 있지 않다는 이유로 그것을 포기하지 않는다. 학생들의 행동이 해석적 허구가 아니라 과다 행동(예: 왔다 갔다 움직이는)이나 과소 행동(예: 잘 읽지 못하는)이라는 용어로 설명된다면, 교사는 과다 행동을 감소시키고 과소 행동을 극복하게 함으로써 가르치는 일을 할 수 있게 될 것이다.

5 행동주의의 역사적 발전

과학으로서의 행동주의는 수 세기 전에 비롯된 철학적, 심리적 전통에 뿌리를 두고 있다. 앞서 설명된 학습 원리는 공식적으로 정의되기 전에도 물론 존재했다. 사람의 행동은 문명이 시작된 이래로 영향을 받아 왔다. 다음에서는 사람들이 행동과 그 결과 간의 관계를 어떻게 사용해 왔는가에 대한 역사적 설명을 살펴볼 것이다. 그리고 인간 행동을 설명하며 예측하고 변화시키는 방식으로서의 행동주의 발달을 추적해 볼 것이다.

역사적 선례

행동에 영향을 미치게 하기 위해서 환경 조건을 조정하는 것은 결코 최근의 일이 아니다. 고대 로마인은 과도한 음주를 막기 위해 포도주잔 바닥에 뱀장어를 넣기도 했다. Crossman(1975)은 정적 강화를 적용한 역사적 예를 제공했다.

프레첼에는 흥미로운 역사가 숨어 있다. 610년경에 상상력이 풍부했던 한 수사가 밀가루 반죽을 길게 해서 마치 기도하는 아이의 팔이 포개진 것 같은 모양으로 꼬아서 구웠다. 그 환상적인 맛이 기도를 배우는 아이들에게 제공되었고, 그 이래로 이 과자를 '작은 보상'이라는 라틴어 '프레티올라(pretiola)'로 부르게 되었다[From the back of a Country Club Foods pretzel bag, Salt Lake City.] (p. 348).

Benjamin Franklin은 성인의 행동도 다른 정적 강화인자를 사용하여 변화될 수 있다고 설명하였다(Skinner, 1969). 어떤 배의 신부가 선원들이 기도회에 참석하지 않는다고 불평하자, Franklin은 신부에게 선원들의 일일 배급 술을 기도회가 끝났을 때만 나누어 주라고 조언했다. 그러자 기도회 참석률이 급증했다.

부모와 교사는 아동을 가르치기 위해 학습 원리를 똑같이 적용한다. 부모는 "네 접시를 치우고 후식을 먹어라."라고 말한다. 교사는 "수학을 끝내면 게임을 할 수 있어."라고 약속한다. 부모와 교사는 알든 모르든 벌을 사용하기도 한다. 큰 길로 뛰어가는 아이의 엉덩이를 때리고, 숙제를 빨리 끝낸 학생에게는 과제를 더 준다. 우리는 "그냥 무시해, 그러면 안 할 거야. 그저 관심 끌려고 그러는 거야."라는 말을 자주 듣는다. 만일 정말 그만둔다면 그것이 바로 소거의 예가 된다. 물론 많은 부모와 교사는 적절한 행동을 잘 구별하고 훌륭하게 행동하는 아이에게 관심을 기울이지 않는다. "방을 깨끗이 치우기 전까지 밖에서 놀 수 없어."라고 말하는 것은 매일 많은 가정에서 일어나고 있는 부적 강화의 예다. 교사도 부적 강화를 사용하는데, 예를 들면 학생에게 점심시간 전에 과제를 끝내라고 요구하는 것이다. 동기화를 중요하게 여기는 유치원 교사는 자극 통제를 하고자 한다. 학생들에게 어떻게 하는 것인지를 보여 주고자 할 때는 모델링을 하기도 한다.

관계에 대한 전문적인 명칭을 알 필요가 없어졌다. 행동주의적 학습 원리를 적용하는 것은 이제 상식처럼 보이기 때문이다. 그것이 그렇게 간단한 것이라면 왜 학생들은 과목을 수강하고 책을 읽는 것일까? 왜 그렇게 많은 양의 책이 출판되고 그렇게 많은 연구가 수행되는 것일까?

그것은 기능적 관계가 성립되도록 환경 조건을 정립하지 못하거나, 그러한 관계가 임의로 성립되도록 방치하거나, 그러한 관계가 단지 상식에 기초하여 성립된다고 보는 무지 때문이다. 이러한 무지는 학교에서 부적응적 행동의 수준을 높이는 결과를 가져왔고, 때로는 학업적·전학업적 학습 수준을 놀라울 만큼 낮춰 왔다. 교사가 응용행동분석가가 되도록 돕는 것이 이 책을 쓰는 목적이다. 이 장의 나머지 부분에서는 응용행동분석의 용어에 대한 유래와 정의를 살펴볼 것이다.

심리적 선제자극

❖ 수동적 조건화

대부분의 사람은 개에게 음식을 줄 때 지속적으로 소리를 내어 음식 없이 소리만으로도 개가 침을 흘리게 되는 것을 관찰한 Ivan Pavlov의 업적을 안다. (동물을 키우는 사람이라면 누구나 이러한 비슷한 현상을 관찰할 수 있다. 먹이를 주기 위해 그릇을 꺼내는 소리에 개는 침을 흘리기 시작한다.) 그의 세심한 관찰과 측정은 오늘날 실험적 연구의 모델이 되고 있다. 그의 고전적 실험은 음식(침을 분비하는 자동적 반사)과 소리(처음에는 개의 침 흘리기에 아무런 영향을 주지 못했던)의 짝짓기를 수반한다. 소리는 음식에 앞서 제시되고, 이러한 짝짓기를 반복한 후에는 소리만 제시되어도 침 분비가 일어난다 (Hill, 1970). 음식은 **무조건 자극**(unconditioned stimulus: UCS)이고, 소리는 **조건 자극** (conditioned stimulus: CS)이다. 그리고 침 분비는 음식에 대한 무조건 반응이고, 소리에 대한 조건 반응이다. 그 관계는 다음 도표와 같이 나타낼 수 있다. 무조건 자극이 일으키는 반응에 자극을 짝짓는 과정을 Pavlov의 **조건화**(Pavlovian conditioning), **고전적 조건화** (classical conditioning) 혹은 **수동적 조건화**(respondent conditioning)라고 한다.

❖ 연상심리학

Pavlov의 연구와 동등하게 영향을 끼친 또 다른 실험가는 Edward Thorndike다. 그는 개 대신에 고양이를 연구하였는데, 그의 최우선적 관심은 상황과 반응 간의 연관성을 발견하는 것이었다(Thorndike, 1931). 그는 이후 행동주의적 과학의 발전에 심오한 영향을 미친 두 가지 법칙을 발견하였다. 첫 번째, 효과의 법칙(Law of Effect; Thorndike, 1905)은 "주어진 상황에서 만족을 주는 모든 행동은 그 상황과 연관되어 있기 때문에 그 상황이 재연되면 그 행동도 재발하기 쉽다."(p. 203)는 것이다. 두 번째는 연습의 법칙(Law of Exercise)으로, 특정 상황에서 나타난 반응은 그 상황과 연관된다는 것이다. 효과의 법칙과 정적 강화 원리의 관계는 분명하다. 연습의 법칙은 앞서 언급된 자극 통제의 원리와 관련된다.

❖ 행동주의

행동주의라는 용어는 John Watson(1914, 1919, 1925)이 처음으로 사용하기 시작했다. Watson은 직접적인 관찰의 결과로 나온 자료가 아니면 심리학에서 완전히 폐기시켜야 한다고 주장하였다. 그는 마음, 본능, 사고, 정서 같은 개념을 쓸모없고 불필요한 것으로 간주하였다. 그는 인간이 가진 본능의 존재를 부인하였고, 생각과 감정에 대한 사고를 신체적 반응으로 바꿔 놓았다. 우리는 일반적으로 '나는 마음을 바꿨다.'(여러분은 이런 표현을 용서해야 한다)고 말하지만 진정한 Watson 신봉자는 그런 '마음'의 존재를 인정하지 않는다.

Watson과 Raynor(1920)는 흰쥐(CS)와 큰 소리(UCS)를 짝지어 어린 Albert가 깜짝 놀라는 반응을 조건화하였다. Watson은 두려움 같은 모든 '정서적인' 반응은 비슷한 방식으로 조건화된다고 주장하였다. 이와 관련되는 절차로 흥미를 끄는 것은 Jones(1924)가 3세 아이의 두려움을 없앤 것인데, 그는 흰 토끼와 털 달린 사물에 두려움을 보였던 아이에게 그가 가장 좋아하는 음식을 짝지어 주었다. 이 절차는 불행히도 Albert를 대상으로 하지 않았는데, 그는 조건화된 두려움이 제거되기 전에 연구참여를 그만두었다. 아마 Albert는 아직도 흰쥐를 무서워할 것이며, 이것이 그의 인생에 많은 문제, 예컨대 행동심리학자로서의 직업을 갖지 못하는 등의 문제를 가져다줄지도 모른다.

❖ 조작적 조건화

앞서 언급되었던 학습 원리는 인간 행동의 설명, 예측, 변화를 위한 **조작적 조건화** 모델의 지지자들이 제안한 것이다. 가장 잘 알려진 조작적 조련자는 처음으로 수동적 조건화와 조작적 조건화를 구분한 B. F. Skinner(1904~1988)다.

수동적 조건화는 선행되는 자극에 의해 유도되는 행동을 다룬다. 그러한 행동의 대부분은 반사적이다. 즉, 그것은 수의적 조절이 되지 않는다. 반면에 조작적 조건화(때로 도구적 조건화라고도 함)는 반사적이라기보다는 수의적으로 여겨지는 행동을 다룬다. 조작적 조건화는 행동의 후속결과에 우선적으로 관심을 가지며, 행동과 후속결과 간

만일 우리 모두가 Watson을 신봉하는 사람들이었다면 "그녀가 내 기분을 상하게 했어." "마음에 상처 받았어." 혹은 "네 상상력을 이용해."라고 말할 수 없을 것이다.

의 기능적 관계 성립에 관심을 가진다. 앞서 논의된 행동주의적 견해는 조작적 조건화의 개념이며, 이것은 이 책의 전체에서 중요시되는 내용이다.

Skinner의 초기 업적은 동물, 주로 흰쥐로 수행된 것이다. 그는 한 연구자(Tolman, 1932)가 주요 저서를 흰쥐의 혈통 중 하나인 *Mus norvegicus albinicus*에게 헌납할 만큼 이 각별한 동물을 중요시했던 초기 행동주의자의 전통을 따랐다. 철학자 Bertrand Russell은 유럽 연구의 강조점(형태, 내관적인, 이론 구성을 중시)과 미국 연구의 강조점(행동, 활동, 관찰을 중시) 간의 차이는 쥐 혈통 간 차이와 같다고 익살스럽게 이야기했다. 유럽 쥐는 통찰을 위해 조용히 기다리며 앉아 있는 반면, 미국 쥐는 집 주변을 허둥지둥 돌아다니며 심리학자가 관찰할 수많은 행동을 제공하는 활동가다.

Skinner는 비둘기 실험도 했다. 그는 제2차 세계대전 당시 군에 있을 때 한 건물에 배정을 받았는데 비둘기가 종종 건물의 유리창에 날아들곤 했다고 말했다(1963). 그 당시 할 일이 그리 많지 않았기 때문에 그는 동료들과 함께 비둘기에게 여러 가지 행동을 훈련시키기 시작했다. 후에 이것은 비록 완전히 적용되기 전에 폐기되기는 했지만, 미사일을 적의 항공기에 전달하도록 비둘기를 훈련시키는 성공적인 프로젝트로 발전하였다. '비둘기 프로젝트'는 Skinner에게 개인적으로나 전문가적으로 좌절을 안겨 주었지만 그의 관심을 실험실에서 적용 장면으로 옮기는 데에 밑거름이 되었다(Capshew, 1993).

인간에 대한 조작적 조건화 기술의 초기 적용은 동물과 인간 행동을 좌우하는 원리를 정립하는 것이었다. 인간 행동을 변화시키기 위한 이 원리의 사용은—일반적으로 행동수정(behavior modification)이라고 함—실제로 1960년대까지 실험실 장면에서 나온 것이다. 저자 중 한 명은 1961년의 실험심리학 강의에서 조작적 조건화는 간단한 인간 행동에 적용될 수 있다고 들었던 것을 기억한다. 예를 들어, 교수가 강의실의 한쪽에 서서 강의할 때만 흥미 있게 쳐다봄으로써 교수의 행동을 조건화시킬 수 있다는 학생들을 그 교수는 비웃었다. 자신은 그 기술을 이미 알고 있기 때문에 그런 식으로 자신의 행동을 수정하는 것은 불가능하다고 주장했다. 그러나 그는 틀렸다. 그다음 강의가 끝날 즈음 그는 강의실의 한쪽 구석에 서 있었다.

그러나 그 시절에 Skinner(1953)가 조작적 조건화 기술을 복잡한 인간 행동에 이론적으로 적용하고, Ayllon과 Michael(1959), 그리고 Birnbrauer, Bijou, Wolf와 Kidder (1965) 등의 선구적인 연구들이 있었음에도 불구하고, 그러한 원리의 사용이 미국 심리학과 교육 및 경제를 포함한 다른 원칙에도 지대한 영향을 미칠 것이라고 예측하는

조작적 행동은 자발적으로 방출되고, 수동적 행동은 자극에 의해 방사된다.

응용행동분석은 사회적으로 중요하고 관찰 가능한 행동을 다루어야 한다. 행동과 중재 간의 관계가 증명되어야 한다.

사람은 거의 없었다. 실제 생활에서 행동수정의 적용이 보급된 것은 연구의 결과로 새로운 학술지인 『응용행동분석(*Journal of Applied Behavior Analysis*)』이 1968년에 창간되면서부터다. 학술지 제1권 제1호에서 Baer, Wolf와 Risley(1968)는 응용행동분석을 "때로 모호한 행동 원리를 특정 행동의 개선에 응용하는 과정, 그리고 나타난 어떤 변화가 정말로 적용과정에 의한 것인지를 동시에 평가하는 것"(p. 91)이라고 정의하였다.

Baer 등(1968)은 응용행동분석으로서 적합한 연구는 사회적으로 중요한 행동을 변화시키는 것이어야 하는데, 그 연구는 연구자에게 편리하기 때문이 아니라 변화될 필요가 있기 때문에 선택된 것이어야 한다고 지적하였다. 그것은 관찰 가능하고 양화 가능한 행동을 다루어야 하며, 객관적으로 정의되거나 사례를 들어 정의되어야 하며, 변화될 행동과 반드시 있어야 할 중재 간의 기능적 관계에 대한 명백한 증거가 있어야 한다. 최근 1968년 이래 응용행동분석의 진전에 대한 회고적 분석에서 이 연구자들(Baer, Wolf, & Risley, 1987)은 실제 생활에서의 실패와 관련된 상당한 반대에도 불구하고 응용행동분석이 유지되어야 함을 주장하였다. 그들은 "현재의 이론은 이론적 실패라기보다는 기술적 실패로서, 좀 더 경제적인 것으로 인식되어야 하는 것임에도 불구하고 지나치게 폐기되어야 하는 것으로 간주되어 왔다."(p. 325)라고 말했다. 다시 말하면, 우리는 아직도 우리가 아는 것을 항상 실제로 작동되도록 만들 수는 없지만, 이것은 응용행동분석이 원리로서 부적절하다는 것을 의미하는 것이 아니라 실행의 문제라는 것이다.

응용행동분석은 행동수정보다 더욱 엄격하게 정의된다. 앞서 예로 든 일화에서 Grundy 교수는 분명히 행동수정에 성공하였다. 그러나 분석의 준거를 충족시키는 것에는 실패하였는데, 그는 그의 기술이 행동을 변화시켰는지 혹은 변화가 단순히 우연의 일치였는지를 확실히 알아낼 방법을 가지지 못했다. 변화된 행동의 자료를 유지하는 것(혹은 그러한 자료의 부족)은 응용행동분석에서 매우 중요하다. 그러한 자료는 장애 학생들을 위한 여러 가지 절차, 즉 6장에서 논의될 행동기능분석, 그리고 장애를 확인하는 절차의 일부로 사용되는 중재에 대한 반응(Responsiveness to Intervention: RTI)(Bradley, Danielson, & Doolittle, 2007) 등의 절차에 필요하다. 이 책은 교사가 응용행동분석가, 효과적인 행동수정가 그리고 학생의 모든 수행에 포함된 학습의 원리를 효율적으로 분석하는 사람이 되도록 도울 수 있게 구성되어 있다.

응용행동분석의 원리를 배우고 실행하는 교사는 학생이 체계적이고 효율적인 방식으로 기능적 · 학업적 기술을 숙달하도록 도울 수 있으며, 부모나 다른 전문가에게 학생의 진전을 증명해 보일 수 있다. 그들은 행동을 긍정적으로 관리할 수 있기 때문에 학습에 전념하여 가르칠 수 있다. 그들은 학생이 또래나 성인과 잘 지내도록 가르칠 수 있으며, 훌륭한 선택을 할 수 있도록 가르칠 수 있다. 그리고 안전하고 흥미로우며 성공적인 학습환경을 제공함으로써 학생의 인생에 지대한 영향을 미칠 수 있다.

제2장

응용행동분석 절차의 책임 있는 적용

여러분은 알고 있습니까

- 어떤 사람은 행동수정과 뇌수술이 동일하다고 생각한다는 것을?
- 인도주의자인 동시에 행동주의자가 될 수 있다는 것을?
- 규칙을 따르는 것이 항상 윤리적인 것은 아니라는 것을?
- 효과적인 절차는 사람을 놀라게 한다는 것을?
- 응용행동분석은 학생을 더욱 창조적으로 만들 수 있다는 것을?

이 장에서는 응용행동분석을 실행하는 사람들과 응용행동분석의 실행은 온당치 못하며 최악의 경우 윤리적으로 비난받아 마땅하다고 믿는 사람들이 제기한 문제들을 다룰 것이다. 먼저 자주 표명되는 관심과 그러한 관심을 야기할 만한 것들에 대해 살펴볼 것이다. 다음에는 특히 교육적 장면에서 사용되는 방법으로서의 행동적 절차에 대한 비판을 알아보고 그에 대해 논의할 것이다. 그리고 절차의 사용에 대한 윤리적 지침이 제안되고, 절차와 원리를 완전히 이해하기 위한 논거가 제공될 것이다.

1 응용행동분석에 대한 관심

행동을 변화시키기 위하여 조작적 절차를 사용하는 것에 대한 반론은 몇 가지 정보에 근거하고 있다. 이러한 기법을 설명하는 데에 가장 일반적으로 사용되는 **행동수정**이라는 용어는 몇 가지 혼란을 야기하여 왔다. 수정이라는 단어가 변화와 동의어이기 때문에 행동수정이라는 용어는 행동을 변화시키는 잠재력을 가진 어떤 절차로 흔히 잘못 사용되어 왔다. 이러한 용어의 혼란이 우리가 응용행동분석이라는 용어를 더 좋아하는 이유 중 하나다.

조작적 절차에 대한 다른 반론은 행동을 변화시키려는 체계적인 노력이 강압적이기 때문에 비인간적이라고 느끼는 사람들이 제기하는 것이다. 이러한 견해를 가진 사람들은 흔히 스스로를 '인도주의자'로 묘사한다. 그들의 반론은 결정론자적인 견해의 거부와 자유로운 의지 및 개인적 자유의 옹호에 기초하고 있다. 이러한 인도주의적 가치의 직관적인 매력은 인도주의자로 하여금 행동적 절차를 거부하게 만드는데, 앞으로 알게 되겠지만 그러한 반론은 흔히 논리적 근거가 취약하다.

응용행동분석 절차에 대해 관심을 많이 가지는 이유 중 하나는 이 접근법이 가지는 효과에 있다. 많은 사람들이 비효과적인 기법이나 효과의 검증이 부족한 기법에 대해 아무렇지도 않게 생각하는 것은 매우 역설적이다. 이 사람들은 응용행동분석에 기초한 다른 절차도 거부하는데, 그것이 예측 가능하고 일관적인 행동 변화를 가져오기 때문이다.

"행동주의 악마의 파멸과 인지적 가치의 지배권"(Schnaitter, 1999, p. 209)을 가져오기 위한 전투는 1970년대와 1980년대에 절정에 이르렀고, 그 비판의 백열은 Schnaitter의 묘사에 잘 나타나 있다. 응용행동분석은 1980년대에 특수교육을 하지 않는 연구자나 교사들에게 사실상 무시되었는데(Axelrod, Moyer, & Berry, 1990), 아마도 전투가 승리를 거두어 '행동주의'를 패배시켰다고 인식되었기 때문이었던 것 같다. 논쟁이 한창일 때 우리는 대학원에 재학 중이었고 동료 중 한 명은 "행동주의는 죽었다!"라는 성명에 맞서 "뭐라고? 행동법칙이 취소되었다고?"라고 응수하였다. 응용행동분석은 최근 몇몇 특수교육자에 의해(Pugach & Warger, 1996) 다시 공격의 표적이 되었다(Haberman, 1995; Kohn, 1993). Axelrod(1996)는 이에 대한 몇 가지 이유를 제시하였다.

- 행동주의적 접근법은 작업량이 너무 많고 보상은 너무 적다.
- 행동주의는 교육과 심리학에서 인기가 있는 발달적 견해를 부정한다.
- 행동분석은 교육과 심리학의 보수 세력을 위협한다.
- 정적 강화는 사회적 수용성이 부족한 실행이다.
- 행동분석은 다른 심리학이나 철학과 같이 인간을 찬미하지 못한다(pp. 248-253).

행동주의적 원리에서 유래한 직접교수(Engelmann et al., 1988; Schug, Tarver, & Western, 2001)를 사용하여 읽기를 가르쳐 본 사람이라면 누구나 그것이 학생에게 교육적으로 풍부한 환경을 제공하고 읽기능력이 생길 때까지 기다리는 것임을 알 수 있다. 행동지원계획을 실행하는 것은 학생을 교장실로 보내어 처분받게 하고 학교에서 내쫓는 것보다 훨씬 어렵다. 행동적 접근법은 보상을 주지 못한다는 Axelrod(1996)의 주장은 대부분의 응용행동분석가들이 교육과 같은 상대적으로 낮은 임금의 직업을 가진다는 점에 근거한다. 다행히도 응용행동분석을 사용하는 이들에게는 돈보다 더 중요한 다른 강화인자가 있다. 아동이 읽기와 바르게 행동하기를 배울 때 대부분의 교사는 강화받는다.

최근 대중적 인기를 가지고 학교와 대학교 사범대학에서 제도화되어 있는 발달이론을 우리는 제1장에서 언급하였다. 그것은 물론 강력한 구조를 가지고 유지되고 있다. Axelrod(1996)는 수년 후에라도 "행동분석에 대한 문제가 제기되었을 때 오랜 동료의 헐뜯는 비평을 참아야"(p. 247) 한다고 지적하였다. 우리 중 한 명은 스스로 행동분석가라고 자처하는 교수가 단 두 명뿐인 매우 큰 학과에서 일하고 있다. 최근 교수회의에서 '구성주의 패러다임에 근거한'이라는 문구를 학과의 홍보용 문구에 삽입하자는 제안이 있었다. 우리 중 누구도 그것이 정확하게 무엇을 의미하는지 알지 못했으나, 그것이 우리에게 적합하지 않다는 것이라는 확신이 들었다. 다행히도 우리가 질문을 하기 전에 누군가가 주제를 다른 것으로 바꿨다.

Axelrod(1996)의 관심 외에도 우리는 왜 응용행동분석이 계속해서 논란의 대상이 되고 있는지에 대한 몇 가지 다른 이유를 살펴볼 것이다.

다른 절차와의 혼동

행동수정이라는 용어가 대중적으로 사용되는 것에 대한 공공연한 반대는 이 용어가 응용행동분석과 전혀 관련 없는 절차를 기술하는 데에 사용되기 때문이다. 인간에게 행동수정이라는 용어를 적용하기 시작했을 때 대중적 저널리스트(Holden, 1973; Mason, 1974; Wicker, 1974)와 행동수정 전문가조차도(McConnell, 1970) 행동수정이라는 제목하에 관련 없는 중재 절차를 다루거나 설명함으로써 응용행동분석의 이미지에 헤아릴 수 없을 만큼 많은 해를 끼쳐 왔다. 최면, 정신외과, 뇌이식, 약물치료, 전기충격요법 등이 모두 이 호칭으로 취급되어 왔다. 그러한 절차들은 분명히 행동을 변화시키지만 행동주의적 원리를 적용함으로써 행동을 체계적으로 변화시키는 것과는 무관하다. "정신분석, 게슈탈트 치료, 원초적 비명 치료, 강의, 책, 직업과 종교"(Goldiamond, 1975, p. 26) 등을 포함하는 치료적 중재를 행동수정이라는 제목하에 일원화하는 것은 필연적인 것인 동시에 잘못된 것이다. 비록 응용행동분석에 대한 많은 비판이 수년 전의 사용에 대한 반발이었지만, 보다 최근의 출판물에서는 많은 아동을 가르치는 공교육의 실패에서 미국의 윤리 파괴에 이르기까지 모든 것에 대한 행동적 절차가 비난의 대상이 되어 왔다(Haberman, 1995; Kohn, 1993, 2001).

응용행동분석은 전기충격요법이나 뇌수술은 물론 약물의 사용도 포함하지 않는다. 행동적 절차를 적절하고 효과적으로 적용하면 그러한 극단적인 중재를 할 필요가 없게 된다. 이것은 과잉행동 아동(Ayllon, Layman, & Kandel, 1975)이나 주의력결핍장애 아동(Rapport, Murphy, & Bailey, 1982)을 위한 약물의 대안으로서 정적 강화를 사용한 연구에서 공고히 입증되어 왔다. 행동수정이 궁극적으로 수술, 약물 그리고 그와 유사한 행동변화 기술의 사용을 줄일 것이라는 예측이 가능하다. 그러므로 용어의 잘못된 사용이 그러한 훌륭한 과학기술에 더 적대감을 가지게 하는 것은 매우 불행한 일이다.

행동수정이라는 용어는 인간 행동을 실험적으로 분석한 절차에 대해 사용될 때만 올

응용행동분석은 최면, 전두엽 절제술, 뇌이식, 약물치료 혹은 전기충격 요법이 아니다.

바른 것이다. 대중의 마음속에 이 용어가 다른 절차와 연계되어 있기 때문에, 안타깝게도 사용을 피하는 것이 최선일 것이다. 부모에게 행동수정을 사용한다고 말하는 교사는 부정적 반응에 대비해야만 한다. 우리는 결코 행동수정의 기술을 포기하지 않을 것이지만, 단지 교사가 지식이 없는 사람이나 잘못 알고 있는 사람에게 용어를 사용하지 않을 것을 제안한다. 많은 경우에 행정가와 동료 교수를 포함한 다른 전문가들은 부모와 학교 위원회 위원만큼이나 혼란스러워한다. 예비교사 교육 프로그램에서 폭넓게 사용되고 있는 교재가 이러한 혼란을 가중시킨다. 그러므로 아동에게 가르치는 것처럼 예비 전문가를 교육시킬 필요가 있다. 전문용어의 사용은 행동 지향의 실행가에게 시종일관 문제를 야기하여 왔다. 사람들을 혼란시키는 것은 행동주의자가 하고 있는 것이 아니라 사람들이 그것을 참고하는 방법이라고 할 수 있다. 교사는 그들 간에도 절차를 조심스럽게 말해야 한다. 프로그램 자체가 적절한데도 프로그램을 설명하는 방법 때문에 문제는 일어날 수 있다.

Risley(1975)는 처음에는 인정되지 않았던 타임아웃 절차를 설명하였는데, 그것이 인정받지 못한 이유는 단기 배제를 위한 구조물을 '상자'로 표현하고 절차를 '상자 안에 대상을 집어넣는' 것으로 표현했기 때문이었다. 잘못된 단어의 사용은 프로그램이 승인받지 못하는 결과를 가져왔다. 경박한 명칭을 사용했던 우리는 절차를 잘못 이해하고 있는 사람들과 이야기할 때 더욱 말조심을 하게 되었다.

Carr(1996)는 부모와 행동분석가가 아닌 교육자들을 포함한 일반인들에게 말할 때 좀 더 철저하게 언어를 수정할 것을 제안하였다. 그는 기술적인 언어보다는 윤리적이고 열정, 존엄성, 정직 등의 가치에 초점을 맞춘 언어의 사용을 주장하였다. 다시 말해, 미래의 행동 가능성을 증가시키기 위하여 정적 강화를 사용한다고 말하기보다는 "그것이 개인을 더욱 좋게 이끌 수 있고 삶을 더 풍족하게 만들며(존엄성) 진정으로(정직) 제공되는 인도적인 절차(열정)이기"(p. 266) 때문에 그것을 사용한다고 말해야 한다는 것이다. 물론 이것은 현혹시키고자 하는 것이 아니다. 우리는 대부분의 행동분석가들이 정직하고 열정적이며 모든 개인의 존엄성을 지지한다고 믿고 있기 때문이다.

논쟁적 절차에 대한 반응

모든 오해와 적대감이 이 분야 밖의 사람에게서 오는 것은 아니다. 대중뿐만 아니라 때로는 전문가도 행동의 실험적 분석에서 나온 절차를 수용하지 못한다. 일부 부모와 교육자조차도 학생이 내재적으로 동기화되어야 하며 체계적인 정적 강화는 내재적 동기를 감소시킨다고 주장하면서 그 사용을 거부한다(Balsam & Bondy, 1983; Benabou & Tirole, 2003; Kohn, 1993, 2001, 2006). 실제로 이러한 주장에 대한 증거는 거의 없다(Cameron, Banko, & Pierce, 2001). Cameron과 Pierce(1994)는 96개의 출판된 연구물을 검토한 결과, 내재적 동기는 정적 강화가 사용되었을 때 감소되기보다는 증가한다는 것을 밝혔다.

사람들이 고통과 불편함을 야기하는 절차와 배제의 사용을 거부하는 것은 이해할 수 있다. 비록 이것이 행동분석가가 사용하는 도구의 극히 일부일 뿐이라고 하더라도 이것은 언론과 대중 그리고 사법부로부터 불균형적인 관심을 받아 왔다(Stolz, 1977). 혐오적이거나 배제적인 절차가 다음과 같은 두 가지 측면에서 문제를 가져올 수 있다는 것을 지적하는 것만으로 충분하다.

1. 그들의 잘못된 사용이 흔히 일어나며 사용자들이 이것을 행동수정으로 묘사한다.
2. 그들의 사용은 적절할 때조차도 다른 행동적 절차보다 더 많은 관심을 야기한다.

어떤 개인, 특히 장애인에게 고통이나 불편함을 야기하는 절차가 관심의 대상이 된다는 것은 전적으로 이해할 수 있다. 혐오적 절차에 대한 논쟁은 제9장에서 논의된다.

> 혐오적이고 배제적인 절차의 사용에 대한 지침은 제9장에 제시되어 있다.

강제에 관한 염려

응용행동분석이 비인간적이라는 지적은 모든 인간이 행동을 개인적으로 선택할 자유를 가져야 한다고 전제하고 있다. 행동적 절차를 비난하는 사람은 다른 인간의 행동을 변경하기 위한 체계적인 시도는 강제적이므로 비인간적이라는 것에 흥미를 가진다.

행동적 기법에 대한 이러한 비난은 자유 의지라는 철학적 개념에 기초하고 있다. 자유 의지에 대한 옹호자들은 인간 행동을 개인 내에서 솟아나는 힘의 소치로 보기 때문에 예측이나 조절의 대상이 아니라고 보는 경향이 있다. 이것은 Axelrod(1996)가 설명한 인간 찬미의 예다. 다시 말해, 사람은 자신이 그것을 하기로 결정했기 때문에 한다는 점에서 동물과는 다르다는 것이다. 반면에 결정론적 견해는 인간 행동이 정당행동(lawful behavior, 예측의 대상)이며 그 원인은 환경적 사건에서 확인될 수 있다고 본

> 행동에 법칙이 있다는 신념은 인간이 그들이 할 것을 선택함에 있어 자유롭지 못하다는 것을 의미하는 것이 아니다.

다. 결정론자는 각 사건 간의 체계적 관계를 인정하고(Mahoney, Kazdin, & Lesswing, 1974), 인간 행동을 체계의 일부로 생각한다. 이러한 대조적인 견해는 인간 행동이 정당한 예측의 대상이라는 결론에 도달한다. 사람들은 과거의 사건과 현재의 상황 때문에 일하거나 일할 것을 결정한다. 사건들 간에는 질서가 있다는 의미에서 정당하다는 용어의 사용과 권위주의적 통제를 구분하는 것은 중요하다. 응용행동분석에 대한 많은 비난은 간단한 개념의 오해에서 비롯된 것으로 예측된다(Dollard, Christensen, Colucci, & Epanchin, 1996; Nichols, 1992). 여기에서 사용되는 의미로 정당하다는 것은 자연적으로 발생하는 사건 간의 관계를 의미하는 것이며 인간 행동에 대해 법적으로 필요한 법규를 제정한다는 의미가 아니다.

정의에 따르면 응용행동분석가 또한 결정론자다. 그들은 "인간 행동을 다루는 데에 결정론(determinism)의 가정은 정당하고 또한 중요하다."(Craighead, Kazdin, & Mahoney, 1976, p. 172)는 확고한 증거를 가지고 있다. 이러한 확신은 방대한 심리적 연구를 토대로 하고 있으며, 전체는 아니지만 그들 중 일부는 스스로를 응용행동분석가라고 자처하는 사람이 실행한 연구다. 사건과 행동 간의 정당한 관계에 대한 가정은 인간 자유의 거부를 의미하는 것이 아니다. 응용행동분석가에게 "자유란 사람에게 부여된 많은 선택권과 그것을 행사할 권리로 정의된다."(Bandura, 1975, p. 865) "Skinner의 생각을 오해하여 행동분석을 개인이 대안적 반응을 선택할 능력을 제거하는 것이라고 믿는 것"은 불행한 일이다(Newman, Reinecke, & Kurtz, 1996, p. 277). 행동분석의 목적은 그러한 선택이나 대안적 반응을 감소시키는 것이 아니라 증가시켜서 개인의 자유를 증대하는 것이다. 영어에서 계속 낙제하는 고등학생은 대학에 입학하는 데에 자유롭지 못하다. 또래와 상호작용하는 것을 두려워하는 아동은 친구를 사귀는 데에 자유롭지 못하다. 심각한 행동적 결함을 가진 사람은 선택의 여지가 없다. 주변으로 이동할 수도 없고 기본적 욕구에 주의할 수도 없으며 자신의 환경을 어떤 방법으로 통제할 수도 없다. 이러한 선택에 관한 강조는 이 장의 후반부와 이 책 전반에 걸쳐 언급될 것이다. 이것은 모든 이들에게 적절한 교육적 서비스를 제공하는 초석이다.

결정론적 태도를 이해하는 데에 있어서의 주요 개념은 행동과 환경 간의 관계가 상호적이라는 것이다(Bandura, 1969; Craighead et al., 1976). 환경적 사건은 행동을 조절하지만, 행동은 필연적으로 환경을 변경시킨다. 이러한 상호적 관계가 사람 간에 존재한다. 행동수정가의 행동은 수정 대상자의 행동에 의해 변화된다. 따라서 모든 사람들은 다른 사람의 행동에 영향을 미치고 그들의 행동을 조절한다. 조절을 포기하는

행동주의자들은 자유를 선택하고, 선택권을 행사하는 개인의 능력으로 정의한다.

것은 불가능하다. 그것은 우리가 다른 사람의 행동에 불가피하게 영향을 미치기 때문이다(Bandura, 1975; Rogers & Skinner, 1956). 예를 들어, 거의 웃지 않는 아이는 주변 사람에게 아주 상냥하지 않고, 그래서 교사와 다른 아동은 그를 피하게 된다. 만일 교사가 가끔씩 볼 수 있는 아이의 행복한 얼굴 표정을 체계적으로 강화하면 아동은 더 자주 웃게 될 것이다. 웃는 아동은 활동하고 상호작용하는 데에 상냥하기 때문에 아동 스스로 교사를 포함한 다른 사람을 더 많이 강화하게 될 것이다. 동시에 아동은 웃는 것을 강화하는 기회를 더 많이 가지게 될 것이다.

　이 교재에서 살펴본 것과 같이 행동적 기법은 탈인간적이지도 않고 비인간적이지도 않다. 목적이 인도적(humane)인 것이면 우리는 거기에 도달하기 위해 이용할 수 있는 가장 효과적인 방법을 제공해야 한다. 많은 사례에서 입증된 응용행동분석 절차의 효과는 사람으로 하여금 가장 인도적인 선택을 하게 만든다.

　다음의 예는 인도주의자와 행동주의자 간의 충돌을 설명하고 있다. 우리는 여러분이 이 예에서 실행의 가치를 생각해 보기를 바란다. 에피소드는 거의 40년 전의 것으로, 그 시절의 응용행동분석은 미발달기였다. 오늘날에는 혐오적 통제를 고려하기 전에 기능분석 같은 더욱 세분화된 절차가 실행된다. 그러나 우리는 이 이야기가 매우 생생해서 여기에 소개하고자 한다.

　다른 대학에 있는 동료 한 명이 우리에게 비디오테이프 한 편을 보여 주었다. 주인공은 시설에 있는 한 초등학교 소녀였다. 머리를 심하게 흔드는 아이였는데, 그래서 그런지 풋볼용 헬멧을 쓰고 있었다. 아이가 헬멧을 벗으려고 하기 때문에 손을 밑으로 내려 침대에 매어 놓았다. 아이는 계속해서 목을 흔들고 기회가 있을 때마다 머리를 뽑았다. 그래서 얼굴은 항상 멍들어 있었고 머리카락은 거의 없었으며 목은 말처럼 굵었다. 아이는 말을 하지 못했다.

　나의 동료와 스태프는 모든 강화인자를 총동원하여 아이를 위한 프로그램을 계획하였다. 아이를 데려와서 프로그램을 적용하였지만 아이는 계속해서 전형적인 행동을 고집하고 있었다. 자포자기의 심정으로 마지막 무기가 등장하였다. 아이가 머리를 흔들 때 나의 동료가 "하지 마!"라고 소리치면서 동시에 뺨을 때렸다. 아이는 잠시 동안 잠잠해졌다가 다시 흔들었고 또 벌이 가해졌다. 나의 동료는 12번 가까이 뺨을 때리고 방이 울리도록 "하지 마!"라고 소리쳐야 효과를 나타냈다고 말했다. 이러한 중재는 단기간에 주당 한 번으로 줄어들었고 수 주일 동안 시행되지 않게 되었다. 그러면서 풋

볼 헬멧을 벗게 되었고 아이는 식탁에서 먹기 시작했다. 아이는 잠도 보통 침대에서 잤고 머리가 자라서 금발의 예쁜 소녀가 되었다. 1년 내에 아이는 모범적인 행동을 하는 소녀 집단에 합류했다. 아이는 자주 웃었다.

부모는 아이가 속해 있던 시설에서 아이가 맞은 것을 알게 되었다. 그들은 즉시 아이를 데리고 갔다. 비디오테이프의 마지막 장면은 시설에 있는 아이의 뒷모습이었다. 아이는 침대에 가죽 끈으로 매여 있고 손은 옆으로 묶여져 있다. 헬멧을 쓰고 있고 머리가 뽑혀져 나갔다. 얼굴은 멍들어 있고 목은 거의 말의 목만큼이나 굵다(Goldiamond, 1975, pp. 62-63).

2 응용행동분석 절차의 윤리적 사용

모든 교사는 자신이 응용행동분석가든 아니든 간에 윤리에 관심을 가진다. 교사가 윤리적으로 행동할 수 있는 방법을 설명하기 전에 윤리 자체의 개념에 대해 논의하고자 한다. 결정이나 행동은 그것이 옳으면 윤리적이다. 물론 이것은 실망스럽게도 단순한 문구다. 무엇이 옳은가에 대한 결정과 그것이 옳다고 어떻게 결정할 것인가는 Aristoteles 시대 이래로 철학자의 몫이었다. 단순하게 말해서 옳은 일을 하고 있는 교사는 윤리적으로 행동하고 있는 것이다. 그러나 옳은 일을 한다는 것은 비난을 회피하거나 일련의 윤리적 지침이나 표준을 따르는 것 이상을 의미한다. 장애아동협의회(Council for Exceptional Children)(2010)와 행동분석자격위원회(Behavior Analyst Certification Board)(Bailey & Burch, 2005)와 같은 몇몇 단체에서는 이러한 지침을 제공하고 있으며, 교사와 기타 전문가들은 이러한 내용에 익숙해야 하고 잘 따라야 한다. 우리는 "교사가 규칙을 따르는 것보다 윤리적인 존재가 되는 것에 더 관심이 많다."(Watras, 1986, p. 14) 단순히 무언가가 수용된다고 해서 그것이 옳다고 보장되는 것은 아니다(Kitchener, 1980). 수 세기에 걸쳐 규칙을 따르는 사람들은 옳지 않은 일을 해 왔고, 어떤 규칙도 모든 우발성을 망라하지는 못한다. 교사는 지침이 없을 때에도, 혹은 행동이 지침과 갈등을 빚을 때에도 윤리적으로 행동하도록 준비되어야 한다.

교사가 되기를 꿈꾸는 예비교사가 윤리적인 존재가 되게 하는 방법은 교사양성기관의 교육자들에게 관심의 대상이다. 『교사교육저널(*Journal of Teacher Education*)』(1986)은 거의 전적으로 이 문제를 다루고 있다. 다른 관심 있는 전문가의 공개토론회

있을 법한 비난에 대해 잘 알면 모르고 말하는 사람들의 불필요한 방해를 피해갈수 있다.

에서 윤리적 딜레마를 논의하는 것은 윤리적 논거를 발달시킨다는 데에 의견의 일치
가 이루어졌다. 윤리는 하나의 과정에서 다루어져서는 안 되며 모든 과정에 충만하여
야 한다. 만일 여러분의 수업에서 윤리적인 문제가 논의되지 않는다면 우리는 그 주
제를 다룰 것을 제안한다.

　윤리적으로 행동해야 하는 첫 번째 이유는 옳다고 믿는 것을 소신대로 행동하기 위
함이지만 다른 이유도 있다. 사람들이 교사가 옳은 일을 행하는 것에 관심을 가진다
는 것을 교사는 항상 염두에 두어야 한다. 앞에서는 행동적 기법이 사용될 때 사람들
이 윤리에 대해 염려한다는 것에 대해 살펴보았다. 만일 교사가 윤리적으로 행동하는
것에 특별히 신경 쓰지 않고 다른 사람에게 그들이 윤리적으로 행동한다는 믿음을 주
지 못하면, 그들은 교실에서 이루어지는 모든 것을 단지 통제만 하는 비교육자가 되
고 말 것이다.

　응용행동분석을 실행하는 사람들은 중재가 윤리적인지를 결정할 때 수많은 요인이
고려되어야 한다는 데에 의견을 함께해 왔다. 여기에는 "지역사회 기준, 법, 보편적
철학, 개인적 자유, 내담자의 태도와 느낌뿐만 아니라 동의를 통한 내담자의 책임" 등
이 포함된다(Sulzer-Azaroff, Thaw, & Thomas, 1975). 학교에 다니는 아동이나 시설에
거주하는 아동인 경우, 부모나 보호자에게 현재 적용되고 있거나 적용이 제안된 절차
에 대해 어떻게 생각하는지 의견을 묻는 것이 중요하다. 행동주의자가 태도나 느낌과
같은 객관적 기준에 대해 스스로 관심을 가지는 것이 이상하게 보일지도 모르겠지만,
Wolf(1978)는 타당한 사례를 통하여 이러한 요인이 고려되어야 하는 것을 설명하였
다. 만일 참여자가 프로그램을 좋아하지 않으면, 그는 "그들은 그것을 피하거나 도망
치거나 아니면 크게 불평할지도 몰라."(p. 206)라고 말한다. Wolf는 목적과 절차 그리
고 결과에 대한 사회적 타당도가 확립되어야 한다고 주장한다. 사회적 타당도(social
validity) 혹은 소비자 만족도(Holman, 1977)는 간단히 말해 프로그램이나 절차의 수용
가능성이다. 사회적 타당도 평가는 이 분야에서 전통적으로 사용되어 오지 않은 자료
수집 방법, 예컨대 질문지, 면담, 조사 등을 통해서 응용행동분석가가 해야 한다. 그
러한 자료를 통하여 사회적 타당도에 관한 결론이 낮게 나올 수 있다. 그러나 "사회적
타당도에 맞지 않은 질문조차도 전혀 질문을 하지 않은 것보다는 낫다고 할 수 있다.
소비자에게 불만이나 불평을 표현할 기회를 주는 것은 최소한 돌이킬 수 없는 반발을
예방해 줄 수 있다"(Baer, Wolf, & Risley, 1987, p. 323). 최근 응용행동분석을 적용한 연
구논문들은 사회적 타당도 문제를 명시하고 있다.

Stainback과 Stainback(1984)은 "연구가 사회 및 교육적으로 적절한지에 대해 더 관심"(p. 406)을 갖는 질적 연구방법에 대한 관심이 증가하고 있다고 지적하였다. Simpson과 Eaves(1985)는 객관적 측정과 같이 수량화하기 위한 시도를 촉구하였다. 행동적 절차를 사용하는 교사들이 학급 내에 있는 것 외의 요인에 스스로 관심을 가져야 한다는 것은 명백한 사실이다. 목적, 절차, 결과는 교육 소비자—학생, 부모, 지역사회—에게 수용될 수 있어야 한다. 교사와 연구자가 대부분의 지역사회에 존재하는 다양한 문화와 그에 어울리는 목적과 절차 그리고 결과를 선정하는 데에 관심을 가지는 것은 매우 중요하다.

우리는 여러분에게 윤리적으로 행동하는 것이 여러분의 최고의 관심사라는 것을 깨닫게 하고 싶다. 비록 우리가 지침이 완전하지 못하다는 것을 더 일찍 인정했다고 하더라도 우리는 무언가를 제공하지 않는 것은 비윤리적이라고 믿는다. 학생의 권리를 보호하는 데에 초점을 맞추지 않은 윤리적 견해를 상상하기란 어려울 것이다. ABA(Association for Behavior Analysis) 집행부에서 승인한 성명서에는 교사가 여러 가지 문제에 대해 윤리적 의사결정을 할 수 있도록 근거를 제공하는 개인의 권리에 대한 목록이 포함되어 있다. 우리는 개인의 권리가 보호되도록 노력할 것이다.

성명서는 다음과 같이 시작된다. "우리는 행동을 변화시키고자 하는 치료 수용자 혹은 잠재적 수용자가 ① 치료적 환경, ② 개인의 복지가 최우선 목적인 서비스, ③ 유능한 행동분석가에 의한 중재, ④ 기능적 기술을 가르치는 프로그램, ⑤ 행동적 사정과 지속적인 평가, ⑥ 이용할 수 있는 가장 효과적인 중재 절차"(Van Houten et al., 1988, p. 111)에 대한 권리를 가진다는 것을 제안한다.

치료적 환경

치료적 환경은 "안전하고 인도적이며 개인의 요구에 반응적인" 것이다(Van Houten et al., 1988, p. 111). 그것은 또한 즐거운 것이다. 더욱이 장애 학생을 위한 환경은 최소 제한적이어야 한다. 최소 제한적 환경은 모든 학생에게 일반학급이나 일반학교일 필요는 없다. 그것은 "개인의 안전과 발달을 보장하면서 최소의 제한만을 두는 것을 의미한다. 장소의 형태나 위치보다는 개인의 이동의 자유와 선호하는 활동에의 접근성은 최소 제한적 환경을 정의하는 특성"(p. 112)이다.

최근 몇몇 교육자는 모든 아동에게—심각한 장애를 가졌더라도—적절한 유일한 환

경은 같은 연령의 또래와 함께하는 일반학급이라고 주장하였다. **통합**(full inclusion)
(Stainback & Stainback, 1992)에 관한 논의에는 안전의 문제와 일반학급에서 모든 장애
아동의 개인적 요구에 응하는 인도적 환경이 가능한지의 문제가 포함되어야 한다. 장
애 학생의 통합을 옹호하는 사람들은 일반 학생이나 장애 학생에게 있게 될 긍정적이
거나 부정적인 효과는 문제가 아니라고 주장한다. 장애 학생들을 위한 분리된 교실은
차별을 만들어 낸다. 통합은 시민의 권리이고 어떤 학생이든 배제하는 것은 **비윤리적**
(unethical)이다(Laski, 1991). 안전한 환경을 제공해야 한다는 것은 논란의 여지가 없다.
그것은 학생이 접근하지 못하도록 위험한 물건을 옮기거나 보관하는 것 같은 비교적
간단하고 쉬운 일이지만 너무나 자주 무시된다. 학생이 다른 학생을 교사의 뾰족한
가위로 찌를 때, 우리가 가질 수 있는 첫 번째 의문은 학생이 파괴적인 행동을 할 수도
있는 교실에 왜 가위가 노출되어 있느냐는 것이다.

　　교실 밖 학생의 안전도 보장되어야 한다. 예를 들어, 장애 학생은 또래로부터의 언
어, 신체 그리고 성적 학대에 특히 취약하다. 모든 아동에 대한 국가적 관심이 된 왕따
는 이러한 학생들에게 더 큰 위험이 될 수 있다(Flynt & Morton, 2004). 학생의 안전은
복도, 화장실, 매점, 운동장 및 버스에서 점검되어야 한다. 또래는 학생을 학대하거나
무시하는 유일한 사람이 아니며, 일반 학교와 학급은 학대나 무시가 발생할 수 있는
유일한 장소가 아니다. 최근 저자 중 한 명이 살고 있는 도시에서 기숙제 시설에 살고
있는 한 학생이 밤새 학교버스에 남겨져 있었다. 부모는 아이가 시설에 있다고 생각
했고, 시설의 직원은 늘 해 왔던 것처럼 부모가 집으로 데리고 갔다고 생각했다. 누군
가는 점검했어야 했다.

　　인도적 환경을 제공한다는 것은 학생을 무시하거나 학대하지 않는 것 이상을 의미
한다. 모든 인간은 존엄한 대우를 받을 권리가 있다. "최소한의 위엄을 갖춘 치료는
위생, 청결, 안락, 예의 바른 의사소통과 동의의 시도 등을 필요로 한다." (Schroeder,
Oldenquist, & Rohahn, 1990, p. 105) 그것은 학생이 너무 어리거나 이해 기능이 너무 낮
더라도 학생 앞에서 그들의 문제에 대해 말하지 않는 것을 의미한다. 그것은 학생의
행동이 '재미있는' 것일지라도 방문자에게 '그것을 하게' 하지 않는 것을 의미한다.
또한 나이가 많은 장애 학생에게 다른 사람이 보는 앞에서 옷을 갈아 입혀 주는 것처
럼 어린아이 취급을 하지 않는 것을 의미한다. 최근에 우리는 교실 한쪽을 차단하여
만든 휴대용 변기에 앉아 있는 20세의 장애인을 소개받은 일이 있었다. 그것은 비인
도적이고 비윤리적인 것으로 존엄성에 위배되는 것이다.

개인의 요구에 민감한 환경은 개인에게 편안한 장소와 볼 만한 흥미로운 것 그리고 나이에 맞고 기능적인 활동에 참여할 기회를 제공한다. 그것은 학생에게 무엇을 할 것인가, 언제 할 것인가, 어떻게 할 것인가를 선택하게 해 준다. 최근에는 장애인들의 적절한 학습 및 사회적 행동을 증가시키기 위한 전략으로 그들에게 선택권을 제공하는 것이 강조되고 있다(Mizener & Williams, 2009; Sigafoos, 1998). 특히 아동과 장애인에게 있어, 선택을 하는 권리는 그들이 올바른 선택을 할 수 있도록 도울 조력자의 책임감과 균형을 이루어야 한다(Bannerman, Sheldon, Sherman, & Harchik, 1990). 물론 아동들은 그들이 원하지 않는 일을 불가피하게 해야 할 것이다. 이러한 일은 정적 강화와 성취감을 이끌어 내야 한다. 어쨌든 성인은 흔히 싫어하는 일을 하고 자신이 그것을 한 것에 기뻐한다. 예를 들어, 우리는 글짓기를 싫어하지만 완성된 글을 사랑한다.

개인의 복지가 최우선 목적인 서비스

학생의 행동을 변화시키고자 할 때 그 변화가 학생에게 이익을 가져다주어야 한다는 것은 명백한 사실이다. 그럼에도 불구하고 기숙제 시설(Wyatt v. Stickney, 1972)과 학교(Winett & Winkler, 1972)는 학생에게는 해가 되지 않지만 시설이나 학교의 기능을 파괴시킨다는 이유로 학생의 그러한 행동을 줄이기 위해 행동변화 프로그램을 우선적으로 사용한다는 비난이 있어 왔다. Winett과 Winkler는 1968년부터 1970년까지의 『응용행동분석지(*Journal of Applied Behavior Analysis*)』에 발표된 행동변화 프로그램에 관한 논문을 검토하였다. 그들은 논문의 대부분이 말하기와 움직이기를 억제하는 것과 입으로 소리내기, 웃기, 흥얼거리기 등과 같은 파괴적 행동을 억제하는 것에 집중되어 있다고 보고하였다. Winett과 Winkler는 응용행동분석의 기술이 학생에게 최고의 득을 주기보다는 "법과 질서"(p. 499)를 확립하는 데에만 사용되었다고 결론 내렸다. 그들은 또한 기숙제 시설도 이와 유사한 목적을 가진다고 언급하였다.

O'Leary(1972)는 목적의 신중한 검토가 중요하다고 한 Winett과 Winkler(1972)에게 동의하였지만 그들의 결론에는 동의하지 않았다. 그는 연구자들이 학업적 반응률, 말하기, 친사회적 상호작용, 언어와 읽기 기술 등에 관심을 가진 수많은 연구들을 인용하였다. Winett과 Winkler는 "우리가 아이들에게 가르치고자 하는 행동과 가치에 관한 범지역사회 토론의 장"(p. 511)에 O'Leary를 초청하였다.

응용행동분석 절차는 어떤 행동의 증가나 감소에 사용될 수 있다. 창의성(물론 관찰 가능한 행동으로 정의된) 같은 행동도 이러한 기술을 사용하여 증가되어 왔다(Malott, Whaley, & Malott, 1997). 학생 외의 사람들의 편리를 위해 절차 자체가 행동의 유지에 기여한다고 주장하는 것은 정당화될 수 없다. 목적을 적절하게 선정하여 "움직이지 않고, 조용하며 다루기 쉬운"(Winett & Winkler, 1972, p. 499) 쪽으로의 변화를 위한 기관 중심의 기준 적용을 예방하여야 한다.

선정된 목적이 학생의 최대 관심사가 되게 하기 위해서 학생이나 그 부모들은 자발적으로 목적에 동의해야 한다. 연방법은 장애가 있는 자녀를 위해 계획된 프로그램에 부모가 동의할 것을 요구하고 있다. 제안된 프로그램이 아동의 최대 관심사임을 결정하는 데에 부모가 여의치 않으면 변호사가 선임되어야 한다. 그러한 요구사항은 프로그램 참여가 자발적임을 보장하기 위한 것이다. 그러나 부모가 교육 프로그램 전체에 대해 동의해야 하는 것은 아니다. Martin(1975)은 학급 경영과 학생 동기를 위해 폭넓게 수용되고 있는 전략이 누군가의 승인을 필요로 하지 않으며 교사가 전략 변경을 결정할 때조차도 그러하다고 제안하였다. 승인은 아직 폭넓게 수용되지 않은 절차와 학생들에게 개인적으로만 적용된 절차에서 필요한 것이다.

행동변화 프로그램에의 자발적 참여를 보장하는 승인은 고지되어야 하고 자발적이어야 한다(Rothstein, 1990). 고지된 승인(informed consent)은 계획된 프로그램을 완전히 이해하는 것에 기초한다. 만일 부모나 변호인이 위험요소를 포함하여 프로그램의 모든 측면을 이해한다는 것을 확인해 주지 않으면 고지된 승인은 이루어지지 않는다. 필요하다면 관련인의 모국어로 정보가 제공되어야 한다.

자발적 승인(voluntary consent)은 그러한 승인을 얻기 위해 위협이나 보상이 사용되지 않을 때만 취득될 수 있다(Martin, 1975). 예를 들어, 부모에게 특정 절차가 사용되지 않으면 자녀에게 거주형 중재가 필요하게 될 것이라고 말하는 것은 받아들여질 수 없다. 만일 절차가 적용된다면 자녀가 더 이상 특수학급에 있을 필요가 없을 것이라고 부모를 설득하는 것도 윤리적이지 못하다. Sulzer-Azaroff와 Mayer(1977)는 행동변화 프로그램에의 자발적인 학생 참여 또한 고려되어야 한다고 주장하였다. 자발적 참여는 지나치게 강한 위협과 자극을 피함으로써, 그리고 프로그램의 대상을 가능한 한 많이 프로그램 선정에 참여시킴으로써 촉진된다. 이러한 참여는 대부분의 학생에게 궁극적인 목적이 되고 있는 자기관리로 자연스럽게 이끌어 준다.

유능한 행동분석가에 의한 중재

응용행동분석 절차가 꽤 단순해 보이기 때문에 그것을 잘 이해하지 못한 사람들은 흔히 이를 잘못 사용한다. 흔히 있는 예는 응용행동분석의 단기연수에 참여하고 사탕한 봉지를 사서 무분별하게 '강화'로 나누어 주는 교사다. 이런 경우 일반적으로 그 교사는 다른 사람들이 하듯이 행동수정이 작용하지 않는다고 결론짓는다. 이러한 방식으로 다루어지는 아동은 그들이 왜 사탕을 얻는지 혹은 왜 그것이 중단되는지를 이해하지 못하기 때문에 이전보다 더 파괴적이 되는 불행한 부작용을 동반한다. 더욱이 부모는 자녀의 이가 썩고 입맛이 버려진 것에 대해 흥분하게 되고, 교장은 그러한 부모에게서 분노의 전화를 받느라 곤혹스러워하며, 교사는 학생들이 자꾸 사탕을 달라고 해서 짜증을 내게 되고, 결국 응용행동분석은 또 다른 오명을 갖게 된다.

응용행동분석에 대해 며칠 동안 충분히 배워서 윤리적이고 효과적인 프로그램을 실행하는 것은 불가능하다(Franks & Wilson, 1976). 우리 저자 중 한 명이 수년 전에 한 회의에 참석했는데, 거기서 행동관리 기법을 몇 시간만에 숙달할 수 있도록 정리해 달라는 요청을 받았다. 그녀는 응용행동분석과 관련하여 8개의 과목을 가르쳐 왔고, 동물 연구를 한 배경이 있으며, 17년 동안 절차를 훈련받아 왔고, 아직도 배우고 있는 중이라고 반박하였다. 그런데도 대답은 "행동수정은 되게 간단하잖아요!"였다.

> 이러한 절차의 수행은 생각만큼 쉬운 것은 아니다.

응용행동분석의 원리는 정말로 이해하기에 쉽다. 그러나 그 효과적인 실행은 간단하지 않다. 실력 있는 전문가에게 원리에 대한 완전한 이해를 습득하는 것 외에도 감독하의 실습이 필요하다. 이것은 형성 같은 어려운 절차나 혐오적이고 배제적인 기법처럼 남용의 대상이 되는 절차의 경우 특별히 중요하다.

초기의 훈련에는 적절한 감독이 반드시 있어야 한다. Martin(1975)은 감독에는 형식적, 비형식적 연수와 정기적인 평가가 포함되어야 한다고 제안하였다. 지속적인 감독은 스태프의 수행을 끊임없이 향상시킬 것이다. 학생에게 해가 될 수도 있고 학생의 최대 관심사를 고려하지 못할 수도 있으므로 무능한 스태프가 수행하지 않도록 하는 것 또한 매우 중요하다.

> 훌륭한 감독은 훈련, 관찰 및 평가를 포함한다.

기능적 기술을 가르치는 프로그램

학생은 기능을 효과적으로 발휘할 수 있게 해 줄 기술을 배울 필요가 있다. 이러한 기술을 가르치는 것은 모든 학생교육 프로그램에서 가장 중요한 초점이 되어야 한다. 기능적 기술은 학생마다 다를 것이다. 어떤 학생에게는 수학을 배우고 기하학과 삼각법을 배울 수 있게 되는 것이 기능적이고, 어떤 학생에게는 가사기술을 배워서 가족의 구성원으로서 역할을 할 수 있게 되는 것이 기능적이다. 모든 경우에 기술의 선택은 "만일 그렇지 않다는 명백한 증거가 존재하지 않으면 개인은⋯⋯ 지역사회에 전적으로 참여할 수 있고 그러한 참여의 권리를 갖는다." (Van Houten et al., 1988, p. 113)라는 가정에 기초해야 한다.

이 가정은 교육자에게는 기본적인 것이다. 이것은 어떤 유아가 비록 결함을 가졌거나 장애 위험선이거나 심지어 장애를 가졌다고 하더라도, 학업 및 학업 전 기술을 배울 수 없다고 단정하는 것은 비윤리적인 것임을 의미한다. 특수학급 교사와 친구가 말한 것처럼, "나는 마치 우리 반의 모든 6세 아이가 하버드에 갈 것처럼 가르친다." 우리는 전통적인 학업을 숙달할 수 없다는 명백한 증거가 있는 학생들의 시간을 낭비하는 것은 비윤리적이라고 굳게 믿는다. 자신의 개인적 요구를 돌볼 수 있고, 집 주변을 정돈할 수 있으며, 간단한 쇼핑을 할 수 있고, 스스로를 위로할 수 있으며, 고용과 관련된 일을 포함하여 공적으로 적절하게 행동하고, 일상의 과제를 수행하는 장애인은 기능적 기술을 가진 것이다. 그러한 기술은 그의 교육에서 초점이 되어야 한다. 개인의 독특한 환경은 기능적 기술에 관한 결정을 할 때 매우 중요하다(Schroeder et al., 1990). 주어진 지역사회의 관습과 가치는 이용할 수 있는 자원만큼 중요하다.

때로는 학생의 행동을 제거하거나 그 비율을 감소시키는 것이 필요하다. 스스로를 물어뜯는 아동은 그것을 그만두게 해야 한다. 다른 사람을 해치는 학생을 계속해서 그렇게 하도록 허용할 수는 없다. 너무 파괴적이어서 교실에 있을 수 없는 학생들은 뛰거나 소리 지르기, 기물 부수기 등을 멈추는 것을 배워야 한다. 그러나 건설적인 행동을 발달시켜 줄 계획 없이는 그러한 행동의 단순한 제거는 옹호될 수 없다. 아무것도 하지 않고 조용하게 앉아만 있는 학생은 중재 이전보다 더 좋을 게 없다. 교사는 학생의 학습이나 사회적 상호작용의 개선을 가져올 행동 발달에 관심을 가져야 한다. 제7장에서 논의된 기능 평가와 분석을 통하여 교사는 파괴적이거나 위험한 행동을 적절한 행동으로 대치할 수 있을 것이다.

어떤 경우에 부적절한 행동은 그것을 줄이기 위해 직접적으로 시도하는 것보다 건설적인 행동을 강화함으로써 감소되기도 한다. 예를 들어, 파괴적 행동을 감소시키는 것은 학업적 수행의 개선을 자동적으로 가져오지 않는 반면(Ferritor, Buckholdt,

Hamblin, & Smith, 1972), 학업적 결과를 증가시키는 것은 부적절한 행동의 감소를 가져오기도 한다(Ayllon & Roberts, 1974; Kirby & Shields, 1972). 일반적으로 적절한 행동을 나타내는 학생에 대해 교사는 그러한 행동에 대한 강화를 시도해야 하고 부적절한 행동에 대한 이 절차의 효과를 점검해야 한다. 일부 학생은 적절한 행동 레퍼토리가 너무 제한적이고 부적절한 행동이 지나치게 지속되기 때문에 정적 강화의 기회가 거의 혹은 전혀 없다. 이러한 경우에 교사는 먼저 부적응 행동의 제거에 착수해야 한다. 그러나 이것은 첫 단계일 뿐이며 정교한 기능분석 없이 착수해서는 결코 안 된다. 학생에게는 가능한 한 빨리 기능적 기술 습득을 이끌 대안행동을 가르쳐야 한다.

행동적 사정과 지속적인 평가

윤리적인 교사는 학생에게 가르쳐야 할 것과 하지 말아야 할 것에 대한 결정을 임의적으로 하지 않고 또 할 수도 없다. 각 학생을 위한 목적과 목표는 다양한 조건하에서 학생이 하는 것을 유심히 관찰한 것에 기초해야 한다. 목적이 선정되고 프로그램이 실행된 후에 윤리적인 교사는 프로그램이 어떻게 진행되고 있는지를 계속해서 추적한다. "나는 Ben의 산수에 계수기를 사용하기 시작했고 그는 잘하고 있는 것 같아."라고 말하는 것은 잘못된 것이다. 우리는 여러분이 "나는 Ben을 4일 동안 관찰했는데 한 자릿수 덧셈 문제 10개 중 2∼3개를 맞게 풀었어. Ben에게 병뚜껑 20개를 주고 셈하기를 어떻게 하는지 보여 주었는데, 그날은 6문제, 어제는 7문제, 그리고 오늘은 9문제를 맞게 풀었어. 3일 연속 10문제를 맞히면 뺄셈을 시작할 거야."라고 말할 수 있기를 바란다. 제4장에서는 절차의 결과를 평가하기 위해 자료수집을 어떻게 하는지를 포함하여 '행동주의적'으로 어떻게 말하는지를 배우게 될 것이다.

> 목적 설정을 위한 정보는 검사, 기록, 관찰, 부모, 교사, 학생 자신 등과 같은 다양한 자원에서 온다.

이용할 수 있는 가장 효과적인 중재 절차

"행동분석 전에는 누구나 할 수 있는 최선의 방법이 보호였다. 그러나 이제는 그렇지 않다. 일반적으로 효과적인 중재에 대한 권리는 이제 행동적 중재에 대한 권리를 의미한다……." (Malott et al., 1997, p. 414) 우리는 거주형 중재를 받는 사람들을 대상으로 한 이 말이 폭넓게 적용되고 있다고 믿는다. 단지 학생을 자신이나 다른 사람을 해치지 못하게 하는 것을 목적으로 하는 프로그램은 학교나 다른 어떤 곳에서도 용서

되지 않는다.

　행동분석가들은 대부분 '증거기반중재'나 '증거기반실제'를 위한 '새로운' 요구조
건이 제안되면 증거를 제공하는 것이 어려운 일이지만 그 자체를 즐긴다. 우리는 지
난 수년 동안 그것을 요구해 왔고 그 증거를 제공해 왔다.

　학생의 행동을 변화시키기 위해 프로그램을 계획하는 전문가와 부모에게 가장 중
요한 사항은 비슷한 학생의 비슷한 행동변화로 입증된 기법의 효과성이다. 학업적 행
동(Heward, 2003)과 사회적 행동 모두를 변화시키는 데에 적용하기 위한 가장 윤리적
이고 책임 있는 절차는 효과적인 것으로 확립되어 온 절차다. 이 교재를 통하여 우리
는 특정 행동을 변화시키는 것과 관련된 문헌을 검토하고 효과적인 절차를 제안하였
다. 행동 프로그램을 계획하는 교사는 또한 새로운 발달에 뒤지지 않고 따라가기 위
해 계속해서 최근의 전문 학술지를 검토해야 한다. 많은 학술지들이 특수한 장애가
있는 학생과 과도함이나 과소함을 보이는 일반 교육 현장의 학생들에게 적용할 수 있
는 행동변화 절차에 대한 정보를 제공하고 있다.

　어떤 경우에는 효과적인 것으로 입증되어 온 절차의 사용이 윤리적 혹은 법적으로
불가능할 수도 있다. 억제와 철회 절차의 오용과 남용으로 인하여 최근 그러한 절차
를 조절하거나 금지시키기 위한 정책적 보고서가 제안되고 있다. 이러한 절차가 필요
한지 혹은 적절한지에 대해 동의된 사항은 없지만 관리 감독이 중요하다는 점에 대해
서는 의견이 일치되고 있다(Council for Children with Behavior Disorders, 2009; Ryan &
Peterson, 2004; Ryan, Peterson, & Rosalski, 2007). 규정이 꽤 까다롭기 때문에 교사는 혐
오적이거나 격리적인 절차를 사용하기 전에 그에 관한 지침과 규정을 검토해야 한다.
상대적으로 가볍지만 효과적인 기법인 단기적 격리라고 하더라도 승인되지 않은 사
용은 비난이나 오해를 낳을 수 있다.

행동 감소를 위한
기법은 제9장에서
설명되었다.

　혐오적이거나 격리적인 중재의 사용은 정적인 방법으로는 잘 수정되지 않는 심각
한 부적응 행동을 위해 예비해 두어야 한다. 감소를 목표로 하는 대부분의 행동은 이
책의 후반부에서 설명될 정적인 혹은 비혐오적인 절차를 이용하여 제거될 수 있다.

　우리는 일찍이 안전과 관련된 사항을 언급하면서 장애 학생의 통합에 대한 흐름을
논의하였다. 그러나 통합의 효과나 결과에 따라 학생을 배치하는 것 역시 중요하다.
완전통합의 결과에 관한 연구는 대부분 사회적 효과에 초점을 맞추고 있고(Favazza &
Odom, 1997; Fryxell & Kennedy, 1995; Gelzheiser, McLane, Meyers, & Pruzek, 1998) 모든
학생에게 긍정적이라고 보고하고 있다. 그러나 일반 학생의 학업 수행은 통합교육이

해로운 영향을 끼치지 않는 것(Hunt & Goetz, 1997)으로 나타났지만 일부 장애 학생의 학업 수행은 학습도움실과 같은 보다 전통적인 특수교육에 배치된 학생들과 비교했을 때 어려움을 겪고 있는 것으로 나타났다(Zigmond, Jenkins, Fuchs, Deno, & Fuchs, 1995).

3 책무성

책무성(accountability)은 목적, 절차, 결과를 공표하여 평가되는 의미를 함축하고 있다. 응용행동분석은 그 자체가 그러한 책무성을 쉽게 제공한다. 목적은 행동적으로 진술되고 절차는 명백하게 서술되며, 결과는 중재와 행동 간의 직접적이고 기능적인 관계로 정의된다. Baer, Wolf와 Risley(1968)가 설명한 것처럼 응용행동분석이 책무성 없이 실행되는 것은 불가능하다. 전체적인 진행과정이 명백히 드러나고 이해 가능하며 평가에 대해 열려 있다. 그러한 책무성의 결과는 부모, 교사, 행정가, 대중이 스스로 이 접근방법이 작용을 했는지 혹은 변경이 필요한지를 판단할 수 있다는 것이다.

교사는 책무성의 요구를 부정적이거나 위협적인 것으로 보지 말아야 한다. 자신의 교육에 대한 효과를 검증하는 것은 교사로서 좋은 점이다. 이러한 접근법은 교사로 하여금 자신의 능력을 점검할 수 있게 하고 이 능력을 다른 사람에게 드러나게 해 준다. 평가회의에서 모호한 문장보다 읽기능력의 향상과 파괴적 행동의 감소를 나타내는 도표와 그래프를 가지고 설명하는 것은 매우 인상 깊은 일이다.

교사는 누구에게 책임질 의무가 있는가? 윤리적 행동에 따르면 정답은 '모든 사람'이다. 교사는 자신의 동료, 지역사회, 상사, 학생의 부모, 학생 그리고 자기 자신에게 책임이 있다.

이 장에서 제공된 제안을 따르는 교사는 응용행동분석 절차의 적용과 연관되는 많은 문제를 피해야 한다. 〈표 2-1〉은 이 제안을 요약한 것이다. 교사도 실수를 피해 갈 수 없기 때문에 아무리 예방을 해도 모든 비난을 없앨 수는 없다. 그러나 ABA의 성명서에 제시된 윤리적 기준에 관심을 가진다면 비난을 최소화할 수 있고 실수로 인해 기가 죽기보다는 실수에서 배울 수 있을 것이다.

책무성은 응용행동분석의 주요 장점이다.

표 2-1	응용행동분석의 윤리적 적용을 위한 제안

모든 스태프의 자격을 보증하라.
적절한 목적을 선택하라.
자발적 참여를 확보하라.
책임을 져라.

Grundy 교수, 특강을 하다

대도시 대학 인근 학교의 교장이 Grundy 교수에게 초중등 교사를 위한 행동수정 강의를 2시간 요청하였다. 이러한 단기 연수의 한계(Franks & Wilson, 1976)를 알고 있었지만 Grundy는 강의내용을 기초적인 학습 원리로 제한하면 해가 될 것은 없다고 판단했다. 약속한 날, Grundy는 팔꿈치에 가죽이 덧대인 트위드 코트를 입고 700명의 교사들 앞에서 어떻게 이들 속으로 들어갈지 난감해 하였다.

천천히 강의를 시작하자 몇몇 교사는 잠에 빠졌고 많은 교사들이 드러내 놓고 시험지를 채점하였다. 그러자 Grundy는 자신의 페이스를 찾기 시작했다. 그는 친구의 이름을 거론하면서 교사들에게는 전혀 익숙하지 않은 응용행동분석의 핵심이 담긴 재미있는 일화를 간결하고도 멋진 말로 소개하였다. Grundy가 만족스럽게 강의를 끝맺을 즈음, 그는 약속된 시간이 아직 45분이나 남았음을 깨닫고 적잖이 당황하였다. 우레와 같은 박수갈채(아마도 일부 교사는 일찍 끝난 것이 좋아서)를 뒤로 하면서 Grundy는 소심한 말투로 질문을 받겠다고 했다. 야유 섞인 소음이 들렸으나 교장이 단상에 올라 청중을 내려다보자, 교사들이 손을 들기 시작하였다. 질문을 들으며 Grundy는 다시는 특강을 하지 않겠다고 맹세했지만 각각의 질문에 성심성의껏 답변했다.

질문: 교수님이 뇌물을 제안하는 것은 아닌가요?

답변: 질문을 해줘서 기쁩니다. 『웹스터국제사전 제3판(*Webster's Third New International Dictionary*)』 (1986)에는 뇌물이 판단을 곡해하거나 사람을 매수하기 위해 주는 어떤 것으로 정의되어 있습니다. 이러한 점에서, 내가 설명했던 원리의 사용은 뇌물이 아닙니다. 교사는 학생이 읽기, 수학, 사회 기술 등과 같은 스스로에게 득이 되는 무언가를 하도록 동기화하기 위해 학습 원리를 사용합니다.

뇌물의 두 번째 정의는 누군가를 설득하여 자신의 소망과는 상관없이 어떤 일을 하도록 하기 위해 주는 혹은 약속하는 어떤 것입니다. 어떤 사람들은 그것이 바로 자신이 주장하는 것이라고 말합니다. 행동주의학자로서 나는 '소망'이라는 단어가 어렵습니다. 왜냐하면 소망은 볼 수 없고 오직 작용만 하기 때문입니다. 학생들은 행동 후에 받게 될 강화물을 이미 알고 행동을 할지 말지를 결정하는 자유 선택권을 가진 것 같습니다. 예를 들면, Joanie가 행동을 하기로 결정했다면 그것은 그녀가 '소망'을 드러낸 것이라고 나는 봅니다. 뇌물이라는 단어는 분명히 무언가 비밀스러운 의미를 함축하고 있습니다. 나는 응용행동분석을 학생의 행동을 긍정적인 방향으로 변화시키려는 개방된 정직한 시도로 생각하고 싶습니다. 다른 질문 있나요? 없으면....

질문: 그렇지만 아이들은 본능적으로 동기화되지 않나요? 또한 학습에 대해 보상받지 않아도 됩니다. 그들은 배우고자 해야 합니다.

답변: 선생님, 선생님은 오늘 왜 여기에 있습니까? 만일 쇼핑몰에서 시간을 보내거나 연수에 참여하는 것 중에 선택권이 주어진다면 선생님의 배움에 대한 본능적 동기는 아마 조금 흔들렸을 것으로 나는 확신합니다. 여기에 있는 우리 모두는 여기에 있는 것에 대해 대가를 지불받았습니다. 많은 성인들은 일을 즐기는 사람이라고 하더라도 정적 강화 없이는 일을 지속적으로 수행하지 않을 것입니다. 왜 우리는 아이가 어려운 과제를 수행하는 것에 대한 기대를 우리 스스로에게 기대하는 것보다 더 적게 해야 합니까?

질문: 그렇다면 학생들은 그들이 행하는 모든 것에 대해 보상을 기대하지 않을까요?

답변: 물론입니다. 그러면 안 되나요? 학생들이 성공을 경험할수록 그들은 자연스러운 환경 내에서 얻을 수 있는 강화물—적절한 행동을 유지시켜 온 것과 동일한—에 반응하기 시작할 겁니다. 훌륭한 학생은 강화물 없이 행동하지 않습니다. 그들은 좋은 점수, 부모의 칭찬, 그리고 배움에 대한 사랑으로 강화 받습니다. 좋은 일을 하는 것이 지속적으로 강화 받으면 결국에는 2차적 혹은 조건화된 강화인자가 됩니다. 그러나 과제를 성공적으로 수행한 경험이 적은 학생에게 이러한 일을 기대할 수는 없습니다. 질문에 대한 답이 되었나요? 감사합니다...

질문: 지난 연수에서 강사는 보상을 사용하는 것은 본능적 동기를 감소시킬 것이라고 말했습니다.

답변: 그것은 오늘날 만연해 있는 의견입니다(Kohn, 1993, 1996). 그러나 모든 사람이 동의하는 것은 아닙니다. 그것을 증명하는 것으로 인용된 연구물의 타당성과 해석에 많은 의문이 있습니다 (Chance, 1992; Slavin, 1991). 행동 절차의 효과를 입증할 많은 증거가 있습니다. 내 생각에는 그것을 수행하지 않는 것이 비윤리적인 것입니다.

질문: 이런 종류의 행동 관리는 심각한 정서 문제의 근원을 보지 않고 단지 그것을 억압하는 것 아닌가요?

답변: 이것은 매우 복잡한 질문입니다. 행동주의자는 정서 문제가 어떤 근원에 의해 야기되는 것이라고 보지 않습니다. 어떤 문제 행동을 다룰 때 그 뿌리는 없다는 것을 우리는 발견하였습니다. 인간은 비가 오면 뻗어 올리기를 기다리며 뿌리를 땅 밑으로 잠복시키고 있는 잡초 같은 존재가 아닙니다.

질문: 잘 알겠습니다. 그러나 한 가지 증상을 억제하면 더 안 좋은 증상이 그 자리를 대신한다는 것을 우리 모두가 알고 있습니다. 그것은 근원적인 문제가 있음을 증명하는 것 아닌가요?

답변: 아닙니다. 모두가 그것을 알고 있지 않습니다. 인간은 잡초보다 더한 피스톤 엔진을 가진 존재가 아닙니다. 한 가지 증상이 '진정'되었기 때문에 다른 한 가지가 필연적으로 '드러나는' 것이 아닙니다. 나의 동료들(Baer, 1971; Bandura, 1969; Rachman, 1963; Yates, 1970)은 소위 증상이라고 하는 것을 제거하는 것이 새로운 증상을 발달시키는 결과를 가져오지 않는다는 것을 밝히는 폭넓은 연구를 보고하였습니다. 사실 부적절한 행동이 나타났을 때 아동은 때로 가르침 없이 새로운 적절한 행동을 배웁니다(Chadwick & Day, 1971; Morrow & Gochors, 1970; O'Leary, Poulos, & Devine, 1972). 비록 새로운 부적절한 행동이 발생하더라도—가끔은 그렇기도 한데(Balson, 1973; Schroeder & MacLean, 1987)—그것이 이전 증상을 대체하는 것임을 말해주는 아무런 증거가 없습니다. 기능분석은 이러한 행동이 일반적으로 개인에게 의사소통적 기능으로 작용하며 새로운 행동은 어떤 요구를 계속해서 의사소통하려는 시도임을 지적하고 있습니다. 동일한 의사소통 목적을 충족시키는 적절한 행동을 배운다면 부적절한 것은 사라질 것입니다. 자, 이제….

질문: 교수님이 말씀하신 것은 모두 쥐나 원숭이 같은 동물의 행동에 근거한 것 아닌가요? 그것은 개를 훈련시키는 방법입니다. 귀엽게 굴면 기쁨을 주고 못되게 굴면 신문지 말이로 때리는 것이죠. 우리 아이들을 동물처럼 다루는 것이 비윤리적인 것 아닌가요?

답변: 행동의 법칙을 연구한 초기 연구들은 동물을 대상으로 이루어졌습니다. 그러나 이것이 우리가 인간을 흰쥐나 비둘기 혹은 개처럼 통제할 수 있음을 의미하지는 않습니다. 그러한 동물 연구—아날로그 연구라고도 하는(Davison & Stuart, 1975)—는 인간 행동을 연구하기 위한 기초적 근거만 제공해 줄 뿐입니다. 응용행동분석가들은 실험실이 아닌 실제 세상 조건에서 인간에게 검증된 절차를 사용합니다. 이러한 절차는 인간이 행동을 선택하는 것과 관련된 복잡성과 자유를 설명해 줍니다. 그 원천이 무엇이든 우리가 할 수 있는 모든 것을 배우고 적용하는 것은 비윤리적인 것이 아닙니다.

질문: 이 내용은 특수교육 대상 아동에게 유용한 것인데, 제 학생은 똑똑합니다. 그들이 터득하지 않을까요?

답변: 물론 그들은 터득할 것입니다. 행동 법칙은 우리 모두에게 작용합니다. 우리는 중증 장애를 가진 청소년에게는 행동을 변경할 수 있습니다. 그렇지만 그것은 매우 복잡한 절차입니다. 여러분의 학생에게는 절차를 짧게 단순화시킬 수 있습니다. 그냥 유관관계만 말해 주면 되죠. 여러분은 학생이 경험을 통해 학습하기를 기다리지 않아도 됩니다. 응용행동분석 절차는 저를 포함한 모두에게 작용합니다. 예컨대, 벌을 받습니다. 다음 강의는 굳이 하지 않을 것… 죄송합니다. 다른 질문 있으신가요?

질문: 그런데 행동수정이 어떻게 내 아이에게 작용할 수 있나요? 교수님이 수많은 사탕을 그들에게 준대도 나는 상관없습니다. 그들은 여전히 읽기를 할 수 없을 것입니다.

답변: 응용행동분석은 단지 학생에게 사탕을 주는 것이 아닙니다. 여러분의 학생이 씌어진 단어에 구어로 반응하지 않는다면 여러분은 그들의 반응을 자극통제하에 두어야 합니다. 그것이 응용행동분석입니다. 그들이 구어를 하지 못하면 여러분이 그것을 형성해 주세요. 그것이 응용행동분석입니다. 그들이 그냥 앉아서 아무것도 하지 않는다면 그들의 관심을 모으는 데에 집중하세요. 그것이 응용행동분석입니다! 다른 질문 더 있나요?

질문: 제 생각에는 전체적으로 너무 큰 작업인 것 같습니다. 장황하고 두렵게 느껴지며 시간 소모적일 것 같습니다. 문제에 정말로 가치가 있을까요?

답변: 만일… 가치가… 없다면… 하지… 마십시오. 복잡한 절차가 요구되는 심각한 행동은 많은 시간을 빼앗아갈 것입니다. 여러분은 간단한 문제를 해결하기 위해 복합적인 절차를 사용하지 않습니다. 타임워치로 시간을 재 보세요. 이 문제는 여러분이 처리하는 방식으로 몇 시간이 걸리나요? 체계적인 유관을 적용하고 기록해 보세요. 그리고 여러분이 사용한 시간을 비교해 보십시오. 여러분은 아마도 놀랄 것입니다! 이제는 정말 가야…

질문: 저의 경우는 단 한 명의 학생만이 심각한 문제를 보이고 있습니다. 만약 내가 그에게 어떤 체계적인 절차를 사용한다면 다른 학생들이 불평하지 않을까요? 그들에게는 뭐라고 말해야 할까요?

답변: 문제는 여러분이 생각하는 것만큼 그렇게 자주 발생하지 않을 것입니다. 대부분의 학생들은 잘 수행하지 못하는 학생의 경우 추가적인 도움이 필요하다는 것을 알고 있고 놀라지도 않으며 방해받지도 않습니다. 극히 소수의 학생만이 왜 그 친구만 달리 취급받는지를 물어볼 것입니다. 만일 그런 상황이 벌어지면, 나는 여러분이 그들에게 "이 반에 있는 우리 모두는 각자 필요한 것이 있는데, Harold는 자리에 앉아 있는 것을 기억하는 데에 도움이 좀 필요하다."라고 말하도록 제안합니다. 만일 여러분이 모든 학생들에 대해 적절한 행동을 일관적으로 강화하면 그들은 특별한 문제를 가진 한 학생을 위한 좀 더 체계적인 절차의 실행에 대해 분개하지 않을 것입니다. 이제 모두…

질문: 저의 경우 문제를 가진 대부분의 학생들이 매우 안 좋은 가정환경에 처해 있기 때문에 학습을 할 수가 없습니다. 이런 경우 우리가 할 수 있는 일은 없습니다. 그렇죠?

답변: 선생님, 비둘기는 환경을 구분하는 것을 배울 수 있고 강화될 행동을 수행하는 것을 배울 수 있습니다. 선생님은 선생님의 학생이 새의 능력보다 못하다고 말하는 겁니까? 그러한 가정은 비인간적입니다. 지진한 학습이나 부적절한 행동을 나무라는 것은 책임을 거부하는 것입니다. 여러분은 교실 밖의 학생 환경에 극히 적은 영향을 미칠지도 모릅니다. 학생이 학업적으로나 사회적으로 가능한 한 많이 배울 수 있도록 그것을 조정하는 것이 여러분의 직업입니다. 가르치는 것이 뭐라고 생각하십니까? 가르치다는 타동사입니다. 여러분이 누군가에게 무엇인가를 가르치지 않는다면 여러분은 가르치는 것이 아닙니다.

질문: 학교에서 가르쳐 본 적이 있으십니까?

이 시점에서 Grundy 교수는 자제력을 잃고 연단에서 교장의 도움을 받아야 했다. 집으로 돌아오면서 그는 실수를 많이 했다는 것을 깨달았다. 첫 번째 실수는 강의를 수락한 것이었다. 그는 교실관리에 대한 구체적인 도움을 받기를 기대하는 교사는 학습 원리에 대한 이론적인 토론에 당연히 흥미를 가질 것이라고 생각했다. 또한 교사들은 이러한 원리와 학생들의 행동 간의 관계를 당연히 알게 될 것이라고 생각했다. Grundy는 이것을 기대하는 것이 비합리적이었음을 깨달았다. 그러나 그는 응용행동분석 과목 강의에 실제적인 적용을 더 많이 포함시킬 필요가 있다고 결론 내렸다.

"자동차의 '행동'에 대해서는 교수님이 책임을 져야 해요. 1973년 이후로 오일교환이…"

4 이론 아니면 요리법?

응용행동분석을 효과적으로 적용하기 위해서는 기본적인 원리를 잘 알아야 한다. 교사는 흔히 이론을 거부하고 어떤 문제에 대한 즉각적인 해결책을 찾는다. 인간이라면 누구나 어떤 문제를 어떻게 푸느냐고 간단히 물어봄으로써 모든 상황에서 모든 학생에게 적용할 수 있는 정답을 얻을 수 있기를 바란다. 행동문제에 대한 해결책을 알파벳순으로 정리하여 이 책의 부록으로 첨부하는 것이 제안되기도 하였다. 그러나 그러한 요리책 접근법은 심각한 한계가 있다. 요리책 방법이 학생에게 더 빨리 능력을 습득하게 할지라도 기본적 원리 습득에 더 많은 시간을 소요한 학생이 장기적으로 더 많은 능력을 보이는 경향이 있다(White, 1977). 우리는 이 책을 통하여 여러분이 교사로서 맞닥뜨릴 여러 가지 문제를 해결하는 데에 도움을 받을 수 있도록 수많은 예를 제시하는 데에 최선을 다할 것이다. 그러나 우리가 진정으로 원하는 것은 어떤 문제이든 여러분이 행동주의적 원리를 적용하여 스스로 해결책을 찾을 수 있는 힘을 갖게 되는 것이다.

제3장

행동목표 준비하기

 여러분은 알고 있습니까

- 만일 작곡가가 마음속에 멜로디 없이 작곡을 한다면 Taylor Swift가 모두 Gaga로 들릴 수 있다는 것을?
- 법적, 행정적 요구를 충족시키는 것 외에 행동목표를 작성하는 이유가 또 있다는 것을?
- 공격성은 관찰자의 눈에 달려 있다는 것을?
- 교수도 행동목표를 작성한다는 것을?
- 90%가 합격 점수가 아닐 수도 있다는 것을?
- 정확성은 항상 충분치 않다는 것을?

이 장에서는 행동변화를 위한 프로그램 수행의 첫 단계인 표적행동—변화될 행동—의 정의에 대하여 살펴볼 것이다. 일반적으로 부족한 행동(산수능력 같은)이나 과도한 행동(소리 지르기 같은)이 표적행동으로 선정된다. 변화될 행동이 결정된 후에는 문서화된 행동목표(behavioral objective)가 준비되어야 한다. 행동목표는 계획된 중재나 교수의 결과로 나타날 행동에 대한 기술이다. 이는 교수의 의도된 결과를 기술하는 것이지 그 결과를 성취하는 과정을 기술한 것이 아니다(Mager, 1997).

산수능력이 부족한 학생을 위한 행동목표에는 학생이 도달해야 할 산수 수행능력의 수준을 기술한다. 과도하게 소리 지르는 학생을 위한 행동목표에는 수용 가능한 소리 지르기의 수준을 기술한다. 행동목표를 읽는 누구라도 학생이 무엇을 성취하기 위해 노력하고 있는지를 정확하게 이해할 수 있어야 한다. 행동목표는 학생 행동을 변화시키기 위한 계획의 빠질 수 없는 부분이기 때문에 장애 학생 개별화교육프로그램(individualized education program: IEP)의 일부로 요구되는 것이다. 우리는 목표와 IEP 간의 관계에 대해서도 언급할 것이다.

여러분은 행동주의적 접근방법을 가르치는 데에 사용하기 위해 이를 배우려는 교사를 만나게 될 것이다. 그들에게 여러분은 행동주의적 프로그램을 효과적으로 적용하

〈일화 3-1〉
둘이 같은 것을 이야기하고 있나요?

3학년 교사인 Wilberforce는 흥분상태에 있었다.

"그 특수교사 말이야," 그녀는 친구인 Folden에게 불평하였다. "정말 쓸모없어. 내가 2개월 전에 Martin에게 모음을 가르쳐 주라고 말했는데 아직도 짧은 소리조차 못 내."

"맞아." Folden은 동의하면서 "나는 지난 9월에 Melissa Sue의 태도가 나쁘다고 말했는데, 특수교사가 그 아이를 보면 볼수록 더 나빠지고 있어. 지금 Melissa Sue가 하는 것이라곤 내가 바로잡아 줬을 때 킥킥대며 웃는 것뿐이야. 특수교사가 없는 것이 더 나을 것 같아."

한편, 특수교사인 Samuels는 학교의 지도주임에게 몹시 불평하고 있었다.

"일반교사란 사람들이 정말 감사할 줄을 몰라. 내가 Martin에게 이루어 놓은 것을 보라고요. 그는 내가 물으면 모든 모음을 말할 수 있고 그 노래도 안다고요. 내내 뿌루퉁한 Melissa Sue도 이제는 잘 웃어요. 나는 교사로서 해야 할 일을 정확하게 해냈다고요. 그런데도 왜 그들은 그것에 대해 감사하지 않지요?"

는 것이 얼마나 어려운가를 설명하게 될 것이다. 〈일화 3-1〉에서 특수교사인 Samuels
의 어려움을 생각해 보자.

1 정의 및 목적

앞의 일화는 행동목표를 문서화해야 할 가장 중요한 이유 중 하나를 설명하고 있다.
그것은 학생의 행동변화 프로그램의 목적을 분명히 하고, 그로써 프로그램에 관계하
는 사람들 간의 의사소통을 촉진하기 위함이다. 행동목표는 특정 행동의 변화를 목표
로 정한 문서이므로 그 목표가 학교 관계자, 부모, 학생 간의 동의로 이루어진 것이
며, 학교 관계자는 목표 수행의 책임을 진다.

목표는 또한 학생에게 기대되는 것을 알려 주는 역할도 한다. 그것은 학생에게
제안된 성취를 진술한 것으로서 학생에게 무엇을, 어떤 방법으로, 어느 수준까지
배울 것이라는 점을 말해 준다. 제안된 학습결과에 대한 진술을 학생에게 제공하는
것은 그들이 자신의 수행을 기대 수준 혹은 표준에 맞추도록 해 준다. 이것은 지속
적인 평가를 하게 해 주며, 교육적인 피드백과 강화를 제공한다(Gagne, 1985, p.
305).

행동목표를 문서화하는 두 번째 이유는 지도에 대한 명백한 진술이 교사와 보조자
가 프로그램을 효과적으로 운영할 수 있도록 촉진해 주기 때문이다. 명백하게 진술된
교수 목표는 적절한 교재교구의 선정과 교수 전략에 대한 기초를 제공한다. Mager
(1997)는 "기계공이나 외과의사는 무엇을 해야 하는지 알기 전까지는 도구를 선택하
지 않는다. 작곡가는 그들이 창조하려는 것에 무엇이 영향을 미치는지 알기 전까지는
악보를 만들지 않는다."(p. 14)라고 지적했다. 행동목표를 명백하게 문서화함으로써
교사가 단지 교재가 있기 때문에, 혹은 단지 그 전략이 자신에게 익숙하기 때문에 그
것들을 선택하는 것을 막아야 한다. 교재교구나 교수 전략의 선택은 목표가 명백히
정의되어 있을 때 더 적절하게 이루어진다.

행동목표를 문서화하는 또 다른 중요한 이유가 있다. 다음의 일화를 보자.

행동목표는 의사
소통을 개선한다.

〈일화 3-2〉

의견 문제

발달지체 유아반 교사인 Henderson 씨는 당황하여 황급히 교장실로 달려갔다. 반 학생인 Alvin의 부모가 아이를 데리고 학교를 나가겠다고 위협하고 있었다. 그들은 Henderson 선생님이 Alvin에게 어떤 것도 가르치지 않았으며 Alvin이 일반 유치원 학급에서 시간을 보낼 수 있도록 조치하지 않았다고 주장하였다. Henderson 선생님은 8월에 Alvin에게 배변훈련을 시키기로 동의했고, 잘 진행되어 왔다고 생각하고 있었다. 그러나 Alvin의 부모는 그가 아직도 매주 몇 번씩 실수를 하기 때문에 화가 나 있었다. 부모와 다른 유치원 교사들은 Henderson 선생님이 목표에 도달하지 못했다고 주장했다.

"나는 Alvin에게 배변훈련을 시켰어요." Henderson 선생님은 언성을 높여 말했다. "일주일에 두세 번쯤의 실수는 있을 수 있는 것 아닌가요?"

행동목표는 평가를 돕는다.

8월 회의에서 문서화된 목표 진술문을 확실하게 만들었다면, Henderson 선생님의 공포는 막을 수 있었을 것이다. 학기 초에 배변훈련에 대한 정의를 정립해 놓았다면 목표가 성취되었는지 안 되었는지에 대한 의문은 생기지 않았을 것이다. 행동목표는 지도를 위한 정확한 평가를 제공한다. 교사는 학생 행동이 과도한 것인지 부족한 것인지를 규명하고자 할 때 기능의 현재 수준과 기대 수준 간의 차이를 알아야 한다. 교사가 수행 준거(최종 목적)를 정하고 목적으로의 진행과정을 기록한다면, 중재과정의 형성평가와 최종평가 모두가 이루어지게 되어 필요한 프로그램의 수정이 가능하고 미래를 위한 계획을 세울 수 있게 된다. 교사는 지속적인 평가와 측정을 통하여 진행 상황을 계속해서 모니터할 수 있고 목적에 도달한 지점을 결정할 수 있다. 지속적인 모니터링은 교수과정이나 학생의 수행을 평가할 때 개인적인 해석이나 편견을 최소화시켜 준다.

행동목표는 학생과 부모, 교사 그리고 기타 전문가들 간의 효과적인 프로그램과 의사소통을 촉진하는 합의된 기대를 확인하는 것이기 때문에 다양한 상황에서 사용된다. 일반교육에서 교사와 학생은 방정식이나 나눗셈 수행을 향상시키기 위한 목적을 설정하기 위해 행동목표를 사용한다. 언어치료 혹은 물리치료에서는 표적을 설정하기 위해 치료사와 학생 간에 사용될 수도 있고 행동변화의 목표를 설정하기 위해 학생과 학교심리학자 간에 사용될 수도 있다. 행동목표는 가장 공식적이며 폭넓게 사용되는 IEP의 주요 구성요소다. 어떤 학생의 장애가 확인되어 그에게 적합한 특수교육서비스를 결정할 때 학생은 자신의 독특한 학습 요구를 충족시킬 다양한 전문적 서비스의 대상이 된다. 학생에게 제공할 교육 계획과 서비스의 초안을 잡기 위해 IEP를 개발하는데, 이때 해당 학년도의 학업 및 행동적/사회적 목적을 설정하게 된다. 앞으로 보게 되겠지만, 이러한 목적은 행동목표를 작성함으로써 운용할 수 있게 된다.

행동 추출

목표를 서술하거나 행동변화 프로그램을 만들기 전에 표적행동이 명확히 서술되어야 한다. 의뢰된 정보는 흔히 정확하지 못하다. 응용행동분석가는 효과적인 목표를 서술하기 위해서 광범위한 일반적 개념을 특정한, 관찰 가능한, 측정 가능한 행동으로 세밀화해야 한다. 흔히 이 과정을 행동 추출(pinpointing behavior)이라고 한다.

추출은 보통 "아이가 어떻게 했는지 말해 주시겠어요?" 혹은 "당신은 정확히 자녀가 어떻게 하기를 원합니까?"와 같은 일련의 질문으로 이루어진다. 예를 들면, 교사는 흔히 '과잉행동' 때문에 행동분석가에게 학생을 의뢰한다. 의뢰한 교사와 응용행동분석가는 행동 발생을 정확히 서술함으로써 과잉행동을 정의해야 한다. 제1장에서 예로 든 Harper 학급의 학생 Ralph의 행동에 대한 정의는 교실을 어슬렁거리며 돌아다니는 것일까, 책상에 연필을 톡톡 두드리는 것일까, 혹은 의자에서 앞뒤로 흔드는 것일까?

행동의 다양한 부분이 의뢰될 수 있고 추출의 대상이 될 수 있다. 다음은 정의하기에 도움이 되는 질문에 관한 몇 가지 예다.

- Sebastian은 수학을 못한다. 기본적인 셈하기 기술이 없다는 것이 문제인가, 정해진 시간 안에 과제를 끝내지 못한다는 것이 문제인가, 혹은 과제를 하려고 하지 않는다는 것이 문제인가?
- Rebecca는 항상 과제를 하지 않는다. 창문을 멍하니 보는 것이 문제인가, 옆의 친구에게 이야기하는 것이 문제인가, 혹은 그녀가 칠판을 보지 않고 책에 낙서를 하고 있는 것이 문제인가?
- Robert는 항상 다른 아이를 방해한다. 다른 아이의 물건을 뺏는 것이 문제인가, 수업시간에 다른 아이에게 말을 하는 것이 문제인가, 혹은 옆의 아이를 때리거나 책을 떨어뜨리거나 머리를 잡아당기는 것이 문제인가?

- Desiree의 실험은 엉망이다. 실험지침서를 읽을 수 없어서 문제인가, 작문실력이 엉성해서 문제인가, 순서대로 실험을 진행하지 않아서 문제인가, 혹은 실험은 할 수 있는데 결과를 잘 쓸 수 없어서 문제인가?
- Teresa는 울화를 터뜨린다. 그녀가 흐느껴 우는가, 바닥에 나뒹구는가, 혹은 방에 물건을 던지는가?

교사는 복잡한 행동을 서술할 때 비슷한 질문을 할 것이다. 의뢰 교사가 "Carol은 비판적 사고기술이 없어요."라고 말한다면 응용행동분석가는 Carol이 다음과 같은 면에서 어떤지를 알고 싶어 할 것이다.

① 사실과 의견을 구별하는지
② 사실과 추측을 구별하는지
③ 원인-결과 관계를 아는지
④ 추론의 오류를 아는지
⑤ 관련된 논거와 무관한 논거를 구별하는지
⑥ 정당한 일반화와 부당한 일반화를 구별하는지
⑦ 문서화된 자료에서 타당한 결론을 이끌어 내는지
⑧ 결론을 참으로 만들기 위해 필요한 가정을 조건으로 내세우는지(Gronlund, 1985, p. 14)

행동분석가는 다른 문제도 언급할 필요가 있을지 모른다. 예를 들어, 학생이 자주 의자에서 일어나 서성댄다면 교사는 그 횟수나 시간에 관심을 가지게 될 것이다. 단 한 번 일어났지만 오전 내내 일어난 학생은 몇 분 간격으로 일어난 학생과 사뭇 다른 무엇인가를 할 것이다. 각각 서로 다른 중재 전략과 자료수집 방법이 필요하다. 몇 가지 행동이 동시에 발생하는 울화 터뜨리기 같은 복합적인 행동에 대해서는 우선 순서로 행동의 목록을 작성하는 것이 도움이 될 것이다. 예를 들어, 아동이나 환경에 최소로 방해되는 것부터 최대로 방해되는 것까지 순서대로 작성할 수 있다. 의뢰된 정보가 세밀화되어 표적행동이 명확히 서술되었으면 교육목적(educational goal)과 행동목표를 작성할 수 있다.

2 교육목적

목표는 해당 학년의 학업적 틀을 제공하는 일련의 교육목적에서 도출되어야 한다. 이러한 목적은 누적된 정보 평가 자료를 포함해야 하고 교육과정 계획과 연관되어야 한다. 목적은 학교가 책임져야 할 예측되는 학업적, 사회적 발달을 정의한다. 목적을 선정하는 동안 교육자들은 해당 학년 내에 발달될 학생의 교육적 잠재력이 어느 정도 인지를 판단한다. 따라서 교육목적(장기목표)은 연간 프로그램 계획이다. 반면에 행동 목표(단기목표 혹은 교수 목표)는 보통 중도장애 학생에게는 3∼4개월(1/4학년), 경도장애 학생에게는 그 학교에서 정한 기간 동안의 실제 교수계획이다.

목적은 목표를 선도한다.

목적 설정하기

다학문적 팀은 정식으로 특별 서비스에 의뢰된 학생을 위해 목적을 설정할 책임이 있다. 팀은 학생과 학생의 보호자, 일반교육 및 특수교육의 대표자, 그리고 학생의 교육 프로그램(예: 언어, 물리, 작업)에 참여할 치료 대표자, 학교심리학자 혹은 상담가 등으로 구성된다. 학생 교육 프로그램의 기초가 될 자료를 수집할 때 팀은 학생의 현재 기능 수준을 결정하기 위해 다양한 평가결과를 검토할 것이다. 이러한 자료에는 다음과 같은 내용들이 포함된다.

① 학교 심리학: 아동용 웩슬러 지능검사 4판(Wechsler Intelligence Scale for Children-IV; Wechsler, 2003), 베일리 유아발달검사 3판(Bayley Scales of Infant Development-III; Bayley, 2005), 아동용 카우프만 종합사정검사(Kaufman Assessment Battery for Children, 2nd ed.; Kaufman & Kaufman, 2007) 등과 같은 지능검사에서 얻는 정보, 아동기 자폐증 평정척도 2판(Childhood Autism Rating Scale, 2nd ed.; Schopler, Van Bourgondien, Wellman, & Love, 2010)과 같은 특정 장애 행동을 선별하는 검사도구에서 얻는 정보

② 교육 성취: 성취도 검사 4판(Wide Range Achievement Test-Revision 4; Wilkinson, 2006), 우드콕 존슨 성취도 검사 3판(Woodcock Johnson Achievement Tests-III; Mather & Woodcock, 2001), 브리건스 기초기술진단검사-개정판(Brigance Diagnostic

Inventory of Basic Skills, Revised; Brigance, 1999)과 같은 일반적 학업성취 검사도구에서 얻는 정보, 핵심산수진단검사-개정판(Key Math Diagnostic Arithmetic Test, Revised-NU; Connolly, 1998)과 같은 특정 학습 영역에 관한 도구에서 얻는 정보

③ 적응행동: 미국 지적장애협회(American Association on Mental Retardation)의 적응행동척도-학교용 2판(Adaptive Behavior Scale-School Edition, 2nd Ed.; Lambert, Nihira, & Leland, 1993), 바인랜드 적응행동검사-2판(Vineland Adaptive Behavior Scale-2nd ed., Vineland II; Sparrow, Cicchetti, & Balla, 2007)과 같은 학교와 가정, 지역사회의 일상생활에서 필요한 개념적 기술(예: 언어 및 학업 기술), 사회 및 실제적 기술(예: 일상생활 기술)을 평가하는 도구에서 얻는 정보

④ 치료 서비스: 언어병리학, 물리치료, 작업치료 평가 결과

⑤ 신체적 건강: 신경학, 소아과, 안과, 청각 선별 결과

목적 설정을 위한 정보의 형식적 자원

목적 설정을 위한 정보의 비형식적 자원

목적을 결정하는 위원회는 이러한 형식적 자료 외에도 부모의 바람과 관심을 고려해야 한다. 또한 이전 교사의 권고사항과 현재의 학급, 가정, 교육 배치 장소, 작업 장소 등의 학업적·사회적 환경 요구사항도 검토되어야 한다. 이러한 정보에 기초하여 위원회는 학생을 위한 교육목적을 작성한다. 어느 정도로 진전되고 있는지를 알아보는 것도 학생의 IEP 장기목표에 포함된다.

특별한 요구를 가진 것으로 판명되지 않은 학생에 대한 교육목적 정립은 그러한 광범위한 정보를 필요로 하지 않는다. 그들에 대한 평가는 일반 교사가 평가한 집단성취검사로 제한된다. 교육과정 역시 목적 정립을 강요한다. 예를 들어, 같은 행정구역 내의 4학년 학급은 일반적으로 동일한 것을 배우도록 되어 있다. 페루의 모든 학생은 학년별로 표준교육과정 아래 지렁이의 배설체계, 분수 셈, 독해 등을 배운다. 교사의 과제는 이러한 목적을 특수 학급의 각 구성원이나, 그것을 이미 알고 있는 학생, 그리고 그것을 배우는 데에 기초가 부족한 학생에게 맞도록 합리적인 목표로 전환하는 것이다. 교사는 집단의 일반적인 특성을 고려하여 학급 전체를 위한 행동목표를 서술할 수도 있다. 더욱이 교사가 어떤 문제를 가진 특정 학생을 돕거나 읽기가 매우 느린 학생을 가르치고자 한다면 학습을 촉진시키기 위해 가르치는 순서를 나타내는 부가적인 행동목표를 작성해야 할지도 모른다.

교육목적은 오랜 기간에 걸쳐 입안되는 것이므로 광범위한 용어로 작성된다. 그러

나 실제 적용을 위해서는 관찰 가능하고 측정 가능한 용어로 작성되어야 한다. 제1장
에서 학습한 바와 같이 응용행동분석가는 관찰 가능한 행동만을 다룬다.

장애가 없는 학생 혹은 경도장애를 가진 학생을 위해서는 각 교육과정 영역에 대해
서만 목적 진술이 필요하다. 아주 어린 학생이나 중도장애를 가진 학생을 위해서는
다음과 같은 학습의 다양한 영역에 대한 목적 진술이 필요하다.

관찰 가능하고 측
정 가능한 용어로
목적을 쓴다.

① 인지
② 의사소통
③ 운동
④ 사회성
⑤ 자조
⑥ 직업
⑦ 부적응 행동

수학 학습장애를 가진 Aiden과 중도장애 학생인 Tanika를 위한 장기 목적이 다음
에 제시되어 있다.

〈Aiden의 장기 목적〉
• 수학: 1학년 수준의 기초 셈하기를 숙달함
• 사회: 연방정부 내 세 가지 부서의 기능을 앎
• 읽기: 읽은 이야기와 관련된 부분을 확인함
• 과학: 태양계의 구조를 앎
• 언어: 창조적인 구어표현을 증가시킴
• 체육: 팀 경기 기술을 증가시킴

Aiden의 일반교육 교사는 수학을 제외한 모든 목적을 설정할 책임이 있을 것이다.
Aiden의 수학 공부를 위해 그가 특수학급에 가거나, 통합전문가가 그의 학급으로 올
것이다. Aiden의 목적과 Tanika의 목적을 비교해 보라.

경도장애 학생을
위한 장기 교육목
적

〈Tanika의 장기 목적〉
- 인지: 사물을 기능에 따라 분류함
- 의사소통: 기능적 명칭에 대한 수용적 이해를 증가시킴
- 운동: 상체의 대근육 운동을 발달시킴
- 사회성: 집단 활동에 적절히 참여하는 것을 배움
- 직업: 최소한 1시간 동안 조립과제를 완성함
- 부적응 행동: 자리에서 일어나는 행동을 감소시킴
- 자조: 독립적으로 옷 입는 능력을 갖춤

중도장애 학생을
위한 장기 교육목
적

　교사는 이와 같은 광범위한 목적을 교수계획(행동목표)으로 전환시킨다.
　행동목표는 단지 목적을 다시 쓴 것이 아니라 목적을 가르칠 수 있는 요소로 나눈
것이다. 복잡한 목적은 많은 목표를 생성할 수 있다. 예를 들어, 다른 아이들과 협력
하여 놀이하는 것을 배운다는 목적은 함께 사용하기, 차례 지키기, 게임의 규칙 따르
기 등의 목표로 세분화될 수 있다.

3 행동목표의 구성요소

　필요한 모든 정보를 전달하고 평가를 위한 기초를 제공하기 위해서 행동목표는 다
음 사항을 밝혀야 한다.

　① 학습자
　② 표적행동
　③ 중재조건
　④ 수용 가능한 수행 준거

학습자 확인

　행동목표는 처음에 개별화 교수를 장려하기 위해 고안되었다(Gagne, 1985). 개별화
를 진척시키기 위하여 교사는 특수한 학생을 재확인하거나, 개발된 목표가 어떤 학생

을 위한 것인지 그 학생을 재확인해야 한다. 재진술을 통하여 교사는 개별 학습자에게 초점을 맞추게 되며, 또한 다른 사람과의 의사소통도 효과적으로 이루어지게 된다. 따라서 우리는 행동목표 진술에 다음과 같은 것을 포함시킨다.

- John은 ~할 것이다.
- 4학년은 ~할 것이다.
- 훈련 프로그램의 참여자는 ~할 것이다.
- 협력학습팀 구성원은 ~할 것이다.

학생의 이름을 사용하라.

표적행동 확인

위원회에서 과소 혹은 과다 표적행동을 선정한 후, 교사는 학생이 바람직한 변화를 성취했을 때 하게 될 것을 정확히 밝힌다. 이 진술문은 표적행동을 대표하는 정확한 반응을 쓰는 것이다.

학생이 하게 될 것을 진술하라.

행동목표에 이를 구성요소로 포함시키는 데에는 세 가지 기본 목적이 있다.

① 표적행동을 진술함으로써 교사는 같은 행동을 일관되게 관찰할 수 있게 된다. 동일한 행동의 발생 혹은 비발생을 관찰하고 정확하게 기록함으로써 행동을 명확하고 일관적으로 반영하는 자료수집을 할 수 있게 된다.
② 표적행동 진술은 교사가 관찰한 변화가 실제로 발생한 것임을 제3자에게 확인시켜 준다.
③ 표적행동의 정확한 정의는 교사가 아닌 다른 사람이 지도하게 되었을 때 연속적인 지도가 이루어지도록 해 준다.

이 세 가지 목적을 위해서 표적행동이 진술되어야 하고 그 발생이 증명될 수 있어야 한다. 정확한 진술은 같은 행동에 대한 해석이 달라지는 것을 최소화시켜 준다. 학생이 어떤 행동을 했는지의 여부는 교사가 행동을 보거나 들을 수 있을 때, 혹은 행동의 직접적인 부산물을 보거나 들을 수 있을 때 가장 잘 증명될 수 있다. 목표가 이러한 정확성을 갖추기 위해서는 직접적으로 관찰 가능하고 측정 가능하고 반복 가능한 행동을 동사로 서술해야 한다.

비록 영재들의 교사는 학생이 '발견'하는 것을 좋아하고 미술교사는 학생들이 '감상'하는 것을 좋아한다지만, 그런 방식으로 진술된 목표는 지나치게 다양한 해석을 하게 만든다. 예를 들어, 학생이 다음과 같은 행동을 수행했는지의 여부를 제3자가 판단하는 것은 어려울 것이다.

- 큰 것과 작은 것 간의 차이를 인지하다.
- 동전의 가치를 이해하다.
- Melville에게 감사의 마음을 갖다.
- 집단에서 과제를 하고 있다.
- 공격을 참다.

이와 같은 모호한 용어의 사용은 행동이 발생했는지에 대한 혼란과 불일치를 가져온다. 어떤 행동은 다양한 방식으로 서술될 수 있기 때문에 표적행동 진술은 행동변화에 참여하는 모든 사람이 동의할 수 있는 일반적인 진술이어야 한다. 이 진술을 행동의 조작적 정의(operational definition)라고 한다. 이것은 학생이 어떤 행동을 행하는 것에 관해 토의하거나, 관찰하거나, 설명하거나, 보고하거나, 조언할 때 모두가 기준으로 삼게 되는 정의다. 모호함은 최대한 배제된다. 조작적 정의는 행동의 운동적 측면에 대한 관찰 가능하고 측정 가능한 동의된 특성을 진술한 것이다. 이 특성이 정확히 진술되어야 누구라도 그 행동이 수행되었는지 아닌지에 동의할 수 있게 된다.

행동을 조작적으로 정의하기 위해 다양한 접근방법이 적용될 수 있다. 〈표 3-1〉은 과제하기 행동을 정의하는 몇 가지 방식의 예다. 조작적 정의는 보통 특정 행동 범주나 행동 예의 목록으로 구성된다. Fairbanks, Sugai, Guardino 그리고 Lathrop(2007)은 범주 목록을 사용했고, Umbreit, Lane 그리고 Dejud(2004)는 대표적 행동 목록을 사용했다. 좀 더 넓은 범위의 행동 목록은 자료수집에 대해 보다 구체적인 범위 설정이 필요하다. Regan, Mastropieri 그리고 Scruggs(2005)와 Allday와 Pakurar(2007)는 보다 확장된 목록을 예와 함께 사용하였다. 특히 Regan 등은 추가적으로 부정적 예를 들어 행동을 정의했다. Kemp와 Carter(2006)의 정의는 학생이 적극적으로 과제를 수행할 때의 예와 수동적으로 수행할 때의 예를 제시하였다. Callahan과 Rademacher(1999)는 관찰자를 위한 목록과 학생을 위한 목록을 별도로 제시하였다. 어떤 경우에는 시간요소가 포함된다. 예를 들어, Boyle와 Hughes(1994)는 행동비율을 포함시키

표 3-1   과제하기 행동의 조작적 정의

Fairbanks, Sugai, Guardino, & Lathrop(2007)	과제 가까이로 향하여 모든 지시사항을 따르고 적절한 교재교구를 다루기
Regan, Mastropieri, & Scruggs(2005)	학생은 (a) 방의 정해진 구역에서, (b) 적절한 교재교구에 손으로 참여하며, (c) 질문을 읽고/쓰고, (d) 과제/기타에 관한 부정적인 말을 억제하며, (e) 성인에게 관련 질문을 하고, (f) 적절한 과제와/혹은 도구에 초점을 유지하고, (g) 교재교구로부터 천천히, 조용하게 벗어나 쓰기를 하지 않고 생각에 잠김(오직 혼자만 몰두함)
Allday & Pakurar(2007)	(a) 교사의 지시를 적극적으로 듣고-교사나 과제를 향하여 구어적으로 (예: 지시에 대해 질문하기) 혹은 비구어적으로 (예: 고개 끄덕임) 반응 보이기, (b) 교사의 지시를 따르며, (c) 교재 혹은 교사에게 적절히 향하기 혹은 (d) 적절한 태도로(예: 손들기) 도움을 구하기
Kemp & Carter(2006)	과제하기 행동은 다음의 신체적 양상을 보이며 수업에 적극적으로 참여하는 것이다. (a) 교사가 언급하고 있는 교재교구나 과제 혹은 교사를 보기 (예: 읽고 있는 책 보기, 문제지 보기, 교사가 시범 보이는 활동 보기), (b) 교사에게 답하는 다른 학생을 보기(예: 교사의 질문에 답하는 학생 보기)
Callahan & Rademacher(1999)	Seth가 교사나 과제 관련 교재교구(예: 교과서, 문제지, 연습지 등)를 보는 것이 관찰될 때 점수가 매겨지는 학습 활동을 적절히 수행하기 그리고/혹은 요구되는 학습 활동 시간 동안 참여하기. Seth를 위해 종이 한 장에 정의를 요약하였다. 요약에는 적정 연령 도표와 "과제하기가 의미하는 것은 (1) 나는 내 자리에 앉아 있다, (2) 나는 조용하게 공부한다, (3) 나는 교사나 교재교구를 바라본다."라는 문구가 포함되어 있다.
Boyle & Hughes(1994)	손으로 하는, 목적이 있는, 과제 간 지연이 3초 미만인 과제에의 참여
Brooks, Todd, Tofflemoyer, & Horner(2003)	개별적 자습하기: '눈을 과제에 두고, 연필을 손에 쥐고, 조용히 과제를 하기' '집단 활동 동안 눈을 말하는 사람에게 두고, 교재교구를 만지지 않으며, 집단 지시에 따르기'

기도 하였다. Brooks, Todd, Tofflemoyer 그리고 Horner(2003)는 과제하기 행동을 개별적 자습과 집단적 교수 모두의 경우와 관련되는 것으로 보았다. 그렇기 때문에 조작적 정의는 두 가지 양식으로 진술되었다.

여러 사항을 복합적으로 포함하고 있는 조작적 정의로는 학생이 준거에 도달한 시점을 잘 알 수 없기 때문에 행동 발생 빈도를 정확하게 세는 것이 어렵다. 이러한 문제를 피하기 위한 한 가지 방법은 복합적 행동의 결과를 조작적으로 정의하는 것이다. 예를 들어, 과제하기 행동을 측정하기 위해 제한된 시간 내에 완성되어야 할 산수 문제의 수를 목표에 제시해도 좋다. 학생은 계속 과제를 하고 있어야만 이 결과를 완성할 수 있다(이 문제는 제4장에서 더 자세히 논의된다).

공격행동의 조작적 정의는 그 결과나 성과에 의해 기능적으로 그리고 행동의 움직임에 의해 형태적으로 모두 진술되어야 한다(Barlow & Hersen, 1984). Finkel, Derby, Weber 그리고 McLaughlin(2003)은 공격행동을 "해칠 의도로 다른 사람과 신체적 접촉을 하는, 정도를 벗어난 행동"이라고 기능적으로 정의하였고, Winborn-Kemmerer 등(2010)은 재산 파괴로 정의하였다. 공격행동은 형태적으로는 교사 때리기, 차기, 물기, 머리카락 잡아당기기(손가락으로 움켜잡거나 당기기) 또는 다른 사람을 힘차게 때리기, 차기, 꼬집기, 다른 사람에게 물건 던지기 등으로 정의되어 왔다(Lerman, Iwata, Shore, & Kahng, 1996; Johnson, McComas, Thompson, & Symons, 2004; Lien-Thorne & Kamps, 2005; Singh et al., 2007). 표적행동의 구체적인 예를 보면 더욱 명확해질 것이다.

목표에 좀 더 정확한 동사가 사용되면 조작적 정의의 필요성은 감소된다. 또한 정확성이 확보되면 더욱 정확한 자료 기록이 이루어진다. '구분할 것이다'보다는 '갈라 놓을 것이다', '규명할 것이다'보다는 '동그라미 칠 것이다', '알 것이다'보다는 '입으로 말할 것이다'와 같은 정확한 행동적 표현이 관찰자 간에 다르게 해석되는 것을 줄여 주며, 반복적으로 말로 하거나 문서화하는 작업을 줄여 줄 것이다. 다음은 정확한 행동 진술에 대한 몇몇 예다.

- 진열된 것 중 가장 큰 것을 집어낼 것이다.
- 100원짜리 동전을 말로 셀 것이다.
- 『캔터베리 이야기(*The Canterbury Tales*)』의 서문을 번역할 것이다.
- 자신의 책이나 말하는 사람을 쳐다볼 것이다.

Deno와 Jenkins(1967)는 적절한 동사를 선정하기 위한 지침을 제공하였다. 그들은 독립적인 교실 관찰자 간의 행동 발생 동의에 기초하여 동사를 분류하였는데, 〈표 3-2〉에 제시된 것과 같이 직접 관찰이 가능한 행위 동사, 모호한 행위 동사, 직접 관찰이 가능하지 않은 행위 동사 등의 세 가지로 분류하였다.

Morris(1976, p. 19)는 표적행동 진술을 평가하기 위해 자신의 IBSO(Is the Behavior Specific and Objective?) 검사를 사용해 보도록 제안하였다.

① 15분 동안, 1시간 동안, 하루 동안 발생하는 행동 발생 빈도를 셀 수 있는가? 혹

| 표 3-2 | 동사의 관찰 가능성 분류표 |

직접 관찰이 가능한 행위 동사		
카드로 덮다	그리다	놓다
표시하다	눌러 열다	선을 긋다
밑줄 치다	가리키다	동그라미 치다
말로 반복하다	걷다	말하다
쓰다	구두로 세다	구두로 읽다
가리다	입다	이름을 말하다
채우다	열거하다	진술하다
움직이다	이름 붙이다	무엇인지 말하다
모호한 행위 동사		
써서 확인하다	점검하다	조립하다
짝을 맞추다	나르다	만들다
정리하다	종료하다	읽다
놀다	위치 정하다	연결하다
주다	거부하다	선택하다
선택하다	빼다	바꾸다
사용하다	나누다	수행하다
합계하다	더하다	주문하다
측정하다	재편성하다	공급하다
시범 보이다	모으다	곱하다
둥글게 하다	평균하다	완성하다
요구하다	활용하다	요약하다
승인하다	발견하다	빌리다
보다	전환하다	규명하다
직접 관찰이 가능하지 않은 행위 동사		
구별하다	호기심을 갖다	해결하다
결론짓다	지원하다	연역하다
발전하다	느끼다	검사하다
집중하다	결정하다	지각하다
발생시키다	생각하다	창조하다
비판적으로 사고하다	구분하다	배우다
인정하다	감사하다	발견하다
알게 되다	경쟁적으로 되다	알다
추리하다	의심하다	좋아하다
완전히 깨닫다	분석하다	이해하다

출처: Evaluating Preplanned Curriculum Objectives, by S. Deno & J. Jenkins, 1967.

은 행동을 행하는 시간을 잴 수 있는가? 즉, 오늘 행동이 몇 회 발생했다거나 몇 분 동안 그 행동을 했다고 말할 수 있는가? (이에 대한 답이 '그렇다'여야 한다.)

② 수정하려는 표적행동을 다른 사람들에게 이야기했을 때 그들이 무엇을 관찰하는지 정확히 알 것인가? 즉, 행동이 발생할 때 그 행동을 실제로 볼 수 있는가? (이에 대한 답이 '그렇다'여야 한다.)

③ 표적행동을 좀 더 특별하고 관찰 가능한 작은 요소로 나눌 수 있는가? (이에 대한 답이 '아니요'여야 한다.)

중재조건 확인

> 조건은 표적행동과 관련되는 선제자극이다.

행동목표의 세 번째 요소는 조건 진술이다. 조건 진술은 교수, 교재교구, 장면을 포함하는 선제자극 목록이다. 이것은 학생에게 주어지는 보조 형태의 어떤 것일 수도 있고, 행동이 수행되는 자연스러운 환경의 일부거나 특정 학습과제의 일부로서 교사가 제공하는 것일 수도 있다. 조건의 진술은 학습 경험의 모든 측면이 일관적으로 재생산될 수 있다는 것을 확신시켜 준다.

교사는 다음과 같은 부류의 선제자극 중 일부 혹은 모두를 사용하여 적절한 반응 기회를 만들 수 있다.

① 언어적 요구 혹은 지시

- Sam, 작은 차를 가리켜 보세요.
- Debbie, 이 수를 더해 보세요.
- Jody, 네 자리로 돌아가세요.

② 성문화된 지시 혹은 양식

- 이 문장을 그림으로 표시하시오.
- 결과를 찾아보시오.
- 단어의 정의에 밑줄 치시오.

③ 시범

- 이것이 리트머스 종이를 사용하는 방법이다.
- 이것이 작동 방법이다.

④ 사용되는 교재교구

- 20개의 한 자릿수 덧셈 문제지
- 초록색의 '재생' 버튼과 빨간색의 '멈춤' 버튼이 있는 카세트레코더

⑤ 환경적 상황 혹은 시간

- 직장에서
- 카페에서
- 놀이터에서
- 혼자 공부하는 동안
- 교실 이동 중

⑥ 보조방법

- 독립적으로
- 수에 밑줄을 쳐 주어서
- 교사에게 약간의 신체적 보조를 받아서
- 구어적 촉구만 받아서

교사는 자신이 준비한 구어적 또는 시각적 단서가 실제로 학생에게 바람직한 반응 기회를 제공한다는 확신이 있어야 한다. 즉, 교사는 학생에게 명확한 요구나 지시를 해야 한다는 것이다.

목표에 진술된 교재교구는 학습자에게 자극을 일관적으로 제시하는 것이어야 하며

적절한 선제자극의 제공에 대해서는 제10장에서 논의될 것이다.

요구된 학습 수행을 우연히 일으킬 수 있는 것이어서는 안 된다. 예를 들어, 빨간색, 파란색, 초록색 양말을 보여 주면서 '빨간색을 짚어 보세요.' 라고 질문하는 것이 빨간색 자동차, 파란색 양말, 초록색 컵을 보여 주면서 같은 질문을 하는 것보다 명확한 과제다. 문장의 빈 곳을 채우도록 하는 것이 답의 목록을 제공하고 선택하도록 하는 것보다 더 명확한 과제다. 그림자극에 기초하여 이야기를 만들도록 하는 것은 시각적 자극 없이 이야기를 만들도록 하는 것과 다르다.

다음은 진술문 조건의 예다.

- ~을 포함하는 교재교구를 주면
- 한 자릿수 나눗셈 25문항의 교재를 주면
- '화장실' 에 대한 수신호를 주면
- 사전 및 지시문의 사용법을 주면
- 빨간색 라벨이 붙은 스웨터와 구어적 단서를 주면
- 분모가 다른 분수 문제 20문항이 담긴 시험지를 주고 '답을 구하시오.' 라는 지시문을 주면
- 아무런 도움 없이

행동이 수행될 조건을 잘 나타낸 진술문은 〈일화 3-3〉에서 Samuels 선생님이 보인 것과 같은 문제점을 예방할 수 있다.

〈일화 3-3〉
Samuels 선생님, 두 자릿수 나눗셈을 가르치다

Samuels 선생님은 일반교사와 갈등을 빚었다. 그녀는 소집단에게 두 자릿수 나눗셈을 가르치기로 6학년 수학담임인 Watson 선생님과 합의를 보았다. Samuels 선생님은 자신이 가르치려는 방법이 Watson 선생님의 방법과 동일하다는 것을 누차 확인하였다. 그녀는 수십 문항의 문제지를 만들었고 소집단 학생들이 자면서도 할 수 있을 때까지 두 자릿수 나눗셈을 연습하였다.

Samuels 선생님은 Watson 선생님이 소집단 학생들에게 나눗셈을 가르칠 계획에 대하여 물었을 때 직감적으로 소스라치게 놀랐다. 조사해 보니 소집단 학생들은 다른 6학년 학생들과 함께 수업할 때 수학책에 있는 문제를 공책에 베껴 적는 일을 하고 있었는데, 그 일에서조차도 수많은 오류를 범하고 있었으며 아주 가끔 정답을 적기도 하였다. 과제가 수행되어야 하는 조건이 서로 달랐던 것이다.

학습 문제가 있는 학생을 가르치는 계획의 일부로서 교사는 학생의 책상에 두 자릿수 나눗셈의 순서를 정리한 모델을 붙여 주는 것 같은 보충적인 단서를 제공할 수도 있다. 오해를 없애기 위해 행동목표의 조건요소에 보충적 단서에 대한 진술을 포함하는 것이 중요하다. 그리고 단서가 더 이상 필요하지 않으면 목표를 재작성한다.

수용 가능한 수행 준거

행동목표에 포함되는 준거 진술에서 교사는 수용될 수 있는 최소한의 수행에 대한 기준을 정한다. 이 진술은 학생이 중재의 결과로 성취할 수행 수준을 나타내는 것이다. 수행 자체는 정의되는 것이고, 준거는 평가에 대한 기준을 정하는 것이다. 이 준거는 중재 전반에 걸쳐 행동목표를 충족하기 위해 선정된 중재 전략의 효과를 측정하기 위해 사용된다.

> 준거 진술은 최소 수행 기준으로 정한다.

초기의 학습 혹은 습득(acquisition)에 대한 기초적 준거 진술은 반응의 정확성(accuracy)이나 반응의 발생 빈도(frequency of occurrence)로 나타낸다. 이러한 진술은 정반응 수, 제시된 시도 수에 대한 학생의 정확성, 정확한 반응의 백분율, 제한된 오류 범위 내의 수행 등으로 작성된다. 다음은 준거 진술에 대한 몇 가지 예다.

- 20 중 17의 정반응
- 10개의 모든 사물을 맞게 명명
- 80%의 정확성
- 기회의 80%에 대해
- 20문항을 맞게 답해야 함(100% 정확성)
- 5회 시도 중 4회 정반응
- 5회 연속 시도에 대해
- 배변훈련 프로그램의 모든 단계를 독립적으로 완성함
- 250개 단어 이하로 구성된 문단에서 5개 이하의 철자법 오류로 네 가지 모든 주요 특성의 목록을 만듦
- 매 기회에 대해

준거에 대한 두 가지 형태가 더 있는데, 그것은 시간이 행동의 주요 차원인 경우에

지속시간과 반응시간의 더 상세한 내용은 제4장을 참고한다.

해당된다. 지속시간(duration)은 학생이 행동을 수행한 시간의 길이이며, 반응시간(latency)은 학생이 행동을 수행하기 전까지 경과한 시간의 길이다.

- 지속시간을 나타내는 준거 진술
  - 1시간 내에 완성할 것
  - 최소한 20분 동안
  - 시간 이하에
  - 10분 내에 돌아올 것
  - 2주 내에
- 반응시간을 나타내는 진술
  - 카드가 제시된 후 10초 이내에
  - 구어적 요구 후 1분 이내에

어떤 경우에는 특별한 준거 수준이 요구되기도 한다. 다른 기술이 습득되기 위해 기초 기술이 요구될 때는 80%의 준거는 충분하지 않다. 예를 들어, 곱셈에 대한 '거의 모든' 학습은 8×7이 무엇인지를 알 때까지 평생에 걸쳐 이루어질지도 모른다. 100%의 정확성이 요구되는 기술도 있다. 길을 건널 때 양쪽을 모두 살피는 것을 완전히 기억하지 못하고 90%만 기억한다면 돌이킬 수 없는 결과를 얻게 될 수 있다.

어떤 학생의 경우에는 장애가 준거 결정에 영향을 미친다. 예를 들어, 어떤 학생은 움직임에 제한이 있어 운동능력에 영향을 받기 때문에 나무에 못을 박지 못할 수도 있다. 저긴장근(정상적인 상태 이하)은 걷기나 앉아 있기의 지속시간을 제한할 수도 있고, 근육조건이 쓰기의 완성도를 제한할 수도 있다.

백분율로 명시된 준거는 주의해야 한다. 예를 들어, 90%의 준거를 충족시키기 위해 5문항의 수학 문제 중 몇 문제를 풀어야 하는가?

수용 가능한 수행에 대한 준거를 정할 때 교사는 합리적인 목적이 설정되도록 주의해야 한다. 선택은 내용의 본질과 학생의 능력 그리고 제공되는 학습 기회에 기초하여야 한다. 준거는 기능적 기술의 발달을 제공해야 한다. 학생이 게임을 할 때마다 이길 수 있도록 가르치거나 일반학급에서 높은 수학 점수를 받을 수 있도록 가르칠 수 있는 것이 아니다. 야심찬 목적 설정이 더 많은 학습결과를 가져온다는 증거가 있지만(Fuchs, Fuchs, & Deno, 1988), 교사는 학생에게 좌절을 안겨 주는 습득될 수 없는 목적을 설정해서는 안 된다.

행동목표를 진술할 때는 빈도나 백분율 그리고 반응의 정확성을 고려하는 것 외에도 숙달되기 위해 충족해야 하는 준거의 빈도를 결정해야 한다. 예를 들어, Jane은 교사가 숙달을 확인하고 학습의 다음 단계나 다음 행동목표로 넘어가도 좋다고 허락하기 전에 10회 중 8회의 행동 수행을 성공적으로 몇 번 이루어야 하는가?

기술이 '학습된' 것으로 간주되는 개방형 준거로서 85%의 정확성에 처음으로 도달하는 것으로 나타내기도 한다. 여기서 교사는 85%의 정확성을 입증하기 위해 계속해서 검사하고 재검사할 것이다. 추론이 틀릴 수도 있다. 그러므로 종결의 의미를 제공하기 위해 다음과 같은 진술문이 행동목표에 포함되어야 한다.

- 연속적으로 4회기 동안 85%의 정확성
- 4일 중 3일 동안 85%의 정확성
- 연속적으로 3회기 동안 10회 시도 중 8회
- 연속적으로 3회에 걸쳐 화장실에 갔다가 10분 이내에 돌아올 것

4 행동목표 양식

표준 양식은 교사가 행동목표를 작성하는 데에 도움을 준다. 일관적인 양식을 통하여 교사는 의사소통에 필요한 모든 요소를 빠뜨리지 않고 포함시킬 수 있다. 특정 양식이 반드시 다른 것보다 우수한 것은 아니므로, 교사는 자신의 작성 스타일이나 행정정책을 고려하여 한 가지를 선택하면 된다. 다음은 두 가지 양식의 예다.

▌양식 1 ▌
조건: 초보 단어 카드 20개를 제시하고 "이 단어를 읽으시오."라고 지시함
학생: Sam
행동: 구두로 단어를 읽을 것이다.
준거: 연속적으로 3회에 걸쳐 90%의 정확성으로 각 단어를 2초 이내에

▌양식 2 ▌
학생: Marvin
행동: 4학년 수준 20개 단어의 철자를 필기체로 쓸 것이다.

조건: 학습도움실 교사의 구술에 따라 연속 3주 동안 2개 미만의 오류

다음은 Aiden과 Tanika를 위해 설정된 교육목적에서 추출된 교육목표를 정리한 것이다.

수학

목적: Aiden은 1학년 수준의 기초 셈하기를 숙달할 것이다.

목표: 6 + 2 형태의 한 자릿수 덧셈 20문항과 '합을 구하시오.'라는 지시문이 적힌 문제지를 주면, Aiden은 연속적으로 3회기 동안 90%의 정확성으로 모든 문제를 완성할 것이다.

사회

목적: Aiden은 연방정부의 3가지 분과에 대한 기능을 설명할 것이다.

목표: Aiden은 교재 『아메리카 유산(*Our American Heritage*)』의 23~26쪽을 읽고 법안이 법이 되는 10단계의 서열적 과정을 작성할 것이다. 이 목록은 1개 미만의 순서 오류와 1개의 생략 오류를 포함할 것이다. 이것은 학급 수업과정과 단원별 평가에서 성공적으로 완성될 것이다.

읽기

목적: Aiden은 읽은 이야기의 관련 부분을 인지할 수 있을 것이다.

목표: Aiden은 짧은 이야기 '목걸이'를 읽고, 2회 미만의 오류와 최소 200개의 단어로 (1) 모든 주요 인물의 목록을 작성하고 (2) 주요 활동 순서의 목록을 작성할 것이다.

과학

목적: Aiden은 태양계 구조에 대해 설명할 것이다.

목표: Aiden은 태양계 지도를 보고, 2회기에 걸쳐 100%의 정확성으로 각 행성의 명칭을 명명할 것이다.

언어

목적: Aiden은 구두의 창조적 표현력이 증가할 것이다.

목표: Aiden은 사람, 사물, 장소 등의 사진을 보고, 최소한 7개의 항목을 사용하여 5일 중 3일에 걸쳐 5분 이야기를 말할 것이다.

체육

목적: Aiden은 팀 경기의 기술이 증가할 것이다.

목표: Aiden은 농구를 하면서 4회기 연속으로 10회의 시도 중 8회를 10피트 거리에서 공을 골대에 던져 넣을 것이다.

앞서 논의한 바와 같이 Aiden은 가벼운 학습 문제를, Tanika는 좀 더 심한 장애를 가졌음을 상기해 보자. 다음은 Tanika를 위한 목적 및 목표다.

인지

목적: Tanika는 사물을 기능에 따라 분류할 수 있을 것이다.

목표: 12장의 피바디(Peabody) 카드(음식 4, 옷 4, 보조기구 4)를 주고 각 영역의 견본 자극 카드 1장을 보여 주면서 '이것은 어디에 놓아야 할까?'라고 구어적 단서를 주면, Tanika는 20회 시도 중 17회에 걸쳐 100%의 정확성으로 카드를 적절하게 분류할 것이다.

의사소통

목적: Tanika는 기능적 명칭의 수용적 이해가 증가할 것이다.

목표: 간식시간에 사용되는 세 가지 사물(컵, 스푼, 포크)을 주고 '～를 집어 보세요.'라는 구어적 단서를 주면, Tanika는 4회기 연속으로 10회 시도 중 9회에 걸쳐 명명된 사물을 교사에게 건네줄 것이다.

운동

목적: Tanika는 상체의 대근육 운동능력을 발달시킬 것이다.

목표: 천장에 매달린 소프트볼을 가리키며 '공을 쳐 보세요.'라고 구어적 단서를

주면, Tanika는 5회기 연속으로 10회 중 10회에 걸쳐 움직일 정도로 공을 칠 것이다.

사회

목적: Tanika는 집단 활동에 적절히 참여하는 것을 배울 것이다.

목표: 이야기 시간에 선생님과 다른 2명의 학생과 함께 앉아 있을 때, Tanika는 5회기 연속으로 10분 동안 최소 3회에 걸쳐 교사의 질문에 운동적 또는 구어적으로 적절한 반응을 보일 것이다.

자조

목적: Tanika는 혼자서 옷을 입을 수 있을 것이다.

목표: 등에 빨간색 단서가 있는 스웨터(앞단추가 없는)를 주고 '스웨터를 입어 보세요.' 라는 구어적 단서를 주면, Tanika는 4회기 연속으로 3회 시도 중 2회에 걸쳐 신체적 도움 없이 과제의 모든 단계를 성공적으로 완성할 것이다.

직업

목적: Tanika는 최소 1시간 동안 조립과제를 완성할 것이다.

목표: 'U' 자 배관의 네 가지 부품을 순서대로 주면, Tanika는 4주 동안 3회기에 걸쳐 3분당 1개를 오류 없이 조립할 것이다.

부적응 행동

목적: Tanika는 이탈행동을 감소시킬 것이다.

목표: 오전 9시부터 9시 20분 사이에(기능적 학업) Tanika는 5회기 연속으로 교사가 일어나도 된다고 허락하지 않으면 자리에 앉아 있을 것이다.

Grundy 교수의 수업에서 행동목표를 적다

행동목표에 관해 배우는 Grundy 교수의 8시 수업이었다. 준비한 강의 계획에 따라 강의를 한 후에(이 책의 첫 장과 매우 흡사한), Grundy는 다른 질문이 있는지 물었다. Dawn Tompkins가 깊은 한숨을 쉬며 매만지던 손톱을 뒤로하고 "네, 교수님, 행동목표가 무엇인지 정확하게 말씀해 주시겠어요?"라고 물었다.

"이미 말한 것으로 생각되는데, 젊은 아가씨." Grundy가 대답했다. "잘 모르는 사람 있나요?"

불만 섞인 웅성거림을 들으며 Grundy는 다음의 두 가지 질문이 있는 것으로 판단했다. "책에 나와 있나요?" 그리고 "시험에 나오나요?"

행동목표의 구성요소에 대해 다시 한 번 명확하게 요약정리를 해주고 Grundy는 모두 과학 과목의 행동목표를 쓰고 교실을 나가기 전에 제출하라고 말했다. 그러자 다시 신음소리 섞인 웅성거림이 들리고 여기저기서 학생들이 손을 들었다.

"구성요소를 쓰라는 말씀이신가요?"

"아니야." Grundy가 말했다. "목표를 써."

"행동목표를 정의하라는 말씀이신가요?"

"아니야." Grundy가 말했다. "그걸 써."

"그런데 교수님께서 목표 쓰는 것에 대해 아무것도 말씀하시지 않았어요."

"강의 목적이 뭐라고 생각하는가?" Grundy가 반박했다.

도구가 없는 학생들에게 종이와 연필을 나누어 준 후 교실에 침묵이 흘렀다. DeWayne이 첫 번째로 끝내고 자랑스럽게 목표를 Grundy 교수에게 제출했다.

소화계통의 중요성을 이해하기

"DeWayne," Grundy가 말했다. "이건 시작에 불과해. 행동목표는 행동에 대해 말해야 하는 것을 잊었니? 내가 제시했던 동사 목록을 기억해 봐라…"DeWayne이 계속 허공을 바라보고 있자, Grundy는 가방을 뒤져서 복사물(앞의 〈표 3-2〉 참조) 한 장을 꺼냈다.

"이걸 봐라. 여기 있는 직접 관찰 가능한 동사 중 한 가지를 사용해 봐."

DeWayne은 잠시 후에 다시 쓴 목표를 가지고 왔다.

소화계통의 기관을 명명하기

"좋아. DeWayne," Grundy는 한숨을 쉬었다. "그래, 그건 행동이지. 이제 행동목표의 구성요소를 다시 상기시켜 볼래?"DeWayne은 다시 허공을 보았다. Grundy는 DeWayne이 지갑에서 꺼낸 듯한 긴 영수증(Grundy는 잔액이 마이너스로 되어 있는 것에 놀라지 않았다) 끝에 조심스럽게 다음과 같이 써서 책상 위에 놓았다.

조건 학생 행동 기준

1시간 반쯤 후에, Grundy가 이 과제를 낸 것을 후회하고 있을 즈음, DeWayne이 다시 가지고 왔다.

인간의 소화계통에 대한 명명되지 않은 도표를 제시하면, 4학년 학생은 오류 없이 소화계통의 주요 기관(입, 식도, 소장, 대장)을 명명할 것이다.

Grundy는 자신의 소화계통에 관심을 많이 가지기 시작했기 때문에 DeWayne의 목표를 흥미롭게 읽었다. "훌륭해, DeWayne," 교수가 말했다. "식당에서 점심을 먹기엔 너무 늦은 것 같다. 왜 처음부터 이렇게 하지 않았니?"

"교수님, "DeWayne이 대답했다. "교수님이 뭘 원하시는지 이해하지 못했어요. 내가 다른 것을 할 수 있을지 아직도 확신이 안 서요."

동전기계에서 크래커를 사 먹고, Grundy는 생각에 잠겨 연구실로 돌아와 연필과 종이를 꺼내 쓰기 시작했다.

적절한 동사 목록과 행동목표의 구성요소가 적힌 양식을 주면, 411실에 있는 학생들은 모든 구성요소를 포함한 5개의 행동목표를 쓸 것이다.

그는 잠시 생각에 잠기다가 다음의 내용을 추가했다.

30분 내에

Grundy는 중얼거렸다. "아마도 내가 원하는 것이 무엇인지가 확실하고 그것을 학생들에게 처음에 말했으면 그들이 이해하는 데에 문제가 없었을 거야."

5 기초적 행동목표의 확장

일단 목표로 서술된 행동을 학생들이 습득했으면, 교사는 목표가 숙달되었으며 다음 단계로 이동할 것임을 알린다. 만일 학생이 처음의 학습환경과 다른 환경에서 그 행동을 수행하지 못한다면 다음 단계로의 이동은 부적절하다. 학생이 기능적으로 행동할 수 있도록 하기 위해서는 다른 조건에서 다른 준거로 강화조건 없이 행동을 수행할 수 있도록 행동 적용에 관한 확장된 규정이 작성되어야 한다. 확장된 사용에 대한 두 가지 방법은 다음과 같다.

① 반응력의 체계에 관한 프로그램 작성하기
② 학습 수준의 체계에 관한 프로그램 작성하기

반응력의 체계

반응 정확성(예: 10 중 8의 정반응)은 수행을 평가하기 위한 하나의 차원일 뿐이다. 그것은 반응력의 습득 수준을 나타내 준다. 이 수준은 단지 학생이 이전에는 할 수 없었던 어떤 것을 어느 정도의 정확성으로 해낼 수 있게 되었다는 것을 증명하는 것이다. 정확성과 습득 수준 이상의 수행에 대한 능력을 측정하기 위해서는 준거와 조건의 개정이나 추가가 필요하다. 이러한 개정은 반응력의 체계를 반영한다. 일단 아동이 행동을 수행할 수 있으면, 우리는 처음 교육이 시작될 때 부과한 것과는 다른 조건하에서의 수행뿐만 아니라 그 유창성이나 비율에 관심을 갖게 된다.

반응체계는 습득, 유창성, 유지, 일반화의 최소 수준을 포함해야 한다.

이 체계를 사용한 예로 John이 다음의 목표 수준 습득에 도달했다고 가정해 보자.

25센트짜리 동전 2개, 10센트짜리 동전 2개, 5센트짜리 동전 2개, 1센트짜리 동전 1개를 주고 'John, 버스 요금을 내게 주세요.'라는 구어적 단서를 주면, John은 3회기 연속으로 10회 시도 중 8회에 걸쳐 75센트에 해당하는 동전을 교사에게 건네줄 것이다.

Lauren은 다음 목표의 습득에 도달했다.

두 자리 피제수와 한 자리 제수의 나눗셈 문제 20문항이 담긴 문제지를 주면, Lauren은 4일 연속 90%의 정확성으로 정답을 적절한 위치에 써 넣을 것이다.

John과 Lauren의 수행이 위에 진술된 준거를 충족시킨 후에는 다음 단계로서 수행의 유창성(fluency) 혹은 행동 수행 속도에 관심을 가져야 한다. 유창성은 새롭게 습득한 반응을 정확하게 수행하는 속도의 적절성이다. John의 경우, 우리는 그가 75센트에 해당하는 동전을 정확히 집어낼 수 있다는 것을 안다. 하지만 만일 버스를 탔을 때 75센트를 내기 위해 5분이 걸린다면 좋은 기능으로 볼 수 없다. 버스 기사는 그렇게 긴 시간을 기다려 줄 수 없을 것이다. Lauren의 경우, 우리는 그녀가 이제 나눗셈 문제를 풀 수 있다는 것을 안다. 하지만 읽기 수업이 예정되어 있어 방해를 받거나 문제를 풀기 위해 읽기 수업을 빠져야 한다면 바람직하지 않다.

두 가지 예에서 학생들은 정확하게 수행을 해냈으나 속도가 부적절했다. 교사는 적절한 수행 속도의 필요성을 깨닫고 행동목표를 작성할 때 수용 가능한 유창성을 표시할 수 있어야 한다. 다음은 준거 진술에 시간 제한을 추가한 목표다.

5센트짜리 동전 2개, 10센트짜리 동전 2개, 5센트짜리 동전 2개, 1센트짜리 동전 1개를 주고 'John, 버스 요금을 내게 주세요.' 라는 구어적 단서를 주면, John은 3회기 연속으로 10회 시도 중 8회에 걸쳐 (30초 이내에) 75센트에 해당하는 동전을 교사에게 건네줄 것이다.

두 자리 피제수와 한 자리 제수의 나눗셈 문제 20문항이 담긴 문제지를 주면, Lauren은 4일 연속 90%의 정확성으로 (20분 이내에) 정답을 적절한 위치에 써 넣을 것이다.

일반 학습자와 가벼운 정도의 장애를 지닌 학생에게는 속도를 흔히 초기 목표에 포함하여 습득과 유창성을 단일 교수과정으로 결합시킨다. 학생의 수행이 거침없이 유창해졌을 때, 행동이 오래 유지되고 오랫동안 과제를 지속할 수 있으며 주의 산만으로 인한 영향을 덜 받고 새로운 학습환경에 쉽게 적응하기 때문에 교수적 관심은 유창성에 집중된다(Pierce & Cheney, 2004).

유지(maintenance)라는 능력 수준을 포함하기 위해 원래의 행동목표를 조절할 필요는 없다. 유지는 재교육 없이 항상 반응을 수행할 수 있는 능력이다. 유지 수준 능력은 학생이 여전히 그 기술을 수행할 수 있는지를 확인하기 위해 교사가 재점검하는 사후점검이나 조사를 통하여 확인된다. 유지는 추가학습과 분배연습을 통하여 향상될 수 있다. 추가학습(overlearning)은 초기 목표가 달성된 후의 반복적 훈련을 의미한다. 추가학습 기회의 적정 수준은 대개 행동 습득에 요구되는 시도 수의 50%다. 만일 John이 운동화 끈 매기를 배우는 데에 10회기가 필요했다면 추가학습으로는 5회기를 제공해야 한다. 분배연습(distributed practice)은 시간 전체에 걸친 훈련이다(집중된 시간에 대한 밀집연습과 반대로). 밀집연습(massed practice)의 한 예는 대학생이 시험 기간 동안 벼락공부를 하는 것이다. 대부분 시험 전날 밤 10시에서 새벽 6시 사이에 공부를 하게 되는데 그 대부분이 쉽게 잊힌다. 공부한 내용의 유지를 원한다면 시험 전 수 주일에 걸쳐 매일 저녁에 짧은 시간 동안 공부하는 분배연습 방법을 사용해야 할 것이다. 유지를 제공하기 위한 또 다른 방법인 강화변경계획(Skinner, 1968)은 제8장에서 논의될 것이다.

일반화(generalization)라는 반응력 수준은 행동이 기능적이라는 것을 확인하는 데에 매우 중요하다. 만일 학생이 행동을 습득한 장소의 조건과 다른 조건하에서 행동을 수행할 수 있다면 그 학생은 일반화된 반응을 하는 것이다. 일반화된 반응은 교육이 종료된 후에도 지속적으로 발생하는 것이다. 반응은 최소한 네 가지 기본적 차원에 대해 일반화된다. 조건 진술은 문어로 작성된다. 그것은 학생이 다양한 구어 및 문어적 지시에 대한 반응으로, 다양한 자료를 통하여 다양한 사람에게 다양한 장면에서 행동을 수행하는 능력을 나타내기 위한 것이다. 다음의 예는 이 점을 잘 나타내 준다.

다양한 지시

- 일련의 동전과 '내게 버스 요금을 주세요.' ('내게 75센트를 주세요.' '내게 버스 탈 때 필요한 돈을 주세요.')라는 구어적 지시를 주면~
- 30문항의 한 자릿수 뺄셈 문제지와 '차를 구하세요.' ('이 문제를 푸세요.' '이 문제의 답을 쓰세요.')라는 구어적(혹은 문어적) 지시를 하면~

다양한 자료

- 최소한 세 가지 종류의 이력서 양식의 적당한 빈칸에 생년월일, 전화번호, 주소,

유지를 위한 프로그램은 제11장에서 논의될 것이다.

분배연습은 학습의 장기 유지에 더 효율적인 방법이다.

이름을 쓸 것이다.

- 수 세기용 칩(숫자 줄, 종이와 연필)을 이용하여 수학의 곱셈 원칙을 표현할 것이다.

다양한 사람

- 교사(부모)에게 '화장실' 용무를 위한 신호로 손짓을 사용할 것이다.
- 수학(영어, 사회, 과학) 교사(엄마, 아빠, 코치, 피아노 교사)의 지시를 따를 것이다.

다양한 장면

- 특수학급 화장실(미술실 주변 화장실)에서 용변을 본 후 바지를 올릴 것이다.
- 자리에 남아 수학(영어, 사회, 과학) 숙제를 완성할 것이다.

학습 수준의 체계

행동목표를 작성할 때 교사들은 불가피하게 구체적이고 간단한 학습 양식에 관심을 가지게 되는 듯하다. 실제로 이것은 행동주의적 접근방법이 받아 왔던 가장 빈번한 비난 중의 하나다. 그러나 행동목표를 학습이 낮은 수준으로 제한할 필요는 없다. Bloom(1956)은 인지, 정서, 심리운동 영역의 학습체계를 제안하였다. 이 체계는 학습결과를 점점 더 추상적인 수준으로 분류한다. 그것은 단순한 학습과 복합적인 학습 모두의 결과로 발생하는 관찰 가능하고 측정 가능한 행동을 제안하기 때문에 행동적 용어로 목표를 작성하는 일에 도움이 된다. 예로 제시될 인지적 체계는 학습의 6수준으로 구성되어 있다(Bloom, 1956).

많은 행동목표가 체계의 지식 수준으로 작성된다. 우리는 단순히 우리가 학생들에게 가르친 것을 그들이 알고 기억하기를 원한다. 일단 학생이 6수준 중 가장 낮은 수준의 숙달을 성취했으면 교사는 표적행동과 준거를 변경하여 후속 목표를 준비하고 학습의 다음 수준으로 프로그램을 변경할 수 있다. Gronlund(1985)는 이 과정에서 도움이 될, 학습의 각 수준에서 표적행동의 진술에 적절한 행동적 용어를 표로 요약하였다(〈표 3-3〉 참조).

표 3-3 인지 영역의 일반적 교수 목표 및 행동적 용어의 예

일반 교수 목표	특정 학습결과를 진술하기 위한 행동적 용어
• 일반적 용어를 알다.	정의하다, 서술하다, 확인하다, 이름 붙이다, 목록화하다, 비교하다, 명명하다, 개요를 말하다, 재현하다, 선정하다, 주장하다
• 특정 사실을 알다. • 방법과 과정을 알다. • 기본 개념을 알다. • 원칙을 알다. • 사실과 원칙을 이해하다.	전환하다, 방어하다, 구분하다, 산정하다, 설명하다, 확장하다, 일반화하다, 예를 들다, 추리하다, 쉽게 바꿔 쓰다, 예언하다, 고쳐 쓰다, 요약하다
• 구어적 자료를 해석하다. • 도표와 그래프를 해석하다. • 구어적 자료를 수학적 양식으로 전환하다. • 자료에 함축된 미래의 결과를 산정하다. • 방법과 절차를 정당화하다. • 개념과 원칙을 새로운 상황에 적용하다.	변화하다, 셈하다, 설명하다, 발견하다, 조작하다, 수정하다, 작동시키다, 예측하다, 준비하다, 생산하다, 관련시키다, 보여 주다, 풀다, 사용하다
• 법과 이론을 실제 상황에 적용하다. • 수학 문제를 풀다. • 도표와 그래프를 그리다. • 방법이나 절차의 올바른 사용법을 설명하다. • 진술되지 않은 가정을 인지하다.	분해하다, 도표로 표시하다, 차별화하다, 구별하다, 확인하다, 설명하다, 추리하다, 윤곽을 잡다, 지적하다, 관련시키다, 선정하다, 분리하다, 세분하다
• 논리적 궤변을 추리로 인지하다. • 사실과 추론을 구분하다. • 자료의 적합성을 평가하다. • 과제(미술, 음악, 작문)의 조직화된 구조를 분석하다. • 잘 조직화된 주제를 쓰다.	범주화하다, 결합시키다, 편집하다, 구성하다, 창조하다, 고안하다, 설계하다, 설명하다, 산출하다, 수정하다, 조직화하다, 계획하다, 재정리하다, 재구성하다, 관련시키다, 재조직하다, 개정하다, 고쳐 쓰다, 요약하다, 이야기하다, 쓰다

• 잘 조직화된 연설을 하다. • 창의적 단편(혹은 시, 음악)을 쓰다. • 실험에 대한 계획을 제안하다. • 다른 영역으로부터 문제해결을 위한 계획으로 학습을 통합하다 . • 사물(혹은 사건, 아이디어) 분류를 위한 새로운 도식을 공식으로 나타내다. • 문서화된 자료의 논리적 일관성을 판단하다.	칭찬하다, 비교하다, 결론짓다, 비교하다, 비평하다, 서술하다, 판별하다, 설명하다, 정당화하다, 해석하다, 관련시키다, 요약하다, 지원하다
• 자료가 결론을 지원하는지에 대한 적절성을 판단하다. • 내적 준거로 과제(미술, 음악, 작문)의 가치를 판단하다. • 우수성에 대한 외적 표준으로 과제(미술, 음악, 작문)의 가치를 판단하다.	

출처: *How to Write and Use Instructional Objectives* (5th ed.), by Norman E. Gronlund, 1991.

❖ 지 식

Bloom(1956)은 지식 수준(knowledge level)에서의 학습을 특별한 사실부터 완전한 이론에 이르기까지의 정보를 인지하거나 회상하는 것으로 정의하였다. 이러한 기억 기능은 인지적 학습의 기초적 수준에서 나타나는 유일한 행동이다. 다음의 습득 목표는 이 수준에 있는 학생을 위해 작성된 예다.

Virginia는 생물의 이해를 읽고 2장의 연습문제를 완성한 후, 2회기에 걸쳐 단원 종료시험에서 오류 없이 진화 순서에 대한 린네식(Linnaean) 체계의 생물학적 분류 목록을 작성할 것이다.

Danny는 덧셈, 뺄셈, 곱셈, 나눗셈에 대한 기호가 주어지면, 90%의 정확성으로 명칭과 기본 기능에 관한 객관식 문제에 답할 것이다.

Deborah는 Shakespeare 연극의 목록이 주어지면, 1개 미만의 오류로 비극의 명칭에 밑줄을 칠 것이다.

❖ 이 해

일단 학생이 지식 수준의 수행 준거에 도달하면 교사는 의미를 이해하는 이해 수준

(comprehension level)으로 이동한다. 바꿔 쓰기나 예시 제공으로 이해력이 드러날 수 있다.

다음은 이 수준에서의 목표 예다.

> Virginia는 생물학적 분류의 린네식 체계를 주면, 각 범주의 유기체에 대한 설명을 작성할 것이다. 설명에는 최소한 다른 범주와 구분되는 한 가지 요인이 포함될 것이다.
> Danny는 덧셈, 뺄셈, 곱셈, 나눗셈이 요구되는 40문항의 기초 셈하기 문제지를 주면, 90%의 정확성으로 완성할 것이다.
> Deborah는 햄릿의 '오, 이것 역시, 너무 고독한 육체가 녹아……' 라는 은유적 표현을 주면, 이 표현의 의미에 대한 평론을 작성할 것이다. 평론은 최소한 300단어가 될 것이다.

❖ 적용

Bloom의 적용 수준(application level)에서의 프로그램은 학생이 다양한 구체적인 상황에서 방법, 개념, 이론을 사용하는 것이 요구된다. 다음 목표를 고려해 보자.

> Virginia는 5개 유기체의 이름과 린네식 체계를 주면, 적절한 범주에 이름을 배치하고 배치에 대한 이론적인 설명 목록을 작성할 것이다. 각 설명은 최소한 배치에 대한 두 가지 이유를 포함할 것이다.
> Danny는 셈하기 계산이 요구되는 문장으로 된 문제 10개를 주면, 100%의 정확성으로 모든 문제의 정답을 쓸 것이다.
> Deborah는 햄릿을 읽은 후에 햄릿의 도덕적 딜레마와 유산 문제를 비교하고 현재 통용되는 예를 자신의 선택과 비교하여 추가적으로 인용할 수 있을 것이다.

❖ 분석

분석(analysis)은 자료의 성분을 규명하고 관계를 검토하며 전체로서의 조직을 이해하기 위하여 자료를 구성요소로 나누는 능력이다. 다음 목표는 분석적으로 구성된 것이다.

> Virginia는 5개 유기체 목록을 주면, 환경에서의 생태학적 안정이나 먹이사슬에 대

한 유기체의 역할을 조사하고 수업에서 발표하기 위하여 도서관에서 적절한 참고문헌을 사용할 것이다.

　Danny는 연합된 도구의 문서 목록을 주면, 칠판의 사용 예와 도구의 기초 추가 기능 및 복합 기능에 대하여 수업에서 정확하게 설명할 수 있을 것이다.

　Deborah는 햄릿이나 맥베스를 읽고 나서 연극의 구성에 대한 논의를 수업에서 이끌어 갈 것이다. 이 논의는 Deborah가 작성하여 나누어 준 각 장면에 대한 도식적 연출에 근거하여 이루어질 것이다.

❖ 종 합

인지의 **종합**(synthesis) 수준에서 학생은 부분들을 모아 상이하고 독창적이며 창조적인 전체를 이루어 내는 능력을 보여 주어야 한다.

　Virginia는 참고 교재의 목록을 주면, 다윈의 진화이론에서 생물학적 분류를 설명하는 1,000단어의 요약 보고서를 작성할 것이다. 보고서는 정확성, 완성도, 조직력, 명료함에 기초하여 평가될 것이다.

　Danny는 10진법과 2진법의 수 체계를 주면, 각 체계의 덧셈, 뺄셈, 곱셈, 나눗셈의 기능적 사용법을 구어로 설명할 것이다.

　Deborah는 Shakespeare의 비극 맥베스에 대한 연구물을 주면, 왕의 살인이 실패할 것으로 가정하여 극의 말미를 재구성할 것이다.

❖ 평 가

학습 수준의 체계에서 가장 높은 수준은 평가(evaluation)다. 학생은 가치에 대한 판정을 해야 한다.

　Virginia는 상호 배제의 원칙에 근거하여 운송 수단을 분류하는 분류법을 고안하고, 각 범주와 구성요소에 대한 정당성을 설명할 것이다.

　Danny는 일련의 알려지지 않은 값과 부여된 셈하기 기능을 주면, 답이 될 가능성에 대해 설명할 것이다.

　Deborah는 Shakespeare와 Bacon의 작품을 주면, 선호하는 한 가지를 지정하고 문체의 몇 가지 요소에 근거하여 500단어 비평으로 자신의 선호를 정당화할 것이다.

제한적인 학습자를 위한 학습 수준

교육목적을 계획하는 대부분의 경우에 장애를 가진 학습자를 위해서는 반응력의 체계에, 그리고 일반적인 혹은 평균 이상의 학습자를 위해서는 학습 수준의 체계에 초점을 맞추는 경향이 있다. 이러한 이분법은 단순히 학생의 기능 수준에 따라 반드시 그렇게 정해지는 것은 아니다. 학습 수준과 관련하여 제한적인 학습자를 위한 행동목표를 어떻게 작성하는지 다음 예를 보자.

> 지식: 동전과 '이것을 무엇이라고 하지요?'라는 구어적 단서를 주면, George는 5회기 연속으로 20회 시도 중 18회에 걸쳐 적절한 명칭을 말할 것이다.
>
> 이해: 동전과 '이것은 얼마에 해당하지요?'라는 구어적 단서를 주면, George는 각 동전에 대해 10회 시도 중 8회에 걸쳐 "다임(10센트짜리 동전-역주)은 10개의 페니(1센트짜리 동전-역주)와 같은 값어치입니다."와 같은 형식으로 말할 것이다.
>
> 적용: 각각의 값이 적힌 음식에 관한 10개의 그림을 제시했을 때, George는 20회 시도 중 18회에 걸쳐 '내게 음식값만큼 주세요.'라는 구어적 단서에 따라 적힌 액수와 같은 양의 동전을 소리 내어 셀 것이다.
>
> 분석: 사물의 가격이 적힌 사진, 1달러짜리 지폐 그리고 '연필과 신문을 살 수 있을까요?'와 같은 구어적 단서를 제시했을 때, George는 20회 시도 중 18회에 걸쳐 정확하게 반응할 것이다.
>
> 종합: 1달러짜리 지폐와 다양한 가격의 물건을 사기 위한 지시문을 주면, George는 10회 시도에 걸쳐 오류 없이 매매교환을 가상적으로 하고 거스름돈을 맞게 받았는지 판단할 수 있을 것이다.
>
> 평가: 1달러짜리 지폐를 주고 직장에서 집까지 5마일을 태워다 주면, George는 사탕을 사 먹는 대신 버스 요금으로 1달러짜리 지폐를 사용할 것이다.

제한적인 학습자라도 높은 수준의 인지기술을 습득할 수 있다.

6 행동목표와 IEP

특수교육 서비스가 필요한 학생을 위한 교육목적(장기목표) 및 행동목표(단기목표)의 개발은 1975년 모든 장애아동교육법(Education for All Handicapped Children Act, P.L. 94-142)과 현재의 장애인교육법(The Individuals with Disabilities Education act of 1999, P.L. 108-446, IDEA)의 요구 중 한 가지로 포함되었다. 입법의 결과로 본래의 목적 및 목표 작성과 교육계획 절차상의 적극적인 부모 참여 규정을 의례화하였다. 이 계획 절차는 궁극적으로 개별화교육프로그램(Individualized Education Program: IEP)의 개발로 이어졌다. IEP는 학생의 해당 연도 동안의 교육적 프로그램을 위한 목적과 목표 작성, 그리고 목적 달성을 어떻게 측정할 것인지를 주요 핵심으로 하고 있다(Siegel, 2007). 이 핵심적 요소 외에도 IEP는 전환 계획과 서비스, 긍정적 행동 중재와 지원, 주 및 행정구역 내 평가 참여, 확장된 학교 서비스, 일반교육과정에의 참여(필요시 수정 포함), 장애로 판명되지 않은 학생과의 상호작용 등에 관한 진술을 포함한다. 연방법규는 IEP의 핵심 부분으로 다음의 여섯 가지 요소를 포함시키고 있다.

① 학생의 현재 교육적 수행 수준에 대한 진술
② 단기 교수 목표를 포함하는 연간 목적에 대한 진술
③ 적절한 목표 준거와 최소한 연간 단위로 단기 교수 목표가 성취되었는지에 대한 결정 일정 및 평가 절차
④ 학생에게 제공될 특정 특수교육과 관련 서비스에 대한 진술
⑤ 서비스 개시 및 참여 기간에 대한 예정된 기일
⑥ 학생이 참여 가능한 일반교육 프로그램의 범위와 참여를 가능케 하기 위해 필요한 수정 혹은 조절

IDEA는 각 장애학생마다 IEP를 요구한다.

이러한 요소들은 행동목표와 IEP 개발의 공통성을 설명해 준다. 두 가지 모두의 절차가 학생이 현재 수행 수준을 결정하기 위한 자료의 축적과 적절한 목적의 진술, 목적 달성을 위한 행동목표(단기)의 개발 그리고 목표 숙달의 검토를 포함하고 있다.

특수교육 적격성 판정은 학생의 개인적 특성과 현재 수행 수준에 근거한 장애의 존재를 필요로 한다. 장애 증빙은 지능검사, 행동 사정, 학업성취, 그리고 다양한 전문

가의 보고 등의 자료로 이루어진다. 2004 장애인교육개선법(Individuals with Disabilities Education Improvement Act, P.L. 108-446)이 재위임되고 교육적 주도권이 강조되면서, 일부 주에서는 학생의 학습이나 행동상의 어려움을 다루기 위해 수행된 중재에 대한 학생의 반응 정보를 요구하기도 한다. 이 정보를 제공하기 위해 개발되고 있는 체제가 RTI(Response to Intervention)이다. RTI는 단순히 보조적 교수를 필요로 하는 학습상의 어려움과 특수교육 서비스를 필요로 하는 장애를 구분하는 데에 사용된다. RTI 정보는 개별화된 목적과 프로그램 개발에 도움이 된다.

기본적인 RTI 모델은 3단계로 구성된다. 1단계는 훌륭한 교수와 행동 관리(예: 적절한 행동을 위한 부가적 실행 기회, 규칙 명시, 강화 및 보상 기회 확대)를 위한 기본 사항으로 알려진, 학교나 학년 그리고/또는 학급 수준의 실행이다. 2단계는 학업상 어려움을 가진 학생을 위한 소집단 교수와 같은 보다 구체적인 실행으로서 사회적 기술 훈련과 자기관리 전략을 제공한다. 각 수준의 실행은 증거를 기반으로 해야(즉, 효과를 입증하는 연구 근거를 가져야) 하며 자료에 기초한 진전 점검 방법이어야 한다. 이러한 점검에서 얻은 자료는 교육목적과 IEP에 필요한 정보를 제공한다. 3단계 중재는 특수교육 및 관련 전문가들이 제공하는 것이다. 이 단계에서의 실행은 고도로 개별화된 것으로서 집중적인 지원을 장기간에 걸쳐 지속적으로 제공하는 것이다. 이러한 집중적인 중재 여부를 결정할 때는 장애가 있는지의 여부와 IEP가 필요한지의 여부가 주요 평가 내용이다(Cummings, Atkins, Allison, & Cole, 2008; Fuchs & Deshler, 2007; Fuchs & Fuchs, 2005, 2006, 2007; Gresham, 2005; Hunley & McNamara, 2010; Lewis, Jones, Horner, & Sugai, 2010).

다음은 IEP 관리와 그 목표 점검에 도움이 될 권장사항이다.

① 단기목표는 목적 진술(장기목표)에 순차적으로 관련되어 있어야 한다.
   교사는 목표의 요소를 체계적으로 변경할 수 있다. 예를 들어, 교사가 학생의 반응을 보다 기능적으로 만들거나 수행기준을 충족시키도록 형성하기 위해 조건(사용된 교재교구, 장면, 형식, 형태, 혹은 학생에게 제공된 보조나 조절의 양), 반응(예: 반응양식, 즉 요구되는 반응의 인지적 혹은 신체적 난이도나 복합성), 그리고/혹은 준거(예: 요구되는 반응의 양, 즉 횟수나 지속시간, 비율, 허용된 오류의 수나 형태) 등을 변경할 수 있다.
② 경도장애를 가진 학생의 경우, 목적과 단기목표는 그들이 특수교육서비스에 의

뢰된 이유를 직접적으로 다루어야 한다. "모든 영역이 나쁜 영향을 받지 않았다면, 아동의 전체 프로그램이 아닌 장애로 인해 발생된 아동의 요구를 충족시키기 위한 특수서비스에 대해서만 목적과 목표를 작성한다."(Bateman & Linden, 1998, p. 43)

③ 경도, 중도, 최중도 장애를 가진 학생의 경우, 교육과정 영역마다 2~3개의 단기목표가 IEP에 포함되어야 한다. 왜냐하면 대개 학생의 교육적 수행의 모든 영역은 장애로 인해 영향을 받기 때문이다.

④ 현재의 목표에서 유지가 성취될 때까지, 그리고 일반화 교수가 시작될 때까지는 새로운 단기목표가 추가되어서는 안 된다.

⑤ IEP 관리는 지속적인 과정이어야 한다. 교사와 행정가는 '연간 단위로만' 이 아닌 '최소한 연간 단위로' 검토가 집행되어야 함을 진술한 법규를 그냥 보아 넘겨서는 안 된다.

　　a. 경도장애 학생의 경우, 특수교육서비스가 계속 주어질 필요가 있는지를 평가하기 위해 이들의 목표점검은 성취를 확인한 후에 바로 이루어져야 한다.

　　b. 경도장애와 중도장애를 가진 학생의 목표에 대해서는 합리적인 검토 날짜가 정해져야 한다. 목표가 충족되면 교사는 새로운 단기목표를 추가하고 연간 보고에서와 같이 정당성을 포함하여 문서화한 후 부모를 포함한 위원회에 알려야 한다. 이러한 절차는 학생의 진전을 촉진할 것이며 전체 위원이 함께 모일 수 있을 때까지 교육이 정지되는 것을 막아 줄 것이다.

⑥ 검토 날짜는 기술의 기능적 사용을 향상시키기 위해 학습의 더 높은 수준에서의 교수에 대한 필요성을 고려하여 정해져야 한다.

Aiden의 수학기술이 학년 수준이면, 그는 더 이상 장애를 가지지 않은 것이다.

Tanika가 가능한 한 최상의 진전을 나타내도록 하기 위해 자주 그녀의 목표를 점검해야 한다.

제4장

자료수집 절차

○●

여러분은 알고 있습니까

교사들은 그들의 교실에서 자료를 수집하자는 제의에 민감하게 반응한다는 것을?

- "나는 그 많은 양식의 서류를 스톱워치를 작동해 가면서, 손목용 카운터를 끼고, 적절한 단서를 제공해 가며 단 한 번이라도 볼 수 있을 것 같지 않아요. 가르치는 건 언제 하죠?"
- "자료수집은 자료를 요약하고 그래프로 그리는 등 최소한 하루에 한 시간은 추가로 필요해요. 그 시간은 어디서 오죠?"
- "나 좀 쉬게 해 주세요!"

대부분의 교사는 우리가 이 장에서 논의하게 될 자료수집 절차에 주목한다. 어떤 경우에는 그들의 견해가 전적으로 옳다. 우리가 검토한 몇몇 체계는 교실에서 매일 사용하기에 실용적이지 않다. 교사는 복잡한 체계를 결코 사용하려 하지 않을 것이다. 그러나 이러한 체계가 어떻게 작용하는지를 이해하는 것은 응용행동분석에 관한 논문을 이해하는 데에 도움이 된다. 이 장에서는 가장 보편적인 자료수집 체계를 기술하며, 그중 얼마나 많은 것이 교실에 적용될 수 있는지를 보여 줄 것이다.

1 이론적 설명

교사는 교실에서의 자료수집이 가능하다는 것을 수용한 후에도 그 가치를 잘 알지 못한다. 대부분의 교사는 시험지를 채점하여 기록한 것 외에 학생의 학업적, 사회적 행동에 대한 기록을 거의 갖고 있지 않다. 그럼에도 불구하고 교사가 교실에서 자료를 수집해야 하는 중요한 이유가 있다.

첫째, 관찰과 측정은 특정 교수 전략이나 중재의 효과를 매우 정확하게 평가해 준다. 행동의 명확한 관찰과 측정은 교사가 자신의 전략이 성공했는지 실패했는지를 판단할 수 있게 해 준다. 둘째, 이 장에서 논의되는 자료수집 절차는 교수나 중재의 최종(요약)평가뿐만 아니라 진행(형성)평가도 하게 해 준다. 프로그램이 진행되는 동안에 교사는 수집된 자료를 통하여 그것이 성공할 것인지를 알기 위해 몇 주나 몇 달을 기다리지 않고 무엇인가를 결정하고 변경할 수 있다. 체계적으로 형성된 이러한 평가의 사용은 통계적으로나 실제적으로 유의미하게 학생의 성취를 증가시킨다(Fuchs & Fuchs, 1986). 결국 효과 중심의 자료 수집과 보고는 책무성에 대한 궁극적인 도구다.

행동목표를 작성하면서 교사는 특정 행동을 변화시키려는 그들의 의도를 의사소통한다. 또한 변화가 성공적으로 일어났는지를 판단하기 위해 사용할 준거도 진술한다. 교실 상황에서는 대체적으로 학생의 원래 수행 수준에 대한 중재의 효과를 사전검사와 사후검사를 통하여 평가한다. 그러나 가르치는 데에 적용되는 행동주의적 접근법과 프로그램 평가를 명확히 하기 위해서는 추가적인 자료가 필요하다.

행동평가는 두 가지 필요조건을 가진다. 첫째, 학생의 현재 기능에 대한 세심한 관찰이 필요하다. 이 관찰은 목표에서 진술된 행동의 조건과 서술을 반영하는 것이어야

행동평가는 학생의 현재 기능과 진행과정에 대한 관찰을 필요로 한다.

한다. 예를 들어, 학생이 30분 동안 25문항의 나눗셈 문제를 풀어야 한다고 진술한 행동목표는 기존에 학생이 30분 동안 얼마나 많은 나눗셈 문제를 풀 수 있는가를 교사가 결정하는 것이 필요하다. 둘째, 교수 프로그램의 평가는 교수와 학습 과정의 점검을 촉진하고 최종평가를 위한 체계를 제공해야 한다. 프로그램이 교수 숙달로 조절될 수 있도록 평가가 지속적으로 이루어져야 한다. 위 예의 학생이 나눗셈 교육을 받을 때 교사는 30분 동안 얼마나 많은 문제를 푸는지 매일 기록하여 지속적인 평가를 제공할 것이다. 점검과정은 지속적이거나 변화하는 교수기술에 대한 안내를 제공할 수 있고 학생의 진전에 대한 잘못된 가정을 피할 수 있도록 도와준다. 유감스럽게도 이러한 잘못된 가정은 매우 일반적인 일이다.

2 체계 선택

평가에서 행동측정의 첫 번째 단계는 자료수집 체계의 선택이다. 선택되는 체계의 특성은 관찰될 행동과 변화를 희망하는 행동에 맞아야 한다.

행동은 여러 차원으로 측정되고 변화된다(White & Haring, 1980).

행동 관찰을 위한 차원

① 빈도(frequency): 행동의 빈도는 학생이 행동을 하는 횟수를 말한다.

- Brett은 30분 동안 자리를 6회 이탈했다.
- Yao는 정해 놓은 시간 동안에 수학 10문제 중 6문제를 풀었다.
- Marvin은 수요일에 8회의 울화를 터뜨렸다.
- Lois는 이야기시간 동안 입에 손을 5회 넣었다.

행동 발생의 빈도를 결정할 때 우리는 관찰 기간(예: 10초 혹은 40분) 내에 행동이 발생한 횟수를 센다. 관찰 기간별로(예: 오늘 점심시간과 다른 날 점심시간) 행동 빈도를 비교하고 싶으면 관찰 기간이 반드시 동일한 길이여야 한다.

행동이 제한된 횟수로만 발생될 수 있는 것이라면 그 정보가 빈도 자료의 일부로 제공되어야 한다. 예를 들어, 모두 10문제가 있다는 것을 우리가 알지 못한다면 Yao가 6문제를 옳게 푼다는 것을 아는 것은 의미가 없다. 어떤 행동에는 최고치가 없다. 예를 들어, 학생이 수업 중 자리를 이탈하거나 소리를 지르는 것에는 최고치가 없다.

② 비율(rate): 행동의 비율은 빈도를 횟수에 대한 비로 표시한 것이다.

- Brett은 분당 0.2회 자리를 이탈하였다.
- Yao는 2분 동안에 분당 0.6문제를 풀었다.
- Marvin은 학교에서의 6시간 동안 시간당 1.3회 울화를 터뜨렸다.
- Lois는 10시간의 이야기시간 동안 분당 0.5회 손을 입에 넣었다.

관찰 기간이 모두 같은 길이라면 단순히 발생 횟수와 관찰 기간의 길이를 보고한다. 그러나 비율은 관찰 기간이 서로 다른 길이일 때 행동 발생을 비교하기 위해 가장 흔히 사용된다.

관찰 기간이나 반응 기회를 표준화할 수 없을 때 빈도 자료를 비율 자료로 전환하면 자료를 비교할 수 있게 된다. 예를 들어, 관찰 기간이 방해를 받거나 문제지의 문제 수가 서로 다를 때 자료를 비교하는 것이 가능하다. 비율은 행동이 발생한 횟수를 관찰 기간의 길이로 나누어 계산된다. 예를 들어, Brett이 수학시간 30분 동안에 자리 이탈을 6회 했다면 그의 자리 이탈 비율은 분당 0.2다(6/30). 만일 그가 사회시간 40분 동안에 8회 자리를 이탈했다면 그의 자리 이탈 비율은 여전히 분당 0.2다(8/40). 이 예에서는 비율이 관찰 기간별, 장면별로 동일하다.

③ 지속시간(duration): 행동의 지속시간은 학생이 그 행동을 얼마나 오랫동안 하고 있었는가에 대한 측정이다.

- Brett은 총 14분 동안 자리를 이탈했다.
- Brett은 건당 평균 3분 동안 자리를 이탈했다.
- Yao는 20분 동안 수학과제를 했다.
- Marvin의 울화는 65분 동안 지속되었다.
- Lois는 6분 동안 손을 입에 넣고 있었다.

자리 이탈 횟수에 관심이 있지 않고 자리 이탈을 얼마나 오랫동안 했는지 혹은 얼마나 오랫동안 서 있었는지에 관심이 있을 때는 지속시간이 중요하다. 40분 수업시간 동안 오직 2회 자리 이탈을 했을 수도 있지만, 그때마다 수 분 동안 서 있었다면 단순히 일어나는 것과는 다른 문제다. Brett의 자리 이탈 행동의 지속시간을 기록하고자 한다면 우리는 30분 수업시간 중 총 8분 동안 자리 이탈을 하였다고 진술할 수 있다. 혹은 각 자리 이탈 건수의 길이를 보고하거나 각 건수에서 자리를 이탈하여 보낸 평균 시간을 계산할 수 있다.

④ 반응시간(latency): 행동의 반응시간은 수행 지시와 행동 발생 간의 시간 길이다.

> • Brett에게 의자에 앉으라고 말한 후 그가 앉기까지 50초가 걸렸다.
> • 교사가 '과제를 하세요.'라고 말한 후로 Yao는 수학 문제를 풀기 시작하기까지 5분 동안 허공을 응시하였다.
> • Marvin을 타임아웃시킨 후 그가 조용해지기까지 20분이 걸렸다.
> • Lois에게 입에서 손을 빼라고 말한 후 그녀가 입에서 손을 빼기까지 2분이 걸렸다.

반응시간은 학생이 얼마나 오랫동안 그것을 했는가가 아닌, 그것을 하기 시작하기까지 얼마나 오래 걸렸는가에 관심이 있을 때 적절하다. 예를 들어, Yao는 일단 시작하면 허락된 시간 내에 수학 문제의 60%를 옳게 풀지만 문제를 풀기 시작할 때까지 7분이 걸린다.

⑤ 형태(topography): 행동의 형태는 행동의 외형(무엇처럼 보이는지)을 말한다.

> • Yao는 수학숙제에서 모든 4를 거꾸로 쓴다.
> • Marvin은 울화를 터뜨리는 동안에 소리 지르고 마루 위에서 발로 차고 머리를 잡아당긴다.
> • Lois의 손 빨기는 입에 손가락의 관절까지 넣는 것이다.

형태는 행동의 복잡성이나 그 운동요소를 서술한 것이다. 예를 들어, 울화는 동시에 수행되는 많은 행동을 포함할 수 있다. 어떤 행동은 연쇄적으로 혹은 순서적으로 구성되며, 어떤 것은 항상 함께 발생하는 개별적 반응으로 구성된다.

⑥ 힘(force): 행동의 힘은 그 강도다.

- Yao는 심하게 눌러 쓰기 때문에 종이에 구멍이 난다.
- Marvin은 크게 소리 지르기 때문에 복도 끝의 방에 있는 교사도 그의 소리를 들을 수 있다.
- Lois의 손 빨기는 매우 심해서 그녀의 엄지손가락 허물이 벗겨졌다.

행동의 강도 혹은 힘에 대한 기술은 흔히 표준화하기 어려운 질적인 측정이 된다. 우리는 아동이 얼마나 크게 소리 지르는지(청력계 사용 없이), 얼마나 격렬하게 책상을 치는지, 자신이나 다른 아동을 얼마나 세게 때리는지에 대해 서로 의사소통하고자 노력해야 할 것이다.

⑦ 위치(locus): 행동의 위치는 행동이 발생한 곳, 예컨대 환경이나 해당 아동 혹은 신체 부위 등을 기술한다.

- Brett은 창문으로 걸어가서 밖을 응시한다.
- Yao는 수학 문제의 답을 엉뚱한 곳에 적는다.
- Marvin은 울화를 터뜨리면서 그의 귀를 쳤다.
- Lois는 그녀의 왼쪽 손가락을 빤다.

위치는 행동의 표적이나 행동이 발생한 환경을 기술한 것이다.

Grundy 교수, 구조를 돕다

자동차 쪽으로 걸어가고 있던 Grundy 교수는 DeWayne을 포함한 학생 무리가 그에게는 보이지 않는 무언가를 에워싸고 있는 것을 보았다. 그는 호기심이 생겨 그쪽으로 갔다. 가까이 가자 학생들이 에워싼 물체를 보게 되었는데 매우 큰 하얀 개였다. 개는 헐떡이면서 머리를 수그리고 있는데 힘이 없어 보였다. 털은 지저분하게 뭉쳐 있었고 목을 꽉 조이는 목걸이에는 3피트 정도의 줄이 달려 있었다.

"교수님, 이것 보세요. 제가 보기엔 세인트 버나드(St. Bernard)인 것 같아요. 교수님 보시기에 물 것 같아요?" DeWayne이 말했다.

"이봐, 낯선 개에 가까이 가는 것은 위험해. 교내 경찰을 부르고 그들이 시의 동물보호요원에게 알리도록 해야 해." Grundy가 말했다. 개는 Grundy 쪽으로 비틀거리다가 그의 다리에 그 큰 머리를 기대고 큰 갈색 눈으로 그를 쳐다보았다.

"그런데……. 내가 전화를 하도록 하지." Grundy는 줄 끝을 잡아당기며 말했다. 교수는 개와 함께 연구실로 돌아왔다. 경비원을 지나칠 때 DeWayne은 숨을 몰아쉬며 말했다. "교수님, 안 돼요……."

Grundy는 주머니에서 스톱워치를 꺼내 그녀에게 주면서 말했다. "5분 안 걸릴 거야." "지속시간을 재봐." 교수는 수의학과 동료교수에게 전화를 걸었고, Grundy의 설명을 들은 교수가 말했다. "자네가 데려온 개는 그레이트 피레니스(Great Pyrenees)라네. 그 녀석은 뭘 하고 있나? 자네 말을 거의 들을 수가 없다네."

"녀석의 행동은 긁는 것이고, 행동 형태는 왼쪽 뒷다리로 왼쪽 귀 밑을 긁는 거야. 내 시계의 초침으로 재었을 때 분당 75회 비율로 발이 움직인다네. 강도는 개털을 반경 3피트에 흩뜨리기에 충분하고, 긁을 때 서너 번씩 로비까지 들릴 만하게 바닥을 친다네. 지금 3분 내내 긁고 있고 내 연구실에 들어온 지 15초 후에 긁기 시작했어." Grundy가 대답했다.

수의학과 교수가 확신 어린 투로 말했다. "아, 아마도 벼룩일 거야." (교수는 조교가 듣지 못했기를 바라며 슬쩍 바닥을 쳐다보았다.) "동물병원에 데려오지 그러나. 우리가 점검해 줄게. 녀석이 길에 잠시 있었던 것 같은데, 건강하다면 우리가 구조협회에 연락해 줄 수 있다네. 그런 문제를 일으키는 큰 개들이 많이 있어."

Grundy가 다시 로비로 나와 조교에게서 스톱워치를 받아 지속시간이 4분 34초라는 것을 확인하였다. 조교는 "녀석이 정말 귀여워요. 안 그래요?"라고 말했다. 개는 길고 풍성한 꼬리를 흔들었다. "보세요, 교수님. 녀석이 나를 좋아하는 것 같아요."

"녀석 이름은 *Burrhus야." 교수가 말했다.

*역자 주) Skinner의 이름임.

자료수집을 위해 어떤 체계를 사용할 것인지의 결정은 일부는 관심 있는 행동의 차원에, 일부는 편리성에 기초한다. 자료수집 체계는 세 가지 일반적인 범주로 분류될 수 있다. 첫째는 관찰 기간 동안에 나타난 모든 행동을 보고서 형식으로 기록하고 분석하는 것이다. 둘째는 행동의 결과로 산출된 유형의 성과물을 관찰하는 것이다. 셋째는 행동이 발생할 때 그 예를 기록하는 것이다. 이러한 체계는 다음과 같이 범주화될 수 있다.

- 보고서 형식의 기록을 분석하기: 일화기록
- 유형의 결과물을 관찰하기: 영구 성과물 기록
- 행동의 예를 관찰하기
  - 사건기록법
  - 간격기록법
  - 시간표집법
  - 지속시간 기록법
  - 반응시간 기록법

3 일화기록

일화기록은 특정한 장면 혹은 교수 기간 동안 학생의 행동을 최대한 완전하게 서술하기 위해 작성하는 것이다. 일화기록은 미리 정의되거나 조작된 표적행동을 규명하지 않는다. 관찰자는 자료를 기록하고 분석한 후에 변화가 필요한 특정 행동을 확인하고자 한다. 일화기록은 평가가 아닌 분석에 우선적으로 유용하다.

　교사, 부모, 치료사는 흔히 학업 진전이 일어나는 데에 일반적으로 방해가 되거나 학업 진전의 부족을 기술하기 위해 일화기록 형식의 자료수집법을 사용한다. 예를 들어, 다음과 같은 보고가 있을 수 있다. 'Sheila는 끊임없이 수업을 방해하고 과제를 하지 않는다.' 혹은 '치료 회기 동안 나는 Sheila가 필요한 언어치료 교육을 받도록 통제할 수 없을 것 같다.'

　이러한 보고는 평범한 것이며 응용행동분석가가 행동을 집어내도록 촉구하는 것이어야 한다. 특정 행동이 계속 규명되지 않더라도 분석가는 행동이 발생하는 자연스러운 장면—저녁식사 시간이나 읽기 수업시간 동안—에서 발생하는 모든 것을 기록하여 불만의 원천이 되는 표적행동을 분리하고 규명해야 한다.

　자료수집의 이러한 체계는 특정 시간이나 장면에서 발생하는 거의 모든 것에 대해 문서화된 것을 제공한다. 그것은 결국 일상의 언어로 자료양식에 단지 표시하는 것이 아닌 개인과 상호작용을 기술하는 보고서가 된다. Wright(1960)는 일화기록 작성을 위한 다음과 같은 지침을 제공하였다.

> 일화기록 작성을
> 위한 지침

① 일화적 자료의 기록을 시작하기 전에 처음 본 장면, 장면에 있는 개인과 그들의 관계 그리고 기록을 막 시작하려고 할 때 일어나고 있는 활동(예: 점심, 자유놀이)을 써라.
② 기술에는 표적학생이 말하는 것과 하는 것 그리고 누구에게, 무엇을 등에 관한 모든 것을 포함시켜라.
③ 기술에는 표적학생에게 누가 무슨 말을 하는지, 누가 어떻게 하는지 등에 관한 모든 것을 포함시켜라.
④ 기록할 때는 사실(실제로 발생한 것)과 여러분의 느낌, 혹은 원인이나 반응의 해석을 명백히 구별하라.
⑤ 일시적인 표시로 특정 반응이나 상호작용의 지속 시간을 판단할 수 있도록 하라.

일화기록 구조화하기

　관찰이 이루어진 후에는 행동변화 프로그램의 대상이 될 행동을 결정하기 위해 일화기록을 분석해야 한다. 초기의 일화적 양식에 기록된 관찰 내용은 개별적 행동과 관계로 분리되기 어렵기 때문에 검토를 위해 보다 도식적인 방법으로 일화 자료를 제시하는 것이 도움이 된다. Bijou, Peterson 그리고 Ault(1968)는 연속적 분석을 위한 체계를 사용하였는데, 그것은 환경 내 상호작용을 행동적 측면에서 재검토하는 양식으로 다시 쓰는 것이다. 이 체계에 의해서 보고의 내용은 선제자극과 특정 행동 그리고 후속결과로 나뉘어 일련의 표로 재정리된다. 이 표 양식은 개별적 행동과 그것을 자극하는 선제자극 그리고 그것을 유지하는 후속결과 간의 시간적 관계를 분명하게 나타내 준다.

[그림 4-1]의 일화기록은 초등학교 수업에서 얻은 것이다. 이것은 Brian이라는 학생과 교사 그리고 읽기 집단 구성원 간의 상호작용을 기록한 것이다.

Bijou 등이 제안한 접근방법을 사용하여 이 보고는 [그림 4-2]와 같은 세로줄의 형식으로 바꿀 수 있다. 선제자극, 행동 및 후속결과는 시간적 순서를 표시하기 위해 숫자가 매겨진다. 보고를 전환해 보면 몇몇 경우에 주어진 행동의 후속결과가 계속되는 행동에 대한 선제자극이 될 수 있음이 명백해진다.

오전 9시 40분 Brian은 창문의 화분이나 그 밖의 여러 물건을 만지면서 방을 왔다 갔다 하고 있다. 교사가 "지금은 그룹 읽기시간입니다. 모두 각자의 책을 책상으로 가지고 오세요. 너도, Brian."이라고 말한다. 교사가 책상으로 간다. Brian은 계속 어슬렁거리고 있다. 이에 교사는 큰 소리로 "내가 아직 기다리고 있어."라고 말한다. 그녀는 가서 그의 어깨 위에 손을 얹는다. Brian은 그녀의 손으로부터 어깨를 당겨 빼낸다. 그녀는 손을 잡고 그를 4명의 다른 학생이 있는 그룹으로 데려간다. Brian이 앉는다. 교사는 "책을 펴라. 책이 어디 있니, Brian?" Brian은 "저 뒤에요."라고 말한다. "뒤에 어디?" "내 책상에 있어요." "가서 가져와라." "옆 친구 책 읽을래요." "안 돼, Brian, 가서 네 책을 가져오렴." (약 15초 경과) "Brian, 이제 우리 모두가 너를 위해 기다리고 있단다." Brian은 "좀 기다리세요. 시간 많잖아요."라고 말한다. 교사는 서 있다. Brian은 일어나서 그의 책상(그가 앉는)으로 간다. 첫 번째 학생 Larry가 읽기를 마쳤을 때, 교사는 "Brian, 이리로 돌아와라. 네가 읽을 차례가 다 되었어."라고 말한다. Brian은 책상으로 돌아온다. Carl이 읽고 있다. Brian은 코로 소음을 내고 있다. 그의 옆에 앉아 있는 Karen이 킥킥거리며 "웩."이라고 말한다. 교사가 Karen에게 하지 말라고 이야기한다. Brian은 다시 코로 소음을 낸다. Karen이 다시 "웩, 웩." 하자, 교사는 "Brian, 내가 봤어. 그만해, 우리 모두 Brian을 보고 있니? 수업 중에는 절대로 해선 안 될 행동이야." Brian이 책을 떨어뜨려 그것을 줍기 위해 구부리자 의자가 쓰러진다. 교사는 그에게 "이리 와서 내 옆에 앉아라."라고 말한다. Brian은 의자를 옮기고 조용히 허밍으로 콧노래를 부르기 시작한다. 교사는 서서 책상에서 3피트 떨어진 곳으로 이동하고 Brian에게 그의 의자를 옮기라고 말한다. "여기까지 그룹에서 떨어져라." 책상으로 돌아와서 그녀는 "우리 모두 Brian을 보았고 그룹을 방해하면 어떤 일이 일어나는지 보았지요?"라고 말한다. Larry는 손을 든다. "그래, Larry." Larry는 "쟤네는 읽지 않았어요."라고 말한다. 교사는 "그래 좋아, Larry. 이제 다시 읽도록 하자. Mary, 네 차례다."라고 말한다. Mary는 읽기 시작한다. Brian은 그의 의자를 흔들거리고, Karen은 보면서 킥킥거린다. Brian은 계속해서 흔들고 의자가 뒤로 넘어간다. 교사는 그를 호되게 꾸짖고 교실 앞으로 데리고 가서 칠판을 보고 의자에 앉게 한다. Brian은 노래한다. Larry는 "노래하지 마. 너 때문에 방해돼."라고 소리 지른다. Brian은 조용히 한 후 칠판에 그림을 그리기 시작한다(교사는 그와 등지고 앉아 있다). Brian은 간혹 충분히 들릴 정도로 노래한다. 교사는 "조용히 해라, Brian."이라고 두 번 말한다. 그룹 읽기시간이 끝난다(17분 후에). 교사는 학생들에게 문 앞에 줄을 서라고 말한다. 밖으로 나가는 중에 교사는 Brian에게 그룹에서 분리되었을 때 잘했다고 말한다. "그렇지만 내일은 그룹에서 첫 번째로 읽기를 할 거야." 오전 10시 35분: Brian은 친구와 함께 P.E.에 보내진다.

그림 4-1　**일화기록 인용**

일화기록의 내용이 행동적 사건들 간의 관계와 순서를 명백하게 나타내 주는 양식으로 정리될 때 문제행동의 근원이 밝혀질 수 있다. 다음 질문은 분석에 도움이 된다.

일화적 정보분석을 위한 질문

① 부적절하다고 기술될 수 있는 행동은 무엇인가? 행동분석가는 장면과 발생된 행동이 주어지면 그것을 부적절한 것으로 명명하는 것에 대해 정당화할 수 있어야 한다.
② 이 행동이 자주 발생하는가, 아니면 유일한 발생이 확인되어 왔는가?
③ 행동에 대한 강화와 벌이 확인될 수 있는가? 교사, 부모, 다른 아동, 혹은 자연히 발생하는 환경 사건이 의도적으로 혹은 다른 방법으로 후속결과를 가져올 수 있는가?
④ 이러한 후속결과에 대해 어떤 패턴이 있는가?
⑤ 행동의 선제자극이 확인될 수 있는가?
⑥ 행동 발생에 일관적으로 선행하는 어떤 사건이나 자극(선제자극)에 대한 확인 가능한 패턴이 있는가?

시간	선제자극	행동	후속결과
오전 9시 40분		1. Brian(B)은 방을 걸어 다닌다.	
	2. 교사: "그룹 활동시간이 다……. Brian, 너도." 교 사(T)가 책상으로 간다.		
		3. B는 계속 걸어 다닌다.	
			4. T: "아직 기다리고 있어."
	5. T는 B의 어깨 위에 손을 얹는다.		
		6. B는 어깨를 당겨 빼낸다.	
			7. T는 B의 손을 잡고 책상으 로 안내한다.
		8. B가 앉는다.	
	9. T: "네 책이 어디 있니, B?"		
		10. B: "저 뒤에요."	
			11. T: "뒤에 어디?"
		12. B: "내 책상에."	
			13. T: "가서 가져와라."
		14. B: "옆 친구 책 읽을래요."	

그림 4-2 일화기록의 구조화

⑦ 어떤 선제자극, 행동, 후속결과가 정기적으로 되풀이되는 일련의 연쇄가 있는가?

⑧ 학생의 부적절한 행동이 확인되고 선제자극과 후속결과에 대한 패턴이 가정된다면, 실제로 수정될 필요가 있는 행동은 무엇이며 그 행동에 관여하는 사람은 누구인가(예: 의뢰된 학생, 교사 혹은 부모)?

일화기록은 편향적으로 이루어지기 쉽다. 교사들이 관찰을 할 때 학생이 왜 부적절한 행동을 하는지에 대한 선입견을 가지고 있고, 그러한 생각에 맞추어서 행동을 관찰할 수도 있기 때문이다. 관찰자라면 누구라도 행동 발생의 관련성이나 중요성에 대한 가치 판단이나 그에 대한 삭제 없이 많은 활동을 기록하도록 신경 써야 한다. 관찰자는 하나의 행동이 다른 행동의 결과인지를 결정하려고 해서는 안 된다는 것을 유념해야 하지만, 행동이 어떤 행동 후에 뒤따르는지는 기록해야 한다. 관찰자는 또한 방심하지 않도록 주의해야 한다. 어떤 일이 발생하는지에 상관없이(누군가가 위험에 빠지지 않는다면) 표적학생의 행동을 관찰하는 것에만 주의를 집중해야 한다. 누구라도 일화 자료를 수집하면서 다른 학생을 가르치는 일을 동시에 할 수 없다. 교사가 자료를 수집하는 동안 다른 사람이 수업을 하는 상황에서도 자연스레 모든 것에 대한 책임을 느끼는 교사에게는 이것이 더욱 어려운 문제다. 일화 자료를 분석할 때 대부분의 학생들이 다른 사람에게 보여지거나 자신의 행동이 기록되고 있다는 것을 알게 되면 다르게 행동한다는 것을 명심해야 한다. 관찰자는 가능한 한 드러나지 않도록 노력해야 하고, 불필요한 소음을 내지 않도록 해야 하며, 학생의 눈을 처다보거나 반응하지 않도록 해야 한다.

일화기록의 사용은 일반교육 교사에게 언제나 실질적인 것은 아니다. 특수교육 교사는 행동 혹은 학업에 어려움이 있는 학생이나 특수교육 서비스에 의뢰되는 절차상에 있는 학생을 관찰할 필요가 있다. 그러한 관찰을 위해 일화 자료의 기록 및 분석 기술은 매우 유익하다. 이러한 기술이 필요한 교사는 일화기록을 통하여 어떤 요인이 교실에서 적절하거나 부적절한 행동을 야기하고 유지시키는지를 결정할 수 있게 된다. 이러한 정보는 교실환경에서 혹은 행동관리 전략에 의한 변화 가능성을 결정하는 데에 기초 자료가 될 것이다. 일화 관찰은 또한 매우 파괴적이거나 심각하게 해로운 행동을 연속적으로 다루어야 하는 장기 절차에서 첫 단계로 사용될 수도 있다. 기능평가(제6장을 보라)로 알려진 이 절차는 행동을 야기하고 유지하는 것이 무엇인지를 결정하기 위해 학생의 환경에 대한 세심한 관찰, 분석 그리고 사물 및 사건의 조작이 요구된다.

4 영속적 산물 기록

교사가 처음으로 가르치는 것을 시작한 이래로 그들은 영속적 산물 기록(permanent product recording)을 사용하여 왔다. 교사는 받아쓰기를 채점하면서, 유약 바른 작품을 확인하면서, 혹은 학생이 선반 위에 잘 올려놓은 깡통의 개수를 세면서 영속적 산물 기록을 사용한다. 영속적 산물(permanent product)은 만져서 알 수 있는 항목이거나 행

> 영속적 산물 기록은 사용하기에 가장 쉽지만, 모든 행동이 영속적 산물로 남는 것은 아니다.

동의 결과로 나타난 환경적 결과다. 영속적 산물은 행동의 결과로서 때로 결과기록 (outcome recording)이라고도 한다. 이러한 형태의 기록은 자료수집 방법 중 소급법(ex post facto method)에 속한다.

영속적 산물 자료를 수집하기 위해서 교사는 행동목표에 적힌 행동에 대한 진술을 검토하고 행동의 결과 중 수용 가능한 것이 무엇인지를 결정한다. 예를 들어, 행동이 블록으로 탑을 쌓는 것이라면 목표로는 학생이 하나의 블록을 꼭대기에 올려놓는지의 여부를 진술하거나 블록이 어떤 색깔 순서로 나열되었는지의 여부를 진술한다. 행동이 학업적인 경우라면 조건도 상세히 기술된다. 예를 들어, 한 문단에서 허용되는 철자 오류의 수를 조건으로 지정할 수도 있고, 기말 보고서 작성에 포함시킬 참고문헌의 수를 지정할 수도 있다. 만일 행동이 직업적인 것이라면 조립된 부품의 수뿐만 아니라 그 질을 상세히 지정할 수도 있다. 각각의 경우에서 교사는 행동의 조작적 정의를 검토한다. 행동의 산물을 평가한 후에 교사는 단순히 몇 개의 산물이 산출되었고, 그중 몇 개가 정의에 의해 수용 가능한지를 기록한다.

행동의 구체적인 결과가 평가되고 기록되기 때문에 교사는 행동을 하는 학생을 직접적으로 관찰하지 않아도 된다. 교실에서 영속적 산물 기록이 빈번히 사용되는 이유는 그 편리성 때문이다. 그것은 학급 스케줄을 최소한도로 방해할 뿐이다.

영속적 산물 기록의 적용

영속적 산물 기록은 융통성이 있기 때문에 다양한 교수 프로그램과 장면에서 사용될 수 있다. 교육 장면에서는 철자 정확성, 에세이, 교지 등의 문장에 사용된 요소와 단어 수, 산수 문제 풀기와 정확성, 과학 및 외국어 시험 등의 다양한 학업 과제에 사용되어 왔다. 그것은 또한 비평과제의 분량, 목욕탕 낙서의 양, 작문의 복잡성, 필기체 쓰기에서의 소근육운동 조절 발달 등의 기록에도 사용되어 왔다. 영속적 산물 기록은 또한 강의 중 필기하기와 숙제의 완성과 정확성을 점검하는 데에도 사용되어 왔다. 직업 장면에서는 항아리 광내기부터 봉투 채우기, 세탁물 분류하기, 너트와 볼트 맞추기에 이르기까지 작업의 결과를 기록하는 데에 사용되어 왔다(Cade & Gunter, 2002; Cavanaugh, Heward, & Donelson, 1996; Coleman-Martin & Heller, 2004; Grossi & Heward, 1998; Jolivette, Wehby, Canale, & Massey, 2001; Konrad, Trela, & Test, 2006; Lloyd, Eberhardt, & Drake, 1996; Neef, Nelles, Iwata, & Page, 2003; Mason, Kubina, Valasa, & Cramer, 2010; Neef, McCord, & Ferreri, 2006; Regan et al., 2005; Reid & Lienemann, 2006; Ryan & Hemmes, 2005; Worsdell, Iwata, & Wallace, 2002).

영속적 산물 기록의 주요 장점은 행동의 결과로 얻어진 산물의 영속성이다. 영속적 산물은 그 발생이 기록되기 전에 사라지지 않는다. 이러한 관점에서 교사는 어떤 표적행동의 실질적 산물(지필 시험 같은)이나 보고서를 나중에 검토하거나 검증하기 위해 정확히 보유할 수 있다.

영속적 산물 기록은 오디오테이프나 비디오테이프 그리고 디지털 기록체계의 사용을 포함할 수도 있다. 교사는 기록 장비를 이용하여 보통은 영속적 산물을 가지지 않는 특별한 일시적인 행동의 예를 만들 수 있다. 놀이시간 같은 흥분되는 장면에서의 행동이 여유 있게 기록·분석될 수 있다. 학교가 아닌 가정에서의 행동도 부모가 기록하여 교사에게 가져와 분석할 수 있다. 예를 들어, 표현언어의 개별적 혹은 집단적 예는 오디오테이프(Matson, Sevin, Fridley, & Love, 1990; Orsborn, Patrick, Dixon, & Moore, 1995)나 비디오테이프(Kim & Hupp, 2007; Loncola & Craig-Unkefer, 2005; Schlosser, Walker, & Sigafoos, 2006)에 기록될 수 있다. 다학문 팀 구성원이 학생의 교육목적과 중재기법을 결정하는 데에 협력할 수 있도록 일반교육 및 특수교육 장면에서의 학생의 수행을 비디오로 녹화하기도 한다(Anderson, Hawkins, Hamilton, & Hampton, 1999). 오디오나 비디오로 녹화하는 것은 방과 후에 학생의 시험지나 작문을 채점하는 것처럼 사실 이후에 자료를 수집하는 것을 가능하게 해 준다.

자료수집 체계의 선택에서 논의되었던 영속적 산물 혹은 결과를 관찰하는 행동적 차원은 무엇인가?

영속적 산물 기록에 사용되는 행동적 차원

- 비율: 단위 시간당 어떤 학업적 행동의 문자로 된 산물 수
- 지속시간 혹은 반응시간: 기록 장비가 없으면 영속적 산물 기록에 제공되지 않음
- 형태: 문자나 수의 올바른 구조(핀을 꽂아서 형태를 완성하는 방식) 혹은 작업적 조립품
- 힘: 쓰기 또는 타자 치기를 할 때 너무 약한/너무 강한/일정치 않은 압력, 울화행동을 하는 학생이 교실 벽을 차서 난 구멍

위의 예가 전부는 아니다. 영속적 산물 기록은 상대적으로 간단하고 편리하기 때문에 교사들은 행동의 결과로 행동을 정의하는 데에 무궁무진한 상상력을 발휘할 수 있다. 교사들은 다음과 같이 조작적으로 정의하는 것으로 알려져 있다.

- 시험불안은 시험지에 나타난 지운 흔적의 수

- 단정치 못함은 학생의 책상 2피트 이내의 바닥 위에 버려진 종이의 수
- 과잉행동성은 학생의 책상 위 연필통에 나열된 탁구공의 수

다음의 일화는 영속적 산물 기록을 사용한 예다.

〈일화 4-1〉
방 정리 상태를 관찰하는 Martin 선생님

특수교육을 전공하는 Martin 선생님은 심한 정서 및 행동 문제를 가진 학생을 위한 기숙기관에서 밤 근무를 하고 있었다. 그의 업무 중 하나는 취침 전에 각 침대가 깨끗한지를 점검하는 것이다. 그는 방 정리를 강화할 어떤 체계를 만들기로 했는데 무엇을 측정할 것인지가 불확실하였다. 학생이 방을 청소하는 시간을 측정하고 강화하기로 하고 시행했으나 방은 여전히 지저분하였다. 중요한 것은 바닥과 침대와 가구 등에 아무렇게나 흩뜨려 있는 옷, 장난감, 쓰레기 등이었다. 그는 이러한 사물의 수를 측정하기로 결정하였다. 밤에 불을 끄기 전에 그는 각 방의 문 앞에서 해당 학생의 기록 양식을 들고 서 있다. 그는 아무 곳이나 흩뜨려 있는 물건의 수를 세고 각 양식의 빈칸에 써 넣는다. 이 모든 일은 매우 신속하게 이루어진다.

5 관찰기록 체계

영속적 산물 자료수집 방법은 행동의 결과를 기록하는 반면, 관찰기록 체계(observational recording system)는 실제로 행동이 발생한 사례를 기록하는 데에 사용된다. 자료수집자는 몇 가지 기본적인 관찰기록 체계 중에서 선택할 수 있다. 행동이 발생한 횟수를 기록하는 것에 관심이 있는 교사는 사건기록법(event recording)을 선택해도 좋다. 행동이 발생한 특정 시간의 비율을 알고자 한다면 간격기록법(interval recording) 혹은 시간표집법(time sampling)을 선택한다. 지속시간 기록법(duration recording)은 학생이 어떤 행동을 수행하는 데에 소비하는 시간의 길이를 알게 해 준다. 반응시간 기록법(latency recording)은 학생이 무엇인가를 하기 시작할 때까지의 시간의 길이를 측정해 준다. 관찰기록 절차와 행동적 요소, 자극-반응 연쇄 간의 관계에 대한 설명이 [그림 4-3]에 나타나 있다.

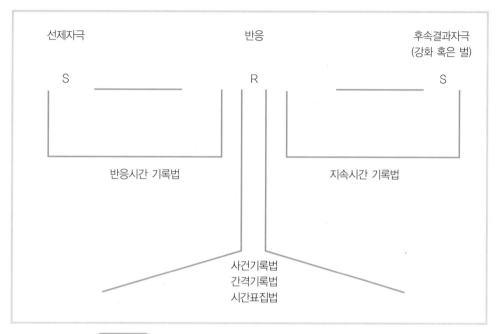

선제자극

반응

후속결과자극
(강화 혹은 벌)

S

R

S

반응시간 기록법

지속시간 기록법

사건기록법
간격기록법
시간표집법

그림 4-3　기본적 행동 패러다임과 관련된 관찰 자료수집 체계

사건기록법

　사건기록법은 행동 발생 횟수를 가장 직접적으로 정확하게 반영하기 때문에 관찰 기록 절차로 자주 사용된다. 사건기록법을 사용할 때 관찰자는 학생이 표적행동을 할 때마다 표시를 한다. 표시는 행동이 얼마나 자주 발생했는지에 대한 정확한 기록이 된다. 표적행동의 수는 읽기시간이나 점심시간과 같이 특정 관찰 기간 동안에 작성된다. 주어진 기간 동안에 얼마나 자주 행동이 발생했는지에 대한 기록은 그 빈도로 표시된다. 만일 관찰 기간의 길이가 일정하다면, 관찰자는 단순히 행동이 발생한 횟수를 빈도나 분당 발생 횟수인 비율 혹은 그 기간 동안의 시간으로 보고한다. 비율은 관찰 기간의 길이가 다양할 때도 사용된다. 또 다른 전략은 관찰 기간의 길이를 임의로 표준화시키는 것으로, 예컨대 각 관찰 기간의 첫 20분 동안의 자료를 사용하는 것이다.

　사건기록법은 일반적으로 학생이 어떤 행동을 하는 횟수를 증가시키거나 혹은 감소시키는 것이 목표일 때 선택되는 방법이다. 사건기록법은 학생이 친구와 장난감을 나누어 사용하는 횟수를 세는 것과 같은 적절한 사회적 행동의 증가를 기록하기 위해

사건기록법은 행동이 얼마나 많이 발생했는지에 대한 정확한 수를 제공한다.

사건기록법은 불연속적 행동에만 사용될 수 있다.

사용될 수 있다. 또한 학업적 반응(과학적 용어를 바르게 정의하는 수를 세기)의 증가나 부적절한 반응의 감소(물리 수업시간에 학생이 욕하는 횟수를 세기)를 기록할 때 사용될 수 있다. 교사는 행동이 발생한 정확한 횟수를 기록하고자 하기 때문에, 사건기록법은 불연속적인 분리된 행동에 사용되어야 한다. 불연속적 행동(discrete behavior)은 행동의 시작과 끝이 분명하다. 관찰자는 하나의 행동 발생이 종료되고 다음의 발생이 시작되었음을 분명하게 판단할 수 있기 때문에 정확한 빈도 계산을 할 수 있다.

사건기록법은 다음과 같은 행동의 내용을 계산하고 기록하는 데에 사용되어 왔다. 행동의 내용에는 학업(그림 명명하기, 단어 인식과 구술 읽기, 덧셈, 시간 말하기, 돈 선택 및 세기, 읽기 및 과학 어휘), 의사소통(예/아니요 반응, 질문하기, 질문에 답하기, 수화), 자조(컵으로 마시기, 요리하기, 배변 조절), 사회적 기술(차례 기다리기, 사회적 시작행동, '제발' 말하기), 여가 기술(축구, 농구, 스위치로 장난감 조정) 등이 포함된다. 사건기록법은 또한 다음과 같은 부적절한 행동의 예를 계산하는 데에도 사용되어 왔는데, 끝까지 말하기, 바닥에 떨어뜨리기, 상동행동, 던지기, 때리기, 침 뱉기, 차기, 밀기 등이 포함된다(Alberto, Waugh, & Fredrick, 2010; Allen-DeBoer, Malmgren, & Glass, 2006; Brobst & Ward, 2002; Cannon, Easterbrooks, & Fredrick, 2010; Conroy, Asmus, Sellers, & Ladwig, 2005; Crozier & Tincani, 2005; Denny & Test, 1995; Drasgow, Halle, & Ostrosky, 1998; Hagopian, Farrell, & Amari, 1996; Feeney & Ylvisaker, 2008; Horn, Schuster, & Collins, 2006; Johnson, Schuster, & Bell, 1996; Laushey & Heflin, 2000; Mancil, Haydon, & Whitby, 2009; Mechling, 2006; Nanda & Fredrick, 2007; Neef, Walters, & Engel, 1984; Nelson, McDonnell, Johnston, Crompton, & Nelson, 2007; Oakes, Mathur, & Lane, 2010; Schlosser et al., 2006; Simon & Thompson, 2006; Smith & Churchill, 2002; Stromer, MacKay, McVay, & Fowler, 1998; Vollmer & Bourret, 2000; Williams, Perez-Gonzalez, & Vogt, 2003).

사건기록법은 과제분석을 가르칠 때도 사용된다. 과제분석은 손 씻기나 덧셈 문제 풀기 같은 복잡한 문제를 일련의 사슬로 연결하는 각 단계의 목록이다. 교사는 이것을 가르치면서 과제분석의 각 수행 단계를 기록한다. 단계의 시작과 종료를 분명하고 명백하게 정의할 수 있는 일련의 불연속적 행동일 때 사건기록법 사용이 적절하다. 과제분석에서의 자료 수집과 사용은 10장에서 자세히 논의된다.

행동에 대한 몇몇 명칭은 실제로 서로 다른 반응을 기술하기 위해 사용되는데, 각각은 행동이 발생했다고 하는 각 순간에 발생할 수도 있고 발생하지 않을 수도 있다. 많은 교사가 변화의 표적으로 삼는 예는 과제에서 벗어난 행동, 부적절한 소리내기,

자리 이탈 행동, 옆 친구 방해하기 등이다. 정확한 사건 기록을 위해서는 시작과 끝이 합의된 표준적 정의가 필요하다. 다른 말로 하면, 그러한 행동은 조작적으로 정의되어 불연속적으로 만들어져야 한다(제3장을 보라).

그러나 사건기록법으로 모든 행동을 적절히 측정할 수 있는 것은 아니다. 다음의 경우는 이러한 자료수집 절차가 적절하지 않다.

① 수 기록이 정확한 수를 반영하지 못할 만큼 높은 빈도(frequency)로 발생하는 행동: 달리기 하는 동안의 발걸음 수, 상동행동(중도장애 학생의 손뼉 치기 혹은 흔들기), 눈 깜빡이기 같은 행동은 정확하게 그 수를 세기 불가능할 정도로 자주 발생한다.

② 한 가지 행동이나 반응이 연장되어 발생할 수 있는 경우: 이러한 행동의 예로, 손가락 빨기 혹은 과제 집중하기 등이 있다. 예를 들어, 자리 이탈 행동을 기록할 때 점심시간까지 지속된 자리 이탈을 한 번으로 기록하는 것은 부정확한 표기가 될 수 있다.

사건기록법의 장점은 정확성 외에도 자료수집 자체가 상대적으로 용이하다는 것이다. 교사는 자료를 수집하기 위해 수업을 방해받을 필요가 없다. 단순히 카드나 양식에 표시를 하거나, 팔목에 테이프를 차고 거기에 표시하거나, 종잇조각 같은 것을 한쪽 주머니에서 다른 쪽 주머니로 옮기기만 하면 된다. 이 정보는 [그림 4-4]와 같은 자료양식으로 전환될 수 있다.

사건기록법은 또한 많은 학업적 행동에 쉽게 사용된다. [그림 4-5]는 읽기 연습에서 나타나는 오류를 기록하는 데에 사용되는 자료양식이다. 오류가 나타났을 때 교사는 단순히 적절한 칸에 표시만 하면 된다. 각 세로줄의 위에는 날짜, 아동 이름, 오류가 나타난 쪽수 등을 적는다.

교사는 또한 [그림 4-6]과 같은 자료양식을 사용하여 제시된 단어를 바르게 읽는지에 대해 기록할 수 있다. 학생에게 제시할 단어는 왼쪽 세로줄에 정리한다. 세로줄을 연속적으로 나열하여 단어 읽기가 바른지 그른지를 표시하는 칸으로 삼는다. 총 정반응 수(혹은 백분율)는 각 세로줄의 밑에 기록한다(예를 들어, 4월 12일에 Deepa는 5개의 단어—4월10일의 5개 단어와는 다른—를 바르게 읽었다). 가르치면서 Deepa가 단어를 읽을 때 바르게 읽었는지의 여부를 판단하고 바르게 읽은 것으로 확인된 자료의 수를

사건기록법 자료양식

학   생: PATRICIA
관찰자: MRS. COHEN

행   동: 부적절하게 말하기 (손들지 않고)

	시간		발생 표시	총 발생
	시작	종료		
5/1/95	10:00	10:20	HHT HHT //	12
5/2/95	10:00	10:20	HHT ////	9

그림 4-4 사건기록법의 기본적인 자료양식

사건기록법 자료양식

학   생: JEREMY
관찰자: MS. GARWOOD

행   동: 구술 읽기 오류

	CAROL	5/1/95	연습 #2	읽기 1쪽
대체				
발음 오류				
삽입				
반복				

그림 4-5 사건기록법 자료양식

학생 :   기간 :

목표: 일반적 상품 가게(예: 월마트)에서 발견할 수 있는 12단어를 주면, Deepa는 구어로 각
　　 단어를 말할 것이다.
준거: 4회기 동안 연속적으로 100%의 정확성

날짜 / 시도 횟수

항목	4/10	4/12					비고
화장실	+	+					
출구	+	−					
여성	−	+					
가정용품	−	−					
애완동물	+	−					
공산품	−	+					
계산	−	−					
급행	−	+					
신발	+	−					
내복	−	+					
비디오	+	−					
전자제품	−	−					
정반응 총계	5/12	5/12					

그림 4-6 **사건기록법 자료양식**

바로 기록하는 것이다. 이것을 시도별 자료수집(trial-by-trial data collection)이라고 한다. 자료는 가르치는 것이 종료되고 난 후에 수집될 수도 있다. Deepa에게 각 단어를 읽도록 한 번 더 기회를 제공하고 그 반응을 기록하는 것이다. 이것은 간헐조사 자료수집(probe data collection)의 한 형태다. 카드를 사용하여 정반응과 오반응을 기록하는 간단한 방법은 단어가 인쇄된 카드 뒷면에 직접 표시하는 것이다. 그런 후에 이 표시를 자료양식에 옮겨 적는다.

좀 더 기계적으로 하기 위해서는 상품화된 계산 고안장치를 이용할 수 있다. 이러한 자료수집 방법은 더 쉽고 정확하기는 하지만 비싸고 망가질 가능성도 있다. 식료품 가게나 골프용품 가게에서 좀 더 싼 기계를 구입하여 사용할 수도 있다. Drash, Ray 그리고 Tudor(1989, p. 453)는 사건기록을 위한 가장 경제적이고 간단한 주머니용 계산기 사용 절차를 다음의 4단계로 설명하였다.

① 숫자 1을 누른다.
② 1번 버튼을 누른다.
③ 5번 버튼을 누른다.
④ 계속해서 일어나는 사건을 기록하기 위해 5번 버튼을 누른다.

이 단계는 매번 5번 버튼을 누르도록 계산기를 설정한 것이다. 그것은 행동의 각 발생을 누적적으로 더해 줄 것이다. 관찰 기간의 종료 시 누적된 총합에서 1을 빼 주면(왜냐하면 초기 설정 시 1이 기록되었으므로) 관찰 기간 동안의 정확한 총 발생 수가 계산기에 나타날 것이다. 실제로 사용할 때 5번 버튼 위에 작은 종이테이프를 붙여 놓으면 계산기를 주머니에 넣고도 사용할 수 있다(주머니가 없는 옷을 입은 교사는 앞치마를 사용한다).

❖ 통제 제시 기록법

통제 제시(controlled presentation)는 사건기록법을 변형시킨 것이다(Ayllon & Milan, 1979). 이 방법에서는 교사가 학생이 행동을 수행할 기회의 수를 조절하거나 구조화한다. 기회 혹은 시도의 수를 미리 결정하여 각 회기에서 제시하는 방식이 가장 많이 사용된다. 시도(trial)는 확인할 수 있는 시작과 끝을 가지기 때문에 불연속적 발생으로 간주된다. 시도는 선제자극, 반응, 후속결과자극(S-R-S)의 세 가지 행동 요소로 정의된다. 선제자극의 제시(일반적으로 구어적 단서)는 시도의 시작을, 후속결과자극의 제시(강화, 교정, 벌)는 시도의 종료를 의미한다. 예를 들어, 교사가 회기 내에서 학생이 요구에 반응할 기회나 시도를 10회 제공하는 것으로 정하는 것이다. 각 시도에 대해 정반응인지 오반응인지를 기록한다. 통제 제시는 교사가 단순히 각 회기의 정반응 수를 확인함으로써 진전을 점검할 수 있도록 해 준다.

[그림 4-7]과 [그림 4-8]은 불연속적 시도 혹은 통제 제시 자료의 수집에 사용되는 변형된 자료양식이다. [그림 4-7]의 양식(Saunders & Koplik, 1975의 변형)은 왼쪽에서 오른쪽으로 15회기 동안 배열되어 있다. 각 회기의 세로줄에는 20회 시도까지 제시되어 있다. 교사는 다음의 간단한 절차를 이용하여 이분법적 자료(정반응인지 혹은 오반응인지)를 기록한다.

각 시도 후에 다음과 같이 한다.

① 정반응에 해당되는 시도 번호에 동그라미를 한다.
② 오반응에 해당되는 시도 번호에 빗금(/) 표시를 한다.

각 회기 후에 다음과 같이 한다.

① 정반응(동그라미 친 것)을 합한다.
② 각 회기 세로줄에 있는 숫자 중 정반응 수에 해당하는 수를 찾아 네모를 친다.
③ 이 자료양식에 직접 그래프를 그리기 위해 네모 표시된 수들을 회기에 따라 연결하여 학습곡선을 그린다.
④ 오른쪽 세로줄은 회기별 정반응 수(네모 표시된 수)를 백분율로 전환해 볼 수 있다. 만일 한 회기의 20회 시도 중 정반응 시도 수가 8이라면, 마지막 세로줄을 보았을 때 그것이 40%임을 알 수 있다.

[그림 4-8]은 이전의 자료양식을 수정한 것으로서 과제를 하는 6명의 학생까지 혹은 1명 학생의 여섯 가지 과제까지 관찰할 수 있도록 구성되어 있다.

학급 교사는 통제 제시를 사용하여 교수방법을 개선할 수 있다. 예를 들어, 교사가 냉전과 베를린 장벽에 대한 토의에서 그룹의 각 구성원에게 5개씩의 질문을 하고자 할 수 있다. 학생의 이름과 정답인지 오답인지를 표시할 수 있는 공간이 있는 매우 간

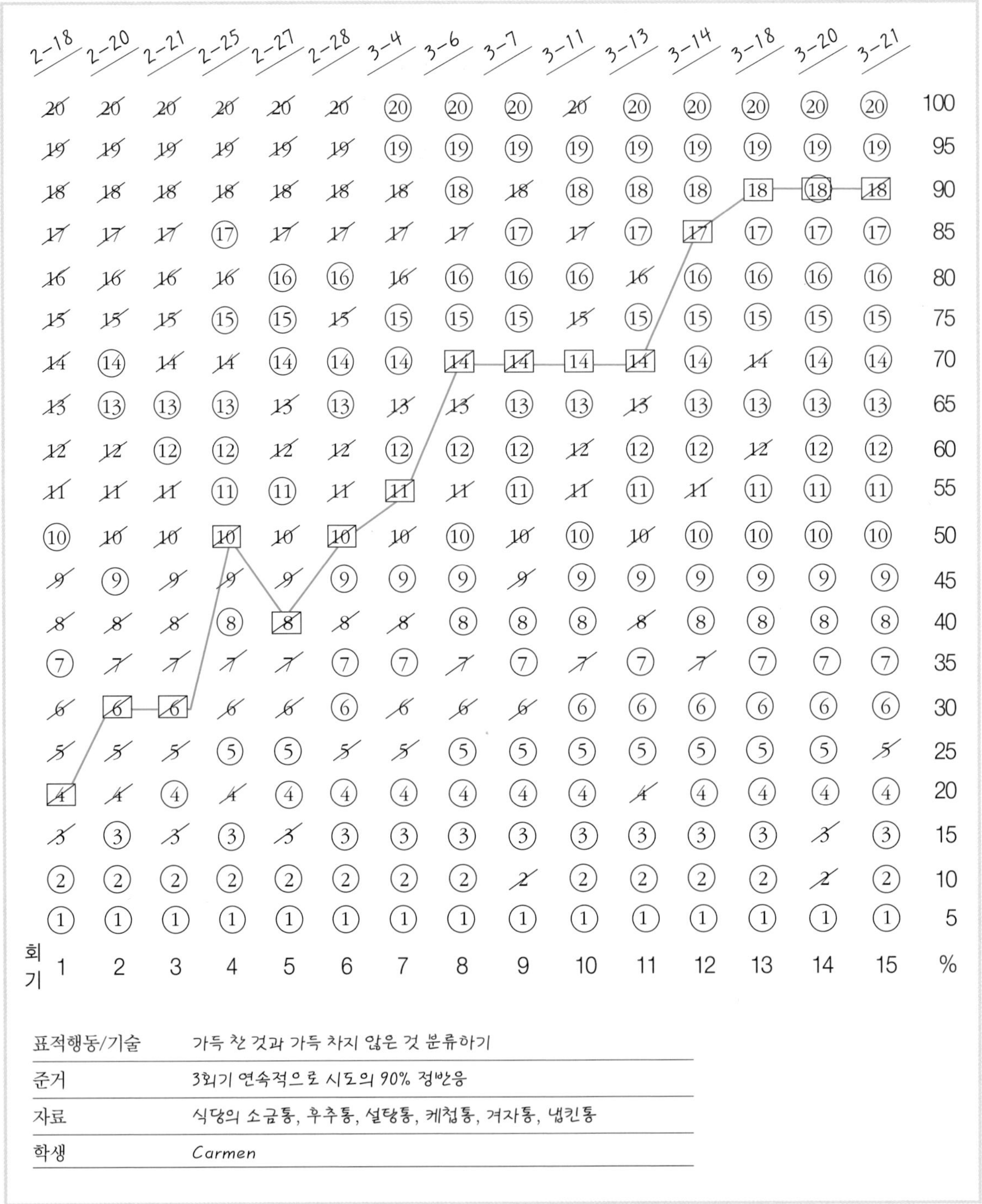
2-18 2-20 2-21 2-25 2-27 2-28 3-4 3-6 3-7 3-11 3-13 3-14 3-18 3-20 3-21
회기 1 2 3 4 5 6 7 8 9 10 11 12 13 14 15 %
100 95 90 85 80 75 70 65 60 55 50 45 40 35 30 25 20 15 10 5
표적행동/기술 가득 찬 것과 가득 차지 않은 것 분류하기
준거 3회기 연속적으로 시도의 90% 정반응
자료 식당의 소금통, 후추통, 설탕통, 케첩통, 겨자통, 냅킨통
학생 Carmen

그림 4-7 **통제 제시 기록법에 사용된 자료수집 양식**

출처: "A multi-purpose data sheet for recording and graphing in the classroom", by R. Saunders and K. Koplik, 1975, *AAESPH Review*.

이름: Peter					이름: Clavic					이름: Tonya				
과제: 10까지 세기					과제: 10까지 세기					과제: 10까지 세기				
날짜:					날짜:					날짜:				
10	10	10	10	10	10	10	10	10	10	10	10	10	10	10
9	9	9	9	9	9	9	9	9	9	9	9	9	9	9
8	8	8	8	8	8	8	8	8	8	8	8	8	8	8
7	7	7	7	7	7	7	7	7	7	7	7	7	7	7
6	6	6	6	6	6	6	6	6	6	6	6	6	6	6
5	5	5	5	5	5	5	5	5	5	5	5	5	5	5
4	4	4	4	4	4	4	4	4	4	4	4	4	4	4
3	3	3	3	3	3	3	3	3	3	3	3	3	3	3
2	2	2	2	2	2	2	2	2	2	2	2	2	2	2
1	1	1	1	1	1	1	1	1	1	1	1	1	1	1
비고:					비고:					비고:				

이름: Rita					이름: Dylana					이름: Roy				
과제: 10까지 세기					과제: 10까지 세기					과제: 10까지 세기				
날짜:					날짜:					날짜:				
10	10	10	10	10	10	10	10	10	10	10	10	10	10	10
9	9	9	9	9	9	9	9	9	9	9	9	9	9	9
8	8	8	8	8	8	8	8	8	8	8	8	8	8	8
7	7	7	7	7	7	7	7	7	7	7	7	7	7	7
6	6	6	6	6	6	6	6	6	6	6	6	6	6	6
5	5	5	5	5	5	5	5	5	5	5	5	5	5	5
4	4	4	4	4	4	4	4	4	4	4	4	4	4	4
3	3	3	3	3	3	3	3	3	3	3	3	3	3	3
2	2	2	2	2	2	2	2	2	2	2	2	2	2	2
1	1	1	1	1	1	1	1	1	1	1	1	1	1	1
비고:					비고:					비고:				

그림 4-8 통제 제시기록법에 사용된 자료수집 양식

행동 차원은 사건 기록법에 적절하다.

단한 자료양식을 사용하여 분석과 평가를 위한 정보를 제공할 수 있다.

사건기록법(통제 제시 포함)은 다음과 같은 행동 빈도의 비율 관찰에도 사용된다.

- Mel이 한 시간 동안에 말한 횟수
- Charlie가 20분 휴식시간 동안 다른 학생을 때린 횟수
- Melissa가 세계지리시간 15분 동안 바르게 대답한 질문의 수
- Sam이 작은 소리로 질문에 답한 횟수
- Mary가 쓰레기를 바닥에 던진 횟수
- Eliot이 한 계단 오를 때 한 발만 디딘 층계 수

〈일화 4-2〉

Stallings 선생님, 잡담을 계산하다

Stallings 선생님의 3학년 반 학생 중 4명은 다른 학생이 무엇을 잘못하는지에 대해 이야기하는 것으로 대부분의 시간을 보내는 것 같았다. Stallings은 두 가지 이유에서 이것이 염려스러웠는데, 학생들이 능률적으로 학습을 하지 못하는 것과 자신을 궁지로 몰아 가고 있다는 것이다. 동료 교사인 Barbe에게 조언을 구했더니, Barbe는 첫 번째로 해야 할 일이 각 학생이 얼마나 자주 잡담을 하는지를 알아내는 것이라고 했다.

"그렇지 않고는 잡담을 멈추게 하기 위한 조치가 작동되는지 정확히 알 수 없을 겁니다."라고 그녀는 말했다.

Stallings은 한 학생이 다른 학생의 이름을 언급할 때마다 매번 잡담 건수를 세고 부적절한 행동 수도 적기로 했다. 따라서 "Johnny가 과제를 하지 않고 나를 괴롭히는 것"은 1회로 기록하고, "Harold와 Manolo가 이야기를 하는 것"은 2회로 기록하였다.

그리고 선생님은 다시 Barbe를 찾아갔다.

그녀는 "잡담하는 것을 어떻게 번번히 기록하지요?" 하고 물었다. "교실을 내내 돌아다녀야 하고, 종이와 연필을 들고 다니고 싶지도 않아요."

Barbe가 웃으며 답했다. "문제 없어요. 콩의 모양과 크기가 다양하잖아요. 각 학생마다 한 가지 콩을 정하세요. 그리고 오른쪽 주머니에 콩을 한 줌 넣고 다니면서 행동을 관찰할 때마다 콩을 왼쪽으로 옮기세요. 옷을 세탁할 때 주머니에 있는 콩을 모두 꺼내는 것 잊지 마시고요."

간격기록법과 시간표집법

자료수집을 위한 간격기록법과 시간표집법은 행동이 발생한 실제 횟수의 근사치를 기록하는 방법이다. 행동 발생을 하나하나 기록하기보다는 행동이 발생하는 관찰 기간 동안의 시간 간격 수를 계산하는 것이다. 이 방법은 지속적으로 일어나는 행동(지속시간이 긴 행동)과 사건기록법이 맞지 않는 높은 빈도의 행동 기록이 가능하다.

간격기록법과 시간표집법은 과제불이행 및 과제수행 행동, 협력적 장난감 놀이, 착석행동, 엄지손가락 빨기, 그리고 때리기, 차기, 물기, 소리 지르기, 던지기, 고함치기 같은 울화 및 공격적 행동, 이상한 소리내기, 상동행동, 자해행동 등에 사용되어 왔다 (Austin & Soeda, 2008; Blood, 2010; Bryan & Gast, 2000; Charlop-Christy & Haymes, 1998; Cox, Gast, Luscre, & Ayres, 2009; Friman, 2000; Irvin et al., 1996; Kemp & Carter, 2006; Magee & Ellis, 2000; Reichow, Barton, Sewell, Good, & Wolery, 2010; Schneider & Goldstein, 2010; Todd, Campbell, Meyer, & Horner, 2008; Van Camp et al., 2000).

> 관찰자는 불연속적 행동이 아닌 간격을 센다.

실제 행동 발생을 가장 근접하게 표시하는 관점에서 볼 때 사건기록법이 가장 정확하며, 간격기록법이 그다음이고, 시간표집법은 가장 낮은 정확성을 보인다(Repp, Roberts, Slack, Repp, & Berkler, 1976). 그러나 각 체계는 각각 장단점을 가진다.

❖ 간격기록법

간격기록법을 사용할 때 교사는 표적행동을 관찰할 특정 시간을 정한다(일반적으로 10분에서 1시간 사이). 그리고 이 관찰 기간을 동일한 간격으로 나눈다. 이 간격은 일반적으로 5, 10, 15초 길이이며, 때로 30초까지 될 수 있다. 간격이 좁을수록 자료는 더 정확해진다. 교사는 시간 간격을 표시하는 일련의 박스를 그리고, 간격시간 동안 언제라도 행동이 발생했는지(+) 혹은 비발생했는지(-)를 각 박스 혹은 간격에 표시한다. 그러므로 각 간격은 오직 하나의 표시를 갖게 된다. [그림 4-9]에 제시된 5분 관찰 기간 동안의 자료양식은 10초 간격으로 나뉘어져 있다. 관찰 기간의 첫 1분 동안 표적행동은 두 번째와 세 번째, 2개의 간격에서 발생했다. 총 5분 기간에 걸쳐 표적행동은 12개 간격 혹은 간격의 40%에서 발생하였다.

> 간격기록법은 행동 발생의 정확한 수를 제공하지 않지만 지속적으로 일어나는 행동 기록에는 매우 적절하다.

이와 같은 간격 자료의 기록방법으로 행동 발생에 대한 기록에서 얻을 수 있는 결론은 제한적이다. 간격 동안에 행동이 1회 발생했는지 5회 발생했는지에 관계없이 단 하나의 표시만 있게 된다. 따라서 행동 발생의 실제 수는 기록에 포함되지 않는 것이

학생: *Darius*   행동: *과제하기 (공책을 보거나 공책에 쓰기)*

날짜: *8-29*

시작시간: *9:10*   장면: *4회기 수학시간*

관찰자: *Mrs. Heflin*   종료시간: *9:15*

간격(초)

		10″	20″	30″	40″	50″	60″
관찰 기간 (분)	1′	−	+	+	−	−	−
	2′	+	+	−	−	−	+
	3′	+	−	−	+	+	+
	4′	−	+	+	+	−	−
	5′	−	−	−	−	−	−

발생 간격 수(백분율): *12(40)*

비발생 간격 수(백분율): *18(60)*

그림 4-9 간격기록법 자료양식

다. 앞의 예에서 욕하기가 기록되었다면 교사가 말할 수 있는 것은 2개의 간격 동안에 학생이 욕을 했다는 것이다. 이 행동이 일어난 최소한 2개의 예가 있으나, 더 많은 예가 있을 수도 있다. 만일 학생이 두 번째 간격에서 열한 번이나 욕을 했더라도 오직 하나의 표시만 있게 될 것이다. 욕하기, 때리기와 같은 불연속적 행동의 발생을 기록하는 것은 **부분간격기록법**(partial-interval recording)(행동이 한 간격 전체에 걸쳐 일어나지 않는다)으로 알려져 있다.

방을 어슬렁거리며 돌아다니는 행동이나 과제를 하지 않고 있는 행동은 하나의 간격 내에서 시작되어 다음 간격까지 계속될 수 있다. 이러한 타이밍은 두 가지 예로 나타날 수 있는데, 이 예에서와 같이 2개의 간격에 기록되는 경우와 행동 지속시간이 동일하더라도 1개의 간격 내에 종료되는 경우다. 몇 개의 간격에 걸쳐 지속되는 행동을 기록하는 것은 **전체간격기록법**(whole-interval recording)(행동이 한 간격 전체에 걸쳐 일어난다)이라고 한다.

간격 자료수집에서 겪게 되는 추가적인 문제는 표시를 하는 각 간격이 짧다는 것이다. 가르치는 일과 간격 자료를 수집하는 일을 동시에 하는 것이 매우 어렵다. 교사는 스톱워치를 보면서, 혹은 손을 시계 위에 올려놓고 표적행동이 발생하는지 발생하지 않는지를 시간 내내 관찰해야 한다. 때로는 제3의 관찰자가 필요하기도 하다.

기록을 하기 위해 자료양식을 보아야 하기 때문에 행동 발생을 놓칠 수도 있고, 결과적으로 부정확한 자료가 될 수도 있다. 관찰 기간을 녹음한 테이프나 간격을 알려 주는 VCR을 이용하면 간격의 시간이 끝났는지를 알아보기 위해 시계를 보아야 하는 일은 하지 않아도 된다(Miltenberger, Rapp, & Long, 1999). 또한 각 간격의 마지막에 소리가 나도록 녹음한 것을 사용하거나, 타이머를 설정하여 소리가 나도록 해 놓은 장치 혹은 워치마인더(WatchMinder), 인비저블 클록(Invisible Clock) 같은 상품을 이용해도 좋다. 이 일을 간단하게 할 수 있는 또 다른 방법은 기록하는 시기를 조사의 한 부분으로 설정하는 것이다. 예를 들어, 관찰간격을 10초로 하되 그중 5초를 기록하는 시간으로 설정하는 것이다.

[그림 4-10]은 관찰 기간 15분을 10초 간격으로 나눈 간격기록 양식의 예다. 발생 표시와 비발생 표시를 보면서 자료수집자는 다음의 정보를 추론할 수 있다.

	10초 간격					
분	1	2	3	4	5	6
1	○	○	○	×	×	×
2	×	×	×	×	×	×
3	×	×	×	×	×	×
4	×	×	○	○	○	○
5	○	○	○	○	×	○
6	○	○	×	○	○	○
7	○	○	○	○	×	○
8	×	×	×	×	×	×
9	×	○	×	×	○	×
10	×	×	×	×	×	○
11	○	○	○	○	○	○
12	○	○	○	○	○	○
13	○	○	○	×	○	○
14	○	○	○	○	○	×
15	○	○	○	○	○	○

학생: MALCOLM
날짜: 2/24
관찰자: MR. RILEY
시작시간: 9:15
종료시간: 9:30
행동: 과제 불이행

10초 간격으로 발생 표시

○ = 발생
× = 비발생

자료 요약

발생 간격 수: 38
발생 간격 백분율: 42%
비발생 간격 수: 52
비발생 간격 백분율: 58%

그림 4-10　과제 불이행 행동의 간격기록

① 행동 발생의 근사치
② 관찰 기간 내 행동 지속시간의 근사치
③ 관찰 기간에 걸친 행동의 분포

문장으로 지시된 산수 과제를 하는 동안에 과제 불이행 행동을 두 가지 양식의 예로 기록한다고 가정해 보자. 행동은 90간격 중 38간격에서 발생했다. 행동이 발생하는 간격이 연속적으로 나타나는 것은 과제 불이행 행동이 오랜 지속시간에 걸쳐 발생했음을 지적하는 것이다(각 3분). 그러나 그러한 연속적 발생은 주로 두 기간에 제한되어 있다. 이 자료를 검토할 때 교사는 무엇이 이러한 결과의 요인으로 보이는지 그 상황을 분석해야 한다. 이 예에서 과제 불이행 행동은 과제의 지시문에 기인된 것일지도 모른다. 지시문 때문에 학생은 옆의 친구에게 어떻게 해야 하는지를 물어야 했을 것이다. 행동 발생이 어떤 패턴 없이 전 구간에 걸쳐 퍼져 있다면 과제 불이행 행동이 좀 더 일반화된 이유, 즉 떠들고 왔다 갔다 하는 것에서 오는 산만성에 기인하는 것인지, 과제가 지루해서 그런 것인지, 과제에 필요한 기술 부족에 기인하는 것인지를 고려해 볼 수 있을 것이다.

❖ 시간표집법

시간표집법은 간격당 오직 한 번 관찰하는 것이다.

자료수집자는 시간표집법을 사용하기 위해서 행동을 관찰할 기간을 정하고 그것을 동일 간격으로 나눈다. 이 과정은 간격기록법과 유사하다. 그러나 시간표집법의 간격은 보통 초가 아닌 분 단위다. 그렇기 때문에 좀 더 긴 기간 동안 행동 관찰이 가능하다(Ayllon & Michael, 1959). 관찰자는 자료를 기록하기 위해 먼저 간격을 나타내는 일련의 박스를 그린다. 그리고 간격의 마지막 순간에 학생을 관찰하고 행동이 발생했는지(×) 혹은 비발생했는지(○)를 각 박스(간격)에 표시한다. 따라서 각 간격은 오직 하나의 표시를 갖는다. 시간표집법은 간격 전체가 아닌 간격의 끝에서만 학생을 관찰한다는 점이 간격기록법과 다르다는 것을 주목하라.

[그림 4-11]은 일주일의 3일, 오전 9:05에서 10:05까지 1시간 관찰 기간 동안의 발생에 대한 자료양식이다. 시간은 6개의 10분 간격으로 나뉜다. 월요일에 표적행동(허락 없이 방을 돌아다님)이 첫째, 둘째, 넷째, 다섯째 간격에 4회 발생했다. 수요일에는 첫째, 다섯째, 여섯째 간격에 3회 발생했고, 금요일에는 첫째, 넷째, 다섯째, 여섯째 간격에 4회 발생했다. 교사는 마지막 순간에 행동이 발생한 간격 수를 각 요일이나 각

학생: *Shane* 　　　　　　　　　　시작시간: *9:05*

행동: 허락 없이 방을 돌아다님　　　종료시간: *10:05*

날짜: *1/24 1/26 1/28*　　　　　회기당 총 관찰 기간: *1시간*

관찰자: _____　코드: ×＝ 발생

　　　　　　　　　　　　 ○＝ 비발생(각 간격의 마지막 순간에 표시)

	10′	20′	30′	40′	50′	60′
1/24	×	×	○	×	×	○

	10′	20′	30′	40′	50′	60′
1/26	×	○	○	○	×	×

	10′	20′	30′	40′	50′	60′
1/28	×	○	○	×	×	×

<u>자료 요약</u>

일: 월요일　발생 간격 수:　　　　　주: 발생 간격 수:

　　　　　　발생 간격 백분율:　　　　발생 간격 백분율:

　　　　　　비발생 간격 수:　　　　　비발생 간격 수:

　　　　　　비발생 간격 백분율:　　　비발생 간격 백분율:

일 평균:　　발생 간격 수:

　　　　　　발생 간격 백분율:

　　　　　　비발생 간격 수:

　　　　　　비발생 간격 백분율:

그림 4-11 주 3일, 10분 간격, 1시간 관찰 기간을 위한 시간표집 자료양식

주 혹은 주당 평균으로 요약할 수 있다. 시간표집법은 긴 기간 동안의 관찰이 가능하기 때문에 교사는 오전 내내 표적행동에 대한 자료를 수집할 수 있다. [그림 4-12]는 15분 간격으로 오전 3시간을 관찰할 수 있는 자료양식이다.

학생: _____	시작시간: _____
행동: _____	종료시간: _____
날짜: _____	회기당 총 관찰 기간: _____

관찰자: _____

코드: × = 발생　　　O = 비발생(각 간격의 마지막 순간에 표시)

15	30	45	00
15	30	45	00
15	30	45	00

자료 요약
발생 간격 수:
발생 간격 백분율:
비발생 간격 수:
비발생 간격 백분율:

그림 4-12 15분 간격, 3시간 관찰 기간을 위한 시간표집 자료양식

시간표집법을 적용할 때 관찰자는 행동을 많이 놓칠 수 있다.

　　시간표집법의 자료수집을 간단하게 할 수 있는 두 가지 방법은 간격의 마지막에 벨이 울리도록 타이머를 설정해 놓고 벨이 울릴 때마다 행동을 관찰하거나, 간격에 맞게 소리를 미리 녹음하여 이어폰으로 들을 수 있게 한 장치를 이용하는 것이다. 학생이 시간을 미리 계산하여 간격의 마지막에만 행동하는 것(혹은 행동하지 않는 것)을 예방하기 위하여 간격을 다양한 길이로 할 수도 있다. 예를 들어, 10분 시간표집 체계를 8, 12, 6, 14, 9, 11분으로 하는 것이다. 간격시간이 평균적으로 10분이므로 학생은 언제 관찰될지 알 수 없을 것이다.

　　이러한 시간표집법의 특성 때문에 기록된 행동에 대한 결론은 제한적이 될 수밖에 없다. 간격기록법처럼 10분 관찰 간격 내에 행동이 한 번 이상 발생할지도 모른다. 시간표집법의 가장 심각한 문제는 행동 발생이 관찰자가 비발생으로 표시하기 직전 혹은 직후에 발생하는 것이다.

시간표집법의 간격이 초가 아닌 분으로 나뉘면 관찰 간 시간이 길어진다. 따라서 좀 더 실용적으로 가르치는 일과 자료수집을 동시에 할 수 있게 된다. 실제로 간격을 15, 30, 45분 혹은 그 이상으로 설정하고 하루 종일 혹은 수업시간 내내 관찰할 수 있다. 그러나 간격이 길어질수록 기록된 자료와 실제 행동 발생 간의 유사성은 감소될 것이다(Saudargas & Zanolli, 1990). 시간표집법은 과제에 집중하기, 자리 이탈 행동, 엄지손가락 빨기 등과 같은 자주 일어나거나 지속시간이 긴 행동의 기록에 적합하다.

시간표집법의 간격이 길수록 자료는 덜 정확해질 것이다.

시간표집법이 교실에서 사용하기에 실용적이지만 그 유용성은 행동변화 프로그램이 성공적으로 진행되는 만큼 감소될지도 모른다. 예를 들어, Barry의 선생님이 그의 자리 이탈 행동을 기록하고자 시간표집법을 사용하기로 하고 학교에 와서 처음 90분 동안을 15분 간격으로 기록했을 때, 기초선 측정 동안에 Barry는 거의 대부분 이탈행동을 하는 것으로 관찰될 수 있다. 그러나 Barry에게 15분 동안 자리에 앉아 있으면 1개의 토큰을 주기로 하는 유관이 적용되면 이 절차의 유용성은 떨어진다. 예컨대, 교사가 간격의 마지막 순간에만 이탈행동을 기록하고자 기록 절차에 매달려 Barry가 자리에서 시계를 계속 두드리고 있을 때 강화인자를 제공하는 것이다. 이러한 가정에도 불구하고 자료수집 절차가 성공적이라면 그 자료는 행동이 실제로 없어지기 오래전부터 이미 완전히 행동이 없어졌음을 의미하게 되는 것이다. Barry는 간격의 끝이 아닌 시간에 여러 차례에 걸쳐 단기간 자리를 이탈했을 수도 있다. 이러한 관점에서 행동이 덜 빈번하게 좀 더 짧은 시간 동안 발생하기 때문에 사건 혹은 반응시간 기록법이 더 정확하고 실용적인 것이 될 수 있다. [그림 4-12]는 시간표집법으로 자료를 수집하는 데에 사용되는 양식이다.

간격기록법이나 시간표집법을 이용하여 수집된 자료는 행동이 발생한 간격의 수를 보고함으로써 빈도 차원에 따라 행동을 측정하는 데에 사용될 수 있다. 그러나 이러한 자료는 비율로 전환될 수 없다. 분당 2의 비율로 발생한 어떤 행동은 60초 기간 중 2개의 10초 간격 동안에 발생한 행동이라고 말할 수 없다. 흔히 간격 및 시간표집 자료는 행동이 발생한 간격의 백분율로 나타낸다. 원자료를 백분율로 전환하는 절차는 다음 장에서 논의될 것이다. 지속시간 측정은 간격기록법 사용에 적용될 수 있으나, 이 절차가 반응시간 측정에 적용되지는 않는다. 힘, 위치, 형태는 조작적 정의를 해 주면 사건기록법에서와 같이 측정될 수 있다.

간격기록법과 시간표집법에 관한 주요 사항과 차이점을 다시 한 번 요약하면 다음과 같다.

① 간격기록법과 시간표집법은 둘 다 얼마나 자주 행동이 발생했는지에 대한 근사치를 제공한다. 행동 발생 기록은 발생의 정확한 수를 제공하는 사건기록법만큼 정확하지 않다.

② 간격기록법은 관찰 기간을 시간표집법보다 더 작은 간격으로(일반적으로 분 단위보다는 초 단위) 나누기 때문에 실제 발생에 더 가까운 근사치를 제공한다.

③ 시간표집법은 긴 관찰 기간(예: 오전 내내)에 사용되는 반면, 간격기록법은 일반적으로 짧은 관찰 기간(예: 15분)에 사용된다.

④ 시간표집법은 관찰 기간을 좀 더 긴 간격으로 나누기 때문에 가르치면서 관리하기가 용이하다.

⑤ 간격기록법에서는 행동 발생이 간격시간의 어느 때라도 표시되고 기록된다. 시간표집법에서는 행동 발생이 간격의 끝에서만 표시되고 기록된다.

〈일화 4-3〉

Simmons 선생님, 연필로 톡톡 치기를 관찰하다

Simmons는 초등학교 학습장애 담당 상담교사다. 학생 중 한 명인 Arnold는 과제를 할 때 연필로 책상을 톡톡 쳤다. 그는 놀랄 만한 양의 과제를 잘 해냈으나 쓰고 있지 않을 때는 톡톡 치고 있었다. 이 행동이 그의 일반교실 선생님을 매우 괴롭혔다. Simmons는 치는 횟수를 기록해 보려 했는데 Arnold가 너무 빨리 치기 때문에 셀 수 없었다. Simmons는 또 다른 학생 Shane의 주의집중을 다루고 있었는데, 간격기록법 자체가 Shane에게 훌륭한 과제가 될 것으로 판단했다. Simmons는 행동을 정의하고 Shane에게 클립보드에 넣은 기록양식과 스톱워치를 주면서, 10초 간격으로 Arnold가 책상 치는 행동을 하면 +로 표시하고, 그렇지 않으면 −로 표시하라고 일렀다. Simmons는 Shane이 관찰하도록 두고 소그룹을 가르치러 갔다. 잠시 후, 교실에서는 도저히 용납될 수 없는 불쾌한 소리인, 클립보드로 바닥을 치는 소리가 들렸다.

"죄송해요 선생님, 그런데 어떻게 아이를 보면서 동시에 시계를 보고 또 기록을 하지요?"

Simmons는 집중력에 문제가 있는 학생에게 너무 많은 것을 요구했음을 깨닫고 절차를 수정했다. 10초마다 신호음이 나는 녹음 테이프를 만들기 위해 집에서 카세트레코더를 가져왔다. 레코더를 전자렌지 옆에 두고 전자렌지의 시간을 10초로 맞춘 후 시작버튼을 눌러서 종료되었을 때의 신호음이 녹음되도록 반복하였다.

다음 날 Simmons는 Shane에게 이어폰과 10초 간격으로 나눈 15분짜리 녹음테이프를 주었다. Shane은 소리를 듣지 않고도 매우 효율적으로 연필로 톡톡 치는 행동을 기록할 수 있었다.

⑥ 간격기록법과 시간표집법에서는 행동 발생 횟수가 아닌 행동이 발생한(혹은 발생하지 않은) 간격의 수가 보고된다. 이 방법으로 수집된 자료에서는 행동 발생 수에 대한 정보는 알 수 없다.

❖ 자료수집 양식의 다양성

앞서 제시된 간격기록 및 시간표집 자료양식에는 1명의 학생에 대한 행동 발생과 비발생을 기록하도록 되어 있다. 그러나 이러한 기본적인 자료수집 양식은 다양한 교수 상황에 맞게 변형시킬 수 있는 매우 융통성 있는 도구다. 가장 일반적인 변형은 ① 표적행동의 조작적 정의가 몇 가지 형태(예: 손 돌리기, 몸 흔들기, 손가락 튕기기로 정의된 상동행동)를 포함하고 있어 표적행동을 좀 더 기술적으로 나타낼 필요가 있을 때, ② 한 번에 한 가지 이상의 자료를 얻을 수 있도록 조절이 필요할 때(예: 자리 이탈과 말하기), ③ 한 번에 1명 이상의 학생 자료를 얻을 수 있도록 조절이 필요할 때 등을 위한 것이다.

이러한 자료수집은 자료를 부호화함으로써 이루어질 수 있다. 단순히 한 행동의 발생 및 비발생을 기록하여 수집된 자료를 이분법 자료라고 한다. 교사는 행동이 발생했는지의 여부를 기록하는 것이다. 더 다양한 행동 형태를 상세히 기술하거나 복잡한 행동을 기록하기 위해서는 각 행동 혹은 변형된 형태에 문자로 된 부호를 부여한다. 만일 여러 명의 학생에 대한 자료를 기록하고자 한다면 자료양식에서 사용될 문자 부호를 각 학생에게 부여하여야 한다.

부호화된 자료양식에는 기본적으로 세 가지 형태가 있다. 부호형 자료양식(legend coded data sheet), 준비형 자료양식(prepared coded data sheet), 추적형 자료양식(track coded data sheet)이 그것이다. 이 양식들은 간격기록법이나 시간표집법에 사용될 수 있다.

부호형 자료양식　　부호화된 자료수집 양식은 관찰될 행동에 대한 각각의 부호를 가질 수 있다. [그림 4-13]에서 위쪽의 예는 간격기록법을 이용하여 '옆 친구를 방해하는 행동'의 발생을 기록하기 위한 것이다. 행동은 때리기(H), 말하기(T), 꼬집기(P)로 부호화되어 있다. 이 예에서 관찰의 첫 1분 동안에 Hector는 첫 번째 간격에서는 옆 친구를 때렸고, 세 번째, 네 번째 간격에서는 옆 친구와 말하였으며, 다섯 번째 간격에서는 옆 친구와 말도 하고 때리기도 하였다.

만일 여러 명의 학생에 대하여 어떤 행동을 수집하고자 한다면 학생을 부호화한 동일한 양식을 사용할 수 있다. 예를 들어, [그림 4-13]의 아래쪽 예는 수업시간에 떠드

간격기록법과 시간표집법에 적절한 행동적 차원

학생: _Hector_   시작시간: _9:10_

날짜: _9-18_   종료시간: _9:15_

관찰자: _Ms. Hughes_

⟨행동 부호⟩		
H = 때리기	T = 말하기	P = 꼬집기

		10″	20″	30″	40″	50″	60″
분	1	H	–	T	T	T H	–
	2	–	P	P	–	–	–
	3	–	–	–	T	T	–
	4	H	–	–	–	–	–
	5	–	H	–	T H	T H	–

학생: _Jan, Ruth, Veena_   행동: _수업시간에 떠듦_

날짜: _9-14_   시작시간: _11:05_

관찰자: _Mr. Nelson_   종료시간: _11:10_

⟨학생 부호⟩		
J = Jan	R = Ruth	V = Veena

		10″	20″	30″	40″	50″	60″
분	1	JR	R	–	R	–	–
	2	–	RV	–	RV	–	R
	3	JR	–	RV	RV	–	–
	4	–	–	–	–	–	–
	5						
		–	–	–	RV	R	–

그림 4-13 간격기록법 관찰의 부호형 자료양식

는 학생을 기록하도록 변형한 것으로서 대상 학생은 Jan(J), Ruth(R), Veena(V)다. 이 예에서 관찰의 처음 1분 동안에 첫 번째 간격에서 Jan과 Ruth가 떠들었고, Ruth는 두 번째와 네 번째 간격에서도 떠들었다. Veena는 2분의 두 번째 간격 전까지 떠들지 않은 것으로 기록되었다.

준비형 자료양식　　부호화의 두 번째 형태는 [그림 4-14]에 제시된 것과 같이, 자료양식의 각 칸(간격을 나타내는 칸)에 여러 행동이나 학생에 대한 문자 부호를 미리 써 놓는 것이다(Alberto, Sharpton, & Goldstein, 1979). 이와 같이 준비된 서식을 가지고 단순히 행동의 발생을, 혹은 행동을 한 학생을 각 해당 문자에 획을 그어 표시하면 된다. [그림 4-14]의 위쪽 예는 시간표집법을 이용하여 3시간의 관찰 기간 동안 Sylvia의 사회적 상호작용을 기록한 것이다. 사회적 상호작용의 조작적 정의는 여섯 가지 요소를 포함한다. 그 부호는 I(학생이 상호작용을 주도함), R(학생이 다른 사람의 상호작용 시도에 반응함), S(다른 학생과 상호작용함), A(성인과 상호작용함), V(구어로 상호작용함), P(신체적으로 상호작용함) 등이다. 이 예에서 처음 1시간 동안에 Sylvia가 나타낸 첫 번째 상호작용은 세 번째 간격에 나타난 성인에게 구어로 반응한 것이다.

　여러 명의 학생에 대하여 한 가지 행동 발생을 기록하고자 한다면 각 학생의 부호를 각 칸에 써 넣는다. [그림 4-14]의 아래쪽 예는 시간표집 자료양식의 변형으로서 3일의 오전 수업시간 동안 4명의 학생에 대한 '과제에 열중하기' 행동을 기록하도록 되어 있다. 이 예에서 첫 번째 날에 Carmen은 모든 간격에서, Kyle은 첫 번째 간격에서, 그리고 Hanne는 세 번째와 네 번째 간격에서 열중하였다.

추적형 자료양식　　한 가지 이상의 행동에 대한 부호화의 세 번째 형태는 추적형 서식을 사용하는 것이다(Bijou et al., 1968). [그림 4-15]의 위에 제시된 양식은 과제 이행 행동을 기록하기 위한 것이지만, 과제 불이행 시의 일반적인 내용까지 알고자 할 때 사용되는 것이다. 그러므로 과제 이행 행동의 발생 및 비발생을 표시하는 칸 외에 과제 불이행 행동 발생을 표시하고 그 내용을 추적할 수 있는 칸이 추가되어 있다. 교사는 행동 발생을 표시하기 위해 적절한 칸에 간단히 표시만 하면 된다. 이 시간표집 자료양식 예에서는 5분 간격의 첫 번째와 두 번째 간격에서 Rose가 과제를 이행하지 않으면서 움직이는 행동(운동적)을 했음을 나타내고 있다. 세 번째부터 다섯 번째 간격 동안에는 과제 이행 행동이, 여섯 번째 간격에서는 구어적, 운동적 과제 불이행 행

자료수집 절차는 매우 융통성이 있다. 동시에 여러 명의 학생에 대한 자료를 기록하는 데에 사용될 수 있다.

학생: *Sylvia*　　　　　　　　　　행동: 사회적 상호작용

날짜: *11-6*　　　　　　　　　　시작시간: *8:15*

관찰자: *Ms. Famin*　　　　　　종료시간: *11:15*

	10′			20′			30′			40′			50′			60′		
1	I	S	V	I	S	V	I	S	V̶	I	S	V	I	S	V	I	S	V̶
	R	A	P	R	A	P	R̶	A̶	P	R	A	P	R	A	P	R̶	A̶	P
2	I	S	V̶	I̶	S	V	I	S	V	I̶	S	V	I̶	S	V	I	S	V
	R̶	A̶	P	R	A	P	R̶	A̶	P̶	R	A	P	R	A̶	P̶	R	A̶	P
3	I	S	V	I	S	V̶	I	S	V	I	S	V	I	S̶	V	I	S	V
	R	A	P	R̶	A̶	P̶	R	A	P	R	A	P	R̶	A	P̶	R̶	A̶	P̶
4	I	S	V	I	S	V	I	S	V	I	S	V	I	S	V	I	S	V
	R	A	P	R	A	P	R	A	P	R	A	P	R	A	P	R	A	P
5	I	S	V	I	S	V	I	S	V	I	S	V	I	S	V	I	S	V
	R	A	P	R	A	P	R	A	P	R	A	P	R	A	P	R	A	P

시간

I = 주도적　　　　　　S = 학생과　　　　　　V = 구어적

R = 반응적　　　　　　A = 성인과　　　　　　P = 신체적

학생: *Atal, Carmen, Kyle, Hanne*　　　행동: 과제에 열중하기

날짜: *3-21*　　　　　　　　　　시작시간: *9:00*

관찰자: *Mr. Klein*　　　　　　종료시간: *12:00*

	10′		20′		30′		40′	
1	A	C̶	A	C̶	A	C̶	A	C̶
	K̶	H	K	H	K	H̶	K	H̶
2	A	C̶	A	C̶	A	C̶	A	C̶
	K	H	K̶	H	K̶	H̶	K̶	H
3	A	C̶	A	C̶	A	C̶	A	C̶
	K̶	H	K	H	K̶	H̶	K̶	H̶

일

A = Atal　　K = Kyle　　C = Carmen　　H = Hanne

그림 4-14 시간표집법 관찰의 준비형 자료양식

학생: Rose　　　　　　　　날짜: 2-6
관찰자: Ms. Paster　　　　시작시간: 10:40
행동: 과제 이행

	5′	10′	15′	20′	25′	30′	35′	40′
과제 이행			×	×	×			
구어적 과제 불이행						×		
운동적	×	×				×		
수동적							×	×

그림 4-15　시간표집법의 추적형 자료양식

동이, 그리고 마지막 두 간격 동안에는 수동적 과제 불이행 행동이 나타났다. 또한 2~3명 학생의 자료를 동시에 기록하고자 하면 학생의 자료를 써 넣는 각 칸을 두 줄로 나누어 사용할 수 있다.

　　자료를 집단으로 수집하기　　간격기록법 혹은 시간표집법을 집단에 사용할 수 있도록 변형한 형태는 원탁형(round-robin)이다(Cooper, 1981; Lloyd, Bateman, Landrum, & Hallahan, 1989). 이 방법은 각 간격 동안에 집단 구성원 각각의 행동을 관찰하고 기록하여 집단의 행동을 산정하는 것이다. 예를 들어, 교사가 언어수업을 하면서 집단의 주의집중 행동을 점검하기로 했다고 하자. [그림 4-16]에 제시된 것처럼 4명의 집

몇 가지 행동에 대해 동시에 자료를 기록하기 위해 부호를 사용한다.

	첫 번째 15초 간격	두 번째 15초 간격	세 번째 15초 간격	네 번째 15초 간격
	Kate	Michael	Harry	Jody
1				
2				
3				
4				

그림 4-16　간격기록법의 원탁형 양식

단 구성원이 수용되도록 언어수업 시간을 15초의 동일한 간격으로 나누고 각 간격에 구성원 이름을 써 넣는다.

이 예에서 Kate는 각 분의 처음 15초 간격 동안에 행동 발생 및 비발생이 관찰되고, Michael의 주의집중 행동은 각 분의 두 번째 간격 동안에 관찰된다. 그리고 Harry의 행동은 세 번째 간격 동안에, Jody의 행동은 네 번째 간격 동안에 관찰된다. 각 학생은 원탁형에 기초하여 분당 한 간격 동안에만 관찰되기 때문에 결과는 집단 전체의 주의 집중 행동을 나타내게 되지만, 집단 각 구성원의 정확한 주의집중 행동을 나타내지는 못한다. 또 다른 자료수집 방법은 집단의 개별 구성원에 초점을 맞추기 위해 사용되어야 한다. 원탁형은 또한 학급 전체의 자료를 수집할 때 사용될 수 있다. Sutherland, Wehby 그리고 Copeland(2000)는 과제 이행 행동을 측정하기 위해서 순환식으로 관찰하였다. 시간표집법을 사용하여 각 간격의 끝에서 모든 학생이 조작적으로 정의된 대로 적절한 과제를 하고 있거나 적절한 사람을 보고 있는지의 여부를 해당 학생의 간격에 표시하고, 나머지 관찰 기간 동안 학생의 순서를 임의적으로 정하여 동일하게 관찰하는 것이다.

6 지속시간 및 반응시간 기록법

> 지속시간 및 반응시간 기록법은 행동의 사례보다는 시간 측정을 강조한다.

사건기록법, 간격기록법, 시간표집법 등의 자료수집 기법은 근본적으로 행동의 발생을 정확하게 혹은 근사치로 세는 데에 초점을 맞춘다. 지속시간 및 반응시간 기록법은 행동의 수 차원이 아닌 시간 차원이라는 점에서 이러한 체계와 다르다.

지속시간 기록법

> 울화, 과제 이행에 보낸 시간, 독서 등의 평균 지속시간을 측정할 수 있다.

지속시간 기록법(duration recording)은 학생이 특정한 행동을 하는 시간의 길이에 일차적인 관심이 있을 때 사용된다. 예를 들어, 학생의 자리 이탈 행동에 대해 알고자 할 때 사건기록법이나 지속시간 기록법 중 어느 것이라도 적절하다. 사건기록법은 학생이 자리에 남아 있는 횟수에 대한 정보를 제공할 것이다. 그러나 학생이 얼마나 오랫동안 자리에서 이탈해 있었는가에 일차적인 관심이 있다면 가장 적절한 자료수집 방법은 지속시간 기록법이다. 이 예에서 사건기록법은 표적행동의 시간적 본질에 대해서는 나타내지 못할 것이다. 비록 사건 자료가 학생의 자리 이탈 감소를 나타낸다고 하더라도 자리에서 보낸 시간의 양이 증가했음을 밝히지는 못할 것이다.

지속시간 기록법은 시작과 끝을 쉽게 확인할 수 있는 행동에 적합하다. 행동의 개시와 종료를 명확하게 정의하는 것이 중요하다. 연구자들은 명확하게 진술된 조작적 정의를 사용하여 과제 수행 시간, 착석 행동, 적절한 사회적 상호작용, 적절한 놀이 행동 및 여가 활동을 측정하였으며 바닥 쓸기, 테이블 나르기, 봉투 채우기, 파일 정리 등과 같은 직업기술과 손가락 빨기 같은 부적절한 행동, 그리고 물기, 차기, 긁기, 밀기, 때리기, 침 뱉기와 같은 공격적 행동도 측정하였고, 소리 지르기, 고함치기, 악담하기 등과 같은 파괴적 행동도 측정하였다(Barry & Burlew, 2004; Chin & Bernard-Opitz, 2000; Ellingson et al., 2000; Gresham, Van, & Cook, 2006; Grossi & Heward, 1998; Keeling, Myles, Gagnon, & Simpson, 2003; Kim & Hupp, 2007; Lane et al., 2003; Oliver, Oxener, Hearn & Hall, 2001; Regan et al., 2005; Romaniuk et al., 2002; Shukla, Kennedy, & Cushing, 1999; Stewart & Bengier, 2001; Worsdell et al., 2002).

관찰자는 시계의 초침이나 벽시계를 이용하여 행동의 지속시간을 잴 수 있으나 스톱워치를 사용하면 훨씬 간편하다. 간질이나 울화 같은 행동에 대해서는 오디오나 비디오 녹화장치를 사용해도 된다. 이 경우 표적행동의 지속시간은 녹화테이프를 보면서 스톱워치나 비디오장치의 자동 타이머를 이용하여 나중에 산출하게 된다.

지속시간 기록에는 두 가지 기본적인 방법이 있다. 평균 지속시간과 전체 지속시간 접근법이 그것이다. 평균 지속시간 접근법은 학생이 표적행동을 일상적으로 혹은 일정하게 수행할 때 사용된다. 교사는 지정된 날에 각 발생에 소모된 시간의 길이(지속시간)을 측정하고 그날의 **평균 지속시간**(average duration)을 구한다. 만일 행동이 일정하지만 폭넓은 간격으로(예: 하루에 한 번 혹은 수업시간당 한 번) 발생한다면 주당 평균 자료를 구할 수 있다. 지속시간 자료로 측정될 수 있는 한 가지 예는 화장실에서 보내는 시간이다. 예컨대, 교사는 John이 화장실에 자주 가고 이상할 만큼 오랜 시간 동안 머문다고 생각할 수도 있다. 이 행동에 대한 자료를 수집하기 위해 화장실에 다녀올 때마다 보낸 시간을 측정하기로 하였다. 월요일에 John은 세 번 갔다. 첫 번째는 7분이 걸렸고, 두 번째는 11분, 세 번째는 9분이 걸렸다. 이러한 방식으로 일주일 동안 계속 자료를 수집했다면 John이 화장실에서 보낸 평균 지속시간을 계산할 수 있을 것이다.

전체 지속시간 기록법(total duration recording)은 제한된 기간 내에 학생이 얼마나 오랫동안 행동했는가를 측정한다. 이 활동은 지속적일 수도 있고 아닐 수도 있다. 한 예로

'전체 지속시간 기록법'은 말하기, 읽기, 장난감 가지고 놀기 등에 보낸 시간을 기록하는 데에 사용될 수 있다.

'적절히 놀기' 행동을 15분 관찰 기간에 걸쳐 관찰할 수 있다. 관찰자는 이 기간 동안 학생이 적절히 놀이를 하는 시간(분)을 기록한다. 아동은 오전 10:00~10:04(4분), 10:07~10:08(1분), 10:10~10:15(5분) 동안 적절히 놀이하는 것으로 기록될 수 있다. 분명히 행동 기록이 비연속적이지만 15분 관찰 기간 중 총 10분 동안 적절히 놀이를 하였다는 것을 알 수 있다.

반응시간 기록법

반응시간 기록법(latency recording)은 행동 수행 요청을 받고 행동을 수행하기까지 얼마나 오래 걸리는가를 측정한다. 이 절차는 선제자극의 제시와 행동 개시 간 시간의 길이를 측정하는 것이다. 예를 들어, 교사가 "Michael, 앉아라."(선제자극)라고 말하고 Michael이 앉기까지 5분이 경과했다면, 교사는 학생 반응의 경과시간에 관심을 가지게 될 것이다. 반응시간 기록법은 선제자극인 교사의 지시와 학생이 장난감을 치우기 시작하는 순간, 과제를 시작하는 순간, 그리고 전환을 시작하는 순간 간의 시간을 측정하는 데에 사용되어 왔다. 그 밖에도 학업과제나 자조 과제를 회피하기 위한 수단으로 파괴행동을 시작하는 시간을 측정하는 데에도 사용되어 왔다(Ardoin, Martens, & Wolfe, 1999; Heinicke, Carr, & Mozzoni, 2009; Maag & Anderson, 2006; Shriver & Allen, 1997; Wehby & Hollahan, 2000; Zarcone, Crosland, Fisher, Worsdell, & Herman, 1999).

[그림 4-17]에서 보는 바와 같이, 반응시간 및 지속시간을 위한 기본적인 자료수집 양식은 절차를 정의하는 시간적 경계에 대한 정보를 제공해야 한다. 지속시간 기록의 자료수집 양식에는 학생이 반응을 시작한 시간과 반응이 종료된 시간을 적는 난이 포함되어야 한다. 반응시간 기록의 자료수집 양식에는 학생에게 반응하도록 단서(선제자극)를 제공한 시간과 학생이 실제로 반응을 시작한 시간을 적는 난이 포함되어야 한다.

지속시간 및 반응시간 기록법은 지속시간 및 반응시간이라는 행동적 차원과 밀접하게 조화된다. 형태, 위치, 힘도 여기에 적용된다. 예를 들어, 교사는 다음의 것들을 측정하고자 할 수 있다.

- Calvin은 얼마나 오래 그 자세를 완벽하게 유지할 수 있는지
- Rosa는 얼마나 오래 다른 학생들에게 말할 수 있는지

<table>
<tr><th colspan="3" style="text-align:center">반응시간 기록법 자료양식</th><th colspan="3" style="text-align:center">지속시간 기록법 자료양식</th></tr>
</table>

반응시간 기록법 자료양식	지속시간 기록법 자료양식
학생: *EDITH*　　관찰자: *MR. HALL*	학생: *SAM*　　관찰자: *MS. JAMES*
행동: 착석하기까지 경과된 시간	행동: 목욕탕에서 보낸 시간
행동 개시의 조작적 정의: ＿＿＿＿＿＿	행동 개시: ＿＿＿＿＿＿＿＿＿
	행동 종료: ＿＿＿＿＿＿＿＿＿

날짜	시간		반응시간	날짜	시간		지속시간
	S^D	반응 개시			반응 개시	반응 종료	

그림 4-17 반응시간 및 지속시간 기록법의 기본적 자료양식

- Ellen에게 목소리를 낮추라는 비구어적 신호를 제시한 후 실제로 목소리를 낮추기까지 얼마나 오래 걸리는지
- David는 개폐기를 작동시키는 데에 얼마나 오래 충분한 압력을 유지하는지

☑ 이 모든 것이 어떻게 이루어질 수 있는가

　교실 내에서 일어나는 많은 것을 생각해 보면 이 장에서 언급된 내용이 우스워 보일 수 있다. 사실 6명의 다양한 장애 학생 혹은 14명의 과잉행동을 가진 행동장애 학생, 혹은 6명의 중도 지적장애 학생 혹은 자폐증 학생이 통합된 34명의 학급에서 이러한

내용은 '이루어질 수 없는' 것처럼 보인다. 그러나 이 내용을 제쳐 두기 전에 이러한 일이 매일 해야 하는 것은 아니라는 것을 기억하자. 내용을 알면 여러분은 적절한 자료 중심의 책무체계를 설계할 수 있게 되고 권위 있는 교육 연구물을 읽을 수 있게 되며 학급에서의 적용을 더 잘 준비할 수 있게 된다. 자료수집은 학급경영을 위한 교수적 논리에 기여하는 도구가 되어야 한다. 자료수집은 적절한 목표 선정, 교수집단 배열 그리고 책무성의 요구 충족을 위한 기초를 제공한다. 그러면 이 모든 것이 어떻게 이루어질 수 있는가? 수집할 자료가 얼마나 많고, 누가 자료를 수집해야 하며, 어떤 종류의 기술을 제공할 수 있는가에 대한 몇 가지 제안이 있다.

수집할 자료가 얼마나 많은가는 교수 회기 내에서 내가 얼마나 많은 자료를 수집해야 하는가다. 시도별(trial by trial) 자료수집(행동의 모든 발생을 기록)이나 간헐조사(probe) 자료수집(발생의 예만을 기록) 어느 것이라도 좋다. 교수 동안의 시도별 자료수집은 회기 동안의 매 반응이 정반응인지 오반응인지를 기록한다. 간헐조사 자료(모든 것이 아닌 어떤 반응의 자료) 수집은 두 가지 방법으로, 즉 교수 회기의 바로 전과 후에 수집될 수 있다. 만일 교사가 6을 곱하는 것에 관한 수업을 20분간 한다면, 수업을 하기 전에 학생에게 6을 곱하는 곱셈 문제를 풀게 하여 학생의 지식을 조사(학생이 이전 수업 이래로 유지하고 있는 것을 측정)하거나 수업 후에 같은 방법으로 조사(학생이 방금 학습한 것을 측정)하는 것이다. 또한 간헐조사는 훈련받지 않은 장면에서, 혹은 훈련받지 않은 반응 양식으로(단어 문제로) 표적행동(쇼핑할 때 식료품가게에서 6을 곱하기)을 바르게 하는지의 여부를 기록하는 방법으로도 사용된다.

행동변화 프로그램(behavior-change program)에서 시도별 자료수집은 후속결과가 발생하는 전체 기간 동안 연속적으로 자료를 기록하는 것을 의미한다. 예컨대, 체육시간 내내 구어적 공격의 사례나 간격을 기록하기, 전체 과학시간 동안의 주의집중 간격을 기록하기 등이 있다. 행동변화 프로그램 중 간헐조사로 자료를 수집하는 것은 다음과 같은 몇 가지 경우이다. ① 후속결과는 사실상 온종일에 걸쳐 나타나는 것이지만 특정 시간 동안의 행동만 표집할 때이다. 즉, 각 수업시간 중 첫 10분, 구어로 누군가에게 인사하는 첫 5회까지의 기회 등이다. ② 학생에게 후속결과를 아직 가르치지 않았을 때의 학생 행동을 표집할 때이다. ③ 학생에게 후속결과를 아직 가르치지 않은 환경에서의 학생 행동을 표집할 때이다.

또 다른 질문은 일주일에 얼마나 자주 자료를 수집해야 하는가다. 전공 문헌에 이에 대한 몇 가지 제안이 나와 있다. 이틀 혹은 사흘에 한 번씩 수집된 자료는 매일 수집된 자료와 매우 근사하다(Bijou, Peterson, Harris, Allen, & Johnston, 1969). Fuchs와 Fuchs(1986)는 유치원, 초 · 중등학교 학생의 학습을 평가한 일반교육 및 특수교육 연구들을 검토하였다. 그들은 체계적인 형성평가는 자료수집이 매일 이루어졌든 일주일에 두 번 이루어졌든 간에 효과적이었다는 결론을 내렸다. Farlow와 Snell(1994)은 새로운 행동 프로그램을 실행하거나 새로운 기술을 가르칠 때는 학생이 6개의 자료점(data point) 혹은 2주일에 걸쳐 안정적인 진전을 나타낼 때까지 매일 혹은 매 교수 회기마다 자료수집이 이루어져야 한다고 주장하였다. 그 관점에서 진전이 지속적으로 이루어지고 있음을 정확하고 신뢰성 있게 판단하기 위해서는 1주일에 2회의 자료수집이 필요하다. 학습 문제가 예상될 때는 프로그램에 적응될 동안 매일 자료가 수집되어야 한다. 일단 진전이 대략 2주일에 걸쳐 나타나면 1주일에 2회의 자료수집으로도 충분하다.

교사는 자료를 수집할 수 있거나 해야 하는 유일한 사람이 아니다. 자료수집을 도와줄 수 있는 누군가를 구할 수 있다. 수를 세는 것은 높은 수준의 기술이 아니다. 그러나 적당한 훈련과 연습은 신뢰할 수 있는 자료수집에 필수적이다.

통합학급에서 일반교사와 특수교사는 학급의 모든 학생의 진전을 점검하기 위한 자료수집을 협력적으로 할 수 있다. 교실과 지역사회에서 교사와 보조원 모두 자료를 수집할 수 있다. 언어치료사는 의사소통 목표에 대한 자료를 수집할 수 있고, 물리치료사 혹은 작업치료사는 계단 오르기 학습에 대한 자료를 수집할 수 있다. 특수학급 및 일반학급, 특히 장애 학생이 포함된 학급에서 또래들은 짝이 되어 혹은 소집단으로 자료를 수집하는 훈련을 받을 수 있다(Marchand-Martella, Martella, Bettis, & Blakely, 2004; Simmons, Fuchs, Fuchs, Hodges, & Mathes, 1994). 학생들은 언제라도 스스로 자료를 기록해야 한다. 자신의 행동을 기록하여 자기평가를 하는 능력은 독립성의 한 요소다. 이는 제12장에서 자세히 논의된다.

자료수집 기술

자료수집에 도움을 받을 수 있는 저기술 및 고기술 보조장치가 있다. 사건기록법을 위한 클립보드와 골프계수기부터 부엌용 타이머와 지속시간 기록을 위한 스톱워치, 미리 녹음하여 사용하는 카세트레코더, 특정 간격으로 벨이 울리는 시계에 이르기까지 다양한 저기술 장치에 대해서는 이미 언급한 바 있다. 가능하다면 비디오테이프에 영속적 산물을 만들 것을 제안한다. 고빈도의 행동이나 파괴적 행동은 행동을 직접 보면서 기록하는 것보다는 비디오테이프를 보고 난 후에 기록하는 것이 더 쉽고 더 정확하다.

고기술의 컴퓨터 체계는 자료수집을 대단히 쉽고 정확하게 만들어 준다. Kahng와 Iwata(1998)는 휴대용 컴퓨터에 사용되는 15가지 컴퓨터 자료수집 체계의 핵심적 특성을 검토·기술하였다. 그들은 지필식 방법에 비해 이 체계가 행동 기록의 신뢰도와 정확성을 개선할 수 있다고 주장하였다. 검토된 대부분의 체계는 IBM 소프트웨어를 사용하였다(다섯 가지는 MacOS를 사용한다). 이 체계는 빈도, 간격, 시간표집, 지속시간, 반응시간 자료를 수집할 수 있는 것(예: Behavioral Evaluation Strategy & Taxonomy, The Behavior Observer System, The Direct Observation Data System)부터 간격자료를 수집할 수 있는 것(Ecobehavioral Assessment System Software), 빈도와 지속시간 자료를 수집할 수 있는 것(Social Interaction Continuous Observation Program for Experimental Studies)까지 다양하다. 대부분의 체계는 자료분석 프로그램을 갖추고 있고 관찰자 간 일치도를 계산하는 프로그램도 갖추고 있다.

관찰된 자료를 수집하기 위한 또 하나의 방법은 개인용 디지털보조장치(Personal Digital Assistant: PDA)나 스마트폰과 같은 휴대 테크놀로지(handheld technology)를 사용하는 것이다. 이러한 기계는 휴대하기 편하고 자료 기록이 쉬우면서도 응용력이 뛰어나며 자료를 즉각적으로 분석할 수 있게 해 준다. 또한 PDA에서 컴퓨터로 자료 전송도 가능하고 스프레드시트나 그래프, 표 등으로 전환도 가능하다.

쉽게 다운로드 받을 수 있는 쉐어웨어로서 가능한 소프트웨어의 예는 카운트잇(Count It; Molgaard, 2001)이다. 온라인 설명서에 개별 행동을 파일링하는 방법과 주문형 자료 기록법에 대한 기능이 설명되어 있다. [그림 4-18]에는 일반 및 특수 학급에서 사건기록법을 사용하도록 개발된 카운트잇 사용방법이 소개되어 있다(Cihak & Alaimo, 2003). 무스(Mooses)(Tapp, Wehby, & Ellis, 1995)는 마이크로소프트 윈도우용 컴퓨터 프로그램이며, 미니무스(Minimoose)는 핸드형 장치다. 학생을 관찰하는 동안 이러한 시스템을 이용하여 자료를 수집하고 사건, 간격, 지속시간, 반응시간 등을 분석할 수 있다. 최근에는 교사들이 고등학생들의 과제 불이행 행동과 파괴적 행동 그리고 부적절한 언어에 대한 부분간격 자료를 수집하기 위해 저렴한 핸드형 하드웨어인 HP iPAQ II와 미니무스를 사용하고 있다. 이러한 시스템은 또한 관찰자 간 일치도도 제시해 준다.

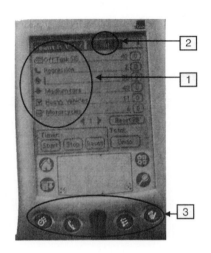

1 = 계수, 2 = 편집, 3 = 하드웨어

사건기록 사용법

한 번에 하나의 표적행동 혹은 종속변인을 기록할 것인지, 다수의 종속변인을 기록할 것인지 선택할 수 있다. 먼저 편집을 선택하여 계수에 특정 표적행동의 명칭을 부여한다. 다음에는 현재의 명칭을 삭제하고 새로운 명칭을 쳐서 넣고 완료와 편집을 누른다. PDA의 하드웨어 버튼은 특정 명칭에 해당한다. 모든 표적행동 혹은 종속변인이 목록으로 만들어질 때까지 이 단계를 반복한다. 관찰하는 동안에 특정 반응을 나타내는 하드웨어 버튼을 누른다. 계수는 자동적으로 종속변인을 1씩 증가시킬 것이다. 관찰이 종료되면 각 반응에 대한 총 빈도가 계산되어 나타난다.

그림 4-18 **사건자료 수집을 위한 카운트잇 사용**

출처: Cihak & Alaimo, 2003.

애플 사용자를 위해서는 앱스토어에서 살 수 있는 **행동추적프로**(Behavior Tracker Pro)가 있다. 이것은 iPhone, iPod Touch, iPad로 사용할 수 있도록 고안되어 있다. 이러한 상품은 빈도, 지속시간, 반응시간 자료뿐만 아니라 시도별 자료도 수집할 수 있다. 교사, 부모, 전문가, 행동치료사는 이것을 이용하여 행동을 기록하고 그래프도 볼 수 있다. iPhone을 사용하는 다른 사람과 자료를 공유할 수도 있다. 이 상품의 비디오 캡처 성능을 이용하여 행동 발생을 기록하거나 수행 절차를 시연해 보일 수도 있다. 이러한 기술의 발전과 함께 우리는 사용과 휴대가 쉽고 다양한 형태의 자료를 수집할 수 있는 성능 좋은 상품을 기대할 수 있게 되었다.

8 자료수집 체계의 요약

　　자료수집을 할 때 사용할 수 있는 다섯 가지 관찰체계는 사건기록법, 간격기록법, 시간표집법, 지속시간 기록법, 반응시간 기록법이다. [그림 4-19]는 특정 표적행동에 적합한 체계를 선정하는 데에 수반되는 의사결정을 요약한 것이다. 이 절차는 자료를 수집하는 사람이 답해야 할 일련의 질문에 기초하고 있다.

① 표적행동을 빈도로 나타낼 것인가 시간으로 나타낼 것인가?
② 만일 수로 나타낼 것이라면,
　　a. 행동이 불연속적인가 연속적인가?
　　b. 행동이 높은, 보통의, 혹은 낮은 빈도로 발생할 것으로 예측되는가?
　　c. 중재 혹은 교수 활동 동안에 자료수집을 할 수 있는가, 혹은 교수활동을 방해

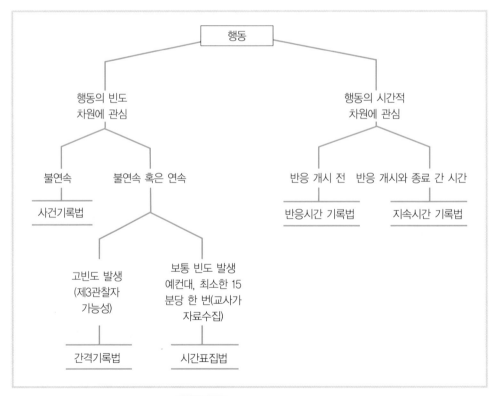

그림 4-19 관찰기록 체계 선정

받지 않기 위해 제3자가 필요한가?

③ 만일 시간으로 나타낼 것이라면, 반응 개시 전의 시간을 측정하고자 하는가, 혹은 반응이 나타나는 동안에 경과된 시간을 측정하고자 하는가?

⑨ 신뢰도

영속적 산물 자료에 대한 신뢰도 계산하기

인간에 의존하여 자료수집을 할 때에는 반드시 오류의 가능성이 있다. 가장 쉬운 기록인 영구적 산물 자료의 경우일지라도 실수는 발생한다. 교사는 때로 수학 문제의 정반응을 오반응으로 계산하기도 하고, 문단 내 틀린 철자를 빠뜨리고 보기도 한다. 이 경우 손에 잡히는 결과물이 남아 있기 때문에 교사는 행동 관찰 신뢰도(reliability)의 정확성을 쉽게 재점검할 수 있다. 그러나 관찰기록 체계를 사용할 때는 이러한 편의를 갖지 못한다. 행동은 발생했다가 사라지므로 되돌아가서 정확성을 점검할 수 없다. 자료가 옳다는 것 혹은 신뢰할 수 있다는 것을 확신하기 위해서 주기적으로 제2관찰자가 동시에 그리고 독립적으로 같은 행동을 기록하도록 하는 것이 현명하다. 이렇게 하면 2개의 관찰이 비교될 수 있고, 관찰자 간 신뢰도(interobserver reliability)의 계수나 백분율 혹은 관찰자 간 일치도(interobserver agreement)가 산출될 수 있다(Baer, 1977; Johnston & Pennypacker, 1993; Sidman, 1960).

사건기록법에 대한 신뢰도 계산

사건기록법을 사용할 때는 교사와 제2관찰자(치료사 혹은 다른 학생)가 동시에 학생을 보고 표적행동의 발생을 기록한다. 교사는 관찰 기간이 끝난 후에 2명의 관찰기록 중 작은 수를 큰 수로 나누어 일치도 혹은 신뢰도를 산출한다. 예를 들어, 40분 회기 중 교사는 말하기 발생을 20으로 기록했고 제2관찰자는 19로 기록했다면 계산은 $19/20 = 0.95$가 된다. 따라서 관찰자 간 일치도는 0.95 혹은 95%다. 이러한 신뢰도 계산방법은 정확도가 떨어지기 때문에 연구 목적으로는 썩 좋은 방법으로 간주되지 않아 왔다. "문제는 이 방법이 두 관찰자가 같은 것을 보았음을, 혹은 동의한 사건은 모두 같은 사건임을 나타내지 못한다는 점이다."(Tawney & Gast, 1984, p. 138) 다시 말해, 제2관찰자가 기록한 열아홉 번 각각의 행동 발생이 교사가 기록한 것과 동일하다는 확신이 없다는 것이다.

지속시간 및 반응시간 자료의 신뢰도는 다음 공식에서 보는 바와 같이, 짧은 시간을 긴 시간으로 나누는 것만 제외하고 사건기록법의 절차와 비슷하게 결정된다.

$$\frac{\text{짧은 시간}}{\text{긴 시간}} \times 100 = \text{일치율}$$

간격기록법 혹은 시간표집법을 사용했을 때 신뢰도 산출을 위한 기본적 공식은 다음과 같다.

$$\frac{\text{일치}}{\text{일치} + \text{불일치}} \times 100 = \text{일치율}$$

다음의 자료는 교사와 제2관찰자가 10간격 동안 Lauren이 옆 친구에게 말하는지를 기록한 것일 때, 그들의 자료는 7개 간격(즉, 1, 2, 3, 4, 6, 7, 8)에서 일치하였고 3개 간격(즉, 5, 9, 10)에서는 일치하지 않았다. 따라서 공식에 따르면 신뢰도는 다음과 같이 산출된다.

$$\frac{7}{7+3} \times 100 = 70\%$$

	1	2	3	4	5	6	7	8	9	10
교 사	×	×	—	—	×	×	—	—	×	—
제2관찰자	×	×	—	—	—	×	—	—	—	×

일부 연구조건에서는 추가적인 좀 더 엄격한 신뢰도가 고려되어야 되는데, 발생 신뢰도(occurrence reliability) 혹은 **비발생 신뢰도**(nonoccurrence reliability)가 그것이다. 표적행동이 간격의 75% 미만으로 발생했을 때는 반드시 발생 신뢰도를 계산해야 한다. 간격의 75% 이상으로 표적행동이 발생했을 때는 비발생 신뢰도를 계산해야 한다(Tawney & Gast, 1984). 이 계수는 동일한 공식(일치/[일치+불일치]×100)으로 결정되는데, 단 행동이 발생한(혹은 발생하지 않은) 간격만 계산에 사용된다.

⑩ 자료수집 및 관찰자 간 신뢰도에 영향을 미치는 요인

일반적으로 응용행동분석은 0.90 정도의 신뢰도 계수를 목적으로 한다. 0.8 미만의 계수는 무언가가 심각하게 잘못되어 있다는 신호다. 낮은 신뢰도는 행동의 조작적 정의를 재점검할 필요가 있음을 의미하는 것일 수 있다. 행동의 형태나 행동의 시작과 끝을 명확히 진술하지 못한 엉성한 정의는 결과적으로 낮은 신뢰도를 가져온다. 관찰자는 무엇을 관찰해야 하는지 정확하게 듣지 못했을 수도 있다. 불충분한 일치도는 자료수집 체계에 대한 충분한 훈련이 부족함에 기인될 수도 있다. 첫 번째 혹은 두 번째 관찰자가 자료수집 체계를 올바르게 적용하지 않아서 결국 행동 발생에 대한 기록이 다른 것이다. 자료가 수집되는 환경 또한 한 요인이 될 수 있다. 교실, 가정, 지역사회, 직장 같은 자연적 장면에서는 많은 요인이 행동에 영향을 줄 수 있고 많은 행동이 동시에 발생할 수 있다. 자연적 장면에서 진행될 때 장면에 익숙하지 않고 신뢰도 목적으로 가끔씩만 자료를 수집하는 관찰자는 쉽지 않을 것이며, 자료수집 동안에 산만해질 수 있어서 그의 자료는 정기적으로 관찰하고 기록하는 관찰자의 자료에 비해 덜 정확할 수도 있다(Fradenburg, Harrison, & Baer, 1995; Repp, Nieminen, Olinger, & Brusca, 1988).

Kazdin(1977a)은 관찰자 간 일치도에 영향을 미칠 수 있는 네 가지 심리적 요인, 즉 반응성, 관찰자 취지, 복합성 및 기대를 제안하였다.

- 반응성(reactivity): 교사가 잘 알고 있듯이 관찰자의 출현은 관찰되는 학생과 교사의 행동에 영향을 줄 수 있다. 이 영향을 반응성이라고 한다(Repp et al., 1988). 관찰되고 있다는 것을 아는 학생은 '좋게' 반응하거나 평소대로 보이지 않을 수도 있어서 표적행동에 대한 잘못된 관찰이 되게 한다. 어떤 교사는 관찰자가 있을 때 학생에게 더 많은 촉구를 주고(Hay, Nelson, & Hay, 1977), 어떤 경우는 더 많이 가르치고자 하며 긍정적 피드백을 더 주곤 한다. 두 경우 모두 일반적인 행동 발생에 영향을 미칠 수 있다(Hay, Nelson, & Hay, 1980). 누군가가 신뢰도 자료수집을 하고 있다는 것을 아는 것은 첫 번째 관찰자의 정확성에 영향을 미칠 수 있다. 그러한 사전 지식은 20~25% 정도로 신뢰도 자료에 영향을 미쳐 왔다. 가능하다면 신뢰도 점검은 남의 눈에 띄지 않거나 은밀히 이루어져야 하고, 제2관찰자는 표

적행동을 포함한 여러 명의 학생에 대한 자료를 수집해야 하며, 치료사와 같이 학생과 친밀한 사람이 제2관찰자가 되어야 한다는 점이 제안되었다. 이러한 제 안은 모든 사례에서 실제로 이루어지지 않을 수도 있으나, 관찰 기간 동안에 두 관찰자 간의 의사소통을 제한함으로써 서로에게 미치는 영향을 줄일 수 있다.

- 관찰자 취지(observer drift): 관찰자 취지는 관찰자가 조작적 정의를 적용하면서 그 엄중함을 변경하려는 경향이다. 시간이 가면서 관찰자는 마음속에 정의가 흐지 부지되면서 재조작화할지도 모른다. 조작적 정의를 정확히 확인하지 않고 '사 례' 행동으로 기록하기 시작하는 것이다. 조작적 정의가 모든 자료양식에 제시 되어 있으면 관찰자가 쉽게 참고할 수 있을 것이다. 관찰자는 프로그램이 진행되 는 동안에 정기적으로 정의를 검토하고 회기를 실행해야 한다.

- 복합성(complexity): 신뢰도에 영향을 미치는 세 번째 요소는 관찰 부호체계의 복합 성에 관한 것이다. 더 복합적인 체계일수록 신뢰도는 더 위태로워진다. 복합성은 관찰할 반응 형태의 수(예: 동시에 관찰되는 파괴적 행동의 형태 수), 관찰할 학생 수, 서로 다른 점수체계의 수와 관련된다. 교사는 주어진 시간에 관찰할 행동의 수나 학생의 수를 제한함으로써 복합성의 영향을 줄일 수 있다.

- 기대(expectancy): 네 번째 심리적 요인은 기대다. 교사가 학생에 대한 과거 경험이 나 부모 혹은 이전 교사의 정보에 근거하여 가지는 선입견은 그들이 본 것을 해 석하는 데에 편견의 가능성을 제공한다. 더욱이 관찰자가 행동변화를 기대하는 교사일 때 더욱 그렇다. 그 반대 역시 그러하다. 즉, 학생이 아무것도 할 수 없다 고 판단한 교사는 행동변화를 정확하게 보지 못한다.

Kazdin(1977)은 연구에서 복합성 요인을 제한하기 위한 제안점을 제 공하였다.

관찰자는 학생의 성, 인종, 외모, 과거 업적 때문에 편견을 갖게 될지도 모른다. 더 욱이 편견은 관찰 목적의 결과로 생길 수도 있다(Repp et al., 1988). 만일 행동변화 전 략이 실패하여 학생이 다른 곳으로 가게 되면 교사는 편향된 자료수집가가 되는 것이 다. 여기에서 언급된 절차는 많은 교사가 신뢰도를 결정하는 데에, 특히 편견을 조절 하고자 노력하는 데에 적합한 것이다. 연구에서는 더욱 엄격한 기준이 적용된다. 관 찰자 간 신뢰도에 대해 좀 더 배우고자 한다면 Hawkins와 Dotson(1975), 그리고 이 주제에 관한 『응용행동분석학술지(*Journal of Applied Behavior Analysis*)』 제10권 (1977)에 실린 논문을 참고하도록 한다.

제5장

그래프로 나타내기

여러분은 알고 있습니까

• 그림은 천 개 자료점의 가치가 있음을?

• 점을 연결하는 것은 아이들의 놀이가 아니라는 것을?

• 그래프는 의사소통 도구로 사용될 수 있다는 것을?

• 같은 자료가 하나 이상의 그래프로 될 수 있다는 것을?

• 여러분이 초등학교에서 그래프 그리기를 배운 이래 그것은 많이 변하지 않았다는 것을?

여러분이 상상하는 것처럼 자료수집은 수많은 자료양식을 갖게 된다. 자료가 쓸모 있는 것이 되기 위해서는 자료양식 내의 내용이 읽기 쉽고 해석하기 쉬운 방법으로 재정리되어야 한다. 자료를 정리하여 제시하는 가장 일반적인 방법은 그래프를 사용하는 것이다. 훌륭한 그래프는 교수 및 중재에 따른 진전을 잘 보여 준다. 그래프는 단순하고 어수선하지 않아야 하지만 진전을 점검할 수 있도록 충분한 정보를 제공해야 한다.

그래프는 최소한 세 가지 목적을 갖는다. 첫째, 그래프는 자료수집 과정에서 얻은 자료를 조직화하는 수단을 제공한다. 자료수집 양식에 적힌 부호나 기록 표시(/)는 해석하기가 어렵다. 원자료를 그래프로 전환하면 증가(혹은 감소)를 나타내는 이해하기 쉬운 그림을 얻게 된다. 둘째, 계속되는 그림은 형성평가를 가능하게 해 준다. 형성평가는 절차가 얼마나 잘 작용하는가를 알 수 있게 해 주고, 그것이 잘 맞지 않을 경우 조절할 수 있게 해 준다. 중재 종료 후에 그래프를 조사하면 중재결과인 종합적 프로그램 평가를 알 수 있다. 셋째, 그래프는 교사, 학생, 부모, 관련 서비스 전문가 간의 의사소통을 위한 수단으로서의 역할을 한다. 잘 그려진 그래프는 중재 동안에 표적행동이 어떻게 변화되었는지에 관한 모든 정보를 보여 준다. 그래프를 읽는 것에 관한 어떤 설명 없이도 읽고 이해할 수 있는 것이어야 한다. 그래프에서 볼 수 있는 정보는 진전 보고서, 개별화교육 프로그램, 행동관리계획 등을 작성하고 평가하는 데에 사용될 수 있다.

그래프의 목적

1 선 그래프

선 그래프의 기본 요소

선 그래프는 일반적으로 교수 혹은 중재 기간에 걸쳐 연속적인 방식으로 자료를 나열하기 위해 사용된다. 이것은 행동의 지속적인 점검과 교수 혹은 중재의 평가를 할 수 있게 해 준다. 그래프 그리기는 그래프 용지나 컴퓨터 프로그램을 이용하는데, 용지의 격자 혹은 컴퓨터 소프트웨어를 이용하여 자료점 간 간격이나 배열 등 자료의 위치를 정확하게 잡을 수 있다. 출판물에서와 같이 자료가 형식적으로 제시되면 격자는 생략된다. 다음은 선 그래프를 그리기 위한 기본적 요소와 규칙에 대한 설명이다 (Journal of Applied Behavior Analysis, 2000, 2006; Gast, 2010; Kazdin, 2011). 이것은 [그림 5-1]에 2개의 그래프로 설명되어 있다.

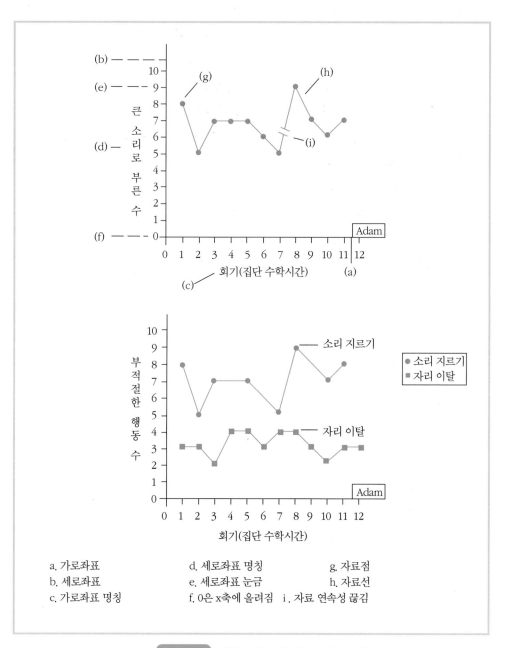

a. 가로좌표   d. 세로좌표 명칭   g. 자료점
b. 세로좌표   e. 세로좌표 눈금   h. 자료선
c. 가로좌표 명칭   f. 0은 x축에 올려짐   i. 자료 연속성 끊김

그림 5-1 시간 그래프의 기본 요소와 규칙

❖ 축

그래프는 일련의 경계선 안에 구성된다. 이 경계선을 축(axis)이라고 한다. 선 그래프는 가로줄의 가로좌표(abscissa) 혹은 x축, 세로줄의 세로좌표(ordinate) 혹은 y축으로 된 2개의 축을 갖는다. 이 축은 2:3의 비율로 구성되므로 y축이 2인치라면 x축은 3인치가 되어야 한다. 또 y축이 4인치라면 x축은 6인치가 되어야 할 것이다.

① 가로좌표: 가로좌표는 그래프의 아래쪽 경계인 수평선이다. 이것은 그래프상에 제시된 기간 동안 자료가 얼마나 자주 수집되었는지를 나타낸다. 예를 들어, 그 명칭은 일, 날짜 혹은 회기가 될 수 있다. 회기가 사용될 때는 회기의 정의(예: '회기(9~9:40)' 혹은 '회기(집단 수학시간)')를 제시하는 것이 좋다. 그래프의 오른쪽 경계는 마지막 회기 수로 종료된다.

② 세로좌표: 세로좌표는 그래프의 왼쪽 경계인 수직선이다. 세로좌표의 명칭은 표적행동과 보고될 자료의 종류를 나타낸다. 예를 들어, '욕하기 발생 수' '욕하기 비율' '욕하기 간격 수' '욕하기 간격의 백분율' 등이 그 명칭이 될 수 있다. 표준 자료 변환 절차가 〈표 5-1〉에 제시되어 있다.

a. 세로좌표 눈금: 표적행동의 수행을 기록하는 데에 사용되는 y축의 눈금은 항상 0에서 시작한다. 행동 발생 수 혹은 행동 발생 동안의 간격 수를 보고하고자 한다면, 눈금은 0에서 시작하여 최고치를 나타낼 수 있을 만큼 높은 수치까지 매겨진다. 이 숫자는 때로 예측하기 어렵고, 만일 자료점이 이전 중재 때보다 넓게 퍼져 있으면 연구자가 그래프를 새로 그려야 할지도 모른다. 백분율로 보고될 때 눈금은 항상 0부터 100%까지다. 눈금은 한 자릿수나 2, 5, 10씩 혹은 기타 숫자로 자료가 잘 조정되도록 분포시킨다. 눈금의 시작점(0값)이 가로좌표에서 약간 올라가 있으면 그래프를 읽기가 쉽다. 자료점이 x축에 맞닿아 있지 않아야 쉽게 식별할 수 있기 때문이다.

b. 눈금 끊김: 때때로 세로눈금은 연속적이지 않을 수도 있다. 예를 들어, 모든 자료점이 40%를 넘을 때는 그래프의 아래 부분이 비어 있게 될 것이고 윗부분은 불필요하게 혼잡하게 될 것이다. 이때는 눈금을 0에서부터 시작하되, 첫 번째와 두 번째 눈금 사이에 가로선 2개를 그리고 두 번째 눈금을 40%로 한다.

표 5-1　자료변환 과정 요약

기록 형태		자료 변환
영속적 산물 기록법	발생 수 보고	반응의 횟수와 기회가 모두 일정할 때
사건기록법	백분율 보고	시간이 일정하고(혹은 시간에 개의치 않고) 기회가 다양할 때
	비율 보고	시간과 기회가 다양하거나, 시간이 다양하고 기회가 일정할 때
간격기록법	간격 수 보고	일정할 때
시간표집법	간격 백분율 보고	행동 발생 동안 혹은 종료 시
지속시간 기록법	초/분/시간 수 보고	행동이 발생하는 동안
반응시간 기록법	초/분/시간 수 보고	선제자극과 행동 개시 간

❖ 자료

① 자료점: 동그라미, 네모, 세모 등의 작은 기하학적 형태로 나누어진 시간 동안의 표적행동 발생을 나타낸다. 예를 들어, [그림 5-1]에 제시된 첫 번째 그래프에서 학생은 1회기에 욕하기를 8회 나타냈다. 따라서 x축의 1과 y축의 8이 만난 곳에 자료점이 찍힌 것이다. 각 자료점은 그래프상에 독립적으로 그려진다. 한 자료점 값과 배치는 다음 자료점 값과 배치에 영향을 미치지 않는다.

백분율의 장점
x축 = 가로좌표
y축 = 세로좌표

② 자료선: 자료점을 연결하면 선이 되는데 이것이 바로 자료선이다.

　a. 하나의 자료선상의 각 점을 나타내기 위해 하나의 기하학적 도형을 사용한다.

세 가지 이상의 자료선이 있는 그래프는 혼란스러워 보인다.

　b. 한 그래프에 한 가지 행동 이상의 자료점을 나타낼 때 서로 다른 기하학적 상징을 이용하여 나타낸다. 각 상징이 어떤 행동을 나타내는지와 두 가지 방식의 자료선이 [그림 5-1]의 두 번째 그래프에서와 같이 그려진다. 각 그래프에 화살표를 이용하여 명칭을 붙이거나, 범례(혹은 기호표)로 각 상징과 그것이 나타내는 행동의 목록을 명시한다. 하나의 그래프에는 세 가지 미만의 자료선을 그리는 것이 좋다. 그 이상의 자료선이 필요할 때는 그래프를 추가로 그려야 한다.

　c. 자료선은 자료의 연속성을 함축하고 있다. 만일 중재에 끊김이 있거나(예: 학생의 결석, 특별한 사건 발생) 정기적으로 예정된 회기가 실행되지 않으면 자료선에 두 개의 평행선을 그어 연속성이 끊겼음을 표시한다.

③ 학생(참여자) 신원: 학생의 이름은 그래프 오른쪽 아래 박스에 써 넣는다.

자료를 그래프로 전환하기

❖ 영속적 산물 자료를 그래프로 전환하기

영속적 산물 자료는 행동의 결과로 나타난 항목 수나 항목의 백분율로 보고된다. 예를 들어, 교사는 완성한 수학 문제 수, 바르게 쓴 단어의 백분율, 선반 위에 놓인 깡통 수, 바구니에 담긴 옷가지 수 등을 기록할 수 있을 것이다. 반응의 기회 수가 일정하다면—항상 20문항으로 구성되는 받아쓰기 혹은 언제나 10문제가 제시되는 수학 문제지와 같이—단순히 항목 수로 그래프를 그린다. 기회 수가 다양하다면—문항 수가 다른 시험지—백분율을 계산해야 한다([그림 5-2]를 보라). 다음에서와 같이 정반응 수를 총 반응 수로 나누고 100을 곱함으로써 정반응의 백분율을 계산한다.

$$\frac{\text{정반응 수}}{\text{총 반응 수}} \times 100 = \text{정반응 백분율}$$

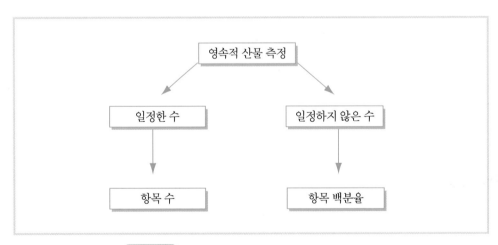

그림 5-2 영속적 산물 자료의 측정 전환 선택하기

[그림 5-3]은 Catherine의 작문을 기록한 것으로, 자료양식에 기록된 것은 Catherine이 각 문단에서 쓴 단어 수를 말한다. 자료양식 아래에 있는 것은 자료를 좌표에 나타낸 선 그래프다.

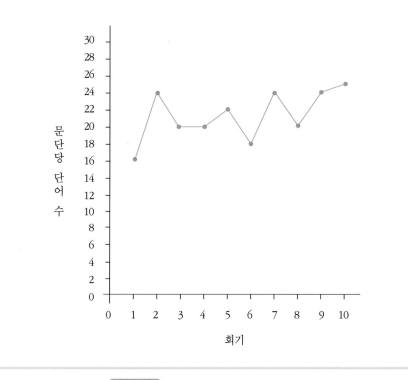

학생: Catherine
행동: 주어진 주제와 제목으로 30단어의 문단 작성하기

날짜		단어 수	날짜		단어 수
1	3/16	16	6	3/27	18
2	3/18	24	7	3/30	24
3	3/20	20	8	4/ 2	20
4	3/23	20	9	4/ 4	24
5	3/25	22	10	4/ 7	25

그림 5-3 영속적 산물 자료를 그래프로 전환하기

❖ 사건 자료를 그래프로 전환하기

사건 자료는 경우에 따라 다음과 같은 세 가지 형태로 보고된다. ① 시간의 양이 회기에 걸쳐 일정하다면 행동 발생 수로 보고된다. 예컨대, 40분 집단 수학시간 동

안 학생이 자리를 이탈한 수와 같은 경우다. ② 반응할 기회의 수가 일정하다면 정반응 수 혹은 백분율로 보고된다. 예컨대, 10개 단어 중 몇 개를 학생이 읽을 수 있는지와 같은 경우다. ③ 반응할 기회의 수가 다양한 경우라면 정반응 백분율로 보고된다. 예컨대, 회기별로 지시의 수가 다를 때 학생이 교사의 지시를 따른 횟수와 같은 경우다.

[그림 5-4]는 10:20부터 11:00까지의 학급 활동 동안 Michael이 말한 것을 매일 기록한 것이다. 교사는 Michael이 손을 들지 않고 큰 소리로 말한 횟수를 사선으로 표시하였다. 자료양식의 오른쪽 옆은 이 자료를 그래프로 나타낸 것이다. [그림 5-5]는 Tasha가 10개의 단어 목록 중 읽을 수 있는 단어를 기록한 것이다. 자료양식의 아래는 두 가지 방법, 즉 바르게 읽은 단어 수와 바르게 읽은 단어 백분율로 그래프화한 것이다.

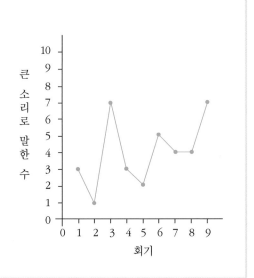

학생: Michael
행동: 손들지 않고 큰 소리로 말하기
관찰기간: 오전 10:20 ~ 오전 11:00 (전체 학급 활동)

요일	사례	합계
1 월요일	///	3
2 화요일	/	1
3 수요일	//// //	7
4 목요일	///	3
5 금요일	//	2
6 월요일	////	5
7 화요일	////	4
8 수요일	////	4
9 목요일	//// //	7

그림 5-4 사건 자료를 그래프로 전환하기

학생: Tasha 행동: 단어 읽기	월	화	수	목	금
엄마	✓	✓	✓	✓	✓
아빠	✓	✓	✓	✓	
언니					
오빠		✓	✓	✓	✓
학교	✓	✓	✓	✓	✓
가게					
병원			✓	✓	✓
경찰	✓	✓	✓	✓	✓
교회					✓
정거장					✓
총 정반응	4	5	6	6	7

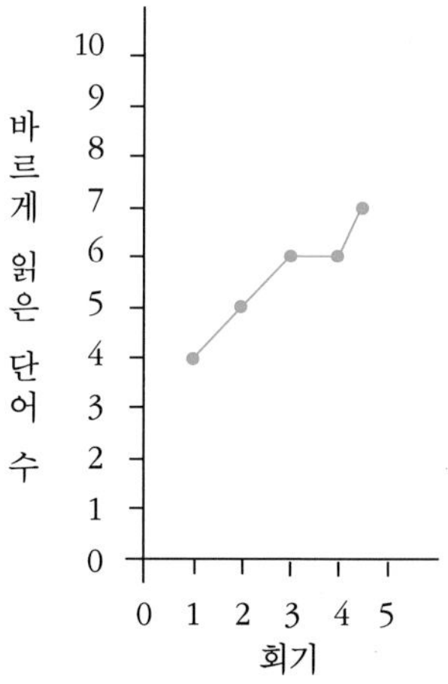

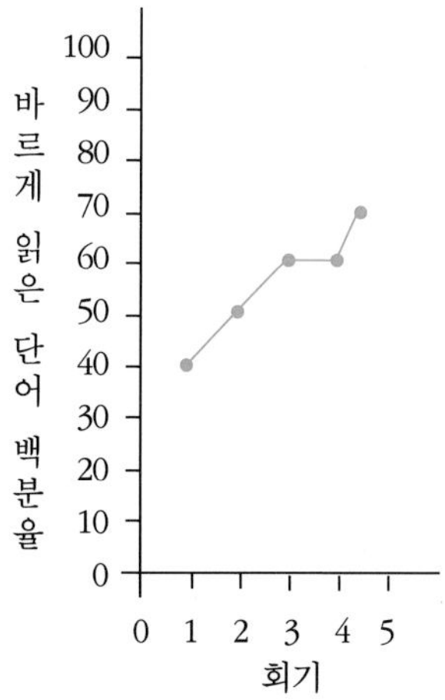

그림 5-5　사건 자료를 그래프로 전환하기

❖ 비율 자료를 그래프로 전환하기

　교사가 정확성과 속도 모두에 관심을 가질 때는 비율 자료로의 전환이 필요하다. 비율 자료는 수행의 유창성을 반영하므로 숙달의 진전을 판단하게 해 준다. 반응에

비율 자료를 그래프로 그리기

허락된 시간이 모든 회기에 걸쳐 동일하다면 단순히 빈도를 보고하면 된다. 이것은 학생이 매일 20분 동안 14문제의 문제지를 완성하는 경우다. 그러나 반응에 할당된 시간이 회기별로 다르다면 자료를 비교할 수 있도록 비율이 계산되어야 한다. 비율 계산은 [그림 5-6]에 제시되어 있다.

비율 계산하기

정반응 비율은 정반응 수를 반응에 걸린 시간으로 나누어 계산한다.

$$정반응 비율 = \frac{정반응 수}{시간}$$

예컨대, 월요일에 Kevin이 30분 동안 15문제에 정반응을 보였다면 정반응 비율은 분당 0.5다.

$$\frac{15문제 맞음}{30분} = 분당 0.5 정반응$$

화요일에 45분 동안 20문제를 맞게 풀었다면 분당 비율은 0.44가 된다.

$$\frac{20문제 맞음}{45분} = 분당 0.44 정반응$$

만일 Kevin의 교사가 단순히 월요일에 15문제, 화요일에 20문제를 풀었다고 기록했다면, 교사는 Kevin의 수학이 개선되었다고 생각할 수도 있다. 실제로는 수학 문제의 수가 증가했더라도 비율은 감소했다. Kevin은 화요일에 월요일만큼 잘하지 못했다. 오류 비율은 오류 수를 시간으로 나누어 계산한다. 예를 들면, 다음과 같다.

$$1회기: \frac{12개 철자 오류}{20분} = 분당 0.6 오류$$

$$2회기: \frac{10개 철자 오류}{30분} = 분당 0.33 오류$$

비율은 분당(혹은 초당, 시간당) 정반응 수 혹은 오반응 수를 제공한다.

그림 5-6 정반응 혹은 오반응의 비율 계산

[그림 5-7]은 Steven이 작업훈련을 받는 동안의 수행을 기록한 것이다. Steven은 채혈에 사용되는 용구를 조립하는 것을 배웠다. 이것은 작업훈련이기 때문에 교사는 Steven이 완성한 조립품 수와 조립에 걸린 시간 모두에 관심이 있었다. 교사는 Steven이 용구를 조립한 비율에 관심을 가졌다. 자료양식의 아래에는 Steven의 용구

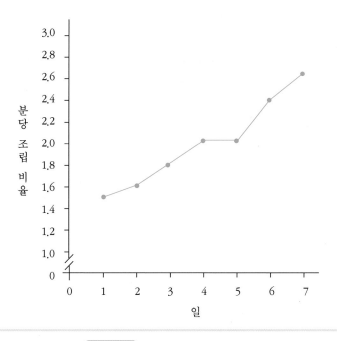

학생: Steven
행동: 용구 조립
관찰 기간: 작업훈련시간

요일	완성 수	걸린 시간	분당 비율
4/16 월요일	45	30′	1.5
4/18 수요일	40	25′	1.6
4/20 금요일	45	25′	1.8
4/24 화요일	40	20′	2.0
4/26 목요일	50	25′	2.0
4/30 월요일	48	20′	2.4
5/2 수요일	54	20′	2.7

그림 5-7 　비율 자료를 그래프로 전환하기

조립을 분당 비율로 나타낸 그래프가 제시되어 있다.

❖ 간격 및 시간표집 자료를 그래프로 전환하기

간격 및 시간표집 자료는 행동이 발생한 것으로 관찰된 총 간격 수 혹은 백분율로 보고되는데, 일반적으로는 백분율로 보고된다.

[그림 5-8]은 이야기나누기 시간의 첫 6분 동안 Omar의 자리 이탈 행동을 나타낸 것이다. 교사는 간격 자료를 기록하였다. 그는 6분을 20초 간격으로 나누고, Omar가 간격의 어느 순간에 자리 이탈을 하면 ×를 표시하는 자료양식을 구성하였다. 자료양식 아래에는 자료가 그래프로 전환되어 있다. 그래프 중 하나는 자리 이탈 행동이 관

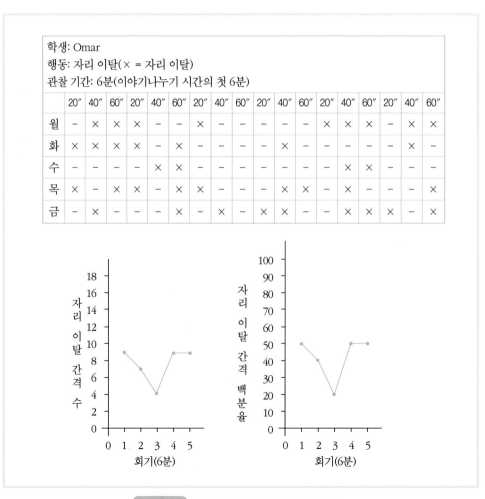

그림 5-8 간격 자료를 그래프로 전환하기

찰된 간격 수를 나타내고 있으며, 다른 하나는 Omar가 자리를 이탈한 간격의 백분율을 나타내고 있다.

[그림 5-9]는 Leann이 스스로 먼저 말하는지, 다른 사람의 말에 대한 반응으로 말하는지를 놀이시간 20분 동안 기록한 자료양식이다. 교사는 시간표집법으로 각 간격의 마지막에 Leann의 말하기 형태를 기록하였다. 자료양식 아래에는 자료를 간격 수와 간격의 백분율로 나타낸 그래프가 제시되어 있다. 각 그래프는 자료선이 나타내는 행동을 서로 다른 방법으로 표시하고 있음에 주목하라.

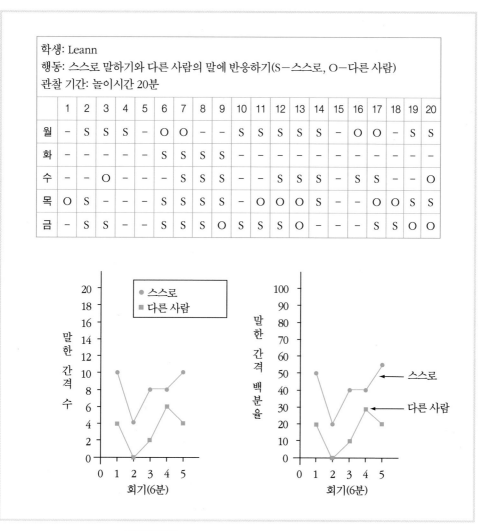

그림 5-9 시간표집 자료를 그래프로 전환하기

[그림 5-10]은 시간표집법에 대한 또 다른 자료양식이다. 이 자료양식에서 교사는 쓰기시간 동안 Kosh가 보인 과제 불이행 행동의 내용을 나타내고 있다. 두 가지 형태의 과제 불이행 행동은 자료수집 전에 각각 적절하게 조작적으로 정의되었다. 자료양식 아래에는 자료를 그래프로 나타내는 두 가지 방법과 기호 표시에 대한 두 가지 방법이 제시되어 있다.

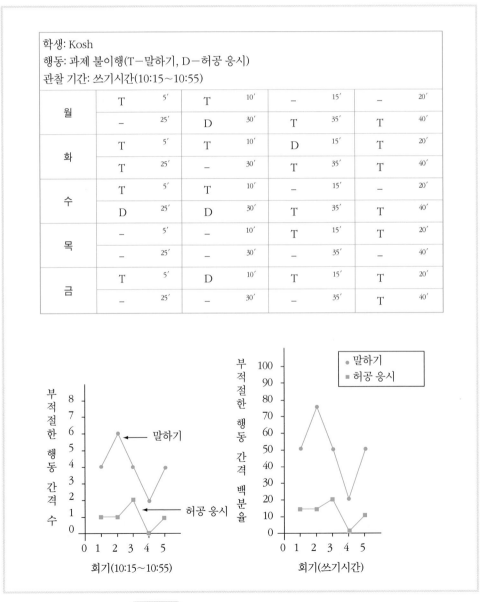

학생: Kosh
행동: 과제 불이행(T-말하기, D-허공 응시)
관찰 기간: 쓰기시간(10:15~10:55)

월	T	5′	T	10′	—	15′	—	20′
	—	25′	D	30′	T	35′	T	40′
화	T	5′	T	10′	D	15′	T	20′
	T	25′	—	30′	T	35′	T	40′
수	T	5′	T	10′	—	15′	—	20′
	D	25′	D	30′	T	35′	T	40′
목	—	5′	—	10′	T	15′	T	20′
	—	25′	—	30′	—	35′	—	40′
금	T	5′	D	10′	T	15′	T	20′
	—	25′	—	30′	—	35′	T	40′

그림 5-10 시간표집 자료를 그래프로 전환하기

❖ 지속시간 자료를 그래프로 전환하기

지속시간 자료를 그래프로 그리기

지속시간 자료는 학생이 행동을 완성하는 데에 얼마나 걸렸는가(분이나 초), 혹은 학생이 얼마나 많은 시간을 특정 행동을 하는 데에 보냈는가에 관한 것이다. 예를 들어, 교사는 학생이 할당된 과제를 끝내는 데에 걸린 시간의 양을 기록한다. 어떤 교사

학생: Casey 행동: 화장실에서 보낸 시간				
월	1	12분	➜	평균=9분
	2	8분		
	3	7분		
화	1	11분	➜	평균=12분
	2	16분		
	3	9분		
수	1	15분	➜	평균=11분
	2	10분		
	3	8분		
목	1	14분	➜	평균=12분
	2	10분		
	3	12분		
금	1	9분	➜	평균=10분
	2	11분		
	3	10분		

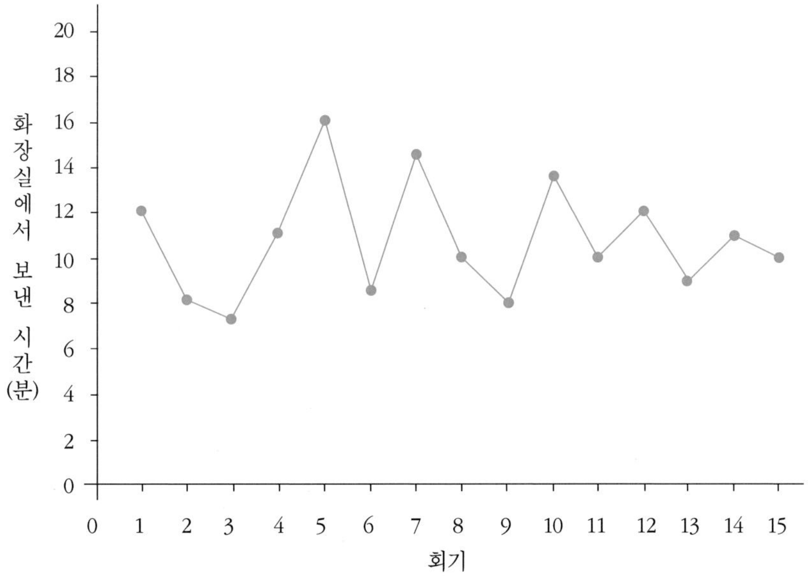

그림 5-11 지속시간 자료를 그래프로 전환하기

는 학생이 과학실험시간 20분 중 얼마나 많은 시간을 실험하는 데에 보냈는지를 기록할 수도 있다. 두 번째 예는 참여한 시간(분)의 수 혹은 실험을 하는 데에 보낸 시간의 백분율로 보고될 수 있다.

[그림 5-11]은 Casey가 화장실 사용에 걸린 시간을 나타낸 것이다. 자료양식 아래의 그래프는 화장실에 갔을 때마다 지체한 시간(분)의 수를 좌표상에 그린 것이다.

❖ 반응시간 자료를 그래프로 전환하기

반응시간 자료를 그래프로 그리기

반응시간 자료는 학생이 하도록 요구받은 행동을 수행하기까지 경과된 시간(분이나

학생: DuShawn
행동: 작문 시작하기의 지연
관찰 기간: 매일 아침-오전 8:45

일	분	하는 일
월	6	연필 깎기
화	5	돌아다니기
수	6	연필 깎기
목	2	잡담
금	4	잡담
월	5	연필 깎기
화	7	연필 깎기
수	5	연필 낙서
목	4	돌아다니기
금	5	연필 깎기

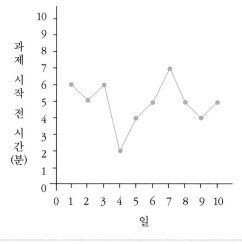

그림 5-12 반응시간 자료를 그래프로 전환하기

초)이나 자연스러운 상황에서 수행이 발생하기(예: 전화벨 소리에 응답하기)까지 경과된 시간의 수로 보고된다.

[그림 5-12]는 DuShawn이 일일 작문을 시작하기까지 걸린 반응시간을 나타낸 것이다. 교사는 지시를 주고 난 후 DuShawn이 과제를 시작하기까지 얼마나 많은 시간(분)이 경과되는지, 과제를 시작하기 전에 무엇을 하는지 기록하였다. 자료양식 아래에는 이 자료를 그래프로 나타낸 것이 제시되어 있다.

2 그 밖의 그래프 그리기 규칙

좀 더 복잡한 그래프는 제6장에서 설명될 것이다. 여러분의 이해를 도와줄 몇 가지 추가적인 규칙은 [그림 5-13]에 나타나 있다.

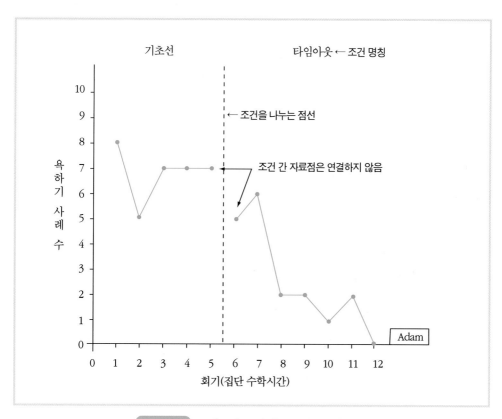

그림 5-13 그래프에 표시되는 조건에 대한 규칙

조건(condition)은 서로 다른 접근법이나 기술이 적용되는 중재의 국면이다. 부적절한 행동을 감소시키고자 하는 교사는 먼저 몇 회기 혹은 며칠 동안 기초선 자료(baseline data)라고 불리는 행동의 현재 수준을 기록하고, 그리고 나서 학생의 행동 수행을 감소시키기 위해 중재(intervention)라고 불리는 어떤 전략을 적용할 것이다. 각 회기가 어떤 조건에 있는지를 그래프에 명확히 표시할 필요가 있다. 이것은 그래프의 위에서 아래까지 세로의 점선을 그려서 나타내는데, 이 선은 한 조건의 마지막 회기와 다음 조건의 첫 번째 회기 사이에 그려진다. 예를 들어, 기초선이 5회기 동안 이루어졌고 중재가 6회기에 시작되었다면, 조건선은 5회기와 6회기 사이에 그려질 것이다(가로좌표 위에 그려진). 조건 간 자료점은 연결되지 않는다. 어떤 절차가 적용되었는지를 나타나기 위해 간단한 기술적 조건 명칭을 각 조건의 자료선 위 중앙에 써 넣는다. 예를 들어, 학생의 욕하기를 줄이기 위해 타임아웃 절차를 적용했다면 그래프의 위 중앙에 '타임아웃' 이라고 써 넣는다.

3 누적 그래프

단순한 선 그래프에서 자료점은 이전 회기의 수행에 관계없이 적절한 좌표상에 그려지게 된다. 누적 그래프(cumulative graph)에서 한 회기에 관찰된 발생 수는 이전 회기의 발생 수와 합해진 후 좌표에 그려지게 된다. 각 회기에 기록되는 발생은 모든 이전 회기의 발생 수를 포함한다. 누적 그래프는 총 반응 수를 나타내어 회기에 따른 행동의 추가를 제시한다. [그림 5-14]의 가상 그래프는 동일한 원자료를 선 그래프와 누적 그래프로 나타낸 것이다. 누적 그래프는 어떤 행동이라도 항상 위로 향하는 곡선을 나타낸다. 이러한 모양은 연속선으로 이루어지는데, 선의 경사면은 반응의 비율을 나타낸다. 가파른 경사면은 빠른 반응을, 완만한 경사면은 느린 반응을, 그리고 평평한 혹은 일직선의 경사면은 반응이 없음을 나타낸다.

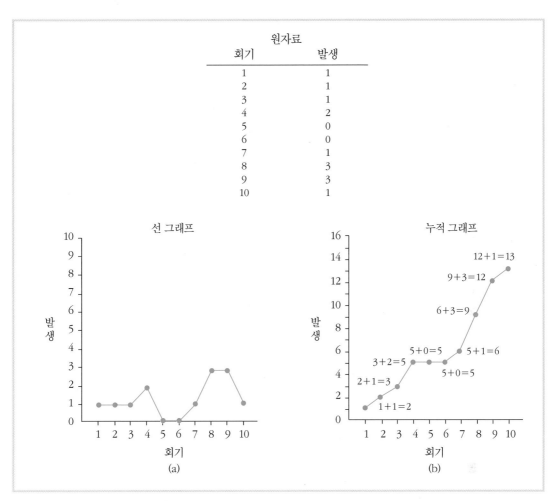

원자료

회기	발생
1	1
2	1
3	1
4	2
5	0
6	0
7	1
8	3
9	3
10	1

선 그래프

누적 그래프

(a)

(b)

그림 5-14 선 그래프와 누적 그래프상의 자료점 표시 비교

4 막대 그래프

막대 그래프(bar graph) 혹은 히스토그램은 자료를 나타내는 또 다른 방법이다. 선 그래프와 같이 막대 그래프도 가로좌표(회기)와 세로좌표(수행)의 2개 축을 갖는다. 명칭이 암시하듯이 막대 그래프는 자료점보다는 세로 막대를 사용한다. 각 세로 막대는 하나의 관찰 기간을 나타낸다. 막대의 높이는 세로좌표상의 수행값에 상응한다. 막대 그래프는 선 그래프로 행동 양상을 명백히 해석하기 어려운 상황에서 자료를 나타내는 데에 더 좋다. 이러한 혼란은 여러 학생의 자료나 여러 행동이 한꺼번에 포함되도

막대 그래프는 어린 학생들에게 더 잘 이해된다.

록 한 그래프에 여러 개의 자료선을 함께 나타낼 때 발생된다. 이러한 경우 자료점이
같은 좌표를 나타낼 때는 분포된 자료선이 겹칠 수도 있고 지나치게 같이 붙어 있을
수도 있다. [그림 5-15]는 동일한 자료를 선 그래프와 막대 그래프로 나타낸 것이다.
여기서 막대 그래프가 분명히 더 명백하다. 교사는 학급의 소집단 구성원 중 정반응
을 보인 수를 나타내기 위해 막대 그래프를 사용할 수도 있다.

막대 그래프의 또 다른 사용은 학생의 수행 자료를 요약하는 경우다. 이것은 여러
학생의 평균 과학과제 완성 수 같은 하나의 과제나([그림 5-16] 참조), 한 학생의 수행을
여러 과제에 걸쳐 요약할 때([그림 5-17] 참조) 가능하다.

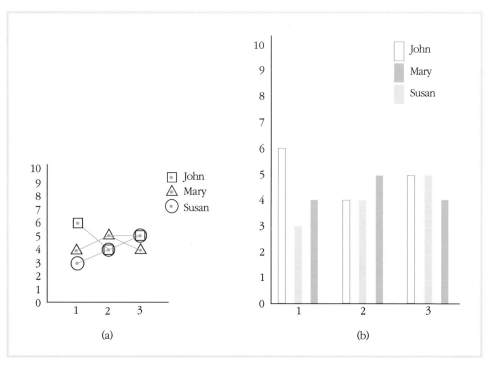

그림 5-15 선 그래프와 막대 그래프의 비교

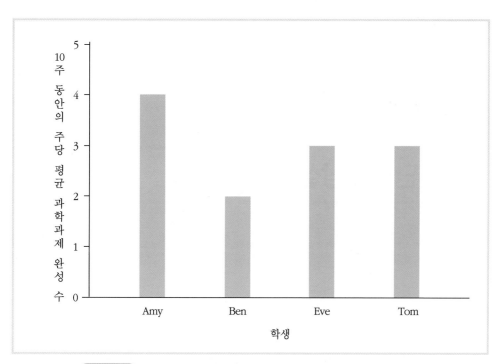

그림 5-16 여러 학생의 과제 수행을 요약적으로 보여 주는 막대 그래프

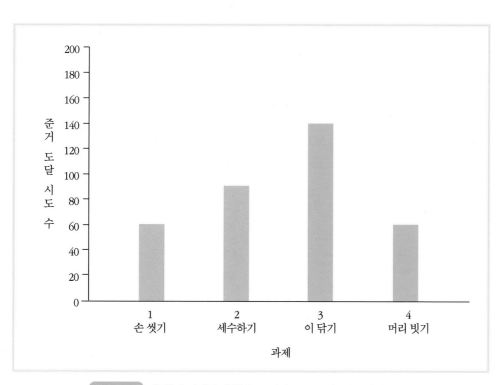

그림 5-17 학생의 과제별 수행을 요약적으로 보여 주는 막대 그래프

제6장

단일대상설계

 여러분은 알고 있습니까

- 모든 6학년 학생이 같은 수학 교재를 사용해야 하는 것은 아니라는 것을?

- 모든 행동변화가 기능적으로 중요한 것은 아니라는 것을?

- 성공은 그것을 반복할 수 있을 때만 진정한 성공이라는 것을?

- 단일대상연구는 교수적 도구라는 것을?

- 큰 변화는 작은 단계로 일어날 수 있다는 것을?

자료수집은 교사에게 행동변화의 방향과 정도에 관한 진술을 할 수 있게 해 준다. 그러나 자료수집만으로는 중재와 의문 나는 행동 간의 기능적 관계를 밝힐 충분한 정보를 얻을 수 없다. 기능적 관계에 관한 가정을 세우기 위해서는 자료수집이 어떤 형식 혹은 설계로 이루어져야 한다. 설계는 중재와 행동 간의 관계에 관한 확실한 진술을 할 수 있게 해 주는 자료수집을 위한 체계적인 패턴이다.

이 장에서는 응용행동분석에서 사용되며, 교사나 연구자가 중재와 행동변화 간의 관계를 확인할 수 있게 해 주는 몇 가지 실험설계가 기술될 것이다. 각 설계는 독특한 그래프 형식을 가진다. 다양한 형식은 시각적 점검과 자료의 분석을 가능하게 해 준다. 그래프는 종이와 자 그리고 연필로 작성될 수 있는 것으로서 대부분의 경우가 중학교 정도의 과제에 해당된다. 이러한 그래프는 교사가 학생의 학습 진전을 논의하기 위해 소집한 학부모나 다른 전문가와의 회의에 사용할 만하지는 않은 것이다. 전문적으로 보이는 그래프는 마이크로소프트 엑셀 프로그램 같은 소프트웨어를 이용하여 그릴 수 있다. 이 교재의 부록에는 교실에서 사용하기에 좋은 몇 가지 설계의 그래프를 그리는 단계별 안내가 제시되어 있다. 좀 더 복잡한 그래프는 Carr와 Burkholder (1998), Dixon 등(2009), Hillman과 Miller(2004)의 논문을 참고하라.

전문 학술지에 보고된 실험연구를 읽을 수 있고 이해할 수 있는 교사는 기술과 절차면에서 앞서 있는 것이다. 이러한 설계에 관한 학습은 교사가 자신의 교수를 체계적으로 평가하고 그 결과를 다른 사람과 공유할 수 있도록 그들을 고무할 것이다. 교실 중심의 연구를 실행할 수 있는 능력은 교사의 자신감과 효율성 그리고 신뢰성을 증가시켜 줄 것이다.

이 장에서는 전문 학술지에 게재된 연구의 설계에 대해 설명하였다. 또한 각 설계는 응용행동분석의 유용성을 입증하기 위해 교실 내 문제에 적용된다.

1 변인과 기능적 관계

특정 설계를 논의하기 전에 먼저 실험연구의 몇 가지 기초적인 용어를 정의할 것이다. 변인(variable)이라는 용어는 연구에 포함되는 요인을 이를 때 사용된다. 이것은 연구되는 개인의 속성(연령, 시험점수), 연구가 이루어지는 장면과 관련된 조건(학생 수,

소음 수준), 혹은 교수 전략일 수도 있는 중재의 본질(직접교수, 협력학습), 교수 자료(셈하기 칩, 컴퓨터), 혹은 행동관리 기법(토큰, 자기기록법)을 포함할 수 있다. 연구의 목적은 결과에 영향을 미칠지도 모르는 변인의 유무를 통제하는 것이다. 뜻하지 않거나 통제되지 않은 변인(예: 질병)은 외생변인(confounding variable)으로 간주된다. 만일 교사가 학생에게 장제법[12 이상의 수로 나누는 나눗셈-역주]을 가르치는 새로운 프로그램을 사용하기로 했는데, 우연히 학생의 아버지가 매일 저녁 한 시간씩 학생에게 장제법을 복습시키기 시작했다면 교사의 변인(새로운 수학 프로그램)과 통제되지 않은 변인(가정에서의 교수) 중 어느 것이 학생의 장제법 학습에 원인으로 작용했는지 결정하는 것은 불가능하다. 실험설계 연구로는 많은 외생변인을 통제할 수 있다.

실험설계는 두 가지 형태의 변인, 즉 종속변인과 독립변인을 가진다. 종속변인(dependent variable)은 변화의 표적이 되는 행동을 의미하며, 독립변인(independent variable)은 행동을 변화시키기 위해 사용되는 중재를 의미한다. 다음 문장에는 독립변인은 고딕체로, 종속변인은 괄호로 표시되어 있다.

- 학생의 (읽기)에 대해 교사는 **정정 피드백**을 제공하였다.
- 학생이 (장보기)를 할 때 **그림 촉구**를 사용하였다.
- 학생이 (15분 동안 과제를 하고) 있을 때 **구어적 칭찬**을 유관적으로 제공하였다.
- (울화 터뜨리기)를 할 때마다 학생을 **타임아웃**시켰다.
- 수학 문제의 각 (정반응) 대해 학생에게 한 개씩의 **토큰**을 주었다.

단일대상 실험설계를 이용하여 연구자는 독립변인과 종속변인 간의 원인과 결과를 알아낼 수 있다. 종속변인의 변화가 동일한 독립변인이 실행될 때마다 반복적으로 일어난다면, 기능적 관계(functional relation)가 존재한다고 말할 수 있다. 단일대상 실험설계는 이러한 효과의 복제를 시험하는 틀을 제공해 준다. 중재와 그 결과가 반복되면 독립변인이 변화하거나 조작될 때만 복제가 일어나기 때문에 교사와 연구자는 행동이 중재의 기능으로 변화한다는 확신을 가질 수 있다. 반복되는 조작은 행동을 변화시킬 수 있는 외생변인을 배제할 수 있게 해 준다. 더욱이 기능적 관계의 증명은 실험적 통제의 증거다(Kennedy, 2005). 이러한 실험적 통제는 외생변인이 결과를 야기한 원인이 아니라는 것을 확신시켜 준다.

2 설계의 기본 범주

집단설계 대 단일
대상설계

연구설계는 문제가 제기되고 자료가 수집·분석되는 방식을 구조화한 형식이다. 연구설계의 두 가지 범주는 집단설계(group design)와 단일대상설계(single-subject design) 다. 각각은 행동에 대한 중재의 효과를 나타내기 위한 계획과 방법을 마련해 놓고 있다. 그 명칭에서 알 수 있듯이 집단설계는 집단과 관련된 질문 및 자료에 초점을 맞추는 반면, 단일대상설계는 특정 개인에 관련된 질문 및 자료에 초점을 맞춘다.

집단설계는 모집단(예: 학교 행정구역 내 모든 2학년)이나 모집단의 대표적 표본의 행동에 대한 중재의 효과를 평가하는 데에 사용된다. 중재의 효과를 결정하기 위해서 모집단(혹은 임의로 선정된 표본)은 임의적으로 2개의 집단, 즉 실험집단과 통제집단으로 나뉜다(표본에서 전체 모집단으로의 일반화를 가능하게 하는 것은 이러한 임의 선정 및 배치다). 실험집단의 구성원들은 중재를 받는다. 이것은 중재 효과에 대한 다수의 복제를 의미한다. 통제집단의 구성원은 중재를 받지 않는다. 행동의 측정(수행의 평균)은 중재 전과 중재 종료 시에 각 집단에 대해 이루어진다. 중재 후에 두 모집단의 평균 행동변화를 비교한다. 이 비교는 다음과 같은 목적으로 통계적 절차를 통하여 이루어진다. 즉, ① 두 집단 간 변화된 평균점수의 차이를 검증하기 위해서, ② 차이가 유의미하여 영향을 미치기에 충분함을 검증하기 위해서, ③ 집단 간 차이는 우연 혹은 어떤 알려지지 않은 요인보다는 중재의 결과일 가능성을 입증하기 위해서다.

예를 들어, 풀턴(Fulton) 구 공립학교 교육과정위원회는 지금까지 사용해 온 6학년 수학 교과서를 바꿀 것을 고려하고 있다. 최근 그들은 존스 앤드 존스(Jones & Jones) 사의 교과서를 사용한다. 위원회는 행정지역 내 모든 6학년 학생 중에서 200명의 학생을 임의로 선정했다. 이들은 실험집단(100명)과 통제집단(100명)에 임의로 배치된다. 학기의 첫째 주에 모든 200명 학생이 6학년 수학 목표에 관한 시험을 치른다. 그리고 학기 동안에 실험집단은 스미스 앤드 스미스(Smith & Smith) 사의 수학교과서를 사용하여 수업을 받고, 통제집단은 계속해서 존스 앤드 존스 사의 수학교과서로 수업을 받는다. 학기 종료 시에 각 집단은 다시 6학년 수학 목표에 관한 시험을 치른다. 집단의 평균 득점(충족된 목표 수)을 비교한다. 이것은 다음의 것을 결정하기 위한 것이다. 즉, ① 두 집단 간 득점에 차이가 있는지, ② 차이가 있다면 그 차이가 유의미한 것인지, ③ 실험집단의 더 많은 혹은 더 적은 득점이 스미스 앤드 스미스 사의 교과서를 사용했기 때문이라는 가정이 합당한 것인지다.

　응용행동분석가는 행동에 대한 상세한 묘사를 하기 위해 중재 전과 중재하는 동안에 여러 번에 걸쳐 측정하는 것을 택한다. 그들은 또한 집단의 평균 수행에 관한 정보보다는 개인의 특별한 정보를 기록한다. 평균 수행을 알아보는 것은 중요한 정보를 가려 버릴 수도 있다.

〈일화 6-1〉

Witherspoon 선생님, 읽기책을 주문하다

　3학년 담임교사인 Witherspoon은 교장선생님으로부터 학년 초에 새로운 읽기책을 주문하라는 요청을 받았다. 학급의 아이들을 잘 파악하지 못한 상태여서, Witherspoon은 어떤 책을 주문할지 결정하기 위해 읽기 검사를 하기로 했다. 가장 적당한 책을 결정하기 위해 시험을 보고 평균점수를 산출하여 그에 맞는 30권의 책을 주문하였다.

　책이 도착하였는데, 어떤 학생에게는 너무 어려웠고 또 다른 학생에게는 너무 쉬웠다. 교재 준비에 반의 평균점수를 적용하게 되면 어떤 학생은 1학년 수준으로 읽기를 하고 어떤 학생은 6학년 수준으로 읽기를 한다는 사실을 간과하게 된다는 것을 알게 되었다.

---

3 단일대상설계

　응용행동분석가는 단일대상설계의 사용을 선호한다. 단일대상설계는 집단보다는 개인의 수행을 평가하는 구조다. 집단설계는 여러 학생의 평균 수행에 대한 변인의 효과를 규명하는 반면, 단일대상설계는 특정 학생의 특별 행동에 대한 변인의 효과를 규명한다. 이 설계는 독립변인을 조작하면서 개인의 수행을 점검한다. 이 장의 끝부분에 언급되는 어떤 기법은 종속변인의 변화가 우연이나 동시 발생 혹은 외생변인이 아닌 실험적 조작의 결과임을 증명하는 데에 사용된다.

단일대상설계는 흔히 동일한 개인에 대하여 다른 조건에서의 효과를 비교한다.

　단일대상설계는 종속변인의 반복적 측정(repeated measures)을 필요로 한다. 연구자는 연구의 대상이 되는 개인의 수행을 주나 일 단위로 혹은 기간을 확장하여 더 빈번하게 기록한다. 그런 다음 개인의 수행을 다른 실험조건이나 독립변인을 조작한 조건하에서 비교한다. 각 개인은 비록 동일 설계 내에서 몇몇 다른 개인에게 중재가 복제되더라도 자신과만 비교된다. 단일대상연구는 집단 간의 통계적 유의미보다는 개인에 대한 임상적 유의미함을 강조한다. 만일 중재가 기능에서의 관찰 가능하고 측정 가능한 개선—흔히 기능 향상(enhanced functioning)이라는—결과를 가져왔다면, 실험의 결과는 임상적으로 유의미하다고 간주되는 것이다.

어떤 요소는 모든 단일대상설계에서 공통적인 것이다. 여기에는 기초선 수행 측정과 중재조건에서의 최소한 한 번의 수행 측정이 포함된다. 단일대상연구 설계는 최소한 한 번 이상의 중재 복제를 필요로 한다. 이 복제는 기능적 관계에 대한 가정을 위한 것이다.

응용행동분석가는 하나의 성공적 중재에 근거하여 연구결과를 일반화하지 않는다. 개인에 대해 독립변인(중재)과 종속변인(행동) 간의 기능적 관계가 성립되면 동일한 중재를 다른 개인과 다른 종속변인을 대상으로 적용하여 반복적으로 연구를 실행한다. 중재가 더 빈번하게 효과를 나타낼수록 중재결과의 일반성에 대한 확신이 확보된다. 교사의 체계적인 칭찬이 학생의 수학 문제 푸는 비율을 증가시킨다는 것은 칭찬 사용에 대한 납득할 수 있는 논거가 되지 못한다. 그러한 칭찬이 수학 문제뿐만 아니라 다른 학업적 및 사회적 행동까지도 증가시킨다는 입증이 보다 설득력 있다. 응용행동분석가는 체계적인 복제를 할 때 많은 학생을 대상으로 절차 및 기법의 효과를 점진적으로 확인한다. 그래야만 사람들은 이 절차와 기법이 작용할 것이라는 확신을 가지고 채택할 수 있다.

Sidman(1960)은 단일대상연구를 단순히 집단연구의 축소판으로 보는 것은 심각한 오류임을 지적하였다. 독립변인을 적용하고 제거하면서 종속변인을 반복적으로 측정하는 것은 원인과 결과의 연속성을 나타내는 것이고 한 자료점과 다른 자료점의 관계를 나타내는 것이다. 그는 개인과 집단의 그래프는 "두 가지 형태의 자료가 두 가지 서로 다른 대상의 문제를 나타내는 것이기 때문에"(p. 54) 동일한 정보를 제공하는 것이 아니라고 주장하였다.

기초선 측정

단일대상설계의 첫 번째 단계는 기초선 자료(baseline data)의 수집과 기록이다. 기초선 자료는 중재 전에 자연스럽게 발생하는 행동 수준을 측정한 것이다. Kazdin(1998, 2011)은 기초선 자료가 두 가지 기능을 갖는다고 설명하였다. 첫째, 기초선 자료는 기술적 기능(descriptive function)을 가진다. 이 자료는 학생의 현재 수행 수준을 나타내는 것이다. 자료점을 그래프로 전환하면 학생의 현재 곱셈 수준, 현재 말하기 비율 등 학생의 행동에 대한 생생한 그림이 제공된다. 이러한 객관적인 기록은 교사가 과소행동(곱셈능력의 부족)의 범위 혹은 과다행동(욕하기) 등의 실재를 입증하는 데에 도움이 된다.

둘째, 기초선 자료는 예언적 기능(predictive function)을 갖는다. "기초선 자료는 중재가 제공되지 않는다면 가까운 미래에 수행 수준이 어떻게 될지를 예측하는 근거가 된다."(Kazdin, 2011, p. 105) 교사는 중재(독립변인)의 성공을 평가하기 위해 학생의 수행이 중재 이전에 어떠했는지를 알아야 한다. 기초선 자료는 사전검사와 유사한 용도다. "기초선 수행의 연속선을 예측하고 추론해 봄으로써 속성을 알 수 있게 된다."(p. 123) 중재 효과에 대한 판단은 이 예측과 반대되는 것이다.

기초선 구간은 중재 구간이 시작되기 전 몇 회기에 걸쳐 지속된다. 대부분 최소한 5회기 동안의 기초선 자료점을 수집하는데, 이것을 더 확장할지의 여부는 자료점의 특성에 따라 결정된다.

기초선 자료는 교사의 중재 효과를 판단하는 데에 사용되기 때문에 자연스러운 행동 발생의 예를 제공하는 안정적인(stable) 것이 중요하다. 기초선의 안정성(stability)은 두 가지 특성, 즉 자료점의 다양성과 경향성으로 평가된다. 자료의 다양성(variability of data)은 수행의 파동과 관련된다. "일반적으로 자료의 다양성이 클수록 중재 효과에 대한 결론을 내리기가 더 어렵고,"(Kazdin, 2011, p. 126) 미래 수행에 관한 예측을 하기도 어렵다. 기초선이 불안정할 때 첫 번째로 검사해야 할 것은 표적행동의 정의다. 기초선에서 안정성이 부족한 것은 표적행동의 조작적 정의가 정확하고 일관적이지 않았거나 자료수집자가 수집과정에서 일관적이지 않았음을 반영하는 것일 수 있다.

실험실 장면에서는 다양성에 대한 다른 근원들을 확인하고 통제할 수 있다. 교실에서는 다양성의 근원이 확인될 수 있다면 다양성을 통제하기 위한 시도가 바람직하다. 예컨대, 약물 복용을 일관적으로 하지 않은 것이 그 원인이 된 경우다. 싸움이나 가정에서의 문제와 같은 일로 야기된 일시적 파동의 경우에는 파동이 지나가도록 그냥 기다릴 수도 있다. 그러나 실험실과는 다른 교실에서 "다양성은 피할 수 없는 사실이며" 그런 장면에서 "다양성을 제거하는 데에 필요한 시간이나 시설"(Sidman, 1960, p. 193)도 거의 없다.

변인이 엄격하게 통제될 수 있는 곳에서 다양성에 대한 연구 중심의 준거는 5% 범위 내의 자료점이다(Sidman, 1960). 치료 중심의 준거는 20%로 제안되어 왔다(Repp,

기초선은 안정적이어야 한다. 제3장의 조작적 정의 작성에 대한 제안점을 참고하라.

1983). 그러나 순수한 연구에 대한 관심보다는 행동을 급히 수정하는 것이 더 중요한 교실에서는 좀 더 관대한 한계인 50%의 다양성을 우리는 제안한다. 만일 다양성이 50%를 넘으면 수행 비교를 위한 통계적 기법이 적용되어야 한다(Barlow & Hersen, 1984). 기초선 자료점 중 어느 것도 기초선 평균에서 50% 이상 퍼져 있지 않으면 기초선이 안정적인 것으로 파악될 수 있다. [그림 6-1]은 이러한 준거에 기초하여 기초선의 안정성을 계산하는 절차를 설명한 것이다.

자료의 **경향**(trend)은 행동 수행의 분명한 방향 표시와 관련된다. 경향은 같은 방향으로 향한 3개의 연속적 자료점으로 정의된다(Barlow & Hersen, 1984). 기초선은 경향을 나타내지 않을 수도 있고, 증가하는 경향 혹은 감소하는 경향을 나타낼 수도 있다. [그림 6-2]와 [그림 6-3]은 증가 및 감소의 두 가지 경향을 보여 주고 있다.

상향 기초선(ascending baseline)은 증가하는 경향을 의미한다. 상향 기초선에서는 행동을 감소시키는 것이 목표일 경우에만 중재를 시작해야 한다. 행동이 이미 증가하고 있기 때문에 행동 증가를 목적으로 설계된 중재의 효과는 불분명해질 것이다.

하향 기초선(descending baseline)은 행동의 분명한 감소를 나타내는 최소한 3개의 자료점을 포함한다. 하향 기초선에서는 행동을 증가시키는 것이 목표인 경우에만 중재를 시작해야 한다.

중재 전에 기초선 경향을 참작해야 한다.

회기	자료점
1	14
2	10
3	20
4	16
5	11

기초선 평균(산술평균) = 14.2 = 14
평균의 50% = 7
자료점의 수용 가능한 범위 = 7~21(14±7)
모든 자료점이 수용 가능한 범위에 있으므로 이 기초선은 안정적이다.

그림 6-1 기초선 안정성 계산

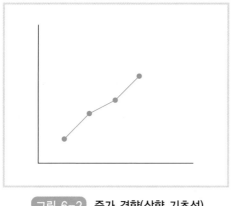

그림 6-2 증가 경향(상향 기초선)

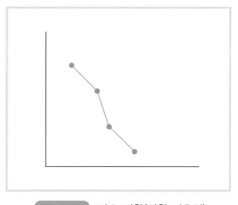

그림 6-3 감소 경향(하향 기초선)

중재 측정

단일대상연구의 두 번째 요소는 처치 혹은 중재조건하에서 대상의 수행을 반복적으로 연속 측정하는 것이다. 독립변인(처치 혹은 중재)을 소개하고 종속변인(학생의 수행)에 대한 효과를 측정하고 기록한다. 처치 자료에서의 경향은 처치의 효과를 나타내는 것이며 교사나 연구자에게 중재 절차를 변경할 필요가 있는지를 결정하도록 안내해 준다.

실험 통제

실험 통제(experimental control)는 종속변인의 변화가 실제로 독립변인의 조작과 관련된 것임—즉, 기능적 관계가 존재하는—을 확신하기 위한 연구자의 노력이라고 할 수 있다. 연구자는 다른 외생변인이 행동변화의 원인이 되는 것을 최대한 제거하고자 한다. 외생변인은 연구자가 통제하지 못했으나 행동에 영향을 미칠 수 있는 환경적 사건이나 조건이다. 예를 들어, 어떤 교사가 학급에서 가장 파괴적인 학생 3명을 제외한 후에 학급 내의 파괴적 행동을 감소시키기 위해 행동 규칙을 적용하기 시작했다면, 새로운 규칙 적용이 낮은 파괴 수준의 원인임을 실제로 확신할 수 없다. 학생 3명의 제외가 외생변인이다.

이 장에서 논의되는 설계는 다양한 정도의 실험 통제를 보여 준다. 수업설계(teaching design)는 기능적 관계에 대한 확신에 찬 가정을 하지 못한다. 그러나 특히 외생변인의

Grundy 교수는 이 장의 후반부에서 Harper를 다시 방문했을 때 외생변인을 마주하게 된다.

가능성이 남아 있는 교실에서 매일 사용하면서 행동변화에 대한 충분한 암시를 제공받을 수 있다. 연구설계(research design)는 보다 엄격한 실험 통제를 제공하고 교사나 연구자는 이 설계를 통하여 기능적 관계를 가정할 수 있다. 연구자들은 일반적으로 중재를 여러 번 반복하고 중재가 종속변인에 매번 어떻게 영향을 미쳤는지를 관찰함으로써 실험 통제를 증명한다. 교사가 특별히 가능한 외생변인에 관심이 있고 중재가 행동에 바람직한 영향을 미쳤음을 확신하고자 한다면 교실에서 연구설계를 사용할 수도 있다. 출판에 관심이 있는 교사나 다른 전문가와 중재결과를 함께 나누고자 하는 교사도 가능하다면 연구설계를 사용할 것이다. 연구설계에 관한 다음의 내용에서는 연구 및 교실 적용이 모두 기술될 것이다.

4 AB 설계

AB 설계는 수업설계다.

AB 설계는 기본적인 단일대상설계다. 실제로 좀 더 복잡한 설계들이 모두 이 단순한 설계의 확장이다. AB라는 명명은 설계의 두 구간, 즉 A 혹은 기초선 구간 그리고 B 혹은 중재 구간과 관련된다. A구간에는 기초선 자료가 수집 · 기록된다. 일단 안정적인 기초선이 확립되었으면 중재가 소개되고 B구간이 시작된다. 이 구간에서는 중재 자료가 수집 · 기록된다. 교사는 중재 구간 동안에 표적행동의 양, 비율, 백분율, 지속시간의 증가 혹은 감소를 평가하고 기초선 구간에서의 자료와 비교할 수 있다. 교사는 중재의 효과를 추정하기 위해 이 정보를 사용하고 중재를 지속할지, 변경할지 혹은 중지할지에 대한 결정을 내릴 수 있다.

실 행

〈표 6-1〉은 AB 설계를 이용하여 수집된 자료를 보여 주고 있다. 이 예에서 교사는 읽기 문제에 대한 정반응에 관심을 가지고 5일 동안 기초선 자료를 수집하였다. 그런 다음 교사는 정반응을 조건으로 하여 각각 2분 동안의 자유시간을 주면서 정반응 수를 계속 기록하였다. 〈표 6-1〉에서 보는 바와 같이 중재 구간 동안에 수는 명백히 증가하였다. 교사는 중재가 효과적이었다는 임시적 가정을 할 수 있다.

표 6-1   AB 설계 자료의 예

기초선 자료	
일	정반응 수
월요일	2
화요일	1
수요일	0
목요일	2
금요일	1
중재 자료	
일	정반응 수
월요일	6
화요일	6
수요일	4
목요일	8
금요일	6

그래프 그리기

AB 설계를 이용하여 수집된 자료는 A 혹은 기초선, B 혹은 중재의 두 구간 그래프로 나타낼 수 있다. 그래프상의 점선은 두 구간을 분리하고 구간 간 자료점은 연결되지 않는다. [그림 6-4]의 그래프는 중재 효과를 표로 제시한 자료보다 더 명확하게 보여 준다.

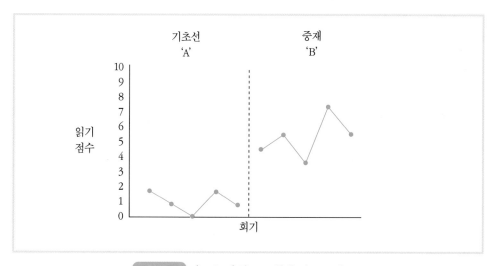

그림 6-4   〈표 6-1〉의 AB 설계 자료 그래프

응 용

기본적인 AB 설계는 기능적 관계를 평가할 수 없기 때문에 연구 문헌에서는 잘 발견되지 않는다. 이 설계는 실험 내에 기능적 관계를 확립하는 복제를 제공하지 않는다. Schoen과 Nolen(2004)은 6학년 학습장애 남아의 과제 불이행 행동을 감소시키기 위한 중재의 결과를 제시하는 데에 AB 설계를 사용하였다. 대상아동에게는 자기관리 체크리스트로 자신의 행동을 평가하게 하였다. [그림 6-5]는 대상아동의 전체 과제 불이행시간이 중재구간에 걸쳐 기초선보다 감소하고 있음을 보여 준다. 그러나 AB 설계는 독립변인의 반복된 조작(사용과 제거)을 제공하지 않기 때문에 종속변인(과제 불이행 행동)과 독립변인(자기관리 체크리스트) 간의 기능적 관계를 가정할 수는 없다. 이 연구와 몇몇 단일대상 연구법 사용의 적합성은 이 장의 후반부에 있는 현장연구 부분에서 논의된다.

〈일화 6-2〉는 교실 장면에서 사용된 AB 설계의 예다.

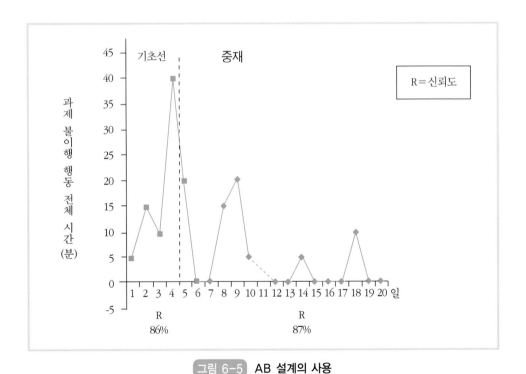

그림 6-5 AB 설계의 사용

출처: "Decreasing Acting-out Behavior and Increasing Learning," by S. Schon & J. Nolen, 2004. *Teaching Exceptional Children, 37*, 26–29.

〈일화 6-2〉

Jack, 불어 숙제 하는 것을 배우다

　　Vogl은 불어 수업을 듣는 학생인 Jack 때문에 힘들어했다. Jack은 전날 숙제를 검토할 때 부주의했다. 면밀히 조사해 보니 Jack은 과제를 하지 않았기 때문에 복습시간을 무시해 버린 것이었다. Vogl은 숙제의 완성도를 높이기 위해 정적 강화를 사용하기로 했다. 그는 이 중재의 효과를 평가하기 위해 숙제 중 바르게 완성한 질문의 수를 종속변인으로 하는 AB설계를 채택했다.

　　5일간의 기초선에서 Jack은 매일 10개 질문 중 0개(0/10)를 바르게 답했다. Jack이 자주 불어 어학실에서 테이프 듣기를 요청했기 때문에 Vogl은 바르게 답한 질문 1개당 2분 동안 테이프를 듣도록 허락했다. 중재기간 동안 Jack이 바르게 답한 질문의 수는 증가하는 것으로 나타났다. 자료 분석 결과는 중재기법의 효과를 시사하였다.

장점 및 단점

　AB 설계의 최고의 장점은 간편함이다. 그것은 어떤 중재의 실행이나 좀 더 체계적인 교수 절차의 전과 후에 학생의 행동을 비교하는 빠르고 쉬운 방법이다.

　반면, AB 설계의 단점은 그것이 기능적 관계에 대한 확신에 찬 가정을 하는 데에 사용될 수 없다는 점이다. 비록 중재 구간 동안의 자료가 행동의 증가나 감소를 보여 중재의 효과를 암시한다고 하더라도 이 설계는 절차의 복제를 제공하지 않기 때문에 외생변인이나 우연적 사건에 취약하다. 다음 예에 이러한 문제가 잘 설명되어 있다.

> 교사는 학생의 진전을 평가하기 위해 AB 설계를 많이 사용한다.

Harper, 연구를 수행하다

　교생인 Harper는 수업의 일부로 AB 설계를 이용한 간단한 연구업무를 하도록 되어 있다. Harper는 Ralph의 착석을 종속변인으로 결정하였다. (제1장의 Ralph를 떠올려 보라.) Harper는 며칠 동안 기초선 자료를 수집하였고 Ralph의 착석행동은 1시간 읽기수업 동안 20~25분까지 다양하다는 결론을 얻었다. Harper는 Ralph가 좋아하는 다양한 활동으로 교환할 수 있는 토큰을 독립변인으로 선택하여 중재를 준비하였다. 중재가 시작된 후 Grundy 교수가 방문하였을 때 Harper는 매우 흥분한 상태로 문에서 그를 만났다.

　"교수님! 잘되고 있어요. 이 그래프를 보세요! Ralph는 이번 주 첫 이틀을 결석했지만 그 후론 토큰을 얻었고 매일 100% 착석행동을 하고 있답니다. 제가 연구업무에서 A를 받을 수 있을까요?"

　Grundy 교수는 Harper의 그래프를 점검하고 절차가 잘 진행되고 있다고 생각했다. 그러고는 관찰을 하기 위해 교실 뒤에 앉았다. 잠시 후에 정말로 Ralph가 자신의 자리에 앉아 있는 것을 보고 Grundy 교수는 Harper를 조용히 교실 뒤로 불렀다.

　"Harper," 그는 부드럽게 물었다. "Ralph 다리의 무거운 깁스가 그의 착석행동에 어떤 영향을 주었을 지도 모른다는 생각은 안 해 보셨나요?"

"잘되고 있어요, 교수님.
아이가 자리에 앉아 있다고요!"

5 반전설계

ABAB 설계는 기능적 관계를 입증할 수 있는 연구설계다.

　반전설계(reversal design)는 단일 독립변인의 효과를 분석하는 데에 사용된다. ABAB 설계(ABAB design)로 알려진 이 설계는 행동에 대한 중재 효과를 입증하기 위해 중재의 적용과 철회를 연속적으로 시행한다. 기초선 자료를 중재 구간 자료와 반복적으로 비교함으로써 연구자는 종속변인과 독립변인 간에 기능적 관계가 존재하는지의 여부를 결정할 수 있다.

실 행

반전설계는 A, B, A, B의 4개 구간을 갖는다.

- A (기초선 1): 중재가 도입되기 전에 존재하던 조건하에서 표적행동에 대한 자료를 수집하는 최초의 기초선
- B (중재 1): 표적행동을 바꾸기 위해 선정된 중재의 최초 도입. 표적행동이 준거에 도달할 때까지 혹은 행동의 바람직한 변화 경향이 나타날 때까지 중재는 계속됨.
- A (기초선 2): 중재를 철회하거나 종료함으로써 원래의 기초선 조건으로 복귀
- B (중재 2): 중재 절차의 재도입

반전설계를 사용하여 수집된 자료는 종속변인과 독립변인 간의 기능적 관계를 밝히기 위하여 점검될 수 있다. [그림 6-6]에서 두 번째 기초선 자료가 원래 A 구간의 평균에 근접한 수준으로 되돌아간다면, 혹은 두 번째 A구간의 방향이 첫 번째 B구간의 방향과 뚜렷한 반대 경향을 나타낸다면, 이 그래프는 독립변인과 종속변인 간의 기능적 관계를 나타내는 것이다. [그림 6-7]은 기능적 관계가 있음을 나타내지 못한다.

Cooper(1981, p. 117)는 연구자가 기능적 관계를 입증하기 위해서는 다음의 세 가지 증거가 필요하다고 주장하였다. 즉, ① 예언(prediction): 특정 독립변인이 종속변인을 바꿀 것이라는 교육적 진술, 예컨대 Michael의 수학 문제 완성 수를 증가시키기 위한 토큰의 조건적 사용, ② 예언의 증명(verification of prediction): 첫 번째 중재구간에서의 종속변인의 증가(혹은 감소), 그리고 두 번째 A구간에서 기초선 수행 수준으로의 복귀, ③ 효과의 복제(replication of effect): 두 번째 B구간에서 독립변인을 재도입한 결과 바람직한 행

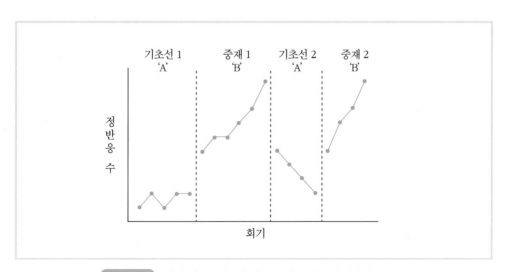

그림 6-6 **변인 간의 기능적 관계를 나타내는 반전설계 그래프**

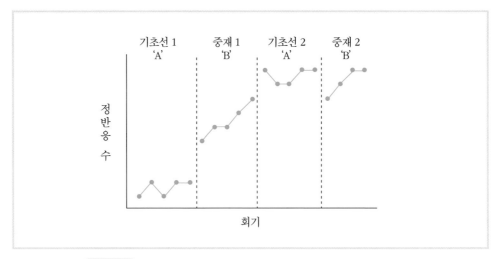

변인 간의 기능적 관계를 나타내지 못하는 반전설계 그래프

동변화가 동일하게 나타나는 것.

반전설계는 독립변인과 종속변인 간의 기능적 관계를 가정할 수 있게 해 주는 연구설계다. 두 번째 기초선과 중재 구간들은 표적행동에 대한 중재 효과의 복제 기회를 제공한다. 외생변인이 반복되는 독립변인의 적용 및 철회와 동시에 존재할 가능성은 없어 보인다. 그러나 반전설계가 항상 적절한 것은 아니다. 다음과 같은 경우에는 반전설계가 사용되지 말아야 한다.

① 표적행동이 다른 학생을 향한 공격적 행동이거나 자해행동 같은 위험한 것일 경우다. 왜냐하면 반전설계는 표적행동이 변화된 후에 두 번째 기초선 조건을 필요로 하기 때문에 윤리적 측면에서 성공적인 중재기법의 철회가 금지된다.

② 표적행동의 반전이 가능하지 않을 경우다. 예컨대, 많은 학업행동은 행동변화가 학습과정과 연관되기 때문에 철회할 수 있는 것이 아니다. 이러한 조건하에서 기초선 수행으로의 복귀는 가능하지 않다. 그 예로 $4 \times 3 = 12$를 알았다가 '모르는' 상태로 되돌아가기는 쉽지 않다. 다만 생각하지 않으려 하는 것이다.

그래프 그리기

반전설계는 뚜렷한 네 가지 구간에 대한 자료수집을 필요로 한다. [그림 6-8]은 기

중도장애 학생의 머리 돌리기를 멈추게 한 중재를 연구 목적 때문에 철회하는 것은 비윤리적이다.

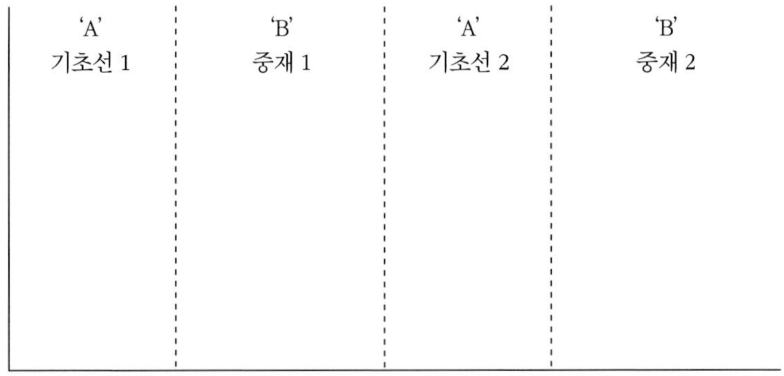

그림 6-8 반전설계의 기본 형식

본적인 반전설계를 나타내고 있다. (ABAB는 각 기초선 기간을 A구간으로, 각 중재 기간을 B구간으로 명명하는 데에서 유래되었음을 주목하라.)

설계 변형

문헌에서는 반전설계의 변형을 발견할 수 있다. 첫 번째 변형은 설계의 구조는 변경하지 않고 단순히 초기 기초선(A) 기간의 길이만 짧게 한 것이다. 이 설계 형식은 표적행동이 위험하거나 학생이 표적행동의 수행능력을 전혀 가지지 못했을 때와 같이 기초선 기간이 길어지면 비윤리적인 경우에 적절하다.

반전설계의 두 번째 변형은 처음의 기초선을 완전히 생략하는 것이다. 이러한 BAB 변형은 학생이 표적행동을 전혀 나타내지 않는 것이 분명한 경우에 고려해 볼 수 있다. 이 설계에서는 종속변인과 독립변인 간의 기능적 관계가 두 번째 중재(B) 구간에서만 증명될 수 있다.

적용

연구자들은 흔히 ABAB 설계를 이용한다. Levendoski와 Cartledge(2000)는 과제 중 자기점검 절차의 효과를 확인하기 위해서, 그리고 정서장애를 가진 초등학생의 학업

생산성을 확인하기 위해서 이 설계를 채택하였다. 수학시간을 시작할 때 4명의 남학생에게 자기점검 카드를 주고 벨소리(10분마다)가 들릴 때마다 스스로 '내가 잘하고 있는가?'라는 질문을 하도록 한다. 그리고 자신의 카드에 '예' 혹은 '아니요' 표시를 한다.

[그림 6-9]는 과제를 하는 동안 이러한 중재를 실시한 한 학생의 결과를 보여 준다. 자기점검 카드가 사용되지 않은 기초선 조건 동안에 대상 학생은 평균 45%의 과제 수행을 보였다. 일단 중재가 시작되자 과제 수행 평균은 93%까지 증가하였다. 기초선 구간으로 복귀했을 때 과제 수행 평균은 34%로 떨어졌고 자기점검 카드를 재도입하자 평균 96%로 다시 증가하였다. 그래프를 조사해 보면 학생이 자기점검 카드를 사용했을 때 과제 수행이 증가했음을 분명하게 알 수 있다. 구간 1과 2가 구간 3과 4로 복제되었고 그것이 기능적 관계를 결정해 준다는 것에 주목하라.

Umbreit, Lane 그리고 Dejud(2004)는 일반학교 4학년 학생(Jason)의 과제 수행 행동을 증가시키는 중재의 효과를 평가하기 위해 ABAB 설계를 사용하였다. Jason이 과제

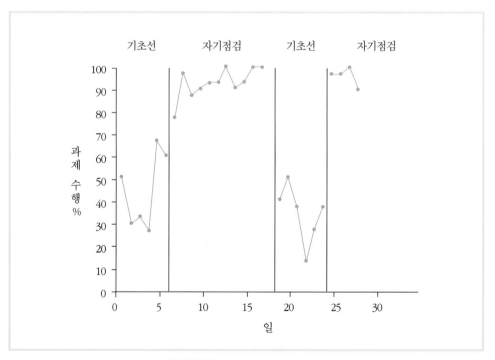

그림 6-9   반전설계의 연구 적용

출처: "Self-monitoring for elementary school children with serious emotional disturbances: Classroom applications for increased academic responding." by L. Levendoski & G. Cartledge, 2000, *Behavioral Disorders*.

를 하지 않을 때 하는 행동은 다른 학생에게 말하기, 자리에서 의자 발길질하기, 앞사람 의자 발길질하기, 교실을 어슬렁거리기 등이다. 교사는 이러한 행동이 그가 과제를 모두 완성한 후에 발생한다는 것을 알았다. Jason은 과제가 '모두 너무 쉽기' 때문에 빨리 끝낸다고 하였다. 기초선 구간 동안 Jason은 동일한 수학 및 읽기 과제를 부여받았다. 중재 구간 동안에는 좀 더 도전적인 과제(교육과정상의 약 2주 후 내용)를 부여받았다. 그의 과제 수행 행동 자료는 30초 간격기록법을 이용하여 기록되었다. [그림 6-10]에서 보는 바와 같이, 첫 번째 기초선 조건(전형적 과제) 동안에 과제 수행 행동은 수학과 읽기 모두에서 간격의 약 50% 정도로 발생하였다. 첫 번째 중재 구간 동안에 과제 수행 행동은 수학이 평균 89%, 읽기가 92%로 증가하였다. 두 번째 기초선 구간에서의 과제 수행 행동은 수학이 63%, 읽기가 65%로 감소하였다. 마지막 구간에서 과

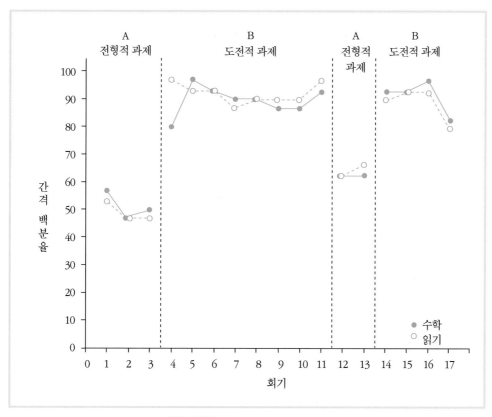

그림 6-10 반전설계의 연구 적용

출처: "Improving classroom behavior by modifying task difficulty: Effects of increasing the difficulty of too-easy tasks," by J. Umbreit, K. Lane, & C. Dejud, 2004, *Journal of Positive Behavior Interventions, 6*, 13-20.

제 수행 행동은 수학과 읽기에서 평균 91%로 증가하였다. 첫 번째 기초선과 첫 번째 중재 구간을 비교해 보면, 도전적 과제가 부여되었을 때 과제 수행 행동이 증가하였음을 알 수 있다. 이러한 영향은 두 번째 기초선과 두 번째 중재 구간에서 복제되었다. 이와 같은 복제는 도전적 과제(독립변인)와 과제 수행 행동(종속변인) 간의 기능적 관계를 말해 준다.

다음 일화는 교실에서의 ABAB 설계 사용을 보여 주고 있다.

〈일화 6-3〉

Amos는 컴퓨터를 독립적으로 사용한다.

Fredrick 선생님 반은 27명의 2학년 학급이다. 선생님이 개별이나 소집단으로 읽기를 가르칠 때 다른 아이들은 컴퓨터로 각자 어휘 공부를 한다. 선생님은 Amos가 점점 처지는 것 같다는 생각을 했다. 5일간의 기초선 자료수집 기간 동안 Amos는 30분 회기 중에 평균 11개의 어휘를 완성했는데 반평균은 24개였다. 선생님의 의구심은 이 자료로 확인이 되었고 그래서 선생님은 중재 계획을 세웠다. 선생님은 Amos에게 자료를 보여 주면서 일주일 동안 회기당 자신이 완성한 어휘 수를 막대 그래프로 그리고 반평균과 비교해 보라고 했다.

선생님과 Amos는 반평균과의 차이가 3보다 적으면 매일 한 개의 토큰을 얻고 추가되는 점수에 대해서는 개당 한 개의 토큰을 더 받는 것에 합의했다. 이러한 중재를 5일 동안 수행한 결과, Amos는 매 회기 반평균에서 2점 이내의 점수를 받았다. 중재와 Amos 수행 간에 기능적 관계가 성립하는지를 결정하기 위해, 선생님은 기초선 조건으로 되돌아갔다. Amos의 표적행동은 즉각 이전 수준으로 복귀했다. 다음 주에, 중재를 다시 실행했을 때 Amos의 수행은 다시 목표 수준으로 돌아갔다. 선생님은 중재가 Amos의 행동을 변화시켰음을 확신했다.

장점 및 단점

앞의 적용에서 보았듯이, 반전설계는 간편함과 실험 통제라는 장점을 제공해 준다. 그것은 단일 종속변인에 대한 단일 독립변인의 효과를 명쾌하게 분석해 준다.

그러나 이 설계는 기능적 관계가 존재하는지의 여부를 결정하기 위해 효과적인 중재의 철회가 필요하다는 근본적인 단점을 가지고 있다. 표적행동이 위험하지 않고 반전 가능하다 하더라도 분명히 긍정적으로 작용하고 있는 무언가를 중지하는 것은 어리석어 보인다.

> ABBA 설계는 명쾌한 분석이 가능하지만, 효과적인 중재의 철회가 필요하다.

6 준거변경설계

준거변경설계(changing criterion design)는 행동이 최종 수행 목적을 향해 점진적으로 증가 혹은 감소될 수 있음을 입증함으로써 독립변인의 효과를 평가한다. 이 설계는 2개의 주요 구간을 가진다. 첫 번째 구간은(모든 단일대상설계에서와 같이) 기초선이고, 두 번째 구간은 중재다. 중재 구간은 하위 구간으로 구성된다. 각 하위 구간은 최종 목적을 향한 중간 준거를 가지며, 최종 행동의 근사치 혹은 이전보다 더 가까운 수행 수준을 필요로 한다. 따라서 학생의 수행은 기초선 수준에서 최종 목표까지 점진적으로 이동한다.

준거변경설계는 특히 최종 행동변화의 목표가 학생의 기초선 수준에서 상당히 떨어져 있을 때 적합하다. 예를 들어, 목표가 60단어를 읽는 것인데 기초선 수준이 5단어라면 나머지 55단어를 한꺼번에 가르치고 배우는 것은 교사와 학생 모두에게 합리적이지 않다. 한번에 적은 수의 단어를 학습시키고 강화해 주는 것이 훨씬 좋다. 비슷하게 40분 동안 계속해서 착석하는 것이 목표이고 기초선 수행 수준이 5분인데 학생에게 40분을 한번에 이루도록 기대하는 것은 합리적이지 않다. 도달 수준이 많을수록 강화의 기회도 많이 제공될 것이다.

준거변경설계는 형성 절차(제10장 참조)의 효과를 측정하는 데에 적합하다. 또한 빈도, 지속시간, 반응시간, 힘 등으로 측정되는 행동을 가속하거나 감속할 때 유용하다.

실 행

준거변경설계 실행의 첫 번째 단계는 다른 단일대상설계에서 사용된 동일한 방식으로 기초선 자료를 모으는 것이다. 기초선 안정이 확립된 후에는 중재의 각 하위 구간에서 요구되는 수행변화의 수준을 결정해야 한다. 첫 번째 중간 준거의 선택은 다음의 몇 가지 기법 중 하나로 결정될 수 있다.

① 수행에 대한 중간 준거는 안정된 기초선 자료의 평균으로 설정되고 그만큼씩 증가될 수 있다. 이 기법은 행동변화 프로그램의 목적이 수행 수준을 증가시키는 것일 때, 그리고 학생의 현재 수준이 꽤 낮을 때 적합하다. 예를 들어, 학생의 기

초선 정반응 평균이 2이고 정반응 수를 증가시키고자 할 때 첫 번째 중간 준거로 2개의 정반응을 설정할 수 있다. 계속되는 하위 구간에서의 중간 준거는 정반응 수를 2씩 증가시키는 것으로 한다.

② 수행에 대한 중간 준거는 기초선 평균의 반으로 설정될 수 있다. 만일 중재의 첫 번째 하위 구간에서 기초선 평균만큼 준거를 올렸는데 그것이 학생에게 너무 어려웠다면 그 반만큼만 올리는 것이 적절할 수 있다. 만일 기초선 평균만큼 준거를 올렸는데 중재의 첫 번째 하위 구간에서 학생의 수행이 준거보다 더 높았다면 중간 준거를 기초선 평균의 두 배 수준으로 올릴 수 있다.

③ 중간 준거는 기초선 수행의 최고 수준(혹은 최저 수준, 최종 목표에 따라)에 기초하여 설정될 수 있다. 이 방법은 학업적 행동보다는 이탈 행동이나 긍정적 또래 상호작용과 같은 사회적 행동에 적용하는 것이 가장 적절하다. 이 방법은 학생이 일단 높은(혹은 낮은) 수준으로 수행할 수 있게 되면 행동은 새로운 수준으로 강화(혹은 약화)되거나 유지될 수 있다고 가정한다.

④ 중간 준거는 학생의 능력에 대한 전문가적 견지에 기초하여 설정될 수 있다. 이 절차는 특히 학생의 현재 수행 수준이 0일 때 적절하다.

교사가 초기 준거를 잡는 데에 사용한 기법에 관계없이 수집된 자료는 각 하위 구간의 준거 변화의 양이 대상 학생에게 적절한지를 평가하는 데에 사용되어야 한다.

준거변경설계의 다음 단계는 중재 구간을 시작하는 것이다. 각 구간에서 학생이 최소한 중간 준거 수준으로 수행하면 교사는 강화를 제공한다. 교사가 첫 번째 수행 수준으로 선정한 중간 준거가 적절한지를 분석하는 것은 매우 중요하다. 몇 차례에 걸쳐 시도해 보았는데도 학생이 준거를 충족시키지 못하면 교사는 강화를 주기 위한 중간 준거를 낮출 것을 고려해 보아야 한다. 역으로 학생이 목표를 너무 쉽게 획득하면 교사는 강화를 주기 위한 중간 준거를 조정할 것을 고려해야 한다.

학생이 미리 정해 놓은 연속적 회기 수만큼(일반적으로 2 혹은 하위 구간의 연속적인 3회기 중 2) 수행 수준에 도달한 후에는 강화를 위해 요구되는 수행 수준이 전체 행동변화 프로그램의 바람직한 수행 수준 방향으로 조정되어야 한다. 연속되는 각각의 중간 준거는 처음 중간 준거를 설정할 때와 같은 방법으로 결정되어야 한다. 즉, 행동변화 프로그램은 준거 수준에서 일정하게 한 단계씩의 증가 혹은 감소를 가져와야 한다. 이 절차는 다음의 시기까지 계속된다.

① 행동이 수행의 100% 수준으로 증가되거나 0% 수준으로 감소될 때
② 교사가 설정한 행동목표의 최종 목적에 도달될 때

종속변인과 독립변인 간의 기능적 관계는 학생의 수행 수준이 지속적으로 변경되는 수행 및 강화 준거에 대등하게 맞을 때 입증된다(Kazdin, 1998; Richards, Taylor, Ramasamy, & Richards, 1999). 기능적 관계를 평가하는 이러한 방법은 변경되는 준거에 반복적으로 맞추어지는 것이 복제를 의미하는 것이라는 견해에 근거한다. 중간 준거를 갖는 각 하위 구간은 다음 하위 구간의 증가된(혹은 감소된) 준거에 대한 기초선으로서의 역할을 한다(Cooper, Heron, & Heward, 2007; Hartmann & Hall, 1976). 일반적으로 기능적 관계를 인정하기 전에 학생은 최소한 연속적으로 3개 구간에서 준거를 충족시켜야 한다.

> 준거변경설계를 통하여 기능적 관계를 확립할 수 있다.

그래프 그리기

기본적인 준거변경설계 형식은 AB 설계에서 사용된 것과 유사하다. 중재구간에는 기초선 구간과 중재구간의 두 조건과 중재구간의 각 하위 구간을 분리하는 점선의 세로선이 그어진다. [그림 6-11]의 중재구간 자료는 강화를 위한 수행 수준에 따른 것이다.

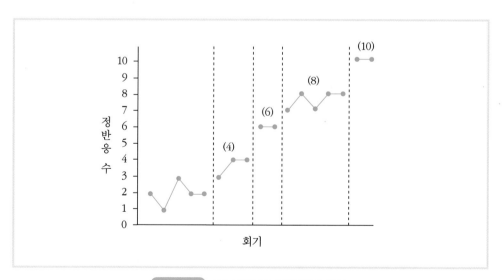

그림 6-11 기본적인 준거변경설계 형식

자료를 그래프로 그릴 때는 각 하위 구간 내의 자료점을 연결한다. 다른 중간 준거 혹은 하위 구간에서 수집된 자료점은 연결하지 않는다. 결과(강화 전달)를 위해 필요한 학생 행동의 정도가 중재 구간의 각 수준에서 분명하게 제시되어야 한다([그림 6-11] 참조).

적 용

Hall과 Fox(1977)는 행동장애를 가진 학생의 수학 문제 정반응 수를 증가시키기 위해 준거변경설계를 사용하였다. 기초선 조건에서 학생은 평균 1의 정반응 수행 수준을 나타냈다.

첫 번째 중간 수행 수준은 기초선 평균 수행보다 큰 정수로 설정되었다(2). 학생이 이 수행 수준을 충족하면 농구를 할 수 있도록 허락받았다. 그리고 학생이 준거 도달에 실패하면 문제를 바르게 풀 때까지 남아 있어야 했다. [그림 6-12]는 이러한 절차를 정반응 10이 나올 때까지 계속한 것이다.

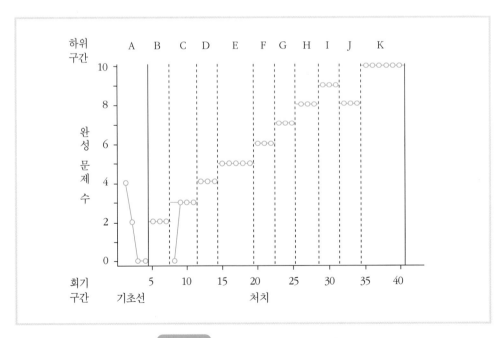

그림 6-12 준거변경설계의 연구 적용

출처: "Changing criterion designs: An applied behavior analysis procedure," by R. V. Hall & R. G. Fox, 1977, in B. C. Etzel, J. M. LeBlanc, & D. M. Baer (Eds.), *New developments in behavioral research: Theory, method and application.*

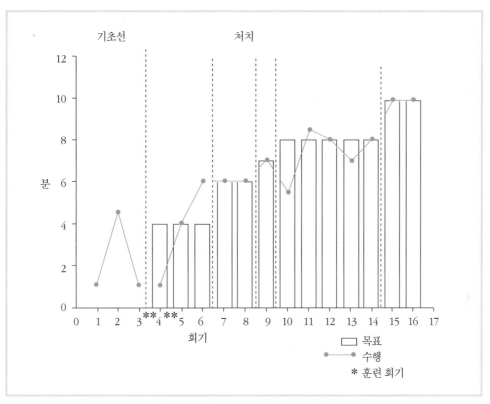

그림 6-13 준거변경설계의 적용

출처: "Using timers and lap counters to promote self-management of independent exercise in adolescents with mental retardation," by D. Ellis, P. Cress, & C. Spellman, 1992, *Education and Training in Mental Retardation*.

　Ellis, Cress 그리고 Spellman(1992)은 경도 및 중도 지적장애 학생을 대상으로 자기관리된 독립적 훈련이 증가하는 것을 증명하기 위해 준거변경설계를 사용하였다. 3명의 학생에게 러닝머신 사용법을 가르쳤다. [그림 6-13]의 그래프에 제시된 학생은 16세의 여학생이다. 기초선에 이어 2주 동안 주당 2회씩 무감독 회기를 가졌고 중재 하위 구간의 지속시간이 결정되었다. 최초의 지속시간은 기초선의 가장 긴 수행에 가깝거나 그보다 조금 더 길다. 일단 이전 목표가 1회 혹은 그 이상의 회기에서 성취되면 일반적으로 중간 준거는 2분씩 증가된다. (독립변인에 의해서 행동이 통제됨을 증명하기 위해 1개 하위 구간에서는 중간 준거를 1분만 증가시켰다.) 학생은 디지털 타이머 작동법을 배웠고 중간 준거를 충족하면 토큰 강화로 스티커를 받았으며, 운동 관련 물품(예: 티셔츠, 손목밴드, 반바지)을 구매하는 데 5:1의 비율로 토큰을 사용하였다. 학생은 한 하위 구간에서 다음 구간까지 자기관리된 훈련의 시간 수가 체계적으로 증가하는 모습을 나타냈다. 연구자는 그래프상에 나타난 중간 준거에 도달하지 못한 회기는 학생의 타이머 작동 오류나 지연 때문이라고 설명하였다.

실험 통제를 강화하는 다음과 같은 절차상의 요인은 준거변경설계의 신뢰성을 증가시킬 수 있다.

① 안정된 비율이 확립될 때까지 하위 구간을 계속하기: 교실에서 사용할 때 다음 하위 구간으로 넘어가기 전에 행동을 2회기(혹은 3회기 중 2회기) 동안 중간 준거에 유지시키는 것은 충분히 통제를 입증하는 것이다. 왜냐하면 각 하위 구간은 뒤따르는 하위 구간에 대한 기초선으로 작용하고, 그 하위 구간은 다음 하위 구간이 시작되기 전에 안정적인 비율이 확립될 때까지 계속되기 때문이다(Richards et al., 1999).

② 하위 구간의 회기 수를 바꾸기: [그림 6-12]에서 각 하위 구간은 중간 준거에 따라 보통 3회기가 지속되었으나 이 회기 수는 몇몇 하위 구간에서는 달랐다. 하위 구간의 길이는 준거가 영향력을 가지는 한, 준거수준에 도달한 채로 유지되는 행동에 따라 다양하다(Cooper et al., 2007; Richards et al., 1999). "변화가 성취되고 준거의 다음 변화가 시작되기 전에 통제에 대한 설득력 있는 증거를 만들어 내는 것이 안정성이며 이것은 매우 중요하다."(Hartmann & Hall, 1976, p. 531)

③ 하위 구간에서 요구되는 수행의 증가량(혹은 감소)을 다양화하기: [그림 6-13]에서 세 번째 하위 구간의 준거는 2분이 아닌 1분 증가로 설정되었다. 준거 변화의 크기를 다양하게 하면 실험 통제에 대한 보다 설득력 있는 증거를 얻을 수 있다(Cooper et al., 2007).

④ 1개 이상의 구간에서 최종 목표에 반대되는 방향으로 변화를 요구하기: [그림 6-12]의 하위 구간J에서는 강화에 대한 준거의 변화가 최종 목표와 반대되는 방향으로 설정되었다. 학생이 이전에 숙달한 준거 수준으로 복귀하는 것은 ABAB 설계에서 기초선 조건으로 복귀하는 것과 유사한 반전 효과를 나타낸다.

〈일화 6-4〉는 교실에서 준거변경설계를 사용한 예다.

〈일화 6-4〉

Claudia, 색깔별로 분류하기를 배우다

Claudia는 중도 지적장애 학생을 위한 특수학급인 Carroll 선생님 반의 학생이다. 선생님은 Claudia에게 사물을 색깔별로 신속하게 분류하는 것을 가르치고자 하였다. Claudia는 과제를 수행할 수 있었으나 속도가 매우 느렸다. Carroll 선생님은 준거변경설계를 이용하여 긍정적 강화 절차의 효과를 평가해 보기로 하였다. 선생님은 Claudia의 평균 기초선 분류비율이 분당 4개임을 알아내고, 최초의 중간 준거를 분당 6으로 하고 최종 목표를 분당 30으로 설정하였다. Claudia는 준거를 충족시킬 경우 1분의 자유시간과 교환할 수 있는 칩을 얻었다. Claudia가 2회 연속 준거를 충족시키면 Carroll 선생님은 강화를 위해 요구되는 준거를 2씩 올렸다. 선생님은 이것을 Claudia가 칩을 얻기 위해 분당 30개의 사물을 분류할 때까지 계속하였다. Carroll 선생님은 준거가 변경될 때마다 Claudia의 행동이 빠르게 변화되었으나 준거가 변화될 때까지 행동이 변화하지 않았기 때문에 종속변인과 독립변인 간의 기능적 관계가 존재한다고 결론지었다.

장점 및 단점

준거변경설계의 장점은 행동을 긍정적인 방향으로 계속 변화시키면서 기능적 관계를 확립할 수 있다는 것이다. 성공적으로 진행되고 있는 중재를 철회할 필요도 없다. 그러나 준거변경설계의 사용은 매우 점진적인 행동변화를 수반한다. 그러므로 빠르게 수정될 필요가 있는 행동에는 적절하지 않다.

7 중다기초선설계

명칭이 말해 주고 있듯이 중다기초선설계(multiple baseline design)는 1개 이상의 종속변인을 동시에 분석할 수 있다. 교사는 다음과 같은 것에 대해 중재(독립변인)의 효과를 실험할 수 있다.

중다기초선설계를 사용하는 경우

① 한 장면에서 학생 1명과 관련된 두 가지 혹은 그 이상의 행동, 예컨대 사회수업에서 John의 자리 이탈 행동과 말하기 행동(행동 간 중다기초선설계)

② 한 장면에서 동일한 행동을 나타내는 2명 혹은 그 이상의 학생, 예컨대 영어시간에 Sara와 Janet의 철자법 정확성(대상 간 중다기초선설계)

③ 한 학생이 동일한 행동을 나타내는 두 가지 혹은 그 이상의 상황, 예컨대 교실 내 쉬는 시간과 학교 매점에서의 Kurt의 소리지르기 행동(상황 간 중다기초선설계)

중다기초선설계는 중재 절차를 개인이나 상황 혹은 행동에 적용해 보고자 할 때 선택할 수 있는 설계다. 이는 반전 구간을 포함하지 않으므로 표적행동이 공격적인 활동이라든가 학습과 관련되는 경우와 같이 반전설계가 적합하지 않을 때 사용될 수 있다.

기초선, 방향성, 안정성, 통제—이거 교육이야 테니스야?

실 행

중다기초선설계를 사용하는 교사는 각 종속변인에 대한 자료를 동시에 수집한다. 기초선 조건하에서의 각 학생, 각 행동 혹은 각 상황에 대한 자료를 수집한다. 교사는 자료수집 체계를 정할 때 프로그램에 포함된 각 변인에 적합한 세로좌표 눈금을 선정해야 한다. 자료분석이 가능하도록 각 종속변인에 대해 동일한 눈금(예: 수학 정반응 수 혹은 과제 이행 행동 백분율)이 사용되어야 한다.

첫 번째 변인에 대해 안정적인 기초선이 확립된 후에 그 변인에 대한 중재가 시작될 수 있다. 이 중재 기간 동안에 남아 있는 변인에 대한 기초선 자료수집은 계속된다. 두 번째 변인에 대한 중재는 첫 번째 변인이 행동목표에 설정해 놓은 준거에 도달했을 때, 혹은 첫 번째 변인에 대한 자료가 연속 3회 바람직한 방향으로 경향을 보일 때 시작해야 한다. 첫 번째 변인에 대한 중재는 계속되어야 하고 세 번째 변인이 있을 때는 그에 대해 기초선 자료가 여전히 수집되어야 한다. 이 순서는 행동변화 프로그램에 명시된 모든 변인에 중재가 적용될 때까지 계속된다.

중다기초선설계로 수집된 자료는 독립변인과 각 종속변인 간의 기능적 관계를 위해 검토될 수 있다. 두 번째와 그다음 종속변인에 중재를 도입하는 것은 효과의 복제를 만들어 내는 것이다. 예를 들어, 교사는 특수학급 시간과 과학시간에 Matt의 과제 이행 행동에 대한 기초선 자료를 수집한 후에 특수학급 시간에 중재를 시작한다. Matt 에게는 시간의 85%를 과제 이행에 사용하면 숙제를 20%로 줄여 준다고 하였다. 이 조건은 화요일에 영향을 미쳤고, 이 행동은 준거가 충족될 때까지 4일 동안 계속됐다. 이 4일 동안 교사는 과학시간에 기초선 자료를 계속해서 수집했다. 일단 Matt가 특수학급 시간에 준거에 도달하면 유관조건은 과학시간에 적용되었고 특수학급에서와 같은 변화가 보일 때까지 계속된다. 만일 Matt의 과제 이행 행동이 특수학급 시간에 증가되고 과학시간에도 증가되면, 교사는 Matt의 과제 이행 행동과 숙제 감량 획득 간에 기능적 관계가 성립한다고 말할 수 있다. 효과가 특수학급 시간에 처음으로 나타났고 상황에 걸쳐 과학시간에 복제되었기 때문에 기능적 관계가 성립하는 것이다. 기능적 관계는 각 종속변인이 오직 독립변인이 도입될 때만 연속적으로 변화를 보이면 규명된다.

잇따른 중재가 각 종속변인에 독립 처치 효과를 나타내는지를 확인하기 위해 근접한 그래프를 검사해야 한다. 첫 번째 종속변인만이 첫 번째 중재에 의해 영향을 받아야 한다. 두 번째 종속변인의 변화는 중재가 적용되었을 때만 나타나야 한다. [그림 6-14]는 기능적 관계의 예를 보여 주는 반면, [그림 6-15]는 그렇지 못하다. [그림 6-15]에서 두 번째 종속변인은 첫 번째 변인에 중재가 도입되었을 때 상향으로 변화하기 시작했는데, 그것은 변인 간의 관계가 분리되어 있거나 독립적이지 않음을 보여 주는 것이다.

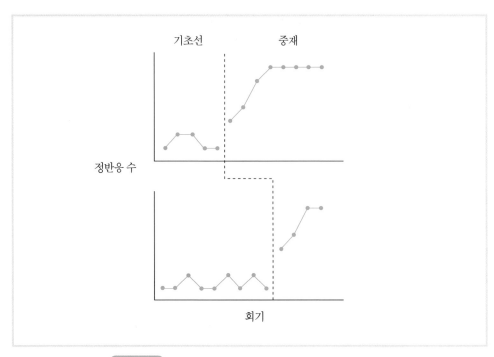

그림 6-14 기능적 관계를 반영하는 중다기초선설계 자료

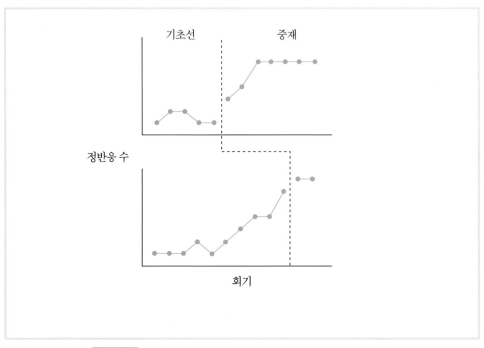

그림 6-15 기능적 관계를 반영하지 못하는 중다기초선설계 자료

그래프 그리기

중다기초선설계를 사용할 때 교사는 중재가 적용된(대상 간, 행동 간, 상황 간) 종속변인 각각에 대해 분리된 축을 사용하여 자료를 그래프로 그려야 한다. [그림 6-16]은 중다기초선설계의 그래프 구성을 보여 준다.

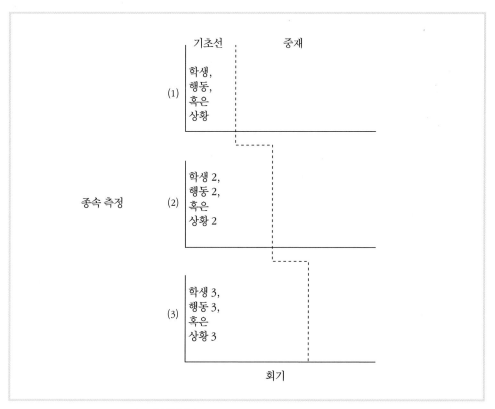

그림 6-16 기본적인 중다기초선설계 형식

적용

❖ 행동 간

Higgins, Williams 그리고 McLaughlin(2001)은 토큰 강화 프로그램이 학습장애를 가진 초등학생의 세 가지 부적절한 행동을 감소시킬 수 있는지 결정하기 위해 행동 간 중다기초선설계를 사용하였다. 세 가지 행동은 자리 이탈, 말하기, 나쁜 자세로 앉기

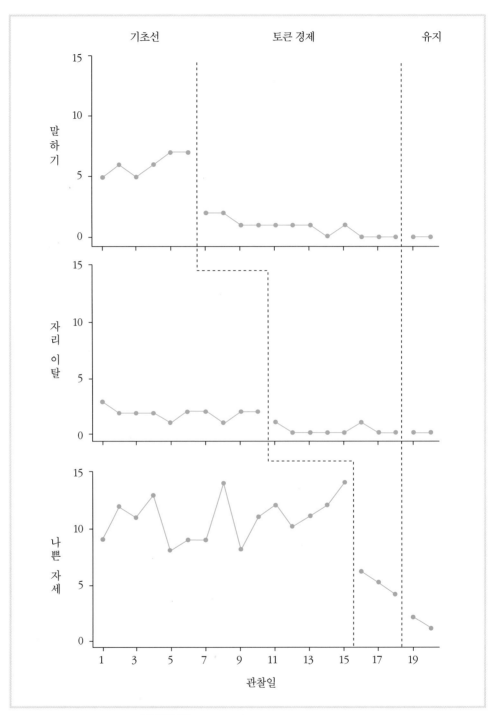

그림 6-17 행동 간 중다기초선설계의 그래프

출처: "The effects of a token economy employing instructional consequences for a third-grade student with learning disabilities," by J. Higgins, R. Williams, & T. McLaughlin, 2001, *Education and Treatment of Children*.

였다. 대상 학생은 매일 자율학습 시간에 세 가지 행동을 나타내지 않으면 토큰을 얻었다. 유관은 먼저 말하기 행동에 영향을 미쳤고, 다음에 자리 이탈 행동, 마지막으로 나쁜 자세로 앉기에 영향을 미쳤다. [그림 6-17]은 강화 프로그램이 연속적으로 각 행동을 감소시키는 데에 효과적이었음을 나타내고 있다. 각 종속변인(행동)과 독립변인(토큰 경제) 간의 기능적 관계는 성공적인 토큰 경제의 사용이 세 가지 행동에 걸쳐 복제되었기 때문에 성립되는 것이라고 말할 수 있다.

❖ 대상 간

Buggey(2005b)는 아스퍼거증후군으로 진단받은 중학교 남학생의 울화행동을 감소시키고 긍정적 행동(사회적 상호작용)을 가르치기 위해 비디오 자기모델링을 적용하고 그 효과를 평가하기 위해 대상 간 중다기초선설계를 사용하였다. 사회적 시작행동은 또래에게 자발적인 말을 건네는 것으로 정의하였다. 역할놀이 대본을 작성하고 또래들에게 역할극을 하도록 요청했다. 구체적인 장면은 Roy나 Tommy가 학생들에게 다가가서 좋아하는 활동에 대한 질문을 하는 것이다. 수업 시작 전에 3분짜리 비디오를 학생들에게 보여 주었다. 자료는 점심시간, 휴식시간, 자유시간에 각각 30분씩 수집되었다. [그림 6-18]에서 보는 바와 같이, 2명 모두 사회적 시작행동의 빈도가 증가되었고 유지되는 결과를 나타냈다. 기초선 기간 동안에 사회적 시작행동을 전혀 보이지 않았던 Roy는 하루에 시작행동이 4.0으로 증가했고 평균 4.4로 유지되었다. Tommy는 12일간의 기초선 기간 동안 2회의 사회적 시작행동을 보여 하루 평균 .17로 기록되었다. 이러한 사회적 시작행동이 3.8로 증가되어 하루에 4.25로 유지되었다. Roy의 비디오 자기모델링 성공이 Tommy에게도 복제되었기 때문에 종속변인과 독립변인 간에 기능적 관계가 성립한다고 말할 수 있다.

연구자들은 한 번에 여러 학생의 행동을 보기 위해 중다기초선설계를 사용하여 왔다. 연구자들은 2명, 소집단, 혹은 학급 전체를 '단일'의 단위로 삼는다. 이러한 경우 수행은 집단이 수행한 표적행동의 평균으로 보고되거나 집단 내 개인 구성원들의 수행으로 보고된다(Hawken, MacLeod, & Rawlings, 2007; Kohler, Strain, Hoyson, & Jamieson, 1997; Loncola & Craig-Unkefer, 2005).

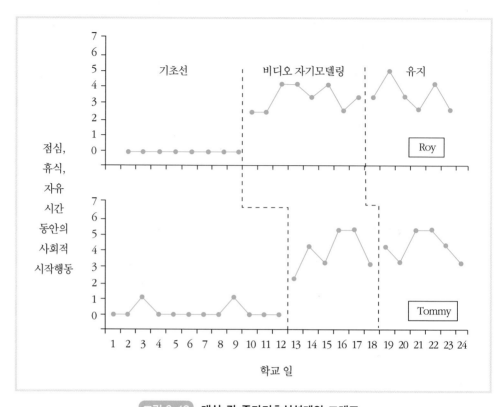

점심,
휴식,
자유
시간
동안의
사회적
시작행동

그림 6-18 대상 간 중다기초선설계의 그래프

출처: "Video self-modeling applications with students with autism spectrum disorder in a small private school setting," by T. Buggey, 2005, *Focus on Autism and Other Developmental Disabilities, 20*, 52-63.

❖ 상황 간

　Dalton, Martella 그리고 Marchand-Martella(1999)는 학습장애를 가진 8학년 남학생 2명을 대상으로 과제 불이행 행동에 대한 자기관리 프로그램의 효과를 평가하기 위해 상황 간 중다기초선설계를 사용하였다. 과제 불이행은 ① 자리에 있지 않음(엉덩이가 의자에 닿아 있지 않음, 발이 바닥에 닿아 있지 않음), ② 다른 사람과 이야기함(학생과 말하기, 속삭이기, 허락 없이 다른 사람에게 큰 소리로 말하기), ③ 다른 사람을 방해하기(노트 건네기, 다른 학생의 신체나 물건을 만지기), ④ 주어진 과제를 하지 않기(쓰지 않고 낙서하기, 교과서가 아닌 잡지 읽기), ⑤ 주어진 과제와 관련되지 않거나 그것을 방해하는 신체적 움직임 나타내기(연필 가지고 놀기, 종이 찢기)와 같이 조작적으로 정의되었다. [그림 6-19]는 Peter의 자료를 그래프로 나타낸 것이다. 기초선 동안에는 '정상적인 수업 절차'가 실행되었다. 이것은 재지도, 질책, 교실에서 제외, 방과 후 남게 하기 등으

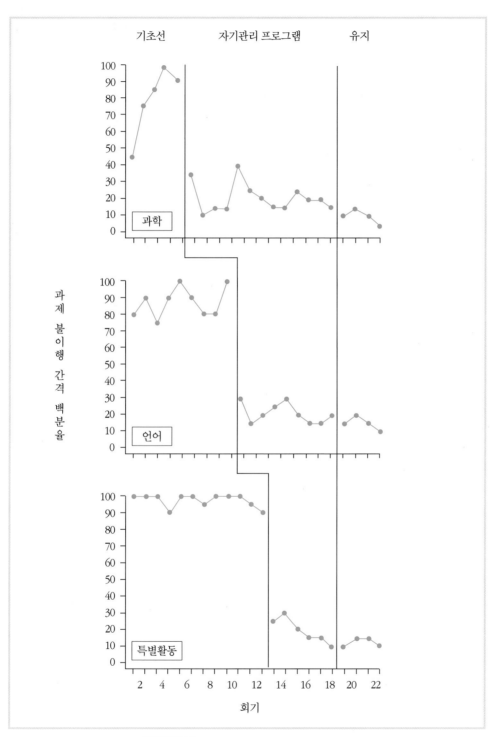

기초선 　　 자기관리 프로그램 　　 유지

과제 불이행 간격 백분율

과학

언어

특별활동

회기

그림 6-19 　상황간 중다기초선설계의 그래프

출처: "The effects of a self-management program in reducing off-task behavior," by T. Dalton, R. Martella, & N. Marchand-Martella, 1999, *Journal of Behavioral Education*, Vol. 9, issue 3, pp. 157-176.

로 구성된다. Peter의 과제 불이행 행동은 과학시간에 평균 79%, 언어시간에 87%, 특별활동 시간에 97%로 나타났다. 자기관리 프로그램이 과학시간에 처음 도입되었는데, 행동은 평균 17%로 감소되었고 언어시간에는 21%로, 최종적으로 특별활동 시간에는 16%로 감소되었다. 자기관리 프로그램이 과학시간에 처음으로 적용되었고 언어시간에 복제되었으며, 특별활동 시간에 두 번째로 복제되었음에 주목해야 한다. 이러한 성공적인 복제는 종속변인과 독립변인 간에 기능적 관계가 성립한다는 결론에 이르게 한다.

다음의 일화는 교실에서의 중다기초선설계의 사용을 설명한다.

〈일화 6-5〉

학생들, 수업에 늦지 않게 오는 것을 배우다

Raphael은 중학교 영어교사다. 그녀의 오전 수업 3개의 학생들은 매일 수업에 늦었다. Raphael 선생님은 3개 수업에서 기초선을 기록하기 시작했다. 종이 칠 때 자리에 앉아 있는 학생 수를 기록하였는데, 첫 번째 수업에서는 평균 5명, 두 번째 수업에서는 4명, 세 번째 수업에서는 7명의 학생이 자리에 앉아 있었다. Raphael 선생님은 첫 번째 수업에서 종이 칠 때 자리에 앉아 있는 학생에게 포인트를 주기 시작했다. 1주일 내에 25명의 학생이 제시간에 자리에 앉아 있었다. 첫 번째 중재 동안에 다른 수업에서의 기초선 자료는 여전히 변하지 않고 있었다. 두 번째 수업에서 포인트를 주기 시작했을 때 제시간에 온 학생 수는 즉각 증가하였다. 1주일 후에 세 번째 수업에 중재를 적용하였는데 비슷한 결과가 나왔다. 선생님은 두 가지를 이루었다. 수업의 학생들을 제시간에 도착하게 하는 데에 성공했고, 중재(독립변인)와 학생 행동(종속변인) 간의 기능적 관계를 확립했다.

장점 및 단점

중다기초선설계의
문제와 해결방안

중다기초선설계는 반전설계에서처럼 중재의 철회 없이도, 또 준거변경설계에서처럼 점진적 변경 없이도 기능적 관계를 확립할 수 있다. 이러한 장점 때문에 중다기초선설계는 특별히 교실에서 사용하기에 편리하다. 그러나 중다기초선설계는 몇 가지 제한점을 갖는다. 이 설계는 연구자가 중재를 몇 명의 학생, 행동 혹은 상황에 적용해야 하는데 그것이 현실적이지 못한 경우도 있다. 또한 중다기초선설계는 특히 두 번째와 그다음 종속변인에 대해서 오랜 기간에 걸쳐 기초선 자료를 수집할 필요가 있다.

학생이 행동을 전혀 수행하지 못하거나 추가적 상황에의 접근이 불가능할 때 매일 기초선 자료를 수집하는 것은 실제보다 더 많은 시간 소모를 가져오거나 불가능할 수도 있다. 이러한 상황에 대해 합리적인 방안으로 중다간헐기법(multiple probe technique)이 제안되어 왔다(Horner & Baer, 1978). 중다기초선설계의 이러한 변형에서는 중재가 실행되지 않는 행동(대상 혹은 상황)에 대한 자료를 계속해서 수집하지 않는다. 간헐 흔적(기초선 조건하의 단일 시도)이나 간헐 회기(기초선 조건하의 하나 이상의 시도)가 간헐적으로 실행되는데, 그것은 학생이 여전히 행동을 수행할 수 없음을 증명하거나 중재 전의 어떤 변화를 기록하기 위한 것이다. 행동 1(학생 1 혹은 상황 1)에 중재를 사용하는 동안 교사는 간헐적으로 행동 2와 3을 조사한다. 행동 1이 준거에 도달할 때 1개 혹은 그 이상의 간헐 회기가 모든 세 가지 행동에 대해 실행된다. 그리고 행동 2에 대한 중재가 시작된다. 행동 1에 대해서는 변화된 행동이 유지되고 있음을 확립하기 위해 사후 간헐조사가 실행되고, 행동 3에 대해서는 기초선 간헐조사가 계속된다. 행동 2가 준거에 도달할 때 1개 혹은 그 이상의 간헐 회기가 세 가지 모든 행동에 대해 실행된다. 그리고 행동 3에 대한 중재가 시작되고, 행동 1과 2에 대해서는 사후 간헐조사가 실행된다.

8 교대중재설계

하나의 독립변인과 여러 개의 종속변인에 사용되는 중다기초선설계와 대조적으로, 교대중재설계(alternating treatments design)(Gast, 2010; Kazdin, 2011)는 한 가지 종속변인에 대한 하나 이상의 처치 혹은 중재 전략의 효과를 비교하는 것이다. 예를 들어, 교사는 이 설계를 이용하여 학생이 독해력에 대한 두 가지 읽기 프로그램의 효과를 비교하거나, 학생의 말하기에 대한 두 가지 행동 감소 절차의 효과를 비교할 수 있다. 또한 의사소통판에 사용되는 세 가지 서로 다른 형태의 상징 효율성을 검사할 수도 있다. 이 설계를 지칭하는 여러 가지 용어가 있는데, 중다계획설계(multiple schedule design)(Hersen & Barlow, 1976), 교대조건설계(alternating conditions design)(Ulman & Sulzer-Azaroff, 1975), 중다요소기초선설계(multi-element baseline design)(Sidman, 1960) 등이 그것이다.

실행

교대중재설계를 설정하는 첫 번째 단계는 표적행동과 두 가지 이상의 처치를 선정하는 것이다. 표적행동이 사회적 행동(예: 적절하게 질문하기, 계속해서 과제 수행하기)이라면 그것을 조작적으로 정의해야 한다. 표적행동이 학업적인 것이라면 중재 전략 각각에 해당되는 두 가지 이상의 대표적 행동 예(예: 난이도가 같은 2개 조 이상의 나눗셈 문제)가 선정되어야 한다.

명칭이 암시하듯, 이 설계는 처치가 번갈아 혹은 순환적으로 실행된다. 처치의 실행은 ABBABAAB와 같이 임의적 순서로 이루어진다(Barlow & Hersen, 1984). 2개의 처치가 적용될 때 학생은 각 처치에 같은 횟수만큼 노출되어야 한다. 처치가 3개라면 순환조(block rotation)를 사용한다. 각 조는 ABC, BCA, CAB, ACB, BAC, CBA 등과 같이 각 처치의 1회 제시로 구성된다. 가능한 조합이 최소한 한 번은 적용되어야 한다.

교대중재는 하나의 회기 내에서 순서적으로 이루어질 수도 있고(A 뒤에 B), 한 회기에서 다음 회기(같은 날 오전에 A, 오후에 B)에 걸쳐 이루어질 수도 있으며, 하루에 한 번(월요일에 A, 화요일에 B) 이루어질 수도 있다. 일정은 평형을 이루어야 한다. 다시 말해, 한 회기에서 첫 번째로 적용된 처치는 다음 회기에서는 두 번째로 적용되어야 하고, 첫째 날 오전에 적용된 처치는 둘째 날에는 오후에 적용되어야 하며, 첫째 주 월요일에 적용된 처치는 두 번째 주 화요일에 적용되어야 한다. (처치를 시행하는 사람이나 처치의 위치 등과 같은 외생변인을 최소화하기 위해서 연구 상황에서 유사한 평형화가 사용된다.) 이러한 평형화는 효과 이월이나 효과 연속의 가능성을 통제해야 한다(Barlow & Hayes, 1979). 다시 말해, 처치를 임의적 순서로 제시함으로써 각 처치가 다른 처치에 끼칠 수 있는 영향을 최소화할 수 있을 것이다.

각 처치에 앞서 변별적 자극이나 신호, 단서를 순간적으로 제시하여 학생들에게 어떤 조건이 실행되고 있는지를 분명하게 알려 줄 수 있다. 예를 들어, '처치 A입니다.' '처치 B입니다.' '이제 숫자판을 사용할 것입니다.' '이제 칩을 사용할 것입니다.' 와 같이 말하는 것이다. 또한 어떤 조건이 실행되고 있는지를 표시하기 위해 색이 다른 양식을 사용할 수도 있다.

그래프 그리기

교대중재설계 그래프의 기본적인 형태가 [그림 6-20]에 제시되어 있다. 모든 설계에서와 같이 기초선 자료를 처음에 그려 넣고 점선의 세로선으로 중재 자료와 분리한다. 교대중재설계의 그래프는 몇 개의 꺾은선이 한 그래프에 나타날 수 있다는 점이 다른 설계와 다르다. 각 처치에 대한 자료점은 그 처치의 다른 자료점과만 연결되기 때문에 분리된 꺾은선이 각각 나타나게 된다.

만일 한 처치의 자료 꺾은선이 다른 꺾은선으로부터 수직으로 분리되어 있으면 그것을 분할(fractionated)이라고 한다. 분할은 처치가 차별적으로 효과적임을 나타낸다.

[그림 6-20]의 위 그래프는 효과적인 처치를 나타낸다. 처치 A는 두 가지 처치 중 더 효과적이다. 자료 꺾은선은 분리되어 있고, 중재 구간의 처음 시작점이 아닌 다른 자료점에서는 만나지 않는다. 두 꺾은선은 분할적이다. [그림 6-20]은 또한 서로 유의미한 차이를 보이지 않는 자료도 보여 준다. 가운데 그래프는 두 가지 처치 중 어느 것도 종속변인을 통제하지 못함을 보여 준다. 따라서 둘 다 효과적이지 않다. 아래 그래프는 두 가지 처치가 모두 종속변인을 통제하고 있음을 보여 준다. 따라서 둘 다 똑같이 효과적이다.

그래프를 눈으로 보면 1개 이상의 독립변인과 종속변인 간의 실험 통제를 추론할 수 있다.

> 평형화로 인해 시행시간 같은 외생요인이 중화되기 때문에(아마도), 그리고 두 가지 처치의 변별이 쉽기 때문에 각 처치에 상응하는 행동변화의 차이는 처치 자체에 기인하는 것이며 두 가지(혹은 더 많은) 처치 간의 직접적 비교를 가능하게 한다(Barlow & Hayes, 1979, p. 200).

지금까지 설명된 것과 같이 교대중재설계는 복제 구간을 갖지 않는다. 그러므로 기능적 관계의 존재는 상대적으로 약하다. 좀 더 확신할 수 있는 사례로 만들기 위해 세 번째 구간이 도입될 수 있다. 이 구간에서는 중재 구간에서 효과적이지 않았던 처치로 다루어진 행동에 대해 효과적인 것으로 나타난 처치를 적용한다. 만일 이 구간에서 행동이 개선되면 처치의 복제가 이루어지는 것이고 기능적 관계가 입증된다. [그림 6-21]은 세 번째 구간이 도입된 설계의 변형이다.

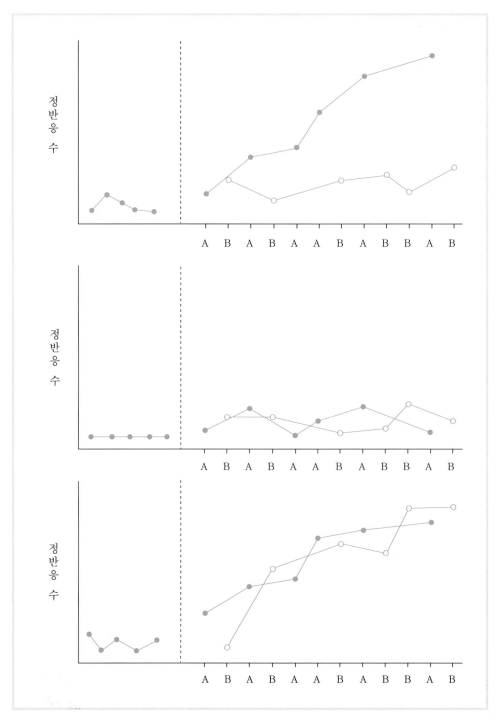

그림 6-20 교대중재설계를 이용하여 수집된 자료의 그래프

※ 맨 위의 그래프는 처치 A가 더 효과적이며, 가운데와 맨 아래의 그래프는 두 처치 간에 차이가 없음을 나타 낸다.

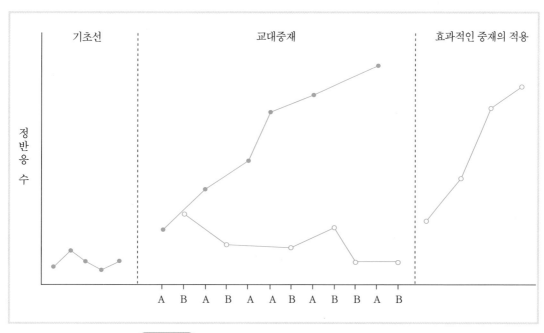

그림 6-21 기능적 관계를 입증하는 3구간 교대중재설계

적 용

　Cihak와 Foust(2008)는 3명의 초등학교 자폐 학생을 대상으로 한 자릿수 덧셈 문제를 풀기 위한 숫자 밑줄 방법과 점 찍기 방법의 효과를 비교하기 위해 교대중재설계를 사용하였다. 집단 교수 형식으로 학생들은 덧셈 문제지를 풀었고 영구적 산물로 자료가 수집되었다. 교사는 수정된 모델-지도-검사 절차(model-lead-test procedure)를 이용하여 학생들에게 숫자 밑줄 방법과 점 찍기 방법의 사용을 가르쳤다. [그림 6-22]는 각 구성원의 정답률을 나타내고 있다. 설계의 두 번째 구간에서 볼 수 있는 바와 같이 학생은 점 찍기를 사용할 때 명백하게 더 나은 수행을 보였다. 그러나 각 학생의 습득 경향과 세부적 꺾은선은 서로 다르다. 세 번째 구간은 성공적인 점 찍기 방법의 복제를 보여 주는 것으로, 종속변인(덧셈 수행)과 독립변인(점 찍기 방법) 간에 기능적 관계가 성립함을 나타내는 것이다. (이것은 각 학생이 기초선을 시작하고 동시에 중재를 하므로 중다기초선설계가 아님을 유념해야 한다.)

　교대중재설계는 교사들에게 〈일화 6-6〉에서 보여 주는 것과 같은 다양한 수업기법의 효과를 비교하고 그에 대한 빠르고 정확한 피드백을 제공할 수 있다.

교사는 교대중재
설계를 통하여 개
별화교수에 도움
을 받을 수 있다.

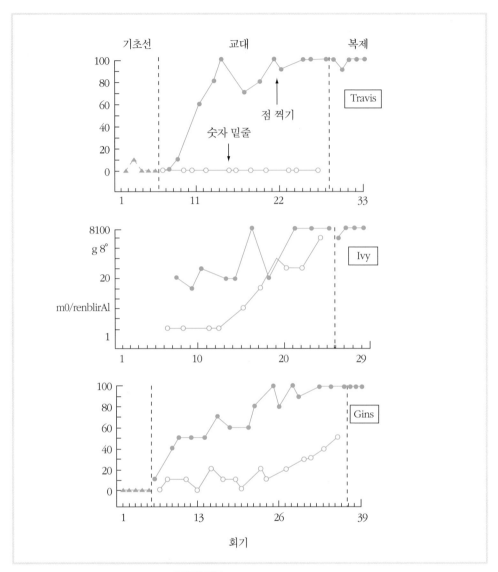

그림 6-22 교대중재설계의 사용

출처: "Comparing number lines and touch points to teach addition facts to students with autism," by D. Cihak & J. Foust, 2008, *Focus on Autism and Other Developmental Disabilities*, *23*, 131-137.

〈일화 6-6〉

Marcia, 어휘를 배우다

Hagan 선생님은 초등학교 특수학급 교사다. 그는 반의 학생인 Marcia에게 1학년 수준의 기본 어휘를 가르치기로 하였다. Hagan 선생님은 15개의 단어를 선정하고 그것을 읽는 Marcia의 기초선 수준이

0임을 확인했다. 선생님은 단어를 5개씩 3개 세트로 나누어 카드에 적었다. 첫 번째 세트는 테이프에 단어가 녹음된 자료를 들려주어 Marcia가 그 단어의 발음을 들을 수 있도록 했고, 두 번째 세트는 직접 Marcia와 함께할 또래교사를 배치했고, 세 번째 세트는 선생님이 Marcia에게 발음을 들려주었다. Hagan 선생님은 매일 각 세트에서 Marcia가 정확하게 발음한 단어의 수를 기록하고 그래프로 그렸다. 1주일 내에 Marcia는 또래교사와 배운 단어를 다른 세트의 단어보다 더 높은 비율로 정확하게 읽었다. Hagan 선생님은 Marcia가 어휘를 학습하는 데에 또래교사가 가장 효과적이라고 결론지었다.

장점 및 단점

어떤 방법이 이런 학생에게 가장 성공적이겠는가? 교대중재설계는 교사가 이 질문에 답할 수 있는 효과적인 방법이다. 일단 명백한 분할이 나타나면 교사는 3~5개의 자료점으로 가장 성공적인 방법을 선정할 수 있다. 단점은 명백한 기능적 관계를 확립하기 위해 복제 구간을 도입할 필요가 있다는 점이다. 그러나 교사들에게는 이것이 그다지 중요하지 않다.

9 조건변경설계

조건변경설계(changing conditions design)는 학생의 행동(종속변인)에 대한 두 가지 이상의 처치(독립변인)의 효과를 연구할 때 사용된다. 교대중재설계와는 달리 이 설계에서의 처치는 순서적으로 도입된다. 조건변경설계는 새로운 각 처치 구간에 확인 문자가 주어지기 때문에 중다처치설계, ABC 설계로도 알려져 있다(Cooper, 1981; Kazdin, 2011; Richards et al., 1999).

이 설계는 특정 학생에게 어떤 중재가 성공적인지를 알기 전에 여러 가지 중재를 시도해 볼 필요가 있는 교사에게 유용하다. 교사는 학생이 행동을 수행할 조건(예: 환경조건, 도구조건, 강화조건)을 변경해 보는 것이다.

> 조건변경설계는 현실적이다. 교사는 효과가 나타날 때까지 서로 다른 기법을 계속 시도해 본다.

실 행

조건변경설계를 실행하는 첫 번째 단계는 학생의 현재 수행 수준을 평가하기 위한 기초선 자료를 수집하는 것이다. 일단 안정된 기초선이 확립되면 교사는 선택된 중재를 도입하고 자료수집을 통하여 그 효과를 측정한다. 만일 첫 번째 중재가 학생의 수행에 변화를 나타내지 못한다면, 혹은 변화가 충분한 정도가 아니라면, 혹은 바람직한 방향이 아니라면, 교사는 두 번째 중재를 설계할 수 있다. 이 두 번째 중재는 전략을 완전히 변경한 것일 수도 있고, 앞의 중재를 수정한 것일 수도 있다. 중재를 재설계하는 과정은 학생의 행동이 바람직하게 성취될 때까지 반복된다. 교사는 중재 5회기 내에 행동의 변화에 대한 어떤 증거를 볼 수 있어야 한다.

조건변경설계에는 ① ABC, ② ABAC, ③ ABACAB의 세 가지 기본형이 있다([그림 6-23] 참조).

① ABC 설계: ABC 설계는 처치 간의 효과를 판단하고자 할 때, 학생의 수행을 촉진할 교수를 일괄적으로 시도하고자 할 때, 학생이 좀 더 독립적으로 수행할 수 있도록 체계적으로 도움을 제거하고자 할 때 사용된다.

    a. 일괄교수 구성: 교사는 학생의 현재 수행에서 시작하여 중재를 시작한다. 만일 학생이 전혀 반응하지 않거나 충분하게 반응하지 않으면 학생의 수행이 준거를 충족시킬 때까지 새로운 전략이 추가된다. 이러한 형식은 중재에 대한 반응(Response to Intervention: RTI) 모델에 부응하는 것이다. 각 구간이 교수에 추가될 때 새로운 구간이 확립된다. 이 설계는 단순히 AB 설계를 확장한 것이다. AB 설계에서와 같이 중재의 효과에 대한 복제는 없고 기능적 관계가 가정되지도 않는다. Smith(1979)는 학습장애 학생의 구두 읽기를 개선시키는 연구를 수행했다. 기초선 후에 세 가지 구간이 추가되었다. 첫 번째로 교사는 교사 모델링을 사용하였다. 학생의 수행에 변화가 충분하지 않아, 교정된 절차가 모델링에 추가되었다. 이러한 결합적 전략이 여전히 충분한 변화를 만들어 내지 못하였고, 선행검토 절차가 추가되었다. 이러한 세 가지 일괄 전략은 성공적인 것으로 나타났다.

    b. 도움 줄이기: 교사는 학생이 수행을 성공적으로 하기 위해 필요한 최소한의 도움이 어느 정도인지를 알아내기 위해 학생에게 제공했던 도움의 양을 체계

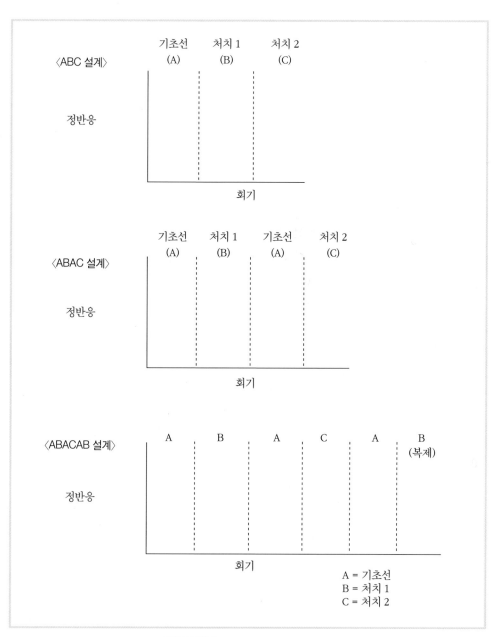

그림 6-23 조건변경설계의 기본형

적으로 감소시킨다. 예를 들어, 문자 쓰기를 배우는 학생에게 첫 번째 구간에서는 따라 쓸 수 있는 촘촘한 점선의 문자를 제공하다가 두 번째 구간에서는 덜 촘촘한 점선의 문자를 제공하여 결국에는 점선의 문자가 없이도 문자를 쓸 수 있도록 하는 것과 같이 선제자극의 강도를 줄이는 것이다. 도움을 줄일 때마다 새로운 구간으로 간주된다. 또 다른 예로는 강화나 강화 전달의 빈도(스케줄)를 감소시키는 것이 있다. 일괄교수의 요소 수를 감소시키는 것 또한 도움 줄이기다. 만일 작문을 완성하기 위하여 처음에 학생에게 주제와 주제를 설명하는 그림, 그림을 구어로 설명하는 지침, 주제 문장을 주어야 했다면, 학생이 주제를 주는 것만으로 작문을 할 수 있을 때까지 각 도움을 체계적으로 제거해 가는 것이다.

② ABAC 설계: 이 설계에서는 두 가지 혹은 그 이상의 처치가 두 번째 기초선 조건에 의해 분리된다. 기초선, 처치 1, 기초선, 처치 2 등과 같다. 처치는 완전히 다르거나 변형된 것이다. 기초선 조건을 사이에 끼워서 처치들을 분리하는 것은 다른 처치가 실행되고 있는 동안에 이전의 처치가 계속해서 학생의 행동에 영향을 끼치는 것을 예방하여 각 처치의 영향을 명백하게 해 준다. 그러나 복제 구간이 부족하므로 기능적 관계가 구축되는 것에는 한계가 있다. Coleman-Martin, Heller, Cihak 그리고 Irvine(2005)의 연구에서는 어휘를 증가시키기 위해 세 가지 서로 다른 중재, 즉 교사 교수, 교사와 컴퓨터 보조 교수, 컴퓨터 보조 교수를 비교하였다. 구간의 순서는 기초선, 교사 교수, 기초선, 교사와 컴퓨터 보조 교수, 기초선, 컴퓨터 보조 교수였다.

③ ABACAB 설계: ABC나 ABAC 설계에 의한 자료는 종속변인과 독립변인 간의 기능적 관계를 확정하지 못한다. AB 설계처럼 자료는 단지 특정 중재가 유효함을 지적할 뿐이다. 그러나 기능적 관계를 입증하기 위해서 설계를 개선시킬 수 있다. 기능적 관계의 존재를 평가하기 위해서는 중재 효과의 복제가 있어야 하므로 가장 성공적인 처치를 또 다른 기초선 조건 뒤에 재실행하는 것이다. 처치가 다시 성공적이면 그것은 효과의 복제이므로 기능적 관계가 입증된다. 이 설계 또한 ABAB 설계의 변형으로 볼 수 있다.

그래프 그리기

조건변경설계의 형식은 이전의 설계들과 유사하다. 기초선 구간 다음에 중재 구간이 뒤따르며 각 중재와 연관된 자료 및 회기를 분리하는 점선의 세로선이 그어진다. 앞의 [그림 6-23]은 ABC, ABAC, ABACAB 설계의 세 가지 기본형을 보여 준다.

적 용

Crozier와 Tincani(2005)는 8세 자폐 남아의 나쁜 말하기 행동을 감소시키기 위한 두 가지 중재를 비교하기 위해 기초선이 반복되는 조건변경설계를 사용하였다. 중재는 교실에서 독립활동 시간 30분 동안에 실행되었다. [그림 6-24]는 Alex의 구간별 나쁜 말하기를 기록한 자료다.

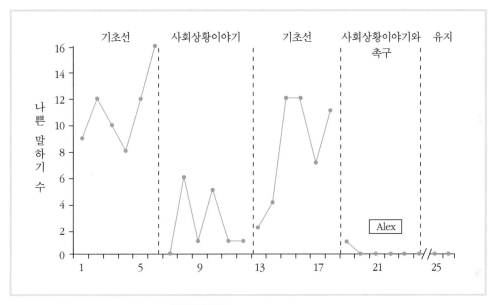

그림 6-24 조건변경설계의 사용

출처: "Using a modified social story to decrease disruptive behavior of a child with Autism", by S. Crozier & M. Tincani, 2005, *Focus on Autism and Other Developmental Disablities*, *20*, 150-157.

a. 첫 번째 기초선 기간 동안에, Alex는 나쁜 말하기를 회기당 평균 11.2회 했다.

b. 첫 번째 중재 기간 동안에는 독립활동 시간을 시작하기 전에 사회상황이야기 전략을 실행하였다. 교사와 Alex가 옆에 나란히 앉고 교사는 Alex의 손에 책을 쥐어 주며 "이것은 학교에서 말하는 것에 관한 이야기야." 라고 말했다. Alex는 이야기를 큰 소리로 읽었고 읽은 것을 이해했는지를 확인하기 위한 질문에 답했다. 이 중재 구간 동안에 나쁜 말하기는 회기당 평균 2.3회로 떨어졌다.

c. 두 번째 기초선 기간에서는 중재가 중지되었고 Alex의 나쁜 말하기는 회기당 평균 8회로 증가했다.

d. 두 번째 중재기간 동안에는 교사가 사회상황이야기 읽기를 이전처럼 실행했고 거기에 구어적 촉구를 추가했다. "선생님한테 이야기할 게 있을 때는 손을 들어라." 이러한 구어적 촉구는 각 회기에서 매 6분마다 주어졌다. Alex의 나쁜 말하기는 회기당 0.2회로 떨어졌다.

마지막 중재 회기의 2주 후 2회의 유지 구간에서 Alex의 변화된 행동이 잘 유지되고 있음이 밝혀졌다.

다음의 일화는 조건변경설계가 수업에서 어떻게 사용될 수 있는지를 보여 준다.

〈일화 6-7〉

Roberta, 슛을 배우다

Woods 선생님은 초등학교에서 체육을 가르치기로 하고 임시로 고용되었다. 처음 일터에 도착했을 때 특수교사인 Jones 선생님을 만났다. 그녀는 Woods 선생님 수업에 참여하게 될 신체장애를 가진 Roberta에게 관심을 가지고 있었다. 휠체어를 사용하는 Roberta는 눈손협응이 잘 되지 않았다. Jones 선생님은 학생이 농구공을 던지는 것을 배울 수 있기를 바랐다. 농구공 놀이를 배우면 Roberta가 협응 훈련과 좋은 여가기술을 가지게 될 것이라고 생각했다. Woods 선생님은 농구공 기술이 적합할 것 같다고 동의하였다. `기초선`

Woods 선생님은 체계적으로 가르쳐 보기로 했다. 선생님은 Roberta가 낮은 테에 공을 얼마나 넣을 수 있는지 보기 위해 농구공을 20회 던져 보라고 했다. 이 절차는 아무런 추가적 교수 없이 기초선 수행률이 결정될 때까지 5회의 체육시간 동안 계속되었다. 다음에 Woods 선생님은 모델링 기법을 사용하기로 결정했다. 선생님은 Roberta에게 공을 어떻게 던지는지를 보여 주고 똑같이 해 보라고 요구하였다. 5회의 체육시간 동안 약간의 개선이 이루어졌다. Woods 선생님은 어떻게 할지를 결정하기 위해 특수교사를 만났다. `첫 번째 조건`

Jones 선생님은 모든 자료를 검토하고 조건을 변경해 볼 것을 제안하였다. Jones 선생님은 중재를 변경할 필요가 있다는 것과 모델링 절차를 도표에 점수를 기록하면서 사용하는 것을 설명하였다. `두 번째 조건`

Woods 선생님은 그렇게 해 보기로 동의하였다. 2주 후에 Roberta는 개선을 보였으나 던지는 것보다 더 많은 공을 놓쳤다. Woods 선생님은 이번에는 던지는 것을 Roberta에게 보여 주고, 점수를 기록하고, Roberta가 놓쳤을 때 잘못된 것을 정확하게 보여 주었다. 이러한 연합 절차를 통하여 Roberta는 20회 중 15회만큼 농구공을 던질 수 있게 되었다. Roberta의 부모님에게 농구대를 집에 설치하여 하교 후에 새로 습득한 기술을 즐길 수 있도록 할 것을 제안하였다. `세 번째 조건`

장점 및 단점

하나의 기초선을 가지는 조건변경설계는 교사가 학생 행동에 대한 여러 중재의 효과를 비교할 수 있게 해 준다. 비록 기능적 관계가 확립되지는 못하지만 이 형식에 의한 자료 기록은 학생 행동에 대한 다양한 절차의 효과를 점검해 볼 수 있게 한다. 그러나 교사는 자신이 알고자 하는 것이 분리된 하나의 중재 효과보다는 중재의 누적적인 효과임을 알아야 한다. 조건변경설계에서 기초선을 반복적으로 삽입하는 형식을 사용하여 중재 효과의 개별적 분석이 가능하다. 조건변경설계를 이용하여 자료를 체계적으로 기록하는 교사는 학생의 진전에 대한 기록과 어떤 절차가 어떤 학생에게 효과적인지에 대한 지표를 갖게 될 것이다.

지금까지 설명했던 여섯 가지 단일대상설계는 AB, ABAB(반전), 준거변경, 중다기초선, 교대중재 그리고 조건변경 설계다. 〈표 6-2〉에는 각 설계의 사용과 형식 및 각 설계가 답할 수 있는 질문 등이 요약되어 있다.

조건변경은 수업설계다.

표 6-2 단일대상연구 설계 요약

설계	사용	형식	질문 예
AB	기초선 및 중재 동안의 행동변화를 보기 위함. 기능적 관계를 규명하지 못함—종속변인(행동)에 대한 독립변인(중재)의 효과 복제가 부족	2구간 1. 기초선 2. 중재	1. 시간 지연 절차를 사용했을 때 Sam의 단어 숙달이 증가할 것인가? 2. 손을 들 때 토큰을 주어 강화하면 큰 소리로 말하는 Sam의 행동이 감소할 것인가?
ABAB 반전	기초선과 중재 구간 복제를 통하여 독립변인과 종속변인 간의 기능적 관계가 존재하는지를 결정함	4구간 1. 기초선 2. 중재 3. 기초선 복귀 4. 중재 복귀	1. 포인트 사용이 Sam의 작문 시 사용 단어 수를 증가시킬 것인가? 2. 자기기록 절차로 Sam의 과제 불이행 행동이 감소될 수 있을 것인가?
준거변경	최종 준거를 향하여 체계적인 분량만큼씩 행동을 증가 혹은 감소시키기 위함. 수행 수준이 변경되는 중간 준거를 계속해서 충족시키면 기능적 관계를 규명함	기초선과 중재. 목표를 향한 각 중간 준거에 대한 구간. 예) 50단어 준거에 도달할 때까지 구간당 5단어씩 증가시켜 10구간의 중간 준거	1. Sam의 단어 읽기를 100단어 준거까지 체계적으로 증가시키기 위해 시간 지연 절차를 사용할 수 있는가? 2. 토큰 강화를 사용하여 교실을 옮길 때 뛰어다니는 Sam의 행동 발생 수를 0 수준의 준거까지 체계적으로 감소시킬 수 있는가?

중다기초선	(a) 행동, (b) 대상, (C) 상황 간의 복제/일반화를 평가함으로써 독립변인과 종속변인 간의 기능적 관계가 존재하는지를 결정하기 위함	중재/일반화를 위한 기초선과 중재구간. 예) 행동 간: Sara의 소리 지르기와 자리 이탈 행동에 대한 기초선과 중재. 대상 간: Bob과 Ted의 욕하기에 대한 기초선과 중재. 상황 간: 특별활동 시간과 수학시간의 기초선과 중재	1. ① Linda의 손들기에 대한 강화 사용이 허락 없이 큰 소리로 말하기와 자리 이탈하기의 발생 수를 감소시킬 수 있는가? ② 내용 숙달 같은 학습 전략의 사용이 Linda의 역사숙제와 생물숙제 완성을 증가시킬 것인가? 2. ① 팀의 주장이 되는 기회를 얻는 포인트의 사용이 Bob, Ted, Linda의 욕하기를 감소시킬 것인가? ② 계산기의 사용이 Bob과 Ted의 장보기의 정확도를 증가시킬 것인가? 3. ① 자기기록의 사용이 특별활동 시간, 수학시간, 음악시간 동안의 Linda의 자리 이탈 발생을 감소시킬 것인가? ② 토큰 사용이 특수학급과 일반학급에서의 Linda의 수학 문제 완성 수를 증가시킬 것인가?
교대중재	두 가지 혹은 그 이상의 독립변인 중 어느 것이 종속변인 발생을 증가시키거나 감소시키는 데에 더 효과적인지를 결정하기 위함. 추가 구간에 더 효과적인 독립변인의 사용을 복제함으로써 기능적 관계의 존재를 결정할 수 있는 힘을 가짐	3구간 1. 기초선 2. 중재 구간: 교대 일 혹은 같은 날교대 회기에 각 독립변인을 적용함 3. 덜 효과적인 전략으로 배운 내용을 더 효과적인 중재로 복제함으로써, 혹은 덜 효과적인 중재가 사용되었던 기간에 더 효과적인 중재로 복제함으로써 기능적 관계를 결정할 수 있음	1. 숫자 끈이나 집계표의 사용이 Jane의 덧셈 정확도를 증가시킬 것인가? 2. 포인트를 얻거나 잃는 것이 Jane의 과제 불이행 행동을 감소시키는 데에 더 효과적일 것인가?
조건변경 중다중재 ABC	두 가지 혹은 그 이상의 독립변인 중 어느 것이 종속변인 발생을 증가시키거나 감소시키는 데에 더 효과적인지를 결정하기 위함. 기능적 관계는 좀 더 효과적인 독립변인을 추가적으로 기초선 뒤에 복제함으로써 결정될 수 있음	중다 구간: 예) 기초선 첫 번째 독립변인 기초선 두 번째 독립변인 기초선 더 효과적인 독립변인의 복제	1. 구두 및 작문 훈련이 Jane의 철자법 정확도를 증가시킬 것인가, 구두 훈련만이 효과적일 것인가, 혹은 작문 훈련만이 효과적일 것인가? 2. 포인트 제도에 덧붙여 구어적 꾸짖음을 함께 하는 것이 Jane의 지각행동을 감소시키는 데에 더 효과적일 것인가?

⑩ 단일대상설계의 평가

결과분석

교실에서 응용행동분석 절차를 사용하는 목적은 학생 행동의 의미 있는 변화를 성취하고 검증하기 위함이다. 중재 효과는 실험적 준거와 임상적 준거로 판단해 볼 수 있다. 실험적 준거(experimental criterion)는 독립변인(중재)이 종속변인(행동)의 변화에 원인이 되었는지를 검증하는 것이다. 처치 효과의 대상 내(within-subject) 복제를 증명하는 단일대상설계는 이 준거를 만족시킨다(Baer, Wolf, & Risley, 1968; Barlow & Hersen, 1984; Cooper, Heron, & Heward, 2007; Gast, 2010; Kazdin, 2011; Kennedy, 2005).

임상적 준거(clinical criterion)는 교사의 중재결과가 중재를 받은 대상의 일상에 실제로 가치 있는 영향을 미치기에 충분한지에 대한 판단이다(Kazdin, 2001, p. 153). 예를 들어, 교사는 학생의 점수를 D-에서 D로 끌어올리는 것이 정말로 의미 있는 것인지(Baer et al., 1968), 학생의 자해행동을 시간당 100에서 50으로 감소시키는 것이 의미 있는 것인지(Kazdin, 2001), 혹은 일반학급에서 여전히 높게 나타나는 학생의 과제 불이행 행동을 특수학급에서 줄이는 것이 의미 있는 것인지를 스스로에게 물어보아야 한다. 교사는 학생의 행동이 다른 학생의 학습을 더 이상 방해하지 않을 만큼, 혹은 가정과 지역사회에서 가족의 기능에 방해가 되지 않을 만큼 충분히 감소되었는지를 자문해 보아야 한다.

중재결과를 평가하는 세 번째 준거는 사회적 타당도(social validity)이다. 학생의 교육 프로그램에 포함된 사람들은 중재 프로그램과 그 결과의 사회적 수용에 관심을 갖고 그것을 평가해야 한다(Kazdin, 1977b, 2001; Wolf, 1978).

그래프의 시각적 분석

응용행동분석에서 중재 효과는 여러 구간(조건)에 분포된 자료점을 그림으로 나타내는 그래프의 시각적 분석(visual analysis)을 통하여 평가된다. 중재 효과를 판단하기 위하여 구간 내 혹은 구간에 걸친 자료의 경로와 같은 특성을 검사하기도 한다. 이러한 특성에는 구간 내 자료점의 평균(mean), 한 구간에서 다음 구간까지의 수행 수준(level),

구간에 걸친 수행의 경향(trend), 인접 구간에서 겹쳐지는 자료의 비율(percentage), 구간 내 행동변화의 속도(rapidity) 등이 포함된다(Cooper et al., 2007; Kazdin, 1998, 2001; Kennedy, 2005; Richards et al., 1999).

① 평균 변화에 대한 평가는 수행의 구간 간 평균 비율의 변화에 초점을 맞춘다. 각 구간 내에서 자료의 평균을 구하고, 그 값에 상응하는 세로좌표의 위치에 가로선을 그음으로써 그래프에 평균을 표시한다. 평균 간 관계의 시각적 점검은 중재가 행동을 바람직한 방향으로 일관적이고 의미 있게 변화시켰는지를 결정하는 데에 도움을 줄 것이다. [그림 6-25]에서 Foxx와 Shapiro(1978)는 이와 같은 평균선을 나타내 주고 있다. 보는 사람은 여러 설계 구간에 걸친 파괴적 행동의 상대적 위치를 쉽게 알 수 있다.

② 수행 수준에 대한 평가는 한 구간의 끝에서 다음 구간의 시작점까지 학생 수행이 어느 정도로, 어떤 방향으로 변화했는가와 관련된다. "새로운 조건이 도입된 후

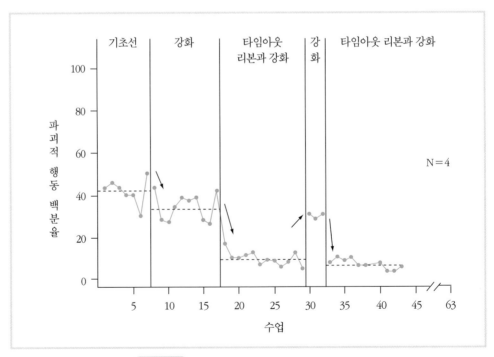

그림 6-25 **자료의 시각적 분석을 나타낸 그래프**

출처: "The timeout ribbon: A nonexclusionary timeout procedure," by R. Foxx & S. Shapiro, 1978, *Journal of Applied Behavior Analysis*.

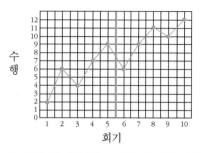

1. 그래프에 세로선을 그려서 자료점의 수를 반으로 나눈다.

이 예에서는 10개의 자료점이 있다. 따라서 선은 5회기와 6회기 사이에 그려진다. 만일 자료점의 수가 홀수이면 선이 회기점을 통과하게 될 것이다.

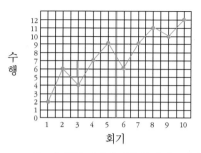

2. 그래프의 왼쪽 반에서 가운데 회기를 찾아 세로선을 그린다.

이 예에서는 5개의 자료점이 있으므로 선은 3회기에 그려진다. 만일 회기의 수가 짝수이면 이 선은 2개의 회기점 사이에 그려질 것이다.

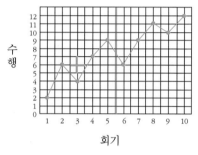

3. 그래프의 왼쪽 반에서 중간 수행점을 찾아 가로선을 그린다.

이 예에서는 수행값 6 아래에 2개의 자료점이 있고 6 위에 2개의 수행값이 있으므로 6이 중간 수행점이다. 만일 자료점의 수가 짝수이면 이 선은 2개의 중앙점 사이에 그려진다.

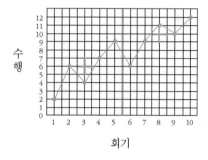

4. 그래프의 오른쪽 반에 대해 단계 2와 3을 반복한다.

이 예에서는 8회기가 중간 회기이고 수행값 10의 자료점이 중간 수행점이다.

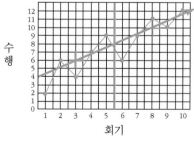

5. 그래프의 왼쪽 반과 오른쪽 반의 교차점을 연결하여 선을 그린다. 이것이 자료의 경향선이다.

그림 6-26 **경향선 그리기 단계**

수행 수준이 즉각적으로 크게 변화했을 때 변화 수준이 비약적이라고 볼 수 있으며, 그것은 중재가 강력하고 효과적임을 나타내는 것이다."(Tawney & Gast, 1984, p. 162) Tawney와 Gast는 인접한 두 조건 간의 변화 수준을 결정하고 평가하는 다음의 단계를 제안하였다. (1) 첫 번째 조건의 마지막 자료점과 두 번째 조건의 첫 번째 자료점에 대한 세로좌표값을 확인하라. (2) 큰 값에서 작은 값을 빼라. (3) 수준의 변화가 개선되고 있는지, 악화되고 있는지를 알아보라(p. 162). [그림 6-25]에서 화살표는 수준 변화를 표시하는 것이다.

③ 수행 경향에 대한 평가는 수행의 체계적이고 일관적인 증가 혹은 감소에 초점을 맞춘다. 자료 경향은 흔히 4분법(quarter-intersect method)을 사용하여 평가된다(White & Liberty, 1976). 경향의 평가는 각 구간 내 자료점의 중앙값으로 형성되는 진행선에 기초한다. 경향선의 사용은 그래프를 보는 사람들 간의 시각적 분석의 신뢰도를 높인다(Ottenbacher, 1993; Ottenbacher & Cusick, 1991). 이것은 학생의 진행을 평가하여 미래의 교수와 중재에 대한 의사결정을 하기 위해 자료를 검토하는 교사, 학생, 부모, 기타 관련인에게 특별히 중요하다. 경향선을 그리는 단계는 [그림 6-26]에 설명되어 있다. 경향선은 (1) 과거의 행동변화 방향 표시, (2) 미래의 행동변화 방향 예측을 제공할 수 있다. 이 정보는 교사가 중재를 바꿀 것인지를 결정하는 데에 도움을 줄 수 있다.

또 다른 방법은 중앙분할경향선(split-middle line of progress)이다(White & Haring, 1980). 이 경향선은 같은 수의 자료점이 선상과 선 아래 그리고 선 위에 놓이도록 그리는 것이다. [그림 6-27]에서 보는 바와 같이 자료점이 자연스럽게 그러한 형

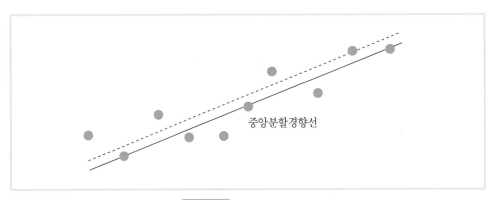

중앙분할경향선

그림 6-27 중앙분할경향선

출처: *Exceptional Teaching*, by O. White & N. Haring, 1980.

태로 배치되지 않으면 원래의 선과 평행하면서 자료점이 균형을 이루도록 선을 좀 더 높게 혹은 낮게 그린다.

④ 인접한 조건의 수행(세로좌표값)에 대한 자료의 중복비율은 중재가 행동에 미친 영향을 나타내는 것이다. 이것을 효과크기(effect size)라고 하는데 중재효과를 측정하는 것으로 사용된다(Kromrey & Foster-Johnson, 1996). 중복비율은 다음과 같이 계산된다. "(1) 첫 번째 조건에서의 자료값의 범위를 구한다. (2) 두 번째 조건에서 분포된 자료점의 수를 센다. (3) 두 번째 조건의 자료점 중에서 첫 번째 조건의 범위 내에 포함되는 자료점의 수를 계산한다. (4) 첫 번째 조건의 범위 내에 포함된 자료점의 수를 두 번째 조건의 총 자료점 수로 나누고 100을 곱한다. 일반적으로 중복비율이 낮을수록 표적행동에 끼친 중재의 영향은 크다."(Tawney & Gast, 1984, p. 164)

예를 들어, 앞의 [그림 6-25]에서 기초선(구간 1)의 자료값 범위는 32~50이다. 강화만 주는 조건(구간 2)에서 10개의 자료점 중 6개가 기초선의 자료값 범위에 포함되므로 60%의 중복을 나타낸다. 그러나 구간 2와 구간 3 간의 중복 백분율은 0%다. 이러한 백분율의 변화는 타임아웃 리본과 강화의 사용이 강화만 사용하는 것보다 파괴적 행동에 더 크게 영향을 미친다는 것을 의미한다.

⑤ 행동변화의 속도(때로 행동변화의 반응시간이라고 함)에 대한 평가는 한 구간의 시작과 종료 간의 시간 길이 및 수행의 변화와 관련된다. 실험조건이 변경된 후에 (즉, 중재의 실행 혹은 철회 후에) 변화가 빨리 일어날수록 중재 효과는 더 명백하다(Kazdin, 1998). "변화의 속도는 수준과 경사(경향) 측면에서 변화의 기능을 접합한 것이므로 그것을 조건으로 지정하기는 어렵다. 일반적으로 수준과 경사에서의 현저한 변화는 빠른 변화를 반영한다." (Kazdin, 2011, p. 316)

시각적 분석은 빠르고 효과적이며 배우기가 상대적으로 쉽다(Poling, Methot, & LeSage, 1994). 이것은 교사가 교실에서 교수 및 행동 관리에 대한 결정을 하고자 할 때 유용하다. 시각적 분석은 중재 전후 자료에 대한 신뢰보다는 구간을 변화시키면서 자료를 수집하는 진행형 평가다. 이것은 교육 프로그램을 구성할 때 자료에 근거한 의사결정을 조장한다.

시각적 분석의 문제는 어떤 검증이 신뢰할 만한 효과를 보여 주었는지 보여 주지 못했는지를 결정할 확고한 규칙이 부족하다는 점이다(Kazdin, 1998). 시각적 분석은 연구 문헌에 근거하여 합의된 조작적 준거를 가지지 못한다. 각 교사나 연구자가 나름대로 요소에 대한 기준을 설정한다. 따라서 시각적 분석은 자료를 설정하는 개인에 따라, 혹은 자료를 검토하는 개인에 따라 주관적이고 비일관적인 적용을 하는 것으로 보일 수 있다. 시각적 검토에 근거한 결론은 다양한 요소를 신뢰할 만하게 사용하여 신뢰를 높일 수 있다. (1) 교사훈련과 반복적 사용 기회, (2) 일관적 기준으로 학생의 수행 자료를 해석하는 것, (3) 2명 혹은 그 이상의 훈련된 개인이 자료를 독립적으로 검토하고 그래프로 그려 결과를 비교하는 것(Richards et al., 1999) 등의 요소가 신뢰도를 높일 수 있다. 특수교육에서는 교사와 IEP 팀이 학생의 자료를 최소한 연간 단위로 검토하고 해석한다. 이것은 자료 해석을 검토하는 기회를 제공하고, 자료에 근거하여 의사결정을 하기 위한 기준을 설정할 때 협력할 기회를 제공한다.

시각적 분석에서 나온 평가는 행동에 대해 강하고 신뢰할 만한 영향을 미친 중재결과만을 드러내며 중재에 의한 미세한 행동변화를 놓칠 수 있다. 그러나 시각적 분석이 강하고 사회적으로 의미 있는 결과를 가져오는 독립변인을 확인하기에 좋다는 것은 교실 사용을 위한 장점으로 파악된다. 중재의 일반적인 목적은 즉각적이고 강한 처치 효과를 얻는 것이다. 만일 얻었다면 그러한 효과는 "시각적 점검에서 꽤 분명하게 드러난다."(Kazdin, 2001, p. 150) 단일대상설계를 교실에서의 의사결정에 사용할 때는 임상적 및 사회적 타당도가 중요한 준거가 된다. 임상적 준거는 교사의 중재결과가 학생의 학습이나 행동에 실제적인 가치와 영향을 주기에 충분한 것이었는지에 대한 판단이다. 학생 수행과 사회적 수용성은 기능적 변화에 근거한다.

비록 시각적 분석이 교실에서의 의사결정을 위한 강력한 중재 효과를 확인하거나 증명하는 데에 유용하고 편리하며 기본적으로 신뢰할 만하다 하더라도 교육 및 행동 연구자는 시각적 분석결과와 비교할 단일대상 자료의 통계적 평가를 선택할 수도 있다(Richards et al., 1999). 모집단에 대한 일반화에 관심이 있는 경우나 임상적으로 유의하지는 않아도 앞으로의 연구가 더 유의미하게 혹은 더 일관적으로 되기 위한 섬세한 중재 효과를 탐구하는 경우에 그러하다. Kazdin(1976)은 통계기법 사용에 대한 다음과 같은 세 가지 이유를 제안하였다. 즉, (1) 기회가 발생하는 것과 미묘한 효과를 구분하기 위해서, (2) 안정적인 기초선이 확립될 수 없을 때 처치 절차의 효과를 분석하기 위해서, (3) 통제가 부족한 환경에서의 처치 효과를 평가하기 위해서다. 더 깊이 있는 시각적 점검의 사용에 대한 정보와 단일대상설계의 통계적 평가는 Cooper 등(2007), Gast(2010), Kazdin(2011) 그리고 Kennedy(2005)에서 찾아볼 수 있다.

현장연구와 단일대상설계 도구

현장연구(action research)는 교사와 기타 교육 전문가들이 학교가 어떻게 경영되고 그들이 어떻게 가르치며 학생들이 어떻게 배우는지에 대한 정보를 수집하기 위해 교수/학습 환경에서 수행하는 체계적인 연구를 의미한다. 정보를 수집하는 목적은 교실과 학교에서의 긍정적 변화와 학생의 성취를 개선하는 것이다(Mills, 2003, p. 5). 현장연구를 통하여 교사는 교육팀과 정보를 모으고 공유하는 연구 참여자가 된다. 이러한 정보는 교수 활동과 행동 관리 문제를 즉각적으로 분석하게 해주고 프로그램의 다음 단계를 개발하는 데에 사용된다. 교사들은 문제를 분석하고 해결책을 찾아 그들의 교육활동을 개선시키는 데에 도움을 줄 연구설계에 관심을 가지게 된다.

현장연구는 자연스러운 접근법이다. 연구방법상 자연스러운 장면(예: 교실)에서 정상적인 흐름으로 방해받는 것 없이 수행될 때 자연스러운 것으로 간주된다. 대부분의 경우 연구방법은 준실험적(nonexperimental)이다. 자연스러운 연구는 상황을 조작하거나 통제하는 데에 관심을 가지지 않으며 기능적 관계를 발견하기 위해 중재를 연구하지 않는다. 연구의 목적이 조작되고 통제되어 온 것을 조사하기 보다는 그것이 무엇인지를 이해하기 위한 것이라면 자연스러운 연구방법이 적절하다(Arhar, Holly, & Kasten, 2001, p. 36). 기본적으로 현장연구는 준실험적이고 기술적인 반면, 단일대상연구는 실험적이어서 변인 조작의 결과로 알게 되는 기능적 관계를 규명하고자 한다.

❖ 현장연구의 구성요소

현장연구의 기본적인 단계는 다음과 같다. (1) 관심 영역 확인하기, (2) 기록을 위한 자료 수집하기, (3) 자료 분석 및 해석하기, (4) 다른 사람과 정보를 공유하고 현장 계획 개발하기(Arhar et al., 2001; Mills, 2003; Schoen & Nolen, 2004; Stringer, 2004).

자료수집을 위한 절충적 방법이 있다. Mills(2003)이 지적한 바와 같이 현장연구는 양적(예: 표준 점수의 비교), 질적 연구 방법을 사용한다. 그러나 문헌에서는 질적 연구 방법에 의한 자료수집을 강조하고 있다. 여기에는 관찰, 인터뷰, 질문지, 검목표, 평정척도, 포커스그룹, 기록물, 물리적 산물, 분포도, 현장 노트, 일화기록, 비디오테이프, 오디오테이프, 사진 등이 포함된다(Arhar et al., 2001; Mills, 2003; Stringer, 2004). 현장연구는 행동 변화를 기술하기 위해 빈도나 백분율을 사용하기도 한다. Arhar 등은 "'이것'은 얼마나 자주 일어났는가? '이것'이 '저것'과 비교하여 얼마나 자주 일어낯는가? 지속적이고 고르게 일어났는가? 주기적으로 일어났는가?"(p. 201) 등과 같은 질문으로 알 수 있는 행동의 범위에 대한 빈도 정보가 중요하다고 하였다. 이러한 자료를 조직화하고 시각적으로 제시하여 행동의 패턴과 일관성을 평가하기 위해 선 그래프와 막대 그래프가 사용된다.

❖ 단일대상설계의 기여점

교사가 현장연구를 계획할 때 활용할 수 있는 방법의 범위와 수를 확대하기 위해 단일대상연구를 참조해야 한다. 단일대상연구는 자료수집 방법과 그래프를 빠르고 쉽게 그릴 수 있는 방법을 제공해 준다. 교사는 이러한 것을 사용하여 객관적인 자료를 얻을 수 있다. 단일대상연구의 어떤 방법은 권장되는 절차이고 어떤 방법은 반드시 추가되어야 하는 절차이다.

a. 권장 절차: 단일대상연구의 3가지 자료수집 방법은 현장연구의 그것과 유사한 방법론을 사용하고 있다. 첫째, 영구적 산물 기록은 행동에 대한 성문 기록, 비디오테이프, 오디오테이프, 사진, 물리적 결과를 사용한다. 이러한 자료는 빈도나 백분율 자료로 변환된다. 둘째, 행동의 연쇄를 기술하고 분석하기 위해 일화기록을 사용한다. [그림 5-2]에 제시된 바와 같이, 분석을 보조하기 위해 이러한 관찰을 구조화하는 전략을 사용한다. 셋째, 제5장에서 논의된 사건 자료를 수집하기 위한 방법과 양식은 교사가 수집한 빈도와 백분율 자료를 구조화하는 데에 도움이 될 것이다. 제7장에는 질문지, 척도, 그리고 기능평가와 연계하여 ABA를 사용하는 분포도 절차에 대한 논의가 포함되어 있다.

b. 추가 절차: 몇몇 단일대상 설계는 현장연구의 기술적 목적에 매우 부합된다. AB설계는 행동을 나타내주고 점검해 준다. ABC설계는 추가되는 교수 요소가 행동에 미치는 영향을 점검해 준다. 처음 두 구간만 사용하는 교대중재설계는 2가지 중재의 효과를 나타내주고 점검해 준다. 이러한 각각의 설계는 검사되고 있는 행동이 중재의 실행에 의해 변화되는지를 알게 해준다. 그러나 이러한 설계는 중재의 조작은 없고 기능적 관계에 대한 평가도 없다.

❖ 현장연구의 예

Schoen과 Nolen(2004)이 수행한 연구는 현장연구로서 단일대상 연구방법을 일부 사용한 예이다. 표적행동은 6학년 학습장애 학생의 행동이었다. 대상 학생은 일반학급과 특수학급에 참여하였다. 그의 돌출행동은 과제 불이행과 학업비참여, 그리고 학업성취 부족으로 이어졌다. 이것이 문제로 확인되었다. 의사결정과 연구계획을 위한 다음의 몇 가지 자료가 수집되었다. (a) 선제자극, 행동, 후속결과 분석(ABC 분석) 양식에 따른 포커스 관찰이 5일에 걸쳐 수행되었다. 이 분석은 자료, 교사/또래에게 고함치기, 투덜거림, 뛰쳐나가기, 과제 부수기, 자해(책상에 머리 박기) 등의 특정 행동 패턴을 확인해 준다. (b) 학생, 특수교육교사, 사회사업가와의 인터뷰가 수행되었다. (c) 다양한 이론과 전략에 대한 이론적 탐색이 수행되었다. 이러한 자료가 연구진과 공유되었고 현장연구계획이 개발되었다. 또래모델링, 자기관리점검표, 정적 강화 등이 읽기, 셈하기, 전환 시에 적용되었다. 자기관리점검표는 학생이 다음과 같은 질문으로 자신의 행동을 평가하도록 되어 있다. 나는 고함을 쳤는가? 나는 과제를 지속했는가? 나는 다른 학생과 선생님에게 공손하게 행동했는가? 나는 진정하기 위해 적절한 방법을 사용했는가? 연구진은 [그림 6-5]에서와 같이 AB설계로 기초선과 현장연구 수행중의 과제 불이행 시간(분)을 그래프로 나타냈다. 이러한 형태의 그래프를 통해 돌출행동으로 인한 과제 불이행 행동의 시간이 감소됨을 점검할 수 있다.

제7장

행동의 기능 결정하기

여러분은 알고 있습니까

• 도발행동은 정당한 목적을 가질 수 있다는 것을?

• 여러 행동이 동일한 목적을 가질 수 있다는 것을?

• 선제자극은 결과만큼 행동에 영향을 줄 수 있다는 것을?

• 어떤 학생은 회피의 달인이라는 것을?

위티어(Whittier) 중학교에서는 싸우면 2일 동안 교내 정학을 받게 된다. 교내 정학 기간 동안에는 교장실에 인접한 개인 열람석에서 하루 종일 보고서 작성을 해야 하며 말을 하거나 교제하는 것은 금지된다. 싸움은 자주 일어나는 행동은 아니었지만 Toarmina 교장 선생님은 학기 초 처음 몇 주 동안에는 하루에도 몇 건씩의 싸움을 다루어야 했다. 여러 차례에 걸친 당사자와의 면담을 통해서는 많은 정보를 얻지 못했다. "걔가 나한테 다가오더니 나를 쳤어요. 나는 걔를 잘 알지도 못해요." "그 바보 같은 애가 내게서 책을 빼앗아 갔어요. 그래서 내가 세게 친 거예요." 많은 중학생이 싸움을 하기도 하지만 Maurice는 모든 싸움에 끼어 있고, 한 번 이상의 정학을 받은 유일한 학생이라는 것을 교장 선생님은 알아냈다. Maurice는 학교와 이웃에게 익숙지 않은 학생이었다. 그는 '위험' 학생으로 알려졌고 영어실력도 매우 제한적이었다. 중재자에게조차 자신의 공격성에 대한 이유를 말하기 거부했다. 그는 단지 어깨를 들썩이며 눈길을 피할 뿐이었다. 교장 선생님은 정학 기간을 3일로 늘렸지만 그의 싸움은 계속됐다. 과거에 대부분의 학생에게 효과적이었던 중재방법인 교내 정학은 Maurice에게는 효과가 없었다.

Angela는 발달지체 유아반인 Gray 선생님 반에 새로 온 학생이다. Angela는 소리 지르는 행동을 했는데, Gray 선생님이 보기에 Angela는 정말 하루 종일 소리를 지르는 것 같았다. 선생님은 Angela를 진정시키기 위해 무언가를 하고자 계속 그녀에게 다가갔다. 선생님은 물었다. "Angela, 화장실 갈래? 주스 줄까? Elmo랑 놀래? 어디 아프니? 여기? 우리 밖으로 나갈까?" 수없이 질문을 하는 자신을 발견하고 선생님은 더 이상 Angela와 스무고개를 하는 데에 시간을 보낼 수 없다고 생각하고 소리 지르는 것을 줄이기 위해 타임아웃을 사용하기로 결정했다. Angela가 소리를 지를 때마다 Gray 선생님이나 보조 선생님이 아이를 안아서 교실의 칸막이 뒤의 자리에 데려다 앉히고 소리 지르기를 멈춘 후 1분이 지날 때까지 두었다. 확실히 Angela는 소리 지르기를 멈추었다. 그러나 갑자기 성인이나 다른 아이들을 닥치는 대로 때리기 시작했다. Gray 선생님은 낙담하지 않고 Angela가 때릴 때마다 타임아웃을 시키기 시작했다. 그러자 Angela는 타임아웃 중에 주먹으로 자신의 머리를 때리기 시작하였다. 자해행동을 그냥 둘 수는 없었기 때문에 선생님은 절망스러웠다. 선생님은 타임아웃을 그만두었고 Angela는 다시 소리 지르기 시작했으며 스무고개가 다시 시작되었다.

이 두 가지 예에서 교육자는 행동의 전후관계에 대한 어떤 정보도 줄 수 없거나 주지 않는 학생이 반복적으로 일으키는 부적절한 행동을 다루고 있다. 과거에 효과를 나타내었던 기법으로 행동 발생을 줄이려는 시도가 있었으나 성공하지 못했다. 이런 행동은 비슷한 형태를 가져서 마치 전에 보아 왔던 행동 같아 보인다. 그렇다면 왜 중재 전략이 작용하지 않을까? 아마도 문제는 행동 형태에 대한 우리의 선입견 때문에 행동의 기능을 알아내는 데에 실패하기 때문일지도 모른다. 다시 말해, 비형식적인 분석은 학생이 왜 특정 행동을 하는지에 대한 정확한 판단에 실패해 왔다. 이런 경우 우리는 기능평가 및 기능분석이라고 알려진 보다 심층적인 일련의 절차가 필요할지 모른다(Skinner, 1953).

1 행동과 그 기능

교사가 "그 학생이 왜 그러지?"라고 물을 때, 우리는 정말로 그 행동이 그 학생에게 어떤 기능을 가지는지—그 학생이 그렇게 하는 목적이 무엇인지—의문을 가지게 된다. 행동의 기능은 환경을 원하는 방향으로 변화시키는 것이다. 만일 행동을 하여서 학생이 원하는 대로 변화되면 그 행동을 다시 할 가능성은 증가한다. 원하는 변화란 학생이 원하는 것을 얻는 것이나 원하지 않는 것으로부터 회피하는 것이 될 수 있다. 행동의 목적, 즉 원하는 성과 혹은 결과와 행동의 유지 간의 이러한 관계는 강화의 본질이다.

부적절한 행동이
의사소통을 위해
공헌하는 것

교육자는 흔히 행동의 물리적 특성(형태)에 초점을 맞추는데 그것이 우리가 볼 수 있는 것이기 때문이다. 형태의 양적 측정(빈도, 지속시간, 혹은 행동 발생 동안의 간격률)은 일반적으로 우리가 변화되기를 바라는 종속변인이다. 우리는 읽기시간에 Brett이 자리 이탈하는 빈도를 줄이기 위해서, 그가 자리 이탈을 하여 보내는 시간의 길이를 줄이기 위해서, 혹은 그가 자리 이탈한 간격률을 줄이기 위해서 중재를 선택한다. 그러나 행동의 형태에 초점을 맞추는 것은 행동을 통제하는 요인에 관한 정보를 조금밖에 제공하지 못한다. 서로 다른 2명의 학생이 보이는 똑같은 행동은 다른 이유로 유지될 수 있다. 어떤 학생의 공격적 행동은 교사나 또래의 관심을 얻기 위한 기능을 가질지도 모른다. 그러나 또 다른 학생은 숙제를 해 오지 않아서 교사의 주의를 피하려고 하거나 못살게 구는 또래로부터 회피하고자 그러한 행동을 하는 것일 수도 있다. 어떤 하나의 중재가 서로 다른 이유로 나타나는 행동에 대해 동일한 효과를 갖기는 쉽지 않다. 우리는 행동의 기능에 관심 갖기를 게을리하기 때문에 '주스'라고 노래를 하고 다니거나, 주스 컵을 가리키거나, 테이블 위의 빈 컵을 돌리는 식의 형태적으로 관련 없어 보이는 행동이 결과적으로는 주스를 얻기 위한 동일한 기능을 가질 수 있다는 사실을 모를 수도 있다(Remington, 1991).

교사는 중재로 인하여 부적절한 행동이 단기간 동안 사라졌다가 곧 다시 나타나는 것을 자주 발견한다. 그것은 이전과 같은 행동일 수도 있고, 더 부적절한 새로운 행동으로 대치될 수도 있다. 만일 Sita가 테이블 위에서 컵을 돌릴 때마다 교사가 컵을 치워 버리고 아이에게 '주스'라는 신호를 보내거나 컵을 가리키는 것을 가르치지 않는다면, Sita는 잠시 동안은 컵 돌리기를 멈추겠지만 이내 그것을 다시 시작할 것이며, 더 나아가 테이블에 앉자마자 자신의 머리를 돌리거나 소리 지르기를 시작할지도 모른다. 이것은 행동을 단순히 억압하기 위하여 중재했을 때 일어나는 일이다. 만일 학생이 자신이 원하는 환경적 변화를 가져올 더 적절한 방법을 새롭게 터득하지 못하면 그는 과거에 성공적이었던 방법을 계속 사용하려 할 것이다. 학생의 이러한 행동은 학습환경을 자신이 원하는 대로 유지하기 위한 도전장이며 전문가에게 그 행동을 바꿔 보려는 도전을 제공한다는 의미에서 흔히 '도전적'이라고 불린다. 만일 행동 형태를 감소시키기 위해 선정된 중재가 우연히 기능과 걸맞게 되면 행동관리는 성공적이다. 그렇지 못하면 우리는 응용행동 방법의 영문 모를 실패를 한 번 더 경험하게 되는 것이다. 예를 들어, 교사가 Sita의 컵을 치운 후에 Sita가 우연히 주스 병을 가리켜 주스를 얻게 되었다면 Sita는 아마도 더 이상 컵을 돌리지 않을 것이다. 결과적으로 Sita는 컵을 잡기만 해도 가리키는 것을 배울 수 있다. 그러나 Sita가 그냥 앉아서 주스를 얻지 못했다면 아마도 컵을 다시 가지게 되자마자 다시 돌리거나 컵을 갖지 못하면 소리 지르기를 할 것이다. 이러한 '되는 대로 식'의 성공은 우리가 행동의 형태와 기능 모두에 관심을 가질 필요가 있음을 이해하기 이전의 행동관리 특성이었다(Iwata, Dorsey, Slifer, Bauman, & Richman, 1994; Pelios, Morren, Tesch, & Axelrod, 1999; Repp, Felce, & Barton, 1988). 행동의 기능을 고려하지 않으면 부적절한 행동의 억제가 불가피하게 '대치 증상'으로 귀착되거나 새로운 부적절한 행동 출현의 기반이 되기 십상이다. 기능에 근거한 중재는 학생 행동에 대한 어떤 내적 동기가 요구되는 것이 아니라 행동을 야기하고 유지하는 환경적 사건으로 정의되는 행동의 목적에 초점을 맞춘다.

부적절한 행동은 흔히 자신의 환경 내에서 원하는 변화를 성취하는 기능을 가진다.

〈표 7-1〉은 연구 문헌에 나와 있는 행동의 여섯 가지 기능과 행동을 유지하는 강화적 결과 간의 관계에 대한 목록이다. 여기에는 관심을 얻기 위함, 유형의 무언가를 얻기 위함, 감각자극을 얻기 위함, 과제와 상호작용으로부터 도피하기 위함, 내적 고통이나 불편함으로부터 도피하기 위함 등이 포함된다.

표 7-1 　행동: 기능 및 유지시키는 후속결과

행동의 기능	유지시키는 후속결과
관심을 얻기 위해: • 성인(교사, 부모, 치료사 등)에게서 사회적 관심 • 또래에게서 사회적 관심	정적 강화 관심은 학생이 그 행동을 다시 하게 될 가능성이나 비율을 높인다.
유형의 무언가를 얻기 위해: • 사물 • 활동 • 사건	정적 강화 유형물은 학생이 그 행동을 다시 하게 될 가능성이나 비율을 높인다.
감각자극을 얻기 위해: • 시각적　• 미각적 • 청각적　• 운동감각적 • 후각적　• 고유 수용적	자동 정적 강화 행동을 하는 것 자체로 공급되는 감각은 학생이 그 행동을 다시 하게 될 가능성이나 비율을 높인다.
관심에서 도피하기 위해: • 또래나 성인의 관심 • 또래와의 사회적 상호작용	부적 강화 혐오적인 상호작용에서 제외되는 것은 행동의 가능성이나 비율을 높인다.
도피하기 위해: • 벅찬 혹은 지루한 과제 • 장면, 활동, 사건	부적 강화 혐오적인 자극을 제거하는 것은 행동의 가능성이나 비율을 높인다.
감각자극에서 도피하기 위해: • 고통스럽거나 불편한 내적 자극	자동 부적 강화 행동을 함으로써 고통스럽거나 불편한 내적 자극을 줄이는 것 자체가 그 행동을 다시 하게 될 가능성 그리고/또는 비율을 높인다.

① 관심을 얻기 위해 하는 행동: 사회적 상호작용에 참여하기 위해 성인이나 또래의 관심을 얻는 것은 행동의 기능이다. 누군가의 관심을 얻는 가장 보편적인 방법은 구어나 비구어적 의사소통 행동을 사용하는 것이다. 학생은 손을 들거나 교사에게 가서 대화를 한다. 학생들은 관심을 얻기 위한 의사소통 기술 혹은 사회적 기술이 부족할 때 부적절하다고 보이는 행동을 사용하게 된다. 그들은 큰 소리로 말하거나 바닥에 무언가를 던지거나 교사의 관심을 얻기 위해 욕을 한다. 만일 이러한 도전적 행동이 성인의 관심(유쾌하거나 불쾌하거나)을 얻는 데에 성공하면, 학생은 이러한 행동을 하는 것이 원하는 결과를 성취하게 되는 방법이라는 것을 배운다. 만일 학생이 손을 들어야만 교사의 관심을 얻는 데에 성공한다면 그는 사회적으로 적절한 행동을 배우게 되는 것이다. 원하는 결과의 성취는 학생이 다시 그 행동을 하게 될 가능성을 높인다. 이것이 정적 강화의 예다.

학생들은 성인보다는 또래에게서 사회적 관심을 받고자 한다. 앞서 예로 들었던 중학교의 Toarmina 교장 선생님은 처음에 Maurice가 또래와 적절하게 상호작용을 하는 사회적 기술과 언어기술이 부족하여 싸움을 거는 것이라고 생각했다. 가정방문을 하는 교내의 사회복지 전문가를 통해 교장 선생님은 Maurice가 중년의 사람들과 몇몇 젊은 커플들이 이웃한 낡은 집에 부모와 함께 살고 있다는 것을 알았다. 그의 부모는 Maurice의 동생들을 이 나라로 데려오기 위한 돈을 벌기 위해 각기 두 가지 일을 하고 있었다. 그들이 살고 있는 월세집은 아이들이 있으면 안 되기 때문에 Maurice는 하루 종일 집 안에만 있어야 했다. 그는 늘 혼자였고 이웃에서 친구를 만들 기회조차 없었다. 교장 선생님은 다양한 지역의 사람들이 참여하고 적절한 사회적 상호작용에 초점을 맞추는 방과 후 여가 프로그램에 Maurice를 참여시키기로 했다. 몇 주 후 Maurice는 또래와 좀 더 긍정적인 상호작용을 하는 듯했으나 불행히도 여전히 거의 매일 싸움을 걸었다. 교장 선생님은 당혹스러웠으나 문제의 근본 원인이 무엇인지 알고자 계속해서 노력했다.

② 유형의 무언가를 얻기 위해 하는 행동: 유형의 사물, 활동 혹은 사건에 대한 도움을 받기 위해 어른이나 또래의 관심을 얻는 것은 행동의 기능이다. 오전 간식시간에 학생은 주스(사물)를 가리키거나 요청할 수도 있고, 책상 위의 컵을 돌리거나 바닥에 던질 수도 있다. 어떤 학생은 손을 들고 지목을 받을 때까지 기다리거나

"Barnes 선생님, 4번 문제 좀 도와주세요."(활동)와 같이 큰 소리로 말할 수도 있다. 또 어떤 학생은 휠체어에 탄 자신의 자세를 바꿔 달라는 도움을 요청하기 위해, 혹은 화장실에 가기 위한 허락을 받기 위해(사건) 대체 의사소통 장치를 사용할 수도 있고, 그것을 위해 소리 지르거나 의자를 흔들 수도 있다.

만일 학생이 부적절한 행동을 함으로써 유형의 사물, 활동, 사건을 반복적으로 얻게 되면, 그는 원하는 결과를 성취하기 위해 부적절한 행동을 이용하는 것을 배운다. 이것은 그 학생이 도전적 행동을 다시 하게 될 가능성이나 비율을 높인다. 이 또한 정적 강화의 예다. 교사나 부모가 부적절하다거나 도전적이라고 지칭하는 행동은 의사소통의 시도일지도 모른다. 표준적인 의사소통 양식을 가지고 있지 않은 학생은 "휠체어 자세로 바꿔 주세요. 너무 불편해요."라고 요청할 수 없기 때문에 자신을 때리거나 소리를 지를지도 모른다. "주스"라는 신호를 보낼 능력이 없기 때문에, 혹은 컵을 가리키는 것을 배운 적이 없기 때문에 "주스 주세요."라는 의사소통을 하기 위해 테이블 위의 컵을 돌릴지도 모른다. 화장실에 가고 싶은 것을 나타낼 수용 가능한 방법을 배운 적이 없는 학생은 부적절한 흥분이나 들떠 보이는 행동을 보일지도 모른다. 이 장에서 설명되는 평가 절차는 다양한 요구에 대해 의사소통하기 위해 Angela(이 장의 앞부분에 든 예)가 소리 지르기를 사용한다는 결론을 얻을 수 있게 해 준다. 소리 지르기가 효과가 없을 때 Angela는 때리는 것으로 바꿨다. 일단 행동의 의사소통적 내용이 확인되면 동일한 의사소통 목적을 제공하는 더욱 적절한 형태의 행동을 학생에게 가르쳐야 한다 (Carr & Durand, 1985; Durand, 1999; Durand & Carr, 1987). Angela에게 대체 의사소통 장치를 주고 사용법을 훈련시키면 소리 지르기가 점진적으로 줄어들 것이다.

흔히 학생이 무엇을 말하고자 하는지를 모를 때 교사의 스무고개식 질문이 정적 강화가 되어 학생의 부적절한 의사소통 행동이 유지된다. 때로는 교사가 정확하게 추측하고 학생은 원하는 것을 얻는다. 학생은 자신의 레퍼토리 내에 행동을 보유하기 위해 매번 성공할 필요는 없다(제8장을 보라).

③ 감각자극을 얻기 위해 하는 행동: 감각자극을 얻는 것은 행동의 한 기능이다. 우리들 대부분은 스스로에게 감각자극을 제공하는 운동기술이나 의사소통 기술을 가지고 있다. 우리는 CD 플레이어를 켤 수 있고, 비디오게임을 할 수 있고, 초콜릿 한 조각을 먹을 수 있고, 필요하다면 도움을 요청할 수 있다. 만일 학생들이

> 기능적인 행동을 벌주는 것은 정당하지도 않고 윤리적이지도 않다.

> 성인도 좌절할 때는 때로 욕을 한다.

스스로 적절한 감각 경험을 공급할 수 없거나 그것을 공급하기 위해 다른 사람에게 요청할 수 없다면 그들은 자해나 상동 행동을 할지도 모른다. 콧노래 부르기, 침으로 방울 만들기, 귀 때리기, 꼬집기, 손가락 튕기기, 물건 빨기, 몸 흔들기 등은 학생들에게 자신만이 공급할 수 있는 감각자극을 제공한다. 행동을 함으로써 받게 되는 감각은 그 행동을 다시 하게 될 가능성이나 비율을 높인다. 이것은 자동 정적 강화로서 행동을 하는 것 자체가 원하는 환경변화를 제공한다.

④ 관심이나 상호작용에서 도피하기 위해 하는 행동: 행동은 불쾌하거나 혐오적임을 알게 된 상황으로부터 도망치려는 기능을 가질 수 있다. 숙제를 하지 않았을 때 교실 밖으로 나가거나 교사를 괴롭히는 주제에 관한 질문을 하는 것과 같은 미묘한 사회기술로 교사의 관심에서 벗어날 수 있다. 교사의 지나친 칭찬은 중학생에게 또래의 놀림을 피하기 위한 회피를 야기할 수 있다. 친구에게 도움을 요청하는 의사소통을 하거나 무단결석을 함으로써 자신을 괴롭히는 자와의 원치 않는 상

〈일화 7-1〉

Toarmina 교장 선생님은 여전히 Maurice의 싸움 때문에 난처해하고 있었다. 그는 마음대로 아무렇게나 희생자를 고르는 것 같았다. 즉, 싸움을 야기하는 일정한 패턴의 사건이 있는 것 같지는 않았다. 유일한 일관성은 교내 정학이라는 결과였다. Maurice는 그 환경에서 대부분의 시간을 학교에서 보냈고, 풀려나면 다시 싸움을 시작했다. 교장 선생님은 담당교사들과 면담을 했다. 대부분의 교사들은 Maurice가 싸울 때를 제외하고는 조용하고 모범적으로 행동한다고 보고했다. 교사는 그의 영어 성적이 빠르게 개선되고 있고 기부에 흥미를 가진다는 점을 지적했다. 사회교사인 Harris 선생님만이 유일하게 Maurice가 좋은 학생이 아니라고 믿고 있었다.

결국 Maurice의 희생자 중 한 학생을 면담하면서 교장 선생님은 Maurice가 반에서 문제가 있는지를 물었다. 그 학생은 망설이다가 결국에는 입을 열었다. Harris 선생님이 Maurice가 영어를 거의 하지 못한다는 것을 모르는 것 같고, 그래서 계속해서 Maurice를 부르고 수정해 주고 또 주의집중하라고 소리 지르고 심지어 이전보다 더 잘하지 못하면 완전히 포기하기도 한다는 것이었다. 학생은 Maurice가 가끔 울기도 한다고 했다. 학생은 이렇게 말했다. "아마도 그는 누군가에게 화풀이를 하는 것 같아요. 그는 정말로 다른 사람을 결코 해치지 않아요. 우리는 다만 그렇게 할 수밖에 없어서 싸우는 거예요."

Toarmina 교장 선생님은 학생에게 고맙다고 인사하고 돌려보낸 후 교장실 문을 닫았다. 교장 선생님은 그가 다른 학생에게 화풀이를 하는 것이 아니라 괴롭힘을 당하고 창피를 당하는 것에서 회피하기 위한 방법으로 화를 내는 것이라고 생각했다. 최소한 교내 정학 동안에는 아무도 그를 곤경에 빠뜨리거나 그에게 소리 지르지 않는다. 교장 선생님은 Maurice의 사회과 수업을 다른 반으로 옮기도록 조치했고, Harris 선생님의 메일함에 하교 후 즉시 만나자는 메모를 남겼다.

호작용을 피할 수 있다. 작업훈련에서 샐러드 드레싱 병을 선반 위에 얹는 반복적인 일에서 도망치고 싶으면 휴식을 요청하든가 무언가를 깨뜨리면 된다.

⑤ 과제에서 도피하기 위해 하는 행동: 과제를 하는 것에서 벗어나는 것은 행동의 한 기능이다. 과제는 너무 어려워서 혐오적일 수도 있고, 반대로 너무 쉬워서 지루할 수도 있다. 나눗셈, 이 닦기, 공 피하기 등과 같은 요구과제로부터의 도피는 도움이나 휴식의 필요 혹은 과제에 대한 반감을 의사소통함으로써 성취될 수 있다. 만일 휴식을 요청할 의사소통 기술이나 사회적 기술이 없으면 울화 터뜨리기가 잘 작용할지도 모를 일이다. 학생이 울화를 가지고 있는데 좌절한 교사나 부모가 과제를 중지하고 나가 버리면, 학생은 울화를 터뜨리는 것이 혐오적인 과제에서 도피하는 효과적인 방법임을 배운다. 어떤 경우에는 과제의 내용이 혐오적일 수 있다. 학교에서 연령에 맞지 않고 성별에 맞지 않는 사회적 곤혹스러움, 문화적으로 부적절한 과제, 교재교구, 상황 등은 학생에게 도피행동을 하게 할 것이다.

만일 학생이 도피를 요청할 의사소통 기술을 갖지 못했거나 불쾌한 상호작용에서 빠져나올 사회적 기술을 갖지 못했다면 그는 부적절한 행동을 할지도 모른다. 만일 행동이 도피로 귀착되면 환경은 학생이 원하는 대로 바뀌게 된다. 이러한 결과의 성취는 학생이 도피를 다시 할 가능성이나 비율을 증가시킨다. 이것은 부적 강화의 예다. 학생이 바닥에 물건을 던졌을 때 어려운 과제를 제거해 준 교사는 어려운 과제로부터 도피하고자 할 때 어떻게 해야 하는지를 학생에게 가르치는 것이다.

⑥ 고통스럽거나 불편한 내적 자극에서 도피하기 위해 하는 행동: 내적 고통이나 불편함으로부터의 도피는 행동의 한 기능이다. 우리 대부분은 좀 더 편안한 자리로 이동할 수 있고, 아스피린이나 완화제를 먹을 수 있으며, 의사에게 증상을 이야기할 수 있다. 불편하거나 고통스러운 것과 관련되는 의사소통 기술이나 인지능력을 갖지 못한 사람은 다른 사람이 보기에 부적절해 보이는, 고통이나 불편함을 줄이기 위한 행동을 할 수 있다. 행동을 함으로써 얻어지는 고통이나 불편함의 분산 및 제거는 그 행동을 다시 하게 될 가능성이나 비율을 증가시킨다. 이것이 자동 부적 강화다. 행동을 하는 것 자체가 불편함으로부터의 도피라는 환경변화를 제공하는 것이다.

Grundy 교수, 훈계를 듣다

Grundy 교수는 며칠 동안 다른 도시에서 열린 학회에 참석했다가 막 집으로 돌아왔다. 차고에 차를 넣는데 집 안에서 이상한 신음소리 같은 게 들렸다. 뒷문을 열자 세탁실에서 소리가 들려왔다. "Minerva," Grundy가 아내를 불렀다. "나 왔소! 세탁기에 무슨 문제가 있어요? 이상한 소리가 들리던데." 아내는 대답이 없었다. 그가 아내를 발견한 곳은 침실이었다. 아내는 컴퓨터 작업을 하고 있었는데 Grundy가 어깨를 두드리고서야 쳐다보았다. 아내는 빠르게 일어서며 귀에서 뭔가를 빼냈다.

"Minerva," 그가 다시 물었다. "세탁기에 문제 있어요? 세탁실에서 이상한 소리가 났어요."

"그 끔찍한 소리는" 그녀가 응수했다. "당신의 끔찍한 개가 내는 소리예요. 당신이 간 후로 녀석이 짖어대고 울부짖기 시작했어요. 당신이 가진 모든 개 훈련 책을 보고 책에서 제안한 모든 것을 시도해 봤어요. 녀석한테 물을 뿌리고 동전이 든 깡통도 던져보고 구강청결제도 뿜어보고 입에 핫소스와 식초도 뿌려봤어요. "

"내가 보고 싶었나 보군." Grundy가 말했다.

"말도 안 돼요. 당신은 녀석이 아무런 문제가 없을 때 학회에 갔죠. 나는 결국 애완동물용품점에 가서 칼라(collar)를 샀어요." 아내가 말했다.

"안 돼, 칼라라니!" Grundy가 고함쳤다.

"아니, 그게 아니라" 아내가 조용히 말했다. "녀석이 짖을 때 향이 뿜어져 나오더라고요. 그러더니 녀석이 짖는 걸 멈췄어요. 그런데 이제는 녀석을 밖으로 내보내면 담장에 몸을 비벼요. 그런데다가, 짖으면 칼라에서 향이 뿜어져 나오지만 신음소리를 내면 그렇지 않다는 것을 학습한 것 같아요. 나는 작업에 집중해야 해서(아내는 미스터리 소설 작가였다), 결국은 녀석을 세탁실에 넣고 이어폰을 꽂은 거예요."

Grundy는 아내를 남겨둔 채 Burrhus를 보기 위해 아래층으로 내려갔다. 녀석은 교수를 보고 행복에 젖은 소리를 냈고, 교수는 녀석을 마당에 풀어주었다. Burrhus는 옆집 사이의 울타리로 뛰어가 필사적으로 신음소리를 냈다.

"아, 그 문제구나!" Grundy가 소리치며 Burrhus를 뒷마당으로 데리고 갔다. 그는 옆집에 사는 Oattis가 "개 엄마"라는 걸 기억해 냈다. 그녀는 3마리의 개를 데리고 있는데 그중 두 마리는 작고 예쁜 개였고 나머지 한 마리는 괴상한 머리모양을 하고 있었다. 아내를 통해 들은 얘기로는 Oattis는 토이푸들인 그녀의 개를 개 쇼에도 데리고 나가고 복종훈련도 시킨다고 했다. 그녀는 Burrhus에게 관심을 보이기도 했다.

Grundy가 Oattis집의 현관문을 두드리자 그녀가 나타났다. 그녀는 기저귀처럼 보이는 것을 걸친, 머리모양이 괴상한 개를 안고 있었다. Grundy는 황급히 눈을 돌리며 그의 문제를 설명했다.

"글쎄요," 그녀는 자신이 안고 있는 개를 가리키며 답했다. "우리 Chloe가 발정기이기는 하지만 중성화 수술을 한 개를 괴롭히진 않아요." Grundy의 당황한 표정을 보면서 그녀는 명확히 말했다. "녀석이 발정을 해서 기저귀를 차고 있는 거예요. 이것이 처음이자 마지막일 겁니다. 챔피언 결승전이 거의 끝나

가기 때문에 이제 다른 친구들처럼 중성화 수술을 할 거예요."

"아, 저는 진짜 원치 않아……"

"댁의 개가 중성화 수술을 하지 않았다는 말씀이세요?" Oattis는 격분한 말투로 말했다. "녀석은 구조견이잖아요. 아닌가요? 구조견들은 대개 중성화 수술을 하는 것으로 알고 있는데요. 댁의 개는 아닌…."

"저, 그렇긴 합니다만…… 저……"

"아저씨!" Oattis가 씩씩거리며 말했다. "그건 굉장히 간단한 수술이라고요. 그걸 안 할 이유가 없어요. 건강상으로나 행동상으로 장점이 많다고요. 당장 약속을 잡으세요! 저 불쌍한 녀석이 우리 Chloe를 덮치려 할 거예요. 그러면 누굴 나무라겠어요? 다음 주까지 Chloe를 저 반대쪽에 매어 놓겠어요. 당신은 가능한 한 멀리 녀석을 매어 놓으세요. 일단 환경을 관리하고, 당신은 내일 당장 약속을 잡으세요. 만일 수술을 며칠 내로 할 수 있으면 녀석과 당신의 와이프는 그만큼 빨리 고통에서 해방되는 겁니다."

■ ■

행동의 형태뿐만 아니라 기능에 관심을 가짐으로써 우리는 학생이 올바른 방법으로 자신의 욕구를 충족시킬 수 있는 중재를 설계할 수 있다.

2 행동지원계획

부적절한 행동을 변화시키기 위한 일련의 동의된 절차를 상술한 계획을 행동지원계획(behavior support plan: BSP)이라고 한다. IDEA에서는 행동중재계획(behavior intervention plan)이라는 용어를 사용한다. BSP를 세울 때 기초가 되는 논리는 부적절한 행동을 동일한 기능의 적절한 행동으로 대치하는 것이다. BSP의 첫 번째 단계는 앞서 언급된 기능에 근거하여 행동이 제공하고 있는 알 수 없는 기능이 무엇인지에 대한 가설을 설정하는 것이다. 가설을 설정하기 위해서 우리는 행동 간의 관계, 행동의 선제자극, 환경상변화, 환경변화가 제공하는 강화 등을 규명하고자 한다. 우리는 이 강화가 부적절한 행동을 유지시켜 왔다고 가정하고 그 강화가 더 적절한 대치행동을 유지시킬 것이라고 예측한다.

응용행동분석에 기초한 행동관리는 행동과 그에 영향을 미치는 환경적 사건 간의 관계인 S-R-S([그림 7-1]의 윗부분 참조)라는 기본적인 강화 유관을 나타내는 3항식 간의 관계를 이해함으로써 행동이 학생에게 어떤 기능을 제공하는가에 대해 알고자 한다. 행동 발생에 앞선 변인의 형태(행동 수행을 야기하거나 알리는 자극, 즉 선제자극)와

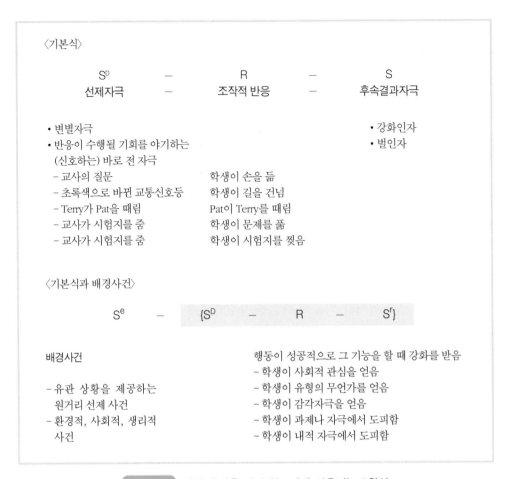

〈기본식〉

S^D	–	R	–	S
선제자극	–	조작적 반응	–	후속결과자극

- 변별자극
- 반응이 수행될 기회를 야기하는
  (신호하는) 바로 전 자극
  - 교사의 질문
  - 초록색으로 바뀐 교통신호등
  - Terry가 Pat을 때림
  - 교사가 시험지를 줌
  - 교사가 시험지를 줌

- 강화인자
- 벌인자

  학생이 손을 듦
  학생이 길을 건넘
  Pat이 Terry를 때림
  학생이 문제를 풂
  학생이 시험지를 찢음

〈기본식과 배경사건〉

$$S^e \quad - \quad \{S^D \quad - \quad R \quad - \quad S^r\}$$

배경사건

- 유관 상황을 제공하는
  원거리 선제 사건
- 환경적, 사회적, 생리적
  사건

행동이 성공적으로 그 기능을 할 때 강화를 받음
- 학생이 사회적 관심을 얻음
- 학생이 유형의 무언가를 얻음
- 학생이 감각자극을 얻음
- 학생이 과제나 자극에서 도피함
- 학생이 내적 자극에서 도피함

그림 7-1 강화 유관을 나타내는 데에 사용되는 3항식

행동에 뒤따르는 변인의 형태(행동이 목적을 충족시켜서 행동을 유지하는 것, 즉 강화하는 후속결과)를 알고자 한다. 가장 효과적인 처치를 선정하기 위해서는 문제행동의 선제자극과 후속결과에 의한 문제행동의 기능분석이 필요하다(Crawford, Brockel, Schauss, & Miltenberger, 1992). 이러한 분석과 기능에 대한 이해로 우리는 부적절한 행동을 대치할 적절한 행동을 선정하고 가르칠 수 있다. 새로운 행동은 원래의 행동이 가졌던 기능을 제공하여 학생이 계속해서 강화를 받도록 해야 한다. 교육적 견지에서 대치행동은 학생의 연령에 적절해야 하며 학생이 그 행동을 사용할 상황에 적절한 것이어야 한다.

가설의 기초가 되는 자료는 기능평가(functional assessment) 혹은 기능분석 (functional analysis)을 수행함으로써 얻어진다. 기능평가는 일련의 정보수집 전략이자 도구다. 행동에 앞서는 것이 무엇이고, 행동 이후에 뒤따르는 것이 무엇인지에 근거하여 가설을 설정하게 된다. 반면에 기능분석은 학생의 환경을 조작하고 그것이 행동에 끼치는 영향을 관찰하는 전략이다. 행동의 변화는 가설을 지지한다. 이와 같은 절차를 통하여 다음의 질문에 답할 수 있게 된다.

① 행동 발생에 앞서 나타나는 일관적인 행동이나 사건 패턴이 있는가?
② 행동 발생에 뒤따르는 일관적인 행동이나 사건 패턴이 있는가? (그리고 누가 그 행동에 관여하는가?)
③ 부적절한 행동과 동일한 기능을 달성하는 대안적인 적절한 행동을 학생에게 가르칠 수 있는가?

기능 평가 및 분석을 통하여 답을 얻을 수 있는 질문들

덧붙여 네 번째 질문은 행동, 선제자극, 후속결과가 발생하는 상황에 관한 것으로 배경사건(setting events)이 무엇인가다. 배경사건은 주위 환경, 분위기 혹은 행동과 유관이 발생하는 상황과 관련된다([그림 7-1]의 아래 부분 참조). 배경사건은 문제행동 바로 전에 발생(근거리 선제자극, proximal antecedent)하거나 몇 시간 혹은 며칠 전에 발생(원거리 선제자극, distal antecedent)하는 것으로, 학생의 문화, 가족환경, 의료조건 등과 같은 진행성 요인을 포함한다. 배경사건은 그 밖에도 환경적 요인(소음, 온도, 계획되지 않은 변경사항, 학교 버스 놓치기), 사회적 요인(가족의 죽음이나 질병, 싫은 사람과의 대면, 앞 수업에서 나쁜 점수 받음), 생리적 요인(약물 부작용, 질병, 통증)을 포함한다(Kazdin, 2001). 진행되고 있는 수업 특성도 강화인자와 벌인자의 가치에 영향을 미치는 상황이나 분위기를 설정할 수 있다. 이 배경사건에는 저자극과 학생의 권태(과제의 의미 없는 반복, 지나치게 느린 지시 따르기, 체계적 교수의 부족), 과잉자극(학생 수 과다, 지나치게 빠르게 활동이 진행됨, 부적절한 조 편성), 좌절(의사소통 체계나 기능적 어휘의 부족, 상습적인 수행 및 목적 성취 방해, 진전 부족), 불안(비일관적인 관리기술, 실패의 공포, 진단되지 않은 학습 문제)으로 인한 수업 특성이 포함된다.

행동과 유관이 발생하는 상황을 만듦으로써 배경사건은 행동 발생과 유관 가치에 영향을 미친다(Kazdin, 2001). 배경사건은 환경 내에서 강화인자와 벌인자의 가치를 시시각각으로 변화시킬 수 있고, 따라서 학생이 환경 내의 사건과 상황에 반응하는 방법을 변화시킬 수 있다. 예를 들어, 어떤 교수의 이전 수업에서 D를 받은 한 학생이 다시 그 교수의 수업을 들으면, 그 학생은 교수의 칭찬을 듣거나 과제를 잘하고자 하는 동기나 집중력이 꽤 떨어질 수 있다. 투약시간이 바뀌어서 지극히 과잉행동적인

상태로 등교한 학생은 또래와 적절히 상호작용할 만큼 충분히 자신을 통제할 수 없을지도 모른다. 이미 몇 주 전에 숙달한 과제를 계속해서 내 주면 학생은 과제 완성으로 인하여 이전만큼 강화받지 못할 것이다.

3 행동지원계획 수립

BSP 작성 단계가 [그림 7-2]에 제시되어 있다. 단계는 교사가 계속되는 도전적 행동을 인식하고 문서화하는 것으로 시작하여 기능평가 혹은 기능분석 절차를 거쳐 실행과 일련의 중재 절차의 점검으로 종료된다.

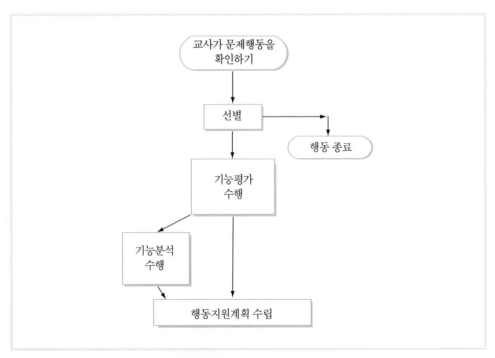

그림 7-2 행동지원계획 수립

단계 1   문제행동을 확인하기
         ① 조작적 정의를 함
         ② 초기의 확인 자료를 수집함

③ IEP 위원회에 알림

IDEA는 두 가지 경우, 즉 학생이 10일 정학을 받았거나 교육 배치를 변경해야 할 때 그리고 행동이 학생의 학습 혹은 다른 학생의 학습을 방해하는 형태일 때 BSP 작성을 요구한다(Turnbull, Wilcox, Stowe, & Turnbull, 2001). 교육자와 부모가 BSP의 절차와 개발 협력이나 이점 그리고 학교에서의 사용에 익숙해짐에 따라 추가적인 행동에 대한 BSP가 개발된다. 여기에는 다음의 행동이 포함된다. ① 자신에게 해를 끼칠 가능성이 있는 행동, ② 다른 사람에게 해를 끼칠 가능성이 있는 행동, ③ 학교에서 다른 사람의 수행을 방해하는 행동, ④ 재산상의 손해를 가져올 수 있는 행동, ⑤ 제3자의 중재가 요구되는 행동, ⑥ 학생에게 조롱이나 부당한 관심을 초래하는 행동, ⑦ 현재의 혹은 새로운 교육, 지역사회, 작업 환경에 참석하기를 거부하는 행동, ⑧ 가족 내에서 분열을 야기하여 가족 내 고립을 초래할 수 있는 행동이다.

교사는 감소의 표적이 되는 부적절한 행동에 대한 조작적 정의를 준비한다. 조작적 정의는 행동의 형태를 명백하게 진술해야 한다. 조작적 정의의 특성에 따라 자료수집 체계가 정해진다. 교사는 자료수집 체계 중의 하나로 초기의 자료를 수집하여 그래프로 나타낸다. 이 자료는 관리가 필요한 도전적 행동의 실체를 입증하기 위하여 초기에 행동의 범위와 심각성을 검토할 때 사용된다. 교사는 IEP 위원회에 자신의 관심과 초기 활동을 알린다. IEP 위원회(혹은 행동관리팀으로서 활동하도록 지정된 소집단)는 처음에 두 가지 목적으로 회의를 소집한다. 첫 번째 목적은 교사가 수집한 자료를 검토하고 BSP가 요구되는 행동의 본질과 빈도를 확인하기 위함이다. 교사는 행동과 그 발생에 대해 팀 구성원과 토론함으로써 행동을 전체적으로 훑어보고 빠르고 알기 쉽게 행동을 관리할 수 있는 아이디어를 제공받게 될 것이다. 팀은 모든 선별 측정이 적절하게 이루어졌고, 그 결과가 최초의 것임을 확인하기 위해 학생 기록을 검토할 것이다.

단계 2 선별하기
① 필요에 따라 요청함: 건강, 약물, 신체, 감각, 학습 장애 선별
② 선별에 근거하여 변화를 실행함

교사와 IEP 위원회는 행동 문제의 원인에 대한 통찰과 해결책을 제공할 수도 있는 다음과 같은 선별검사를 요청할 수 있다. 즉, ① 신체적 건강 선별, ② 복용 중인 약물

과 그 상호작용 및 부작용에 대한 재조사, ③ 신체적 결함에 대한 선별 혹은 학교의 관계자와 가족들에 의해 현재 관리되고 있는 신체적 결함에 대한 재조사, ④ 감각적 결함에 대한 선별 혹은 감각적 결함의 현재 관리에 대한 재조사, ⑤ 학생에게 행동을 보상하는 부적절한 결과를 가져올 수 있는 학습상의 장애를 가졌는지를 평가하기 위한 선별도구의 적용이다. 선별에서 얻은 정보에 근거하여 구성원은 행동을 종료시킬 권장사항을 작성할 수 있다. 예를 들어, 시각 선별은 새로운 안경을 처방하는 결과를 가져올 수 있다. 학습장애에 대한 검사로 주당 4시간씩 특수학급 교사와 공부하도록 조치할 수 있다. 선별결과를 기다리면서 다음 단계가 지연되어서는 안 된다.

단계 3   기능평가 수행하기
① 간접 정보수집 전략을 채택함
② 직접 정보수집 전략을 채택함

기능평가는 부적절한 행동의 기능에 대한 가설을 세우기 위해 사용되는 일련의 정보수집 전략이다. 이러한 전략에는 2가지 부류가 있다(〈표 7-2〉 참고). 간접 전략은 학생과 일정하게 상호작용하는 사람에게서 정보를 모으는 것이다. 이것은 정보제공자 평가다. 다양한 면담 형식, 척도, 질문지를 이용할 수 있다. 직접관찰 전략은 학생이 행동을 하는 동안에 정보를 모으는 것이다. 이러한 전략에는 일화기록(anecdotal reports), 분포도 분석(scatter plot analysis), A-B-C 기술분석(A-B-C descriptive analysis) 등이 포함된다.

표 7-2   기능평가 전략

기능평가 전략: 정보 모으기
A. 정보 모으기의 간접 전략(정보제공자 평가)
1. 행동 면담
2. 행동 척도 및 질문지
B. 정보 모으기의 직접관찰 전략(기술평가)
1. 일화기록
2. 분포도 분석
3. A-B-C 기술분석

❖ 간접 전략: 정보제공자 평가

간접(정보제공자) 평가 절차는 학생과 가까운 사람(교사, 부모, 치료사)이나 행동과 관련되는 서비스 전문가 혹은 행동이 발생하는 주변의 상황과 관련되는 전문가에게 질문을 하는 것이다. 이러한 질문은 부득이 행동이 발생한 후에 이루어지기 때문에 정보제공자의 기억, 행동이 발생하는 동안의 참석 여부, 다른 사건에 의한 주의 산만, 편견 가능성, 본 것을 말할 수 있는 능력 등에 따라 제한을 받는다(Kazdin, 2001; Mace, Lalli, & Lalli, 1991).

❖ 행동 면담

행동적 혹은 기능적 면담의 목적은 문제행동과 환경적 조건 그리고 주변 사건에 대한 전체적 이해를 얻기 위함이다. 교사는 집에서 발생하는 행동에 관해 부모를 면담할 수 있다. 특수교육 교사는 일반학급에서 발생하는 행동에 관해 일반교육 교사를 면담할 수 있다. 이것이 가능하지 않으면 동료나 감독관에게 면담을 요청할 수 있다. 면담은 행동을 야기하거나 유지하는 것이 무엇인지에 관한 가설을 세우는 데에 도움이 될 정보를 제공하며, 직접관찰을 구조화하고 더 심화된 분석을 위한 정보를 제공한다. 면담자는 다음 사항들에 대해 알고자 한다.

- 행동 형태
- 하루 중 행동이 발생하는 시간대
- 흔히 행동을 발생시키는 활동
- 행동이 흔히 발생하는 장면
- 학생이 행동을 하면서 사용하는 용구
- 함께 있는 사람
- 행동 발생 직전에 흔히 일어나는 일(선제자극)
- 행동 발생 직후에 학생이 하는 것
- 행동 발생 직후에 다른 사람이 하는 것(후속결과)
- 학생과 의사소통하는 주요 방법
- 행동을 줄이기 위해 이미 해 본 노력

면담을 통해 알 수 있는 것들

구조화된 행동 면담지의 네 가지 예는 기능평가면담(Functional Assessment Interview:

FAI; O'Neill et al., 1997), 학생기능평가면담(Student Guided Functional Assessment Interview; O'Neill et al., 1997; Reed, Thomas, Sprague, & Horner, 1997), 학생보조기능평가면담(Student-Assisted Functional Assessment Interview; Kern, Dunlap, Clarke, & Childs, 1994), 기능평가체크리스트: 교사와 스태프(Functional Assessment Checklist: Teachers and Staff: FACTS; March et al., 2000; McIntosh et al., 2008)이다. 학생이 참여하는 면담지는 교사 면담 결과의 신뢰를 높이기 위해 개발되었지만 일부 응답은 불일치하거나 애매한 것으로 나타났다.

❖ 행동평정척도

행동평정척도(behavior rating scales)는 정보제공자에게서 더 많은 양적 정보를 얻기 위한 도구다. 이것은 정보제공자가 행동 문항에 평정하도록 되어 있다(예: 전혀 아님, 거의 아님, 보통, 항상). 문항은 행동이 제공하는 몇 가지 가능한 기능과 관련되어 있다. 몇 개의 개별 문항들이 동일한 기능에 관한 정보를 이끌어 낸다. 가장 높은 누적 점수를 받은 문항의 기능을 부적절한 행동의 유지변인으로 가정하게 된다. 다음은 그러한 네 가지 척도에 대한 설명이다.

문제행동질문지(Problem Behavior Questionnaire: PBQ; Lewis, Scott, & Sugai, 1994)는 15문항으로 구성되어 있다. 이 문항들은 다섯 가지 잠재적 유지 기능(기능당 3개의 질문)과 관련 있는 것이다. 정보제공자는 15문항에 대해 관찰된 사건의 빈도를 표시한다. 척도의 범위는 전혀, 시간의 10%, 25%, 50%, 75%, 90%, 항상 등이다. 기능 및 관련 문항의 예는 다음과 같다.

① 또래 관심에의 접근: '문제행동이 언제 발생하는가, 또래들이 말로 반응하는가 혹은 학생을 비웃는가?'
② 교사 관심에의 접근: '당신이 다른 학생과 무언가를 하고 있을 때 당신의 관심을 얻기 위해 문제행동이 발생하는가?'
③ 또래 관심 도피/회피: '학생이 문제행동을 하고 있을 때 또래가 그 학생과 상호작용하기를 중단하는가?'
④ 교사 관심 도피/회피: '당신이 요구를 중단하거나 학업 활동을 종료하면 학생이 문제행동을 중단하는가?'
⑤ 환경 사건: '문제행동이 계획되지 않은 사건이나 수업 일과를 변경함에 따라 더

잘 발생하는가?

동기평가척도(Motivation Assessment Scale: MAS; Durand & Crimmins, 1988, 1992)는 네 가지 기능과 관련된 16문항으로 구성되어 있다. 정보제공자는 조작적으로 정의된 표적행동의 빈도를 표시한다. 평정척도의 범위는 전혀 아님, 거의 아님, 드물게, 반 정도, 보통, 거의 항상, 항상 등이다. 기능 및 관련 문항의 예는 다음과 같다.

① 감각 강화: '오랫동안 혼자 남겨두면 행동이 지속적으로 되풀이되어 발생하는가?'
② 도피: '학생에게 요구를 중단한 직후에(1~5분) 행동이 중단되는가?'
③ 관심: '당신이 교실 내 다른 사람에게 말할 때 행동이 발생하는 것처럼 보이는가?'
④ 유형물: '학생이 요구한 장난감, 음식, 활동을 학생에게 준 직후에 행동이 중단되는가?'

기능분석선별도구(Functional Analysis Screening Tool: FAST; Iwata & DeLeon, 1996)는 18문항으로 구성되어 있다. 문항은 네 가지 유지 기능(기능당 2문항, 2문항은 중복됨)과 관련된다. FAST는 대상 학생과 자주 상호작용을 하는 몇몇 학생에게 사용하는 것이 좋다. 정보제공자는 문항 내용이 표적행동을 정확하게 기술하는지의 여부를 '예' 혹은 '아니요'로 표시한다. 유지 기능 및 관련 문항의 예는 다음과 같다.

① 사회적 강화(관심/더 좋아하는 항목): '행동이 발생할 때 학생을 진정시키려고 하는가, 혹은 좋아하는 활동(여가활동, 스낵 등)으로 주의를 분산시키려고 하는가?'
② 사회적 강화(도피): '행동이 발생할 때 보통 진행 중인 과제로부터의 휴식을 주는가?'
③ 자동 강화(감각자극): '주위에서 무슨 일이 일어나는가에 관계없이 행동이 높은 비율로 발생하는가?'
④ 자동 강화(통증 완화): '학생이 아플 때 더욱 자주 행동이 발생하는가?'

행동 기능에 관한 질문(Questions About Behavioral Function: QABF; Matson &

Vollmer, 1995; Paclawskyj, Matson, Rush, Smalls, & Vollmer, 2000)은 25문항으로 구성되어 있다. 문항은 다섯 가지 잠재적 유지 기능에 관한 것이다. 정보제공자는 표적행동이 얼마나 자주 발생하는지를 전혀, 드물게, 조금, 자주 등으로 평정한다. 기능 및 문항의 예는 다음과 같다.

① 관심: '당신으로부터 반응을 얻어 내기 위해 행동함'
② 도피: '무언가를 하도록 요청받을 때 행동함' (옷 입기, 이 닦기 등)
③ 비사회적: '방에 아무도 없다고 생각할 때도 행동함'
④ 신체적: '아플 때 더욱 자주 행동함'
⑤ 유형물: '학생이 원하는 무언가를 당신이 가지고 있을 때 행동함'

특수교육 및 일반교육 학생은 행동 기능에 대한 가설을 설정하는 데에 소중한 정보를 제공할 수 있다. 좋아하는 것, 학업적 어려움, 주의가 산만해지는 환경, 또래와의 갈등에 관한 정보가 이에 속한다. 그러나 면담을 통해 수집된 정보를 조심스럽게 사용해야 한다는 제안도 있다. 어떤 반응은 비일관적이고 모호하며 사용할 수 없는 것일 수도 있다. 나이뿐만 아니라 장애의 정도와 형태도 학생이 기여하는 정보의 신뢰도와 질에 영향을 줄 수 있다. 정보제공자가 학생이든 성인이든 간에, 정보가 문제행동을 야기하기 쉬운 상황이나 교실에 관련되어 있을 때 더욱 정확하고 일관성 있는 정보가 된다(Kern et al., 1994; Kinch, Lewis-Palmer, Hagan-Burke, & Sugai, 2001; Sturmey, 1994; Yarbrough & Carr, 2000). 행동평정척도를 사용할 때도 비슷한 주의가 요구된다. 교사와 부모의 평정은 문항에 따라, 척도 실시에 따라, 평정척도에 따라, 평정자에 따라 낮은 신뢰도를 보여 왔다(Barton-Arwood, Wehby, Gunter, & Lane, 2003; Conroy, Fox, Bucklin, & Good, 1996; Sturmey, 1994; Zarcone, Rodgers, Iwata, Rourke, & Dorsey, 1991).

❖ 직접관찰 전략: 기술평가

직접관찰 전략은 직접적으로 관찰된 행동을 기술하는 방법이다. 이것은 정보제공자 평가보다 더 신뢰할 수 있다. 문제행동을 직접 관찰한 것을 적어 둔 사람은 기억에만 의존하는 사람보다 내용이나 선제자극, 후속결과에 대한 좀 더 정확한 기술을 제공할 것이다. 직접관찰에는 일화기록, 분포도 분석, A-B-C 기술분석(〈표 7-2〉 참조)이 포함된다. (A-B-C는 S-R-S의 다른 표현이다: 선제자극-행동/반응-후속결과)

❖ 일화기록

일화기록는 학생의 행동과 그 주변 환경을 가능한 한 완벽하게 기술하기 위해 작성된다. 일화기록을 준비하는 관찰자는 각 표적행동 발생과 내용, 활동, 그리고 그 안에서의 상호작용에 대하여 통상적인 산문을 기록하고자 한다. 이것은 며칠에 걸친 정해진 관찰 기간 내에 이루어진다. (일화기록의 준비에 대해서는 제4장에 자세히 설명되어 있다.) 이 보고가 분석도구가 되기 위해서는 산문을 구조화된 형식으로 전환시켜야 하는데, 구조화된 형식이란 표적행동과 선제자극 그리고 후속결과의 예를 명확하게 규정하고 분류한 것을 의미한다. 이와 같은 정보의 A-B-C 구조화는 [그림 4-2]에 설명되어 있다. 이러한 형식은 세 가지 요소 간의 관계 규명을 쉽게 해 준다. 이것은 표적행동과 연관된 특정 선제자극 및 후속결과의 형태를 규명하는 것으로서 행동의 기능에 대한 가설을 도출하는 것이다.

❖ 분포도 분석

분포도 절차는 교사에게 쉽고 유용한 것으로 알려진 평가도구다. 이것은 겉으로는 드물게 보이나 자주 일어나고 오랜 기간에 걸쳐 꾸준히 일어나는 행동과 환경조건 간의 관계를 규명하는 데에 도움이 될 수 있다. 비형식적 관찰로는 그러한 행동과 특정 자극 간의 연관성을 찾기 힘들다. 폭발적으로 발생하는 행동이나 고립적으로 발생하는 행동의 특정 선제자극을 분리하는 것이 더 쉽다(Desrochers, Hile, & Williams-Mosely, 1997; Symons, McDonald, & Wehby, 1998; Touchette, MacDonald, & Langer, 1985).

교사는 분포도 분석을 위해 모눈종이 형식의 양식을 준비해야 한다. [그림 7-3]은 그에 대한 네 가지 예다. 연속적 일이나 관찰 기간은 가로에, 시간은 세로에 기입한다. 시간은 관찰시간과 관찰 빈도에 따라 60분, 30분, 15분 등으로 나눈다. 다음의 2개 예에서 보는 바와 같이 시간은 수업시간이나 교수 형태에 따라 표시되기도 한다.

각 칸이 행동 발생이 높은지, 낮은지, 전혀 없는지를 나타내는 표시로 채워지면서 분포 양식이 완성된다(상단 오른쪽 예를 보라). 시간 간격 동안에 행동이 발생하지 않으면 빈칸으로 남겨 둔다. 칸의 사선은 시간 간격 동안의 낮은 행동 발생을 표시하는 것이며(예: < 4), 완전히 채워진 칸은 높은 행동 발생을 표시하는 것이다(예: ≥ 4). 칸에 정확한 행동 발생 수를 써 넣으면 좀 더 명확한 표시가 될 것이다(Axelrod, 1987). 일단 양식이 완성되면 상호관계가 분석될 수 있다. "반드시 나타나야 하는 하나의 형태가

부적절한 행동이 의사소통 역할을 할 수도 있다.

분포도

학생: Nancy　　　행동: 크게 소리내기

제점: 빈칸 = 발생 0　　사선칸 = < 4　　색칠칸 = 4 / > 4

시간	월 3/16	화 3/17	수 3/18	목 3/19	금 3/20	활동/위치	비고
8:00~8:20						위생	손 닦잖기
8:20~8:40							
8:40~9:00						간식	손 닦잖기, 음식 던짐
9:00~9:20							
9:20~9:40							
9:40~10:00						정선간강 기술	
10:00~10:20							
10:20~10:40							
10:40~11:00							
11:00~11:20							
11:20~11:40						위생	신체적 거리
11:40~12:00						점심	손 닦잖기

분포도

학생:　　　행동:

제점: 빈칸 = 발생 0　　사선칸 = < 4　　색칠칸 = 4 / > 4

시간	요일/날짜					활동/위치	비고
8:00~8:20							
8:20~8:40							
8:40~9:00							
9:00~9:20							
9:20~9:40							
9:40~10:00							
10:00~10:20							
10:20~10:40							
10:40~11:00							
11:00~11:20							
11:20~11:40							
11:40~12:00							

분포도

학생:　　　행동: < 3

제점: 빈칸 = 발생 0　　사선칸 = < 3　　색칠칸 = 3 / > 3

형식/내용 영역	요일/날짜					활동/위치	비고
내집단 지도							
소집단 지도							
일대일 지도							
독립적 활동							
장면 전환							
위생							
배변훈련							
섭식: 점심/간식							

분포도

학생:　　　행동: < 3

제점: 빈칸 = 발생 0　　사선칸 = < 3　　색칠칸 = 3 / > 3

시간	요일/날짜					활동/위치	비고
1-읽기: 특별지도							
2-컴퓨터							
3-지구과학							
4-점심							
5-언어: 특별지도							
6-산수							

그림 7-3　분포도 예

며칠이 지나자마자 곧 나타날 수 있다."(Touchette et al., 1985, p. 345) Kahng 등(1998)은 1개월 동안의 자료라고 할지라도 형태는 통계적 분석 없이는 명백한 것이 될 수 없다고 경고하였다. Touchette 등(1985)은 문제행동은 하루 중 어느 시간, 어떤 사람의 존재와 부재, 사회적 장면, 활동의 유형, 강화 유관, 물리적 환경, 변인 간 조합에 관련되는 것이라고 제안하였다. 그들은 분포도가 "매일 혹은 매주의 빈도 그래프로는 쉽사리 입수할 수 없는 반응 형태에 대한 통찰"(p. 351)을 제공한다고 제안하였다. 형태는 며칠에 걸친 3개 혹은 그 이상의 인접한 간격에 행동이 발생된 것으로(낮은 빈도 혹은 높은 빈도로) 표시될 때 고려할 수 있는 것이다(Symons et al., 1998). 이러한 형태는 상단 오른쪽 예의 5일에 걸친 8:00~8:20 간격, 4일에 걸친 8:40~9:00 간격, 5일에 걸친 11:20~11:40 간격에서 찾아볼 수 있다. 활동이나 위치 그리고 기타 설명 등이 형태를 해석하는 데에 도움이 될 수 있다. 상단 오른쪽의 예에서 위생 및 급식지도 시의 손 덧잡기와 표적행동 간의 상관이 나타남을 볼 수 있다.

  행동 발생비율의 높고 낮은 값을 정하는 방법에 대한 경험적 자료는 현재 없다. 서로 다른 학생집단에 대해서는 특히 그러하다. 선택된 값에 따라 칸에 표시되는 내용이 달라질 것이고 그것은 가설에 영향을 미칠 것이다. 선택된 값에 따라 다른 그림이 나타날 것이다. 한 가지 제안은 교사가 파괴적인 행동이라고 규정하는 것에 따라 이 값을 정한다는 것이다(Symons et al., 1998). 교사는 일반학급에 속한 학생의 행동을 얼마나 참아야 하는가를 결정해야 할 것인데, 그것은 특수교육 수업에서 참을 수 있는 파괴의 정도보다는 적을 것이며 지역사회에서 수용될 수 있는 것보다는 더 클 것이다.

  Axelrod(1987)는 분포도가 순환적 시간에 기초하여 행동과 관련된 환경조건만을 탐지해 낸다는 것에 주목하였다. 어떤 사건은 비순환적 방식으로 행동에 영향을 미친다. 예를 들어, 어떤 학생은 학급 동료에게 특권이 부여될 때마다, 혹은 자신이 불공평하다고 느끼거나 '속았다'고 느낄 때마다 파괴적이 된다. Axelrod는 이러한 사건에 관한 기록을 자료양식에 적어 두는 것이 도움이 된다고 제안하였다. 비록 분포도가 원인-결과를 밝히거나 행동과 특정 환경 사건 간의 상관관계를 밝히는 데에 다른 기술분석만큼 명쾌하거나 효율적이지 못하다 하더라도(Kahng et al., 1998), 그것은 정밀한 평가가 더욱 효과적으로 실행될 수 있도록 분석 분야를 좁혀 줄 수 있다(Lennox & Miltenberger, 1989). 분포도는 교사가 최소한의 도움으로 혹은 도움 없이 행동에 대한 초기의 기술적 자료를 모을 수 있는 절차다. 이 자료는 팀의 진행 결정에 따라 좀 더 정확한 자료수집으로 구체화된다.

❖ A-B-C 기술분석

A-B-C 기술분석은 관찰되거나 나중에 비디오테이프를 통하여 본 행동과 그 주변의 환경 사건을 정리한 체계를 제공한다. 관찰된 것을 산문 형식으로 쓰고 그것을 재구조화하는 2단계 일화기록 형식 대신에 이 절차는 부호화된 표시를 사용한다. 자료양식은 A-B-C(S-R-S) 구조로 구성된다. 자료수집을 위하여 다양한 절차와 자료양식을 이용할 수 있다. [그림 7-4]는 Smith와 Heflin(2001)의 자료수집양식이다. (또 다른 양식은 O'Neill et al., 1997과 Umbreit, Ferro, Liaupsin, & Lane, 2007에서 이용할 수 있다.)

A-B-C 기술 자료양식과 절차　　　[그림 7-4]에서 보는 바와 같이 양식은 4개 부문, 즉 ① 정보 확인란, ② 자료수집란, ③ 기록 부호 목록, ④ 표적행동의 조작적 정의로 되어 있다.

- 정보 확인란: 양식의 위쪽에는 기본 정보 확인을 위한 난이 있다. 여기에는 다음과 같은 사항이 포함된다. ① 관찰 대상이 되는 학생의 이름, ② 관찰일, ③ 관찰 장소, ④ 관찰의 시작 및 종료 시간, ⑤ 관찰하는 사람의 이름, ⑥ 쪽수.

[그림 7-4]는 관찰자 MC가 Mona를 대상으로 교실에서 9월 16일 월요일 오전 8시에서 10시 사이에 나타난 행동을 관찰하기 위한 것으로 수집 자료의 1쪽이다.

- 자료수집란: 세로줄은 행동이 발생할 때 각 행동의 예에 대한 정보를 써 넣는 곳이다.

① 시간/지속시간: 시작 및 종료시간 그리고 각 행동 발생의 지속시간
② 상황/활동: 배경사건—활동, 사람, 교재교구
③ 선제자극: 표적행동 발생 직전의 자극 사건
④ 표적행동: 관찰의 대상이 되는 행동. 적용되는 조작적 정의는 밑에 제시되어 있다.
⑤ 후속결과: 학생이 표적행동을 한 직후에 뒤따르는 사건. 이것은 환경적 사건이나 교사, 또래 혹은 장면에서의 다른 사람의 반응을 포함할 수 있다.
⑥ 학생 반응: 학생이 표적행동과 그 후속결과 직후에 어떻게 했는가?
⑦ 감지된 기능: 관찰자는 자료수집을 할 때 처음에 감지되는 행동의 기능을 적어 둘

학생: Mona   날짜: 9/16 월   위치: 교실   관찰기간: 8:00~10:00 am   관찰자: MC   쪽수: 1

시간/지속시간	상황/활동	신체자극	표적행동	후속결과	학생 반응	감지된 기능	비고
8:20	1, 5	B, D	1, 4	E, A	2, 3		손과 얼굴 씻기
	1, 5	A, D	1, 2, 4	E, A, B	2, 1, 3		얼굴 때리기
	1, 5	A, D	1, 2, 3	E, C	2		
8:26	1, 5	A, D	1, 3	B, C, F	1		
기록 부호	1. 아침 위생 2. 화장실 3. 집단 데이블 4. 간식 데이블 5. 교사 6. 치료사 7. 8. 9. 10.	A. 손/손 B. 손/팔 C. 교재교구 D. 언어 단서 E. '앉 돼' F. G. H. I. J.	1. 소리 지르기 2. 발 구르기 3. 때리기 4. 저항하기 5. 6. 7. 8. 9. 10.	A. 재지시/안내 B. '앉 돼' C. 제지 D. 무시 E. 타임아웃 F. 활동 종료 G. H. I. J.	1. 중지 2. 계속 3. 상승 4. 다른 행동 5. 이탈-도 망 6. 7. 8. 9. 10.	A. 관심 B. 도피 C. 자극 D. 유형물 E. 모르겠음 F. G. H. I. J.	

조작적 정의

행동 1: 소리 지르기 – 대화 수준 이상의 고음 소리

행동 2: 발 구르기 – 걸을 때와 강도 이상으로 발가락으로 바닥을 치기

행동 3: 때리기 – 손이나 주먹으로 얼굴이나 머리를 치기

행동 4: 저항하기 – 신체 촉구의 방향과 반대 방향으로 몸을 당기기

(Smith & Heflin, 2001에서 참고함)

그림 7-4 A-B-C 기술 자료수집을 위한 자료양식

출처: "Supporting positive behavior in public schools: An intervention program in Georgia, by M. Smith & L. J. Heflin, 2001 *Journal of Positive Behavior Interventions, 3*, pp. 39~47.

수 있다.

⑧ 비고: 이상한 혹은 예측하지 못한 상호작용을 적어 둔다. 부호화되지 않은 것에 대한 상세한 설명, 특별한 교재교구 사용, 예기치 않은 발생 등이 있다(예: 학생이 간질발작을 일으킨 것, 예기치 않은 사람이 장면에 나타난 것).

• 기록 부호 목록: 이 난에는 관찰자가 자료수집을 원활하게 할 수 있도록 대상 학생에게 요구되는 다양한 '보통의' 부호 목록을 써넣는다. 부호 목록은 앞서 모은 정보와 관찰자가 자료양식에 대해 훈련하는 동안 가진 최소한 한 번의 비형식적 관찰 기회에 근거하여 작성된다.

[그림 7-4]에서 상황/활동에 대한 부호는 위생, 화장실 사용, 집단지도, 간식 등 관찰 기간 동안에 작성되는 것이다. 또한 이 부호에는 학생들과 늘 상호작용하는 사람도 포함된다. 선제자극으로 부호화된 것은 신체적 보조, 교재교구, 언어 단서 등이다. 표적행동 내용은 미리 동의된 내용이다. 만일 추가적 행동이 반복적으로 관찰되면 표적행동 목록에 더해진다. 이 경우에 소리 지르기, 발 구르기, 때리기, 저항하기 등이 Mona의 표적행동이다. 후속결과로 나열된 부호는 교사가 대상 학생에게 늘 사용해 오던 내용을 관찰하는 동안에 적는 것이다. Mona의 선생님은 일상적으로 재지시, '안 돼'라는 말, 제지, 무시, 타이르기 등을 사용한다. 교사가 과제나 활동을 종료했을 때 적는 부호도 있다. 후속결과의 다음 세로줄은 발생하는 상호작용과 그 후속결과에 대한 학생의 반응을 부호화한 목록이다. 이 예에 나열된 것과 같은 기본적인 목록—행동 중지, 계속, 상승, 다른 행동 발생, 상호작용에서의 이탈 혹은 도망—은 일반적으로 관찰되는 것이다. 다음 세로줄은 있음직한 네 가지 기능—관심, 도피, 자극, 유형물—과 지금으로서는 알 수 없는 요인에 대한 부호다. 관찰자는 자료수집을 진행하면서 성인이나 또래로부터의 관심, 사회적 상호작용이나 학업과제에서의 도피 등과 같이 기능을 세분화할 수 있다.

• 조작적 정의: 자료수집을 하는 사람이 쉽게 확인할 수 있도록 각 표적행동에 대한 조작적 정의를 자료양식의 밑에 제시한다.

❖ 자료수집
자료를 수집하는 사람은 준비된 자료수집 양식을 손에 들고 표적행동란에 행동이 발생할 때마다 표시를 한다. 표적행동의 발생을 표시하면 관찰자는 잇달아 양식의 오른쪽 옆으로 이동하여 후속결과와 학생 반응에 대하여 기록한다. 그러고는 다시 양식의 왼쪽으로 이동하여 선제자극과 발생시간 및 상황에 대하여 기록한다. 만일 행동의 기능이 즉각적으로 감지되면 기능을 써 넣는다. 그렇지 않으면 '모르겠음'을 칸에 써 넣는다.

❖ 자료분석

자료분석은 매일 그리고 매주 이루어진다. 자료를 수집하는 사람은 하루의 종료 혹은 관찰 기간의 종료 시점에서 그날의 자료에 대해 ① 표적행동 발생의 확인, ② 조작적 정의의 타당성, ③ 새로운 부적절한 행동, 선제자극, 후속결과의 발생, ④ 특정 행동과 후속결과 간에 혹은 특정 행동과 선제자극 간에 나타나는 일관적인 관계, ⑤ 학생이 행동을 종료한 시점, ⑥ 나타나는 기능 등을 점검한다. 다양한 선제자극과 후속결과가 계속해서 추가될 수 있다.

자료의 심층적 분석은 최소한 자료수집 5일 후에 이루어진다. 면담에서 정보제공자에게 했던 질문을 이제는 자료에 대해 똑같이 한다. 목적은 선제자극, 행동, 후속결과 간에 어떤 패턴이 있는지를 밝히는 것이다. 이러한 패턴은 가로줄의 A-B-C 관계가 일관적으로 나타나는지를 훑어봄으로써 부분적으로 확인된다. 어떤 관계와 요소가 행동 발생마다 반복되면 패턴이 확인되는 것이다. 예를 들어, 동일한 선제자극이 동일한 행동을 야기하며 동일한 후속결과와 동일한 학생 반응을 가져오는지를 본다. 분석을 위한 질문에는 다음과 같은 것들이 포함된다.

- 행동이 동일한 활동이나 교재교구, 교사, 또래집단의 상황에서 발생하는가? 이 행동이 Brown 선생님과 Green 선생님 모두와 함께 있을 때 발생하는가?
- 행동이 일관적으로 특정 선제자극 후에 뒤따라 발생하는가? 자료상에서 각 선제자극의 백분율은 어떻게 나타나는가?
- 행동 후에 교사나 또래 혹은 다른 어른이 뒤따라 적용하는 일관적인 후속결과가 있는가? 자료상에서 각 후속결과의 백분율은 어떻게 나타나는가?
- 학생이 특정 후속결과 후에 뒤따라 행동을 종료하는가? 후속결과가 학생의 행동 종료로 이어지는 것은 발생의 몇 퍼센트인가?
- 모든 혹은 거의 모든 행동 발생에 걸쳐 기능의 일관적인 가설을 이끄는 동일한

S-R-S가 반복적으로 발생하는가(패턴에 맞지 않는 발생에 대해 어떻게 설명할 수 있는가)? 이 패턴은 자료상에서 몇 퍼센트로 나타나는가?

앞의 [그림 7-4]는 Mona의 행동 자료 예다. 여기서 행동이 8:20~8:26 사이에 다발적으로 발생하는 것을 볼 수 있다. 기록은 Mona가 손과 얼굴 씻기에 대해 지도받는 아침 위생시간에 이루어진 것이다. 이 자료에 근거하여 다음과 같은 문장이 완성될 수 있다.

- 아침 위생지도 동안에 표적행동의 발생이 확인된다.
- 이 상호작용은 전적으로 손과 얼굴 씻기 지도를 하는 동안에 세면대에서 발생한다.
- 각 행동 발생의 선제자극은 언어적 단서와 손을 덧잡는 촉구의 사용이다(손으로 팔을 잡는 경우 한 번).
- 교사가 사용했던 후속결과는 학생 타이르기와 과제를 다시 하도록 하는 것이었다. 행동이 상승함에 따라 교사는 언어적 질책과 제지를 사용하였다. 손 덧잡기-표적행동-타이르기 및 재지시의 A-B-C 패턴이 성립된다. 각 표적행동은 세면대에서 발생하고 언어 단서와 신체적 촉구(손 덧잡기)가 직전에 선행되며 타이르기와 재지시가 뒤따른다. 세 번째 행동 발생에는 제지가 추가되었다.
- 이러한 후속결과에도 불구하고 행동은 계속되고 결과적으로 상승되고 있다.
- 학생 반응은 얼굴 때리기를 추가하면서 계속 상승하는 것이다.
- 행동은 교사가 활동을 중단한 시점인 네 번째 행동 발생 이후까지 끝나지 않는다.
- 이것은 도피 기능을 암시한다. 행동은 일단 그 목적이 달성되었을 때 종료된다. 만일 이것이 도피 목적의 행동이라면 Mona는 하기 싫은 다른 활동에 대해서도 그것을 종료시키기 위해 이를 사용하는가?

Repp, Nieminen, Olinger 그리고 Brusca(1988)는 A-B-C 기술분석에 의하여 설정된 가설에 근거한 중재는 그렇지 않은 중재보다 더욱 효과적이었음을 입증했다. 그러나 A-B-C 기술분석의 결과로 성립되는 관계는 변인을 조작하여 나타난 것이 아닌 기술적 절차로 나타난 것이기 때문에 인과관계가 아닌 상관관계임을 기억하는 것이 중요하다(Lennox & Miltenberger, 1989). 관계를 밝힘으로써 행동을 야기하거나 유지하는 것에 관한 가설을 이끌어 내면 구조화된 자료수집과 변인의 조작이 가능하다.

단계 4　기능분석 실행하기

　기능평가는 부적절한 행동의 기능을 명확하게 집어내 줄 수 있다. 그러나 기능평가 후에도 기능이 불명확하다면 교사와 IEP 위원은 기능분석을 요청해야 한다. 기능분석은 환경변인과 선제자극 그리고 후속결과를 체계적으로 조작하고 그것이 표적행동의 발생에 미치는 영향을 증명함으로써 행동의 기능을 결정하는 일련의 절차다. 목적은 각 변인의 존재나 부재, 증대나 감소에 따른 효과를 검사하는 것이다. 교사가 기능분석을 실행한 연구도 있지만 그 절차가 복잡하기 때문에 대부분은 교사와 행동전문가가 함께 참여한다. 기능분석을 하는 이유는 다음 중 하나다.

① 기능평가의 결과로 설정된 가설을 증명하기 위함이다. 예를 들어, 기능평가 결과 부적절한 행동이 교사의 관심으로 정적 강화되어 유지된다는 가설이 설정되었다면 행동이 발생할 때 학생을 교사의 관심이 주어지는 조건과 교사의 관심이 철회되는 조건에 둔다.
② 기능평가의 결과로 설정된 가설을 정교화하기 위함이다. 예를 들어, 행동이 관심으로 정적 강화되어 유지된다는 가설이 설정되었다면 추가 분석을 통하여 관심의 근원을 규명한다.
③ 기능평가의 불분명한 결과를 분명하게 하기 위함이다. 간접적 및 직접적 전략의 결과로 얻어진 자료는 분명하지 않다. 그 자료는 특정 기능을 제안해 주지 못한다.
④ 기능에 대한 가설 설정의 첫 단계로서의 역할을 한다.

　환경변인을 조작하는 기본적 모델은 학생을 장면과 상호작용이 목적적으로 구조화된 두 가지 혹은 그 이상의 조건에 두는 것이다. 두 가지 조건은 하나의 변인이 평가되거나 2개의 변인이 비교될 때 사용된다(Karsh, Repp, Dahlquist, & Munk, 1995; O'Neill et al., 1997). 예를 들어, 기능분석의 목적이 관심의 근원을 세분화하기 위한 것이라면 학생을 성인의 관심이 주어지는 조건과 또래의 관심이 주어지는 조건에 둔다. 두 가지 조건은 또한 기능에 대한 가설이 관심인지 자기 자극인지를 분명히 하고자 할 때도 사용된다. 이때는 표적행동이 발생할 때 학생을 관심이 제공되는 상황과 그렇지 않은 상황에 두게 된다. 네 가지 조건은 행동의 기능이 기능분석을 통하여 처음에 확인되었을 때, 혹은 기능평가의 결과로 설정된 가설을 증명하고자 할 때 사용된다. 조건은

Iwata 등(1982)이 초기에 검토했던 바와 같이 행동의 기본적 기능(혹은 약간의 변형)을 나타낸다. 이러한 조건 및 기능은 다음과 같다.

① 관심조건: 이 조건에서 나타나는 부적절한 행동의 기능은 정적 강화를 얻기 위함이다. 이것은 다른 사람에게 받는 사회적 관심 형태의 강화이거나 좋아하는 항목 또는 사건 형태의 유형적 강화다. 흔히 이러한 두 가지 결과는 두 가지 다른 조건에서 나타나는데, 하나는 사회적 관심에 의한 정적 강화이고 다른 하나는 유형적 강화인자에 의한 정적 강화다. 이 조건에서 학생은 다양한 활동에 참여하고 평가자는 독서나 학생과 관련 없는 다른 활동을 한다. 표적행동이 나타나지 않으면 학생에게 관심이 주어지지 않는다. 만일 행동의 기능이 정적 강화를 얻는 것이라면 부적절한 행동의 빈도는 증가해야 한다.

② 유형물조건: 이 조건에서 나타나는 부적절한 행동의 기능은 좋아하는 사물, 활동, 사건 등의 정적 강화를 얻는 것이다. 이 조건에서 학생은 성인과 상호작용하면서 부적절한 행동을 나타낼 때까지 좋아하는 사물, 활동, 사건 등에 접근하는 것이 거부된다. 만일 정적 강화에 접근하는 것이 행동의 기능이라면 부적절한 행동의 빈도는 증가해야 한다.

③ 요구조건: 이 조건에서 나타나는 부적절한 행동의 기능은 어떤 요구로부터 도피하기 위함이다. 이것은 부적 강화로 나타난다. 부적절한 행동이 발생할 때 학생에게 주어진 혐오적 요구가 제거될 것이다. 요구는 탐탁치 않은 과제나 어려운 과제, 학생이 할 수 없는 과제, 사회적 상호작용 등을 말한다. 이 조건에서 평가자는 학생에게 과제를 재촉한다. 학생이 부적절한 행동을 할 때마다 요구를 일시적으로 제거하여 학생에게 과제 중단을 제공하고 잠시 좋아하는 활동을 하도록 허락한다. 만일 부적절한 행동의 기능이 요구로부터의 도피이고 그것이 부적 강화로 유지되는 것이라면 부적절한 행동의 빈도는 증가해야 한다.

④ 혼자 두는 조건: 이 조건에서 나타나는 부적절한 행동의 기능은 자기 자극 혹은 자동적 강화다. 장면에는 아무런 활동이나 교재교구, 강화인자 혹은 어떤 자극의 근원도 제공되지 않는다. 또한 행동에 대한 외부의 어떤 후속결과도 제공되지 않는다. 만일 행동의 기능이 자기 자극이고 그것이 자동적 강화로 유지되는 것이라면 부적절한 행동의 발생이 증가해야 한다.

⑤ 놀이조건: 이 조건은 통제조건을 의미한다. 학생은 평가자로부터의 사회적 관심

이 있고 풍부한 자료가 있는 환경에 놓인다. 이 조건하에서 부적절한 행동은 최소화되거나 존재하지 않아야 한다. 행동이 발생될 때는 이에 대한 후속결과가 없어야 한다.

변인의 조작   기능분석에서 변인조작은 중다요인설계(교대중재설계의 변형)로 이루어진다. Van Camp, Lerman, Kelley, Contrucci 그리고 Vorndran(2000)은 중도 지적장애 학생인 21세의 Rachel을 대상으로 기능분석을 실시하였다. 그녀는 때리기, 꼬집기, 차기, 밀기 등의 공격성과 손으로 자신의 머리를 때리는 자해행동 때문에 의뢰되었다. 기능분석은 학교의 사용하지 않는 교실에서 이루어졌다. Rachel은 중다요인설계에 의한 일련의 실험조건에 놓였다. 회기당 10분씩 3~5회기가 주당 2~5일에 걸쳐 실시되었다. 자료는 빈도기록법을 이용하여 수집되었고 분당 반응 수로 보고되었다. Rachel은 다음의 다섯 가지 조건을 체험했다.

① 혼자: 관심, 놀이교재교구, 요구 등이 일체 제공되지 않고 자해는 무시되었다. 이 조건의 목적은 자해가 사회적 후속결과의 부재에도 지속되는지의 여부를 평가하는 것이었다.
② 관심: 각 공격이나 자해 발생에 대해 유관적으로 20초의 관심을 제공하고, Rachel은 비유관적이고 지속적으로 놀이교재교구를 접했다. 이 조건은 관심 형태의 정적 강화에 의해 유지되는 행동을 확인하기 위해 설계된 것이다.
③ 유형물: 각 공격이나 자해 발생에 대해 유관적으로 20초의 놀이교재교구 접근을 제공하고, Rachel은 비유관적이고 지속적으로 관심에 접했다. 이 조건은 놀이교재교구를 접하는 형태의 정적 강화에 의해 유지되는 행동을 확인하기 위해 설계된 것이었다.
④ 요구: 각 공격이나 자해 발생에 대해 유관적으로 20초 동안 지속적인 과제로부터의 도피를 제공했다. 놀이교재교구는 이용할 수 없었다. 이 조건은 과제 도피 형태의 부적 강화에 의해 유지되는 행동을 확인하기 위해 설계된 것이었다.
⑤ 놀이: Rachel은 관심과 좋아하는 일을 지속적으로 접하고, 그녀에게 아무런 요구도 주어지지 않았으며 모든 문제행동은 무시되었다. 이 조건은 다른 조건과의 비교를 위한 통제조건으로서의 역할을 했다.

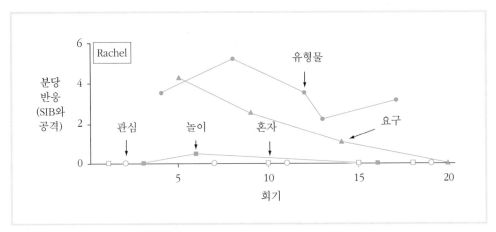

그림 7-5 기능분석을 위한 중다요인설계의 사용

출처: "Variable-time reinforcement schedules in the treatment of socially maintained problem behavior," by C. Van
Camp, D. Lerman, M. Kelley, S. Contrucci, & C. Vorndran, 2000, *Journal of Applied Behavior Analysis.*

[그림 7-5]는 각 조건하에서의 Rachel의 공격 및 자해 행동 발생을 나타내고 있다.
행동이 유형물조건에서만 가장 높게 발생했다. 따라서 문제행동은 유형물강화로 유
지되었다고 볼 수 있다.

기능분석 실행 장면

기능분석은 특수교육 교실과 일반교육 교실, 지역사회 장면, 지역사회 직업 장면
등에서 실행될 수 있다. 이러한 자연적 장면에서는 행동과 일상의 주변 사건, 사람,
그리고 유관들이 영향을 미친다(Broussard & Northrup, 1995; Conroy, Asmus, Sellers, &
Ladwig, 2005; Hughes, Alberto, & Fredrick, 2006; Kamps, Wendland, & Culpepper, 2006;
Lane et al., 2009; Wallace & Knight, 2003). 그러나 일부 연구는 아날로그 장면에서 실행
되었다. 아날로그 장면은 통제된 조건 제시가 가능한 교실 외부의 환경이다. 선택의
기준은 정확함이다. 통제된 아날로그 장면에서는 자연적인 환경에서처럼 동일한 변
인에 행동이 노출되지 않는다. 교사와 행동전문가는 학교에서 사용하지 않는 교실을
아날로그 장면으로 사용하기도 한다. Sasso 등(1992)은 아날로그 장면에서 연구자가
기능분석을 실행한 결과와 교실장면에서 교사가 실행한 기능분석 결과, 그리고 교사
가 실행한 A-B-C 기술분석을 비교하였다. 분석대상 행동은 각각 초등학생과 중학생
인 2명의 자폐 학생이 나타내는 신체적 공격성이었다. 세 가지 방법은 뚜렷한 결과를

제시해 주었는데, 반드시 행동전문가가 아날로그 장면에서 기능분석을 실행해야 하는 것은 아니라는 것을 알 수 있다. 교사는 분석을 타당하게 실행하기 위한 훈련을 그들의 교실에서 받을 수 있다(Kamps et al., 2006; Sasso et al., 1992; Wallace, Doney, Mintz-Resudek, & Tarbox, 2004).

❖ 간편 기능분석

행동기능분석(functional behavior analysis: FBA) 절차는 학교에서 특별한 요구를 가진 학생, 위험 학생, 일반교육 학생에게 좀 더 실제적이고 효율적으로 사용될 수 있도록 연구되어 왔다. 처음에 FBA 절차는 행동의 기능을 확인하고 검증하기 위해 30분씩 50~60회기를 필요로 하였다. 이러한 확장 FBA(extended-FBA) 형태는 많은 시간이 소요되었다. 간편 FBA(brief-FBA) 형태의 개발은 다양한 조건이 배치되는 개별 회기를 5~10분으로 줄였고 90분 내에 완성될 수 있다. 이처럼 회기가 짧더라도 기능에 대한 해석은 동일하게 산출된다. 실행되는 총 회기도 감소되었다. 이것은 모든 네 가지 조건을 포함하지 않고 완성된다. 직접적 및 간접적 기능평가 방법으로 모은 정보는 통제변인의 범위를 좁히는 데에 사용된다. 만일 충분한 정보가 단기간에 획득되었다면 행동이 높은 빈도로 발생해야 한다는 것에 주목해야 한다(Broussard & Northup, 1995, 1997; Derby et al., 1992; Iwata et al., 1994; Sasso et al., 1992; Steege & Northrup, 1998; Wallace & Knight, 2003).

성공적으로 사용되어 온 또 다른 간편 FBA 형식이 있다. Cihak, Alberto, Fredrick (2007)은 지역사회 중심의 직업훈련을 적용할 때 교사 면담결과를 확인하기 위해 식료품가게에서 간편 FBA를 사용하였다. 간편 FBA에는 과제요구로부터의 도피조건, 관심조건, 통제조건이 포함되었다. 학생들은 각 조건의 10분 회기에 참여하였고 조건 간에는 10분 휴식이 주어졌다. [그림 7-6]의 분당 누적 빈도(Vollmer, Iwata, Zarcone, Smith, & Mazaleski, 1993)를 보면 도피가 행동의 기능임을 알 수 있다. 그리고 이것은 기능분석 직후에 학생이 3개의 추가적인 회기에 참여함으로써 확인되었다. 간편 FBA에서 표적행동의 최고 수준을 나타낸 조건(즉, 도피)이 표적행동을 두 번째로 높게 나타낸 조건(예: 관심)과 교대로 두 번 반복되었다. Casey와 Merical(2006)은 일반교육 교실에서 관심, 도피, 통제의 조건에 대해 5분씩 간편 FBA를 실행했다. 표적행동(자해)의 최고 백분율을 나타낸 조건이 반복되었다. [그림 7-7]의 그래프는 자해행동에 대한 각 5분 회기의 10초 간격 백분율을 보여 주고 있다. 간편 FBA의 결과가 자해행

동이 도피 조건에서 가장 높게 발생했음을 보여 줌으로써 Karl이 요구를 도피하거나
회피하기 위해서 자해를 사용했다는 증거를 제공해 주었다.

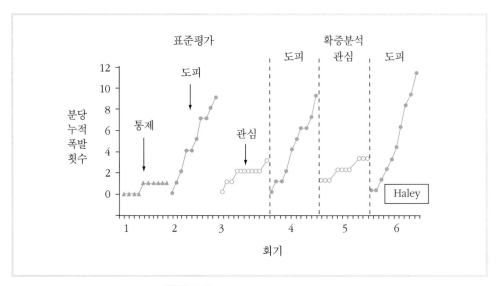

그림 7-6 간편 행동기능분석의 형식

출처: "Use of Brief Functional Analysis and Intervention Evaluation in Public Settings," by D. Cihak, P. Alberto, & L. Fredrick, 2007, *Journal of Positive Behavior Interventions, 9*(2), 80-93.

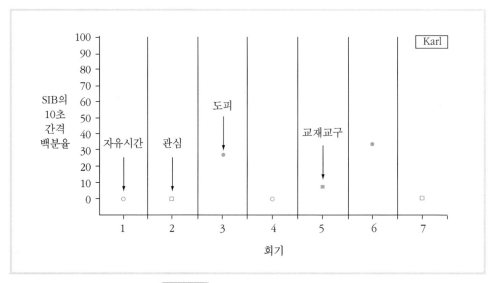

그림 7-7 간편 행동기능분석의 형식

출처: "The Use of Functional Communication Training Without Additional Treatment Procedures in an Inclusive School Setting." by S. Casey & C. Merical, 2006, *Behavioral Disorders, 32*, 46-54.

단계 5 행동지원계획 수립하기
　　　① 가설을 검토하고 행동지원계획의 구성요소를 선정함
　　　② 평가를 위하여 자료를 수집 및 사용하고 필요한 계획을 고안함
　　　③ 성공적 결과를 유지·일반화하고 중재를 적절히 줄임

　행동지원계획(BSP)은 산출된 정보를 요약하고 기능의 가설을 제공하며 행동의 변화와 지원에 관한 동의된 절차를 상세화한 것이다. 주의 교육기관 및 학교 행정당국에서는 BSP 작성을 위한 특정 양식을 갖추고 있는데, 일부는 IEP 서류의 부분으로 합병되어 있기도 하다. 이러한 양식은 다양한 구성요소를 갖는다. [그림 7-8]은 이러한 양식에 일반적으로 포함되는 많은 구성요소를 갖춘 BSP의 예다.

　구성요소 1은 행동관리팀의 목록이다. 그들은 BSP에 대해 첫째로 책임을 진다. 이 구성원들은 IEP 팀 전원이나 분과위원회가 될 수 있다. 그들의 이름과 전문적 역할(예: 교사, 언어치료사) 외에도 이 계획에서의 특정 역할을 기술한다. 계획에는 전략 실행에 대한 첫 번째 및 두 번째 실행자를 밝히고, 전략의 실행이 올바르게 되는지를 점검할 사람의 이름도 밝힌다. 자료수집자, 위기 시의 구성원, 행동변화가 일반화될 장면에서의 교사 이름도 밝혀 둔다.

　구성요소 2는 표적행동의 조작적 정의에 대한 목록이다. 이것은 IEP 팀이 이전에 정의해 놓은 것이며 기능평가나 기능분석에 사용된다. 구성요소 3은 학생의 행동을 변화시키기 위해 이전에 사용하여 성공하지 못한 전략에 대한 자료다. 이것은 팀에게 새로운 방향을 설정하기 위한 통찰을 제공할 수 있다.

　구성요소 4, 5, 6은 기능에 대한 가설을 설정하기 위한 활동을 나타낸다. 구성요소 4는 실행된 선별검사의 형태, 그 결과 그리고 결정된 중재에 대한 목록이다. 구성요소 5는 기능평가에 관한 정보를 제공한다. 여기에는 사용되었던 정보수집의 직접 및 간접 방법과 결정된 가설을 기록한다. 구성요소 6은 기능분석에 관한 정보—목적, 장면, 분석조건, 결정된 가설—를 제공한다. 기능평가 및 기능분석 모두에 대한 문서가 BSP 문서에 첨부된다.

　구성요소 7은 결정된 중재의 요소를 상세화한 것이다. 여기에는 2개 조의 요소가 있다. 한 조에는 표적행동을 대신할 좀 더 적절한 행동에 대한 지도 및 지원 전략을 기술하고(요소 7b, 7c, 7d), 다른 한 조에는 실행을 지원하기 위한 내용을 기술한다(요소 7e~7h).

행동지원계획

학생 _____ 생년월일 _____ 학급 _____

회의 날짜

(1) 팀 구성

이 름	제목/역할

(2) 표적행동의 조작적 정의

_____

_____

_____

_____

_____

_____

_____

_____

_____

_____

그림 7-8 행동지원계획 양식

(3) 이전에 사용한 전략의 요약

실행 기간:

중재 전략 실행자:

중재 전략 구성요소:

효과 자료(첨부 문서):

실행 기간:

중재 전략 실행자:

중재 전략 구성요소:

효과 자료(첨부문서):

(계속)

(4) 선별결과

건강:

약물:

신체장애:

감각장애:

학습장애:

기타:

선별결과로 어떤 조치를 취했으며, 그것이 실행되었는가?

(계속)

⑸ **기능평가**가 수행되었으면 다음 질문에 답하시오.

A. 간접 방법이 사용되었는가?　예 _____　　아니요 _____

　　예라면, 어떤 도구가 사용되었는가?　_____

　　(완성된 도구를 첨부하시오)

　　예) 기능평가면담지

　　　　학생기능평가면담지

　　　　동기평가척도

　　　　문제행동질문지

　　　　FAST

　　　　QABF

B. 직접 방법이 사용되었는가?　예 _____　　아니요 _____

　　예라면, 어떤 절차가 사용되었는가?　_____

　　(분석 자료양식을 첨부하시오)

　　예) 일화기록

　　　　분포도 분석

　　　　A–B–C 기술분석

C. 결론적 가설

　　1. 사회적 관심 끌기:　어른 _____

　　　　　　　　　　　　　또래 _____

　　2. 유형물 얻기:　항목/사물 _____

　　　　　　　　　　활동/사건 _____

　　3. 자기 자극:　어떤 감각 _____

　　4. 회피/도피:　어른 _____

　　　　　　　　　또래 _____

　　　　　　　　　항목/사물 _____

　　　　　　　　　과제/활동 _____

　　5. 회피/감소:　내적 고통 _____

D. 가설 진술 요약

(계속)

(6) **기능분석**이 수행되었으면 다음 질문에 답하시오.

A. 목적이: 기능평가에서 도출된 가설을 증명하기 위함이었는가?

기능평가에서 도출된 가설을 상세화하기 위함이었는가?

기능평가의 불확실한 결과를 명백히 하기 위함이었는가?

가설의 초기 개발이었는가?

목적: _____

_____

B. 아날로그 장면에서 수행되었는가, 자연적 장면에서 수행되었는가?

_____

_____

C. 분석에 사용된 조건은 무엇이었는가? (그래프를 첨부하시오.)

_____

_____

D. 결론적 가설
   1. 사회적 관심 끌기: 성인 _____
                          또래 _____
   2. 유형물 얻기: 항목/사물 _____
                          활동/사건 _____
   3. 자기 자극: 어떤 감각 _____
   4. 회피/도피: 성인 _____
                          또래 _____
                          항목/사물 _____
                          과제/활동 _____
   5. 회피/감소: 내적 고통 _____

E. 가설 진술 요약:

(계속)

(7) 면담

(7a) 현재 표적행동:

(7b) 가르칠 대안/대치 행동(예: 사회적 기술 교수, 자기관리 훈련):

(계속)

(7c) 선제자극/배경사건 전략(예: 환경, 일과, 과제, 사람, 교수 전략, 집단, 시간 등):

(7d) 후속결과 전략(예: DRA, DRO, NCR, 재지시, 소거, 타임아웃); 동등한 기능훈련, 기능적 의사
　　소통 훈련:

(계속)

(7e) 실행점검 계획:

(7f) 유지 및 일반화:

(7g) 위기중재: ① 이 계획에 기술된 것 외에 중재가 요구되는 행동 위기를 만들어 내는 것은 무엇인가? ② 위기중재는 무엇인가?

(7h) 필요한 직원훈련, 지원, 자원:

구성요소 7은 부적절한 행동을 대신할 대안행동의 조작적 정의 목록이다. 여기에는 또한 새로운 행동을 가르치기 위한 패러다임을 기술한다(예: 사회적 기술훈련, 자기관리). 또한 행동이 발생하는 장면의 상황적 배경사건에 대한 변경과 부적절한 행동을

표 7-3 기능에 근거한 중재의 예

기능: 관심

DRA: Durand & Carr, 1991(FCT); Harding et al., 2001; Lo & Cartledge, 2006; Meyer, 1999; Thompson, Fisher, Piazza, & Kuhn, 1998(FCT); Zanolli, Daggett, Ortiz, & Mullins, 1999

DRO: Kahng, Abt, & Schonbachler, 2001; Vollmer, Iwata, Zarcone, Smith, & Mazaleski, 1993

NCR: Fisher, O'Connor, Kurtz, DeLeon, & Gotjen, 2000; Jones, Drew, & Weber, 2000(또래 개입); Kodak, Grow, Northrup, 2004; O'Reilly, Lancioni, King, Lally, & Dhomhnaill, 2000

FCT: Fyffe, Kahng, Fittro, & Russell, 2004

소거: Hanley, Piazza, Fisher, & Eidolons, 1997

타임아웃: Mace, Page, Ivancic, & O'Brien, 1986

자기관리: Smith, Sugai, & Brown, 2000

기능: 유형물/활동

DRA: Durand, 1999(FCT); Hagopian, Wilson, & Wilder, 2001; Vollmer, Roane, Ringdahl, & Marcus, 1999; Wilder, Harris, Reagan, & Rasey, 2007

DRO: Wilder, Chen, Atwell, Pritchard, & Weinstein, 2006

NCR: Baker, Hanley, Mattews, 2006; Britton, Carr, Kellum, Dozier, & Weil, 2000; Mueller, Wilcsynski, Moore, Fusiler, & Trahant, 2001

기능: 도피

DRA: Durand & Carr, 1991(FCT); Flood & Wilder, 2002(FCT); Golonka et al., 2000; Lalli, Casey, & Kates, 1995(FCT); Piazza, Moes, & Fisher, 1996

DRO: Call, Wacker, Ringdahl, & Boelter, 2005; Coleman & Holmes, 1998

NCR: (비유관 도피): Vollmer, Marcus, & Ringdahl, 1995

소거: Mace, Page, Ivancic, & O'Brien, 1986

기능: 감각자극

DRA: Piazza, Adelinis, Hanley, Goh, & Delia, 2000(짝지어진 자극); Roberts-Gwinn, Luiten, Derby, Johnson, & Weber, 2001; Shore, Iwata, DeLeon, Kahng, & Smith, 1997; Tang, Patterson, & Kennedy, 2003

DRO: Conroy, Asmus, Sellers, & Ladwig, 2005; Patel, Carr, Kim, Robles, & Eastridge, 2000; Repp, Deitz, & Deitz, 1976

NCR: Ahearn, Clark, DeBar, & Florentino, 2005(짝지어진 자극); J. Carr et al., 2002; Long, Hagopian, DeLeon, Markefka, & Reasu, 2005; Sprague, Holland, & Thomas, 1997

소거: Kennedy & Souza, 1995

약물: Carter & Wheeler, 2007

주: DRA: 대안행동 차별강화
  FCT: 의사소통 기능훈련
  DRO: 다른 행동 차별강화
  NCR: 비유관 강화

야기하는 선제자극에 대한 대안도 포함된다. 기술되는 내용은 대안적 행동을 강화할 결과 반응에 대한 전략과 사용될 패러다임이다(예: 기능적 의사소통 훈련). 특정 기능을 위한 한 가지 중재방법이 모든 학생과 환경에 항상 적절한 것은 아니다. 〈표 7-3〉은 연구 문헌에 나타난 성공적인 전략의 예를 보여 주고 있다. 이러한 전략은 매우 긍정적이며 강화에 기초한 접근방법임을 주목해야 한다. Pelios 등(1999)이 주지한 바와 같이 자해행동과 공격적 행동에 대한 기능분석의 사용은 벌에 근거한 중재가 아닌 강화에 근거한 중재를 선택할 가능성을 증가시킨다. 행동을 증가시키거나 감소시키는 절차인 이러한 전략에 대한 설명은 다음 장에서 제시된다.

　구성요소의 두 번째 조는 실행을 지원하는 계획을 개발하기 위한 것이다. 팀의 관심은 선정된 전략이 올바르고 일관적으로 실행되는 것에 있어야 한다. 계획은 실행을 주기적으로 관찰하고 조력하기 위해 개발되어야 한다. 일단 중재가 성공적이면 새로운 행동의 유지와 지속적인 지원에 대한 계획, 학교의 다른 장면과 가정 및 지역사회에의 일반화 계획이 필요하다. BSP는 행동관리와 위기관리 간의 차이점을 인정한다. BSP의 종합적 목적인 행동관리는 학생이 환경 내에서 사람들과 상호작용하기 위해 사용하는 대안행동을 체계적으로 제공하고 오래 지속되는 행동변화에 대한 계획이다. 위기관리는 학생이 통제되지 않을 때 부적절한 행동의 즉각적 중단을 요구한다. 이것은 장기학습보다는 안전의 문제다. 결과적으로 직원훈련과 새로운 인원 그리고 계획을 성공시키기 위한 기타 지원에 관심이 모아져야 한다(예: 치료 전문가, 보호장비, 대안적 교수를 위한 교재교구).

긍정적 행동지원

　긍정적 행동지원(positive behavior support: PBS)은 응용행동분석의 기본적인 요소들의 확장 및 적용이다. PBS는 이러한 요소를 학생의 적절한 행동을 증가시키기 위해 사용하며, 학생의 환경을 재설계하고 삶의 질을 강화하기 위해 체제변경 방법(system-change methods)을 적용한다(Carr et al., 1999; Carr, Dozier, Patel, Adams, & Martin, 2002). PBS는 기능평가와 선제자극 조작과 같은 응용행동분석(ABA) 전략을 통하여 학생 개인의 수준에 초점을 맞추는 것으로 시작한다. PBS의 목적은 교실, 학교, 가족, 직장 등의 사회적으로 중요한 상황에 응용행동분석을 적용하여 학생의 생활양식에 영향을 끼치는 것이다(Horner & Sugai, 2005; Sugai et al., 2000).

E. G. Carr 등(2002)은 "지난 35년 동안 응용행동분석 연구가 없었다면 PBS는 존재할 수 없다."(p. 5)고 말했다. ABA는 3단계 유관(S-R-S)의 개념적 틀을 제공해 주고 배경사건, 자극 통제, 일반화, 유지 등의 개념을 설명해 준다. PBS는 차별강화와 같은 문제행동을 감소시키기 위한 절차뿐만 아니라 형성, 용암, 연쇄, 촉구 등과 같은 중재전략과 평가를 통합시켰다. 더욱이 PBS는 직접 관찰과 ABA 연구자들이 개발한 시간계열설계를 채택하고 있다(E. G. Carr et al., 2002; Dunlap, 2006; Kerr & Nelson, 2002; Koegel, Koegel, & Dunlap, 1996). 부적절하고 비기능적인 행동의 예방, 행동 형성을 위한 연구/증거 기반 실제의 적용, 사람 중심의 지원적인 절차 등은 PBS의 핵심적인 가치로서 ABA로부터 나온 것이다.

PBS는 3단계 예방모델을 사용한다(Sugai & Horner, 1999; Sugai, Horner, Dunlap, et al., 1999). 첫 번째 단계(보편 지원)는 환경 내 모든 학생을 대상으로 삼는다(예: 학교 전체). 교실 외 영역(예: 복도 매점, 화장실)에서 3~5가지의 긍정적으로 서술된 규칙이 모든 학생들에게 적용된다. 목적은 적절한 행동을 가르치고 강화함으로써 모든 학생들에게 행동지원의 기초를 제공하는 것이다. 두 번째 단계(표적 지원)는 첫 번째 단계로는 행동적 요구가 채워지지 않는 학생들을 대상으로 삼는다. 이 학생들은 교장실 의뢰 빈도나 정학 처분 빈도와 같은 자료에 기초하여 추가적인 행동적 지원이 필요한 아이들이다. 이 학생들은 사회적 기술 교수를 받고 비슷한 행동문제(예: 문제행동의 형태나 발생장소, 발생시간이 동일)를 보이는 다른 학생들과 함께 또래 멘토링 프로그램에 참여한다. 이 단계의 목적은 학생의 행동이 학습 활동에 부정적으로 영향을 미치게 되는 것을 예방하는 것이다. 세 번째 단계(집중 지원)는 보편 단계와 표적 단계 모두가 성공적이지 못한 학생들과 만성적인 행동 문제를 나타내는 학생들을 대상으로 삼는다. 이 단계에서는 기능중심의 행동중재계획을 실행할 뿐만 아니라 문제행동의 기능을 결정하기 위해 행동기능평가가 실행되고 랩어라운드(wrap-around) 서비스가 제공될 수 있다. 이 단계의 목적은 문제행동의 강도와 만성성을 줄이는 것이다.

❖ 개별 학생에 대한 PBS

PBS의 기초는 심각한 행동 문제를 가진 학생 개인의 삶을 개선하기 위해 행동 원칙을 적용하는 ABA다(Carr et al., 1999). PBS가 채택하는 ABA 전략 중 하나는 사회적으로 중요한 행동의 목적을 결정하는 데에 기능분석을 사용하여 중재계획을 촉진하는 것이다(E. G. Carr et al., 2002). 예를 들어, Zuna와 McDougall(2004)은 선제자극을 변경함으로써 학업 과제 회피를 관리하는 긍정적 행동지원을 사용하였다. 이 연구에서 사용한 것처럼, 선제자극 변경은 학생의 흥미를 조절하는 것과 과제를 하는 동안에 짧은 사회적 휴식시간을 허락하는 것 등을 포함한다. 주의력결핍과잉행동장애(ADHD)를 가진 6세 아동의 지속적인 교실 일상에서 기능 평가와 분석을 해 보면 도피하고 싶은 행동이 나타난다. 즉, 과제 거부하기, 관계없는 질문하기, 과제하면서 관계없는 말소리 내기, 안절부절못하기(예: 몸을 자리에 앉았다 일어섰다 하기, 과도하게 지우기), 관심 끌기 위한 행동하기─친구와 잡담, 사적인 질문, 성인 근접 요구─등이다. 중재계획에는 과제 수행 행동에 대한 구어적 강화와 부적절한 행동에 대한 소거가 포함된다. 또한 과제 수정과 교재교구 수정과 같은 선제자극 중심의 예방 전략, 2~3분 동안 어른과 대화하는 짧은 사회적 휴식시간, 과제와 휴식 활동의 선택 등도 포함된다.

❖ 좀 더 큰 상황에서의 PBS

응용행동분석 분야가 처음 시작될 때 Baer, Wolf, Risley는 연구자와 교육자들에게 "행동기법의 적용이 실제적인 효과를 충분히 내지 못했다면, 적용은 실패한 것이다." (1968, p. 96)라고 했다. PBS는 행동 원칙의 적용과 관점을 사회적 변화로 확장함으로써 이것을 다음 수준의 목표로 삼았다. PBS는 학생이 역할을 다해야 하는 좀 더 큰 상황에 영향을 미치기 위해 노력한다.

PBS가 학생이 역할을 다해야 하는 환경이나 상황으로 초점을 넓힘에 따라 체제 변화를 위한 도구가 필요하게 되었고 개별 학생 혹은 학생 집단의 부적절한 행동 발생과 재발생을 예방하기 위한 재구조화가 필요하게 되었다. PBS는 학생에게 좀 더 적절하거나 기능적인 행동을 제공했으나 역기능적인 상황으로 학생이 되돌아가는 것은 장기적인 가치가 없다고 본다. 최선의 기술은 비협력적이거나 비조직화된 상황에서 적용되면 실패할 것이다. 이러한 원리는 PBS 특성 중 하나인 체제 변화에 노력을 더하여 왔다. 발생과 유지가 가능한 방법으로 체제가 재구조화될 때만이 의미 있는 변화가 가능하다(E. G. Carr et al., 2002). 새로운 행동의 유지를 위하여 기능평가로부터 나온 지원을 설계하고 구조화하는 것이 필요하다. 이러한 지원을 설계하기 위하여 PBS는 ABA의 원리와 체제 분석을 적용한다. PBS에 적용되는 체제 변화에서 가장 중요한 점은 예방이다(PBS는 의사소통 능력과 자기관리 기술을 강화함으로써 문제행동의 재발생을 예방하고자 한다. PBS의 주도적인 환경설계는 선택하기, 배경사건 수정하기, 교육과정 재구조화하기 등의 기회를 강화하는 전략에서 엿볼 수 있다; E. G. Carr et al., 2002).

교실　　　기능평가로부터 나온 중재가 작동하게 될 지원적인 교실 상황을 만들기 위해서는 예방적인 전략을 사용해야 한다. 재구조화를 위해 분석된 교실 체제는 강화인자 선정과 전달, 과제 간 및 장소 간 전이, 좌석 정리, 과제 일정, 교수 집단화, 교육과정 선택, 행동 규칙 등을 포함한다. Scott, Payne 그리고 Jolivette(2003)의 연구에서 교사는 문제가 발생하는 장소(예: 세면대, 옷걸이), 발생하는 시간(예: 전환 시간, 정리 시간), 발생하는 조건(예: 만들기나 파티하는 날, 시험시간)을 예측할 수 있고 어떤 학생이 가장 문제를 일으키기 쉬우며 그러한 문제가 어떻게 될 것이라는 것을 안다고 지적하였다. 연구자들은 효과적인 예방 전략이란 간단하고 효율적이며 편리한 것으로 모든 이가 동의하는 것이라고 하였다. 예방 전략은 문제와 장소가 조화를 이루어야 한다. 예를 들면, 옷장 앞에서 코트를 걸 때는 한 번에 몇 명의 학생들만 들어갈 수 있도록 규칙 만들기, 전이 시에 복도에서 학생들이 소집단으로 줄을 서서 이동하도록 규칙을 만들기, 이러한 모든 예들에서 반드시 적절한 행동의 기대치를 가르쳐 주어야 한다. 긍정적 행동지원 체계는 고정적이어서는 안 되며 지속적인 평가가 이루어져야 한다고 연구자들은 강조하였다.

학교　　　학교차원(schoolwide)의 PBS 사용은 대규모 실행이며 개별 학생의 분석 단위를 학교에 확장하는 것이다(Horner & Sugai, 2007; Horner, Sugai, & Anderson, 2010). 학교차원 PBS는 학교가 문제행동을 예방하면서 사회적 · 학업적 성공을 모두 성취하는 데에 필요한 학교의 문화와 개별화된 행동지원을 위해 증거기반실제를 체계적으로 사용하는 접근법이다. 이 접근법은 초등학교와 중등학교 모두에서 실행되어 왔다(Bradshaw, Mitchell, & Leaf, 2010; Flannery, Sugai, & Anderson, 2009). 학교차원 긍정적 행동지원(SE-PBS)은 학교차원의 예방 노력으로 시작되어 보다 중대한 요구가 있는 학생을 위한 개별화된 지원이 추가되는 접근법이다. 학교차원 PBS를 연구하는 사람들은 다음의 핵심 전략에 동의한다(Horner & Sugai, 2007; Horner, Sugai, & Vincent, 2006).

① 문제행동의 발생과 확대를 예방하는 데에 초점을 맞춘다.
② 바람직한 사회적 행동과 기술을 가르친다.
③ 바람직한 행동을 알린다. (학생은 규칙위반과 문제행동 비율보다 더 많이 바람직한 행동에 대한 인정을 받아야 한다. 스태프는 문제행동에 대해 일관적인 후속결과 중심의 중재를 준비하여야 한다.)

④ 학생 행동에 대한 자료를 지속적으로 수집하고 그것을 행동지원 결정에 사용
　한다.

⑤ 집중적이고 개별적인 중재의 연속체를 따른다.

효과적인 실행을 위해 관련자를 지원하는 체계(예: 팀, 정책, 자금, 행정지원, 자료정리)에 투자하라.

Scott(2001)은 주에서 학업 성적이 285개 학교 중 275등이고 500명 학생이 있는 도시의 초등학교에서 학교차원의 팀을 만들고 활동을 결정하여 합의를 끌어냈다. PBS 실행을 알리는 스태프 회의가 열려 예측되는 문제와 상황을 확인하고 예방 전략을 의논하였다. 확인된 문제를 예방하고 일관적인 실행과 합의(70% 동의)를 얻기 위해 가능한 해결책이 논리적으로 산출되었다. 후속결과 및 선제자극 중심의 예방적 중재 요소는 매점으로 확인되었다. 그곳은 긴 줄을 서서 서로 떠밀기도 하기 때문에 탁자들이 뒤엉켜 있어 부정적인 후속결과를 가져오게 되는 곳이다. 예방적인 친사회적 해결책은 줄 서기를 최소화할 수 있도록 전이 시간을 조정하고, 집단유관 제도를 만들어 탁자 모두가 깨끗하면 탁자에 있는 모든 학생들을 강화하는 것이다. 전이시간에는 복도와 계단에서 서로 밀고 싸워 혼잡했고 복도의 소음은 수업을 방해했다. 친사회적 해결책으로 학생들에게 복도와 계단의 오른쪽에 한 줄로 서서 난간을 잡고 걷도록 가르쳤다. 이 결과에 대한 측정 가능한 종속변인은 학교 정학의 수와 기간이었다. Scott은 PBS가 문제행동으로 인해 배제될 필요가 있는 학생 수의 감소와 연관이 있다고 보고했다.

제8장

행동을 증가시키는 후속결과

여러분은 알고 있습니까

- 응용행동분석이 정적 강화를 만들어 낸 것이 아님을?
- 사탕이 정적 강화인자가 되지 못할 수도 있음을?
- 가끔은 적절한 행동을 매번 강화하지 않는 것이 더 좋다는 것을?
- 부적 강화는 벌이 아니라는 것을?
- 계약서를 작성하기 위해 변호사가 필요하지 않다는 것을?

행동변화를 주도하는 사람의 요구를 따르는 사람에게 주어지는 즐거운 사건이나 보상을 지칭하는 강화(reinforcement)라는 용어는 일반적인 공용어가 되었다. 그것은 사람들을 다른 사람이 선택한 행동에 참여하게 만드는 인위적인 도구로 개념화된 행동 수정의 전형적이고 조작적인 개념과 연계되어 왔다. 비록 응용행동분석이 행동을 변화시키기 위해 강화의 원리를 사용하기는 하지만, 응용행동분석이 강화의 원리를 창안한 것은 아니다. 강화는 자연스럽게 발생하는 현상이다. 응용행동분석은 신중하고 체계적인 방식으로 강화를 적용시켜 왔다.

강화는 환경의 두 가지 사건, 즉 행동(반응)과 사건 혹은 행동과 반응에 뒤따르는 후속결과(consequence) 간의 관계를 말한다. 후속결과로써 반응이 증가하거나 유지될 때만 그 관계를 강화라고 한다. 제1장에서 우리는 두 가지 형태의 강화를 설명했다. 행동을 증가시키는 후속결과의 유관적 제시(contingent presentation)인 정적 강화와 행동을 증가시키는 어떤 혐오자극의 유관적 제거(contingent removal)인 부적 강화가 그것이다. 정적 강화와 부적 강화는 모두 미래의 사건 발생 가능성을 증가시킨다.

모든 사람은 그들이 하는 것의 후속결과 때문에 그것을 한다. 우리가 하는 모든 행위는 어떤 후속결과로 끝난다. 우리의 행동이 자연스럽게 발생하는 바람직한 후속결과로 끝날 때 이 경험은 계속해서 그러한 방식으로 행동하도록 우리를 동기화시킨다. 다음의 예를 생각해 보자.

- 사무직원은 주말에 받을 주급을 기대하면서 매일 일하러 간다. 만일 만족스러울 만큼의 주급이 금요일에 지급된다면 그것은 직원이 월요일에 일에 복귀할 가능성을 증가시킨다.
- 소년 야구선수가 2루타를 치고 관중의 박수갈채를 받았다. 이것은 다음 토요일에 또 경기를 하도록 소년을 동기화시킨다.
- 엄마가 다가올 때 아기가 옹알이를 해서 엄마가 아기를 안아 주고 더 많이 놀아 주었다. 엄마의 반응은 아기의 옹알이를 증가시키고, 그것은 함께 노는 시간을 증가시키고, 그것은 ~을 증가시키고……
- 어떤 학생이 일주일 동안 매일 밤 45분씩 역사 시험공부를 했다. 만일 시험에서 A를 받는다면 이 후속결과는 학생을 다음 시험에서도 열심히 공부하도록 동기화할 것이다.

비록 많은 적절한 행동이 자연적으로 발생하는 강화인자에 의하여 유지되지만, 이 자연적 절차는 모든 바람직한 행동을 유지하기에는 충분하지 않을 수도 있다. 교사는 자연 발생 강화인자가 학생의 적절한 행동을 유지시키지 못하는 것을 흔히 발견한다. 어떤 학생은 기하학이나 응용행동분석에서 받는 직접적인 득이 무엇인지 알지 못할 수 있다. 교사가 제공하는 강화인자보다 더 강한 경쟁 강화인자가 학생을 동기화시킬 지도 모른다. 예컨대, 다른 학생의 웃음이 교사의 칭찬보다 더 강한 강화인자가 될 수 도 있다. 어떤 학생은 교사가 제공하는 강화인자에 가치를 두지 않는다. 예를 들어, 그들에게 성적은 거의 의미를 갖지 못할 수도 있다. 이러한 경우에 교사는 학생이 가 치 있게 여기는 강화인자를 얻을 수 있는 체계적이고 잠정적인 프로그램을 개발해야 한다. 자연적으로 발생하는 강화인자가 충분히 강력하지 못할 때, 현명한 교사는 더 욱 강력한 강화인자를 찾는다.

우리는 교실 내 행동을 변화시키기 위한 강화의 효과적인 사용 절차를 설명하고자 한다. 이 장의 대부분을 정적 강화의 사용에 대해 설명하고, 마지막 부분에 부적 강화 의 교실 적용을 설명한다. 가능한 강화인자의 범주와 예가 〈표 8-1〉에 요약되어 있 다. 이 표는 인위적인 것에서 자연적인 것으로 강화를 서열화한 것이 아니다. 예를 들 어, 혹자는 교실에서 인위적인 식용의 강화인자 사용을 확인하고 싶어 할지도 모른 다. 그러나 그것은 표적행동이나 장면 혹은 학생의 연령에 달려 있다.

어떤 부류 혹은 특정 자극도 인위적인 혹은 자연적인 강화인자로 기술될 수 있다. 학생에게 스스로 섭식하는 것을 가르칠 때 강화인자로서의 음식이나 체육시간 후에

표 8-1 교실 사용을 위한 강화인자의 범주와 예

종류	범주	예
1차 강화인자	1. 식용 강화인자	식품, 음료, 크래커 한 조각, 주스 한 모금, 푸딩
	2. 감각 강화인자	시각, 청각, 촉각, 후각, 운동감각적 경험의 노출: 부드러운 천의 손인형으로 얼굴 톡톡 치기, 헤드폰으로 음악 듣기
2차 강화인자	3. 유형의 강화인자	증명서, 배지, 스티커, 연예인 포스터, 풍선
	4. ① 특권 강화인자	감독 역할, 팀장, 과제 면제
	② 활동 강화인자	놀이 활동, 특별 프로젝트, 매체 허용
	5. 일반화된 강화인자	토큰, 포인트, 점수
	6. 사회적 강화인자	표현, 접근, 접촉, 어휘, 피드백, 좌석 배치

식수대에 줄을 잘 서는 것에 대한 강화인자로서의 물은 표적행동의 자연적 후속결과가 될 수 있다. 주어진 환경에서 통상적으로 있을 수 있는(즉, 자연적인) 사항이나 사건과 후속결과를 증가시키기 위해(즉, 인위적인) 환경에 일시적으로 추가되는 사항이나 사건을 구분하는 것이 도움이 될 수 있다.

1 정적 강화

정적 강화(positive reinforcement: S^{R+})는 반응에 즉각적으로 뒤따르는 우발적 자극 제시로서 미래의 반응률이나 가능성을 증가시킨다. 이 정의에는 세 가지 조작적 낱말이 있다. 자극은 반응이 재발생할 가능성을 증가시키는 효과를 가져올 것이므로 증가시킨다(increases)는 낱말은 강화에 대한 개념을 명백하게 해 준다. 두 번째 조작적 낱말은 제시(presentation)다. 정적 강화를 사용할 때 우리는 의도적으로 학생에게 반응을 유도하는 자극을 제시한다. 세 번째 조작적 낱말은 유관적(contingent)이다. 교사는 요구되는 반응이 도출되지 않으면, 혹은 도출될 때까지 학생에게 후속결과를 제시하지 않을 것이다. 만일 교사가 "Marcus, 네가 수학 문제를 모두 풀면 비행기를 가지고 놀아도 돼."라는 유관을 제시했을 때, 비행기가 Marcus를 강화하기만 하면 교사는 정적 강화를 사용하는 것이다. 강화자극(비행기를 가지고 노는 것)은 요구행동(수학 문제의 완성)의 도출에 유관되어 학생에게 제시될 것이다. 〈표 8-2〉의 예는 정적 강화의 원리를 설명해 준다.

표 8-2 정적 강화인자의 예

	자극	반응	S^{R+}	효과
예 1	유관 진술 및 적절한 자료	Marcus가 수학 문제를 완성함	비행기를 가지고 놀도록 허락됨	Marcus가 다음에 수학 문제를 완성할 가능성이 증가됨
예 2	-	John이 자리에 똑바로 앉아 있음	교사가 미소와 칭찬을 해 줌	John이 계속 바르게 앉아 있을 가능성이 증가됨
예 3	-	Sara가 매일 과제를 잘해 옴	학급 반장으로 임명됨	Sara가 계속해서 매일 과제를 잘해 올 가능성이 증가됨

정적 강화가 행동과 후속결과 간의 관계에 관한 것인 반면, 정적 강화인자(positive reinforcer)는 후속결과 사건 자체를 말한다. 정적 강화인자는 다음과 같은 후속결과적 자극(S^R)이다.

① 미래의 행동 발생률이나 가능성을 증가시키거나 유지시키는 자극
② 바람직한 혹은 요구되는 행동 도출에 유관되어 집행되는 자극
③ 바람직한 혹은 요구되는 행동 도출에 즉각적으로 뒤따라 집행되는 자극

효과적인 강화인자 선택하기

자극은 행동에 대한 효과로서만 정적 강화인자로 정의되기 때문에 어떤 물건이나 사건도 관계가 성립될 때까지는 정적 강화인자로 명명될 수 없다. 따라서 교사는 관계에 대한 증명에 앞서 무엇이 강화적 후속결과라거나 아니라는 어떤 확신의 말도 할 수 없다. 특정 학생에게 어떤 것이 강화인자로서 역할을 하느냐의 문제는 학생의 강화 역사(무엇이 과거에 그를 동기화시켜 왔는가), 결핍에 관한 학생의 진술(원하지만 쉽게 혹은 자주 갖지 못하는 것), 강화인자에 대한 가치 지각(그것을 얻기 위해 행동할 가치가 있는지의 여부), 일관성(과거에 강화인자가 믿을 만하게 전달되었는지의 여부), 연령 적합성(학생이 강화인자를 좋아한다 해도 강화인자가 어린 아동에게 더 적합하고 그것이 학생을 당황시키는지의 여부) 등과 같은 몇 가지 요인에 달려 있다.

강화인자로 역할을 하는 것은 학생마다 다를 수 있다. 강화인자를 미리 정해 놓는 것은 흔히 중재 프로그램이 실패하는 이유가 된다. 바람직한 행동변화가 발생하지 않을 때 교사의 첫 번째 반응은 강화 절차가 작동하지 않는다고 보는 것인데, 사실은 강화의 기본적인 개념 중의 하나인 강화인자의 개별화를 위반한 것이다. 강화인자를 개별화하는 한 가지 방법은 강화인자 표집(reinforcer sampling)을 사용하는 것이다. 체계적인 표집은 교사 혹은 양육자가 강화인자로서 기능할 것이라고 예측하는 것보다 더 믿을 만하다고 보고되어 왔다(Cote, Thompson, Hanley, & McKerchar, 2007; Daly, Jacob, King, & Cheramie, 1984; Green, Reid, White, Halford, Brittain, & Gardner, 1988). 또한 다른 사람보다는 강화를 받는 개인에 의해서 선택된 강화인자가 더욱 효과적이라는 증거도 있다(Fisher, Thompson, Piazza, Crosland, & Gotjen, 1997; Lerman et al., 1997; Thompson, Fisher, & Contrucci, 1998).

물건이나 사건의 강화 가능성은 강화 역사와 결핍에 달려 있다.

강화인자 표집방법은 학생의 기능 수준에 따라 다르다. 흔히 학생에게 노력이나 성취의 결과로 무엇을 얻고 싶은지를 묻는다. 이것은 4~12학년 학생에게 사용하도록 개발된 학교강화조사지(School Reinforcement Survey Schedule; Holmes, Cautela, Simpson, Motes, & Gold, 1998)와 같은 준비된 조사지를 사용하여 수행될 수도 있다. 잠재적 강화인자에 관한 다른 정보와 마찬가지로 학생에게 물어서 얻은 결과도 행동에 대한 효과가 나타날 때까지 강화인자로 확신할 수 없다(Cohen-Almeida, Graff, & Ahearn, 2000; Northup, 2000).

또 다른 강화인자 표집 전략은 [그림 8-1]과 같이 물건이 명명되어 있거나 그림으로 그려져 있는 준비된 강화인자 메뉴를 사용하는 것이다. 우선 학생에게 좋아하는 순서대로 강화인자에 순위를 매기도록 한다. 강화인자 메뉴는 교사가 합리적으로 작성할 수 있는 다양한 물건을 포함해야 한다. 어떤 학생에게 강화되는 것이 다른 학생에게는 강화되지 않을지도 모르기 때문에 선택의 다양성이 필요하다. 선택을 제한하여 제시하는 것은 학생이 제안할 수도 있는 비현실적인 선택(예: CD 플레이어, 비디오게임기, 칸쿤 여행)을 예방할 것이다. 그러나 교사는 여전히 강요된 선택 후에 자유롭게 답할 기회를 제공하고 싶어 할지도 모른다. 대안적 방법은 많은 목록에 대해 순위를 매기게 하는 것보다 두 가지 물건 혹은 부류 중에서 선택하도록 하는 것이다(말이나 그림으로). 예를 들어, "어느 것이 더 하기 어렵니? 과자나 팝콘 먹는 것이니, 아니면 도서관 가기, 컴퓨터게임 하기와 같은 무언가를 하는 것이니?"라고 묻는 것이다(Northup, George, Jones, Broussard, & Vollmer, 1996, p. 207).

반응능력이 제한적인 학생의 선호 강화인자를 결정하기 위해서는 실제의 사물이나 사건으로 강화인자 표집을 실행하는 것이 필요하다. 사진 같은 자극이 사용될 수도 있지만 유형의 자극이 좀 더 확실하게 강화 효과를 예견해 준다(Higbee, Carr, & Harrison, 1999). 일반적으로 강화인자 효과의 과거 역사와 부모 및 이전 교사와의 면담에 근거하여 잠재적 강화인자를 여섯 가지 항목 정도로 표집하는 회기를 가져 보는 것이 좋다. 항목은 음식물, 감각, 장난감 혹은 환경에 영향을 미치는 사항(예: 선풍기) 등과 같이 다양한 범주의 항목을 포함해야 한다.

세 가지 대안적 강화인자 표집 절차는 다음과 같다.

① 교수나 활동 중에 혹은 그 전에 한 번에 하나의 항목이 학생에게 제시되는 단일
  항목 제시법(single-item presentation)(Green, Middleton, & Reid, 2000; Pace,

중도장애 학생을 위한 강화인자 표집은 구체적이어야 한다.

여러분의 선택

'최고로 갖고 싶다' = 1
'최소로 갖고 싶다' = 9

막대사탕	일주일 반장	점심 특별 후식
스티커	포스터	컴퓨터 사용
일주일 배구팀 주장	체육관 사용 시간 추가	다음 주 하루 과제 면제

또는

그림 8-1 강화인자 메뉴

Ivancic, Edwards, Iwata, & Page, 1985)이다. 이 절차는 항목이 좋아하는 것인지 좋아하지 않는 것인지를 표시하도록 하는 것으로서 좋아하는 순서에 대한 정보는 주지 못한다.

② 학생이 좋아하는 항목을 선정할 수 있도록 항목을 짝으로 제시하는 선택 혹은 강요된 선택 제시법(choice or forced choice presentation)(Fisher et al., 1992)이다. 항목은 유형물, 그림, 소리를 포함할 수도 있다. 각 항목은 최소한 모든 다른 항목과 한 번씩 짝으로 제시되어 다른 항목에 대한 상대적 선호가 결정될 수 있다.

항목의 위치(왼쪽이나 오른쪽)는 매번 임의로 정해져야 한다. 선정된 항목 중에서 좀 더 영향력 있는 강화인자를 결정할 때 일반적인 기준은 고선호는 75% 이상, 저선호는 25% 미만의 선택을 나타내는 것이다. 저선호 항목은 강화 효과가 약하고 고선호 항목은 반응 비율이 높은 것과 관련된다(Fisher et al., 1992; Graff, Gibson, & Galiatsatos, 2006; Horrocks & Higbee, 2008; Roscoe, Iwata, & Kahng, 1999). 이 절차는 단일항목 제시법보다 강화 효과를 더 잘 예견한다는 보고가 있다.

③ 모든 항목(유형물, 그림, 활동 선택사항)이 동시에 제시되는 복합자극 제시법(multiple stimulus presentation)이다. 일단 하나의 항목이 선정되고 체험되면 그것은 제거된다. 이 과정이 모든 항목이 선정될 때까지 혹은 반응이 없을 때까지 계속된다. 보통 이 과정은 학생의 선호를 확인하기 위해 몇 차례에 걸쳐 반복된다(Carr, Nicolson, & Higbee, 2000; DeLeon & Iwata, 1996; Daly et al., 2009).

세 가지 방법 중 어느 것이라도 교사가 활동 기회를 제공하는 것에는 실질적인 제한점이 있다. 또한 장애 학생 집단에서는 공의 선택이 촉감 때문인지, 색깔 때문인지, 혹은 공으로 할 수 있는 활동 때문인지를 판단하는 것이 어려울 수 있다.

교사는 학생의 어떤 반응을 항목 선정 행동으로 기록할 것인지를 결정해야 한다. 학생의 기능 수준에 따라 항목을 들어올리거나, 지적하거나, 응시하거나, 불분명하게 접근하면서 항목을 가리키거나(Pace et al., 1985), 혹은 작은 스위치를 사용하여 항목에 접근하여 선정할 수도 있다(Leatherby, Gast, Wolery, & Collins, 1992; Wacker, Berg, Wiggins, Muldoon, & Cavanaugh, 1985).

잠재적 강화인자의 선호조사는 참여시간에 근거하여 수행될 수도 있다(Ahearn, Clark, DeBar, & Florentino, 2005; DeLeon, Iwata, Conners, & Wallace, 1999; Harding et al., 1999; Kennedy & Haring, 1993; Parsons, Reid, & Green, 2001; Worsdell, Iwata, & Wallace, 2002). 확인의 근거는 학생이 과제나 그 자료에 참여하는 시간의 양을 비교하는 것이다. 과제나 자료는 특정 시간 동안(예: 5분) 학생에게 제시된다. 선택권을 개별적으로 제시하고 지속시간 자료를 수집하거나, 두 가지 혹은 그 이상의 선택이 배열된 세트를 학생에게 제시하고 각 선택에 대한 지속시간을 수집한다. 이 절차는 잠재적 강화인자로서 확인된 항목과 학생에게 중립적 가치를 지닌 것으로 확인된 항목 간의 비교를 할 수 있도록 구조화하여 실행할 수 있다. 모든 경우에서 학생은 선택을 하기 전에 각 항목을 경험해 볼 수 있는 기회를 가져야 한다. 학생이 각 항목을 맛보거나 느끼거나 조작해 볼 수 있는 기회를 제공함으로써 평가의 정확성을 높일 수 있다 (Tessing, Napolitano, McAdam, DiCesare, & Axelrod, 2006). Ayllon과 Azrin(1968)이 주지했듯이, 항목에 대한 경험이나 표집은 "사실, 결과가 개인을 강화한다고 보증하지 못한다. 그보다는 결과가 잠재성을 가진다면 그 잠재적 강화물을 드러내 준다. 만일 결과가 표집된 후에 그것을 추구하지 않는다면 친숙함 부족으로 그것은 강화인자가 되지 못할 것이다."(p. 92)

Hall과 Hall(1980, pp. 15-17)은 잠재적 강화인자를 선정하기 위한 다음과 같은 9단계 순서를 제안하였다.

- 단계 1: '대상의 연령, 관심, 욕구를 고려하라.' 교사는 학생의 연령과 사회적 배경에 상응할 만한 후속결과를 선정해야 한다. 과자 혹은 퍼즐놀이는 아마도 청소년에게 동기적 가치를 거의 갖지 못할 것이다.

- 단계 2: '강화를 통하여 강화하고자 하는 행동을 고려하라.' 교사는 반응을 산출하기 위해 요구되는 노력이나 가치에 상응할 만한 후속결과를 선정해야 한다. '만일 어떤 직장에서 고용주가 고용자에게 주말 근무의 대가로 커피를 사겠다고 제안했다면 어떤 직원도 그 제안을 받아들이지 않을 것이다.' 마찬가지로 학생이 하루 종일 작문과제를 완성한 것에 대해 자유놀이 시간 5분을 추가로 준다면 학생은 아마도 그것을 무시할 것이다.

- 단계 3: '여러분이 대상에 대해 알고 있는 것, 그의 연령, 관심, 좋아하는 것과 싫어하는 것, 특별한 행동 등을 고려하여 잠재적 강화인자의 목록을 만들라.' 이 단계는 교사가 질서 있고 객관적인 방식으로 잠재적 강화인자를 정리하도록 해 준다. Hall과 Hall(1980)은 잠재적 강화인자를 교재교구 강화인자, 활동 강화인자, 사회적 강화인자 등의 범주로 정리할 것을 제안하였다.

- 단계 4: '프리맥 원리.' 잠재적 강화인자를 선정할 때 교사는 학생을 보면서 그가 좋아하는 활동을 메모해야 한다. David Premack(1959)은 좋아하는 활동을 강화인자로 사용하는 것을 체계화하였다. 프리맥 원리에 대한 논의는 이 장의 후반부에서 다루어질 것이다.

- 단계 5: '대상에게 요청하라.' 학생이 좋아하는 것과 싫어하는 것에 대한 최상의 권위자는 바로 그 학생이다. 학생의 잠재적 강화인자를 결정하는 데에 가장 흔히 사용되는 장치는 이전에 언급된 강화인자 메뉴다. 강화인자 메뉴의 대안적 형태

310

는 Raschke(1981)를 참고하라.

- 단계 6: '새로운 강화인자를 고려하라.' 이 단계에서 Hall과 Hall(1980)은 "강화인자를 다양하게 사용하는 것은 동일한 강화인자를 또 사용하는 것보다 더 효과적"이라는 것을 상기시켰다. 똑같은 강화인자의 반복적 사용은 지루함과 포만, 그리고 후속결과의 동기적 효과를 경감시키는 결과를 가져올 수 있다.

- 단계 7: '자연스러운 강화인자를 고려하라.' Hall과 Hall(1980)은 자연스러운 강화인자의 사용으로 얻는 세 가지 이점을 제안하였다. 첫째, 인정이나 특권과 같은 자연스러운 강화인자는 좀 더 쉽게 제공될 수 있고, 대부분의 음식 및 물건 형태의 후속결과보다 경비가 더 저렴하다. 둘째, 자연스러운 강화인자는 행동이 일어난 후에 학생에게 쉽게 제공될 수 있다. '행동 강화를 매끄럽게 잘하지 못했을 때조차도 자연스러운 상황에서의 자연스러운 긍정적 후속결과는 더 쉽게 제공될 수 있다.' 셋째, 자연스러운 강화인자는 유관에 기초하여 자동적으로 발생한다. 숙제를 잘해 온 것에 대한 칭찬은 숙제를 잘해 왔을 때 자연스럽게 발생하는 것이다.

- 단계 8: '사용할 강화인자를 선정하라.' Hall과 Hall(1980)은 일단 1단계에서 7단계까지를 고려했다면, 표적행동에 가장 좋은 영향을 미칠 강화인자를 선정할 것을 제안하였다.

- 단계 9: '행동을 기록해 두라.' 후속결과가 강화인자가 되었는지를 확인하기 위한 유일한 방법은 행동에 대한 그 효과를 관찰하는 것이다. 이 효과를 증명하기 위해서는 행동변화를 체계적으로 기록해 두어야 한다. 기록하는 여러 방법은 제4장에 제시되어 있다.

강화인자에 대한 정기적인 재평가가 중요하다(Mason, McGee, Farmer-Dougan, & Risley, 1989; Stafford, Alberto, Fredrick, Heflin, & Heller, 2002). 단일 항목이나 적은 수의 항목이 평가에 사용될 때 더욱 그러하다. 짝을 이루는 방법(paired-item method)으로 확인된 강화인자가 단일 항목에 대한 선호 방법(single-item preference method)으로 확인된 강화인자보다 더 안정적인 것으로 나타났다. 학생이 나이가 들고 경험이 확장되면서 선호하는 것이 달라질 수 있는데, 이에 따라 바람직한 행동변화가 늦어지거나 오반응이 많아질 수 있다. 달리 말해, 학생이 단순히 강화인자에 싫증(포만)이 난 것일 수 있다(Carr, Nicolson, & Higbee, 2000; Hanley, Iwata, & Roscoe, 2006). 이런 경우, 좋아하는 항목을 일정 기간 후에 다시 사용할 수 있다.

강화인자의 유관성 확립하기

강화가 효과 있기 위해서는 학생이 표적행동을 수행한 후에만 강화인자를 제공해야 한다. '만일 ~이면 ~이다.' 라는 문장이 적절하다. 이러한 문장은 행동을 수행하는 것과 강화인자를 받는 것 간의 관계를 명백하게 확립한다. 만일 선생님이 피곤한 날에 Clara가 표적행동을 했는지의 여부에 관계없이 사탕을 가질 수 있고 사탕이 여기저기 흩어져 있다면 Clara는 선생님이 관심이 없다고 생각할 것이다. 유관이 실제로 효력을 발휘하지 못하는 것이다. 유관에 함축되어 있는 것과 강화인자 전달에서 명백한 것은 교사나 다른 특별한 사람이 강화인자의 근원이라는 것이다. 만일 학생이 보조교사나 다른 어떤 사람에게 가서 바람직한 행동을 수행하지 않고도 약속된 강화인자를 얻을 수 있다면 그 학생은 즉각 유관을 따를 필요가 없다는 결론을 내릴 것이다.

부모나 다른 양육자가 잠재적 강화인자를 비유관적으로 사용하지 않는 것이 중요하다.

즉각 강화하기

효과가 있기 위해서는 처음 표적행동이 수행된 후에 즉각 강화인자가 전달되어야 한다. 이 타이밍은 학생에게 유관의 진실을 확신시키고 특정 행동과 그 반응결과 간의 관계를 강조한다. 전달의 즉각성은 또한 엉뚱하게 방해행동을 강화하는 위험을 피하기 위해서도 필요하다. 바람직한 행동과 강화인자 수령 간의 지연이 길어질수록 학생이 유관하에 있지 않은 행동 혹은 바람직하지 않은 행동을 하게 될 가능성은 커진다. 궁극적으로는 행동과 강화인자 간의 지연이 이루어져야 한다. 체계적으로 정리된 이러한 지연을 강화 스케줄이라고 하는데 이 장의 후반부에서 논의될 것이다.

〈일화 8-1〉

Troutman 선생님, 혼란을 강화하다.

Troutman은 사회부적응 학생을 돌보는 특수학급 교사였다. 이 학급에서 처음으로 수업을 시작하면서 그녀는 성공을 다짐했다. 그녀는 응용행동분석 과목을 이수했기 때문에 다음과 같은 유관을 학생들에게 제시하기로 했다.

"주에 최소한 20개의 과제를 완성하면 금요일 2:15에 학급 파티에 참여할 수 있다."

학생들은 열심히 했고, Troutman은 매우 만족스러워하며 왜 사람들이 학생들 가르치는 것을 어려워하는지 의아한 생각이 들었다. 금요일 아침 11시에 20번째 과제를 완성한 첫 번째 학생이 나왔고, 정오까지 모두 7명의 학생이 조건을 충족시켰다. 2시 15분이 되기까지 남은 시간은 Troutman에게는 역사상 가장 긴 시간이었다. 학생들은 소리 지르고, 싸우고, 서로 욕을 하고, 뛰어다니면서 대혼란 사태를 만들었고 파티는 정해진 시간에 열렸다. (Troutman은 유관적 약속을 지키지 않으면 학생들은 더 이상 자신을 믿지 않을 것이라는 것을 충분히 알고 있었다.) 월요일 아침, 교실은 소리 지르고, 싸우고, 욕하고, 뛰어다니는 사태가 되었다. Troutman은 혼란을 강화했고, 그것이 그녀가 얻은 것이다.

강화인자의 형태

교사가 사용할 수 있는 중요한 두 가지 강화인자가 있다. 1차 강화인자와 2차 강화인자가 그것이다.

❖ 1차 강화인자

1차 강화인자는
행동을 변화시키
는 강력한 도구가
될 수 있다.

1차 강화인자(primary reinforcer)는 개인에게 생물학적으로 중요한 자극이다. 이것은 생활을 영속시키기 위해 필요하기 때문에 선천적으로 동기화된다고 볼 수 있다. 따라서 1차 강화인자는 자연적이고 비학습되며 비조건화된 강화인자다. 생물학적 중요성을 감안하면 학생 개인을 매우 동기화시킬 것으로 기대할 수 있다. 1차 강화인자의 주요 유형에는 음식물, 음료수, 수면, 은신처 등이 포함된다. 교실에서 가장 일반적이고 적절하게 사용되는 두 가지 1차 강화인자는 음식물과 음료수다. 식용의 강화인자는 어린 학생과 중도장애 학생에게 새로운 행동을 가르칠 때 주로 사용된다. 그것은 동기적 가치가 높기 때문에 행동에 빠르게 영향을 미친다.

행동수정과 M&M 초콜릿 간의 거의 신기에 가까운 연관성에도 불구하고 교사들은 나이 든 학생과 경도장애 학생에게 식용의 강화인자를 사용하는 것이 필요하다고 보지 않는다. 식용의 강화인자는 감염이나 해충 혹은 알레르기의 염려 때문에 잘 사용되지 않는다. 상상력이 풍부한 교사는 다른 잠재적 강화인자를 선택할 수 있을 것이다. 어떤 학생의 행동을 사탕이나 한턱 내는 것으로 강화하는 것은 행동적 과잉대응의 예다. 게다가 불필요한 1차 강화인자는 학생에게 모욕적인 것으로 인식될 수도 있다. 9학년 학생은 "수학숙제 잘했어, Casey. 여기 과자!"라고 말하는 선생님을 좋아할 리가 없다. 이것은 나이 든 학생에게 강화인자로 음식물을 전혀 사용하지 말아야함을 의미하는 것은 아니다. 적절하게 제시된 경우에는 매우 효과적일 수도 있다. 예를 들어, 유관을 충족시킨 학생을 위한 팝콘파티는 매우 적절하다. 2학년이나 3학년학생이 교실 주위에서 풍기는 팝콘 냄새만으로 얼마나 빨리 과제를 완성하는지는 기가 막힐 정도다.

1차 강화인자가 효과적이기 위해서는 강화 대상 학생이 그 강화인자에 대해 결핍된상태여야 한다. 방금 점심을 먹고 온 학생은 배가 고프지 않으므로 그에게 식용의 강화인자를 사용하는 것은 효과적이기 어렵다. 이것은 음식물이 효과적인 강화인자가되기 위해서는 학생이 굶주려야 한다는 것을 말하는 것이 아니라 결핍 상태의 필요성이 1차 강화인자 사용의 약점임을 말하는 것이다. 그러나 감자칩, 건포도, 아이스크림, 사탕 같은 특별한 음식물이 효과적인 강화인자가 되기 위해서는 그 양을 제한하여학생이 그 음식물에 배고파지게 할 필요가 있다. 결핍의 반대는 포만(satiation)이다. 포만은 중재 회기의 초기에 존재했던 결핍 상태(deprivation state)가 더 이상 존재하지 않을 때 발생하며, 학생의 협력과 관심은 거의 없어진다. 약 30분 동안 계속 훈련 회기를수행하는 중도장애 학생의 교사는 회기 중 1차 강화인자가 효과를 잃는 시점을 알아차릴 수 있다. 교사는 학생의 정반응률이 떨어질 때—이것은 다소 주장이 강한 학생의경우—또는 학생이 더 이상 강화인자가 되지 못하는 그것을 뱉어 버릴 때 알아차릴 것이다. 교사가 포만을 예방하거나 지연시키기 위한 일곱 가지 방법이 있다.

결핍은 1차 강화인자가 효과 있기 위해서 반드시 충족되어야 하는 조건이다.

① 교사가 선택한 강화인자보다 학생이 선택한 강화인자가 더 동기유발적이라는증거가 있다. 또한 중재 전보다 중재 회기 동안에 강화인자를 선택하는 것이 더반응적이라고 밝혀졌다(Graff & Libby, 1999). 교사는 서너 가지 강화인자 세트를준비하여 학생이 정반응 후에 선택할 수 있도록 해야 한다.
② 각 과제나 행동에 특정 강화인자를 할당한다. 하루 종일, 모든 영역에, 모든 행동에 대해 하나의 강화인자를 사용할 필요는 없다. 그것은 포만의 가능성을 높인다.
③ 학생이 덜 협력적이 되거나 오류가 증가하는 포만의 시작점에서 대안적 강화인자로 바꿔 본다. 수행되었던 강화인자 표집결과에 따라 몇몇 잠재적 강화인자의서열 목록이 있으므로 하루에 한 가지 이상을 사용할 수 있다.
④ 식용의 강화인자가 사용되는 중재 회기를 짧게 한다. 적은 시도(제시를 통제)로

회기를 짧게 하는 것은 포만의 기회를 줄인다. 몇 번의 짧은 회기를 하루 동안에 가져 볼 수 있다.

⑤ 정반응에 주어지는 식용의 강화인자 크기를 줄인다. 작은 조각은 더욱 빨리 먹게 되므로 학생이 강화인자를 맛보게 되는 시도 간의 간격도 줄여 준다.

⑥ 정반응에 매번 강화인자를 제공하지 않는다. 학생에게 강화인자를 받기 위한 더 많은 수행을 요구한다. 이것은 강화인자를 전달하는 스케줄을 변경하는 것이다 (강화 스케줄에 대해서는 이 장의 후반부에 논의된다). 이러한 전략은 동일한 강화인자를 일정하게 사용하는 것보다 더 안정적인 반응을 산출한다.

⑦ 자연스럽게 발생하는 다양한 강화인자를 사용한다. 예를 들어, Carr, Binkoff, Kologinsky 그리고 Eddy(1978)는 자폐 성향의 학생을 가르치면서 개념에 맞는 강화인자를 사용하여 포만을 지연시켰다. 즉, 우유, 사과, 과자, 사탕, 바나나 등의 단어에 대한 수화를 가르치면서 각각 우유, 사과, 과자, 사탕, 바나나 등을 강화인자로 사용하였다.

〈일화 8-2〉

Alberto, 아이스크림을 먹다

Jeff는 심한 지체 학생으로, 그가 주로 하는 행동은 물건이나 의자를 던지는 것이었다. 그는 때로 교사와 다른 학생을 때리는 행동을 하기도 했다. Alberto는 이 행동을 통제하기 위해 감자칩부터 사탕까지 12가지가 넘는 1차 강화물을 사용해 왔는데 어느 것도 성공하지 못했다. 적절한 행동은 여전히 낮은 수준으로 나타났고 부적절한 행동은 여전히 높은 수준으로 나타났다.

Alberto는 자포자기하는 심정으로 Jeff의 엄마에게 그가 좋아하는 것이 있느냐고 물었다. 엄마가 답했다. "물론이에요. Jeff는 피칸버터 아이스크림을 좋아해요."

Alberto는 식료품점에 들른 후 이것을 강화물로 썼다. 주말쯤에 Jeff의 행동은 어느 정도 통제가 되었고 Alberto는 문제가 끝났다고 생각했다. 그러나 오래지 않아 부적절한 행동이 다시 밀려왔다. Alberto는 Jeff의 엄마에게 왜 피칸버터 아이스크림이 더 이상 작용을 하지 않느냐고 물었다.

엄마가 대답했다. "글쎄요, 아마도 집에서 많이 먹었기 때문일 거예요. 그것이 Jeff를 행동하게 하는 유일한 방법이라는 것을 오래전에 알았거든요. 어떤 날은 용기 채로 다 줘요."

Alberto는 나머지 아이스크림으로 스스로를 위로했다. 그리고 Jeff에게 먹일 강화물을 다시 찾기 시작했다.

먹는 것은 강화인자로서 선택의 범위가 넓다. 예를 들어, 과자 한 조각, 바나나, 사과, 배, 푸딩, 프레첼과 사탕, 팝콘과 칩, 과일, 곰 젤리, 튀밥, 와플과 크래커, 음료수, 주스, 레모네이드, 초코우유 등이다.

상식적으로도 강화인자 선정에는 몇 가지 조심할 점이 있다. 첫째로 가장 중요한 것은 교사가 학생의 의료 기록을 검토하고 부모에게 음식 과민반응을 확인하기까지는 학생에게 먹는 강화인자를 주어서는 안 된다는 것이다. 어떤 프로그램에서는 부모에게 적절한 음식물을 보내 달라고 요구하기도 한다. 보다 현실적인 예로, 언어훈련을 수행하는 교사는 강화인자로 땅콩버터를 사용하지 않을 것이다. 그것이 입천장이나 혀에 붙어 소리 내기를 어렵게 할 것이기 때문이다. 또한 액체 형태의 강화인자는 화장실 가는 시간을 증가시키기 때문에 회기가 길어질 수 있다.

교사는 또한 강력한 동기유발적 강화인자가 특히 먹는 것인 경우에 표적행동과 양립할 수 없는 반응을 고무시킬 가능성이 있음을 주목해야 한다. Balsom과 Bondy(1983)는 유아에게 강화인자로서 아이스크림을 사용한 예로 이 점을 설명하였다. 그들은 아이스크림 자체가 수많은 접근행동(즉, 응시하기, 뻗치기)을 자극할 수 있기 때문에 아동이 관련 선제자극이나 유관적 반응에 주의집중하는 것을 방해한다고 설명하였다. 마찬가지로 교사가 학생에게 잘하면 점심시간에 특별 메뉴를 허락하겠다고 말했다면 학생은 안절부절못하게 되고 강화에 참여하는 것에는 관심을 갖지 않게 될 것이다. (강화의 부작용에 관한 논의는 Balsam & Bondy, 1983 참고)

흔히 1차 강화인자로 분류되는 감각 강화인자에는 다음과 같은 것이 포함된다.

- 청각: 음색, 음성, 음악, 환경적(헤드폰을 통한 음악)
- 시각: 흑/백 혹은 색이 있는 조명(깜빡거림이 있거나 없는); 그림, 책, 잡지, 슬라이드, 비디오; 움직임(건전지로 작동되는 장난감, 비누거품); 거울, 만화경
- 후각: 달콤한, 톡 쏘는(계피, 오렌지, 저렴한 향수)
- 미각: 고체 혹은 액체(달콤한, 신, 짠, 강렬한, 쓴)
- 촉각: 매끄러운/거친, 부드러운/딱딱한, 따뜻한/찬, 젖은/마른, 움직임(진동하는, 돌아가는, 모피 같은 다양한 천)
- 고유감각: 튀는, 흔들리는(트램펄린, 그네, 흔들의자, 목마)

감각은 개별적으로 혹은 연합하여 사용될 수 있다. 여기서 연령에 적합한 것을 고

르는 것이 중요하다. 감각 강화인자는 비장애인, 발달지체 유아(Cicero & Pfadt, 2002; Summers, Rincover, & Feldman, 1993)에게 성공적으로 사용되어 왔다. 주로 중도 및 최중도 장애 학생에게 가장 많이 사용되어 왔다(Lancioni, O'Reilly, & Emerson, 1996; Mechling, Gast, & Cronin, 2006; Preis, 2006; Smith, Iwata, & Shore, 1995). 그리고 자연적으로 발생하는 감각은 상동 혹은 자해 행동을 강화하는 자극이 될 수도 있다는 것이 밝혀졌다(Durand, 1990; Iwata et al., 1994; Sprague, Holland, & Thomas, 1997).

❖ 2차 강화인자

어떤 교사도 학생이 일을 하거나 행동을 할 때 1차 강화인자에 의존하게 되는 것을 원하지는 않는다. 1차 강화인자는 매우 어리거나 중도의 장애 학생에게조차도 행동의 빠른 습득을 가능하게 하는 일시적인 수단이다. 교사는 장애 학생을 일반학급으로 보내면서 '개'를 말할 때마다 초콜릿을 주거나, 직장으로 보내면서 일이 끝날 때마다 초콜릿 케이크를 주도록 기대할 수는 없다. 2차 강화인자(secondary reinforcer)가 언젠가는 1차 강화인자를 대치해야 한다. 2차 강화인자는 칭찬하는 말 같은 사회적 자극, 좋아하는 활동에 참여할 수 있는 기회, 다른 강화인자와 교환할 수 있는 토큰 같은 상징적 표시물 등을 포함한다. 1차 강화인자와 달리 2차 강화인자는 개인에게 생물학적 중요성을 갖지 않는다. 따라서 2차 강화인자는 조건화된 강화인자(conditioned reinforcers)라고 한다. 어떤 학생은 2차 강화인자의 가치를 알지 못하는데, 2차 강화인자의 효과가 발휘되기에 앞서 반드시 배워야 한다.

❖ 짝짓기

짝짓기는 학생에게 2차 강화인자의 가치를 가르친다.

2차 강화인자의 가치를 알지 못하는 학생에게는 적절한 행동 습득을 위해 1차 강화인자를 사용할 필요가 있다. 그러나 1차 강화인자에 의존하는 것을 피하기 위해 반드시 2차 강화인자와 함께 사용해야 한다. 1차 강화인자와 2차 강화인자의 연합을 짝짓기(pairing)라고 한다. 예를 들어, Jake가 적절하게 행동했을 때 교사는 과자 한 조각과 함께 그가 잘한 것을 말해 준다. 짝짓기를 통하여 우리는 학생이 2차 강화인자만으로 동기화되도록 가르치고 조건화시킨다. 일단 이러한 연합이 확립되면 2차 강화인자는 1차 강화인자만큼의 효과를 갖는다. 그러면 교사는 1차 강화인자를 점진적으로 철회한다. 물론 어떤 학생은 1차 강화인자를 연합시킬 필요 없이 2차 강화인자를 사용하는 강화 역사를 갖기도 한다.

❖ 유형물 강화인자

유형물 강화인자는 구체적이고 즉각적이다. 학생이 강화인자를 경험한 것에 따라—특히 놀이나 여가활동에 있어서—혹은 교사가 계획한 짝짓기에 따라 강화인자가 결정될 수 있다. 연령에 적합한 유형물 강화인자로 어린 유아에게는 작은 장난감, 색칠하기 책, 스티커 등이 있고, 청소년에게는 연예인 포스터, 스포츠 잡지, 비디오게임, 게임기, DVD 등 다양하다. 유형 강화물은 먹는 강화물처럼 포만이 되기도 한다고 밝혀졌다(McAdam et al., 2005). 교사는 강화물을 순환식으로 사용하거나 강화물 판에서 선택하게 할 수도 있다. 때로는 어떤 강화인자가 매력적인지 정확히 알지 못할 수도 있다. Dahlquist와 Gil(1986)은 뽑기 주머니를 성공적으로 사용하였다. 증서, 배지, 트로피 등과 같은 상도 유형물 강화인자에 포함될 수 있다.

❖ 활동 강화인자

활동은 아마도 교사들이 가장 흔히 사용하는 2차 강화다. 활동 강화인자의 체계적 사용은 Premack(1959)이 처음 설명하였고 프리맥 원리(Premack principle)로 알려져 있다. 프리맥 원리는 어떤 행동은 참여 빈도가 낮아서 발생할 가능성이 낮고, 어떤 행동은 참여 빈도가 높아서 발생 가능성이 높은 것을 이용한 것이다. 높은 빈도의 행동이 낮은 빈도의 행동을 뒤따를 때 낮은 빈도의 행동 가능성은 증가하는 효과를 나타낸다. 다시 말하면, 학생이 자발적으로 빈번히 수행하는 어떤 활동이 자발적으로 거의 수행하지 않는 어떤 활동을 위한 강화인자로 사용될 수 있다는 것이다. 교사가 학생에게 수학과제를 끝내면 비행기를 가지고 놀아도 된다고 말했을 때, 혹은 엄마가 아이에게 시금치를 다 먹으면 밖에 나가 놀아도 된다고 말했을 때 그들은 프리맥 원리를 사용하고 있는 것이다. 학생은 스스로 좋아하는 활동과 좋아하지 않는 활동의 순서를 정할 수 있고 지정된 과제를 할 순서를 선택한다(Kern, Mantegna, Vorndran, Bailin, & Hilt, 2001). 학생은 하루에 두세 가지의 과제 혹은 과제와 활동을 계획할 수 있다. 프리맥 원리를 변형한 것으로 고려해 볼 수 있는 것은 바람직한 행동 자체를 '재미' 있게 만들어서 선호 활동으로 만드는 것이다. 최근에 한 자동차 회사에서는 사람들이 재활용에 관심을 많이 갖게 되자 용기를 이용하여 전자 게임을 만들고 에스컬레이터 대신에 피아노 기능을 갖는 계단을 개발했다. 2차 강화인자에 대한 제안은 〈표 8-3〉에 제시되어 있다.

다음의 일화는 2차 강화인자에 대한 예시를 나타낸 것이다.

〈일화 8-3〉

조심하라······

Hawk는 심한 행동문제를 가진 10~13세 학생들을 위한 특수학급의 임시 재활 교사다. 그의 업무는 행동뿐만 아니라 학업기술도 일정 수준으로 향상시켜서 일반학급으로 그들을 빨리 재통합시키는 것이다. 그는 학급교사에게 행동 관련 조언을 해주었고 필요한 학업적 도움도 지속적으로 지원하였다. 일부 학생은 몇 달 동안 계속 특수학급에 남아 있었고 다른 몇몇 학생은 수 주 내에 일반학급으로 돌아가기 시작했다. Hawk은 토큰강화 체계를 사용했고, 단순히 학생들이 원하는 것이 무엇인지를 잘 듣거나 자유시간에 그들이 선택하는 것을 봄으로써 효과적인 활동 강화인자를 발견하게 된 것이 뿌듯했다.

예를 들어, 어떤 학생은 Hawk의 자전거에 10분 동안 앉아 있는 것에 자신의 포인트를 썼다. 또 다른 학생은 건물 도우미가 쓰레기통 비우는 것을 돕는 것을 좋아했고 다른 학생들은 교실에서 장난감을 가지고 놀거나 게임하기를 좋아했다. 자폐 특성을 보이는 한 남학생은 정돈하는 것을 좋아했는데 여러 가지 교재교구를 꼼꼼히 정리해 놓아서 Hawk는 그가 없으면 아쉬울 것 같았다.

어느 날 Aidan이란 새로운 학생이 왔다. Hawk은 학업에 대한 즉각적 성공 경험도 주고 강화 기회도 줄 겸 Aidan에게 컴퓨터로 하는 수학 과제를 주었다. 프로그램은 컬러로 제공되었고 주고받는 형식으로 재미있게 구성된 것이었다. Hawk는 그에게 적당히 쉬운 수준으로 선택해 주었다. 잠시 후에, Aidan이 불쑥 말했다. "이거 별로예요!" 그리곤 교사에게 나직이 말했다. "조심하세요. 다음에 뭐가 나올지 다 알겠잖아요. 싫어하는 걸 하면 좋아하는 게 나오는 거잖아요."

Kazdin(2001)은 활동 강화인자 사용에 대한 몇 가지 제한점을 제시하였다. 첫째, 저선호 행동 후에 항상 고선호 활동에 접하게 할 수 있는 것은 아니므로 강화인자로서의 고선호 행동의 효과가 감소한다. 예를 들어, 스케줄이 맞지 않아서 학생이 수학과제를 다 한 후에 체육관을 사용할 수 없는 경우다. 둘째, 활동은 흔히 전부 아니면 아무것도 없는 것이다. 그것은 얻거나 못 얻거나 둘 중의 하나다. 이것은 강화인자로서의 유연성을 제한할 수 있다. 예를 들어, 학생은 야외학습을 갈 수 있는 권리를 얻거나, 아니면 못 얻는다. 그러한 활동은 수행의 수용 가능성 정도에 따라 부분적으로 보상할 수 있는 것이 아니다. 그러나 이러한 제한점이 활동 강화인자에 대해 항상 그런 것은 아니다. 어떤 활동은 시간의 증가에 따라 획득될 수 있다. 예를 들어, 각 단어의 철자법을 옳게 쓴 것에 대해 농구를 1분 동안 할 수 있도록 하는 후속결과는 예정된 만큼 시간을 모을 수만 있다면 문제없이 집행된다.

강화인자로서의 활동에 대한 세 번째 제한점은 많은 활동이 수행에 대한 검사나 허

표 8-3	교실에서 2차 강화인자로 사용될 수 있는 특권과 활동의 예

- 다음 야외학습이나 학급 파티를 선정하고 계획하기
- 학급 활동 리드하기(활동별, 신나는 금요일, 아침 조회, 팝콘 만들기)
- 과제 파트너 선택하기
- 칠판 장식하기
- 학습센터 만들기
- 학급신문 편집하기
- 하루 수업 및 활동 스케줄 정하기
- 또래 가르치는 프로그램에 참여하기
- 자신이 선택한 주제에 따라 학급수업 수행하기
- 운전교육 지침서 공부하기
- 밤에 숙제하는 것 허락받기
- 시험 면제받기
- 활동을 선택하도록 허락받기
- 다음 작문시험 문제 쓰기
- 포인트를 점수에 합하기
- 가장 낮은 시험 점수 삭제하기
- 컴퓨터 하기
- 비디오 찍기
- 문제해결팀 리드하기
- 체육관이나 도서관에 가기
- 뮤직비디오 보기
- 점심식사 받는 줄의 맨 앞에 서기
- 고교 축구게임 티켓 얻기
- 학급의 사서나 게임관리자 되기
- 안전 순찰대원 되기
- 반장 되기(칠판의, 전달사항의, 동물의, 식물의, 놀이기구의)
- 학급임원 되기
- 금주의 특권학생 되기
- 스포츠팀이나 독서그룹의 주장 되기
- 매체장비 사용하기(비디오카메라, 테이프레코더)
- 게임이나 장난감 가지고 놀기
- 미술 및 공예 자료 사용하기

락 없이 학생이 자유롭게 할 수 있다는 것이다. 점심시간, 체육시간, 미술이나 음악시간 등이 그 예다. 결국 활동 강화인자의 사용은 표적행동의 지속적인 수행을 방해할 수도 있다. 예를 들어, 교사는 학생이 각 단어의 철자법을 옳게 쓴 후에 체육관에 가서 농구하는 것을 원하지 않을 것이다. 그러나 어떤 학생은 반응 후에 강화가 있지 않으면 표적행동을 계속하지 않을 수도 있다. 이러한 요인으로 활동 강화인자의 효과가 적어지는 것 같은 경우에는 일반화된 조건 강화인자의 사용을 고려해 볼 수 있다.

❖ 일반화된 조건 강화인자

강화인자가 다양한 1차 혹은 2차 강화인자와 연관되어 있을 때 이것을 일반화된 조건 강화인자(generalized conditioned reinforcer)라고 하거나, 간단히 일반화된 강화인자(generalized reinforcer)라고 한다. 관심이나 칭찬 같은 사회적 강화인자는 일반화된 강화인자의 한 종류다. 이러한 일반화된 강화인자는 다른 강화인자와 연계함으로써 가치를 갖는다. 예를 들어, 어려운 과제 후에 교사에게서 받는 칭찬은 컴퓨터를 사용할 수 있는 기회와 함께 짝지어져 왔고, 맛있는 저녁식사에 대해 배우자에게서 받는 칭찬은 애정이나 신체적 접촉과 짝지어져 왔으며, 더러워진 옷을 옮겨 놓는 것에 대해 부모에게서 받는 칭찬은 우유나 과자와 함께 짝지어져 왔다.

일반화된 강화인자의 두 번째 형태는 가치 있는 무언가와 교환할 수 있는 것이다. 돈은 가장 확실한 예다. 본질적인 가치가 거의 없는 돈은 다양한 방법으로 획득될 수 있고 많은 형태의 강화인자와 연관되어 있다. 음식, 거주지, 축구경기 입장권, 자동차 등과 일반화된 조건 강화인자의 효과는 단순히 결핍에 의존하지 않으며(Ferster & Culbertson, 1982), 다른 강화인자보다 포만을 느끼기가 어렵다.

일반화된 강화인자를 사용하는 것은 많은 장점을 갖는다. Kazdin과 Bootzin(1972)은 다음과 같은 장점이 있다고 하였다.

① 식용 혹은 활동 강화인자와는 반대로 일반화된 강화인자는 반응에 대한 강화가 어느 때나 가능하며 연속적인 반응을 방해받지 않고 강화할 수 있다.
② 일반화된 강화인자는 시간이 초과될 때도 계속 행동 유지에 사용될 수 있으며 포만 효과가 덜 나타난다.
③ 일반화된 강화인자는 좋아하는 것이 서로 다른 개인에게 동일한 강화를 제공한다.

❖ 토큰 강화인자

돈을 사용하는 것이 대부분의 학교 장면에서 현실적이지 못하기 때문에 토큰 강화인자(token reinforcer)라는 일반화된 강화인자가 폭넓게 사용된다. 토큰 강화인자는 학생에게 가치를 가지는 어떤 강화인자를 교환할 수 있는 상징적 표시물이다. 토큰 사용은 일반 사회에서 돈을 사용하는 것과 유사하다([그림 8-2]). 토큰 강화인자는 돈처럼 다양한 1차 및 2차 강화인자와 교환이 가능하다. 그것은 1차 강화인자와 지역 내의 자연스러운 2차 강화인자 간 전이로 사용된다. 토큰 체계는 1명의 학생과 한 가지의 행동, 1명의 학생과 몇 가지의 행동, 학생집단과 한 가지 행동, 학생집단과 동일하거나 다른 행동에 적용될 수 있다.

토큰 체계는 대부분의 특수교육 교실과 특수학급, 많은 일반교육 교실에서 사용된다. 토큰은 교사나 치료사가 학업기술, 대화기술, 놀이기술을 가르칠 때 사용되고, 학생이 자신의 행동을 관리하도록 가르칠 때, 일반적인 교실관리 및 과제 약속, 특별한 도전행동을 다룰 때, 장애 학생을 일반교육 수업에 통합시킬 때, 학교와 가정 간에 행동변화 프로그램을 협력운영할 때 사용된다(Arntzen, Halstadtro, & Halstadtro, 2003; Carpenter, 2001; Cavalier, Ferretti, & Hodges, 1997; Connell & Witt, 2004; Davis, Boon, Cihak, & Fore, 2010; Higgins et al., 2001; Kamps et al., 2006; Lannie & Martens, 2004; Lyon & Lagarde, 1997; McGinnis, Friman, & Carlyon, 1999; Spriggs, Gast, & Ayres, 2007; Stern, Fowlers, & Kohler, 1988; Vaughn, Bos, & Schumm, 2000; Wilder, Harris, Reagan, & Rasey, 2007).

토큰 강화 체계는 두 가지 구성요소를 필요로 하는데, 토큰 자체와 교환 강화인자 (backup reinforcers)가 그것이다. 토큰 자체는 본질적인 가치가 없는 것이어야 하며, 교환 항목은 학생에게 가치 있는 것이어야 한다. 교사는 교환 강화인자를 얻기 위해서는 토큰이 필요하다는 것을 학생에게 설명하거나 시범 보인다. 목적은 교환 강화인

> 토큰은 무언가와 교환될 수 없다면 작용하지 않을 것이다.

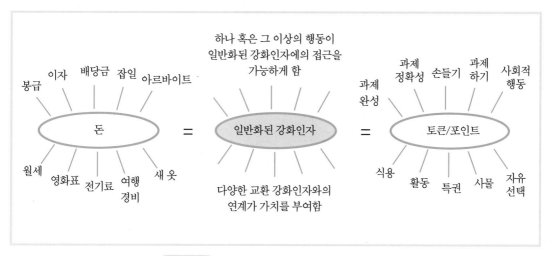

그림 8-2 일반화된 강화인자로서의 토큰과 돈

자를 갖기 위해 충분한 토큰을 얻는 것이다. 토큰은 결말을 위한 수단이다. 토큰은 학생의 반응에 뒤따라 주어진다. 교환 강화인자에의 접근은 나중에 허락된다. 토큰은 포커칩, 스티커, 쿠폰 같은 사물로 할 수도 있고, 체크 표시, 카드에 구멍 내기, 웃는 얼굴 모습 같은 상징으로 할 수도 있다. 일반적으로 토큰은 휴대할 수 있어야 하며 튼튼하고 다루기 쉬워야 한다.

교사와 학생은 얻은 토큰의 수를 정확하게 기록해야 한다. 토큰이 포커칩 같은 사물인 경우, 토큰을 저장할 상자나 용기를 일정한 장소나 학생의 책상에 두면 좋다. 어린 학생이라면 토큰으로 목걸이를 만들거나 탑을 쌓는 것이 토큰을 잃어버리지 않게 하는 방법이 될 수 있다. 교환 강화인자의 점선 표시를 그려서 사용할 수도 있다. 이 체계에서는 각 반응이 발생할 때마다 2개의 점이 연결된다. 모든 점이 연결되면 그림이 완성되고 학생은 교환 강화인자를 받게 된다(Trant, 1977). 또한 모두가 얻어지면

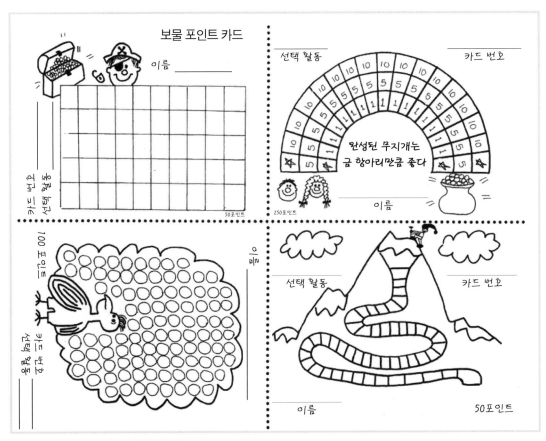

그림 8-3 초등학생을 위한 토큰 강화 체계의 포인트 카드

교환 강화인자가 묘사되는 퍼즐 조각을 모을 수도 있다. 포인트를 얻을 때마다 웃는 얼굴을 그려 넣는 빈 동그라미의 토큰 카드(Odom & Strain, 1986)가 사용될 수도 있고, 카드에 구멍을 뚫어 주는 것을 이용할 수도 있다(Maher, 1989). 토큰이 포인트나 도장, 체크 표시 등일 때는 교실 앞에 [그림 8-3]이나 [그림 8-4]와 같은 차트나 그와 비슷한 기록 카드를 사용하면 좋다. 학생이 여러 학급에 참여하는 경우, 일반교육 교사와 특수교육 교사가 협력적으로 포인트 카드를 사용하는 것이 학생의 적절한 행동을 유지하는 데에 성공적으로 사용되어 왔다. 학생은 각 수업이 끝난 후에 카드에 목록화된 표적행동을 수행한 것에 대한 기록을 교사에게 요청하여 자신의 진행 상황을 관리한다(Carpenter, 2001).

토큰 체계의 사용은 가짜나 도난에 대한 주의가 필요하다. 1달러 99센트를 가진 학생이 100개의 클립토큰을 살 수 있다면 이것은 클립토큰의 가치와 체계의 효과를 떨어뜨린다. 저자 중 1명이 카드에 구멍을 뚫어 주는 것을 토큰으로 사용하는 기숙제 치료센터에 자문을 한 적이 있다. 기숙생이 주말에 집에 갈 때는 센터에 돌아올 때 구멍 카드를 되가져 오도록 부모에게 알린다. 최소한의 예방책은 특정 학생 것임을 확인할 수 있는 코드를 이용하여 토큰이나 사물, 상징 등에 표시를 하는 것이다. 만일 카드에 체크하는 표시를 사용한다면 교사는 날마다 임의로 색깔을 바꿔 가며 표시하는 방법을 사용할 수 있다. 교사가 갈색을 선택한 날에 학생이 학교에서 그 색깔의 펜을 가지고 있을 기회는 극히 드물다. (기숙제 센터의 교사는 다른 모양의 구멍을 발견하였다.)

토큰 자체는 강화하는 힘을 가지기 어렵다. 그것은 강화적인 항목과 교환이 이루어짐으로써 강화 가치를 획득한다. 그러므로 학생은 토큰 체계의 두 번째 구성요소인 교환 강화인자와 교환할 수 있는 토큰을 모으는 것에 대해 분명하게 이해해야 한다.

교환 강화인자의 선정은 아마도 토큰 체계에서 가장 어려운 측면이다. 체계가 집단이나 학급 전체에 적용될 때 특히 그렇다. 교사는 학급의 각 구성원을 동기화시킬 수 있는 충분히 다양한 교환 강화인자를 선정해야 한다. 그러므로 교사는 먹는 것(시리얼, 크래커, 주스), 활동(도서관 가기, 음악 듣기), 사물(게임, 공책, 크레용), 특권(줄의 선두가 되기, 점심값 거두는 당번) 등의 각종 구색을 모두 시도해야 한다.

교사가 학급이나 개인에게 토큰 체계의 시작을 알릴 때 학생은 최소한 네 가지를 즉각 알고 싶어 할 것이다. 첫째는 어떤 행동이 요구되는가에 대해 알고 싶어 할 것이다. 항상 그랬듯이 유관(만일 ~이면 ~이다)은 교사가 분명히 진술해야 하고 학생이 분명히 이해해야 한다. 수행될 각 행동의 기술과 수용 가능성에 대한 제한이 분명하게 진

학생이 토큰 체계에 대해 알아두어야 할 것

포인트 카드

학생: 날짜:
포인트 획득 행동:

1	2	3	4	5	6	7	8	9	10
11	12	13	14	15	16	17	18	19	20
21	22	23	24	25	26	27	28	29	30
31	32	33	34	35	36	37	38	39	40
41	42	43	44	45	46	47	48	49	50

총 획득 포인트:

하루의 총 포인트 _____   이름 _____
                                        날짜 _____

점심

	시간 1	시간 2	시간 3	시간 4	시간 5	시간 6	시간 7
과제 중							
태도							
과제 완성							
또래/스태프와의 좋은 관계							
스스로 함							

숙제: 비고:

시간 1 _____
시간 2 _____
시간 3 _____
시간 4 __점심 _____
시간 5 _____
시간 6 _____
시간 7 _____

부모 서명 _____

그림 8-4 **중학생을 위한 토큰 강화 체계의 포인트 카드**

출처: "Tokens for success: Using the graduated reinforcement system," by C. Lyon & R. Lagarde, 1997, *Teaching Exceptional Children, 29*(6).

술되고 게시되어야 한다.

둘째, 학생은 토큰으로 어떤 교환 강화인자를 살 수 있는지를 알고 싶어 할 것이다. 교환 강화인자를 계속 알려 주는 것도 좋은 방법이며, 교환 강화인자 자체가 아닌, 전체의 그림을 교실에 두는 것도 좋은 방법이다.

세 번째 질문은 각 교환 강화인자의 토큰 값이다. 교환 강화인자의 경비와 원하는 정도를 평가한 것에 근거하여 학생은 강화인자의 가치가 어느 정도의 행동을 요구하는지를 결정한다. 처음에는 학생이 원하는 것을 빨리 획득하도록 하기 위해 교사가 강화인자의 값을 매길 수도 있다. 학생은 어느 정도의 토큰을 얻었을 때 그것을 교환 강화인자와 바꾸는지에 관한 첫 교환에 대해 배워야 한다. Stainback, Payne, Stainback 그리고 Payne(1973)은 먹는 것, 포스터, 장난감 병정 같은 항목의 값이 실제 화폐 가치 정도로 되어야 한다고 제안하였다. 활동과 특권에 대해 값을 매기는 것은 어렵다. 학생은 너무 빨리 교환 강화인자를 획득해서도 안 되고, 반대로 그것을 얻기 위해 터무니없이 어려운 과정이 요구되어서도 안 된다. 교사가 학급 구성원 간의 원하는 정도를 인식하고 그에 근거하여 교환 강화인자의 가치를 판단하는 것은 그리 어려운 일이 아니다.

마지막으로 학생은 토큰을 언제 교환 강화인자로 교환할 수 있는지를 알고 싶어 한다. 교환 시기를 하루나 주의 마지막으로 하는 것이 가장 일반적이다. 특히 어린 유아나 장애 학생들에게는 토큰 체계의 초기 단계에서 첫 번째 교환이 이루어지는 시기가 짧아야 한다. 월요일에 토큰 체계를 시작하고 금요일에 첫 번째 교환을 할 수 있도록 하는 스케줄은 현명하지 못할 것이다. 학생은 교환이 어떻게 이루어지는지, 교사가 말한 것이 정말인지를 빨리 알고 싶어 한다. 그러므로 첫 번째 교환 시기는 점심시간이나 하교 시 혹은 오전 중 쉬는 시간(예: 과자를 교환물로 사용)으로 할 것을 제안한다. Stainback 등(1973)은 초기 단계에서는 토큰을 자주 줄 것과 첫 3~4일 동안에는 교환 시기를 하루에 한 번이나 두 번으로 하고 3주가 될 때까지 1주일에 한 번으로 빈도를 점차 줄여 갈 것을 제안하였다.

토큰을 교환 강화인자로 교환하는 것은 다양하게 이루어질 수 있다. 가장 일반적인 형태는 교실가게(classroom store)다. 이것은 교실의 한쪽 구석의 선반에 값을 적은 교환 강화인자를 진열하는 것이다. 예정된 교환시간 동안에 학생은 가게에 가서 원하는 항목을 구매할 수 있다. 교환을 흥미 있게 변형시킨 것으로는 교실경매(classroom auction)가 있다(Polloway & Polloway, 1979). 이것은 학생이 각 교환 강화인자에 입찰하도록 하는 것이다. 학생은 그들이 가진 토큰 수만큼 높게 입찰한다. 경매 형식에 따라 학생은 토큰이나 포인트를 복권으로 바꾸기도 하는데, 예를 들면 복권당 토큰 5개씩이다(Schilling & Cuvo, 1983). 교사는 모든 티켓에 한 줄이나 세 줄을 그려 넣어 한 줄당 포인트 가치를 매기고 그것으로 달러 가치를 매길 수도 있다. Lien-Thorne와 Kamps(2005)는 교실에서 5분 자유시간, 사탕, 보드게임하기, 컴퓨터시간 등으로 구성된 원형 판을 사용하였다.

교환 절차에서 때로 토큰 체계의 효과를 방해할 만한 일이 발생한다. 〈일화 8-4〉에서 그것이 잘 설명된다.

Thomas 선생님이 깨닫게 된 것처럼 여러분의 토큰 체계가 Charlie가 보여 준 것 같은 토큰의 누적을 막을 수 있게 하는 것이 좋다. 이러한 문제를 피하기 위한 다음과 같은 다양한 전략이 있다.

① 토큰 교환일을 정해 놓는 대신 학생이 특정 항목을 교환할 만큼 충분히 토큰을 모으자마자 교환할 수 있도록 한다. 이러한 진행형 교환은 학생이 토큰을 누적시켜 놓는 대신에 특정 항목을 위해 계획하고 교환하도록 장려할 것이다.

② 즉각 교환과 지연 교환을 연합시킨다. 학생들이 특정 강화인자를 교환하기에 충분한 토큰을 모았으면 즉각 교환해 준다. 또한 장래의 주요 항목이나 사건과의 교환을 위해 토큰을 은행에 누적시킬 수도 있다. 이 경우 은행에 저금한 토큰을

〈일화 8-4〉

구두쇠 Charlie의 사례

Charlie는 Thomas 선생님 반의 학습장애 학생이었다. 그는 심한 읽기장애와 많은 부적절한 행동을 가진 영리한 소년이었다. Thomas 선생님의 다른 학생처럼 그는 토큰 강화 체계에 잘 적응하고 있었다. 학생들은 장난감이나 특권 같은 여러 가지 교환 강화인자와 교환할 수 있는 체크 표시를 카드에 모았다. 가장 비싼 항목은 카드 3장이었고, 나머지는 1장 혹은 2장이었다.

몇 달이 지난 어느 날, Thomas 선생님은 Charlie의 행동과 학업이 급격히 떨어졌음을 알게 되었다. 이러한 일은 하룻밤 새에 일어난 듯했다. Thomas 선생님은 그 이유를 알 수가 없어서 매우 민감한 일을 하기로 결정했다. 그는 Charlie에게 무슨 일이 일어났는지를 물었다. Charlie는 씩 웃더니 숙제장을 열었다. "이거 보세요." Charlie는 우쭐했다. "카드 11장을 모았어요. 나는 이번 주 내내 아무것도 하지 않아도 내가 원하는 어떤 것이든 가게에서 바꿀 수 있어요."

일찍 인출하는 것에 대해서는 벌금을 물어야 한다.

③ 토큰의 색깔이나 다른 특징을 월마다 혹은 분기마다 바꾼다. 학생은 토큰이 바뀔 때 이전 토큰은 가치를 잃는다는 것을 모두 이해한다.

④ 매우 숙련된 관리자라면 학생이 누적시킬 수 있는 토큰의 수를 제한하고 이를 실행할 수 있다. 이것은 꼼꼼하고 정확하게 계속해서 기록하는 것을 필요로 한다. 실행하고 유지하는 데에 교사의 시간과 에너지를 지나치게 많이 소모하는 토큰 체계는 포기해야 한다.

학급 전체 혹은 선정된 학생을 대상으로 토큰 체계를 사용할 수 있다. 만일 일부 아동만 토큰을 모은다면 다른 아동이 왜 그런지를 물을지도 모른다. 제2장에 나와 있는 Grundy 교수의 충고가 이 문제를 다루는 교사를 도울 수 있을 것이다.

Grundy 교수의 충고는 68~72쪽을 참고하라.

토큰 소모를 격려할 수도 있는 교환 강화인자는 '시간'이다. 학생은 좋아하는 활동을 하기 위한 추가시간에 누적 토큰을 사용할 수도 있다. 10분 동안 컴퓨터를 사용하는 데에 필요한 토큰을 교환하고, 5분을 추가하는 데에 5개의 토큰을, 10분을 추가하는 데에 10개의 토큰을 더 내는 형식이다. 이러한 교환에서는 토큰이나 포인트의 수와 활동에 참여할 수 있는 시간의 양 간에 직접적이고 이해하기 쉬운 분할적 관계가 성립될 수 있다. 이것은 또한 학생이 어떤 특정 강화 활동에 대한 특별한 추가적 가치를 결정하도록 해 준다.

학급 전체를 대상으로 토큰 체계를 사용할 때는 학급 전체의 변화의 표적이 되는 행동으로 시작하는 것이 가장 수월하다. 예를 들면, 처음에는 숙제를 잘해 온 것이나 토의시간에 손을 드는 행동에 대해 포인트를 준다. 일단 학생이 교환체계에 친숙해지면 프로그램을 개별화한다. 처음의 표적행동에 대해 토큰을 주는 동안에 여러 학업적 과제와 사회적 행동을 체계에 통합시킬 수 있다. 예를 들어, Marty는 단정한 것에 대해 토큰을 얻을 수 있고, Debbie는 더 빨리 하는 것에 대해, Sara는 들릴 만큼 충분히 크게 말하는 것에 대해 토큰을 얻을 수 있다. 혹은 이러한 개별화 대신에 학급 구성원 전체의 적절한 행동을 위해 초기의 체계를 학급 행동관리에 확대할 수도 있다. 다음은 학급 포인트에 대한 규준의 예다(Schumaker, Hovell, & Sherman, 1977, p. 453).

• 토론할 때
 - 4포인트: 토의를 경청하고 3회 기여함

- 3포인트: 토의를 경청하고 2회 기여함
- 2포인트: 토의를 경청하고 1회 기여함
- 1포인트: 토의를 경청함
- 0포인트: 토의를 경청하지 않음
- 교실 내 과제가 주어졌을 때
  - 4포인트: 수업시간 전체에 걸쳐 과제를 수행함
  - 3포인트: 수업시간의 3/4에 걸쳐 과제를 수행함
  - 2포인트: 수업시간의 1/2에 걸쳐 과제를 수행함
  - 1포인트: 과제 수행을 시작함
  - 0포인트: 과제를 수행하지 않음
- 참여 기회가 없는 수업에서(혼자 읽기, 영화, 수업 듣기)
  - 4포인트: 수업 전체에 걸쳐 주제에 매우 집중함
  - 2포인트: 대체로 주제에 집중함
  - 0포인트: 주제에 집중하지 않음

토큰 체계는 복잡한 학업과제를 가르칠 때도 사용될 수 있다. 예를 들면, 작문을 가르칠 때에 '여름방학을 어떻게 보낼 것인가'에 대한 작문에 20포인트를 주는 것 대신에 다음과 같은 토큰 체계를 사용할 수 있다.

- 펜과 종이를 가져온 것에 대해 1포인트
- 제시간에 작문을 시작한 것에 대해 1포인트
- 제시간에 작문을 완성한 것에 대해 1포인트
- 첫 문장을 대문자로 시작한 것에 대해 1포인트
- 문장 끝에 마침표를 찍은 것에 대해 1포인트

일단 학생이 이런 항목에 숙달되기 시작하면 교사는 좀 더 복잡한 작문과제에 포인트 체계를 추가할 수 있다. 예를 들면, 네 번째 혹은 다섯 번째 작문수업까지는 펜과 종이를 가져온 것에 대해 보상하는 것 대신에 적절한 복수형을 사용한 것에 대해 포인트를 보상하기 시작하는 것이다. 포인트를 얻기 위한 다양한 대안적 방법을 제공하는 것이 토큰 체계에서 중요한 사항이 될 수 있다. 어떤 학생은 완성하기에 어려워 보이는 긴 시간이 필요한 과제에 대해 많은 포인트를 얻는 것보다 수행하기에 상대적으로 쉽고 갈등이 적은 몇 개의 간단한 주제를 다루는 것을 더 좋아한다. 이러한 접근법은 또한 과제의 성공을 보장하기도 한다. 토큰 교환시간은 직접교수나 우발 교수 혹은 복습과 실습에 사용될 수 있다(Fabry, Mayhew, & Hanson, 1984; Kincaid & Weisberg, 1978). 교사는 교환 강화인자에 대해 단어, 수학 문제, 과학 질문 등을 내고, 학생은 강화인자를 받기 전에 자극에 반응하거나 문제를 푸는 것이다. 학생이 이러한 유관을 이해하고, 교환 전에 질문이 있을 것이라는 점을 알아야 함에 유념하라.

토큰 강화인자는 학급을 관리하는 데에 매우 편리한 것이 될 수 있다. Ayllon과 Azrin(1968, p. 77)은 일반화된 사회적 강화인자(social reinforcers, 미소와 칭찬)보다 더 효과적인 유형의 강화인자(토큰) 사용에 대한 장점을 제시하였다.

① 많은 수의 토큰이 강화의 양에 관한 간단한 양적 관계를 가질 수 있다.
② 토큰은 휴대가 가능하고 학생이 교실에서 제외된 상황에서조차도 학생의 소유가 될 수 있다.
③ 소유할 수 있는 토큰의 최대량이 존재하지 않는다. 그들의 가치는 결핍이나 포만에 따라 변동되지 않는다.
④ 토큰은 그것을 얻는 동안과 교환하는 동안에도 계속해서 제공될 수 있다.
⑤ 토큰의 물리적인 특징이 쉽게 표준화될 수 있다.
⑥ 토큰은 튼튼하게 만들어질 수 있으므로 교환되기 전까지 낡지 않을 것이다.
⑦ 토큰은 그것이 어떤 행동에 대해 주어졌다는 것을 분명히 알 수 있도록 유일무이하게 만들어질 수 있다.
⑧ 토큰의 사용은 학생이 지속적으로 유형적 피드백을 받는 수단이 될 수 있다. 토큰이나 포인트 카드를 관리함으로써 학생은 유관 기준에 대한 자신의 진행 상황—행동을 통제할 때인지 혹은 학업 목표를 획득할 때인지의 여부—을 추적할 수 있다.
⑨ 토큰의 사용은 교사가 강화인자를 집행하는 데에 좀 더 명확한 통제를 할 수 있게 해 준다. Kazdin(1977a)이 지적한 바와 같이, '잘했어'라고 말할 때 교사의 어조는 서로 다르다. 교사는 똑같이 칭찬하는 말을 전달했을지라도 정확하게는 '잘한' '꽤 잘한' 혹은 '매우 잘한'을 의미하는 말일 수 있다. 토큰 강화는 이러한 주관적인 문제로 어려움을 당하지 않는다.
⑩ 토큰은 교사가 그리 눈에 거슬리지 않게 전달할 수 있다. 토큰의 집행은 학생의

표적행동 수행이나 다른 학생을 방해하지 않고 즉시 이루어질 수 있다.

⑪ 토큰 강화 체계는 수행의 가치를 다르게 할 수 있다. 그것은 강화를 모두 해 주거나 혹은 전혀 해 주지 않거나 식의 강화 전달을 요구하지 않는다. 학생은 처음에는 철자를 맞게 쓴 단어에 대해서 토큰을 받고, 나중에는 20회 수행 중 20회 정답에 대해서 강화를 얻는다. 수행 규준은 수행이 개선됨에 따라 변화될 수 있다.

⑫ 토큰 강화 체계는 학생이 원하는 것에 대한 만족 지연을 익숙하게 해 준다.

⑬ 토큰 체계는 다른 강화 체계보다 더 자유자재로 사용된다. 이러한 융통성은 광범위한 교환 강화인자와 토큰을 얻기 위한 유관하에 놓인 다양한 행동과 관련된다.

⑭ 토큰 체계가 제공하는 가장 중요한 장점은 일반화가 용이하다는 점이다. 1차 강화인자나 어떤 활동 강화인자와는 달리 토큰은 장면에 걸쳐(다른 교실에서, 매점에서, 야외학습에서) 서로 다른 행동을 동시에 강화하는 것(착석행동과 바른 철자법)에 편리하게 사용될 수 있다. 또한 토큰 체계는 한 사람 이상의 교사나 부모가 쉽게 집행할 수 있다.

⑮ 토큰은 칭찬이나 인정, 피드백 같은 다른 2차 강화인자보다 더 높은 수준으로 행동을 유지시킬 수 있다(Kazdin & Polster, 1973; O'Leary, Becker, Evans, & Saudargas, 1969).

행동장애 및 학습장애 학생을 위한 공립학교와 기숙형 프로그램에서는 항상 수준체계로서 토큰경제를 적용하고 있다(Cavalier et al., 1997; Smith & Farrell, 1993). 수준체계는 학생에게 적절한 행동을 형성시키기 위한 엄격한 구조다. 학생들은 그들의 행동에 따라 집단으로 나누어지고, 행동이 개선됨에 따라 높은 수준으로 이동할 수 있다. 각 수준은 좀 더 적절한 행동과 좀 더 많은 자기관리(자기기록, 자기평가, 강화인자 선정)를 부단히 요구한다. 학생의 수준이 나아짐에 따라 그들은 충족시킬 좀 더 엄격한 기준을 가지게 되고 좀 더 다양한 교환 강화인자를 접할 수 있으며 자신의 행동에 대한 책임감이 커진다. 각 수준 내에서 행동에 대한 기대를 설정하고 한 수준에서 다른 수준으로의 진보를 결정하는 다양한 방법이 있지만, 교사는 각 수준에서 일반적으로 기대되는 행동을 설정하고(예: 적절한 언어 사용, 허락 없이 교실을 나가지 말 것, 손을 가만히 둘 것) 학생은 개인적인 학업, 사회, 행동 결함에 근거한 일련의 개인적 행동 필요조건을 가진다. 가장 낮은 수준에 있는 학생은 매우 기본적인 특권만을 갖고 선택이나 활동에 대한 자유가 거의 없으며 강화인자의 범위가 제한되어 있다. 행동이 다양한 규준을 충족시킨 후에 학생은 더 높은 기대를 충족시켜야 하고 더욱 다양하고 가치 있는 강화인자를 얻을 수 있는 높은 수준으로 이동한다. 마지막 수준은 학생을 위한 좀 더 통합적인 교육적 배치로 전환하는 단계인 경우가 많다. 첫 번째 수준에서 칭찬, 피드백, 포인트 형태의 강화인자는 흔히 전달된다. 그러나 수준이 진전되면 강화인자는 이전보다 드물게 전달되고 강화인자를 얻기 위해 더욱 적절한 행동이 요구된다. 각 수준에서 다른 사람을 때리는 것과 같은 행동은 학생의 수준을 자동적으로 떨어뜨린다. 어떤 프로그램은 강화를 위한 요구로서 일지나 도서 관리, 개인적 목적 설정 같은 심리교육적 측면을 포함하기도 한다(Barbetta, 1990; Bauer, Shea, & Keppler, 1986; Cruz & Cullinan, 2001; Mastropieri, Jenne, & Scruggs, 1988).

❖ 사회적 강화인자

교사를 포함한 많은 사람이 거의 무의식적으로 (그리고 항상 비체계적으로) 사용하는 2차 강화인자의 범주는 칭찬이나 관심의 표현을 포함한다. 교사의 관심은 교실에서 가장 쉽게 이용할 수 있는 효과 있는 강화인자다. 만일 교사가 관심을 분배하는 것에 대해 주의하지 않으면 부적절한 행동에 관심을 보임으로써 그것을 강화하게 되는 것

Burrhus, 교수를 가르치다

Grundy 교수가 소파에 앉아 신문을 읽고 있었다. Burrhus가 방으로 들어와 Grundy의 팔과 신문 사이로 큰 머리를 들이밀었다. "Minerva, 녀석 좀 봐요. 나를 좋아해. 착하지, 안 그래?" Grundy가 Burrhus의 머리를 쓰다듬으며 말했다. Grundy는 계속 녀석을 쓰다듬었고 녀석은 애교를 부렸다. 그날 이후 어느 날 교수가 식료품 가게에서 장을 보고 돌아왔는데, Burrhus가 Grundy와 장바구니 사이로 뛰어들어 장바구니를 떨어뜨렸다. "그럴려고 그런 게 아니라 내가 반가워서 그런 거야. 안 그래 Burrhus?" 교수가 바닥의 깨진 계란을 치우는 아내를 보며 말했다. 저녁식사 후에 Grundy는 원고를 쓰기 위해 서재로 갔다. Burrhus는 그를 따라가 그의 발밑에 엎드렸다. Burrhus가 일어나 머리를 교수와 컴퓨터 스크린 사이로 넣어 키보드에 침을 흘리고 더럽히기 전까지는 모든 것이 평화로웠다. Grundy는 고함을 질렀다. "Minerva, 녀석 좀 불러봐요! 나 미치겠어! 내가 일할 때는 내 옆에 오지 않도록 가르쳐야겠어요."

"여보, 당신이 매일 관심을 줘서 녀석을 강화시켜 왔잖아요. 뭘 불평하는 거예요. 녀석이 당신이 일하는 걸 알기를 기대해요? 오늘 아침에 Oattis랑 잠깐 얘기했는데, 다음 주에 개 복종 수업을 한다네요. 당신과 녀석한테 그 수업이 필요할 것 같네요."

을 발견할 수 있을 것이다. 상호작용의 다양성은 잘한 일과 관련된다.

다음 목록에서 보는 바와 같이 가능한 사회적 강화인자에는 다양한 비구어적 표현, 교사의 접근, 교사와 학생 간의 신체적 접촉, 학생 특권, 학생의 수행에 대해 기쁨과 칭찬을 전달하는 단어나 문구 등이 포함된다(Barry & Burlew, 2004; Collins & Griffen, 1996; Conroy, Asmus, Ladwig, Sellers, & Valcante, 2004; Jahr, 2001; Knight, Ross, Taylor, & Ramasamy, 2003; McDonnell, Johnson, Polychronis, & Risen, 2002; Werts, Zigmond, & Leeper, 2001). 사회적 강화인자는 교사가 학생의 행동을 변화시키고 유지하는 데에 효과가 있음이 입증되었을 뿐 아니라 학생이 교사의 행동을 변화시키고 유지하는 데에도 효과가 있음이 입증되었다(Gilberts, Agran, Hughes, & Wehmeyer, 2001; Polirstok & Greer, 1977).

표현
미소 짓기, 윙크하기, 웃기, 끄덕이기, 손뼉치기, 관심 있게 바라보기

근접
점심시간에 학생 옆에 앉기, 버스 타고 갈 때 학생 옆에 앉기, 학생 책상을 선생님 책상 옆에 배치하기, 이야기 나누기 시간에 교사 옆에 앉기, 게임에서 선생님의 파트너 되기

접촉
악수하기, 손잡기, 등 두드리기

특권
잘한 것 전시하기, 활동의 리더 되기, 학급반장 되기, 팀 주장 되기

간결한 말
"참 예쁘게 앉아 있네." "그건 정말 훌륭해." "네가 한 일은 자부심을 가질 만해." "그게 바로 내가 네게 바라던 바야." "이걸 부모님께 보여드려야겠다."

위의 사회적 강화인자 가운데 간결한 말은 교사들이 가장 신중하게 사용하는 것이

다. 긍정적인 말은 교사의 칭찬으로 받아들여진다. 학생의 바람직한 행동에 대한 후속결과로서의 교사의 칭찬은 훌륭한 교실관리 전략이자 행동관리 전략으로, 연구로 입증된 사실이다. 일반교육과 특수교육 모두에서 연령에 따른 교사의 적절한 칭찬은 학생의 행동과 학업기술을 효과적으로 향상시켰다(Partin, Robertson, Maggin, Oliver, & Wehby, 2010). O'Leary와 O'Leary(1977)는 교사 칭찬이 강화인자로서 효과적으로 기능하는 확실한 자질을 가져야 한다고 주장하였다.

① 칭찬은 강화되는 행동에 유관적으로 전달되어야 한다. 칭찬의 비유관적 전달은 강화에 대한 조작적 정의의 주요 요소를 파괴한다. 칭찬의 비유관적 전달은 학생 수행과 교사의 애정 어린 관심 간의 의존적 관계를 없애 버리고 행동이 미래에 나타날 가능성을 증가시키지 않는다.

② 교사 칭찬은 강화되는 행동이나 그 행동의 상세한 내용을 지정하여야 한다. 학생은 자신이 왜 교사의 애정 어린 관심을 받는지에 대해 혼란을 겪어서는 안 된다.

③ 칭찬은 진실하게 들려야 한다. 이것은 교사가 의례적인 말의 사용을 피해야 함을 의미한다. 칭찬 문구는 상황과 학생이 칭찬받을 것에 따라 내용과 어조가 다양해야 한다. 1차 강화인자를 변함없이 꾸준히 주는 것에 학생이 물리는 것처럼, 어떤 문구를 꾸준히 사용하는 것에도 학생은 물릴 수 있다. 그러한 의례적인 문구는 강화의 자질을 잃고, 교사의 쓸데없는 이야기로 전락하며, 이내 무시되거나 학생들의 분노를 사기도 한다.

학생의 수행에 대한 칭찬은 특정 행동에 대한 것일 수도 있고 특정 행동에 대한 것이 아닐 수도 있다. 특정 행동에 대한 것이 아닌 칭찬은 학생이 칭찬받을 바람직한 행동을 규정하지 않는다. 예를 들어, "잘했어." 혹은 "잘하고 있네."와 같은 칭찬이다 (Mechling & Ortega-Hurndon, 2007). 특정 행동에 대한 칭찬은 학생이 강화받을 행동을 했음이 확인될 때 주어지는 것이다. 특정 행동에 대한 칭찬은 학업적 혹은 사회적 행동에 대해 주어질 수 있다. 예를 들면, "맞았어. 작은 바늘이 1에 있고 큰 바늘이 3에 있으니까 1시 15분이야." 혹은 "Ron이 읽을 동안에 네가 자리에 조용히 앉아 있어서 멋지다."와 같은 칭찬이다(Horn, Schuster, & Collins, 2006; Sutherland, Wehby, & Yoder, 2002). 또한 구어적 칭찬과 피드백은 시도나 근사치에도 사용된다. 예를 들면, "좋아, 3개 중 2개를 맞췄네. 나머지 1개도 같은 방법으로 하면 돼."와 같은 칭찬이다. 일반

표 8-4 구성적 구어 피드백

단언적	피드백
"훌륭해!"	(옳은 반응의 기술) "제시간에 과제를 끝냈구나."
"잘하고 있네!"	(근접에 대한 강화) "거의 제시간에 끝내겠구나."
"많이 좋아졌네!"	(수정 제안) "실수하지 않도록 조심하면 다음 번에는 모두 끝낼 수 있을 거야."

교육 및 특수교육 장면에서 특정 행동에 대한 칭찬은 학생의 과제 수행 행동과 학습 행동에 직접적인 효과를 나타내는 것으로 보인다(Ferguson & Houghton, 1992; Hall, Lund, & Jackson, 1968; Sutherland, Wehby, & Copeland, 2000). 예를 들어, Sutherland 등(2000)은 정서행동장애(EBD)를 가진 5학년 학생을 대상으로, 특정 행동에 대한 교사의 칭찬이 증가할수록 학생의 행동이 증가하고 특정 행동에 대한 교사의 칭찬이 감소할수록 학생의 행동이 감소함을 입증했다.

〈표 8-4〉는 구성적 구어 피드백의 예다. Cronin과 Cuvo(1979)가 다양한 색깔(빨간색 별은 지난번보다 잘한 것, 금색 별은 100% 정확한 것을 의미)의 별을 사용한 것처럼 어떤 피드백은 그 정밀성을 유형적으로 측정할 수 있게 해 준다. 그래프나 차트는 그 자체로 피드백과 강화의 수단으로 사용되어 왔다. 초·중등학생들은 자신의 막대그래프가 커지거나 선 그래프가 증가하고 있음을 보는 것만으로 읽기, 쓰기, 셈하기 등의 학업 및 사회적 행동에 강화가 이루어진다(Farrell & McDougall, 2008; Gunter, Reffel, Worth, Hummel, & Gerber, 2008; Hurst & Jolivette, 2006; Reid & Lienemann, 2006). 그래프는 인턴교사들에게도 효과가 있는 것으로 밝혀졌다(Keller, Brady, & Taylor, 2005).

2 계 약

교사가 많은 수의 학생에게 강화 체계를 적용하여 행동과 교육을 관리하기 위한 수많은 목표를 가지는 것은 어려운 일일 수 있다. 바쁜 날에는 교사가 생각 없이 아무렇게나 학생에게 유관을 말할 수도 있다. 나중에는 교사가 뭐라고 말했는지 자세히 기억하지 못하여 유관을 강행할 입장이 되지 못한다. 이러한 불확실성을 더 어렵게 하는 것은 학생이 "수학만 끝내면 밖에 나갈 수 있다고 말씀하셨잖아요. 그것이 꼭 다 맞아야만 된다고는 말씀 안 하셨는데요."라고 자신의 상황에 유리하게 말하는 것이다. 강화를 체계화시키는 간단한 방법은 계약이다. 계약(contracting)은 강화에 대한 유관을 문서화하는 것이다. 계약은 의문사항이 있는지를 알아볼 수 있는 영구적 산물을 만드는 것이다.

다른 계약에서와 마찬가지로 교실 계약도 관련인, 즉 교사와 학생 간에 합리적인 협상이 산출되어야 한다. 많은 경우에 이러한 협상은 학생과 그와 관련되는 모든 교사 간의 협력을 포함한다(Lassman, Jolivette, & Wehby, 1999). 계약의 정확한 문구는 계약 당사자인 학생의 생각에 달려 있지만, [그림 8-5]에서 보는 바와 같이 기본적으로 '만일 ~이면 ~이다.' 식의 문장 형태가 포함되어야 할 것이다. 문서 계약은 어떤 유관에 대한 최소한의 필요조건으로 항상 행동, 조건, 준거, 강화인자 등의 요소를 포함해야 한다.

나중에 그 의미가 무엇인지에 대해 의견이 불일치하는 것을 피하기 위해서 계약은 요구되는 행동을 기술하는 명확한 문장을 포함해야 한다. 이 문장에는 행동 수행 범위와 계약 기간 내에 충족해야 할 규준이 포함되어야 한다. 규준에 대한 논의 후에 학생은 수행을 평가하는 데에 사용될 방법이나 도구를 이해해야 한다. 계약은 또한 강화 전달의 형태, 양, 방법을 포함해야 한다.

이러한 기본적인 사항 외에도 중간 및 최종 검토 날짜가 계약서에 기재되어야 한다. 중간 검토는 교사에게 점검이 잘 진행되고 있는지를 상기시켜 주며, 요구되는 행동이 비현실적이거나 추가될 교육적 요소가 있을 경우 재협상을 하도록 해 준다. 최종 검토 날짜는 학생이 계약조건을 충족시킬 시간의 범위를 설정한 것이다. 일단 계약조건이 논의되고 문서로 작성되면 교사는 학생이 가지는 모든 질문에 답해야 한다. 학생이 계약조건을 이해하는 것을 확실히 하기 위해 학생은 교사에게 계약서를 읽고 조건을 다른 용어로 다시 진술한다. 이러한 절차를 가진 결과로 매우 상이한 진술문이 생겨났다면 계약은 좀 더 쉬운 용어로 다시 작성해야 한다. 일단 계약이 종료되면 교사와 학생은 모두 서명하고 각자 복사본을 가져야 한다.

Homme, Csanyi, Gonzales 그리고 Rechs(1970, pp. 18-20)는 계약(1~5번) 및 적절한 계약의 특성(6~10번)에서 강화인자의 사용에 대한 기본적인 규칙을 제안하였다.

① "계약 지불(보상)은 즉각적이어야 한다." 이 규칙은 효과적인 강화인자의 주요 구성

공식적 계약

Great Seal
of
Carter High School

이것은 [학생 이름]과 [교사 이름] 간에 동의된 것이다.
이 계약의 세부 항목은 _____에 시작되고 _____에 종료된다.
계약조건은 다음과 같다.

1. [학생 이름]은 다음과 같이 할 것이다.
_____
_____

2. [교사 이름]은 다음과 같이 할 것이다.
_____
_____

만일 학생이 이 계약을 충족시키면 [학생 이름]은 다음의 동의된 강화인자를 받을 것이다.
_____
_____

그러나 만일 [학생 이름]이 이 계약을 충족시키지 못하면 계약조건은 성사되지 않을 것이며 강화인자는 주어지지 않을 것이다.

서명 날짜: _____
학생 서명: _____
교사 서명: _____

_____의 훌륭한 시민 계약

나는 내가 _____을 _____까지
할 수 있다고 생각한다.
만일 내가 하면, 나는 _____을 할 수 있을 것이다.
교사는 _____을 도와줄 것이다.

_____

_____   _____   _____
    학생   교사   날짜

그림 8-5   계약에 사용되는 형식

출처: *It's Positively Fun: Techniques For Managing Learning Environments*, by P. Kaplan, J. Kohfeldt, & K. Sturla, 1974.

요소 중 하나로 언급된 것이다. 계약사항은 표적행동의 수행에 따라 즉시 집행되어야 한다.

② "초기 계약은 작은 근사치를 요구하고 보상해야 한다." 연속적인 근사치 형태—즉, 표적행동으로의 진행적 단계—는 규준 수준이 너무 높거나 행동 범주가 너무 광범위하여('방 깨끗이 치우기' 같이) 학생이 이전에 결코 수행한 적이 없는 행동에 특히 유용하다.

작은 근사치 강화는 제10장을 보라.

③ "적은 양으로 자주 보상하라." Homme 등은 "몇 개 안 되는 큰 강화보다 작은 강화를 자주 주는 것이 훨씬 더 효과적"이라고 주장하였다. 강화를 자주 주는 것은 교사와 학생 모두에게 행동변화의 진전을 더 면밀히 점검하게 해 준다.

④ "계약은 복종보다는 성취를 요구하고 보상해야 한다." Homme 등은 성취에 초점을 맞춘 계약은 독립성을 이끈다고 제안하였다. 따라서 "내가 너에게 하도록 말한 것을 하면 이러이러한 것을 네게 보상해 줄게."와는 달리 "이러이러한 것을 완성하면 이러이러한 것을 보상받게 될 거다."와 같은 적절한 말이 되어야 한다.

⑤ "수행이 일어난 후에 그것을 보상하라." 이 규칙은 유관적으로 집행되어야 한다는 강화인자의 주요 요소를 다시 말하는 것이다. 경험이 부족한 교사는 때로 유관을 "네가 오늘 야외학습을 가면 너는 다음 주에 과제를 모두 해야 한다."와 같이 말한다. 이러한 진술문은 아동을 실망하게 만든다.

⑥ "계약은 정당해야 한다." 강화의 '무게'는 요구되는 행동의 양에 비례해야 한다. 계약에서 설정되는 비율은 교사와 학생에게 모두 정당해야 한다. 학생에게 30분 자유시간 동안 20문항 중 2문항을 바르게 끝내라고 요구하는 것은 2분 자유시간 동안 20문항 중 20문항을 바르게 하라고 요구하는 것만큼 부당하다.

⑦ "계약 조건은 분명해야 한다." 모호함은 불일치를 야기한다. 교사와 학생이 계약의 의미에 대해 일치하지 못한다면 교사는 계약이 가치 있다기보다는 문제가 있다고 판단해야 한다. 이럴 경우 학생은 교사도 체계도 믿을 수 없다고 판단할 것이다.

⑧ "계약은 정직해야 한다." Homme 등에 따르면, 정직한 계약이란 (a) '즉각 실행하고' (b) '계약에 상세화된 조건에 따라 실행하는 것'이다. 이것은 교사와 학생이 자유롭게 계약 협상에 참여했다면 보장될 수 있다. 교사는 학생에게 '계약'을 강요하지 말아야 한다.

⑨ "계약은 긍정적이어야 한다." '네가 ~하면, 나는 ~할 것이다.'는 적절한 문장이

며, '네가 ~하면, 나는 ~하지 않을 것이다.' '네가 ~하지 않으면, 나는 ~할 것이다.' '네가 ~하지 않으면, 나는 ~하지 않을 것이다.'는 적절하지 않은 문장이다.

⑩ "방법으로서의 계약은 체계적으로 사용되어야 한다." 강화 전략과 마찬가지로 계약이 체계적이고 일관적으로 이루어지지 않으면 그것은 '이번에는 진짜 그 뜻이었어?' 같은 추측게임이 된다.

계약 작성은 강화 체계에 장점을 더해 준다.

① 계약서는 교사와 학생이 협의한 유관의 변인을 기록한 영구적 문서다.
② 계약에 앞서는 협의 절차는 학생이 스스로의 기대나 한계를 설정함으로써 자신의 학습에서 스스로를 활동적인 참여자로 인식하게 해 준다.
③ 계약서 작성은 교수의 개별화를 강조한다.
④ 계약은 IEP 회의에서 현재의 목표를 진술하는 임시적 문서를 제공한다. 이러한 정보는 부모와 공유될 수 있다.

3 강화인자 관리의 여러 형태

기본적인 강화 체계는 다음과 같은 설계를 갖는다.

• 교사는 선제적 변별자극을 제공한다.
• 학생은 요구된 반응을 수행한다.
• 교사는 학생에게 적절한 강화인자를 제공한다.

이러한 기본적 틀은 특정 학생을 위해 계획되어 개별적으로 선정된 강화인자의 집행에 초점을 맞춘다. 그러나 강화는 교실관리에서 발생하는 수많은 상황에 적용될 수 있는 융통성 있는 전략이다. 유관의 형태와 후속결과의 방식에 기초하여 Kazdin (2001)은 이러한 변형을 나타내는 행렬을 고안하였다. 원래 이 행렬은 토큰체계의 사용을 위해 제안된 것이지만 강화 체계에도 적합하다.

[그림 8-6]에서 보는 바와 같이 후속결과를 관리하는 두 가지 방식이 있다. 첫째는 강화가 개별적으로 집행될 수 있는 것이다. 예컨대, 요구된 반응을 수행한 특정 학생에게는 시리얼, 자유시간, 적절한 수의 토큰이 주어진다. 둘째는 강화가 집단의 학생들에게 집행될 수 있는 것이다. 예컨대, 학급 전체가 수용할 만한 수행을 하면 30명 모든 학생들이 수요일 오후에 공예시간을 추가로 얻는 것이다.

유관의 형태에는 세 가지가 있다. 이것은 [그림 8-6]의 행렬 위에 제시되어 있다. 첫 번째는 개별 유관(individualized contingencies)으로 요구되는 행동과 수행의 규준은 특정 학생의 행동이나 교육적 욕구에 따라 특별하게 적용된다. 두 번째는 표준 유관(standardized contingencies)으로 교사가 학급 구성원 전체나 몇몇 학급 구성원에게 동일하게 적용될 요구사항을 설정하는 것이다. 세 번째는 집단 유관(group contingencies)으로 행동이 학생 집단에게 요구되며, 강화는 집단 전체의 수행에 근거하여 집행된다.

후속결과에 두 가지 관리방식과 세 가지 유관 형태 간의 상호작용으로 [그림 8-6]에서와 같이 여섯 칸의 행렬이 산출된다.

1칸은 강화의 유관과 강화의 전달방식 모두가 개별화된 체계다. 행동과 규준은 특정 학생에게 특별하게 적용되고 강화는 그 학생에게만 전달된다.

① Randy, 네가 수학 문제 20문항 중 17문항을 맞게 풀면 컴퓨터를 추가로 10분 더 사용할 수 있다.
② Randy, 문제를 맞게 풀 때마다 하나의 토큰을 받게 될 거다.

2칸은 학급 구성원 모두(표준)에게 강화를 위한 동일한 유관을 제공하나 전달방식은 각 학생에게 개별화하는 체계다.

		유관의 형태		
		개별 학생	모든 학생	특정집단 학생
후속결과 관리방식	개별	1	2	3
	집단	4	5	6

그림 8-6 **후속결과 관리의 여러 형태**

① 여러분 각자는 수학 문제 20문항 중 17문항을 맞게 풀면 컴퓨터를 추가로 10분 사용할 수 있다.

② 여러분 모두 질문을 하기 전에 손을 들 때마다 토큰 1개를 받을 수 있다.

3칸은 특정집단 학생에 대해 강화를 위한 동일한 유관을 설정하나, 강화인자 전달 방식은 집단 구성원 각각에게 개별화되는 체계다.

① 수학 B집단 여러분 각각은 곱셈이 요구되는 문제 10문항을 만들면 여러분이 원하는 시간에 원하는 프로그램으로 컴퓨터를 10분 동안 추가로 사용할 수 있다.

② 학급 내 남학생 모두가 점심식사를 마친 후 식판을 카트에 옮겨 놓는 것에 대해 하나의 토큰을 받을 것이다.

4칸은 집단이 하나의 구성단위로 강화받기 위해서 학급 구성원 각자가 특정 행동을 수행하도록 요구하는 체계다.

① 수학 B집단의 학생들이 곱셈에 관한 15분 프로그램에 참여하고 있다. Randy는 기본 계산 절차를 설명해야 한다. Carol은 곱셈과 덧셈의 관계에 대하여 설명해야 한다. Nicholas는 수학 문제지의 문제 푸는 방법을 시범 보여야 한다. Sandy는 반의 아이들이 풀 문제 3문항을 제시해야 한다. 발표가 끝나면 여러분 4명은 게임 프로그램 중 하나로 함께 컴퓨터를 사용할 수 있다.

② Gary는 최소한 4개의 문장을 작문에 포함시켜야 한다. Jamie는 최소한 6개의 문장을 포함시켜야 하고, Cory는 최소한 10개의 문장을 포함시켜야 한다. 여러분이 농구에 관한 작문을 완성했으면 농구를 하러 체육관에 가도 좋다.

5칸은 학급 구성원 모두에게 강화를 위한 동일한 유관을 설정하고 이러한 준거를 충족시킨 개인에게 공동으로 강화되는 집단의 구성원이 되게 하는 체계다.

① 학급 구성원의 숙제는 곱셈이 요구되는 문제를 만드는 것이다. 적절한 문제를 만들어 온 모든 학생은 내일 아침 10:00에서 10:30까지 수학 실험실에 가도록 허락될 것이다.

② 오늘 지리시험에서 100점을 받은 모든 학생에게는 지리숙제가 면제될 것이다.

6칸은 학급 구성원 집단에 대해 강화를 위한 동일한 유관과 강화인자 전달의 동일한 방식이 설정되는 체계다.

① 수학 B집단에게 20문항이 주어진다. 집단이 20문항 모두를 맞게 풀면 집단은 30분 동안 수학 실험실에 가도 된다.
② 레드버즈 여러분 모두가 읽기 수업시간 동안 발표 전에 손들기를 기억하면 여러분은 이번 주에 집에 가져갈 수 있는 책을 한 권 고를 수 있다.

Litow와 Pumroy(1975)는 유관이 한 번에 1명 이상의 개인에게 적용되는 연구를 검토하고 세 가지 관리체계를 기술하였다. 그것은 집단중심의 의존적, 독립적, 상호의존적 유관체계다. 집단중심 의존적 유관체계(dependent group-oriented contingency system)에서는 "동일한 반응 유관이 동시에 모든 집단 구성원에게 영향을 미치지만 집단 구성원에서 선정된 1명 이상의 수행에 대해서만 적용된다. 집단 전체를 위한 후속결과는 선정된 구성원의 수행이다."(p. 342) 교사는 1명 이상의 특정 학생의 수행에 대한 유관으로 학급 전체에게 강화를 제공한다. 학급의 나머지 구성원은 표적이 되는 학생의 수행에 의존하여 강화를 받게 된다.

① 학급 전체가 특별 체육시간을 갖는 기회는 Robert와 Caroline이 금요일의 철자법 시험에 합격하는 것에 달렸다.
② 학급 전체가 특별 체육시간을 갖는 기회는 William과 Bernice가 수학시간에 손들지 않고 말하는 것이 7회 이하인 경우에 달렸다.

집단중심 독립적 유관체계(independent group-oriented contingency system)에서는 "동일한 반응 유관이 동시에 모든 집단 구성원에게 영향을 미치나 개별적 수행에 적용된다. 이 형태의 유관체계에서는 각 구성원의 결과가 다른 집단 구성원의 수행에 의해 영향을 받지 않는다(즉, 독립적이다)." (Litow & Pumroy, 1975, p. 342) 교사는 유관 준거를 충족시키는 구성원 각각에 대해 강화를 제공한다. 수행 준거 성취에 실패한 구성원은 강화인자를 받지 못할 것이다.

① 특별 체육시간을 갖는 기회는 금요일의 철자법 시험에 합격한 학생에게만 주어진다.

② 특별 체육시간을 갖는 기회는 큰 소리로 말하기를 3회 이하로 하는 학생에게만 주어진다.

집단중심 상호의존적 유관체계(interdependent group-oriented contingency system)에서는 "동일한 반응 유관이 동시에 집단 구성원 모두에게 영향을 미치나 집단의 수행 수준에 적용된다. 결과적으로 이 형태의 유관체계에서는 각 구성원의 결과는 집단의 수행 수준에 (상호) 의존한다." (Litow & Pumroy, 1975, p. 343). 집단중심 상호의존적 유관체계의 사용은 흔히 좋은 행동 게임으로 알려져 있다. 이 체계를 자세히 알고 싶다면 Tingstrom, Sterling-Turner 그리고 Wilczynski(2006)의 연구를 참고하면 된다.

Litow와 Pumroy(1975)는 집단의 수행 수준을 세 가지 형태로 제시하였다.

① 각 집단 구성원이 준거 수준을 성취해야 되도록 유관이 진술된다. 집단이 이 준거 수준을 성취하지 못하면 구성원 모두가 강화인자를 받지 못한다. 예를 들어, 특별 체육시간의 기회는 각 집단 구성원이 금요일의 철자법 시험에서 최소한 90점을 받는 것에 유관된다.

② 각 집단 구성원의 수행이 집단 전체의 평균을 충족시키도록 유관이 진술된다. 예를 들어, 특별 체육시간의 기회는 작문의 학급 평균이 90점인 것에 유관된다.

③ 학급이 집단으로서 최고 혹은 최저의 수행 수준에 도달해야 되도록 유관이 진술된다. 예를 들어, 특별 체육시간의 기회는 큰 소리로 말하는 것이 학급 전체에서 12회 이하인 경우와 유관된다.

항상 가장 간단하고 효과적인 체계를 사용하라.

이와 같은 강화인자 전달체계의 여러 유형을 사용함으로써 교사는 강화 체계를 특정 학급에 맞게 할 수 있다. 각 학급은 서로 다르다. 일반교육 학급일지라도 어떤 집단은 형식적인 토큰체계를 필요로 하고, 어떤 집단은 계약이나 개별적 체계가 필요한 구성원이 있으며, 비형식적인 사회적 강화인자와 활동 강화인자를 사용하여 많은 일반교육 학급을 관리할 수 있다. 교사는 가장 간단하고 가장 자연스러우며 효과적인 체계를 사용해야 한다.

집단 유관과 또래 중재

집단 유관은 어떤 학생의 행동을 관리하는 데에 지극히 효과적인 수단이 될 수 있다. 특히 청소년은 집단으로 대하는 것이 더 강화적이라는 것을 알게 될 것이다. 비장애 학생과 장애 학생 모두에서 또래와 함께했을 때 학업성취가 매우 높게 나타난다는 증거가 있다(Lloyd, Eberhardt, & Drake, 1996; Martens, Muir, & Meller, 1988). Lloyd 등(1996)은 또한 개별 및 집단 공부와 개별 및 집단 강화를 비교했을 때, 집단 강화를 받는 집단공부가 시험성적의 평균을 높이고 점수의 범위를 줄이며 성적 분포의 낮은 점수 쪽에 긍정적인 영향을 미친다는 것을 밝혔다. 집단 유관은 상호 의존성을 촉진할 수 있고 결과적으로 학생 간의 협력적 행동을 증가시킨다(McCarty, Griffin, Apolloni, & Shores, 1977). Kohler 등(1995)은 집단 유관이 장애 및 비장애 또래들 간의 나누기나 도와주기 같은 지원적 촉구를 증가시킬 수 있음을 밝혔다.

집단 유관은 교사가 관리하는 중재뿐만 아니라 또래 중재를 통해서도 완성될 수 있다. Pigott, Fantuzzo 그리고 Clement(1986)는 5학년 학업 저조 학생의 학업 수행에 대해 또래 지도와 집단 유관을 성공적으로 적용시켰다. 학생들은 수학훈련팀으로 나누어졌다. 팀의 각 구성원은 역할을 부여받는다. 코치는 팀에게 정반응 수에 대한 집단 목표와 설정 전략(예: '빨리해.' '조심스럽게 해.' '잡담하지 마.') 그리고 정해진 교환 강화인자를 상기시킨다. 채점자는 구성원 개인의 시험지에서 정반응 수를 세었다. 심판원은 신뢰성 점검자로서 역할을 했고 팀 관리자는 팀 전체의 점수를 목표와 비교하고 목표가 충족되었는지를 판단하였다. 세 학급 모두에서 학생들의 수학 수행은 개선되었고, 학생들이 원한다면 팀을 그대로 유지하되 강화 유관은 주어지지 않도록 했을 때 12주 후의 사후검사에서도 개선된 수학 수행력이 유지되었다. Cashwell, Skinner 그리고 Smith(2001)는 2학년 학생에게 하루 동안에 발생하는 또래의 친사회적 행동을 기록하고 보고하도록 가르쳤다. 친사회적 행동이 정의됨에 따라 학생들은 색인카드에 또래가 도운 사례를 모두 기록하였다. 학급이 동의한 활동 강화인자(예: 놀이시간 추가)에 참여하기 위한 준거로 100건의 누적 기록이라는 집단 유관이 설정되었다. 매일 아침에 학생들은 전날의 빈도를 보고 사다리 모양의 막대그래프를 그린다. 학급이 누적목표를 충족시켰을 때 학급 전체는 사전에 결정해 놓은 집단 강화인자를 받았다. 이러한 상호 의존적 집단 강화 절차와 공공으로 발표되는 진행형 피드백 절차는 결과적으로 학생의 친사회적 행동을 증가시켰다. 세 번째 예에서 Carpenter와 McKee-Higgins(1996)는

1학년 학급에서 집단 유관과 개별 유관을 연합시켰다. 수개월에 걸쳐 과제를 하지 않는 행동이 1명의 파괴적 학생으로부터 대부분의 학급 구성원에게 퍼져 있었다. 강화 유관으로 적절한 행동을 아는 것과 부적절한 행동을 고치는 것을 연합시킨 교사의 계획이 실행되었다. 학생들은 학급 전체가 참여하는 집단 유관의 칠판놀이 형태의 활동 강화인자를 선택하였다. 또한 그들은 개별 유관으로 사탕을 선택하였다. 교사는 음식 강화인자를 학생의 바람직한 행동을 형성하고 유지하기 위한 긍정적 구어문과 짝짓고, 학생의 행동이 일단 개선되기 시작하면 점진적으로 그 사용을 제거하였다. 각 활동시간 전에 학생들은 집단에 대한 과제 불이행 행동의 수용 수준을 결정해야 한다. 만일 학생들이 세 가지 활동 중 두 가지 활동에서 목표에 도달하면 그들은 칠판놀이 게임으로 강화를 받았다. 각 활동의 종료 시에 학생들은 활동을 하는 동안에 개인적으로 과제 이행 행동을 했다고 생각하면 게시판에 있는 함 안에 카드를 넣는다. 교사와 학생들은 과제 이행 행동에 대해 간단히 논의하고 학생의 수행에 관한 일치된 의견에 도달하였다. 개별 학생이 10장의 카드를 모았을 때 그들은 사탕을 얻었다.

또래 압력은 집단 유관에서 강력한 도구다. 그것은 정말로 강력하기 때문에 집단 내 몇몇 구성원에게 부당한 압력이 되는 부정적 부작용을 나타내지 않도록 주의하여 사용되어야 한다(Balsam & Bondy, 1983). 다음의 일화를 살펴보자.

〈일화 8-5〉

Montgomery 선생님, 철자법을 가르치다

5학년 담임인 Montgomery 선생님은 학생들의 주간 철자법 시험 점수에 관심이 있었다. 어떤 학생은 매우 잘했지만 다른 학생은 겨우 몇 단어밖에는 옳게 쓰지 못했다. Montgomery 선생님은 좋은 생각이 떠올랐다. 선생님은 학생을 짝으로—잘하는 학생과 잘하지 못하는 학생—나누었다. 그리고 "내가 받는 점수는 나와 내 파트너의 평균을 산출하는 데에 사용될 것이다."라고 알렸다. 선생님은 뒤에 앉아서 학생들이 부지런히 연습하는 것을 지켜보면서 자신의 문제가 해결되었다고 확신했다.

그러나 놀이시간에 운동장에서 LeeAnn이 Barney를 쫓아가면서 그를 한 대 때리고 "앉아, 이 바보야, 너는 지금 이 단어를 배워야 돼."라고 소리치는 것을 보면서, 선생님은 자신의 계획에 문제가 있음을 알기 시작했다. 선생님은 지난밤 LeeAnn의 엄마에게서 바보 같은 Barney 때문에 LeeAnn이 철자법 시험에 떨어질 거라고 항의하는 전화를 받았고, Barney 엄마에게서 Barney가 왜 오후 내내 방에만 틀어박혀 있는지 선생님은 혹시 아시냐는 전화를 받은 것을 떠올렸다.

Montgomery 선생님은 집단 유관을 설정하는 것에 관한 가장 중요한 규칙 중의 하나를 위반했다. 그것은 집단의 각 구성원 모두가 수행할 수 있는 표적행동이어야 함을 절대 명심해야 한다는 것이다. 이 규칙이 위반되면 어떤 학생은 다른 학생의 구어적, 신체적 학대의 대상이 될 위험이 있다. 일반교육 교실에 배치된 영어학습자와 장애 학생을 집단 유관 대상에 포함시키지 않는 것이 특히 중요하다.

또 다른 중요한 주의할 점은 어떤 구성원이 집단의 노력을 고의로 방해하게 될 수도 있다는 것이다. Barrish, Saunders 그리고 Wolf(1969)는 24명의 4학년 학급에서 자리 이탈 및 떠들기 행동을 수정하고자 집단 유관을 정하였다. 읽기시간과 수학시간에 반을 두 팀으로 나누었다. 팀의 누군가가 자리 이탈이나 떠드는 행동을 하면 팀이 ×표를 받도록 하였다. ×표가 많은 팀은 어떤 특권을 잃게 된다. 이 절차는 성공을 거두었지만 중요한 수정이 필요했다. 한 팀의 구성원 2명이 시종일관 팀에 ×표를 추가하였다. 중간에 구성원 중 한 명이 '단호하게' 자기는 더 이상 게임을 하지 않을 것이라고 선언했다. 교사와 아이들은 한 학생의 행동이 전체 팀을 더 이상 궁지에 몰아넣지 않아야 한다고 느꼈다. 방해자는 팀에서 (그리고 집단 유관에서) 제거되어 1인 팀을 구성하고 그의 행동이 통제되어 팀으로 돌아올 수 있을 때까지 개별 후속결과 절차를 적용받았다. 저자들은 이것은 개별적 행동이 집단 통제를 받게 되는 것 대신에 학생의 파괴적 행동에 대한 사회적 강화인자로서 작용했을 수도 있는 또래 압박의 예측된 효과를 나타내는 것이라고 설명하였다.

결과적으로 체계는 구성원이 다른 사람을 위해 표적행동을 수행할 가능성을 최소화해야 한다. 만일 이 요인이 설명된다면 집단 유관은 매우 유용한 관리장치가 될 수 있을 것이다.

강화 스케줄

강화 스케줄(schedules of reinforcement)은 강화인자를 전달하는 시기에 관한 것이다. 지금까지 우리는 표적행동의 발생에 대한 강화인자의 전달을 설명해 왔다. 연속적 원리에 의한 강화 전달은 연속강화 스케줄(continuous schedule of reinforcement: CRF)이라고 한다. 즉, 학생은 표적 반응을 보일 때마다 즉각 강화인자를 받는다. 이 스케줄은 1:1 비율 혹은 반응:강화(R:S^R)를 갖는다.

1:1 CRF 스케줄은 반응에 대한 강화의 밀도가 높은 것으로 수행에 비례하여 많은

강화가 주어진다. 이것은 반응비율을 높인다. 이러한 높은 반응비율은 학생이 반응을 수행하는 기회를 증가시키고(연습 증가) 교사에게 피드백과 강화를 받는 기회도 증가시키는 결과를 가져온다. 그러므로 CRF 스케줄은 학생이 새로운 행동을 배울 때(습득) 가장 유용하다. 새로운 행동을 배우는 학생은 정반응마다, 혹은 이전보다 더 정반응에 가까워졌을 때마다 강화를 받아야 한다. 표적행동에 좀 더 근접한(연속적인) 근사치를 강화하는 절차를 형성이라고 한다. 이에 대해서는 제9장에서 논의될 것이다. CRF 스케줄은 또한 표적행동이 초기에 매우 낮은 빈도로 나타날 때 유용하게 사용될 수 있을 것이다. 그것은 모든 강화 체계의 초기 단계 동안에 가장 효과적이다. 그러나 CRF 스케줄 사용에는 잠재적 문제가 있다.

① 특히 1차 강화인자가 사용되는 경우에 CRF 스케줄을 적용받고 있는 학생은 강화인자에 물리게 될 수 있다. 일단 정반응이 빈번하게 나타나면 음식을 연속적으로 받게 되는데, 이것은 결핍 상태를 제한시킬 것이기에 정반응에 대한 동기도 줄어든다.

② 강화인자의 연속적 전달은 교사가 학생으로 하여금 그들이 들은 대로 행동할 때마다 어떤 강화를 기대하도록 이끈다는 비난을 갖게 할 수도 있다.

③ CRF 스케줄은 행동이 처음으로 습득되거나 통제된 후에 그것을 유지하기 위한 가장 효율적인 방법은 아니다. 첫째, CRF 스케줄에 의한 강화로 일단 행동이 습득되었거나 행동의 빈도가 증가되었으면 교사는 중재 프로그램을 종료할 수도 있다. 연속적 강화에서 강화가 없는 상태로 전환하게 되면 행동은 급속하게 감소한다. 강화가 철회되었을 때 나타나는 이러한 행동의 급속한 감소를 소거(extinction)라고 한다. 이에 대해서는 제8장에서 논의될 것이다. 둘째, CRF 스케줄은 교실의 흐름을 방해할 수 있다. 4, 6, 8 또는 30명의 학생이 말하기 전에 손을 드는 행동에 대해, 혹은 'a'를 바르게 쓴 것에 대해 교사는 얼마나 오랫동안 연속적으로 강화할 수 있을 것인가?

다양한 비연속적(less-than-continuous) 스케줄을 사용함으로써 효과성 CRF 스케줄로 야기되는 문제를 해결할 수도 있다.

❖ 간헐 스케줄

간헐 스케줄(intermittent schedules)에서 강화는 모두가 아닌 몇몇의 올바르거나 적절한 반응에 뒤따른다(Skinner, 1953). 발생하는 행동 모두가 더 이상 강화되지 않기 때문에 간헐 스케줄은 포만 효과를 없앤다. 또한 간헐 스케줄로 유지되는 행동은 소거에 더 저항을 가진다. 간헐 스케줄은 강화를 위해 더 많은 정반응을 요구한다. 학생은 오랫동안 만족을 지연시키는 것과 적절한 행동을 유지하는 것을 배운다.

반응의 빈도를 증가시키기 위해 가장 흔히 사용되는 간단한 간헐 스케줄의 두 가지 부류는 비율 스케줄(ratio schedules)과 간격 스케줄(interval schedules)이다(Ferster & Skinner, 1957; Skinner, 1953). 교사는 반응의 지속시간을 증가시키기 위해서 반응 지속시간 스케줄(response-duration schedules)을 사용할 수도 있다(Dixon et al., 1998; Gresham, Van & Cook, 2006; Stevenson & Clayton, 1970).

비율 스케줄   비율 스케줄에서는 표적행동의 횟수가 강화인자 전달의 시기를 결정한다. 고정비율 스케줄(fixed-ratio schedule: FR)에서는 학생이 특정 수만큼의 정반응을 한 후에 강화한다. FR3 스케줄을 적용받는 행동은 매 세 번째 정반응 후에 즉각 강화될 것이다(R, R, R:S^R). 퍼즐을 할 수 있는 권한을 얻기 위해 수학 문제 8문항을 옳게 풀어야 하는 학생이나 과자 한 조각을 얻기 전에 사물을 8회에 걸쳐 바르게 지적해야 하는 학생은 강화의 FR8 스케줄을 적용받고 있는 것이다.

"아닙니다, Ralph 어머니. VR10 스케줄은 Ralph가 잘했을 때마다 과자 10개를 준다는 의미가 아닙니다."

FR 스케줄상에 놓인 행동은 독특한 특성을 갖는다. 학생은 일반적으로 CRF 스케줄보다 더 높은 비율의 반응을 나타내는데, 이것은 비율을 높이면 강화의 빈도가 증가되는 결과를 가져오기 때문이다. 강화인자를 전달할 때 학생이 특정한 수의 정반응을 수행하는 데에 걸린 시간은 고려되지 않기 때문에 FR 스케줄은 주어진 행동의 유창성이 부적절하게 되는 결과를 가져올 수도 있다. 예를 들면, 학생은 강화인자를 얻기 위해서 수학 문제를 급히 풀어야 하기 때문에 실수를 많이 하고 쓰기가 엉망이 된다. 부적절한 유창성 외에도 FR 스케줄은 다른 유형의 문제를 야기할 수도 있다. 스케줄 비율이 증가할 때(예: FR2에서 FR10으로) 흔히 학생은 강화인자가 전달된 후에 강화 후 휴지 기간이라는 것을 가지면서 일정 기간 동안 반응을 정지할 것이다.

유창성과 강화 후 휴지 기간의 문제는 변동비율 스케줄(variable-ratio schedule: VR)로 전환함으로써 제거된다. VR 스케줄에서는 특정한 수의 평균적 정반응이 강화된다. VR5 스케줄을 적용받는 행동은 평균적으로 매 다섯 번째 정반응에 대해 강화될 것이다. 그러므로 학생은 세 번째나 여덟 번째 혹은 다섯 번째나 네 번째 정반응 후에 강화받을 수 있다.

FR 스케줄로써 행동 발생의 수준(행동 목표에서 언급한 바와 같이)이 결정된 후에는 VR 스케줄로 적절하고 일관적인 비율의 정반응을 유지한다. VR 스케줄에서는 강화인자의 전달을 예측하지 못하기 때문에 학생의 반응은 강화 후 휴지 기간 없이(혹은 미약한 정도로만 나타나며) 안정될 것이다. "어떤 순간에라도 강화의 가능성은 중요한 불변의 수로 남아 있고 '학생'은 불변의 비율을 지킴으로써 적응한다." (Skinner, 1953, p. 104)

간격 스케줄　　　간격 스케줄에서는 최소한 한 번의 정반응 혹은 적절한 반응의 발생과 특정한 양의 시간 경과가 강화인자의 전달을 결정한다. 고정간격 스케줄(fixed-interval schedule: FI)에서는 학생이 정해진 몇 분 혹은 몇 초 안에 표적 반응을 처음 했을 때 강화한다. FI 5분 스케줄에서는 마지막 강화 이후 5분이 지난 후에 처음으로 발생한 정반응을 강화하고 강화 후에는 다음 5분 주기가 시작된다. 간격이 종료된 후의 행동 사례가 강화되기 때문에 간격 종료 전에 발생한 사례는 강화되지 않는다. 그렇기 때문에 고정간격 스케줄이 간헐 강화로 정의되는 것이다.

FI 스케줄이 적용되는 행동은 또한 독특한 특성을 갖는다. FI 스케줄의 강화를 위해 요구되는 것은 오직 특정 간격 후에 최소한 한 번의 반응이 발생하는 것이기 때문에 비율 스케줄이 적용되는 행동에 비해 행동이 상대적으로 낮은 비율로 발생한다. 학생이 간격의 길이를 알고 있어 언제 강화가 될 것이라는 것을 안다면 이 문제는 더욱 확실하다. 간격의 길이는 반응비율에 영향을 미칠 것이다(Skinner, 1953). 만일 매 분마다 강화가 가능하다면 10분마다 강화가 가능한 것보다 더 빠르게 반응이 일어날 것이다. FI 스케줄이 적용되는 행동은 또한 FR 스케줄의 강화 후 휴지 기간과 유사한 특성을 갖는다. 학생은 결국 간격이 종료되기 전에 발생하는 정반응은 강화되지 않는다는 사실을 깨닫게 된다. 강화 후의 즉각적 반응은 결코 강화받지 못하다는 것 또한 명백해진다. 종국에는 각 강화 후의 (다음 간격의 초기 부분) 반응비율이 단기간에 두드러지게 낮아진다(혹은 멈춘다). 이러한 정반응 감소를 고정간격 스캘럽(fixed-interval scallop)이라고 하는데, 이것은 자료의 분포를 누적 그래프로 나타냈을 때의 모양에 근거한 것이다.

Lee와 Belfiore(1997, p. 213)는 교사가 학생의 과제 수행시간을 증가시킬 것이 목적이라면 FI 스케줄은 좋은 선택이 아닐 수도 있다고 경고하였다. 만일 어떤 중학교 교사가 학생에게 영어 쓰기 과제를 내주고 일정 기간 후에 벨이 울렸을 때 쓰기를 하고 있는 학생을 습관적으로 강화했다면 전형적인 FI 반응 형태가 나타날 것이다. 즉, 간격이 종료되기 직전, 벨이 울리기 전에는 쓰기 비율이 증가하고 그 이전의 긴 시간 동안에는 쓰기를 하지 않을 것이다. 교사의 목표가 학생이 쓰기에 참여하는 시간의 양을 늘리고자 한 것이었다면 그 목표는 달성되지 않는다. 교사의 그러한 프로그램은 벨이 울리기 직전에 과제를 하는 행동만을 증가시킬 뿐이다. 이와 유사한 형태가 교사가 FI 5분 스케줄로 부품을 조립하는 과제를 학생에게 주었을 때도 나타날 것이다. 각 간격의 끝으로 가면서 조금씩 작업의 증가가 나타날 뿐 작업은 낮은 비율로 진행될 것이며 결과적으로 생산성은 낮을 것이다.

FI 스케줄로 초래된 반응비율 문제는 변동간격 스케줄(variable-interval schedule: VI)로 전환함으로써 제거된다. VI 스케줄에서는 간격의 길이가 각각 다르고 그 평균 길이만 일정하다. VI 5분 스케줄에서는 평균 5분마다 표적 반응을 강화한다. VR 스케줄에서와 같이 비예측성이 학생의 행동을 고르게 만든다. VI 스케줄이 적용되는 행동은 학생이 강화될 간격의 길이를 더 이상 예측할 수 없으므로 어떤 반응이 강화될 것인지를 예측할 수 없다. 이에 고정간격 스캘럽 없이 간격에 따라 적절하고 꾸준한 비율로 나타난다.

간격 스케줄에서 반응비율을 증가시키기 위한 기법은 효력제한(limited hold: LH) 유관을 사용하는 것이다. 효력제한은 간격 후에 강화물이 주어지는 시간을 제한하는 것이다. 즉, 간격이 경과하여 다음 정반응이 강화될 예정일 때 강화물이 제한된 시간 동안만 유효하게 하는 것이다. 단순한 간격 스케줄에서는 반응을 지체하여도 여전히 강화를 받을 수 있었던 반면, 효력제한 기법이 적용되면 학생은 강화물을 얻기 위해 빠르게 반응해야 한다. FI 5분/LH 5초 스케줄은 각 5분 간격 후에 5초 동안에만 강화인 자가 유효하다. 예를 들어, 학생이 버스 타는 법을 배울 때에는 15분마다 버스가 오고 문이 열렸을 때 30초 안에(FI 15분/LH 30초) 빠르게 올라타야만 한다(자연적으로 발생하는 강화)는 것을 학습하게 된다.

반응 지속시간 스케줄 반응 지속시간 스케줄(response-duration schedule)에서는 연속적으로 일어나는 표적행동의 지속시간이 강화의 결정요소다. 고정반응 지속시간 스케줄(fixed-response-duration schedule: FRD)에서는 바람직한 행동이 특정 시간(분 혹은 초) 동안 일어난 후에 학생을 강화한다. FRD 10분 스케줄을 적용할 때는 바람직한 행동이 연속적으로 10분 동안 발생한 것에 대해 각 10분 후 즉각적으로 행동을 강화한다. 읽기시간 동안 자리에 앉아 있도록 요구받는 학생이나 10분마다 자리에 앉아 있는 것에 대해 칭찬받는 학생은 FRD 10분 스케줄을 적용받고 있는 것이다. 정해진 시간의 어느 중간 시점에서 행동 발생이 정지되면 지속시간은 다시 시작된다.

FRD 스케줄에서는 FR 및 FI 스케줄에서와 같이 강화 후에 휴지 기간이 나타날 수도 있다. 이러한 경우 휴지 기간은 바람직한 행동이 요구되는 시간의 길이와 관련되어 나타난다. 요구시간의 길이가 길수록 휴지 기간은 더 길어진다. 요구시간이 너무 길거나 너무 빠르게 증가되면 행동 발생은 대체적으로 감소되거나 정지된다고 볼 수 있다. 여기서 변동반응 지속시간 스케줄(variable-response-duration schedule: VRD)을 사용하여 강화에 요구되는 시간의 길이를 다양하게 함으로써 이 문제를 최소화할 수 있다. VRD 스케줄에서는 평균시간 동안 바람직한 행동이 연속적으로 발생하는 것에 대해 강화가 주어진다. VRD 10분 스케줄이 적용되는 행동은 평균 10분마다 강화될 것이다.

❖ 강화 스케줄의 약화

교실 내 강화 체계는 행동변화를 빠르게 나타내기 위한 임시적 구조여야 한다. 교사는 궁극적으로 학생의 행동이 좀 더 자연스러운 강화인자의 통제하에 놓일 것을 계획한다. 스케줄 약화(thinning)는 인공적 강화인자에 의존하는 것을 감소시켜 주고 만족 지연을 학습하도록 도와준다. 스케줄 약화에서는 강화의 빈도가 점진적으로 줄어들어 강화가 더 많은 바람직한 행동에 유관되게 된다.

교사가 약화된 강화 스케줄을 적용할 때는 밀도 높은 스케줄(연속)을 성긴 스케줄

현실에서, 만족지연능력이 필요하다.

(변동)로 바꾼다. 정반응과 강화 간의 비율은 체계적으로 증가된다. 다음 예는 이러한 개념을 설명하는 것이다.

① 문자카드에서 어휘를 바르게 아는 것에 대해 CRF 스케줄(1:1)을 적용받고 있는 학생이 있다. 학생이 정확도 90%의 준거에 도달하면 교사는 FR3 스케줄(R, R, R:S^R)로 바꾸고, 다시 FR6, VR8, VR10으로 바꿀 것이다. 각 스케줄 변동에서 교사는 학생이 강화를 받기 위해 좀 더 정확한 반응을 수행할 것을 요구한다.

② 문제지를 풀고 있는 시간 동안 자리에 앉아 있는 것에 대해 FRD5를 적용받고 있는 학생이 있다. 일단 학생이 이 준거를 충족시키면 교사는 학생의 스케줄을 FRD10, FRD20, FRD30으로 바꿀 것이다. 각 스케줄 변동에서 교사는 학생이 강화를 받기 위해 좀 더 긴 시간 동안 바람직한 행동을 유지할 것을 요구한다.

[그림 8-7]은 스케줄 약화의 모델을 보여 주고 있다. 스케줄 변동이 연속 스케줄에서 고정 스케줄로, 그리고 변동 스케줄로 이루어짐에 따라 궁극적으로는 강화가 더 이상 필요하지 않은 시점에 도달하게 된다. 이 시점에서 행동은 자연적으로 발생하는 강화인자의 통제하에 놓이게 된다.

강화 스케줄의 약화는 다음과 같은 결과로 이어져야 한다.

① 변동 스케줄로 바꾸어 더 높고 안정된 수준의 반응
② 강화의 기대 감소
③ 학생이 만족지연에 익숙하게 되어 좀 더 긴 시간 동안의 행동 유지
④ 행동 감시자로서의 교사 철수
⑤ 강화인자에서 교사 칭찬이나 관심(O'Leary & Becker, 1967)과 같은 좀 더 전통적인 방법으로의 통제 전이, 특히 사회적 강화인자를 토큰이나 1차 강화인자와 짝 짓는 것과 관련하여 스케줄 약화가 이루어졌을 때
⑥ 좀 더 많은 정반응을 요구하는 목적(강화인자)을 위한 반응의 내구력 증가
⑦ 학생의 바람직한 수행 수준이 실제로 유지될 수 있도록 교육 장면에서 약화된 스케줄에 의해 강화되게 함(Freeland & Noell, 1999)

스케줄을 약화할 때는 한 가지 주의점이 있는데, 행동이 비율 부담(ratio strain)의 영

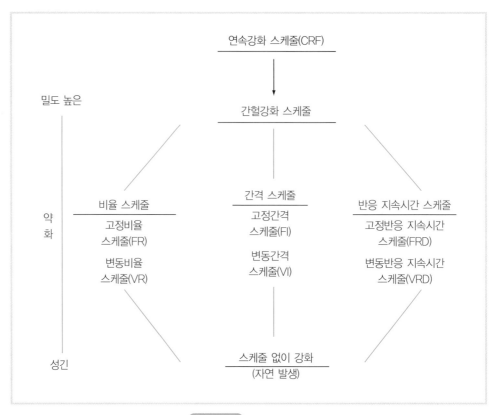

연속강화 스케줄(CRF)

간헐강화 스케줄

밀도 높은

약
화

성긴

비율 스케줄
고정비율
스케줄(FR)
변동비율
스케줄(VR)

간격 스케줄
고정간격
스케줄(FI)
변동간격
스케줄(VI)

반응 지속시간 스케줄
고정반응 지속시간
스케줄(FRD)
변동반응 지속시간
스케줄(VRD)

스케줄 없이 강화
(자연 발생)

그림 8-7 강화 스케줄

향을 받을 수 있다는 점이다. 비율 부담은 정반응과 강화의 비율이 너무 크다고 할 만큼 스케줄 약화가 빨리 일어날 때 발생한다. 그런 경우 비율이 크게 감소하여 학생은 반응을 유지하기에 충분한 강화를 받지 못한다. 학생은 전체적으로 반응을 멈출지도 모른다. 만일 교사가 이러한 효과가 발생하는 것을 감지했다면 적절한 정도의 반응을 가져왔던 최후의 스케줄로 복귀하고 스케줄 약화의 폭을 줄여서 다시 시도해야 한다.

학생에게 강화 스케줄에 대해 이야기하는 것이 좋다. 만일 학생이 규칙을 알지 못한다면 그들은 아마 자기 마음대로 수정할 것이다. 그들은 스스로 규칙을 만들고 스스로에게 말할 것이다. "또 다른 토큰을 얻기 위해서는 3개의 단어를 바르게 읽어야 해." 혹은 "또 다른 토큰을 얻기 위해서는 15분 동안 일해야 해." 만일 이것이 교사가 확인해 준 것이거나 진술된 것이 아닌 자발적 규칙이라면 그것은 옳지 않을지도 모른다(Lattal & Neef, 1996). 만일 학생이 옳지 않은 규칙하에 행동한다면 그들의 잘못된 기대가 학습과 교사에 대한 신뢰를 방해할 수도 있다.

Grundy 교수, 라스베이거스에 가다

Grundy 교수가 출근하려고 할 때 아내가 큰 봉투를 그에게 건네주었다.

"이것 좀 우편으로 보내줄래요?" 아내가 물었다.

"또 응모하는 거요? 모든 경기에 응모하고 복권이란 복권은 죄다 사는구려. 그래, 승산은 얼마나 돼요?" Grundy 교수가 조롱하며 말했다.

"글쎄요. 6년 전엔 피클을 받았고 그다음 해엔 스테이크용 칼, 그리고 지난해엔……" 아내가 답했다.

"Minerva, 내가 소거 저항이란 걸 알고는 있지만, 당신의 행동은 VI3—연(year) 스케줄로 유지되고 있는 거요. 내 생각에 그건 너무 적은 보상이오." Grundy가 잔소리를 했다.

그날 이후, 아내로부터 전화를 받고 깜짝 놀란 Grundy의 모습을 상상해 보라. "여보, 2인 라스베이거스 여행상품에 당첨됐어요! 괜찮은 강화물이죠?" 아내가 흥분하며 말했다. 바로 다음 주말에 Grundy 부부는 상품으로 받은 여행을 떠났다. 호텔 로비를 지나 슬롯머신 구역으로 들어섰다.

"잠깐만, 동전 2개만 더하고. 라스베이거스에 왔으면……" Grundy가 말했다.

1시간 후 아내는 룸으로 들어갔고, 3시간 후엔 혼자 저녁을 먹었다. 자정이 되어 로비로 내려갔는데, Grundy는 아직도 슬롯머신을 하고 있었다.

"여보, 그만하세요." 아내가 말했다.

"몇 분만 더, Minerva. 동전 몇 개만 더 하면 분명 터질 거야." Grundy가 간청했다.

아내는 몇 분 동안 Grundy가 손잡이를 당기는 것을 지켜보았다. 기계는 가끔 동전 몇 닢을 쏟아냈다.

"여보" 아내가 거칠게 말했다. "내가 소거 저항이란 걸 알고는 있지만, 당신 행동은 VR27 강화 스케줄로 유지되고 있어요. 이건 완전히 웃기는 일이라고요!"

"음! 생각한 대로
1차 강화물과 2차 강화물이
넘치는구만!"

4 부적 강화

교사의 목적이 표적행동의 비율이나 빈도를 높이기 위한 것일 때는 정적 강화를 쓰지만 다른 방법도 가능하다. 부적 강화(negative reinforcement: S^{R-})는 미래의 발생가능성을 높이는 반응에 즉각적으로 뒤따르는 혐오자극의 유관적 제거이다.

이 정의에서 첫 번째 조작적 어휘는 강화가 발생함을 의미하는 증가(increase)다. 두 번째 조작적 어휘는 제거(removal)다. 정적 강화에서 자극이 학생에게 제시되는 반면, 부적 강화에서는 무언가가 학생의 환경에서 제거된다. 세 번째 조작적 어휘는 유관 (contingent)이다. 교사는 요구된 반응이 수행되지 않으면 혹은 수행될 때까지 혐오적 조건(부적 강화인자)을 제거하지 않을 것이다. 만일 교사가 "Marcus, 교실에 남아서 수학 문제를 모두 마쳐야 체육수업에 참여할 수 있어."라고 말했다면 교사는 부적 강화를 사용한 것이다. 다른 학생이 체육관에 갈 때 혼자 교실에 남겨지는 혐오자극은 Marcus가 수학 문제를 완성함에 따라 제거될 것이다. 아마도 오늘 Marcus는 수학 문제를 완성하고 체육관에 갈 수 있을 것이며, 내일은 수학 문제 완성 정도가 충분히 증가하여 교실에 남게 되는 것을 피할 수 있을 것이다.

부적 강화는 혐오자극에서 도피하기 위해 행동하고 그것으로 혐오자극의 종료를 가져올 수 있기 때문에 작용하는 것이다. 그러나 혐오자극이 부적 강화를 위해 제시될 필요는 없다. 부적 강화는 또한 혐오자극을 회피하기 위해 어떤 행동을 할 때에도 작용한다. 만일 Marcus가 다른 학생이 체육관으로 가고 교실에 혼자 남겨졌던 그다음 날에 수학 문제를 빨리 끝냈다면 그는 부적 강화인자를 회피한 것이다. 부적 강화는 흔히 교사가 학생에게 바라지 않는 행동을 형성시키고 유지시킨다. 예를 들어, 수업시간에 부적절한 행동을 하는 많은 학생은 그들에게 부여된 혐오 사건에서 도피하고자 하는 것이다.

잘못된 사용

교사는 때로 부적 강화를 잘못 사용한다. 학생이 파괴적 행동을 하거나 과제에 대해 투덜댈 때 교사가 과제를 없애 주면(행동을 그만두기를 바라면서), 학생은 파괴적 행동이 과제(혐오자극)를 없애 준다는 것을 배운다. 그러면 학생은 다음에도 과제에서 도피하기 위해 투덜대는 행동을 한다. 이러한 파괴적 행동의 반복은 부적절한 행동이 부적으로 강화되었음을 보여 주는 것이다. 이것이 부적 강화 사이클이다.

① 학생이 혐오자극에 직면하면,
② 학생은 부적절한 행동을 하고,
③ 교사는 혐오자극을 제거하여,
④ 학생은 부적절한 행동에 대해 부적으로 강화되고,
⑤ 다음에 학생이 혐오자극에 직면하면 사이클이 반복된다.

이러한 상황에서 부적 강화는 교사와 학생 모두에게 작용된다. 학생에게서 과제를 없애 주는 것은 교실에서의 파괴적 행동을 멈추게 해 주기 때문에 교사를 부적으로 강화해 줄 수도 있다.

〈일화 8-6〉
울 보

　Carp 박사는 대학의 특수교육과 조교수였다. 그녀는 현장감을 유지하고 경제적인 도움도 받기 위해, 학교의 문제 아동을 과외로 가르치고 있었다. 그녀에게 오는 아동은 대개 대학교 교원의 자녀들로 학교에서는 가르쳐 주지 않는 것이나 스스로 배워야 하는 것들에 대한 문제를 가진 초등학생이었다. 이들이 가진 문제는 대개 작은 것들이고 조금만 도와주면 바로 좋아질 수 있는 것들이었다. 따라서 과외 활동은 아동을 정적으로 강화해 주고 성공을 경험하게 해주는 것으로 이루어졌다. 부모들은 문제의 개선에 대해 기뻐하였으며 Carp에게 오는 아동은 점점 많아졌다. 어느 날, 한 동료가 딸을 돌봐달라고 부탁했는데 그에 의하면 아이는 '수학에 작은 문제를 가진' 3학년 학생 Sarah였다.
　다음 주 어느 날 오후, Sarah는 엄마에게 이끌려 Carp의 집으로 왔다. Carp는 현관에서 엄마와 Sarah에게 인사를 한 후, 엄마에게는 한 시간 후에 데리러 올 것을 부탁했다. Carp는 Sarah를 작은 방의 책상에 앉게 하고 Sarah의 '작은 문제'가 무엇인지를 알아내기 위해 무엇을 할 것인지를 설명했다. 책상 위에 종이를 꺼내 놓자, 갑자기 Sarah가 코요테처럼 울기 시작했다. 그와 동시에 눈물과 콧물이 나오더니 순식간에 침과 범벅이 되어 종이와 책상을 뒤덮었다. 그러나 Carp는 아이를 달래고 종이를 치우는 것이 부적 강화가 된다는 것을 과거의 경험으로 알고 있었다. 부엌으로 쫓겨나 있던 개의 짖는 소리가 울음소리에 더해졌고, 2층에 있던 Carp의 딸이 놀라 엄마가 무사한지를 확인하기 위해 방으로 왔다. "수학에 작은 문제라…… 맙소사!" Carp는 중얼거리며 개와 자신의 딸을 밖으로 돌려보냈다. 그러곤 쓰레기통과 휴지를 가져와 Sarah가 울음을 그치기를 기다렸다. 그녀는 Sarah에게 젖은 종이는 채점할 수 없으니 새것을 다시 주겠다고 했다. 그리고는 젖은 것을 버리고 얼굴을 닦은 다음 다시 시작하면 된다고 설명해 주었다. Sarah는 조금 놀라며 그러겠다고 했으나, 책상에 새 종이를 꺼내 놓자 다시 이전의 행동을 반복했고, 이것이 일곱 번이나 계속되었다.

이렇게 거의 한 시간이 지나갔고, 창밖으로 Sarah 엄마의 차가 들어오는 것이 보였다. Sarah는 펄쩍 뛰어 오르며 간다고 말했지만, Carp가 대답했다. "안 돼, 가기 전에 세 문제를 풀어야 해. 엄마에게 기다려달라고 내가 이야기할게."

"엄마가 그렇게 안 할 걸요." Sarah가 바닥에 나뒹굴며 울고 비명에 가까운 소리를 질렀다. "절대 그렇게 안 할 거예요. 엄마는 나를 사랑해요."

Carp는 Sarah의 울음을 뒤로하고 차로 가서, Sarah가 아직 못 끝냈으니 다할 때까지 기다렸다가 데리고 가면 좋겠다고 말했다. Sarah의 울음소리가 차 안에까지 들리자 Sarah의 엄마는 눈물을 흘렸다.

"그 아이가 수학을 싫어해요. 담임 선생님은 수학 대신 퍼즐을 시키라고 했어요." 엄마가 울음 섞인 말을 했다. "저 울음소리를 들어보세요. 나는 저 아이가 저렇게 분노하는 게 싫어요. 일단 집으로 데려가서 진정시키고 다음 주에 다시 해 보는 게 어떨까요?" Carp는 선택을 해야 할 것으로 판단하고 조용히 말했다.

"울보 어머니. Sarah는 당신의 딸이니 당신이 선택해야겠죠. 만일 딸을 지금 집으로 데리고 가신다면 다음 주에는 다시 오실 필요 없습니다."

엄마를 뒤로 하고 Carp는 책상으로 돌아와 기쁘게 말했다. "엄마가 기다려 주실 거야. 첫 번째 문제 먼저 보자."

Sarah는 한 번 크게 소리 지르더니, 세 문제를 모두 푼 후에 엄마에게 갔다. 그 후 몇 달에 걸쳐 발작 같은 울음이 크게 줄었고 수학 실력도 학년에 맞게 향상되었으며 학교에서도 잘 지냈다. 몇 년 후 주차장에서 Sarah의 아버지를 만났을 때(Carp는 아버지가 정말로 딸이 가진 '수학의 작은 문제'가 무엇이었는지 몰랐는지 궁금했다) 그는 가족과 함께 Sarah가 있는 대학으로 주말여행을 가는 길이라고 했다. Sarah가 공대의 믿음직한 우등생이라고도 했다. 이런 일은 교사가 가르치는 일을 계속할 수 있는 일종의 정적 강화라 할 수 있다.

학생은 과제를 혐오자극으로 볼지도 모른다. Sarah는 수학에 대해 분명 이러한 생각을 가졌다. 강화인자로서의 혐오적인 것은 학생마다 개별적이다. 일반적으로 과제나 활동이 너무 어렵거나 지루하고 반복적이거나 당황스러운 것이라면 혐오적인 것으로 인식된다. 자신의 능력 수준보다 높은 수학 문제지를 받은 학생, 숙제를 하지 않은 학생 혹은 가르쳐 주는 것을 잘 모르는 학생은 과제가 너무 어렵다는 것을 인식하고는 그것에서 도피하기 위해 부적절한 행동을 하게 될 것이다. 나이에 맞지 않은 나무못 말판 같은 과제를 부여받은 학생은 과제가 너무 지루하다는 것을 깨닫고는 말판으로 더 재미있게 놀 무언가를 시도하려 할지도 모른다. 잘 읽지 못하는 학생에게 앞에 나와서 큰 소리로 읽도록 요구하거나, 수학을 잘하지 못하는 학생에게 칠판에 나와서 쓰도록 하거나, 줄타기에 서투른 학생에게 체육시간에 줄타기를 하도록 요구하는 것은 학생에게 당황스러움을 회피하기 위해 과제를 도피하게 하는 결과를 초래할지도 모른다. 읽기장애를 가진 학생을 위한 읽기과제, 자폐장애 아동을 껴안고 있기, 신체장애를 가진 아동의 올바르지 않은 휠체어 자세, 시각장애 학생에게 어떤 사물을 즉각 소개해 주지 못하는 것, 급우 앞에서 교사로부터 과도한 칭찬을 받는 중학생, 비위가 약한 학생의 개구리 해부 등과 같은 다양한 사건은 학생에게 혐오적인 것이 될 수 있다. 이러한 요인은 특수교육과 일반교육 현장에서 찾아볼 수 있었던 것이다 (Cooper et al., 1992; McComas, Hoch, Paone, & El-Roy, 2000; Moore & Edwards, 2003; Romaniuk et al., 2002; Smith, Iwata, Goh, & Shore, 1995). 부적 강화에 의해 유지되는 행동에 영향을 미치는 그 밖의 요인은 도피를 시도하는 결과로 얻게 되는 교사의 관심이다(Moore & Edwards, 2003; Moore, Edwards, Wilczynski, & Olmi, 2001). 이 경우 학생은 혐오적 과제를 하지 않게 되고 교사의 행동은 대체로 수용적인 것이기 때문에 부적 강화와 정적 강화 둘 다에 해당된다.

적절한 도피 방법

학생은 부적절한 행동을 하는 것 대신에 과제를 도피함으로써 얻게 되는 부적 강화를 다른 적절한 방법으로 얻도록 배울 수 있다. 도피로 귀착되는 부적절한 행동 대신에 좀 더 모범적이고 적절한 방법으로 도움이나 휴식을 위한 의사소통을 배울 수 있다. 이것을 기능적 의사소통 훈련이라고 한다(Carr & Durand, 1985; Durand, 1999; Durand & Carr, 1992). 예를 들어, Durand와 Carr(1991)는 도전적 행동(예: 울화, 자신이나 타인을 치기, 때리기, 꼬집기)이 학업적 요구에서 도피하는 것으로 작용하는 학생을 대상으로 연구하였다. 이 학생은 부적으로 강화되고 있어서 부적절한 행동이 더욱 강해졌다. 학생에게 부적절한 행동 대신에 도피하여 부적 강화를 획득할 수 있는 도움을 구하는 문장(예: '도와주세요.' '잘 모르겠어요.')을 가르쳤다. 새로운 행동이 사용되고 강화되자, 학생은 도피와 부적 강화를 위해 더 이상 부적절한 행동을 할 필요가 없어졌다.

학생은 또한 교사의 행동을 혐오적인 것으로 지각할 수 있다. 잔소리, 불쾌한 목소리, 위협적인 얼굴 표정, 빈정거림, 공공연한 적개심 등과 같은 교사의 행동은 학생들을 도피하고 회피하게 만든다. 그럼에도 불구하고 일부 교사는 학급관리를 위해 이러한 행동을 사용한다. 모든 교사는 학생이 교사에게서 불쾌함을 회피하기 위해 바람직하게 행동하도록, 혹은 교사가 많은 정적 강화의 기회를 제공하기 때문에 바람직하게 행동하도록 하는 방식으로 학급을 운영한다. Harrison, Gunter, Reed 그리고 Lee (1996)는 교사가 학생에게 가르침을 제공하는 방법 또한 혐오적인 것이 될 수 있다고 제안하였다. 그들은 행동장애 학생에게 충분한 정보 없이 과제를 수행하도록 요구하는 것은 파괴적 행동을 더욱 증가시키는 것과 연관된다고 주장하였다. 만일 학생이 가르치는 것을 이해하지 못한다면 그는 틀리게 반응하여 당황하는 위험보다는 가르침에서 도피하여 파괴적인 행동을 하는 것을 선택할 것이다.

Cipani(1995, p. 37)는 교사가 다음의 질문에 답하여 봄으로써 학생의 파괴적 행동이 부적으로 강화되는지를 결정할 수 있어야 한다고 제안하였다.

① 행동은 특정한 교사의 요구, 학업적 요구 혹은 학업 과제나 활동, 교재교구 등을 종료시키거나 연기시키는 결과를 (일시적으로라도) 가져오는가?
② 학생은 위의 질문 ①에서 확인된 어떤 가르침, 과제, 교사의 요구, 교재교구 등과 관련된 적절한 능력을 갖추지 못했는가?
③ 문제행동은 특정 영역이나 과제, 교재교구, 혹은 질문 ①과 ②에서 규명된 교사의 요구하에서 좀 더 빈번하게 발생하는가(학생이 학업적으로 좀 더 잘할 수 있는 과제나 영역과 반대되는)?

앞서 설명된 포만과 결핍 같은 상황은 계획된 강화 전략의 효과를 방해하는 배경사건으로 작용할 수 있다.

부적 강화의 사용은 몇 가지 단점을 가진다. 울화, 도망치기 시도, 교재교구의 파괴 등은 도피와 회피 행동의 예다. 그러한 행동은 사람들이 섬세한 혹은 사회적으로 수용 가능한 도피 형태를 잘 모를 때 특별히 잘 발생할 수 있다(Harrison et al., 1996; Iwata, 1987). 분명히 이러한 행동은 어려운 요구나 과제가 학생에게 주어졌을 때 발생하기 쉽다. 공격이나 자해 행동은 그 강도나 형태가 교사를 놀라게 만들기 때문에 요구에서 도피하는 수단이 될 수 있다.

부적 강화의 교수 적용

부적 강화는 교수 전략으로 사용될 수 있다. Alberto, Troutman 그리고 Briggs (1983)는 최중도장애 학생의 초기 반응 조건화로 부적 강화를 적용하였다. 철저하게 강화인자를 표집한 결과, 학생이 하는 유일한 반응은 얼음에서 손을 떼는 것이었다. 따라서 학생에게 머리를 바람이 부는 쪽으로 돌리도록 가르치고 그와 동시에 손바닥에서 얼음이 제거되도록 하여 바람직한 행동의 수행에 대해 부적으로 강화되었다. Steege 등(1990)은 돌보는 활동으로부터의 도피(부적 강화)가 유아 2명의 자해적 물기 행동을 유지하는 것이었음을 밝혔다. 유아가 스스로를 물면 머리를 빗기는 행동이나 다른 돌보는 활동이 중지되었다. 활동을 중단시키기 위한 중재는 바람직한 행동에 대한 적절한 대체행동을 포함한다. 돌보는 활동으로부터의 도피가 자신을 무는 행동과 동시에 일어날 수 없는 행동—'그만' 이라는 말이 녹음된 테이프레코더의 버튼 누르기—과 유관되도록 하였다. Iwata(1987)는 부적 강화와 정적 강화를 구별하기가 어렵다고 지적하였다. 이를 구분하기 위해서 교사는 사건의 순서와 존재하는 환경적 조건을 고려해야 한다. 어떤 경우에는 진정한 기능적 관계를 결정하기가 매우 어려울 수도 있다.

부적 강화는 흔히 기능평가의 결과에 기초한 행동 프로그램과 관련하여 사용된다. 제7장에서 논의된 바와 같이 학생은 과제 요구나 성인 혹은 또래와의 사회적 상호작용, 원치 않는 관심, 다양한 학급 활동이나 사건 등을 회피하거나 도피하고자 할 수 있다. 학생의 도피행동을 감소시키기 위해서 교사는 도피 기회를 유관적으로 관리한다. 도피는 학생의 부적절한 행동에 대한 반응으로서보다는 교사에 의해서 유관 장면에 근거하여 발생된다. 이러한 방식으로 좀 더 적절한 행동을 새롭게 형성하기 위해 부적 강화가 사용된다. 그러한 중재의 또 다른 요소는 도피의 목적을 이루는 대안적 방법으로서의 동시적 정적 강화다. 휴식 요청을 적절하고 좀 더 모범적인 방법으로 하는 것에 대해 도피의 기회를 학생에게 제공하고(예: 기능적 의사소통 훈련의 사용), 점진적으로 휴식이 허락되기 전에 해야 할 과제의 양을 늘리며 종국에는 과제를 완전히 마쳐야만 휴식을 허락하는 것이다.

교실에서 혐오자극을 사용하는 것은 최소화되어야 한다. 제9장에서 자세하게 논의되겠지만 그러한 자극은 공격적인 반응을 가져온다. '바닥에 있는 모든 인형과 공룡'을 치울 때까지 방에 홀로 남겨진 아이는 소리를 내며 어슬렁거리고 들어오는 운 없는

혐오자극은 공격적인 반응을 불러 일으킬지도 모른다.

고양이를 발로 차기 십상이다. 도피와 회피 행동은 혐오자극에 제한을 받지 않을지도 모르지만, 전체 학교 상황에서 도피하거나(학교 밖으로 나감) 회피하는(무단결석함) 결과로 나타날 수도 있다. 미약한 혐오자극은 때로 정당화될 수도 있다. 그러나 정적 강화는 행동을 유지하거나 증가시키기 위한 선택의 절차다(부적 강화와 관련된 논의는 Iwata, 1987 참조).

5 자연 강화

강화는 자연적으로 발생하는 과정이다. 교실에서의 구조화된 강화 체계는 최소한 네 가지 목적을 갖는다. 첫째, 간단히 행동을 관리하기 위함이다. 둘째, 높은 강도의 인공적 강화자극이 몇몇 학생에게는 그들의 행동과 후속결과 간의 분명한 연관성을 제공한다. 그들은 이를 통하여 인과관계를 배우게 된다. 셋째, 교실 강화 체계는 세상의 모든 곳에서 강화가 어떻게 작용하는지에 대한 소규모 학습 실험실로서의 역할을 한다. 넷째, 학생에게 좀 더 일반적이고 자연적인 강화인자의 가치를 가르치는 것이다. 학생은 상황마다 자연적으로 발생하는 강화인자, 즉 일반적으로 학교나 가정 혹은 지역사회 상황에서 자신들의 행동에 의해 초래된 강화인자로 동기화되는 것을 배워야 한다.

강화인자가 자연적인 것인지의 여부는 상황, 장면 그리고 개인의 나이에 달려 있다. 대체로 어떤 강화인자라도 자연적인 것이 될 수 있다. 일반교육 현장에 있는 대부분의 학생은 적절한 학업적·사회적 행동, 즉 유치원에서 간식 반장이 되는 것이나 고등학교에서 기말시험을 면제받는 것 등의 특권을 얻는다. 성인도 개별 주차장이나 개별 화장실 같은 특권을 부여받는다. 또한 힘든 유치원 수업 후에 5분의 휴식이나 올해의 세일즈왕에게 주어지는 버뮤다 여행 같은 활동도 자연적으로 취득되는 것이다. 모든 사람은 토큰—유치원생에게는 별, 성공한 전문가에게는 보너스 상금—을 위해 일한다(다행스럽게도 대부분의 교사는 별을 좋아한다). 결정적으로 모든 사람이 자신의 태도를 기억하면 사회적 강화인자는 자연환경에 가득하다. 특정 행동에 대한 자연적 결과인 강화인자는 관련이 없는 강화인자보다 더욱 효과적이다(Litt & Schreibman, 1981; Williams, Koegel, & Egel, 1981). 더욱이 자연적으로 강화되는 행동은 유지되고 일반화될 가능성이 높다(Haring, Roger, Lee, Breen, & Gaylord-Ross, 1986; Stokes &

Baer, 1977). 학생이 자연적 강화인자를 기대하고 수용할 때 그들은 자연적으로 발생하는 강화 스케줄에 노출된다. 그들은 어떤 상황에서의 행동이 즉각적이고 빈번한 강화를 받게 되는지에 대해 학습한다.

Grundy 교수, 강화에 대해 가르치다

　　Grundy의 대학원 수업에서는 불만 섞인 웅성거림과 함께 관찰 보고서를 제출하고 있었다. Grundy 교수는 보고서를 모두 제출받은 후에 강화에 대한 강의를 시작하였다. 강의가 끝난 후 한 학생이 강단으로 다가와 말했다. "교수님, 저는 학급 관리를 배우기 위해 이 과목을 신청했습니다. 그런데 수 주일 동안 역사, 이론, 기타 기술적인 잡동사니들만 배웠어요. 오늘 들은 강의는 그저 살면서 겪는 것들이었어요. 저는 수강을 포기하겠습니다."

　　Grundy 교수가 물었다. "자네는 내가 왜 기술적인 잡동사니들에 대한 강의가 모두 끝날 때까지 강화에 대한 언급을 하지 않는다고 생각하는가?"

제9장

행동을 감소시키는 후속결과

여러분은 알고 있습니까

- 학생의 부적절한 행동을 멈추게 하기 위해 정적 강화를 사용할 수 있음을?
- '무시하라, 곧 없어질 것이다.' 라고 충고하는 것보다 주는 것이 더 쉽다는 것을?
- 자주 복도에 나가 서 있도록 조치되는 학생은 전적으로 즐기고 있다는 것을?
- '턱이 아플 때까지 껌을 씹어라.' 라고 말하는 것은 행동수정을 적용한 것 이라는 것을?

일부 교사는 학생의 잘못된 행동을 나무랄 때 동정과 충고를 한다. 그들은 부적절한 행동에 대해 지나칠 만큼 자주 벌을 적용하여 혐오자극을 제공한다. 벌의 사용은 간단히 즉각적으로 행동을 멈추게 하는 것이기 때문에 반사적인 것이 될 수 있다. 교사는 벌을 부정적으로 사용함으로써 강화된다. 불행히도 그러한 강화는 교사로 하여금 부작용과 벌 사용에 동반되는 반동에 대한 통찰력을 잃게 한다. 이 장에서는 부적절하고 도전적인 행동의 발생을 감소시키는 데에 벌과 동일한 효과를 나타낼 대안적 행동에 대해 살펴본다. 이러한 대안은 연속적 체계로 제시되는데, 행동 감소를 위한 가장 긍정적인 접근법(강화 전략을 사용하는 것)부터 가장 혐오적인 접근법 순으로 소개된다. 연속체계에 혐오적 후속결과의 사용이 포함되어 있지만 윤리적인 측면과 전문적인 측면에서, 그리고 혐오자극이 만들어 내는 바람직하지 않은 효과 때문에 이러한 접근방법은 학교 상황에서 적절하지 못한 것이다. 그뿐 아니라 혐오적 후속결과가 언급되기 전에 세 가지 수준의 선택적 대안이 체계 내에 소개된다. 이러한 대안은 부적절한 도전행동 발생을 감소시키는 바람직한 효과를 가지고 있기 때문에 혐오적 절차의 실용적 대안으로 제시된다.

행동 감소를 위해서는 확실한 원칙을 가지고 절차를 선택해야 한다. 첫째는 최소 강제 대안의 원칙이다. 이 원칙은 어떤 중재를 선택할 것인가를 결정할 때 가장 중요하게 고려해야 할 사항이 중재의 강제성 수준이라는 것이다. 행동을 감소시키고자 할 때 최소 강제 중재는 최소한의 혐오적 중재 혹은 가장 낮은 수준의 체계를 의미한다. 교사는 최소 강제성에서 최대 강제성(가장 긍정적인 것에서 가장 혐오적인 것)까지의 체계적 절차에 근거하여 가능한 긍정적인 범위에서 효과적인 절차를 결정해야 한다. 예를 들어, [그림 9-1]에 제시된 수준 I 절차를 통하여 행동변화가 성취되면, 수준 IV 절차의 사용은 필요하지도 않고 윤리적이지도 않다. 더욱이 Gast와 Wolery(1987)는 "만일 동일하게 효과적인 절차 간에 선택이 이루어져야 한다면 최소한의 혐오적(강제적) 절차가 선택되어야 한다. 만일 덜 강제적이나 비효과적인 절차와 더 혐오적이지만 효과적인 절차 간에 선택이 이루어져야 한다면 효과적인 절차가 선택되어야 한다."(p. 194)라고 주장하였다. 지난 수십 년 동안 강화에 근거한 수준 I 절차로 성공한 연구결과가 많이 보고되어 학교에서 혐오적 절차의 사용은 거의 지지를 받지 못하고 있다. 두 번째 원칙은 기능 확인이 가능하다면 도전행동의 기능에 근거하여 중재가 선정되어야 한다는 것이다. 제7장에서 논의된 기능 확인에 관한 연구가 수행되기 전에는 중재의 선택이 흔히 '성공 아니면 실패'였다. 중재는 많은 학생을 위해 작용하지만 모든 학생에게 적용되지는 않으며, 어떤 행동은 감소시키지만 모든 행동을 감소시키지는 못한다. 행동은 궁극적으로 되돌아오거나 또 다른 나쁜 혹은 더 나쁜 것으로 대치될 것이다. 행동의 기능을 고려하지 않고 행동의 형태만 보고 중재를 선택하기 때문에 발생하는 이러한 현상은 행동의 기능과 우연히 맞추어질 수도 있다(Carr, 1977; Iwata, Dorsey, Slifer, Bauman, & Richman, 1994). 더욱이 이 원칙의 중요한 요소는 기능적으로 동일한 대안적 행동에 대한 훈련이 이루어져야 한다는 것이다. 학생은 부적절한 행동으로 얻은 것과 동일한 강화를 가져오는 적절한 대치행동을 배워야 한다. 최근에 소개된 사전 처치 기능평가/분석으로 교육자와 연구자들은 심각한 문제행동에 대해 벌 중심의 처치보다 강화 중심의 처치 혹은 벌 요소를 포함한 강화 중심의 처치를 사용하기가 더 쉬워졌다(Pelios, Morren, Tesch, & Axelrod, 1999).

행동 감소를 위한 절차를 실행하는 데에는 몇 가지 요구사항이 충족되어야 한다. 첫 번째는 체계에 따른 이동이 자료에 근거해야 한다는 것이다. 즉, 현재 적용하고 있는 절차가 효과적이지 않아서 좀 더 강제적인 절차를 사용해야겠다는 것을 결정하기 전에 중재 중에 수집된 자료로 절차가 비효과적이었음을 입증해야 한다. 두 번째는 전문가의 지적과 허용이 있어야 한다는 것이다. 어떤 경우 교사는 현재 수행 중인 중

그림 9-1 행동 감소를 위한 수준별 대안

재의 진행사항을 검토하고 다음의 계획에 동의를 구하기 위해 자신의 상사, 학생의 부모 혹은 행동관리위원회의 의견을 들어야 한다. 그러한 계획에는 기능평가나 기능 분석의 수행, 제7장에서 설명한 행동지원계획에 대한 계획 등이 포함될 수 있다.

■ 행동 감소를 위한 수준별 대안

[그림 9-1]에 제시된 체계에는 부적절한 행동을 감소하기 위한 네 가지 수준의 선택적 대안이 있다. 수준 I은 첫 번째 선택인 반면, 수준 IV는 대부분의 경우에 있어 마지막 선택 부류다.

수준 I은 차별강화를 사용하는 다섯 가지 전략—저비율행동 차별강화, 다른 행동 차별강화, 양립불가 행동 차별강화, 대체행동 차별강화, 비유관 강화—이다. 이러한 전략은 행동 감소를 위한 정적 (강화) 접근법이기 때문에 첫 번째 선택적 대안이다.

수준 II는 소거 절차다. 소거 사용은 행동을 유지시키는 강화인자를 더 이상 주지 않거나 보류하는 것을 의미한다.

수준 III은 벌을 주는 후속결과로서의 첫 번째 선택사항이다. 그러나 이러한 선택사항—반응대가 절차와 타임아웃 절차—은 여전히 혐오자극의 적용을 필요로 하지 않는다. 이것은 부적 강화처럼 보일 수도 있다. 부적 강화에서는 행동을 증가시키기 위해 혐오자극이 유관적으로 제거된다. 수준 III은 행동을 감소시키기 위해서 바람직한 자극을 제거하거나 자제하는 것이다.

수준 IV는 앞의 세 가지 수준에서 실패한 후에, 혹은 어떤 행동의 지속이 학생이나 다른 사람에게 절박한 위험을 가져올 때 선택되는 것이다. 이것은 무조건적 혹은 조건화된 혐오자극의 적용이나 과잉교정 절차를 포함한다. 수준 IV의 선택사항 중 하나를 선택하는 것은 개인의 특권이 아니다. 어떤 것은 강화 절차처럼 보일 수 있다.

- 정적 강화: 자극이 행동을 증가시키기 위해 유관적으로 제시된다.
- 혐오자극의 제시: 혐오자극은 행동을 감소시키기 위해 제시된다.

2 수준 I : 강화중심 전략

　제8장에서 강화는 미래의 발생 가능성이나 비율을 증가시키거나 유지시키는 행동과 유관된 자극의 제시 혹은 제거로 정의되었다. 강화자극은 또한 행동을 감소시키기 위해 조작될 수 있다. 행동을 감소시키기 위한 강화중심 절차는 차별적 원칙하에 행동을 유관적으로 강화하거나 비유관적 방법으로 강화를 사용하는 것이다. 수준 I 에는 다섯 가지 강화중심 절차가 포함된다.

저비율행동 차별강화

　저비율행동 차별강화(differential reinforcement of lower rates of behavior: DRL)는 행동이 참을 수 있을 정도이며 조금 나타날 때는 바람직하다고도 볼 수 있지만, 너무 자주 혹은 너무 빠르게 발생하여 문제가 되는 행동의 비율을 감소시키기 위하여 특정한 강화계획을 적용하는 것이다. 예를 들면, 학급토의에 참여하는 것은 바람직한 행동이지만, 튀는 행동은 바람직하지 않다. 수학 문제를 푸는 것은 적절한 행동이지만, 너무 빨리 풀어서 부주의한 오류를 발생시키는 것은 적절한 행동이 아니다. 트림은 멋진 행동은 아니나 참을 수 있지만, 한 시간에 25번이나 트림을 하는 것은 참을 수 없다.

　초기의 DRL에 대한 설명에 보면 이전에 강화된 반응 이래 최소한의 시간이 경과된 후에 또 다른 강화가 주어지도록 되어 있다. 총 시간 내에 총 발생 건수를 감소시키기 위해서는 다음 반응이 강화되기 전에 경과해야 하는 최소한의 시간을 늘리는 것이 필요하다. 이러한 형식을 반응 간 시간 DRL(interresponse-time DRL) 혹은 특정 반응시간 DRL(spaced-responding DRL)이라고 한다. Singh, Dawson 그리고 Manning(1981)은 최중도 지적장애 청소년 3명의 상동행동(흔들기, 입으로 소리내기, 상동적 움직임)을 감소시키기 위해 이 절차를 사용하였다. 반응 발생 간에 요구되는 시간은 12초에서 180초까지 증가되었고, 3명의 청소년이 보인 행동 발생 간격의 평균 백분율은 92.5%에서 13%로 감소되었다.

　교실에서 일반적으로 사용되는 DRL 형식은 "특정 시간 동안의 반응 수가 미리 설정해 놓은 한계점보다 적거나 동일할 때" 강화가 제공된다(Deitz & Repp, 1973, p. 457). 이러한 DRL에는 전체 회기 DRL(full-session DRL)과 간격 DRL(interval DRL)의 두

DRL 스케줄은 행동을 형성하고자 할 때 사용될 수 있다(제10장을 보라).

가지 형태가 있다.

제6장에서 논의된 준거변경설계를 상기하라.

전체 회기 DRL은 전체 회기 내에서의 총 반응 수를 미리 설정한 준거와 비교한다. 행동 발생이 준거보다 적거나 같을 때 강화가 주어진다. 예를 들어, Jenny가 30분 수업시간 동안에 평균 9회의 수업 방해 행동을 하는 것으로 기초선이 나타났다. 교사는 이 행동을 완전히 없애고자 하는 것이 아니라 수업시간당 2회 이하로 감소시키고자 한다. Jenny에게는 2회의 수업 방해 행동이 허락된다고 말해 주었고, 그 수준을 잘 유지한다면 그날의 좋은 행동에 대해 토큰을 추가로 받을 수 있을 것이라고 말했다. 만일 Jenny가 2회 이하로 혹은 2회만 방해 행동을 한다면 강화가 주어진다. 간격 DRL은 한 회기를 작은 간격으로 나누고(예: 30분을 6개의 5분 간격으로 나누기), 각 간격의 마지막 시점에서 반응행동이 특정 한계점보다 적거나 같을 때 강화하는 것이다. 이 형식은 점진적인 접근법이 더 성공적일 것이라고 생각될 때 사용된다. 만일 참을 수 있는 최대한의 방해 행동 수가 회기당 2회라면 처음에는 5분 간격 동안에 2회를 허락한다. 일단 행동이 안정적으로 되면 간격의 길이를 증가시켜서 10분 간격당 2회의 방해 행동을 하도록 허락한다. 이후에는 강화를 받기 위해 15분 간격 동안에 2회의 방해 행동만이 허락된다. 최종적으로는 30분 총 회기 동안에 2회의 방해행동만이 허락될 것이다. 이러한 형식의 DRL 절차는 길게 말하기(Deitz & Repp, 1974; Hall et al., 1971), 자리 이탈 행동(Harris & Herman, 1973), 자기자극 행동(Rotholz & Luce, 1983), 섭식비율(Lennox, Miltenberger, & Donnelly, 1987; Wright & Vollmer, 2002) 등의 다양한 행동을 감소시키기 위해 사용되어 왔다.

결과적으로 DRL은 준거변경설계를 사용하는 것과 유사한 방식이 될 수 있다. 만일 표적행동의 기초선 수준이 높다면 교사는 DRL 한계점을 수용 가능한 범위로 연속적으로 낮추어 갈 것이다. 예를 들어, 학생의 이탈 행동에 대한 기초선이 평균 12회일 때 수업시간 중 9회 이하로 자리 이탈을 하면 그날의 자유놀이 활동을 선택할 수 있도록 허락해 주겠다는 약속을 할 수 있다. 일단 학생의 행동이 9회 수준에서 안정적으로 되면 다음에는 6회, 3회로 변경한다. 이러한 접근법을 사용할 때 교사는 학생에게 9회의 자리 이탈 행동을 허락하면서 마음속에 인내를 가져야 한다. Deitz와 Repp(1973)은 DRL을 사용한 초기의 실험에서 준거 장면 전략을 모두 적용하였다. 처음에 11세 지적장애 아동의 큰 소리 내기 행동의 기초선은 50분 회기당 4~10회로 평균 5.7회였다. 대상 아동에게 50분 동안 3회 이하로 큰 소리 내기 행동을 하면 그날의 종료시간에 5분의 자유놀이 시간을 줄 것이라고 말하였다. 이 중재에서 대상 아동은 회기당 0~2회의 범위로 평균 0.93회를 기록하였다.

두 번째 실험에서는 10명의 지적장애 학생이 10~45회 범위로 평균 32.7회의 큰소리 내기 행동을 보였다. 학생에게는 전체적으로 회기에 5회 이하로 큰 소리 내기 행동을 보이면 사탕 2개씩을 줄 것이라고 말하였다. 이 중재에서는 큰 소리 내기 행동이 회기당 1~6회의 범위에 평균 3.13회로 감소하였다. 세 번째 실험에서는 15명의 일반 고등학교 여학생을 대상으로 하였는데, 50분 수업시간 동안 부적절한 토의 태도를 보인 기초선은 6.6회였다. 중재는 금요일에 자유시간을 얻기 위해서 부적절한 토의 태도를 6회 이하로, 3회 이하로, 2회 이하로, 그리고 한 번도 하지 않는 것의 네 단계로 계획되었다.

Repp과 Deitz(1979, pp. 223-224)는 DRL 스케줄 사용지침으로 다음과 같은 점을 제안하였다.

① 전체 회기 혹은 회기 간격당 평균 반응 수를 결정하기 위해 기초선을 반드시 기록해야 한다. 평균 발생 수는 초기 DRL 한계점으로 사용될 수 있다.
② DRL 한계점을 연속적으로 감소하는 방법을 사용할 때는 지나치게 빈번한 강화와 비율 부담을 피하기 위해 준거의 간격을 합당하게 설정하여 프로그램이 점진적으로 덜 개입되도록 해야 한다.
③ 회기 동안에 누적된 반응 수에 대해 학생에게 피드백을 제공할 것인지의 여부가 결정되어야 한다.

DRL 스케줄의 최대의 장점은 강화를 하면서 행동 발생을 감소시킨다는 점이다. 따라서 그것은 강화의 일반적인 장점과 동일한 것이다. 더욱이 학생으로 하여금 한꺼번에 많은 행동을 변화시키도록 하기보다는 연속적으로 조금씩 적당한 증가분에 적응하도록 하기 때문에 접근법이 점진적이다. 선정된 한계점은 학생의 능력 범위 내에 있고 교사가 수용할 수 있는 것이어야 한다. DRL은 행동을 변화시키는 신속한 방법이 아니므로 과격하거나 위험한 행동에 대해 사용하는 것은 적절하지 않다.

강화 전략의 장점에 대한 논의는 제8장을 보라.

〈일화 9-1〉
Keel 선생님, Stacy에게 자신감을 가르치다

Stacy는 Keel 선생님의 2학년 학급 학생이었다. Stacy는 학업 능력이 우수했으나 "이거 맞아요?" 혹은 "이거 못하겠어요." 같은 말을 하기 위해 수시로 손을 들었다. 만일, Keel 선생님이 행동주의자가 아니었다면 Stacy는 자신감이 부족한 학생으로 여겨졌을 것이다.

어느 날 아침, Keel 선생님이 Stacy를 불렀다. 선생님은 Stacy가 항상 점심 후에 칠판 닦는 봉사를 해 온 것을 기억하고 있었다. 선생님은 Stacy에게 자신의 일을 스스로 하는 것을 가르쳐 주고 싶다고 말했다.

"만일 정말 도움이 필요하면, 내가 도와 줄 거야. 그런데 오전에 세 번이면 충분하다고 생각해. 만일 오전에 세 번 미만으로 손을 들면 점심 후에 네가 칠판을 지울 수 있게 해줄게."

Stacy도 그렇게 하기로 했다. 며칠 내에 Stacy는 오전에 단 한 번 아니면 두 번만 손을 들었다. Keel 선생님은 그렇게 혼자서 독립적으로 하게 된 것을 열렬히 칭찬했다. Stacy는 이렇게 말하곤 했다. "이거 전부 다 나 혼자 했어요, 선생님. 단 한 번도 도움이 필요하지 않아요." Keel 선생님이 행동주의자가 아니었다면 Stacy는 자신감을 가질 필요가 있다고 말했을 것이다.

다른 행동 차별강화

다른 행동 차별강화(differential reinforcement of other behaviors: DRO) 절차를 사용할 때는 일정 시간 동안 표적행동이 나타나지 않는 것에 대해 강화자극이 주어진다(Reynolds, 1961). DRL이 점진적 행동 감소를 강화하는 반면, DRO는 행동이 전혀 발생하지 않는 것만 강화한다. 때로 DRO는 제로행동 차별강화(differential reinforcement of zero rates of behavior) 또는 무행동 차별강화(differential reinforcement of the omission of behavior)라고도 불린다. 제8장에서 강화는 바람직한 행동 발생에 대해 강화자극을 주는 것으로 정의되었다. 이에 반해 DRO는 행동이 발생하지 않음(nonoccurrence)에 대해 강화자극을 주는 것이다.

DRO는 최소한 DRL 절차에서 사용되었던 것과 유사한 세 가지 변형이 있다.

① 일정 시간에 걸쳐 행동이 발생하지 않은 것과 유관된 강화다. 예를 들어, 40분 전체 수업시간 동안 큰 소리로 말하기 행동이 한 번도 발생하지 않은 것에 대해서 강화한다(DRO 40분). 학생에게는 "읽기시간(40분) 동안 큰 소리로 말하지 않

으면 오후 체육시간에서 팀장이 될 수 있어."라고 말한다. 학생이 이 조건을 충족시키면 그에게 강화가 주어진다. 전체 회기 동안 행동이 발생하지 않은 것에 대해서만 강화가 주어지는 스케줄을 전체 회기 DRO(full-session DRO)라고 한다.

② 작은 간격으로 나눈 시간 내에 행동이 발생하지 않은 것에 대한 강화다. 이 절차는 부적절한 행동을 좀 더 점진적으로 감소시키는 것이 더 실질적일 때 사용된다. 부적절한 행동이 매우 높은 비율로 나타나는 경우에는 전체 회기 DRO를 적용하여서는 학생이 결코 강화를 받지 못한다. 40분 회기를 5분 간격으로 나누고 각 5분 간격의 끝에서 학생이 큰 소리로 말하지 않으면 강화한다. 전체 시간을 간격으로 나누는 것은 학생에게 강화의 기회와 피드백의 양 그리고 성공의 기회를 더 많이 주는 것이다. 간격은 동일하거나 서로 다른 길이일 수 있다(즉, 변동간격 스케줄처럼 평균 5분으로). 일단 학생이 작은 간격에 대해 자신의 행동을 조절할 수 있으면 교사는 간격의 길이를 늘린다. 예를 들어, 8개의 5분 간격 스케줄을 4개의 10분 간격 스케줄로 바꾼다. 이러한 과정은 전체 회기 DRO처럼 전체 40분이 1개의 간격이 될 때까지 지속된다. Deitz와 Repp(1983)은 처음에 간격의 길이를 설정하는 것이 어려울 때는 표적행동의 평균 길이를 적용할 것을 제안하였다(반응 간 간격). 예를 들어, 기초선 100분 동안(5개의 20분 회기) Luke가 25회의 자리 이탈을 했으면 간격을 4분(100÷25)이나 그보다 적게 설정하는 것이다. 초기 간격을 설정하는 다른 방법은 기초선 회기 동안 나타난 행동의 평균치로 잡는 것이다(Repp, Felce, & Barton, 1991).

③ DRO는 영구적 산물 자료와 사용될 수도 있다. 예를 들어, 교사는 낙서하지 않은 쪽마다 스마일 도장을 찍어 주는 것이다.

교사는 DRO 절차를 실행하기에 앞서 세 가지 요인을 중요하게 고려해야 한다. 첫째, '순수한' DRO는 학생이 무슨 행동을 했든지 표적행동을 하지 않았다면 강화가 주어져야 한다. 사실 학생은 표적행동을 하지 않는 한 다양한 부적절한 행동을 해도 정적으로 강화될 수 있다. 어떤 학생은 이러한 허점을 이용할 것이다. 교실을 어슬렁거리며 돌아다니지는 않는 대신에 이전에는 하지 않던 행동인 쪽지 던지기를 할 수 있다. 기술적으로 그것은 여전히 강화로 불린다. 실제 교실관리를 위해서 이것은 허락될 수 없는 것이다. 이러한 이유 때문에 DRO 절차는 때로 그러한 방해 행동에 대한 감소 절차와 연계하여 사용된다. 또한 전통적 절차에서와 같이 가끔은 표적행동의 발생이 무시되기보다 어떤 후속결과를 가져올 수도 있다(Vollmer & Iwata, 1992).

둘째, DRO는 행동의 부재를 강화한다. 학생은 일정 기간 동안 표적행동을 발생시키지 않으면 강화인자를 얻는다. 여기서 적절한 행동의 폭이 넓지 않은 학생에게는 행동 공백이 생길 수도 있다. 만일 표적행동에 대신할 행동이 정해지지 않았으면 학생은 자신이 알고 있는 행동(교사는 감소시키려고 하는)만을 공백에 채워 넣으려 할 것이다. 부적절한 행동에 대치할 적절한 행동을 정하고 그 발생에 대해 긍정적으로 강화하는 것이 실용적이며 윤리적이다.

셋째, DRO 절차의 효과는 선정된 강화인자에 의존한다(Repp et al., 1991). 부적절한 행동을 하지 않도록 학생을 강화하기 위해 사용되는 자극은 현재 행동을 유지하고 있는 것과 최소한 동일한 정도의 강도나 동기화 가치를 가져야 한다(Cowdery, Iwata, & Pace, 1990). 수학시간에 옆 친구에게 재미있는 이야기를 해 주는 학생은 친구들의 재미있어 하는 웃음으로 강화된다. 만일 학생이 50분 동안 그 행동을 억제할 경우 컴퓨터게임을 5분 동안 할 수 있도록 한다면 충분히 강력한 경쟁 강화인자가 될 수도 있다.

DRO는 자해행동, 파괴행동, 공격성, 상동행동, 손톱 물기 행동, 사회적 기술, 과제 불이행 및 자리 이탈 행동 등 다양한 행동에 사용되어 왔다(예: Gresham, Van, & Cook, 2006; Hegel & Ferguson, 2000; Patel, Carr, Kim, Robles, & Eastridge, 2000; Repp, Barton, & Brulle, 1983; Waters, Lerman, & Hovanetz, 2009; Wilder, Harris, Reagan, & Rasey, 2007).

Repp과 Dietz(1979)는 3명의 중도 지적장애인에게 DRO 절차를 사용하였다. 대상은 손가락으로 입을 때리는 행동을 하는 12세 소녀, 몸 흔드는 행동을 하는 22세 여성, 그리고 눈앞에서 손가락 흔드는 행동을 하는 23세 남성이었다. 부엌용 타이머로 미리 설정된 시간(분, DRO 간격)을 설정하였다. 간격 내에서 표적행동을 나타내지 않은 대상에게는 간격의 종료 종이 울릴 때 교사가 안아 주거나 칭찬해 주었다. 표적행동이 발생하면 교사는 "안 돼."라고 말하고 타이머를 다시 설정하였다. 처음에는 매우 짧은 간격(40초)이 사용되었고, 행동이 감소되는 비율에 따라 간격을 길게 하였다. 그 결과, 대상자 모두의 상동행동이 급격히 감소하였다. Higgins, Williams 그리고 McLaughlin(2001)은 10세의 3학년 학습장애아동의 파괴행동을 감소시키기 위해 DRO를 사용하였다. 학생의 표적행동은 빈번한 이탈 행동, 허락 없이 큰 소리로 말하기, 나쁜 자세(예: 다리가 바깥쪽으로 나오도록 앉기, 몸을 움츠리기, 책상에 눕기) 등이었다. 20분 회기 동안 매분의 마지막 순간에 특정 표적행동 대신에 적절한 행동을 하면 스티커를 얻었다. 최종적으로는 세 가지 표적행동이 모두 나타나지 않는 것에 대해 최고 3개까지의 스티커를 얻을 수 있었다. 학생의 책상 한쪽 구석에 종이 한 장을 붙여 놓고 스티커를 붙이며 스스로 자신의 행동에 대해 피드백을 받도록 하였다. 회기 종료 시에 스티커의 수를 세어 컴퓨터 시간이나 놀이시간 등으로 전환하였다(p. 102).

Repp과 Deitz(1979, pp. 222-223), Deitz와 Repp(1983)은 DRO 스케줄 사용지침으로 다음과 같은 점을 제안하였다.

① 부적절한 행동을 측정할 뿐만 아니라 DRO 절차를 적절히 만들기 위해서도 기초선을 기록해야 한다. 초기 DRO 간격의 크기가 결정적일 수 있기 때문에 임의로 설정하기보다는 자료에 근거하여 설정하여야 한다. 기초선으로부터 평균 반응 간 시간(반응 간 시간)이 결정되어야 하고, 약간 적은 간격을 초기 DRO 간격으로 결정해야 한다.

② 준거는 DRO 간격의 길이를 늘리도록 설정되어야 한다. 기본적인 개념은 다음과 같다.

　a. 학생이 반응하는 것에 대해 강화를 받기보다는 반응하지 않는 것에 대해 더 많은 강화인자를 얻을 수 있도록 간격을 충분히 작게 시작하는 것이다.

　b. 시간 경과에 따라 간격을 늘리는 것이다. 간격을 늘리는 결정은 학생이 각 간격 길이에서 성공한 자료에 근거해야 한다.

③ 바람직하지 않은 행동의 발생 가능성은 다음의 두 가지 추가적 결정에 따라 달라진다.

　a. 반응 발생 후에 DRO 간격을 재설정할 것인지, 혹은 계획된 다음 간격까지 기다릴 것인지

　b. 반응이 발생한 것에 대해 어떤 형태로든 후속결과를 줄 것인지, 혹은 그것을 무시할 것인지

④ 표적행동이 발생하지 않고 DRO 간격이 만료되었더라도 심하게 부적절한 행동이 나타난 후에는 즉각적으로 강화를 주어서는 안 된다.

〈일화 9-2〉

Clarence, 사람을 때리지 않는 것을 배우다.

Clarence는 Byrd 선생님의 특수학급 학생이다. Clarence는 자신의 물건을 만졌다는 이유로 교실에서 자주 다른 학생을 때렸다. 선생님은 Clarence가 90분 수업에서 누군가를 때리는 것이 평균 12회 나타나고, 상호 반응하는 평균 시간이 7.5분이라는 것을 관찰한 후에, 7분 간격을 채택했다. 선생님은 Clarence에게 누군가를 때리지 않으면 7분마다 미술실에서 작업할 수 있는 5분짜리 카드를 받을 수 있다고 말했다. Clarence가 누군가를 때리면 선생님은 타이머를 초기화했다. 선생님은 단순히 간격 종료 시에 강화물을 주지 않는 방법이 아닌 이 방법을 사용했는데, 이유는 Clarence가 일단 때리기 '시작' 하면 간격이 끝날 때까지 계속해서 때릴 수도 있기 때문이다.

며칠 내에 Clarence의 때리는 비율이 많이 낮아져, 선생님은 간격을 8분, 10분, 15분으로 늘렸다. 그리고 마침내 간격의 마지막 순간에 때리는 행동을 하지 않으면 강화하는 방법을 사용할 수 있게 되었고, 이것은 비율 0으로 유지되고 있다.

대체행동 및 양립불가 행동 차별강화

행동 공백이 생길 가능성을 예방하기 위한 좋은 방법은 대체행동 차별강화(differential reinforcement of alternative behavior: DRA)를 사용하는 것이다. DRA는 부적절한 행동을 감소시키는 데에 가장 흔히 사용되는 성공적인 행동 분석 절차이다(Petscher, Rey, & Bailey, 2009).

이 절차에서는 부적절하거나 도전적인 행동은 (학생, 부모, 교사에게) 좀 더 적절하고 긍정적인 혹은 모범적인 것으로 인식되는 행동으로 대치된다. DRA는 부적절한 행동이 수행될 가능성을 감소시키는 대체행동을 강화하는 것이다. 대체행동은 보통 신체적으로 동시에 일어날 수 없는 것이나 기능적으로 동일한 것을 선정한다.

양립불가 행동 차별강화(differential reinforcement of incompatible behavior: DRI)는 표적행동과 형태적으로 양립될 수 없는 행동을 강화하는 DRA 절차다. 예를 들어, 표적행동이 이탈 행동이라면 착석 행동이 강화된다. 왜냐하면 이 두 행동은 동시에 발생할 수 없기 때문이다(비슷하게 뛰기와 걷기, 정상적인 목소리 내기와 소리 지르기, 과제 이행과 과제 불이행). 이처럼 학생이 부적절한 행동을 하는 것을 신체적으로 불가능하도록 상호 배타적 행동을 선택하는 것이다. 이것은 적절한 행동의 비율이나 강도를 증가시켜 주고 부적절한 행동의 가능성을 감소시켜 준다. 특정한 장난감을 가지고 노는 아동을 강화하는 것은 아동이 상동적 손 움직임을 할 가능성과 기회를 감소시킨다(Favell, 1973). 아동의 손이 적절하게 무언가를 하고 있을 때는 부적절한 행동을 할 수 없기 때문이다.

　양립불가 행동 차별강화는 이식증, 과제 불이행 행동, 자리 이탈 행동(Donnelly & Olczak, 1990; Friman, 1990; Lewis & Sugai, 1996; Symons, McDonald, & Wehby, 1998) 등과 같은 행동을 수정하는 데에 사용되어 왔다.

　Ayllon과 Roberts(1974)는 5명의 5학년 남아들을 대상으로 그들의 학업 수행을 강화하면서 파괴적 행동(즉, 자리 이탈, 말하기, 때리기)을 통제하는 데에 DRI를 사용하였다. 매일 15분 회기 동안에 읽기를 바르게 한 백분율에 대해 매일 혹은 매주 교환 포인트를 주었다. 시간은 학생들이 파괴적 행동을 하면서 시간을 낭비하지 않는다면 과제를 바르게 완성하기에 충분히 긴 시간이었다. 기초선에서 파괴적 행동과 학업적 정확성 둘 다에 대한 평균 백분율은 40~50%였다. 중재 후에 파괴적 행동의 평균은 간격의 5%로 감소하였고 학업적 정확성의 평균은 85%로 증가하였다.

　Repp과 Deitz(1979, p. 224)는 DRI 스케줄의 사용지침으로 다음의 사항을 제안하였다.

① 바람직하지 않은 행동과 양립불가한 행동을 선정해야 한다. 바람직하지 않은 행동과 반대되는 적절한 행동이 없다면 학생에게 유익한 행동을 선정하고 그것을 강화해야 한다.
② 기초선은 (a) 부적절한 행동이 얼마나 자주 발생하는지, (b) 선정된 양립불가 행동이 얼마나 자주 발생하는지를 결정하기 위해 기록되어야 한다.
③ 강화 스케줄이 결정되어야 한다. 특히 학생의 행동이 환경 내에서 자연스러운 유관의 통제를 받을 수 있도록 스케줄 약화를 위한 프로그램을 작성하고 실행하여야 한다.

　흔히 상호 배타적 행동은 쉽게 확인될 수 없다. 그렇기 때문에 행동 형태의 신체적 양립불가성보다는 기능적으로 동일한 행동에 근거하여 대체행동이 선정되어 이루어지는 DRA가 많이 사용되어 왔다. DRA의 이러한 폭넓은 접근법에서 대체행동과 부적절한 행동은 형태적으로 다르지만 신체적으로 양립불가일 필요는 없다.

DRA에서는 학생이 부적절한 행동을 시도할 때마다 두 가지 절차 중의 하나가 실행된다. ① 부적절한 행동의 수행은 무시되고(소거 적용) 대체행동은 강화되거나, ② 부적절한 행동은 저지되어 강화될 바람직한 행동을 수행하도록 재지시(필요한 경우 신체적 안내 사용)된다(Piazza, Moes, & Fisher, 1996; Vollmer & Iwata, 1992). 초기에 대체행동은 CRF 강화 스케줄을 적용하고 빠르게 강화인자를 제공한다. 예를 들어, Anne이 교사의 관심을 얻고자 큰 소리로 말하기 시작할 때마다 손을 들도록 재지시를 하고 손을 든 것에 대해 칭찬을 해 주며 교사가 이름을 불러 줌으로써 자연스럽게 강화를 받게 한다. 부적절한 행동이 연속적으로 사용되는 어떤 경우에 DRA는 미약한 벌인자(예: 미약한 질책 혹은 토큰 손실)와 연합되기도 한다(Luiselli, 1980).

나이가 많거나 기능이 좋거나 장애를 갖지 않은 학생들에게는 DRA가 흔히 좀 더 적절한 사회적 기술을 비롯해 공손함, 지시 따르기, 과제 이행, 자기관리 기술 등의 학교 일과 행동에 대한 교수와 강화에 사용된다(예: Beare, Severson, & Brandt, 2004; Flood, Wilder, Flood, & Masuda, 2002; Gumpel & Shlomit, 2000; Umbreit, 1995; Vollmer, Roane, Ringdahl, & Marcus, 1999).

종종 심각한 의사소통 장애나 중도장애를 가진 어린 학생에게는 도전행동이 효과적이지만 부적절한 의사소통 수단으로 검증되어 왔다. 그러므로 DRA의 사용은 더 표준적인 의사소통 수단의 교수와 강화를 포함한다. 이것은 기능적 의사소통 훈련(functional communication training: FCT)으로 알려져 있다(Carr & Durand, 1985; Durand, 1990; Durand & Carr, 1991). 예를 들어, 자해와 공격 행동 때문에 과제나 사회적 관심의 도움을 받았던 3명의 소년에게 '모르겠어요' '도와주세요' '이렇게 하는 것 맞아요' 등의 문구를 사용하여 구어적 언어로 관심을 대신하도록 가르쳤다(Durand & Carr, 1991). 또한 관심을 얻기 위해 혹은 도망치기 위해 자해와 공격 행동을 했던 4명의 5~13세 학생에게는 수신호 '더' '놀이' '놀고 싶어요' '다 했어요'나 손으로 가리키기, 혹은 '쉬고 싶어요' '다 했어요'를 나타내는 카드를 짚도록 가르쳤다(Brown et al., 2000). Durand는 대체 의사소통 장치를 사용하여 FCT 절차를 성공적으로 실행하였다. 3~15세의 자해 및 공격 행동(얼굴 때리기, 머리 돌리기, 소리 지르기, 사물 던지기, 때리기)을 하는 5명의 학생에게 AAC 장치로 의사소통을 대신하도록 가르쳤다. 프렌키로믹(Prentke Romich)사의 인트로토커(Introtalker)는 각 학생이 가진 도전행동의 확인된 기능에 근거하여 프로그램되어 있다. 어려운 과제에서 도피하는 것이 행동의 기능이었던 2명의 학생을 위해서 인트로토커는 '도움이 필요해요'라고 말하는 것을 프로그램하였고 물질적 보상을 얻는 것이 행동의 기능이었던 2명의 학생을 위해서는 '더 주세요'라는 말을 프로그램하였다. 또한 다른 사람의 관심을 얻기 위해 도전행동을 하는 학생을 위해서는 '이것 좀 도와주세요'를 프로그램하였다.

기능에 근거하여 대체행동을 선정하는 DRA 절차를 기능적 등가훈련(functional equivalency training)이라고 한다(Horner & Day, 1991). 이러한 훈련은 단기간보다는 장기간, 행동의 즉각적 감소를 위한 위기관리적 견해보다는 행동변화에 대한 교육적 견해를 가진다(Carr, Robinson, & Palumbo, 1990). 대체행동을 선정할 때는 몇 가지 준거를 고려해야 한다(Brown et al., 2000; Carr et al., 1990; DeLeon, Fisher, Herman, & Crosland, 2000; Durand, Berotti, & Weiner, 1993; Friman & Poling, 1995; Horner & Day, 1991; Horner, Sprague, O'Brien, & Heathfield, 1990; Lim, Browder, & Sigafoos, 1998; O'Neill et al., 1997; Richman, Wacker, & Winborn, 2000; Shore, Iwata, DeLeon, Kahng, & Smith, 1997). 이 준거에는 다음과 같은 사항이 포함된다.

① 대체행동은 대치되는 행동으로서 동일한 기능을 보인다.
② 학생, 부모, 일반인들은 흔히 새로운 행동이 동일한 기능을 성취하는 데에 더 일반적인 행동으로 보이기 때문에 대체행동을 더 적절한 행동으로 간주한다.
③ 대체행동은 신체적 노력과 복합성이 동일하거나 덜할 필요가 있다.
④ 대체행동은 동일한 형태, 양, 강도의 강화인자로 귀착한다. 만일 학생이 새로운 행동은 동일한 강화로 귀착하지 않는다는 것을 배우면 그는 과거에 강화로 귀착되어 왔던 부적절한 행동으로 되돌아갈 것이다.
⑤ 대체행동은 동일한 스케줄(빈도와 일관성)로 강화된다. 만일 손들기 대체행동이 옛 행동과 동일하게 교사의 관심을 얻지 못하면 학생은 관심을 얻기 위해 소리 지르기로 되돌아갈 것이다.
⑥ 원래의 행동 수행과 강화 간의 지체보다 더 큰 대체행동 수행과 강화 간의 지체는 없다. 대치의 효율성은 행동이 이미 학생의 레퍼토리에 선정되었을 때 강화된다. 만일 학생이 이미 행동을 수행할 수 있다면 옛 행동을 대치하기 위해 새로운 행동을 배울 필요는 없다. 적절한 행동 레퍼토리가 제한적인 학생의 행동 레퍼토리에서 대체행동을 찾는 것은 어렵다. 존재하는 기본적인 운동 혹은 사회적 행동을 좀 더 복잡한 행동으로 형성하는 것이 필요할지도 모른다.
⑦ 대체행동은 결국 자연적인 강화인자에 의해 유지된다.

[그림 9-2]는 다양한 차별강화를 요약·비교한 것이다.

	목적	양식	관리	대체행동에 대한 강화 제공	목표
DRL[1]	행동을 수용 가능한 수준 으로 감소	전체 회기 간격 준거변경 특정 반응	발생 수를 감 소시키는 데 에 초점	아니요	Tom은 40분 동안 큰 소리로 말하기 를 3회 이하로 할 것이다.
DRO[2]	행동 발생을 0으로 감소	전체 회기 간격 영구적 산물	비발생 시간 을 증가시키 는 데에 초점	아니요	Tom은 40분 동안 큰 소리로 말하기 를 하지 않을 것이 다.
DRI[3] DRA[4]	기능적 대체 행동을 강화	동시적 감소 및 프로그 램 강화	기능적 대체 행동 개발에 초점	예	Tom은 성인의 관 심을 원한다는 것 을 표시하기 위해 소리를 지르거나 얼굴을 때리는 것 대신에 버저를 누 를 것이다.

[1] 저비율행동 차별강화
[2] 다른 행동(혹은 제로행동, 무행동) 차별강화
[3] 양립불가 행동 차별강화
[4] 대체행동 차별강화

그림 9-2 **차별강화 절차의 요약**

비유관 강화

행동을 감소시키기 위해 강화인자를 사용하는 또 다른 절차는 비유관 강화(noncontingent reinforcement: NCR)다. NCR은 학생의 행동 수행과 무관하게 부적절한 행동을 유지하고 있는 강화인자를 제공한다(Carr, Coriaty, et al., 2000; Tucker, Sigafoos, & Bushnell, 1998). 학생은 부적절한 행동을 수행했을 때가 아닌 미리 설정된 시간 간격에 따라 강화를 받는다. 이것은 행동에서 강화인자를 분리하는 역할을 하고 행동 감소를 초래한다. NCR이 적용될 때 부적절한 행동은 본질적으로는 소거되는 것이다. 예를 들어, 큰 소리 내기가 교사의 관심으로 유지되고 있다면 교사는 큰 소리 내기를 무시하고 수업 회기를 통해 미리 설정된 간격에서 학생이 무엇을 하든지 많은 관심을 제공하는 것이다. 만일 던지기 울화행동이 과제에서의 도피에 의해 유지되고 있다면 교사는 울화를 무시하고 과제에서의 도피(휴식시간 갖기)를 허락한다.

NCR은 학생이 행한 것에 상관없이 간격에서 강화가 주어지기 때문에 NCR의 결과로 행동이 체계적으로 강화되지는 않는다. 기술적으로 강화는 행동을 강하게 하는 것이어야 하기 때문에 이것이 NCR이라는 용어가 부적절하다고 주장하는 이유다(Poling & Normand, 1999; Vollmer, 1999). 그러나 절차가 효과적이고 용어는 그 실행을 말해 주고 있다. NCR 사용에 대체행동이 개발되지 않기 때문에 이 절차와 DRA가 흔히 함께 사용되어 왔다(Tucker et al., 1998).

NCR에서 강화는 시간 스케줄이다. 정적 강화(예: 교사 관심)나 부적 강화(예: 과제 휴식)를 접할 수 있는 것은 고정시간 스케줄(예: 매 5분 FT) 혹은 변동시간 스케줄(평균 5분 VT)에 의한다. 처음에 NCR은 일반적으로 연속적이고 밀도가 높은 스케줄로 관리된다. 일단 부적절한 행동이 수용 가능한 수준으로 감소되었으면 스케줄을 약화시킨다. 이것은 앞의 제8장에서 스케줄 약화로 설명되었다.

NCR적용에서 의도와는 달리 나타날 수 있는 결과가 부적절한 행동의 우연적 강화다(Vollmer, Ringdahl, Roane, & Marcus, 1997). 부적절한 행동이 발생한 직후에 강화인자가 주어지는 것이 가능하기 때문이다. "높은 빈도의 행동은 낮은 빈도의 행동보다 우연적 강화에 걸리기 쉬울 것이라고 예측된다. 동일한 논리로 밀도 높은 NCR 스케줄은 그렇지 않은 스케줄보다 우연적 강화를 더 쉽게 도출할 것이다." (Carr, Coriaty, et al., 2000, p. 386)

NCR은 도전행동에 대해 가장 많이 보고된 기능 중심의 중재 중 하나가 되었다 (Carr, Coriaty, et al., 2000; Carr, Severtson, & Lepper, 2009). NCR은 부적절한 말, 상동증, 반추, 이식증, 공격성 및 파괴성 자해행동 등의 수준을 낮추는 데에 성공적으로 사용되어 왔다(예: Britton, Carr, Kellum, Dozier, & Weil, 2000; Carr et al., 2009; Carr & Britton, 1999; Wilder, Normand, & Atwell, 2005).

Vollmer, Marcus 그리고 Ringdahl(1995)은 NCR 전략을 18세 최중도 지적장애 학생의 자해행동(머리를 주먹으로 치기)을 줄이는 데 사용했다. 기능분석 결과, SIB는 부적 강화(도피)로 인해 유지되고 있었다. 중재에서는 "학생의 행동이 도피의 빈도에 영향을 주지 않는 FT 스케줄로 10분간의 과제(걷기) 동안에 30초의 휴식시간이 허락되었다. SIB는 더 이상 직접적인 도피가 되지는 않았지만 SIB가 일어났을 때 휴식시간을 지연하거나 없애지는 않았다."(p. 19) 전 중재에 걸쳐 NCR 도피 스케줄은 연속적인 도피에서 FT 10분으로 용암되었다. 주어진 회기 동안에 분당 SIB 반응률이 0.3 이하였을 때 과제에 10초씩을 더해 가면서 전 회기에 걸쳐 용암이 적용되었다. 일단 FT 1분 스케줄에서 시작하여 스케줄 변화의 진행은 1분에서 1.5분으로, 그리고 2분, 2.5분, 3분, 4분, 5분, 10분 순으로 이루어졌다. 본질적으로는 전체가 휴식이었던 걷기가 10분 걷기 후에 휴식을 갖는 것으로 바뀐 것이다.

Jones, Drew 그리고 Weber(2000)는 일반학급의 ADHD를 가진 8세 학생을 대상으로 파괴적 교실행동을 감소시키기 위해 NCR 전략을 사용하였다. 기능분석 결과, Sam의 큰 소리로 말하기와 자리 이탈 행동은 또래의 관심을 얻기 위한 것으로 확인되었다. 교사는 수학 문제를 혼자서 푸는 시간 동안 Sam과 친구가 책상을 공유하도록 조치했다. 두 학생의 상호작용을 방해하지 않으면서 Sam에게 지속적인 관심을 제공하였다. Sam의 파괴적 행동은 평균 86%에서 평균 37%로 감소하였다.

〈일화 9-3〉

지역사회 내의 Elliott

Toni와 Jake의 어머니는 지역사회중심 교수에 쇼핑을 포함시켜 달라고 요청했다. 그들이 아이들을 가게에 데리고 가면 아이들은 선반에서 물건을 꺼내 바닥에 던지고 자기들도 바닥에 누워 소리를 질렀다. Elliott 선생님은 2명의 학생과 처음 가졌던 쇼핑에서 이것이 생활의 실제라는 것을 알았다. 선생님은 부모들의 좌절과 당황을 이해했다. 선생님은 대안행동으로, Toni가 쇼핑 카트를 잘 밀면 강화해 주고, Jake가 자신의 휠체어에 앉아 장바구니를 잘 가지고 있으면 강화해 주기로 결정했다. 여러 가지 물건을 다 고르고, 선생님은 분류할 기회를 만들기 위해 카트나 장바구니에 '빨간' 상자나 '병'이나 '작은 것'을 찾아 넣도록 했다. 학생들의 행동이 어느 정도 적절하게 된 후에 어떻게 좋아졌는지를 보여 주기 위해 Toni의 어머니를 쇼핑에 초대했다. 시간이 나지 않았던 Jake의 어머니에게는 쇼핑 동영상을 이메일로 보냈다.

3 수준II: 소거

　강화를 제공하는 데에 초점을 맞추는 수준 I 과는 반대로 수준 II 의 소거(extinction) 는 부적절한 표적행동을 유지시키는 정적 강화인자를 종료시키거나 보류함으로써 행동을 감소시킨다. 이러한 뜻밖의 철회는 행동의 정지 혹은 소거의 결과를 가져온다. 유지되고 있는 행동이 적절한 것일 때는 예방적 소거가 목적이다. 그러나 많은 부적절한 행동은 또한 정적 강화로 유지되고 있다. 아이가 울 때 사탕이나 과자를 주는 부모는 울기를 정적으로 강화하고 있는 것이다. 만일 과자가 철회되면 울기는 없어진다.

　소거는 교실에서 교사의 관심에 의해 유지되고 있는 행동을 감소시키기 위해 가장 많이 사용된다. 교사는 흔히 부적절하게 행동하는 학생에게 관심을 주게 되고, 많은 학생들은 정적 강화인 이러한 관심을 알게 된다. 비단 관심이 비난의 형태나 교정 혹은 협박인 경우에도 정적 강화인 것은 사실이다. 어떤 학생의 행동은 소리 지르거나 엉덩이 마구 때리기 등과 같은 극단적인 방법으로도 정적으로 강화될 수 있다.

　흔히 교사가 자신의 관심이 부적절한 행동을 정적으로 강화하고 있음을 결정하기는 어렵다. 따라서 교사는 교사-학생 간 상호작용을 관찰해 주는 누군가가 있다면 도움이 될 것이다. 일단 교사의 관심과 학생의 행동 간의 관계가 정적 강화임이 입증되었으면 교실에서 가장 흔히 적용되는 소거는 부적절한 행동을 무시하는 것이다. 교사가 이미 주어지던 정적 강화인자(관심)를 보류하면 부적절한 행동은 소멸된다.

　소거 절차는 파괴적 행동(Arndorfer, Miltenberger, Woster, Rortvedt, & Gaffaney, 1994; Richman, Wacker, Asmus, Casey, & Andelman, 1999; Zimmerman & Zimmerman, 1962), 욕하기(Salend & Meddaugh, 1985), 울화행동(Carr & Newsom, 1985), 음식 거부(Reed et al., 2004), 수면장애(France & Hudson, 1990), 공부 안 하는 행동(Hall, Lund, & Jackson, 1968), 공격 및 자해 행동과 불순종(Cote, Thompson, & McKerchar, 2005; Iwata, Pace, Kalsher, Cowdery, & Cataldo, 1990; O'Reilly, Lancioni, & Taylor, 1999; Zarcone, Iwata, Mazaleski, & Smith, 1994) 등 다양한 문제행동 발생을 감소시키는 데에 사용되어 왔다. 소거는 또한 중도 지적장애인의 의사소통 몸짓을 다양하게 증가시키는 것(Duker & van Lent, 1991)이나 유아가 장난감을 가지고 놀며 나타내는 반응성(Lalli, Zanolli, & Wohn, 1994)과 같은 반응 형태를 다양하게 증가시키는 데에도 사용되어 왔다. 소거는 연쇄적으로 일어나는 두 가지 행동을 감소시키는 데에 사용될 수 있다. 예를 들어,

"만일 아동이 팔을 잡고 머리카락을 잡아당기는 연쇄적 공격행동을 하고 있다면 머리카락 잡아당기기를 소거로 처치하면 팔을 잡는 행동은 쉽게 감소될 것이다."(Kuhn, Lerman, Vorndran, & Addison, 2006, p. 276)

소거는 좀 더 적절한 다른 행동을 강화하는 것과 연계하여 사용된다. 이런 식으로 절차를 연계하는 것은 소거를 빠르게 해 준다. 소거가 독립적으로 사용될 때에는 "확실한 학습의 증거가 거의 없다. 학습되는 것은 어떤 행동이 더 이상 기대되던 상을 주지 않는다는 것이다. 즉, 궁극적인 효과는 행동 레퍼토리의 감소다."(Gilbert, 1975, p. 28) 적절한 행동에 관심을 주는 것은 교사의 관심(SR⁺)이 아직 유효하기는 해도 선택적인 것이라는 것을 학생에게 알리는 것이다. 학생이 무시당하는 것이 아니라 부적절한 행동이 무시되는 것뿐이다.

'단지 그것을 무시하기만 하면 사라질 것이다. 아이는 오직 관심을 얻기 위해서 그것을 할 뿐이다.' 이것은 교사가 가장 흔히 듣는 제안이다. 사실상 소거는 논의하기는 쉽지만 실행하기는 어렵다. 행동은 결국 없어지기는 하겠지만 빠르게 혹은 평탄하게 이루어지지는 않을 것이다. 행동이 무엇이든지 간에 소거 절차를 실행하기로 한 교사는 다음 사항들을 주의 깊게 고려해야 한다.

지연반응

소거의 문제점

소거의 효과는 보통 바로 나타나지 않는다. 소거 절차는 행동의 감소를 나타내기까지 상당한 시간이 걸릴 수도 있다. 일단 강화가 억제되더라도 행동은 얼마 동안 계속될 것이다(Ducharme & Van Houten, 1994; O'Reilly et al., 1999; Skinner, 1953). 소거 저항(resistance to extinction)이라고 알려진 이 특성은 간헐강화 스케줄로 행동이 유지되고 있을 때 특히 두드러진다. 학생은 과거에 결과적으로 주어졌던 강화인자를 계속해서 찾는다. 또래에 대한 유아의 공격적인 행동을 줄이기 위한 초기 소거 단계에서 Pinkston 등(1973)은 행동비율을 전체 또래 상호작용의 28%에서 6%로 줄이는 데 8일이 걸린다는 것을 알아냈다. 자해행동에 대한 효과에 관한 연구에서 Lovaas와 Simmons(1969)는 "John은 자신을 약 9,000번 때리고 멈춘다."(p. 146)라고 보고했다. 하지만 모든 자해행동이 소거에 저항하는 것은 아니다(Lerman & Iwata, 1996). Iwata 등(1990)은 기능분석 후에 소거로 자해 및 도피 행동을 15분 회기의 다섯 번째 회기에서 감소시켰다.

비율 증가

교사는 확연한 감소가 일어나기 전에 행동비율이나 지속시간 혹은 강도의 증가를
예측할 수 있어야 한다(Watson, 1967). 다시 말해, 나아지기 전에 더 심해진다는 것이

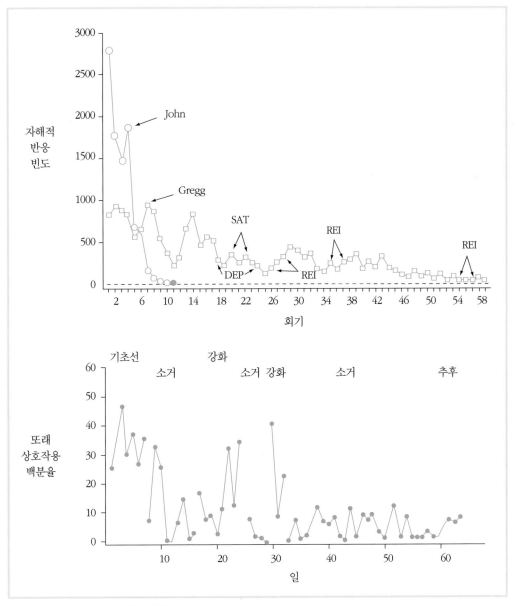

그림 9-3　행동 감소를 위해 소거 절차를 사용한 연구 자료

출처: (위) "Manipulation of self-destruction in three retarded children," by O. I. Lovaas & J. Q. Simmons, 1969, *Journal of Applied Behavior Analysis*. (아래) "Independent control of a preschool child's aggression and peer interaction by contingent teacher cottention," by E. M. Pinkston, N. M. Peese, J. M. LeBlanc, & D. M. Baer, 1973, *Journal of Applied Behavior Analysis*.

다. 이것을 행동의 발작(burst)이라고 한다(Lerman, Iwata, & Wallace, 1999; Zarcone et al., 1993). Lovaas와 Simmons(1969)는 한 연구 대상에 대한 언급에서 이렇게 진술했다. "Rick은 결국 이 중재(소거)에서 자해가 멈추었지만 그것이 즉시 감소된 것은 아니었다. 소거를 처음 시작했을 때는 심지어 차차 악화되었다."(p. 146) John과 Gregg의 "자해행동은 시간에 따라 아주 서서히 떨어졌고, 소거의 초기 단계에서 그들은 매우 버릇없이 나쁘게 굴었다."(p. 147)라고 보고하였다. [그림 9-3]은 이러한 현상을 나타낸 Lovaas와 Simmons(1969), Pinkston 등(1973)의 그래프 자료다.

일반적으로 교사는 소리 지르기 같은 부적절한 행동에 대해 무시하는 형식을 취한다. 학생은 전에 강화되던 반응이 더 이상 효과가 없다는 것을 발견했을 때 더 크고 더 빠르게 소리 지르기 시작한다. 만일 일정 시간이 지난 후에 교사가 "Ward, 무얼 원하지?"라고 말하면 교사는 새로운 행동 수준을 강화하는 것이 되고 행동이 그 수준에 머문다는 것을 발견할 것이다. 일단 소거 절차가 실행되면 교사는 행동 발생을 증가시키는 것은 무엇이든 계속해서 무시해야만 한다.

관심 통제

학생에게 "내가 너를 무시하고 있다는 것을 모르겠니?"라고 묻는 것은 우스운 일이다. 이 질문으로 학생이 알 수 있는 것은 교사가 자신을 무시하지 않고 있다는 것이다. 교사가 잘못된 행동으로 알고 있는 비구어적 표시조차도 소거를 예방하기에 충분할지도 모른다. 이를 악물고 주먹을 불끈 쥐고 서 있는 교사는 학생의 행동에 관심을 가지고 있음을 지속적으로 전달하는 것이다. 올바른 대처를 하는 것은 많은 훈련을 필요로 한다. 이와 관련하여 도움이 될 만한 몇 가지 사항이 있다.

① 다른 학생에게 강하게 몰입하라. 그의 표적행동 부재에 대해 칭찬하기: "Lou, 손드는 것 정말 잘했어. 나의 관심을 끄는 좋은 방법이야."
② 무언가를 바쁘게 읽거나 쓴다.
③ 소리 내어 시를 암송한다.
④ 골칫거리인 큰 짐을 나르거나 구슬을 꿴다.
⑤ 1분 동안 교실문 밖에 서서 벽을 찬다.

소거유발 공격

위의 마지막 제안은 발생될지도 모를 또 다른 현상, 즉 초기 소거 단계에서 학생이 보이는 소거유발 공격과 관련된다(Azrin, Hutchinson, & Hake, 1966; Lerman & Iwata, 1996; Lerman, Iwata et al., 1999). 이전에 유효했던 강화인자를 찾아 학생은 "당신이 나를 무시할 수 있다고 생각하겠지. 이걸 좀 봐."라고 말한다. 소거의 초기 단계에서 발생하는 상승과 공격의 형태는 목마른 소비자와 고장 난 자판기 간의 상호작용으로 잘 설명된다. 소비자는 동전을 기계에 넣고(이전에 강화된 반응) 어떤 버튼을 누른다. 강화인자가 나오지 않으면 소비자는 버튼을 다시 누르고…… 또 누르고…… 그리고 더 빨리…… 더 세게 누른다. 그러고는 강화하지 않는 기계에 대해 비난의 욕을 하거나 일격을 가하고, 심지어는 기계를 흔들어 캔이 나오도록 시도한다. 정말로 많은 기계가 고장 났다. 목마른 공격자가 기계를 흔들다가 앞으로 잡아당기는 바람에 기계가 앞으로 쓰러지기도 하였다(Byrne, 1989; Spitz & Spitz, 1990).

자발적 회복

교사는 소거된 행동이 일시적으로 다시 나타나는 것을 예측할지도 모른다. 자발적 회복으로 알려진(Lerman & Iwata, 1996; Lerman, Kelley, Van Camp, & Roane, 1999; Skinner, 1953) 이러한 현상은 행동이 소거된 후 어느 시점에서 발생할 수 있다. 학생은 소거 규칙이 아직도 효과를 가지는지, 혹은 그것이 모든 교사에게 효과를 가지는 것인지 다시 알고자 한다. 이러한 행동의 재출현을 무시하는 것은 그것을 빠르게 종료시킬 수 있다. 그러나 무시하기에 실패하면 학생은 빠르게 다시 학습한다.

모방 혹은 타인에 의한 강화

교사의 무시하는 행동은 학급의 다른 구성원들에게도 퍼질 수 있다. 만일 다른 학생들이 어떤 학생의 잘못된 행동이 무시되고 벌받지 않는 것을 본다면 그들은 그 행동을 모방할지도 모른다(Bandura, 1965). 이것이 그 행동을 강화하는 것으로 작용할 수도 있다. 결과적으로 많은 학생이 잘못된 행동을 행하여 그 행동을 무시하기 더 어렵게 만들지도 모른다. 소거의 사용은 부적절한 행동을 강화하는 자극을 종료시킬 수 있는 교사의 능력에 달려 있다. 이것이 소거 절차를 수행하는 데에 가장 어려운 측면 중 하나다. 교실 상황에서 가장 문제는 교사(소리 지르기)나 또래(웃기)로부터의 관심에 의해 행동이 강화되는 것이다. 교사는 강화자극을 판단하기 위해 몇 가지 의심스러운 강화인자를 한 번에 하나씩 제거해 나가는 시도를 체계적으로 시행해야 한다.

또래에 의해 강화되는 후속결과를 통제하기란 매우 어려운 일이다. 이 문제를 성공적으로 접근한 사람은 Patterson(1965)으로, 그는 대상 학생이 자리를 이탈하거나 말하거나 다른 사람을 때렸을 때 관심을 보이지 않은 또래를 강화하였다. 또한 Solomon과 Wahler(1973)는 5명의 상위권 학생을 선정하여 소거와 적절한 행동 강화의 사용에 대해 훈련시켰고, Pinkston 등(1973)은 무시된 것에 대해 공격적으로 변하는 또래에게 관심을 가졌다.

일반화 제한성

비록 소거가 효과적이라 하더라도 일반화는 제한적이다. 즉, 소거가 효과적으로 일어나지 않은 상황에서는 행동이 빈번하게 발생할 수도 있다. Liberman, Teigen, Patterson 그리고 Baker(1973)는 교도소에서 직원의 상호 교류에 대한 처치가 일반화되지 않았음을 보고하였고, Lovaas와 Simmons(1969)는 한 장면에서만 소거가 사용되었을 때 다른 장면에서의 행동은 영향을 받지 않았음을 보고하였다. 소거계획은 모든 필요한 환경 장면에서 요구될지도 모른다(Ducharme & Van Houten, 1994).

Benoit와 Mayer(1974)는 소거를 사용하기로 결정하기 전에 고려해야 할 여섯 가지 사항을 제안하였는데, 여기에서는 교사의 의사결정을 안내하기 위해 질문 형식으로 제시한다.

소거 절차를 실행하기에 앞서 스스로 가져 볼 질문들

① 행동의 형태(예: 공격적)와 발생비율이 참을 수 있는 정도인가?
② 행동 증가를 참을 수 있는가?
③ 행동이 쉽게 모방되는 것인가?
④ 강화인자가 밝혀졌는가?
⑤ 강화가 보류될 수 있는 것인가?
⑥ 강화를 위한 대체행동이 정해졌는가?

감각 소거

교사의 관심과 같은 사회적 후속결과는 항상 행동을 유지시키는 것이 아니다. "어떤 사람은 관심이나 칭찬 때문에 행동을 하는 것이 아니라 단순히 느낌이 좋거나 재미있기 때문에 한다."(Rincover, 1981, p. 1) 이러한 경우 교사의 후속결과보다는 감각적 후속결과가 행동을 유지시킬 수도 있다. 특히 상동행동이나 자해행동이 그러하다. 학생의 상동적 손 떨기는 행동으로부터 야기되는 시각적 자극에 의해 유지될 수 있다. 감각적 후속결과가 행동의 강화인자로 확인되면 감각 소거(sensory extinction)라고 알려진 소거 형태가 적용될 수 있다(Rincover, 1981).

감각 소거는 자연적으로 발생하는 감각적 후속결과를 제거하려는 것이다. 손 떨기와 머리 때리기는 학생의 팔에 압박을 가하여 행동을 더 힘들게 만들어 그 빈도를 줄이고 강화인자를 용암시킴으로써 감소되어 왔다(Hanley, Piazza, Keeney, Blackeley-Smith, & Worsdell, 1998; Rincover, 1981; Van Houten, 1993). 자신을 할퀴는 행동은 할퀴는 부위를 붕대로 감아서 행동의 촉각적 후속결과를 제거함으로써, 혹은 손에 얇은 고무장갑을 씌워서 감소시켰다(Rincover & Devany, 1982). 손 빨기는 학생에게 팔 압박기를 착용하게 하여 감소시켰고(Irvin, Thompson, Turner, & Williams, 1998; Mazaleski, Iwata, Rodgers, Vollmer, & Zarcone, 1994; Zhou, Goff, & Iwata, 2000), 아동 2명의 손가락 빨기는 손가락에 반창고를 붙여서 감소시켰다(Ellingson, Miltenberger, Stricker, Garlinghouse, et al., 2000). 얼굴 때리기(Kuhn, DeLeon, Fisher, & Wilke, 1999)와 머리 돌리기(Rincover & Devany, 1982)에는 패드를 덧댄 헬멧을 사용하였다. 눈 찌르기에 대한 감각적 강화를 차단하기 위해서는 손을 이용하여 차단하는 것(Smith, Russo, & Le, 1999)과 같이 보호안경을 사용(Lalli, Livezey, & Kates, 1996)하였다. 강화하는 감각이 무엇인지가 불명확한 경우와 "손뼉 치기나 흔들기 같은 일반적으로 많이 발생하는 상동적 반응을 본래부터 가지고 있어서" 모든 감각적 후속결과를 제거하는 것이 어려울 때에는 감각 소거의 정확한 사용이 어렵다(Aiken & Salzberg, 1984, p. 298).

한 집단의 연구자들이 강화 스케줄에 관해 알려진 것을 조작함으로써 소거의 사용을 검사하였다. 제8장에서 우리는 일단 새로운 행동이 잘 형성되면 강화를 연속 스케줄에서 간헐 스케줄로 이동하여 행동이 소거에 내성을 갖게 된다는 것을 알았다(Ferster & Skinner, 1957). 연구자들은 이따금씩 주어지는 강화(간헐강화)로 유지되고 있는 부적절한 행동이 소거하기에 더 쉬운지, 강화가 연속적으로 이루어졌다가 보류

〈일화 9-4〉

Medlock, 논쟁을 진화하다

Judy는 4학년으로 Medlock의 반 학생이다. Medlock이 Judy에게 무언가를 하라고 말하면 Judy는 그에게 대들었다. 늘 이런 식의 대화가 오갔다.

"Judy, 그거 해야지."

"하고 있어요. 선생님."

"안 하고 있잖아. 시간을 낭비하고 있잖니."

"하려고 준비하는 거예요."

"나는 준비하는 걸 원하는 게 아니야. 그걸 하길 원해."

"준비가 안 됐는데 어떻게 그걸 하길 바라세요?"

어느 날엔가 Medlock는 자신이 아홉 살짜리 아이와 유치한 말장난을 하면서 자신의 행동이 Judy의 말대꾸를 강화하고 있다는 것을 깨달았다. 그는 이 행동을 소거하기로 했다. 다음 날, 그가 말했다. "Judy, 그 문제 풀어라." Judy가 하고 있다고 말대꾸를 시작했을 때 그는 지나가 버렸다.

Judy는 한참 동안 중얼거리다가 크게 말했다. "나는 이 바보 같은 문제 안 할 거예요. 선생님은 나를 하게 만들 수 없어요." Medlock은 대꾸하지 않고 계속해서 무시했다.

Emily가 손을 들고 웃으며 말했다. "선생님, Judy가 문제 안 할 거래요~"

"Emily, 네 것에 신경 써." Medlock이 조용히 말했다.

"그런데 선생님. 선생님이 자기에게 문제를 풀도록 할 수 없을 거래요." Emily가 다시 말했다.

Medlock은 Emily의 행동도 무시해야 한다는 것을 깨달았다. 그는 교실 안을 돌아보면서 문제를 잘 풀고 있는 학생을 칭찬하고 문제를 다 풀면 게임하러 갈 것임을 알려 주었다. Emily는 곧 자신의 과제를 다시 하기 시작했다. 그러나 Judy는 여봐란듯이 연필로 책상을 톡톡 치기 시작했다. Medlock은 다른 학생들과 계속 상호작용을 했다. Judy는 어깨를 으쓱하더니 자신의 과제를 하기 시작했다. 몇 분쯤 계속 하고 있을 때 Medlock이 Judy에게 다가가 말했다. "Judy, 잘하고 있네. 벌써 두 문제를 끝냈구나. 계속 해 봐."

Judy의 과제 시작이 늦는 행동은 Medlock의 잔소리로 강화된 것이었고, Judy의 꾸물거리는 행동을 무시하면 Judy는 좀 더 빨리 과제를 시작한다.

된 것이 더 쉬운지에 의문을 가졌다.

Neisworth, Hunt, Gallop 그리고 Nadle(1985)은 19세의 중도 지적장애 학생들을 대상으로 이 절차의 효과를 연구하였다. 한 학생은 상동적 손뼉 치기를, 다른 학생은 손 꼬기 행동을 하였다. "CRF 처치 중에 훈련자는 학생들이 표적행동을 할 때마다 강화인자를 주었다. 물론 소거 처치 중에는 학생에게 강화인자를 주지 않았다." (p. 105) 2명의 학생 모두 상동행동이 0수준에 가깝게 감소되었다. 한 학생에게는 2주의 추후 검사까지 유지되었지만, 다른 학생의 행동은 기초선 수준으로 되돌아갔다. 연구자들이 언급한 바와 같이 "행동에 대한 효과는 교과서에서의 설명과 실험실에서의 시범" (p. 111)에 근접하였다. 그러나 이것은 예비연구다. 더욱이 행동의 비율을 증가시킬 필연성이 윤리적으로 적절한 표적행동을 선정하게 만든다. (이 연구는 1988년에 Wylie 와 Grossman이 동물실험으로 복제하였다.)

때로 간헐강화는 부적절한 행동을 유지시키는 작용을 한다. 때로 약한 순간에 행동을 강화하는 교사나 부모는 그것을 영원히 유지할지도 모른다.

〈일화 9-5〉

Troutman이 나약해지는 순간

교사이면서 학부모인 Troutman은 학교에서 퇴근한 후 어린이집에서 아이들을 데리고 왔다. 두 살 된 아들은 집에 오자마자 피보 젤리를 달라고 했다. 그녀는 저녁 먹어야 하기 때문에 지금 피넛버터와 젤리 샌드위치를 먹을 수 없다고 늘 설명했다. 그러면 아이는 언제나 바닥에 누워 소리를 질렀고, 그녀는 이를 무시했다. 이런 양상이 매일 몇 번씩 반복되었다. Troutman이 특히 더 힘들어했던 어느 날 오후, 일곱 살 된 딸이 동생의 울화 행동을 막으려고 이따금씩 동생의 샌드위치를 바로잡아 주면서 이것 때문에 동생이 계속해서 요구하고 소리 지른다고 말했다. Troutman은 풋내기 행동분석가의 분석이 옳다는 것을 알게 되었다.

---

4 벌

나머지 두 가지 체계인 수준 III과 수준 IV는 벌(punishment)이라는 행동 감소에 대한 선택사항을 포함한다. 강화인자(reinforcer)라는 용어의 경우와 마찬가지로 우리는 벌인 자(punisher)라는 기능적 정의를 사용한다. 벌인자는 다음과 같은 후속자극(S^P)이다.

① 행동의 미래 발생 가능성이나 비율을 감소시키는 후속자극
② 바람직하지 않은 혹은 부적절한 행동 발생에 유관적으로 뒤따르는 후속자극

③ 바람직하지 않은 혹은 부적절한 행동 발생에 즉각적으로 뒤따르는 후속자극

이 책에서 사용되는 벌과 벌인자라는 용어는 기능적으로 정의되었음을 확실히 이해해야 한다. 자극이 유관적으로 적용되어 표적행동의 감소를 가져오는 결과를 초래한다면 그것은 벌인자로 명명될 수 있다. 강화인자와 마찬가지로 벌인자는 후속결과적 자극의 특징이 아닌 오직 행동에 대한 결과에 의해서만 확인될 수 있다. 예를 들어, 장난감을 던진 것에 대해 아버지가 아들을 때리고 아들이 장난감 던지기를 멈춘다면 때리기는 벌인자다. 그러나 아들이 계속해서 장난감을 던진다면 때리기는 벌인자가 아니다. 만일 학생이 큰 소리로 말할 때마다 교사가 학생의 휴식시간을 1분씩 줄이거나 토큰을 빼앗고 결과적으로 큰 소리로 말하기가 줄어들거나 없어진다면 후속결과는 벌인자다. 그러나 행동이 계속된다면 후속결과는 벌인자가 아니다. 이것이 기능적 견지에서의 벌인자라는 용어의 정의다.

강화인자처럼 벌인자 또한 자연적으로 발생하는 현상일 수 있다. 벌인자는 악의적인 행동주의자들이 학생들에게 자신의 의지를 실현하기 위해 고안한 단순한 기법이 아니다. 벌인자의 예와 명칭을 잘 살펴보자.

Jeannie는 아빠가 저녁식사를 준비하는 동안 부엌으로 걸어 들어갔다. 아빠의 등을 돌아 Jeannie는 가스레인지 가까이 와서 렌지 위의 냄비를 만졌다. 그녀는 반사적으로 손을 움츠렸고 울었으며 그 뒤로 렌지에 손을 대지 않았다.

Theresa는 수학 문제를 빨리 끝냈다. 그녀는 자랑스럽게 손을 들어 선생님께 다했다고 말했다. 교사는 10개의 문제를 더 풀라고 주었다. 다음 날 Theresa는 더 천천히 했고 수학시간이 끝날 때까지 과제를 끝내지 못했다.

특수교육 대상자인 Gary는 일반학습의 읽기수업에 참여했다. 그가 4학년 읽기 수업에 참여한 첫째 날에 읽기 시험에 실패했다. 다른 학생들은 그를 놀렸고, 그는 특수학급을 떠나 일반학급에 가는 것을 거부했다.

교사 1년차인 Brice 씨는 중학교 사회수업에서 칭찬을 사용하기로 결정했다. 그녀는 제시간에 도착한 학생에게 일일이 과장된 칭찬을 하고 스마일 스티커를 나누어 주었다. 다음 날 아무도 제시간에 오지 않았다.

5 수준 Ⅲ: 바람직한 자극의 제거

반응대가 절차

반응대가(response-cost)는 행동을 감소시키기 위해서 강화인자를 제거할 때 발생한다. 절차 자체는 부적절한 행동에 대해 특정한 양의 강화인자를 철회하는 것으로 정의된다. 이 정의에 함축된 것처럼 "강화를 철회하는 기회를 제공하기 위해 일정 수준의 정적 강화가 준비되어야 한다."(Azrin & Holz, 1966, p. 392) 만일 반응대가의 사용으로 바람직한 행동이 감소된다면 강화의 철회는 벌인자로서 기능하는 것이다.

반응대가는 벌금수준 체계로 보일 수도 있다. 시청은 행동 통제 및 기금조성 수단으로 부적절한 행동에 대한 벌금체계를 만들어 놓고 있다. 시민으로서 우리는 강화인자 풀(벌어들인 돈)을 가지고 있다. 시청에서는 일정한 양의 강화자극을 어떤 부적절한 행동(아무 데나 버리기, 주차장이 아닌 곳에 주차하기, 과속하기)에 유관하여 철회한다. 이와 유사하게 McSweeny(1978)는 신시내티에서의 번호 안내 통화에 요금을 부과했을 때 번호 문의가 유의미하게 감소하였음을 보고하였다. 그리고 Marholin과 Gray(1976)는 직원의 봉급에서 현금 부족량을 차감했을 때 부족량이 급격히 줄어들었음을 발견하였다.

토큰 체계는 반응대가와 조합하여 사용될 수 있다. 만일 교사가 10문제를 바르게 푼 것에 대해 토큰 1개를 얻게 될 것이라고 학생들에게 알렸다면, 교사는 토큰 강화 체계를 적용하는 것이다. 한편, 교사가 학생들에게 토큰 10개씩을 나누어 주고 문제를 틀리게 풀 때마다 토큰 1개씩을 '회수할' 것이라고 알렸다면 교사는 반응대가 절차를 적용하는 것이다. 실제로 반응대가는 토큰 강화 체계와 가장 효과적으로(Bierman, Miller, & Stabb, 1987; Kazdin, 1994) 조합되어 사용된다. 그러한 조합 형식에서 학생들은 일단 강화인자 풀을 얻고 잘못된 행동에 대해 벌금으로 강화인자를 잃는다. 학생들은 미래의 강화인자에 지속적으로 접근한다.

반응대가는 교실에서 매우 융통성 있게 사용되는 것으로 알려져 왔다. 그것은 규칙 어기기, 과제 불이행, 과잉행동 같은 사회적 행동, 공격적 및 파괴적 행동, 교실 내 파괴적 및 과제 불이행 행동, 파괴적 및 역겨운 소리 내기, 대화 중 보속성 발화, 식탐을 수정하는 데에 사용되어 왔다(예: Conyers et al., 2004; DuPaul, Guevremont, & Barkley,

1992; Falcomata, Roane, Hovanetz, Kettering, & Keeney, 2004; Higgins et al., 2001; Kelley & McCain, 1995; Proctor & Morgan, 1991).

그것은 또한 수학 문제 완성 같은 학업 수행(Iwata & Bailey, 1974)과 지역사회에서의 직업훈련 활동(Rusch, Connis, & Sowers, 1978)을 개선시키는 데에도 사용되어 왔다. 반응대가 유관은 성인과 또래 모두가 집행하는 것으로(Dougherty et al., 1985) 학교와 가정 간(Kelley & McCain, 1995)에 협력적으로 사용되어 왔다. 이 절차는 개인뿐만 아니라 학생집단을 관리하는 데에도 사용되어 왔다(Mowrer & Conley, 1987; Salend & Kovalich, 1981). Salend와 Lamb(1986)은 읽기시간에 학습장애 학생 학급을 두 집단으로 나누었다. 각 기간의 시작점에서 각 집단은 미리 정해진 수의 토큰을 받았다. 집단 구성원이 부적절한 발음을 할 때마다 집단의 풀에서 토큰이 제거되었다. 반전설계로 실행된 이 연구에서 부적절한 발음의 수는 기초선의 평균 50에서 첫 번째 중재 기간에는 평균 4.2로 감소하였고, 두 번째 중재 기간에는 평균 34.8에서 2.9로 감소하였다.

반응대가의 문제점

반응대가 절차를 사용하는 데에는 많은 실질적 주의사항이 필요하다. 첫째, 교사는 일단 주어진 강화인자를 철회할 수 있는 기량을 가져야 한다. 먹는 1차 강화인자로 반응대가를 시도하면서 그것을 철회한다는 것은 분별없는 일일 것이다. 철회될 사탕 한 줌을 책상에 놓아두고 있는 학생은 첫 번째 부적절한 행동을 했을 때 모든 사탕을 즉각 먹어치우기 십상이다. 중학교에 부임한 지 얼마 안 된 교사가 축구에서 반칙을 하면 5개의 토큰을 회수할 것이라고 말한다면 학생은 '결코 못할 것'이라고 생각할지도 모른다. 그런 경우에는 물리적으로 회수할 필요 없이 철회할 수 있는 포인트를 사용하는 것이 좋다.

벌의 규모에 따라 철회될 토큰의 수나 포인트를 결정하는 데에도 세심한 주의가 필요하다. 연구결과는 혼합적인 권고를 제안하고 있다. 예를 들어, Burchard와 Barrera (1972)는 심한 벌칙을 사용한 반면, Siegel, Lenske 그리고 Broen(1969)은 미미한 벌칙을 사용하였다. 연구에서 둘 다 좋은 결과를 얻었다. 기억해야 할 중요한 것은 큰 벌칙이 토큰을 가치 없게 만들지도 모른다는 점이다. 만일 학생이 하루 종일 일한 대가가 벌칙으로 모두 없어질 수 있다는 것을 인식하게 된다면 그들은 더 이상 열심히 일하기 어렵다.

또 다른 문제는 모든 강화인자가 철회되는 경우다. 예를 들어, 하루 동안 9학년을 맡게 된 임시교사의 경우를 생각해 보자. 교육적 책임 외에 맨 먼저 떠오르는 생각 중의 하나는 점심시간까지 이어서 하자는 것이었다. 학생이 교실로 들어올 때 교사는 오전시간에 열심히만 한다면 30분의 자유시간을 줄 것이라고 말했다. 만일 오전 10시에 학생의 잘못된 행동에 대해 5분씩의 벌칙을 매긴다면 학생이 받게 될 자유시간은 거의 없어질지도 모른다. 일단 강화 체계의 가치가 이처럼 떨어지면 잘해 보고자 하는 학생의 에너지는 강화에서 멀어진다.

　　모든 관리체계에서와 같이 반응대가를 사용할 때는 학생이 행동 규칙과 위반 시의 벌칙에 대해 명백하게 이해해야 한다. 그렇게 함으로써 잘못 행동했을 때 교사가 위반과 벌칙에 대해 설명해야 하는 불필요한 긴 대화를 피할 수 있다.

　　교사는 반응대가 절차를 선택하기 전에 다음의 질문에 답해야 한다.

① 차별강화 전략 같은 좀 더 긍정적인 절차를 고려해 보았는가?

② 학생이 현재 강화인자 풀을 가지고 있는가?

③ 적절한 행동 규칙과 위반에 대한 결과(벌칙)가 명백하게 설명되고 이해되었는가?

④ 잘못된 행동에 대한 벌칙 규모의 비율을 숙고하여 결정하였는가?

⑤ 강화인자는 회복될 수 있는가?

⑥ 반응대가 사용과 관련하여 적절한 행동이 강화될 것인가?

> 반응대가 절차 작성 지침.

〈일화 9-6〉

반응대가 쿠폰

　　Calabash는 자신의 6, 7세반에서 반응대가 체계를 좀 더 구체적으로 운영하기 위해 그림 쿠폰을 토큰으로 사용하기로 했다. 교실을 나와 지역사회로 쇼핑을 가기 전에 네 명의 아동에게 각각 5장의 쿠폰을 주고 가방에 넣게 했다. 4장의 쿠폰에는 쇼핑에서 가질 수 있는 품목의 그림(음료수, 요거트 콘, 버스 좌석 그림-이것은 자신이 앉을 곳을 선택할 수 있는 것임, 뭔가를 살 수 있는 가게 그림)이 그려져 있었다. 다섯 번째 쿠폰에는 교실로 돌아왔을 때 선택할 수 있는 활동의 그림(퍼즐, 아이패드)이 그려져 있었다. 지역사회 쇼핑을 하는 동안 아동이 잘못된 행동을 하면 교사는 쿠폰 중의 한 가지를 빼앗았다.

타임아웃 절차

타임아웃 절차는 일정 기간 동안 학생에게 강화 받을 기회를 주지 않음으로써 행동을 감소시키는 절차이다. 타임아웃(time-out)은 정적 강화에서의 타임아웃(time-out from positive reinforcement)의 줄임 말이다. 교사는 타임아웃 절차를 사용하기 전에 적절한 행동에 대한 강화 후속결과가 교실 내에서 있어야 한다는 점을 명심해야 한다. 타임 아웃 절차는 강화인자에의 접근을 못하게 하는 방법에 따라 분류된다([그림 9-4] 참조). 비배제 타임아웃 절차가 적용될 때 학생은 교수가 일어나는 영역에 머물게 된다. 배제 타임아웃 절차가 적용될 때는 학생이 교수 영역에서 분리된다.

타임아웃 절차	
비배제 타임아웃 절차	**배제 타임아웃 절차**
학생은 교수/활동 영역에 남아 있다.	학생은 교수/활동 영역에서 분리된다.
• 환경적 조작 • 타임아웃 리본 • 유관 관찰 • 시각적 선별	• 방의 활동 영역에서 다른 장소로 즉각 배제 • 분리된 타임아웃 방

그림 9-4 타임아웃 절차의 분류

❖ 비배제 타임아웃 절차

비배제 타임아웃 절차에서는 학생이 교육환경에서 분리되지 않는 대신에 교사가 일시적 환경 조작을 통하여 학생이 강화인자에 접근하지 못하도록 한다. 교사는 경미한 문제에 직면할 때 가장 보편적으로 이 절차를 사용한다. 교사는 다른 사람과 말을 하거나 웃는 등의 상호 강화인자를 없애기 위해 책상에 머리를 대고 있게 하거나 방의 불을 끈다(Baron, Kaufman, & Rakavskas, 1967; Higgins et al., 2001). 가르치는 중에 학생이 부적절하게 행동하기 시작하면 교사는 교재교구(예: 음식그릇, 블록), 교사 자신, 짧은 기간 동안의 관심 등을 부적절한 행동에 따라 제거할 수 있다. 또한 자유놀이 시간에 통제할 수 없을 때 레코더를 끄거나 스쿨버스 안에서 자리 이탈을 할 때 라디오를 끄는 것으로 타임아웃을 실행할 수도 있다(Ritschl, Mongrella, & Presbie, 1972). 버스를 잘 탈 때 주던 강화인자를 제거하거나 언어적 촉구와 사회적 관심을 정지하는 것도 타임아웃이다(Huguenin, 1993).

자주 보고되는 비배제 타임아웃의 형태는 타임아웃 리본 모델이다. 이 절차는 학생 개인(Alberto, Heflin, & Andrews, 2002; Fee, Matson, & Manikam, 1990; Huguenin & Mulick, 1981; McKeegan, Estill, & Campbell, 1984; Salend & Maragulia, 1983)과 학생집단

(Foxx & Shapiro, 1978; Salend & Gordon, 1987)에게 사용되어 왔다. 집단수업에서 Foxx 와 Shapiro는 학생이 적절한 태도로 행동할 때는 리본 타이를 매도록 하였다. 학생이 잘못된 행동을 할 때는 리본을 제거하였다. 이러한 리본 제거는 교사의 관심이 종료 된다는 것과 학생이 활동에 참여할 수 없다는 것 그리고 3분 동안 강화인자에 접근하 지 못함을 의미한다. 지역사회 중심의 교수를 하는 동안 Alberto 등은 운동경기용 손 목밴드를 착용하게 했다. 손목밴드는 부적절한 행동을 할 때 제거되었다. 학생이 손 목밴드를 착용하고 있지 않을 때는 교사 옆에 서 있도록 하였고 수행할 아무런 과제도 주어지지 않았다. 말도 할 수 없고 사회적 관심도 받을 수 없었으며 정기적으로 지급 되던 토큰 배분도 받을 수 없었다.

실제로 리본, 배지, 벨트의 가죽끈, 스마일 스티커가 붙은 손목밴드 등의 다양한 타 임아웃 리본이 사용되어 왔다. Adams, Martin 그리고 Popelka(1971)의 연구에서는 학생의 잘못된 행동에 대해 교사가 녹음된 목소리를 틀었다. 목소리가 들리는 동안 학생들은 강화인자에 접근할 수 없다. 토큰 체계가 효과적인 교실에서는 일정 시간 동안 학생의 포인트 카드를 압수하고 있는 것이 강화로부터의 타임아웃 기간을 제공 한다.

비배제 타임아웃의 또 다른 형태는 유관 관찰(contingent observation)로서 학생을 활 동의 가장자리로 이동하게 하여 다른 학생들의 적절한 행동과 강화를 관찰할 수 있도 록 하는 것이다. Barton, Brulle 그리고 Repp(1987)은 중도장애를 가진 2명의 초등학 생을 대상으로 유관 관찰을 사용하였다. 학생이 잘못 행동하면 그들은 집단에서 제외 되지만 교실 활동을 관찰하는 것은 허락된다. 행동의 모든 예가 유관 관찰을 초래하 는 것은 아니다. 주어진 시간 간격 동안 미리 설정한 발생 수만큼 허락된다. 잘못된 행 동이 최고치를 능가할 때만 타임아웃이 사용되었다. 이러한 스케줄은 DRL 절차에서 사용된 것과 유사하다. White와 Bailey(1990)는 행동장애 학생과 4학년 일반 학생으 로 구성된 체육시간에 '앉아서 보기' 절차를 사용하였다. 앉아서 보는 동안 교사는 학생을 활동에서 제외하여 그 이유를 설명하였다. 학생은 타이머를 들고 다른 학생들 과 떨어진 구역으로 가서 운동장에 앉아 타이머를 틀었다. 약 3분 동안 '앉아서 보기' 를 하도록 놓아둔 후에 학생을 수업에 다시 합류하도록 허락한다. 교사의 요청에 따 라 후속 절차는 잃어버린 특권의 형태로 가능하다. Twyman, Johnson, Buie 그리고 Nelson(1994)은 정서 및 행동 장애를 가진 초등학생의 소리 지르기, 이탈하기, 과제 불이행, 불순종, 직원이나 또래에게 음성적 혹은 신체적 경멸 표시하기 등에 사용한 좀 더 억제적인 유관 관찰 대안을 설명하였다. 학생은 환경 내의 책상, 의자, 바닥에 있거나, 벽을 등지고 있거나, 혹은 그냥 서 있다. 각 경우에 학생은 '손과 발을 적절하게' 유지하도록 하고 있어야 하며 머리는 양팔 사이에 끼워 넣고 있어야 한다. "학생의 자세가 시각적 관찰을 방해하지만 학생은 집단의 활동과 다른 사람들에게 주어지는 강화를 들을 수 있다."(p. 247) (주: 이 연구에서 관찰하는 동안에 부적절한 행동에 대해 포인트 손실이 있을 것이라는 사실을 학생에게 경고하는 것은 직원과 학생 간의 부정적 상호작용을 증가시키는 결과를 낳았다.)

❖ 배제 타임아웃 절차

배제 타임아웃은 강화에 접근하지 못하게 하는 방법으로 학생을 활동에서 제외시키는 것이다. 학생은 다른 방으로 가도록 조치되지만, 학생을 교실에서 완전히 제외시키는 것이 항상 필요한 것은 아니다. 배제는 학생을 교실 내 한 활동 영역에서 다른 활동 영역으로 이동시키는 것으로도 이루어질 수 있다. 관찰과 강화되는 행동의 후속 모델(유관 관찰에서와 같이)은 이 절차의 구성요소가 아니다. 학생은 집단에서 떨어져 있는 의자로 가거나 벽을 보는 자세로 혹은 교실의 차단된 영역으로 제외된다. 이 절차는 공격적이고 파괴적인 행동, 울화, 불순종(LeBlanc & Matson, 1995; Luiselli, 1996; Reitman & Drabman, 1999; Roberts, 1988)을 나타내는 유아에게 사용되어 왔다. Baer, Rowbury 그리고 Baer(1973)는 변형된 배제를 사용하였다. 학생이 토큰을 얻는 활동에서 잘못 행동하면 학생을 활동에 접근하지 못하는 교실의 중간에 있게 하고 토큰 얻는 것을 못하게 한다. 또 다른 변형에서는 학생이 공격적 행동을 나타냈을 때 학생을 놀이 영역 밖의 의자로 이동시키고 학생이 조용히 앉을 때까지 5초 동안 교사가 학생 옆에 서 있는다. 타임아웃 영역에 있는 동안 학생에게는 놀이 영역으로 되돌아가는 것이 허락될 때까지 좋아하지 않는 과제(구슬 3개 꿰기)를 수행하도록 요구한다. 이러한 과제의 추가는 교사 관심의 강화 가치를 감소시키기 위한 의도였다(Richman et al., 1997).

최근 공립학교에서 잘 사용하지 않는 배제적 절차는 타임아웃 방을 사용하는 절차다. 이 절차는 잘못된 행동에 따라 학생을 교실에서 사회적 고립이 되는 방으로 가게 하는 것이다. 이 방에는 교사나 급우 또는 교실환경과 교재교구 등 교실에서의 모든 가능한 강화인자에의 접근이 차단된다. 이러한 절차는 때로 은둔 타임아웃이라고 한다. 이 절차는 신체적 공격과 기물 파괴 같은 행동을 위해 마련해 둔다(Costenbader &

Reading-Brown, 1995, Vegas, Jenson, & Kircher, 2007).

불행히도 타임아웃 방은 잘못 사용되거나 관리되어 왔다. 따라서 그 사용이 부정적 명성의 대명사가 되거나 심지어는 소송 대상이 되어 왔다(Cole v. Greenfield-Central Community Schools, 1986; Dickens v. Johnson Country Board of Education, 1987; Hayes v. Unified School District No. 377, 1989; Honig v. Doe, 1988). 타임아웃 방을 사용하는 전략에 대한 결정은 교사 혼자 할 수 있는 것이 아니다. IEP 혹은 행동관리위원회에서 사전에 행동관리와 타임아웃 방 사용에 관한 구체적인 내용을 논의하고 부모를 포함한 관련인들로부터 허락을 받아야 한다. 타임아웃 방을 사용하는 것에 대해 논의할 때는 학교 당국의 정책과 절차도 고려되어야 하고 타임아웃 방 사용 절차에 관한 윤리적 문제를 논의한 Gast와 Nelson(1977a, 1977b)과 같은 선행연구도 참고해야 한다.

우리들 대부분은 우리의 행동을 변화시키기 위해 선생님이 우리를 복도로 내보냈던 것을 기억할 수 있을 것이다. 다음의 일화는 이에 관한 Sutton 선생님의 예다.

〈일화 9-7〉

Sutton, 타임아웃을 시도하다.

2학년 교사인 Sutton은 타임아웃에 대해 읽고 있었다. 그녀는 Aaron이 다른 학생을 때리지 못하도록 이것을 사용해야겠다고 생각하고 교실 밖 복도를 타임아웃 장소로 사용하기로 했다.

이후에 Aaron이 누군가를 때렸을 때 Sutton은 "Aaron, 다른 친구를 때렸어. 타임아웃해야겠다."라고 말하고 복도에 있는 의자에 그를 앉게 한 후 교실로 돌아왔다. 약 1시간쯤 후에 시간이 다 되어 그에게로 가서 교실로 들어가도록 했다. Aaron은 교실에 와서 의자에 앉기도 전에 Elaine을 때려서 다시 또 복도로 갔다. 이러한 양상이 오전 내내 계속되었다.

Aaron은 대부분의 시간을 복도에서 지냈고 나머지 시간에는 다른 사람을 때렸다. Sutton은 타임아웃이 비효과적인 절차라고 판단했다. 그날 이후, Sutton은 Aaron이 Elaine에게 말하는 것을 들었다. "야, 나는 이걸로 모든 것을 해결할 수 있어. 내가 너를 때리면 나는 복도에 가서 앉을 거고, 나는 과제를 하지 않아도 되게 되지. 게다가 복도에 다니는 모든 사람과 얘기할 수도 있어. 교장 선생님이 오셔서 지금 뭐하고 있는 거냐고 물은 적도 있어. 내가 말씀드렸지!"

타임아웃은 교실 내에 정적 강화가 없는 경우나 학생이 타임아웃에서 과제를 회피하는 경우, 그리고 타임아웃 동안에 강화가 이루어지는 경우에는 효과적이지 않을 것이다.

타임아웃을 비효과적으로 만드는 요소

"나는 정말 이해를 못하겠어요, 선생님. 타임아웃은 더 이상 먹히지 않는다고요."

6 수준 Ⅳ: 혐오자극의 제시

부모와 교사에게 혐오적 후속결과의 제시가 매력을 갖는 것은 무엇 때문인가?

부적절한 행동에 대한 후속결과로서 혐오자극을 제시하는 것이 일반적인 벌(punishment)의 개념이다. 교사들은 벌을 거의 반사적으로 사용한다. 아마도 많은 사람들이 가정과 학교에서 소리 지르기나 때리기로 단련되었기 때문에 다른 사람의 부적절한 행동을 소리 지르기나 때리기로 다루는 것을 배우게 되는데, 특히 상대방이 신체적으로 더 작은 경우에 그러하다. 좀 더 기능적인 견지에서 이러한 벌이 자주 사용되는 이유는 세 가지 강력한 이점이 있기 때문이다. 첫째, 혐오자극의 사용은 행동발생을 신속하게 정지시키고 오래도록 효과를 가진다(Azrin, 1960). 울화를 나타내는 아이가 갑자기 등을 얻어맞으면 아마도 즉각 멈출 것이다. 교실 뒤에서 잡담을 하고 있는 학생에게 교사가 소리치면 그들은 잡담을 멈출 것이다. 둘째, 혐오자극의 사용은 수용할 수 있는 행동과 수용할 수 없는 행동 간의, 혹은 안전한 행동과 위험한 행동 간의 명백한 변별을 제공하므로 학습을 촉진시킬 것이다(Marshall, 1965). 침을 뱉다가 혼이 난 학생, 자해행동으로 팔에 충격을 겪은 학생, 길을 건너다 자동차에 스친 학생 등은 명백하고도 즉각적으로 행동의 부적절성을 알게 된다. 셋째, 학생의 부적절한 행동 후의 혐오적 후속결과는 다른 학생들에게 그러한 행동을 한 결과가 무엇인지를 보여 주므로 다른 학생이 그 행동을 할 가능성을 줄여 준다(Bandura, 1965).

이러한 이점이 있음에도 우리는 교실이나 가정 혹은 기관에서 혐오적 후속결과(특히 신체적 접촉)를 일상적인 관리 절차로 사용하는 것을 권장하지 않는다. 그것을 사용한 결과로 얻어지는 행동 효과에 대해 우리는 미미하게 알고 있을 뿐이다. 신체적 혹은 다른 강한 혐오적 후속결과는 가장 극적인 부적절한 행동에 대해서만 정당화된다. 그것은 안전이 위협받거나 심각한 행동 문제가 오래되었을 때에만 적절하다. 혐오적 후속결과는 적절한 안전과 절차적 안내지침을 고려한 후에 한정적으로 사용되어야 한다. 안내지침에는 최소한 다음의 사항이 포함되어야 한다.

① 표적행동을 수정하기 위한 비혐오적 절차의 적용 실패 증거
② 합당한 절차를 통한 학생의 부모나 법적 보호자의 고지된 승인 및 승인 철회 보장(Rimm & Masters, 1979)
③ 자격 있는 전문가가 계획한 혐오 절차의 실행 결정
④ 절차의 효과와 가능한 한 빨리 절차의 중단을 검토하기 위한 예정 시간표
⑤ 절차 실행자의 일관성 있고 신뢰성 있는 관리를 보장하기 위한 정기적 관찰
⑥ 훈련의 도달 가능성이 증가하고 있는 것에 대한 증거와 절차의 효과에 대한 기록
⑦ 예정된 실행자의 절차 관리(실행자는 절차에 교육을 포함하고 절차의 사용에 관한 출판된 연구를 검토해야 하며, 특정 절차 사용지침 및 가능한 부정적 효과에 익숙해져야 한다)
⑧ 혐오자극을 사용하는 프로그램의 일부분으로서 기회 있을 때마다 양립불가 행동에 대한 정적 강화

Krasner(1976)는 효과와 수용 가능성 간의 중요한 차이점을 지적하였다. 의문스러운 것은 혐오적 절차의 효과가 아니라 부모, 일반인 그리고 많은 전문가가 갖는 절차의 수용 가능성이다. 혐오적 후속결과와 관련된 기법은 많은 사람들에게 관심을 야기한다. 어떤 전문가는 혐오적 기법이 언제나 부적절한 것이라고 믿는다. 또 어떤 전문가는 자해행동에 대한 혐오적 기법의 사용은 자격 있는 안전요원이 실행할 때만 수용 가능하다고 믿는다. 그러나 교실의 일상적 관리 절차로서 그러한 강렬한 조처가 수용될 수 있는지, 혹은 수용되어야 하는지는 의심스럽다.

Grundy 교수, 데자뷰를 경험하다

Grundy의 아내는 개의 복종 훈련에 대한 수많은 조사를 했다. 그녀는 Oattis가 애완견 훈련소의 강사라는 것을 알아내고 애완견인 Burrhus와 Grundy 교수를 8주 수업에 등록시켰다. 어느 월요일 저녁, 교수와 개는 이전에 편의점이었던 곳을 초록색 고무 매트로 새롭게 단장한 곳에 서 있었다. 그곳은 한쪽 벽에 낡은 의자들이 놓여 있었고 훈련방과는 작은 문으로 나뉘어 있었다.

Oattis는 자신을 소개하고 기본적인 학교 규칙–용변 보는 곳과 빠진 수업을 보충하는 법–에 대해 이야기했다. 그녀는 주인이 자신의 개를 잘 통제할 것과 다른 개와의 거리를 최소한 6피트 정도 유지할 필요가 있다는 것을 강조했다. 교수 옆에 있던 갈색의 활동적인 큰 개가 계속 Burrhus를 탐색했고 주인인 교수를 잡아당겼다. 강사는 주인에게 개를 잘 통제하라고 말하고 계속 소개 시간을 가졌다.

"우리는 개들이 학습하도록 많은 칭찬과 먹을 것을 사용할 거예요. 조작적 조건화(교수는 매우 주의 깊게 듣기 시작했다)에서는 그것을 정적 강화라고 부르죠. 조작적 조건화는 가장 최신의 현대적인 개 훈련법입니다. 배우는 게 어렵지 않아요. 내가 여기서 여러분에게 가르쳐 드릴 겁니다. 개가 부적절하게 행동하면 그것을 수정할 수도 있습니다. 여러분은 이것이 왜 필요하고 이것을 어떻게 효과적으로 사용하는지에 대해 배울 것입니다. 또한 형성뿐만 아니라 단서와 신호, 촉구 등도 사용할 겁니다. 이런 새로운 용어들에 대해 염려하지 마십시오. 바로 알게 될 겁니다."(교수는 귀를 기울였다.) 갈색 큰 개는 Burrhus에 대한 탐색을 끝내고 교수에게 뛰어올랐다. Oattis가 조용히 말했다. "교정을 시범 보일 좋은 기회예요." 그녀는 큰 갈색개 주인 곁으로 성큼성큼 걸어가 주인으로부터 가죽끈을 받았다. 개가 다시 교수에게로 뛰어오르려고 하자 강사는 단호한 목소리로 "안 돼!"라고 하면서 가죽끈을 잡아당겼다. 개는 바닥에 네 발을 디디고 서서 우스운 듯 강사를 바라보았다. "착하다." 그녀가 부드럽게 말했다.

"보셨죠." Oattis가 말했다. "개가 행동을 잘 못했지만 개의 목줄을 잡아당겨 뛰어오르는 것을 막았죠. 이제 녀석에게 앉는 것을 가르칠 거고, 그러면 녀석은 킁킁거리며 냄새를 맡거나 다른 사람이나 개한테 뛰어오르는 행동 대신 어떻게 해야 하는지를 알게 될 겁니다."

그러자 개의 주인이 벌떡 일어났다.

"정말 끔찍하네요." 그녀가 꾸짖듯 말했다. "개 훈련에 관한 가장 유명한 테이프를 보았는데 거기서 말하기를 우리는 결코 개를 교정해서는 안 된다고 했습니다. 이건 너무 비인간적이고 개와의 관계를 망가뜨리는 일입니다. 우리는 오로지 칭찬과 먹을 것으로만 개를 훈련시킬 수 있습니다. 당신은 내 개를 학대했고 나는 당장 나가겠어요. 요금을 물러 주세요."

교수는 최근 전문가 회의에서 목격한 장면을 떠올렸다.

"세상에나, 같은 문제, 같은 분노인 걸!" 그는 중얼거렸다.

혐오자극의 형태

혐오자극(aversive stimulus)은 무조건 혐오자극과 조건 혐오자극의 두 가지로 분류된다. 무조건 혐오자극(unconditioned aversive stimulus)은 학생에게 신체적 고통이나 불편함을 끼치는 것으로 고통을 야기하는 어느 것이든 포함된다. 뜨거운 난로에 닿는 것과 같은 자연적으로 발생하는 후속결과나 전기충격의 적용 같은 고안된 후속결과 등이 포함된다. 이러한 자극은 이전의 경험이 필요 없이 행동변화를 즉각적으로 가져오기 때문에 보편적인, 자연적인, 혹은 학습되지 않은 벌인자라고도 한다. 무조건 혐오자극은 또한 불쾌함, 불편함, 초조함 등의 후속결과를 포함한다. 이러한 혐오적 후속결과에는 큰 소리나 거친 말, 물질 사용, 신체적 통제 등도 포함된다. 이러한 후속결과는 교실에서 사용하기에는 적절하지 않다. 단순히 행동의 형태보다는 행동의 기능에 근거한 중재의 효과를 인식하기 전에는 매우 심각한 행동에 대해 이러한 중재가 필요했다. 물질 사용의 예는 심각한 자해행동을 하는 아동에게 물분무를 하는 것 혹은 반추장애나 이식증을 가진 아동의 혀에 레몬즙을 떨어뜨리는 것이다(예: Apolito & Sulzer-Azaroff, 1981; Bailey, Pokrzywinski, & Bryant, 1983; Becker, Turner, & Sajwaj, 1978; Dorsey, Iwata, Ong, & McSween, 1980; Mayhew & Harris, 1979). 신체적 통제는 표적행동을 억제하기 위해 직접적인 신체적 중재가 요구되는 절차다. 여기에는 유관훈련과 신체적 속박의 두 가지 절차가 포함된다. 유관훈련은 표적행동에 대한 후속결과으로 학생에게 팔굽혀펴기 같은 신체적 활동을 요구하는 것이다. 이 절차는 자해와 공격 행동(예: DeCatanzaro & Baldwin, 1978; Kern, Koegel, & Dunlap, 1984) 훈련 하사관을 괴롭히는 신병의 행동에도 사용되어 왔다. 신체적 속박은 원래 자해행동(예: Matson & Keyes, 1988; Pace, Iwata, Edwards, & McCosh, 1986)에 사용되었다. Harris(1996)는 직접적 속박, 기계적 속박, 그리고 자기 속박의 세 가지로 속박를 분류하였다. 직접적 속박은 사람이 힘이나 압박을 가하여 이동을 제지하는 것이다. 여기에는 학생의 손을 자신의 옆에 두도록 하는 것, 학생의 등이나 어깨에 압력을 가하는 것, 움직이지 못하도록 '얼싸안는' 것이 포함된다. 대부분의 교육자들은 만일 신체적 속박이 필요하면 의자에 직접적 속박을 하는 것이 바닥에의 직접적 속박을 포함한 다른 방법보다 더 좋다는 데에 의견을 같이한다(McDonnell & Sturmey, 2000). 기계적 속박은 팔의 부목이나 맞춤옷 같은 고안품을 이용하는 것이다. 자기 속박은 바닥이나 가구에 자신의 팔을 누르기, 자신의 팔을 옷으로 감싸기, 기계적 고안품을 스스로 사용하기 등과 같이 자신의 움직임을 제지하기 위한 개별적 동작을 의미한다(예: Hyman, Oliver, & Hall, 2002; Oliver, Murphy, Hall, Arron, & Leggett, 2003; Pace et al., 1986; Silverman, Watanabe, Marshall, & Baer, 1984). 자기 속박과 자해 그리고 강화 간의 관계에 대한 논의는 Fisher와 Iwata(1996)나 Isley 등(1991)을 참고하라.

Schloss와 Smith(1987)는 신체적 속박 사용에 관한 몇 가지 제한점을 제안하였다.

① 속박은 대체행동에 대한 강화를 하지 않는다.
② 수동의 속박이 부적절한 행동을 강화할 수 있으며, 그로 인해 부적절한 행동의 미래 발생 가능성이 증가한다.
③ 일단 학생이 어떤 반응이 신체적으로 방해받을 것임을 알고 나면 그것을 수행하고자 하는 노력이 증가하기 쉽다.
④ 실행은 학생이나 교사에게 해가 될지도 모른다.

신체적 속박은 일반적으로 논란이 매우 많은데, 특히 학교에서의 사용은 더욱 그렇다. 미의회에서는 아직도 2009년에 제출된 학교에서의 구속 및 격리 예방법(Preventing Harmful Restraint and Seclusion in Schools Act)의 입법을 보류하고 있다. 만일 이 법이 통과되면 공립학교에서의 구속과 격리 사용에 대한 기본적인 기준, 지침, 제한점 등이 설정될 것이다.

조건 혐오자극(conditioned aversive stimuli)은 무조건 혐오자극과 짝지어져 혐오적인 경험으로 학습된 자극이다. 여기에는 말다툼과 경고, 목소리, 몸짓 등과 같은 후속결과가 포함된다. 예를 들어, 엉덩이를 두들겨 맞는 아동은 그것과 짝지어진 소리 지르기를 경험한다. 소리 지르기는 고통과 연관된다는 경험이 아동에게 증명되기 때문에 소리 지르기는 조건 혐오자극이 된다. 조건 혐오자극과 연관된 고통은 흔히 또래의 놀림이나 당황함과 같은 심리적, 사회적 고통이나 불쾌감이 될 수도 있다.

언어적 질책(고함치기 혹은 꾸짖기)은 교실에서 사용되는 가장 일반적인 형태의 조건 혐오자극이다(Thomas, Presland, Grant, & Glynn, 1978; White, 1975). 이것은 두 가지 즉각적인 결과에 의한 것이다. 첫째, 고함치기나 꾸짖기는 학생이 하고 있는 파괴적 행동을 일시적이지만 즉각적으로 종료시킨다. 둘째, 그것이 교사에게 부적 강화를 제공한다. 교사는 자신이 파괴적 행동을 종료하게 만들었고 행동관리를 잘하고 있다고 생각하게 된다(Cooper, Heron, & Heward, 2007; Alber & Heward, 2000). 언어적 질책에 관한 연구에서는 눈맞춤이나 '세게 잡기', 반복적으로 하기보다는 한 번에 하기, 학생의 멀리에서 하기보다는 가까이에서 하기 등이 질책의 효과에 영향을 미치는 요인이라고 밝혔다. 과연 질책을 받는 학생만 들을 수 있는 조용한 질책은 교실의 모든 학생이 들을 수 있는 큰 소리로 "안 돼."라고 말하는 것만큼 효과적이다(O'Leary, Kaufman, Kass, & Drabman, 1970; Van Houten, Nau, Mackenzie-Keating, Sameoto, & Colavecchia, 1982). 언어적 질책은 학생의 행동을 즉각 멈추게 하지만 행동을 상승시키는 결과를 가져올 수 있다. 다음의 예를 보자. Mace, Pratt, Prager 그리고 Pritchard(2011)는 게임을 하기 위해 컴퓨터에 가까이 가는 학생에게 "안 돼."라고 말하는 다음의 세 가지 방법을 적용하였다. (1) "안 돼."라고 말하면서 컴퓨터에 접근하는 것을 막고 그 이유를 설명하기. 예컨대, "다른 사람이 지금 컴퓨터를 사용하고 있기 때문에 너는 사용할 수가 없어." (2) 컴퓨터에 접근하는 것을 막고 좋아하는 대안적 활동을 할 수 있는 기회를 제공하기. 예컨대, "다른 사람이 컴퓨터를 사용하고 있기 때문에 지금은 컴퓨터를 사용할 수 없지만 다른 게임을 할 수는 있어." (3) 컴퓨터에 지금 접근하는 것을 막고 학생이 별로 좋아하지 않는 활동을 완성하면 컴퓨터를 할 수 있다는 지연된 허락을 하기. 예컨대, "다른 사람이 컴퓨터를 사용하고 있기 때문에 지금은 컴퓨터를 사용할 수 없지만 네가 수학 문제를 다 풀면 컴퓨터를 사용할 수 있어." (2)나 (3)과 같은 선택을 제공하는 대안적 방법으로 "안 돼."라고 말하는 것은 학생의 부적절한 행동을 어느 정도 제한시켜 줄 수 있다.

만일 무조건 및 조건 혐오자극을 행동 감소 프로그램에서 후속결과로 사용한다면 가능한 한 효과적으로 사용하여야 한다. 기능적 정의에서 지적된 바와 같이 교사는 후속결과를 적용하는 데에 일관적이고 즉각적이어야 한다(Azrin, Holz, & Hake, 1963). 행동 규칙은 이전에 언급되었던 유관, 즉 '만일~ 이면' 문장의 인과관계와 명백하게 연관되어야 한다. 학생은 혐오적 후속결과가 임의로 적용되지 않는다는 것을 이해해야 한다. 적용을 즉각적으로 하는 것은 학생에게 유관의 진실성을 확신시켜 주고 특정 행동과 그 후속결과 간의 연관성을 강조해 준다.

일관성과 즉각성을 확실하게 하는 것 외에도 교사는 벌을 확장하는 것을 피해야 한다. 후속결과는 빠르고 직접적인 것이어야 한다. 때로 교사는 행동을 분석하고 후속결과를 조정하게 되어 몇몇 아동에게는 잊어버리고 '그렇게 하지 마라.'고 순하게 말하는 것으로 끝내는 경우가 있다. 말이 벌인자인 학생에게는 다른 대부분의 학생들이 무시하는 몇 마디('복도에서 뛰지 마라.' 등)가 15분 강의보다 더 효과적일 수도 있다.

벌은 혐오자극의 강도가 처음에 최강도로 주어지지 않고 점진적으로 증가될 때 훨씬 덜 효과적이다(Azrin & Holz, 1966). 강도를 점진적으로 증가시키면 학생은 이전의 강도에 습관화되거나 둔감화되는 기회를 갖게 된다. 그러한 점진적 습관화는 결국 교사로 하여금 학생의 잘못된 행동을 종료시키기 위해 필요하다고 생각되었던 것보다 훨씬 강한 수준을 집행하게 한다.

혐오적 조건에서 도피하려는 시도는 실제로 자연스러운 반응이다. 만약 벌이 학생의 바람직하지 않은 행동을 변화시키는 데에 효과적이라면 교사는 학생이 혐오자극에서 도피하지 못하도록 환경을 조정해야 할 것이다(Azrin, Hake, Holz, & Hutchinson, 1965; Bandura, 1969).

부적절한 행동에 대한 벌 프로그램에 포함되는 가장 중요한 요소는 벌을 적절한 행동의 강화와 연계하여 사용하는 것이다. 벌은 학습요소를 거의 갖지 못한다. 결과적으로 학생이 배우는 것은 행동을 하지 말아야 한다는 것뿐이다. 적절한 행동을 강화하는 것은 학생에게 적절한 혹은 기대되는 행동을 가르칠 뿐만 아니라 성공적이고 강화적인 경험 기회를 제공한다.

혐오자극의 단점

혐오적 후속결과의 단점은 즉각적인 효과를 가진다는 장점보다 훨씬 중요하다. 그러한 절차에 대한 다음의 제한점은 교사로 하여금 혐오자극의 사용을 선택하기 전에 매우 신중하게 고려해 보도록 만든다.

① 공격적 벌인자에도 불구하고 학생은 세 가지 행동 선택사항을 가진다.
　　a. 학생은 되받아칠지도 모른다(예: 교사에게 소리 지르기, 신체적인 공격). 학생의 반응은 상황을 어렵게 만드는 계기가 될 수도 있다.
　　b. 학생은 위축되거나 벌인자를 무시하거나 나머지 다른 시간에도 무시하는 채로 남아 있어 아무것도 학습하지 못할 수도 있다.
　　c. 학생은 행동을 도피하고 회피하게 될지도 모른다. 일단 학생이 교실 밖으로 나가면 교실 내의 벌인자는 즉각적인 효과를 가지지 못할 수 있다.
② 우리는 가장 기본적이고 강력한 교수와 학습이 모델링이나 모방을 통하여 일어난다는 것을 알고 있다. 교사는 존경과 권위의 대상이기 때문에 학생은 그의 행

동을 면밀히 관찰한다. 교사의 반응은 다양한 상황에 대한 성인 행동의 모델이 될 수 있다. 소리 지르거나 때리는 교사는 결과적으로 성인들이 환경 내의 바람직하지 않은 행동에 반응하고 대처하는 방법이 소리 지르고 때리는 것임을 학생에게 말하는 것이다. 학생은 그러한 모델을 통하여 부적절하고 공격적인 행동 형태를 배울지도 모른다. Sobsey(1990)가 지적한 바대로 벌이 야기하는 공격성은 더욱 부적절한 행동을 초래하고 개인과 공격의 대상 모두에게 해가 되는 결과가 될 수 있다.

③ 만일 학생이 자신의 행동이 벌받고 있음에 대해 이해하지 못했다면 그는 두려워하게 되고 교사를 포함하여 벌이 발생한 환경 전체를 피하게 될지도 모른다.

  a. 책상 줄 사이를 왔다 갔다 하면서 학생을 겁주는 교사를 생각해 보자. 교사는 곧 공포의 대상이다.

  b. 갑자기 밤에 방에서 자지 않으려는 시설의 어린 소녀를 생각해 보자. 아이는 밖으로 나올 때까지 울고 소리 질렀다. 결국 시설 직원이 낮에 아이의 나쁜 행동에 대해 방으로 가서 때려 준 사실이 밝혀졌다.

④ 교사가 벌인자로 고려하는 많은 상호작용은 정적 강화인자로서의 기능을 가진다. 아동은 성인이 통제력을 잃도록 만들고 우스운 모습을 보는 것이 매우 재미있다는 것을 알게 될 수도 있다.

벌의 단점은 다음의 예에서 설명되어 있다.

Grundy 교수, Dennis에게 한 가지 혹은 두 가지를 가르치다

Grundy 교수의 다섯 살 된 조카 Dennis는 교수의 집에서 일주일을 보냈다. Dennis의 한 가지 나쁜 버릇은 침대에서 뛰는 것이었다. Grundy의 아내는 Dennis에게 하지 말라고 했지만 아무 소용이 없었다.

Grundy 교수가 안락의자에 앉아 파이프 담배를 피우면서 학술지를 읽고 있다가 손님방 침대에서 삐걱삐걱거리는 소리를 들었다. 그가 말했다. "여보, 이제 때가 온 거 같아요. 파리채 어디 있어요?"

"여보, 애를 때리지는 않을 거죠, 그렇죠?" 아내가 말했다.

"물론 아니지. 난 그저 강도 높은 무조건 혐오자극을 유관적으로 줄 뿐이야."

406

"여보, 처음이니 그냥 침대에서 뛰지 않으면 먹을 것을 줍시다."

교수는 파리채를 손에 들고 까치발로 살금살금 걸으며 손님방으로 갔다. Dennis는 여전히 아주 행복하게 침대에서 점프를 하고 있었다. Dennis는 등을 보이고 있어서 교수를 보지 못했다. Grundy는 강력한 혐오자극을 보이면서 "침대에서 점프하지 마라!"라고 단호하게 말했다. Dennis가 울었다.

"이것이 Dennis에게 한두 가지를 가르쳐 줄 것 같아요." 실제로 Dennis는 더 이상 침대에서 뛰지 않았다. Grundy 교수는 주말 내내 집에 있었는데 침대 스프링 소리는 듣지 못했다.

월요일, 교수가 학교에서 집으로 돌아왔을 때, 아내가 문에 나와 있었다.

"여보, 당신이 어떤 한두 가지를 Dennis에게 가르치려고 했는지 모르겠지만, 그가 배운 확실한 한 가지는 당신이 집에 있을 때는 침대에서 뛰지 않는 거예요. 녀석이 하루 종일 점프했어요!"

Dennis처럼, 학생이 혐오자극을 사용하는 벌에서 배우게 되는 것은 벌을 준 사람이 있을 때 그 행동을 하지 않는 것이다. 그들은 잡히지 않는 것을 배운다! 적절한 행동을 배우지는 않는 것이다. 혐오자극을 과도하고 부적절하게 사용하는 중재에 관심이 높아지면서 여러 전문가 단체에서는 그 사용에 관한 입장 표명을 하였다.

7 과잉교정

과잉교정(overcorrection)은 행동 감소를 위한 적절한 행동훈련 절차로 발달되었다. 적절하거나 옳은 행동은 과잉 경험을 통하여 학습된다. 과잉교정의 이러한 특성은 학생이 잘못된 행동을 바로잡지만 적절한 행동에 대한 과장되거나 확장된 훈련을 요구하지 않는 단순한 교정 절차와는 다르다.

과잉교정 절차에는 두 가지 기본적 형태가 있다. 복원 과잉교정(restitutional overcorrection)은 학생의 잘못된 행동으로 인해 주위 환경이 어지럽혀졌을 때 사용된다. 학생은 자신이 어지럽혀 놓은 주위 환경을 바로잡아 놓아야 한다. 긍정연습 과잉교정(positive-practice overcorrection)은 행동의 형태가 부적절할 때 사용된다. 이 절차에서 학생은 적절한 행동을 과장되게 연습한다(Foxx & Azrin, 1973a).

복원 과잉교정

복원 과잉교정은 학생이 어지럽힌 환경을 원래의 상태로뿐만 아니라 그 이상으로 복구하거나 수정하는 것을 요구하는 절차다. 예를 들어, 교사가 학생이 종이뭉치를 던지를 것을 보았을 때 "Michael, 그것을 집어서 휴지통에 넣어라."라고 말하는 것은 단순 교정이지만, "Michael, 그것을 집어서 휴지통에 넣고 바닥에 떨어진 모든 휴지를 주워라."라고 말하는 것은 복원 과잉교정이다.

이러한 환경적 복원 형태는 Azrin과 Foxx(1971)가 배변훈련 프로그램의 일부로 사용하였던 것이다. 아동이 실수를 하면 옷을 벗어 빨고, 마르도록 널어놓은 후 샤워를 하고, 새 옷을 가져와서 입고, 변기를 청소하는 것이다. Azrin과 Wesolowski(1974)는 훔치는 행위를 없애기 위해서 훔친 물건뿐만 아니라 추가로 다른 물건까지 주인에게 돌려주도록 하는 변형된 형태를 사용하였다.

Rusch와 Close(1976)의 검토에 따르면 복원 과잉교정 기법은 다음과 같은 다양한 부류의 파괴적 행동을 감소시키는 데에 사용되었다.

① 사물이 어지럽혀졌거나 배치가 달라진 경우 어지럽혀진 사물뿐만 아니라 그 영역 내의 모든 사물(가구 같은)을 바로 해 놓는다.

② 누군가가 다른 사람을 괴롭히거나 싸운 경우 괴롭히거나 싸운 사람만이 아닌 그곳에 있었던 모든 사람에게 사과하게 한다.

③ 사람을 물거나 못 먹는 것을 씹는 것과 같은 비위생적 접촉으로 스스로 상처를 입혀서 구강 감염을 일으킨 경우 구강 소독제로 입을 완전히 씻어 내게 한다.

④ 비명 지르기 같은 소동으로 흥분한 경우 반드시 조용히 해야 하는 시간을 부과한다.

긍정연습 과잉교정

자폐와 유사해 보이는 긍정연습 과잉교정은 때로 자폐 반전으로 불린다.

긍정연습 과잉교정에서는 부적절한 행동을 한 학생에게 적절한 행동을 과장되게 혹은 지나치게 연습시킨다. 예를 들어, 줄을 서기 위해 뛰는 학생에 대해 제자리로 왔다가 다시 줄을 서게 하는 교사는 단순 교정을 사용하는 것이고, 제자리로 왔다가 줄을 서는 연습을 몇 차례에 걸쳐 시키면서 바르게 행동하는 방법에 대한 규칙을 외우게 하는 교사는 긍정연습 과잉교정을 사용하는 것이다.

이 절차가 의도하는 교육적 본질을 확실히 하기 위해서 연습은 부적절한 행동과 유사한 형태의 적절한 대안행동이 되어야 한다. Azrin과 Foxx(1971)는 학생에게 많은 양의 음료수를 제공하여 방뇨 빈도를 인위적으로 증가시킨 배변훈련 프로그램에 긍정훈련 절차를 사용하였다. 이 기법은 연습과 강화의 기호를 증가시켰다. Azrin과 Wesolowski(1975)는 학생에게 여러 개의 의자에 앉는 연습(물론 한 번에 한 개의 의자에)을 오랜 시간 시킴으로써 바닥에 엎드리는 행동을 제거하였다.

긍정연습은 이 갈기(Steuart, 1993), 상동행동(Denny, 1980; Doke & Epstein, 1975), 공격성(Adams & Kelley, 1992; Luiselli & Rice, 1983) 같은 부적절한 행동에 사용되는 것 외에도 다양한 학업 행동(Lenz, Singh, & Hewett, 1991)에도 성공적이었다. 읽기 수행을 개선시키기 위해서 학생이 책의 단어를 지적할 때 교사가 정확하게 읽는 것을 듣도록 가르쳤다. 학생은 교사가 읽는 단어를 들은 후 그 단어를 다섯 차례에 걸쳐 정확하게 말하고 문장을 다시 읽었다(Singh, 1987; Singh & Singh, 1986, 1988; Singh, Singh, & Winton, 1984). 철자 오류를 교정하기 위해서는 먼저 학생에게 단어의 발음을 듣도록 한 후, 그 단어를 정확하게 발음하고 각 문자를 크게 말하며 정확하게 쓰도록 가르쳤다(Matson, Esveldt-Dawson, & Kazdin, 1982; Ollendick, Matson, Esveldt-Dawson, & Shapiro, 1980; Stewart & Singh, 1986). 긍정연습 과잉교정은 또한 필기체 쓰기(Mabee,

1988; Trap, Milner-Davis, Joseph, & Cooper, 1978)와 수화(Hinerman, Jenson, Walker, & Peterson, 1982; Linton & Singh, 1984)에도 사용되었다. Lenz 등(1991)은 과잉교정의 사용과 학업적 치료에 관한 연구 검토를 통하여 학업적 치료에 사용된 과잉교정 절차를 '유도적 리허설' 로 부르기를 제안하였다. 연구자들은 그 이유를 Foxx와 Bechtel (1982)이 설정한 준거(예: 손으로 하는 안내나 촉구의 사용)를 완전히 충족시키지 못했고 리허설과 과제에 주의집중하는 것이 주요 요소이기 때문이라고 설명하였다.

과잉교정 절차는 그 자체가 정적 강화가 되도록 해서는 안 된다. 절차의 사용에는 혐오성의 질이 포함된다. 복원이나 긍정연습 과잉교정 절차는 항상 다음의 요소를 갖추어야 한다(Epstein, Doke, Sajwaj, Sorrell, & Rimmer, 1974; Rusch & Close, 1976).

과잉교정 사용지
침

① 학생에게 부적절하게 행동했음을 이야기하기
② 학생의 진행 중인 활동을 정지시키기
③ 학생이 수행할 과잉교정 활동에 대한 체계적인 구어적 지시를 제공하기
④ 교정행동의 연습을 강제로 시키기(필요하다면 몸의 힘을 사용하여 올바른 움직임을 안내하지만, 구어적 지시만으로 움직임을 수행하기 시작하면 즉시 몸의 힘을 감소시킨다.)
⑤ 학생을 이전의 활동으로 복귀시키기

교사는 과잉교정 절차를 사용하기 전에 다음의 관리사항을 고려하여야 한다.

① 교사가 과잉교정을 실행하기 위해서는 주의집중을 잘해야 한다. 학생이 과잉교정 지시를 잘 따르는지를 확인하고 필요한 경우 신체적 안내를 하기 위해서는 학생 가까이에 있어야 한다.
② 과잉교정 절차는 5~15분, 때로는 더 길게 지속되는 시간 소모적인 경향이 있다 (Foxx & Azrin, 1973a; Ollendick & Matson, 1976; Sumner, Meuser, Hsu, & Morales, 1974). 그러나 연구 보고에 의하면 행동변화를 촉진하는 데에 짧은 지속시간의 실행은 더 긴 지속시간의 실행만큼 효과적인데, 특히 절차가 벌의 요소보다는 교육적인 요소를 강조하여 적절한 대안행동을 가르치는 경우에 그러하다(Carey & Bucher, 1983; Cole, Montgomery, Wilson, & Milan, 2000; Conley & Wolery, 1980).
③ 과잉교정에는 학생과의 신체적 접촉이 포함되기 때문에 교사는 학생이 공격할

가능성(Carey & Bucher, 1983; Rollings, Baumeister, & Baumeister, 1977)이나 혐오
적 상황을 도피해야 할 경우가 있음을 알아야 한다.

④ 과잉교정의 기간이 길 때는 교사가 과잉교정 절차를 통하여 학생을 안내할 수
없을 만큼 학생이 파괴적으로 될 수도 있다(Matson & Stephens, 1977).

⑤ 과잉교정은 흔히 연장 기간 동안에 신체적 안내를 필요로 하기 때문에 그것은
성인에게 실행하기에 매우 혐오적인 절차가 될 수도 있다(Repp, 1983).

⑥ 올바른 반응의 강화와 함께하는 긍정연습과 올바른 반응의 강화 없이 하는 긍정
연습의 비교에서, Carey와 Bucher(1986)는 강화 없이 사용하는 것이 "아무런 장
점을 나타내지 않았으며 공격이나 정서 문제 같은 바람직하지 않은 부작용의 발
생이 더 많았다."(p. 85)는 것을 밝혔다.

⑦ 과잉교정은 교실에서 혐오적 후속결과에 대안을 제공할지도 모른다. 과잉교정
절차가 비록 혐오적 특징을 가진다 하더라도 그것은 보복적인 것이 아닌 교육적
인 도구로 사용되어야 한다는 것을 기억하는 것이 중요하다. 학생은 교사의 목
소리나 태도에 따라 절차를 다르게 받아들인다. 과잉교정 절차를 통하여 화나
열변을 통하는 목소리 혹은 불필요한 힘을 사용하는 교사는 저항을 받을 가능성
이 높다. 이때는 공격성이 없는 단호함이 필요하다.

때로 행동 감소를 가져오는 두 가지 절차가 과잉교정으로 잘못 인식되거나 이러한
절차와 혼동되는 경우가 있다. 그것은 부정연습(negative practice)과 자극포만(stimulus
satiation)이다. 두 가지 절차는 과잉교정에서와 같이 경험을 과장되게 제공하기 때문에
혼돈이 일어날 수 있다.

부정연습(Dunlap, 1928, 1930, 1932)은 긍정연습과 혼돈될 수도 있다. 부정연습은 학
생이 부적절한 행동을 반복적으로 수행하도록 요구한다. 이 절차가 교육적이라는 구
실은 없다. 이 절차는 반복된 수행이 피곤이나 포만으로 끝나게 된다는 가정에 기초
한다. 예를 들어, 어떤 학생의 부적절한 행동이 점점 늘어나서 수업시간 동안 교실을
뛰어다니면, 긍정연습은 일정한 시간 동안 여러 의자에 앉게 하는 반면에 부정연습은
학생을 계속해서 뛰고 또 뛰게 한다.

부정연습은 사소한 운동행동을 감소시키는 데에 사용되어 왔다(Dunlap, 1928;
1930). 이 절차를 사용한 몇몇 연구가 보고되었는데, 틱장애(Walton, 1961; Yates,
1958), 담배 피우기(De Lahunt & Curran, 1976), 뇌성마비 아동이 말할 때 보이는 얼굴

찡그림과 이상한 몸 움직임(Rutherford, 1940), 자해행동(Mogel & Schiff, 1967), 이 갈기 (Vasta & Wortman, 1988) 등을 다룬 것이다.

　부정연습은 피로나 포만을 이용하는 반면, 자극포만은 행동의 선제자극에 포만상태가 되는 것을 이용한다. Ayllon(1963)은 정신병원에서 수많은 수건을 자신의 방에 모아두는 한 여성을 대상으로 자극포만을 사용하였다. 이러한 사재기 행동을 감소시키기 위해 간호사는 그 여성이 방에 있을 때 수건을 가져다가 아무런 말 없이 그녀에게 주었다. 첫 번째 주에 그녀는 매일 7장의 수건을 받았고, 세 번째 주에는 60장으로 증가하였다. 그녀의 방에 모아 둔 수건이 625장이 되었을 때 그녀는 조금씩 내치기 시작했다. 그런 후에는 더 이상 그녀에게 수건을 주지 않았다. 그녀의 방에서 발견된 수건의 수는 기초선에서 13~29의 범위였던 것이 이후의 12개월 동안에는 주당 1~5장이 되었다.

제10장

차별강화: 선제자극 조절과 형성

여러분은 알고 있습니까

- 모든 차별이 평등고용기회위원회의 관심사항이 아니라는 것을?
- 모든 프롬프터*가 극장에만 있는 것은 아니라는 것을?
- 응용행동분석가는 학생에게 행동을 그만두게 하기보다는 행동을 형성하게 한다는 것을?
- 여러분이 누구에게든 무엇이든 가르칠 수 있다는 것을?

---

* 연극을 공연할 때 관객이 볼 수 없는 곳에서 배우에게 대사나 동작 따위를 일러 주는 사람

제8장과 제9장에서 우리는 적절한 행동을 증가시키고 부적절한 행동을 감소시키는 방법을 살펴보았다. 그러한 방법은 부족한 행동과 과잉적 행동 문제를 해결하였다. 그러나 모든 문제가 행동의 빈도를 증가시키거나 감소시키는 것으로 간단히 해결될 수는 없다. 많은 행동이 빈도가 아닌 발생 상황에 근거해서 적절한 것인지 부적절한 것인지가 판단된다. 예를 들어, 달리기는 운동 코치와 과목 교사에게 매우 다르게 보일 수 있다. 달리기가 적절한 것인지 부적절한 것인지의 판단은 얼마나 자주 혹은 얼마나 빠르게 달리느냐에 의한 것이 아니라 달리는 상황에 의한 것이다. 훈련시간에 운동장을 달리는 것은 매우 적절한 행동이지만 복도를 달리는 것은 매우 부적절하다. 소리 지르기는 팀이 이겼을 때 하는 행동으로는 수용될 수 있을 뿐 아니라 심지어 칭찬받을 만한 행동이지만 조용한 찻집에서는 있을 수 없는 행동이다. 학생이 학습할 때는 여러 가지 학업기술이 요구된다. 예컨대, 인쇄된 글자를 보고 단어를 말하는 것(즉, 읽기), ' 2+1= ' 이라고 인쇄된 문제지에 적절한 수를 쓰는 것(즉, 셈하기) 등이다. 적절한 단서나 신호의 통제하에 학습자가 이미 알고 있는 반응을 이끄는 것을 자극 통제(stimulus control)라고 한다. 행동변화 절차를 실행할 때 고려되어야 하는 행동에 영향을 미치는 선제자극이 많이 있다.

사람들이 강화 절차에 대해 배울 때, 흔히 그들이 원하는 행동은 결코 일어나지 않기 때문에 강화될 수 없다고 이의를 제기한다. 존재하지 않는 것을 어떻게 증가시킬 수 있는가? 학생이 절대 말하지 않을 때 교사가 어떻게 말하게 할 수 있는가? 절대 앉으려 하지 않는 학생을 어떻게 앉게 할 수 있는가? 절대로 아무것도 하지 않는 학생에게 어떻게 무엇을 하게 할 수 있는가? 학생에게 새로운 것을 하도록 가르치는 한 가지 방법이 형성(shaping)이다. 글자 그대로 교사가 존재하는 반응을 바람직한 행동으로 형성하는 것이다.

자극 통제와 형성은 학업적 및 사회적 행동을 가르치기 위해 흔히 함께 사용된다. 그렇기도 하거니와 둘 다 차별강화 절차를 사용하기 때문에 이 장에서 함께 서술된다. 이 장의 첫 부분에서는 자극 통제의 현상과 교실에서의 자극 통제 절차 사용에 대해 자세히 설명한다.

■ 행동에 영향을 미치는 선제자극

제8장과 제9장에서 행동을 증가시키거나 감소시키는 후속결과에 대해 살펴보았을 때, 우리는 행동이 수행된 후에 행동의 결과로 환경에 어떤 일이 일어났는지에 관심을 가졌다. 이 장에서 우리의 관심은 환경이 행동에 미치는 결과로서 행동이 수행되기 전에 어떤 일이 일어났는가에 있다. 우리는 행동에 밀접하게 연관된 요인뿐만 아니라 시간과 공간상으로 멀리 떨어져 있을 수 있는 여러 요인에 대해 살펴볼 것이다.

기능평가와 기능분석이 강조되고 긍정적 행동지원(7장 참조)이 요구되면서 교사와 행정가들은 선제자극 조건에 더 큰 관심을 갖게 되었다. 도전행동을 하는 학생뿐만 아니라 모든 학생에게 안전하고 지원적인 환경을 제공하는 업무가 학교 관련자들에게 부과되었다. 학생, 특히 일반교육 프로그램에 통합되어 있는 장애 학생의 도전행동을 유발시키는 선제자극을 확인하는 업무도 중요하다. 이것은 선제자극 조건을 폭넓게 관리함으로써 이루어질 수 있다. 교실의 개별적인 조건뿐만 아니라 학교 차원의 구조가 매우 중요하다. 이 장에 기술되어 있는 대부분의 절차는 그러한 구조를 제공하는 데에 사용될 수 있다.

응용행동분석가는 전통적으로 행동 직전에 발생하는 관찰될 수 있는 선제적 조건과 사건에 초점을 맞추어 왔다. 최근에는 관찰되는 환경 이외의 시간과 장면에 존재하거나 발생하는 조건 및 사건의 영향을 검사하는 데에 관심이 증가하고 있다(Luiselli & Cameron, 1998). 제7장에서 논의된 바와 같이 도전행동에 대한 영향을 평가하기 위한 기능분석은 즉각 관찰할 수 있는 요인 이외에도 그러한 배경사건을 고려해야 한다. 배경사건(setting event)은 환경적(환경의 교수적 및 물리적 측면과 환경적 변화를 포함), 생리적 혹은 사회적인 것이 될 수 있다(Bailey, Wolery, & Sugai, 1988; Kazdin, 2000). 또한 배경사건은 행동에 바람직한 변화를 가져오도록 조작될 수 있다. 이것은 배경사건의 발생을 없애거나 예방함으로써, 배경사건의 효과를 완전히 제거할 수 없을 때는 그것을 줄임으로써, 혹은 학생이 강화인자에 대해 결핍 상태에 있을 때는 그것에 충분히 만족하게 함으로써 이루어질 수 있다(Kennedy & Meyer, 1998). 예를 들어, 한 학생이 매일 잠이 모자라(생리적 배경사건) 피곤한 듯한 모습으로 학교에 와서 수업을 잘 받지 못하고 짜증을 부린다면 부모와의 면담을 통해 잠자는 시간을 일정하게 혹은 빠르게 조정하는 것이 가장 좋은 결과를 낳을 수 있다. 적절한 행동에 대한 강화인자는 학생이 잠이 모자라지 않고 예민한 상태가 아닐 때 더욱 강력하게 될 것이다. Carr, Smith, Giacin, Whelan 그리고 Pancari(2003)는 월경 불편과 관련된 도전행동을 가진 3명의 지적장애 여성에게 고통완화 치료제와 다른 완화물을 제공하였다. 불편을 완전히 제거하거나 예방하는 것은 불가능했으나 행동에 긍정적인 변화를 가져올 만큼 감소되었다. 비유관 강화의 사용에 관한 많은 예가 제8장에 소개되어 있다. 그러한 중재에서는 도전행동을 유지시키는 강화인자를 학생에게 많이 제공한다. 예를 들어, 과제를 피하고 오로지 컴퓨터게임만을 하려는 학생에게는 과제 수행을 요구하기 전에 오랜 시간 컴퓨터를 하도록 허락한다.

다른 선제자극 조작은 배경사건이 사실상 알려졌을 때 환경에 변화를 주는 것이다. 예를 들어, Dadson과 Horner(1993)는 잠을 8시간보다 적게 잤거나 버스가 늦었을 때 도전행동을 보이는 중도장애 여학생에 대해 교실에서의 기대를 변경하였다. 연구자들은 교사와 치료사의 특별한 관심을 제공하였고, 학생이 싫어하는 것에 대해 좋아하는 활동으로 바꿀 수 있도록 허락했으며, 과제를 선택할 수 있는 기회를 더 많이 허락하였다. 학생의 행동은 유의할 만큼 개선되었다. 교사가 자신의 통제권 밖에 있는 배경사건을 알고 있다면 교사는 그것을 자신의 통제 내에 있도록 조작해야 한다는 것은 자명한 것으로 보인다. 만일 학생이 가족에게서 마음의 상처를 입고 있다는 것을 교사가 알고 있다면, 교사는 요구사항을 줄이고 강력한 강화인자의 사용을 증가시키는 조치를 할 수 있다. 이와 유사한 종류의 수정이 약물에 적응하고 있는 학생, 이민 온 친척으로 인해 가족 구성원의 수가 갑자기 늘어난 학생, 처음으로 배치되거나 배치가 달라질 학생, 또는 마음에 드는 소녀의 출현으로 허둥대는 학생에 대해서도 이루어질 수 있다.

2 자극 통제를 위한 차별강화

조작적 조건화와 수동적 조건화는 43~47쪽에 비교 설명되어 있다.

조작적 행동에 영향을 미치는 사건을 서술할 때는 제1장에서 설명된 조작적 행동과 수동적 행동 간의 구별을 기억하는 것이 중요하다. 수동적 조건화는 반사적 행동, 예컨대 눈에 바람을 불면(무조건 자극) 자동적으로 눈을 깜빡이는 것(반응)을 유도하는 자극을 포함한다. 이러한 자동성은 조작적 행동에는 없으며, 선행사건과 행동 간의 관계는 반사적이기보다는 학습적인 것이고, 이때 선행사건은 행동을 야기한다기보다는 행동이 일어날 계기를 마련해 주는 것이다. 선행사건은 조작적 행동을 유도하지는 못하지만 행동에 적지 않은 영향을 미친다.

3 변별의 원리

변별은 환경 사건이나 자극들 간의 차이를 말할 수 있는 능력이다. 변별은 차별강화의 결과로서 발달한다. 변별자극(S^Ds)이 주어졌을 때 반응은 정적으로 강화(S^{R+})된다. S-델타($S^\triangle$s)로 알려진 자극이 주어졌을 때는 똑같은 반응이지만 강화되지 않는다. 일정 시간이 흐른 뒤에는 S^D의 출현에 대해서는 반응이 확실하게 발생할 것이며, $S^\triangle$의 출현에 대해서는 반응이 드물게 발생할 것이다. 그러므로 S^D는 반응이 일어날 계기이다(Holland & Skinner, 1961). S^D와 반응 간의 이러한 관계는 수동적 조건화에서 무조건 자극과 반응 간의 관계와는 다르다. S^D는 반응을 유도하지 않는다. 그것은 단지 반응할 계기를 마련할 뿐이며, 기술적 용어로 반응의 계기(occasions)가 된다. S^D의 출현으로 발생하며 S^D의 부재 시에는 발생하지 않는 반응을 우리는 자극 통제하에 있다고 말한다. 자극 통제하에 있는 행동은 드물게 강화되더라도 S^D의 출현에 따라 계속해서 발생할 것이다. Michael(1982)은 야기되는 것은 행동이지 강화가 아니라고 설명하면서 강화를 위한 S^D라고 말하지 않도록 주의할 것을 제안하였다. 변별의 발달은 인간의 많은 학습에서 중요한 요인이다. 아기는 안경 낀 곱슬머리 성인 앞에서는 '엄마'라고 말하는 것이 강화되지만, 수염이 있는 성인 앞에서는 대상이 사라지는 결과를 가져온다는 것을 학습한다. 안경과 곱슬머리는 '엄마'라는 반응을 위한 S^D다. 수염은 $S^\triangle$다. 초등학교 1학년 학생은 갔다(S^D)라고 쓰인 문자카드를 보고 '갔다'라고 말하면 칭찬을 받지만, 왔다($S^\triangle$)라고 쓰인 문자카드를 보고 '갔다'라고 말하면 칭찬받지 못한다는 것을 학습한다. 중학생들은 나쁜 언어와 파괴적 행동은 수학선생님(S^D)의 관심을 얻지만, 사회선생님($S^\triangle$)은 손을 들어 확실히 표시했을 때만 관심을 준다는 것을 학습한다. '엄마'는 안경 낀 곱슬머리의 성인에게는 올바른 반응이고 수염이 있는 성인에게는 틀린 반응이다. '갔다'는 갔다라는 글자가 쓰인 문자카드에 대해서는 올바른 반응이고 다른 글자가 쓰인 문자카드에 대해서는 틀린 반응이다. 나쁜 언어와 파괴적 행동은 수학선생님의 관심을 얻기에는 올바른 방법이지만 사회선생님의 관심을 얻기에는 틀린 방법이다. 많은 교사가 알면서도 관심을 줌으로써 부적절한 행동에 대해 자신을 S^D로 만든다. O'Donnell(2001)은 벌(S^{Dp})에 대한 변별자극 또한 행동을

학생은 차별강화의 결과로 변별을 학습한다.

이해하는 요인이라고 제안하였다. 아이(혹은 애완동물)를 데리고 예방접종을 받으러 가본 사람이라면 누구나 주사기가 자극임을 확인할 수 있다.

성인들의 많은 일상의 행동은 변별학습의 결과다. 우리는 전화벨이 울릴 때 전화를 받고 울리지 않을 때는 전화를 받지 않는다. 또한 교차로에서 초록색 불이 켜졌을 때는 운전을 하고 빨간색 불이 켜졌을 때는 운전을 하지 않는다. 상대적으로 비공식적이거나 불명확한 강화 패턴에 근거한 변별은 느리게 발달하며 완전하지 않다. 예를 들어, 아기는 일시적으로 모든 수염 있는 남성을 '아빠'라고 부른다. 초등학교 1학년 학생들은 갔다 혹은 가다라고 쓰인 문자카드를 보고 '갔다'라고 말한다. 중학교 학생은 가끔 수학시간에 손을 들 수도 있고 사회시간에 나쁜 말을 사용할 수도 있다. 성인은 때로 현관 벨소리가 날 때 전화기를 들 수도 있다. 교통신호의 불완전한 자극 통제로 많은 경찰관과 견인 기사 그리고 앰뷸런스 요원들이 모여들 수 있지만 기본 자극에 추가적인 자극을 더함으로써 보다 강력한 방법으로 만들 수도 있다. 이 장의 후반부에서 이러한 촉구(prompt)를 다룰 것이다.

변별훈련

학생을 특정 자극에 적절히 반응하도록 가르치는 것은 교사의 기본적인 업무다. 교사로서 우리는 학생들이 적시에, 적절한 장소에서, 특정 지시나 기타 단서에 대한 반응으로서 규칙에 따라 행동하고 지시를 따르며 특정 학업 및 기능적 기술을 수행하기를 원한다. 교수 과제의 주요 부분은 다양한 학생 행동에 대한 변별자극으로서 특정 시간, 장소, 지시, 기타 선행 사건을 형성하는 것이다.

❖ 단순변별

교사는 학생에게 변별이 이루어지게 할 단어를 말한다.

단순변별을 형성할 때 우리는 학생이 무엇인가를, 예를 들어 자신의 이름을 이름이 아닌 다른 것과 구별하기를 원한다. 교사는 이름을 적은 카드와 다른 단어를 적은 카드를 제시하고 "이름을 짚어 보세요."라고 말한다. 학생이 맞는 카드(S^D)를 지적하면 강화인자를 받고, 다른 카드($S^\triangle$)를 지적하면 강화인자를 받지 못한다. 읽을 수 있는 능력은 단어를 형성하고 있는 각 글자를 구별할 수 있는 능력이다. 학생은 대화에서는 '갔다'라는 단어를 사용하지만 갔다가 쓰인 카드를 제시하고 "이 단어가 무엇이지?"라고 물으면 '갔다'라고 말하지 못할지도 모른다. 교사는 갔다는 글자의 자극 통제하에 '갔다'를 말할 수 있기를 원한다.

이 예에서 교사는 차별강화 절차를 통하여 갔다라는 글자를 '갔다'라는 반응에 대한 S^D로 형성하였다. 이 반응은 갔다(S^D)의 제시에 대해 강화되고 가다나 다른 문자의 조합($S^\triangle$)에 대해서는 강화되지 않는다. 학생은 충분한 반복이 있은 후에는 확실하게 정반응을 해야 한다. 그렇게 되면 변별이 형성되었다고 말할 수 있다. 이 예에서 $S^\triangle$로 기능하는 가다는 '가다'라는 반응에 대해 S^D가 될 것이다. 항상 그러하듯이 정의는 기능에 의존한다. '갔다'라는 반응이 자극 통제하에 있다고 확신을 가지고 말하기 위해서 교사는 갈다나 감다와 같이 S^D와 모양이 비슷한 다른 글자의 조합이 반응을 야기하지 않도록 형성해야 할 것이다. 교사는 또한 원래의 카드가 아닌 다른 곳에 쓰인 갔다가 '갔다'에 대한 신뢰할 만한 S^D가 되기를 원한다. 학생은 S^D와 $S^\triangle$s가 반복적으로 제시되면서 정반응이 강화되는 것을 통해서만 변별을 배울 수 있지만 그것은 매우 충분치 않은 교수방법이다. 우리는 이 장의 후반부에서 촉구와 오류 없는 학습 전략을 설명하면서 교수 효과를 높이는 방법에 대해 논의할 것이다.

학생들은 자극의 두드러진 특징에 반응한다는 것을 아는 것이 중요하다. 한 1학년 교사가 카드 위의 얼룩점이 실제의 S^D가 되어 '왔다'를 읽은 학생을 마침내 다 가르쳤다고 생각했다. 처음 읽기 시작하는 많은 학생들이 첫 글자만으로 단어를 인지한다. 이 방법은 ㄱ으로 시작하는 단어로 '갔다'만을 알고 있을 동안은 유효하다. 그러나 교사가 '가지'를 소개하면 학생은 더 이상 확실하게 변별하지 못한다. 학생은 카드 위의 얼룩점과 같이 완전히 관계없는 자극에 대해 반응하거나 단어의 첫 글자처럼 자극의 일부에 대해서만 반응을 보인다. 이러한 **자극 과잉선택**(stimulus overselectivity) 경향(Lovaas, Schreibman, Koegel, & Rhen, 1971)은 일부 장애 학생의 특성이다.

교사들은 학생에게 복합적 단순변별을 가르치고 싶어 한다. 학생은 알파벳의 각 글자를 다른 글자 그리고 알파벳 글자가 아닌 자극과 변별해야 한다. 각 숫자는 다른 숫자 그리고 다른 모든 자극과 변별되어야 한다. 화학을 공부하는 학생은 주기율표의 각 원소를 다른 원소들 그리고 원소가 아닌 다른 자극들과 변별해야 한다.

❖ 개념 형성

개념(concept)은 한 자극류의 공통적인 특성이다(Becker, Engelmann, & Thomas, 1975a). 학급의 모든 구성원은 동일한 반응을 일으켜야 한다. 사람, 포유동물, 소수, 정직 등으로 정의된 많은 자극이 있다. 이러한 단어 각각 그리고 수백 수천의 다른 것도 공통적 특성이나 개념을 가지는 자극류를 대표하고 있다. 학생은 개념을 학습하기 위해서 특별한 공통적 특성에 근거하여 많은 자극을 변별해야 하며 이런 식으로 추상적 개념을 형성해야 한다(Ferster, Culbertson, & Boren, 1975).

이러한 학습은 개념에 대한 수많은 긍정적, 부정적 예를 제공하고 정반응을 강화함으로써 완성된다. Hernstein과 Loveland(1964)는 이러한 절차를 사용하여 사람이 있는 그림과 사람이 없는 그림에 다르게 반응하도록 비둘기를 가르칠 수 있었다. 그들은 단순히 비둘기가 사람이 있는 그림에 대해서 쪼는 것만을 강화하였다. 다른 말(동의어와는 다른)로는 완전히 설명될 수 없는 기본적 개념은 사람들에게도 같은 방법으로 가르쳐야 한다.

3세 유아에게 설명을 통하여 '빨강'의 개념을 가르치는 방법을 생각해 보자. 분명히 그것은 불가능하다. 대부분의 부모들이 하는 것은 빨간색 사물의 예를 많이 보여 주면서 명칭을 불러 주고, 아이가 '빨강'을 바르게 짚거나 말했을 때, 혹은 "엄마에게 빨간색 블록을 주세요."라는 지시에 바르게 반응했을 때 크게 강화해 주는 것이다. 대부분의 아동은 학교에 입학하기 전에 이러한 비공식적인 방법으로 수천 가지의 기본적 개념을 학습한다. 그렇지 않은 아동은 체계적으로 개념을 배워야 한다. 이러한 경우 우리는 대화에 '빨강'을 소개할 우연한 기회를 기다리지 않는다. 빨간색 사물과 빨간색이 아닌 사물을 가져와서 명칭을 붙이고 지시하며 학생이 개념 숙달을 보일 때까지 반응할 것을 요구한다.

흔히 추가적인 선제자극을 사용함으로써 개념을 좀 더 효과적으로 가르칠 수 있다. 만일 자극의 공통적 요소가 목록화될 수 있다면—만일 개념이 말로 정의될 수 있다면—예를 규명하기 위한 일련의 규칙을 제공하고 정반응을 강화하는 것이 더 효과적이 될 것이다. 말로 정의될 수 있는 개념은 차별강화만을 사용하여 가르칠 필요가 없다. 비둘기와 달리 대부분의 학생들은 교사가 개념이나 추상적 개념을 가르치는 지름길로서 일련의 규칙을 사용할 수 있도록 어느 정도의 구어적 기술을 갖추고 있다.

이와 관련된 개념으로서 응용 혹은 문헌연구보다는 실험(대상 짝짓기 절차 사용) 혹은 이론 연구에서 더 많이 다루어 공론화시킨(Clayton & Hayes, 1999; Rehfeldt & Hayes, 1998) 내용은 등가 자극(stimulus equivalence) 개념이다. 등가가 성립되기 전에 세 가지 요건이 충족되어야 한다. 먼저 빵이 있는 선택판을 제시할 때 빵을 여러 쪽 판에 준비한다. '빵'이라는 단어가 보이면 빵 한 쪽을 선택하고 그 역으로도 한다. 만일 '빵'이라고 들었을 때는 빵을 선택하고 빵을 보았을 때는 빵이라는 단어가 인쇄된 카드를 선택하라고 가르쳤으면 빵이라는 단어를 들었을 때 빵이라고 인쇄된 카드를 선택해야 한다(Devany et al., 1986, p. 244). 이러한 개념은 장애아동의 언어기술 교수에 적절한 것으로 나타났다.

4 촉 구

촉구(prompt)는 S^D가 바람직한 반응을 야기할 가능성을 높이는 추가적 자극이다. 촉구는 S^D가 제시되고 반응을 야기하는 데에 실패한 후에 제공된다. 많은 사람들은 무대에서의 촉구 사용에 익숙하다. 단서에 반응하는 것(예: 줄로 나가기)을 놓친 배우는 무대의 양옆으로부터 촉구된다. 응용행동분석에서 '촉구'라는 용어의 사용은 비슷한 뜻을 갖는다. S^Ds에 반응하는 것에 실패한 학생은 촉구된다. 촉구는 반응을 보조하는 형식(반응 촉구)이 될 수도 있고, 자극을 임시로 변경(자극 촉구)함으로써 이루어질 수도 있다. Wolery와 Gast(1984)는 이러한 두 가지 종류의 촉구에 대한 철저한 검토와 그것을 용암시키기 위한 제안도 검토하였다. 촉구는 언어적으로나 시각적으로나 혹은 신체적으로 제시될 수 있다. 또한 바람직한 반응이 시범 보일 수도 있다. 읽기교사가 갔다라는 문자카드를 들고 '왔다가 아니고~'라고 말하면 언어 촉구를 주는 것이다. 유치원 교사가 학생의 사물함에 이름표와 더불어 사진을 달아 준다면 시각적 촉구를 주는 것이다. 엄마가 자녀에게 '빠이빠이 해'라고 말하며 유아의 손을 흔들어 주면 신체적 촉구를 주는 것이다. 이것은 모두 '갔다', 학생의 이름, '빠이빠이 해'라는 S^D가 조절되도록 하는 것이다. 촉구는 그것이 더 이상 필요하지 않게 되면서 조금씩 철회(용암)되는 버팀목과 같다. 촉구는 교육의 효율성을 높여 준다. 교사는 학생이 바람직한 반응을 할 때까지 기다리기보다는 추가적 단서를 사용해서 정반응이 많이 나오도록 하는 것이다. 정반응이 많을수록 강화가 많아지고, 학생은 행동을 더 빨리 배우게 된다. 촉구가 사용될 때 강화인자는 촉구가 필요하지 않은 때와 똑같이 주어진다. 다음에서는 먼저 다양한 촉구의 개별적인 사용에 대해 설명하고, 그다음에 여러 가지 촉구를 한꺼번에 사용하는 체계에 대해 설명할 것이다.

언어적 촉구 규칙

학생에게 동사와 명사를 바르게 알도록 가르치고자 하는 영어교사는 학생이 밑줄 친 S^{D}가 포함된 문장을 읽을 때 단순히 '동사' 혹은 '명사' 로 반응하는 기회만 많이 주지 않을 것이다. 대부분의 사람들은 개념의 정의나 언어적 규칙을 사용하는 능력을 가지고 있기 때문에 영어교사는 명사를 정의한 후 학생에게 문장을 제시하고 "밑줄 친 단어가 명사인가?" (S^D)라고 묻는다. "이것이 사람이나 장소 혹은 사물의 이름인가? 그렇다면 이것은 명사다." (촉구) "맞았어, John. 그건 명사야." (S^{R+}) 규칙이나 정의를 사용하는 촉구는 제한을 받지 않는다. 정직, 공손, 친절 혹은 사회적 행동과 관련된 다른 어떤 개념을 정의함으로써 교사는 학생이 각 행동의 예를 인지할 때까지 촉구할 수 있다. 물론 이것은 학생이 그 행동을 하는 것을 보장하지는 못하며 단지 그들이 명칭을 붙일 수 있음을 보장하는 것이다.

언어적 촉구로서의 지시

흔히 지시는 촉구의 수단이 된다. 만일 교사가 "읽기시간 준비를 하세요." 라고 말했는데, 아동이 움직일 생각을 하지 않는다면 교사는 아마도 "다른 물건을 치우고 읽기시간을 준비하세요." 라고 다시 말할 것이다. S^{D}가 정반응을 야기하지 않으면 교사는 단계별 지시를 제공할 것이다. 촉구로 지시를 사용하는 교사는 두 가지 가정을 하고 있는 것이다. 첫 번째는 제공되는 지시가 정확하다는 것이다. 복잡한 과제에 대해 구어적으로 명확한 지시를 주는 것은 쉬운 일이 아니다. 두 번째 가정은 학생의 행동이 일반적인 S^{D}인 '지시 따르기' 의 자극 통제하에 있다는 것이다. 경험 있는 교사라면 누구나 동의하는 것처럼, 많은 학생은 지시를 따르지 않는다. 현명한 교사라면 촉구로서의 지시에 의존하기 전에 학생이 확실히 지시를 따르도록 만들어 놓을 것이다. 이러한 반응을 먼저 자극 통제하에 둘 필요가 있다.

Becker 등(1975a)은 교사가 가장 세부적인 항목에 대해 지시 따르기를 강화할 것을 제안하였다. 이러한 기술의 훈련은 임의로 세부 항목의 조건을 만듦으로써 이루어질 수 있는데, 예를 들어 학생에게 바닥의 틈에 발가락을 맞추고 줄 서게 한다든지, 특정한 순서가 필요하지 않더라도 특정한 순서로 활동하게 하는 것이다. 이러한 훈련은 일종의 게임이 될 수 있다. 전통적인 '사이먼 가라사대(Simon Says)' 게임은 지시 따

지시는 쉽지 않다.

르기에 대한 훈련을 제공한다.

좀 더 신뢰성 있게 학생에게 지시 따르기를 가르치는 방법은 학생이 따르기 싫어하는 지시(낮은 가능성 혹은 낮은 p 지시)를 따르기 쉬운 지시(높은 가능성 혹은 높은 p 지시) 직후에 주는 것이다. 이것은 낮은 p 지시로 복종을 증가시키는 것에 나와 있다. 예를 들어, 집단의 학생에게 "머리를 만지고, 코를 만지고, 손뼉을 치고, 수학책을 꺼내세요."라고 하는 것이다. 높은 p 지시에 대한 복종으로 만들어진 행동적 여세로 낮은 p 지시를 수행토록 하는 것이다(Ardoin, Martens, & Wolfe, 1999).

언어적 촉구로서의 힌트

어떤 언어적 촉구는 규칙이나 지시보다 덜 상세하지만 더 많은 정보를 제공한다. 읽기교사는 "이것은 '멍멍' 하고 짖는 동물이야."라는 말로써 S^{D}인 개에 대한 정반응을 촉구할 수 있다. 교사가 학급의 학생에게 줄을 서라고 말할 때 '조용히' 라는 말을 추가하면 이것도 촉구다. 이러한 조언이나 힌트는 정반응이 나올 확률을 증가시키므로 강화받을 기회를 만들어 준다.

자기 작동의 언어적 촉구

몇몇 연구에서는 기록된 언어적 촉구로 장애 학생에게 직업기술을 습득하게 할 수 있음을 증명하였다(Alberto, Sharpton, Briggs, & Stright, 1986; Briggs et al., 1990; Mitchell, Schuster, Collins, & Gassaway, 2000; Steed & Lutzker, 1997; Taber, Alberto, & Fredrick, 1998). 교사는 복잡한 과제를 요소별 단계로 나누고 각 단계에 대해 녹음테이프에 지시를 기록한다. 학생은 헤드폰이 달린 휴대용 녹음기를 사용하여 녹음기를 작동하는 것과 지시대로 하는 것을 배운다. 먼저 학생에게 각 단계를 듣도록 지시하고 그것을 수행하기 위해 테이프를 끄게 한다. 학생이 녹음기를 다시 켜면 다음 단계가 촉구된다. 학생은 정기적으로 자신의 진행 상황을 평가하고 필요하다면 도움을 요청한다. 자기 작동의 기록된 촉구는 과제 수행의 유창성을 증가시키기 위해서도 사용되어 왔다(Davis, Brady, Williams, & Burta, 1992). 학생에게는 듣고자 하는 음악을 선택하게 하고 교사는 음악 선택에 대해 '계속해' 와 같은 언어적 촉구를 덧붙인다. 이러한 절차의 장점은 직업 수행에서 휴대용 녹음기와 헤드폰 착용이 결코 이상하지 않다는 것이다. 따라서 오랜 기간 동안 혹은 영구히 촉구가 필요한 장애가 있는 사람이 이러한 장치 때문에 받을 수 있는 불필요한 관심을 받지 않아도 된다(Davis et al., 1992).

시각적 촉구

교수 전략은 대개 시각적 촉구의 한 형태를 포함하고 있다. 대부분의 입문서에는 학생이 인쇄된 문자를 인지하도록 돕기 위해 삽화가 삽입된다. 교사는 학생을 촉구하기 위해 산수 문제의 정답 예를 제시할 수도 있다. 또 복잡한 계산 절차를 배우는 학생에게는 구구단 표를 사용하게 할 수도 있다. 그리고 덧셈과 뺄셈을 배우는 학생에게는 셈을 돕기 위한 일련의 숫자들이 제공될 수도 있다(Fueyo & Bushell, 1998). Rivera, Koorland 그리고 Fueyo(2002)는 학습장애 학생에게 단어 보기를 가르치기 위해 그림 촉구를 사용하였다. 학생은 단어에 대한 자신의 표상을 그림으로 그리되 점차 그림을 작고 덜 선명하게 그린다. 그림 촉구는 장애가 있는 학습자들의 다양한 행동, 특히 복잡한 일상이나 작업과제를 가르치는 데에 사용되어 왔다. Martin, Rusch, James, Decker 그리고 Trtol(1974)은 경도 및 중도 장애를 가진 성인에게 순서적으로 나열된 그림 촉구를 사용하여 독립적으로 복잡한 식사를 준비하는 것을 가르쳤다. Wilson, Schepis 그리고 Mason-Main(1987)은 지적장애 성인에게 식당에서 독립적으로 음식 서비스를 수행하도록 가르쳤다. Frank, Wacker, Berg 그리고 McMahon(1985)은 경도의 지적장애 학생에게 컴퓨터 기술을 가르쳤다. Kimball, Kinney, Taylor 그리고 Stromer(2003)는 자폐 유아가 개인적, 상호작용적 활동 스케줄을 만드는 데에 마이크로소프트 파워포인트를 사용하였다. Wacker와 Berg(1983)는 경도 및 중도의 지적장애 고등학생에게 복잡한 작업과제를 가르쳤다. 그들은 학생에게 복잡한 조립과제를 성공적으로 수행하도록 도와주는 그림책을 주고, 각 단계 후에 페이지를 넘기는 것과 그림에 맞게 사물을 찾아내는 것과 같은 책의 사용법을 훈련시켰다. 연구자들은 책이 학생의 수행을 크게 향상시켰다고 보고하였다. 학생들은 그림 촉구를 이용하여 처음에 과제를 배웠을 때보다 더 빠르게 새로운 과제를 배울 수 있었고, 훈련이 종료된 후에는 책 없이도 과제를 수행할 수 있었다. 자폐 학생은 그림 단서와 다른 촉구를 조합하여 사용하는 절차를 통하여 여가 활동과 방과 후 활동을 보다 독립적으로 선택하고 참여할 수 있게 되었다(MacDuff, Krantz, & McClannahan, 1993). Copeland와 Hughes(2000)는 중도장애를 가진 고등학생에게 작업과제 완성을 가르치기 위해 그림 촉구를 사용하였다. 연구자들은 시작할 때와 다음으로 넘길 때에 요구되는 그림 누르기를 위해 자기점검 요소를 추가하였다. 이러한 절차는 학생의 독립적 과제 완성을 증가시켰다. Spriggs, Gast 그리고 Ayers(2007)는 경도 지적장애 학생에게 복잡한 활동을 가르치기 위해 그림활동스케줄 책을 사용하였다. 고용주는 장애 고용인과 일반 고용인 모두를 위해 그림 촉구를 사용한다. [그림 10-1]은 패스트푸드 식당에서 고용인에게 햄버거를 준비하는 것을 훈련시킬 때에 사용하는 그림 촉구다. 어떤 식당에서는 이러한 촉구를 샌드위치 포장지에 직접 인쇄하기도 한다. 그림 촉구의 한 가지 장점은 일단 학생이 사용법을 배우면 마치 성인이 스스로의 촉구를 위해 지도나 도표를 보는 것처

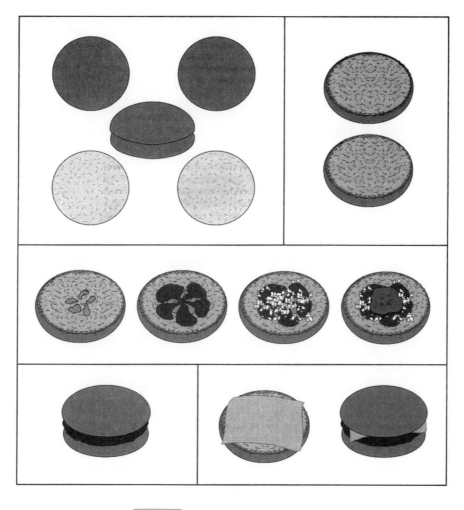

그림 10-1 햄버거 준비를 위한 그림 촉구

럼 그것을 독립적으로 사용할 수 있다는 것이다. 사실 많은 교육자들이 이러한 촉구를 단지 가르치기 위한 수단보다는 행동의 자기관리 수단으로 고려한다(Hughes et al., 2000; Lancioni & O'Reilly, 2001; Rodi & Hughes, 2000). Berg와 Wacker(1989)는 시각장애 학생에게 유사한 촉구를 제공하면서 장애 학생과 함께 일하는 사람들에게 요구되는 끝없는 창조성을 상기시켰다. 연구자들은 그림 대신에 사포로 된 숫자(촉각 단서)가 있는 책을 사용하여 학생에게 숫자와 자료통에 있는 것을 맞추도록 가르쳤다.

시각적 촉구는 교사가 시간을 절약하도록 도와준다. 교실의 게시판은 그림 촉구를 제공하는 데에 잘 사용될 수 있다. 과제를 잘 완성한 것에 대한 선 그래프나 사진, 교실을 떠나기 전에 책상을 살피는 그림, 혹은 복도에 게시된 식당에서 줄을 질서 있게 서 있는 학급 사진 등은 모두 정반응을 촉구하는 것으로 사용될 수 있다.

다른 시각적 촉구는 성문 형식으로 제공되는 것이다. 흔히 학급 스케줄과 규칙이 단서 제공용으로 게시된다. 많은 학생은 복잡한 새로운 과제를 하는 데에 성문으로 된 지시를 통해서 촉구된다. 성문 지시에 의존하고 있는 많은 과제를 생각해 보고, 그 지시가 명백하고 정확해야 되는 것이 얼마나 중요한지를 생각해 보라. 아이에게 줄 장난감을 조립해 본 사람이라면 누구나 정확성의 중요함을 증언할 수 있을 것이다. 물론 성문의 지시는 쓰인 단어가 언어적(비록 음성은 아니더라도) 의사소통 형태이기 때문에 전문적으로는 언어적 촉구에 해당된다. 그러나 시각적으로 처리되기 때문에 여기에서 논의될 수 있는 것이다.

Krantz와 McClannahan(1993)은 자폐 아동의 또래와의 상호작용을 촉구하기 위해서 각본을 사용하였다. Kate에게 학교 활동에 관련된 문장 목록을 주고 질문하였다. Kate에게 (신체적 촉구를 사용하여) 연필 집기와 항목 가리키기 그리고 문장 밑을 따라 연필을 이동시키는 것을 가르쳤다. 급우를 만나면 신체적으로 촉구하여 질문을 하거나 문장을 말하도록 가르쳤다. 신체적 안내가 먼저 용암되었고 각본은 계속해서 독립적으로 사용되었다. 각본이 용암된 후에도 Kate는 또래와 더욱 자주 상호작용을 계속하였다. 이와 비슷한 연구에서는 매우 제한적인 읽기기술을 가진 자폐 유아를 성인과 상호작용하도록 하기 위해 그림 촉구와 단순한 단어를 조합하여 사용하였다. 유아에게 '보세요(Look)' 그림과 단어카드를 읽도록 가르치고, 유아의 활동 스케줄에 그것을 군데군데 삽입시킨 후 활동 중에 그것이 나타날 때마다 유아가 단어를 큰 소리로 읽도록 촉구하였다. 모든 부모가 알고 있듯이 이것은 지극히 전형적인 유아 활동이다. 유아의 성인과의 언어적 상호작용과 주의를 끌기 위한 자발적 요구가 증가하였다

(Krantz & McClannahan, 1998). Davis, Boon, Cihak 그리고 Fore(2010)는 의사소통 전략이 기술된 '파워카드'를 이용하여 아스퍼거증후군 중학생의 의사소통 기술을 향상시켰다.

정지된 그림보다는 비디오 동작을 사용하는 것이 자폐스펙트럼장애와 중도 및 최중도 지적장애 학생의 기능적 기술 교수에 효과적인 것으로 밝혀졌다(Bellini & Akullian, 2007; Cihak, Alberto, Taber-Doughty, & Gama, 2006; Cihak, Fahrenkrog, Ayers, & Smith, 2010; Kleeberger & Mirenda, 2010; Mechling, Gast, & Langone, 2002; Morgan & Salzberg, 1992; Tiong, Blampied, & Le Grice, 1992; Van Laarhoven & Van Laarhoven-Myers, 2006; Van Laarhoven, Zurita, Johnson, Grider, & Grider, 2009).

교사는 흔히 학생뿐만 아니라 자신들을 위해서도 그러한 촉구를 제공한다. '오크헤이븐 학교 가는 길'이라는 S^{D}가 주어진 지도는 순회방문 교사에게 도움이 될 것이다. 어떤 교사는 스스로에게 학생 행동을 강화하는 것을 기억하도록 하기 위해 메모지를 사용한다. 또한 알고 있지만 촉구 없이는 잘 기억하지 못하는 과제나 정보를 스스로 생각나게 하기 위해 포스트잇이나 수첩, 달력, 컴퓨터 등을 촉구로 잘 사용한다.

우리는 가끔 촉구 절차를 학교 밖이나 다른 교수 환경에서 사용할 수 있다는 것을 잊어버리곤 한다. 연구자들은 S^{D}나 지시에 복종하는 행동을 증가시키기 위한 다양한 촉구 절차를 연구하여 왔는데 이때 사용된 촉구는 눈이 어느 쪽(왼쪽이나 오른쪽)을 보고 있는지를 알 수 있는 LED, "양쪽 다 보아요" 이야기나 복잡한 횡단보도에서 정지 신호에 대한 정보를 추가하기 등이다. 연구 결과, 신호에 대한 정보를 추가하는 것은 노인과 대학생들의 안전벨트 사용을 증가시켰고 운전 중 핸드폰 사용을 감소시켰으며 대학 기숙사의 전기 절약을 이끌어 냈고 술집에서 나와 대리기사를 부르는 행동을 증가시켰다(Austin, Hachett, Gravina, & Lebbon, 2006; Bekker et al., 2010; Clayton & Helms, 2009; Clayton, Helms, & Simpson, 2006; Cox, Cox, & Cox, 2005; Kazbour & Bailey, 2010; Van Houten & Retting, 2001).

5 모델링

교사가 "다들 여기 보세요. 내가 여러분에게 시범을 보일 겁니다."라고 말한다면, 이 교사는 다른 종류의 촉구를 사용하는 것이다. 언어적 지도나 시각적 단서가 충분하지 않을 때 많은 교사들은 바람직한 행동을 시범 보인다. 많은 경우에 시범은 선택적 절차일 수 있다. 가정과목 교사가 재봉틀 다루는 법을 보여 주는 것이 시범의 좋은 예다.

경도장애를 가진 학생을 포함하여 대부분의 학생은 모델의 행동을 쉽게 배운다. 이러한 현상에 대한 설명(이에 대한 충분한 논의는 Bandura, 1969를 보라)은 학생들이 가지는 대부분의 강화 역사가 모방 행동에 대한 강화라는 것이다. 다시 말하면, '이렇게 해'가 사실상 어떤 장면에서든 모방을 위한 S^D가 되는 것이다.

다양한 반응을 모방하는 것에 대해 강화받은 사람들은 대부분 강화받지 못한 반응에 대해서도 결국에는 모방하게 될 것이다(Malott, Whaley, & Malott, 1997). 유아와 상호작용하는 부모를 관찰한 사람이라면 누구나 모방에 대한 정적 강화의 예를 보았을 것이다. 그러한 강화는 유아기를 통하여 이루어지므로 '이렇게 해' 혹은 'Mary처럼 해' 등의 S^D에 반응하는 것을 미리 습득하고 학교에 오게 되는 것이다. 물론 유아는 적절한 행동만큼이나 부적절한 행동을 모방하기가 쉽다. 부모는 아이들이 자신의 그다지 훌륭하지 않은 습관을 어떻게 그렇게 빨리 모방하는지에 대해 의아하게 생각해 왔다. 학생은 또한 학우의 행동을 모방한다. 유치원 유아들은 무의식적으로 리더를 따르며 노는데, 흔히 말하는 패턴 같은 비학업적 행동을 모방한다. 억양이 다른 학생이 어떻게 그렇게 빨리 또래와 똑같이 발음을 하는지 놀라운 일이다. 또래를 모방하는 경향은 아마도 중학교에서 절정을 이루는 것 같다. 청소년은 비슷하게 옷을 입고 비슷하게 말하며 똑같은 활동에 참여하는 경향이 있다.

장애 학생을 위한 적절한 모델 배치는 최근 학생의 배치에서 우선시되는 목적 중 하나다. 이는 장애 학생은 모방할 것이고 결국 비장애 또래를 통하여 학습할 것이라고 가정하는 것이다. 이것은 비형식적인 방법으로 우연히 생길 수 있는 일이기도 하지만 프로그램으로 만들어질 수도 있다. 예를 들어, Werts, Caldwell 그리고 Wolery(1996)는 비장애 또래들에게 모델이 되는 것을 가르치고 학급의 장애아동을 위한 복잡한 행동을 언어로 설명하였다. 비장애 또래들은 효과적으로 행동의 모델이 되었고 장애 학생은 그 수행을 배웠다. 〈일화 10-1〉은 또래 모델링의 예를 설명해 주고 있다.

행동을 촉구하기 위한 시범을 사용할 때 교사는 행동 모델을 개인적으로 선택할 수도 있고, 다른 학생이 모델이 되도록 하거나 혹은 집단 외에서 누군가를 데려올 수도 있다. 모델의 어떤 특성은 그 효과를 높이기 때문에 모델의 선택은 중요하다. 학생들이 가장 잘 모방하는 모델은 다음과 같다.

- 자신들과 유사한 모델
- 경쟁적인 모델
- 명성을 가진 모델(Sulzer-Azaroff & Mayer, 1986)

〈일화 10-1〉

Robert, 10대가 되다.

수년 전 통합이 잘 이루어지지 않았을 때 Robert는 심각한 행동 문제를 가진 학생들을 위한 학급의 학생이었다. 당시에 그는 자폐 학생으로 분류되었으나 오늘날 그는 의심의 여지없이 아스퍼거장애 학생으로 불린다. 자폐 학생 센터의 선생님은 Robert가 제한된 몇 명의 학생들하고만 지내고 점점 그들의 행동과 비슷하게 된다는 점에 관심을 가졌다. 고도의 구조화된 환경에서 행동을 통제받고 있는 품행장애 학생들이 Robert의 훌륭한 역할모델이 될 수 있을 것이라는 판단이 섰다. 이러한 생각이 제대로 맞아들었고 Robert는 일반 학급의 수학수업에 거의 문제없이 출석할 수 있게 되었다. 어느 날 아침 Robert가 선생님 앞으로 걸어가 가운데 손가락을 뻗치며 물었다. "선생님, 이게 무슨 뜻인지 아세요?" 선생님은 마음을 가다듬어야 했고, 다른 2명의 학생이 Robert를 밀어제치며 말했다. "선생님한테 그런 걸 물으면 안 돼!"

다른 학생들은 Robert가 13세 청소년이 알아야 할 모든 것을 완전히 무시한 채로 행동하는 것이 놀라웠고, 그 이후 몇 주에 걸쳐 Robert를 가르쳤다.

최근 비디오 기술의 발달로 인해 모델링 기법이 매우 촉망받게 되었다. 비디오 자기모델링(Buggey, 1999, 2005; Dowrick, 1999)은 학생에게 자신이 바르게 행동하는 것을 비디오로 편집하여 보여 주는 것이다. Dowrick은 일곱 가지 절차상의 전략을 제시하였다.

① 바람직하지 않은 행동과 혼재되어 있는 적절한 행동을 증가시키기
② 특정 장소에서의 행동을 다른 환경에 전이시키기
③ 불안을 가진 장애에 대해서는 은밀하게 지원하기(예를 들어, 물을 무서워하는 아이를 찍을 때는 어른이 아이를 안고 있는 것을 보이지 않게 하기)
④ 기분 관련 장애에 대해서는 개선된 이미지(우울증인 사람이 미소 짓고 있는 사진을 보여 주기)를 사용하기

⑤ 기술 요소를 재결합하기(지금까지 수행하지 못했던 기술을 보여 주기 위해 서로 다른
   기술을 나타내는 활동을 찍고 그것들을 재결합하기)
⑥ 역할놀이를 현실에 전이하기
⑦ 사용하지 않은 혹은 잘 나타나지 않는 기술을 포함시키기

정교한 편집을 통하여 실제로는 학생이 하지 않았던 행동을 보여 주는 것도 가능하
다. 실제의 자신과는 비록 다르지만 매우 모범적인(최소한 테이프에서) 모델인 자신과
명성이 있는 자신(비디오에 나온)을 보도록 함으로써 다양한 사회적 · 학업적 행동의
변화 가능성을 기대해 볼 수 있다.

모델링은 단순하거나 좀 더 복잡한 행동을 촉구하기 위해서 사용될 수 있다. 어떤 교
사는 중도장애 학생에게 말하기를 촉구하기 위해 모델링을 사용한다. 어떤 수학교사는
다른 학생들이 문제를 풀기 전에 모범적 학생으로 하여금 칠판에 문제 풀기를 시범 보
이도록 하기도 한다. 체육교사는 복잡한 체조 동작을 시범 보이기도 한다. Hunter
(1984)는 언어적 모델링과 신체적 모델링을 조합한 절차를 설명하였다. 먼저 교사가
포함된 동작을 설명하면서 기술을 시범 보인 후, 학생이 언어적 촉구를 제공하는 동
안 교사가 기술을 수행하고, 다음에는 교사가 언어적 안내를 하는 동안 학생이 그것
을 수행하도록 한다. 그리고 학생 스스로 기술을 수행하게 한다. 시범 보이는 것을 언
어적으로 서술하는 것이 모델링을 좀 더 효과적으로 만든다는 몇몇 증거가 있다(Hay,
Murrray, Cecire, & Nash, 1985; Hunter, 1984).

〈일화 10-2〉
학생들이 폴카를 배우다.

대근육 운동기술이 약한 몇몇 아동이 운동협응력 개선에 좋은 방과 후 프로그램에 들어왔다. 교사는
학생들이 깡충 뛰기와 한 발로 뛰기를 할 수 있기 때문에 폴카를 배울 수 있을 것이라 생각하고 그렇게
결정했다. "폴카를 하자!" 교사가 말했다. "내가 하는 것을 잘 보세요. 걸음과 걸음을 함께 폴짝! 이제 여
러분이 해보세요. 걸음과 걸음을 함께 폴짝!" 교사가 말하자 곧바로 학생이 "폴카를 하자!" 동작을 했다.
많은 학생들이 댄스를 하면서 얼떨결에 "걸음과 걸음을 함께 폴짝"이라고 말했다.

모델링은 효과적인 촉구 절차가 될 수 있지만 제한적이다. 어떤 행동은 모방하기가 어렵다. 특히 중도장애를 가진 학생은 일반화된 모방반응을 습득하지 못하고 언어적 단서에도 반응하지 못한다. 모방을 강화함으로써 모델이 된 촉구에 반응하도록 학생을 가르치는 것이 가능하지만 다른 형태의 촉구가 요구될 수도 있다. 다양한 교수 절차에는 여러 가지 촉구의 조합이 포함된다.

자기교수는 제12장에서 논의된다.

6 신체적 안내

덜 구체화된 형태의 촉구가 실패했을 때는 신체적인 촉구가 사용될 수 있다. 흔히 덧잡기(putting-through)라고 불리는 이러한 절차는 여러 가지 운동적 행동과 손으로 안내되는 음성적 행동을 가르치는 데에 유용하다(Karen, 1974). 신체적 촉구는 일반화된 모방반응의 발달에서 첫 번째 단계다. Streifel과 Wetherby(1973)는 신체적 안내 절차를 이용하여 중도 지적장애 학생에게 "손드세요."와 같은 지시에 따르는 것을 가르쳤다. 교사는 먼저 언어적 지시를 주고 지시에 따르도록 학생을 안내하였다. 결국 학생의 행동은 지시의 통제하에 있게 되었다. 중도장애 학생의 행동을 모방과 지시의 자극 통제하에 놓이게 하는 것의 의미는 매우 크다. 모델을 모방하고 지시를 따르는 학생에게는 많은 것을 가르칠 수 있다. 신체적 안내 절차는 결코 장애 학생에게만 사용이 한정되지 않는다. 예를 들어, 많은 교사가 쓰기기술을 처음 가르칠 때 일상적으로 이러한 절차를 사용한다. 음악교사는 학생에게 운지법을 안내하고, 그 밖에도 수많은 운동기술이 이러한 신체적 안내를 사용하여 쉽게 학습된다. 자동차 운전에서 수동으로 기어를 변경하는 법을 가르치는 다른 방법을 생각해 내기란 어렵다. 신체적 안내를 사용하여 가르칠 때는 학생이 협력적이어야 함을 명심해야 한다. 그러한 절차는 저항하는 학생에게는 불쾌한 것이다(아마도 양쪽 모두에게). 협력적인 학생일지라도 신체적으로 촉구될 때 긴장하는 경향이 있다.

교사는 자신의 손을 학생의 손 위에 얹고 손을 위로 끌어올린다.

기타 촉각적 촉구

기술 향상으로 학생에게 무선 호출기를 이용하여 촉구하는 것이 가능해졌다. 연구자들은 자폐 학생이 또래와 상호작용을 시작하도록 촉구하기 위해 원격으로 조정되는 무선호출기를 사용하거나(Shabani et al., 2002), 특정 간격으로 작동되도록 미리 설정해 놓을 수 있는 호출기를 사용하여(Taylor & Levin, 1998) 왔다. Taylor, Hughes, Richard, Hoch, 그리고 Coello(2004)는 학생이 성인의 도움을 구하는 것을 촉구하기 위해 무선호출기를 사용하였다. 교사와 부모가 시야 밖으로 사라지고 일정 시간 동안 기다린 후 무선호출기를 작동한다. 학생은 지역사회의 구성원들에게 의사소통 카드를 건넨다. 이러한 기술은 다른 학생과 행동에도 유망한 것으로 나타났다.

❖ 과학기술을 사용한 촉구의 연합

기술의 발달은 교육자들이 보다 효과적으로 구어적 · 청각적 촉구를 사용할 수 있게 해 주었다. Rehfeldt, Dahman, Young, Cherry 그리고 Davis(2003)는 경도 및 중도 지적장애 성인에게 샌드위치 만들기를 가르치기 위해 비디오 모델링을 적용하였다(누군가가 샌드위치를 만드는 비디오를 연구대상이 봄). Cannella-Malone 등(2006)은 발달장애 성인에게 테이블 세팅하기와 식료품 저장하기를 가르칠 때 컴퓨터에 기반한 2가지 비디오 절차의 효과를 비교하였다. 첫 번째 조건은 비디오 모델링이었다. 두 번째 조건(비디오 촉구하기)은 각 단계를 분리해서 시청하고 그것을 수행하는 것이었다. 연구자들은 비디오 촉구하기가 모든 연구대상들에게 더 효과적이었다고 보고하였고, 손에 쥘 수 있는 기계가 시각과 청각 촉구를 모두 제공해 주기 때문에 지적장애인들이 더 독립적으로 과제를 수행할 수 있게 해 줄 뿐만 아니라 보다 효과적으로 의사결정을 하게 도와준다고 밝혔다(Cihak et al., 2010; Cihak, Kessler, & Alberto, 2007; Davies, Stock, & Wehmeyer, 2004).

7 용 암

촉구된 반응은 자극 통제하에 있지 않다. 촉구는 철회되어야 하고, 반응은 S^D만으로 야기되어야 한다. 그러나 너무 갑작스러운 촉구 제거는 바람직한 행동을 없애는 결과를 가져올 수 있다. 촉구의 점진적 제거를 용암(fading)이라고 한다. 어떤 촉구든 점진적으로 용암되어 S^D만 제시되었을 때도 반응이 발생하고 강화되어야 한다. 중요한 것은 용암의 최적 비율을 결정하는 것이다. 너무 빠르면 행동이 충분히 발생하지 않을 것이고, 반대로 너무 느리면 학생이 영원히 촉구에 의존하게 될 것이다. 촉구는 다양한 방법으로 용암될 수 있다. Billingsley와 Romer(1983)는 촉구 용암 체계를 연구하여 보조 줄이기, 점진적 안내, 시간지연법, 보조 늘리기의 네 가지 주요 범주를 제안하였다.

보조 줄이기

촉구 용암을 위한 보조 줄이기(때로 최대-최소 촉구라고 함)는 학생이 적절한 반응을 나타내리라고 확신이 드는 촉구 수준으로 시작했을 때 사용된다. 학생이 보다 유능하게 됨에 따라 보조 양은 체계적으로 감소된다. 이 절차는 다양한 범위의 촉구를 용암시키는 데에 사용될 수 있다. 학생에게 명사를 가르치기 위해 규칙을 이용하는 영어교사는 "이것이 명사인가?"라는 S^D와 "만일 그것이 사람이나 장소, 사물의 이름이라면 그것은 명사다"라는 촉구로 시작할 수도 있다. 학생이 믿을 만하게 반응을 한다면 교사는 다음과 같이 말할 수 있다.

그것은 명사인가? (S^D)
그것은 사람, 장소, 사물의 이름인가? (촉구)
그렇다면
그것은 명사인가? (S^D)
사람, 장소, 사물을 기억하라. (촉구)
그렇다면
그것은 명사인가? (S^D)
규칙을 기억하라. (촉구)
마지막으로
그것은 명사인가? (S^D, 촉구 없음)

시각적 촉구를 용암시키기 위해 보조 줄이기 절차를 사용하는 수학교사는 학생에게 문제를 푸는 데에 도움이 되는 나눗셈표를 만들게 하고 학생이 완전히 숙달한 쉬운 것부터 체계적으로 제거해 나가도록 할 수 있다. 모델링 촉구를 용암시키고자 하는 교사는 시범 전체에서 부분적인 시범까지 행동 시범을 줄이고(Wilcox & Bellamy, 1982) 최종적으로는 몸짓만 제공한다.

〈일화 10-3〉

아이들이 훌라후프를 배우다.

초등학교 체육교사인 Townsend는 1학년 학생들에게 훌라후프를 가르쳐서 오픈 하우스 때 공연하기로 했다. 그는 시범을 보이는 것으로 시작했다. "잘 봐!"라고 말하며 어떻게 하는지를 학생들에게 보여 주기 위해 앞으로 나갔다. 킥킥거리는 웃음소리가 사라졌을 때 각 학생들에게 훌라후프를 나누어 주었다. "준비. 시작!" 그가 말했다. 26개의 후프가 바닥을 치고 부딪쳤다. 아이들은 의기소침해 보였다. 교사는 한 학생의 후프를 가지고, "자, 이렇게 해봐."라고 말했다. 그는 후프를 손으로 밀었다. "이제 이렇게해." 그는 엉덩이를 돌렸다. 웃음소리가 잠잠해지고 그가 말했다. "다시, 그냥 이렇게!" Townsend는 후프를 학생에게 돌려주고 그냥 움직임만 시범 보였다. 그는 엉덩이의 움직임을 점차로 줄이고 약간의 씰룩거림만 보였다. "준비, 시작!"이면 충분했다.

마지막 날이 돌아왔다. 훌라후프를 가진 26명의 1학년 학생들이 체육관에 서 있었다. 그들의 부모는 관중석에 앉았다. Townsend는 음악을 틀고 "준비, 시작!"을 외쳤다. 그는 한쪽 옆에 서 있었다. 아이들은 잘했는데, 관중석에서는 킥킥대며 웃음을 참는 듯했다. 교사는 자신의 열의로 인해 엉덩이 움직임이 강조된 모델링이었다는 것을 깨달았다.

촉구 감소 체계는 몇 가지 촉구가 조합되어 적용되었을 때에도 사용할 수 있다. 만일 학생에게 새로운 연산기술을 가르치기 위해 처음에는 시범을, 다음에는 예제 문제를, 그리고는 단계별 지시를 제공했다면, 이 세 가지 서로 다른 촉구는 학생이 문제에 반응할 수 있을 때까지 하나씩 제거된다.

가장 세련된 촉구 감소 형태는 사실상 무오류 학습(errorless learning)이다. 무오류 학습으로 칭해지는 많은 절차는 정반응을 촉구하기 위해 자극(S^Ds 혹은 $S^\triangle$s) 내에서 변경을 시도한다. 이러한 촉구를 흔히 자극 촉구(stimulus prompt)라고 하며 절차 자체를 자극 형성이라고 하기도 한다. 학생이 좀 더 쉽게 변별할 수 있도록 하기 위해 S^D, $S^\triangle$, 혹은 둘 다의 특성을 변화시키는 것이다. Malott 등(1997)은 발달장애 학생인 Jimmy가 자신의 이름을 다른 사람의 것과 변별하도록 배우는 절차를 설명하였는데, 검은색 바탕의 카드에 흰색 글씨로 Susan을, 그리고 흰색 바탕의 카드에 흰색 글씨로 Jimmy를 써서 사용하였다. Jimmy를 선택한 것에 대한 강화는 S^D로서의 바른 카드를 형성하였다. Jimmy 카드의 흰색 바탕은 2개의 이름이 검은색 바탕에 흰색 글씨로 될 때까지 점진적으로 진하게 하였다. 학생은 잘못된 선택을 하지 않게 되었고 결국에는 관련

자극 형성과 이 장의 후반부에 설명되는 형성 절차가 혼동되어서는 안 된다.

자극에 기초하여 변별을 하게 되었다. Haupt, Van Kirk 그리고 Terraciano(1975)는 수학교수 절차를 용암시키는 두 가지 촉구 감소 절차를 사용하였다. 첫 번째 절차에서는 학생에게 카드에 적힌 뺄셈에 답하도록 하였다. 처음에는 답을 볼 수 있도록 하였으나 점차 답을 색지로 가렸고, 결국에는 32장의 색지로 답을 모두 가렸다. 학생은 학습을 하고 그것을 기억하였다. 두 번째 절차는 곱셈 문제에 답을 쓰게 하는 것이었다. 처음에는 보이던 답을 투사지의 두께를 조절하면서 점차 안 보이게 하였다. 보다 최근의 연구(Mayfield, Glenn, & Vollmer, 2008)는 과학기술이 우리의 교수방법을 얼마나 풍요롭게 하고 어떻게 영향을 미치는지에 대해 잘 보여 준다. 연구자들은 철자법을 가르치기 위한 컴퓨터 프로그램을 고안하여 학생이 모르던 단어를 알게 됨에 따라 단어가 점진적으로 흐려지는 촉구(부분적으로 드러난 단어)를 제공하였다.

또 다른 예는 Ayllon(1977)이 적용한 것이다. 유아집단에게 오른손과 왼손을 변별하도록 가르쳤는데, 첫날에는 각 유아의 오른손에 x를 써 주어서 오른손을 들라고 했을 때 유아들이 S^D(오른손)와 $S^\triangle$(왼손)를 구별할 수 있도록 했다. 두 번째 날의 계획은 오른손에 다시 표시를 해 주는 것이었으나, 첫날에 표시한 것이 아직도 지워지지 않아서 대부분의 유아가 손에 그대로 표시를 가지고 있었다. 일주일 동안 훈련이 진행되면서 각 유아의 표시는 점차 용암되었고, 마지막 날에는 각 유아가 오른손을 들라는 지시에 일관되게 손을 들었다. Mosk와 Bucher(1984)는 경도 및 중도 지적장애 학생에게 칫솔과 빨래를 제자리에 너는 것을 가르치는 데에 자극 변경을 사용하였다. 시작할 때는 판에 오직 1개의 집게를 두었고, 한 번에 하나씩 방해 집게를 삽입하였다. 처음에는 물건을 집기에 너무 짧은 방해 집게를 사용하였고 점진적으로 긴 집게를 사용하였다.

S^D만 변경되고 $S^\triangle$는 일정하다면 무오류 학습은 가장 효과적인 방법이라는 것이 많이 지적되었다(Schreibman & Charlop, 1981; Stella & Etzel, 1978). 다른 촉구 체계로도 오류 없이 배우게 할 수는 있지만, 가장 중요한 촉구가 변별자극의 체계적 변경이라면 무오류 학습이라는 기술적 용어가 가장 많이 사용된다.

무오류 학습에 대한 용암은 틀린 반응에 대한 훈련 없이, 그리고 학생들이 틀렸을 때 나타내는 부적절한 행동 출현 없이 자극 통제의 발달을 제공한다(Dunlap & Kern, 1996; Munk & Repp, 1994). 그러나 전혀 오류가 없는 학습환경을 제공하는 것이 항상 바람직한 것은 아니다. Spooner와 Spooner(1984)는 초기의 높은 오류비율이 빠르게 감소하고 정반응이 빠르게 상승할 때 최적의 학습이 이루어진다고 주장하였다. Terrace

(1966)는 좌절 인내의 부족은 무오류 훈련에서 야기될 수도 있음을 지적하였다. 실제 세상에서 몇몇 오류는 피할 수 없는 것이므로 학생은 실수를 다룰 줄 알아야 한다. Krumboltz와 Krumboltz(1972)는 학생이 오류 후에 살아남을 수 있는 점진적 프로그램을 제안하였다. Rodewald(1979)는 훈련 중의 간헐강화가 무오류 학습의 부정적 효과를 완화시킬 수도 있다고 주장하였다. 이러한 간헐강화는 강화되지 않은 반응에 대해 인내하는 것을 도울 수 있다.

점진적 안내

점진적 안내는 신체적 촉구를 용암시키는 데에 사용된다. 교사는 시작할 때 신체적 도움을 필요한 만큼 주다가 점진적으로 개입을 감소시키는 것이다. 안내는 신체의 관련 부위에서 촉구가 제거되거나(공간적 용암), 교사의 손이 학생에 닿지는 않지만 전체적으로 행동 수행을 따르는 그림자 절차로 대치될 수 있다(Foxx & Azrin, 1973a).
다음의 〈일화 10-4〉에서 Juan은 단계적 안내 절차에 따라 학습한다.

〈일화 10-4〉
Juan, 숟가락으로 먹는 것을 배우다.

Juan은 심한 지적장애 학생이었다. 교사인 Baker는 그가 손가락 대신 숟가락으로 먹는 것을 배우면 또래들과 같이 점심을 먹을 수 있을 것이라고 믿었다. 그녀는 Juan이 좋아했으면 좋겠다고 생각하면서 바닐라 푸딩이 담긴 그릇과 숟가락을 준비했다. 푸딩이 숟가락을 사용하는 것에 대한 정적 강화물이 될 수 있고, 초콜릿보다는 책상이나 옷, 바닥 등을 덜 더럽힐 것이라고 생각했다. (실로 교사는 여러 가지를 생각해야 한다!) Baker는 Juan 옆에 앉아서 자신의 손을 그의 오른손 위에 덧대고 숟가락을 잡도록 안내했다. 그녀는 숟가락으로 푸딩을 뜨고 입으로 가져가는 것을 안내했다. 숟가락이 입에 닿았을 때 Juan은 푸딩을 먹었다. Baker는 숟가락이 Juan의 입에 닿을 때마다 칭찬하고 토닥이면서 이 절차를 수차례 되풀이 했다. 그녀는 이제 Juan이 스스로 할 필요가 있다고 생각하면서 Juan의 손에 자신의 손이 그냥 얹혀만 있도록 자신의 손힘을 줄였다. 그 후엔 자신의 손을 Juan의 손에서 떼어 그의 손목으로, 팔꿈치로, 최종적으로는 어깨로 이동했다. 결국, 그녀는 자신의 손을 완전히 뗐다. Juan은 스스로 숟가락을 사용하였다.

시간지연법

시간지연법은 촉구 자체의 형태가 바뀌는 다른 용암 형식과는 달리 촉구의 시간이 바뀐다. 교사는 촉구를 즉각 제시하기보다는 기다려서 학생에게 촉구 전에 반응하게 한다. 지연은 보통 수 초 동안이다. 시간지연법은 일정하거나(지연이 동일한 길이임) 진행형(촉구 전 간격이 학생이 보상을 얻은 만큼 길어짐)으로 이루어진다(Kleinert & Gast, 1982). 시간 지연 절차는 또한 다양한 촉구 형식으로 사용될 수 있다. 많은 교사들이 그것을 직감적으로 사용하고 있다. 앞서 예로 들었던 영어교사의 예에서 교사는 "이것은 명사인가?"라고 묻고 수 초 동안 기다렸다. 반응이 없는 것을 알고 "만일 그것이 사람, 장소, 사물의 이름이라면 그것은 명사다."라고 촉구하였다. 교수에 관한 교과서에는 흔히 기다리는 시간에 대한 논의가 포함되는데(Kauchak & Eggen, 1998), 학생에게 도움을 주거나 다른 학생을 호명하기 전에 3초까지 기다리도록 권장하고 있다. Luciano(1986)는 지적장애 아동이 적절한 언어적 반응을 보이도록 가르치기 위해 이러한 비형식적 절차를 체계적으로 변화시킨 것을 사용하였다.

시간지연법 또한 시각적 촉구를 용암시키는 데에 사용될 수 있다. 그림과 그에 상응하는 어휘가 적힌 카드를 이용하여 가르칠 때 카드의 그림을 가리고 학생이 그림을 보지 않고 단어를 맞힐 수 있도록 수 초 동안 기다리는 것이다. 만일 교사가 설정해 놓은 시간 내에 학생이 반응하지 못하면 그림을 보여 준다. Stevens와 Schuster(1987)는 학습장애 학생에게 단어의 철자법을 가르치는 데에 이와 유사한 절차를 사용하였다.

Touchette와 Howard(1984)는 모델링 촉구를 용암시키기 위해 진행형 시간지연법을 사용하였다. 교사는 언어적 S^D를 제시한 직후에 네 장의 카드 중 하나의 단어나 특정 문자를 지적하면서 학생에게 맞는 카드를 지적하게 한다. 학생에게 촉구 없이 반응할 기회를 제공하기 위해 교사의 지적은 점진적으로 지연된다. Touchett와 Howard의 결과는 또한 촉구 전에 발생한 반응이 촉구 후에 발생한 반응보다 더 크게 강화되었을 때 S^D에만 반응하는 것이 더 효과적으로 학습되었음을 밝혔다. 시간지연법은 신체적 촉구를 사용할 때 쉽게 실행된다. 학생에게 옷 입는 기술을 가르치는 교사는 "바지를 올리세요."라고 말하고 학생이 도움 없이 그 행동을 수행하도록 기다린다.

Morse와 Schuster(2000)는 경도 및 중도장애를 가진 초등학생에게 식료품 쇼핑을 가르치기 위해 시간지연법과 다른 절차를 사용하였다. 처음에는 학생이 쇼핑 과제 완성에 요구되는 단계를 수행할 때 즉각적으로 촉구를 주었다. 그 후에는 촉구를 주기 전에 4초 지연을 적용하였다. 시간지연법은 발달장애 중학생에게 읽기 기술을 가르치는 데에도 사용되어 왔다(Bradford, Shippen, Alberto, Houchins, & Flores, 2006).

❖ 동시 촉구 절차

촉구는 학생이 S^D에 반응하지 않을 때 주어지는 것이라고 알려져 있으나 그 예외가 동시 촉구(simultaneous prompting)다. 이러한 형태의 반응 촉구를 사용할 때는 S^D가 제시와 함께 촉구(정반응을 이끌어 주는 것, 흔히 정반응 자체)를 제공하고 학생은 즉시 정반응을 한다(Morse & Schuster, 2004). 이것은 마치 시간지연법을 시간 지연 없이 사용하는 것처럼 보인다. "학생이 무언가를 학습했다는 것을 어떻게 알지요?"와 같은 질문을 할 수 있다. 이 질문에 답하기 위하여 각 회기 전에 이전에 가르친 표적 기술을 학생이 숙달했는지를 검사하였다. 이 절차는 자폐아동과 경도 지적장애 아동에게 성공적으로 사용되어 왔다. 이 절차를 다른 촉구 절차와 비교했을 때 두드러진 차이는 나타나지 않았으나 동시 촉구가 다른 형태의 촉구보다 더 나은 유지와 일반화 효과를 보이는 것으로 나타났다. 동시 촉구는 소집단에도 사용되어 왔는데 학생이 집단의 다른 구성원에게 기술을 일반화시킬 수 있는 또 다른 장점이 있다(Akmanoglu & Batu, 2004; Birkan, 2005; Gursel, Tekin-Iftar, & Bozkurt, 2006; Johnson, Schuster, & Bell, 1996; Singleton, Schuster, & Ault, 1995; Singleton, Schuster, Morse, & Collins, 1999). Morse와 Schuster(2004)와 Waugh, Alberto 그리고 Fredrick(2010)은 폭넓은 문헌연구를 통하여 교사들은 다른 촉구 절차보다 이 절차를 더 선호하며 이 절차는 통합장면에서 또래 교수나 준전문가들이 쉽게 수행할 수 있는 장점을 지적하였다.

보조 늘리기

Billingsley와 Romer(1983)는 "보조 줄이기 접근법의 반대와 비슷한"(p. 6) 보조 늘리기를 설명하였다. 보조 늘리기는 **최소 촉구 체계**(system of least prompt) 혹은 **최소-최대 촉구**(least-to-most prompt)라고도 한다. 이 절차를 사용할 때 교사는 S^D로 시작하여 자신의 레퍼토리 중 가장 개입을 많이 하는 촉구로 변경시켜 가고 학생에게 반응할 기회를 준다. 많은 교사가 용어에 대한 지식 없이 언어적 최소 촉구 절차를 사용한다. 영어교사는 "이것이 명사인가?"라고 묻고 반응이 없으면 "규칙을 기억하세요."라고 촉구한다. 또 반응이 없으면 "기억하세요. 사람, 장소, 사물."이라고 말하고 반응이 없으면

"그것이 사람, 장소, 사물의 이름인가?"라고 묻는다. 그래도 반응이 없으면 "만일 그 것이 사람, 장소, 사물의 이름이면 그것은 명사다."라고 말한다. 짜증 섞인 목소리를 내지 않고 언어적 보조 늘리기를 실행하기란 어려운 일이다.

촉구 증가 절차는 시각적 촉구를 용암시키는 데에 사용될 수 있다. 카드를 사용하여 읽기를 지도하는 교사는 처음에 소년이라고 쓰인 카드를 제시하고 나서 사람 형상의 그림이 있는 카드를 제시하고, 마지막으로 소년이 그려진 카드를 제시한다. 모델링 절차를 사용하기 위해서는 처음에 몸짓을 제공하고 나중에 전체 시범으로 옮겨간다. 신체적 안내로 촉구 증가법을 사용하기 위해서도 역시 몸짓으로 시작하고 전체적 절차로 옮겨간다.

촉구를 증가시키는 것은 또한 촉구 양식의 조합으로도 실행될 수 있다. Test, Spooner, Keul 그리고 Grossi(1990)는 2명의 청소년에게 공중전화를 이용하여 집으로 전화하는 법을 가르쳤다. 촉구의 수준을 다음과 같은 네 가지 수준으로 하였다. "① 독립적 수준: 참여자는 훈련자로부터 어떤 촉구 없이 제한된 시간 내에 요구되는 과제를 수행한다. ② 언어적 수준: 만일 참여자가 독립적 조건에서 정반응을 수행하지 못하면 훈련자는 언어적으로 과제 수행방법을 지시한다. ③ 언어적 및 몸짓 수준: 만일 참여자가 언어적 지시에 맞게 반응하지 못하면 훈련자는 언어적 지시를 제공하면서 과제를 시범 보인다. ④ 언어적 및 안내 수준: 만일 촉구의 다른 수준이 성공적이지 못하면 훈련자는 언어적 지시가 제공되는 동안에 참여자가 과제를 수행하도록 신체적으로 안내한다."(p. 162) Le Grice와 Blampied(1997)는 4명의 지적 및 신체 장애 청소년에게 비디오레코더와 컴퓨터 사용을 가르치기 위해 유사한 절차를 사용하였다.

촉구 용암 방법의 효과

촉구 용암에 관한 문헌의 대다수가 중도장애 학생을 대상으로 그것을 사용하는 것이 효율적인지를 연구하여 왔다. 결과를 다른 집단에 일반화하는 것에는 주의가 요망된다. 몇몇 연구자는 시간지연법이 보조 늘리기 혹은 보조 줄이기 절차보다 효과적이고 경제적인 대안이라고 주장하고(Bradley-Johnson, Johnson, & Sunderman, 1983; Touchette & Howard, 1984), 다른 연구자(Etzel & LeBlanc, 1979)는 이에 동의하지 않는다.

많은 연구를 검토한 연구자들은 "최소한 중도장애를 가진 대상에게는 학습의 습득 단계에서 보조 늘리기 훈련보다 보조 줄이기 훈련이 더 효과적이며, 진행형 시간지연법은 확실히 효과가 있어서 어떤 경우에는 보조 늘리기보다 더 효과적일 수 있다."라고 주장하였다(Billingsley & Romer, 1983, p. 7). 일부 연구자는 보조 늘리기 촉구 절차가 촉구에 의존하는 결과를 가져오기 쉽다고 하였다(Fisher, Kodak, & Moore, 2007). 또 어떤 연구자(Le Grice & Blampied, 1997)는 보조 늘리기가 덜 강제적인 것으로 교사의 노력이 덜 요구되어서 효과적일 수 있다고 주장하였다. 이처럼 연구자들 간에 동의가 이루어지지 않는 점에 교사가 지나친 관심을 가질 필요는 없다. "각각은 특정 환경하에서 무오류 학습을 생산하여 왔으며 다른 것이 실패할 때 대안으로서 고려되어야 한다."(Touchette & Howard, 1984, p. 187) 이러한 모호한 결론에 비추어 볼 때 보통의 학생 및 경도장애를 가진 학생의 교사가 거의 일상적으로 보조 늘리기 절차가 교사의 노력을 덜 필요로 한다는 이유로 그것을 사용한다는 것이 흥미롭다. 이 집단에 대해 보조 늘리기와 다른 촉구 절차에 관한 체계적인 연구의 결과를 알아보는 것은 흥미로운 일이 될 것이다.

- 보조 늘리기: (최소 도움, 최소-최대 촉구) 최소 개입 촉구로 시작하고, 필요하다면 좀 더 개입하는 촉구를 제공한다.
- 점진적 안내: 전반적인 신체적 안내를 신체의 일부에서 떨어진 거리에서 가벼운 터치로 행동을 수행하는 '그림자'(움직임을 따르되 학생의 신체에 닿지 않는)로 감소한다.
- 시간지연법: 일정형 혹은 진행형이 될 수 있다. 학생이 반응하도록 촉구하기 전에 몇 초를 기다린다.
- 보조 줄이기: (최대-최소 촉구) 가장 강력한 촉구로 시작하며 표적행동이 확실하게 발생할 때 다음 단계의 덜 개입하는 촉구로 전환한다.

자극 통제를 성립시키고 유지하는 절차는 강력한 도구다. 일단 모든 촉구가 철회되고 행동이 자극 통제하에 있게 되면, 행동은 환경에서 자연적으로 일어날 수 있는 강화를 제외하고 어떤 강화도 없이, 심지어 강화가 되지 않을 것임을 알더라도 수년 동안 연속해서 발생할 것이다. 여러분은 새벽 3시에 사막의 사거리에서 빨간불 신호등에 걸려 기다려 본 적이 있는가? 그렇다면 자극 통제의 위력을 알게 되었을 것이다.

자극 통제 절차는 행동 습득뿐만 아니라 일반화와 유지에도 매우 효과적인 것으로 알려졌다. 자극 통제는 최근 프로그램 일반화—학생이 습득한 기술은 그들이 배운 장소 이외의 곳에서도 수행되고, 원래의 실행자가 가 버린 후에도 계속해서 수행될 것이라는—를 위한 가장 강력하고 유망한 도구 중 하나로 알려져 왔다(Halle, 1989; Halle & Holt, 1991; Schussler & Spradlin, 1991). 일반화와 유지 그리고 그것의 자극 통제 간의 관계에 대해서는 제11장에서 논의될 것이다.

효과적인 촉구

교사는 촉구를 효과적으로 하기 위해서 다음의 안내를 참고할 필요가 있다.

촉구 사용에 대한 안내

① 촉구는 학생의 주의를 S^D에 집중시켜야 한다. 자극에서 공간적으로 먼 거리에 있는 촉구는 효과적이지 못하다(Schreibman, 1975). Cheney와 Stein(1974)은 자극과 무관한 촉구를 사용하는 것은 촉구를 사용하지 않는 것이나 시행착오 학습보다 덜 효과적이라고 지적하였다. 읽기를 처음 하는 학생에게 단어의 단서가 되는 삽화를 이용하도록 권장하는 교사는 그러한 촉구를 지나치게 강조하면 아동이 삽화에 과도하게 의존하게 되는 결과를 가져올지도 모른다는 생각을 하게 될 것이다. 그러한 의존성이 잘 발달된 몇몇 학생에게는 주의를 관련 S^D로 집중시키기 위하여 설명 없이 자료를 읽는 훈련이 필요할 수도 있다.

② 촉구는 가능한 한 약한 것이어야 한다. 약한 것이 작용할 수 있을 것인데도 강한 촉구를 사용하는 것은 비효율적이고 자극 통제의 발달을 지연시킬 수도 있다. 최선의 촉구는 바람직한 행동을 초래하는 가장 약한 촉구다. 강한 촉구는 흔히 강제적인 것이다. 강한 촉구는 환경적 선제자극인 S^D를 강요하고 반응이 수행되는 환경이나 조건을 격렬하게 변화시킨다. 최소한의 강제적 촉구를 사용하도록 모든 노력을 기울여야 한다. 시각적, 언어적 촉구는 모델링보다 덜 강제적이고 이 모든 것은 신체적 안내보다 덜 강제적이다. 그러나 항상 그런 것은 아니다. 까다로운 퍼즐을 맞추도록 하기 위해 퍼즐에 손을 살짝 밀어 넣는 것은 "다른 것으로 해 봐."라고 소리 지르는 것보다 덜 강제적이다. 필요 이상으로 강한 촉구만이 비효율적인 것은 아니다. 많은 학생들이 강하거나 불필요한 촉구에 부정적으로 반응한다(Krumboltz & Krumboltz, 1972). 현명한 교사라면 학생이 "힌트 주지 마세요. 나 스스로 할 거예요!"라고 말할 때 그렇게 한다.

③ 촉구는 가능한 한 빨리 용암되어야 한다. 필요 이상으로 촉구를 지속하는 것은

S^{D}를 통제요인으로 만들지 못하는 결과를 가져올 수 있다. 효율적인 교사는 촉구를 필요한 만큼만 사용하고 빨리 용암시켜서 학생이 S^{D}s보다 촉구에 의존하게 되는 것을 방지한다. 곱셈표 사용을 오래도록 허락받은 학생은 결코 곱셈을 배우지 못할 것이다.

④ 계획되지 않은 촉구는 피해야 한다. 많은 교사를 관찰해 온 사람이라면 누구나 학생이 바른 답에 대한 단서를 얻고자 교사를 주의 깊게 살펴보는 것을 알 것이다. 교사는 학생이 얼굴 표정이나 목소리 억양에 의해 촉구된다는 것을 완전히 알지 못할 수도 있다. 계획적으로 사용되지 않은 촉구는 어떤 것이라도 부적절한 것이다. 그러나 어떤 교사가 학생들이 책을 읽고 그 내용을 이해할 필요가 있다고 생각한다면, 머리를 흔들면서 모든 아동이 '아니요'라고 대답할 그런 억양으로 "Johnny가 정말로 공원에 가길 원했을까?"라고 묻는 것은 바람직하지 않다.

8 복합적 행동 가르치기

지금까지 우리는 마치 모든 행동이 단순한 별개의 활동들로 구성되어 있다고 생각하고 행동을 자극 통제하에 놓는 것을 논의하여 왔다. 우리는 학생이 S^{D}의 제시에 따라 많은 별개의 행동을 연속해서 수행하는 것을 배우기를 원한다. 대부분의 기능적, 학업적, 사회적 기술은 이러한 복합적 특징을 갖는다. 이러한 연속적 행동을 가르치기 전에 복합적 과제의 정확한 특징을 분석해 보아야 한다.

과제분석

과제분석을 위해서 종료행동을 결정하고 필요한 선수기술과 순서를 구성하는 기술의 목록을 만든다.

학생이 복합적 행동 연쇄를 습득하기를 원하는 교사가 직면하는 과제는 어떤 단계와 연결고리 그리고 구성요소가 포함되어야 하며 그 순서가 어떻게 되어야 하는지를 결정하는 것이다. 복합적 행동을 구성요소로 나누는 것을 과제분석이라고 한다. **과제분석(task analysis)**은 장애를 가진 개인이 복합적 행동을 순서에 맞게 수행하도록 가르치기 위해 사용되는 교수 전략의 기초다. 교사는 교수법, 단서, 촉구, 혹은 기타 교수적 도구를 선정하기 전에 그가 가르칠 것을 정확하게 결정하고 과제를 다루기 쉬운 요소로 나누어야 한다. 많은 단계 혹은 구성요소를 가진 과제는 교수 목적을 위한 국면으로 나누어질 수 있다. 예를 들어, Smith, Collins, Schuster 그리고 Kleinert(1999)는 식탁 청소과제를 도구 준비, 식탁 닦기, 도구 정리의 세 국면으로 나누고 각 국면을 따로따로 가르쳤다.

과제분석은 적지 않은 훈련을 필요로 하지만 숟가락을 사용하여 먹기부터 식료품 쇼핑하기(Morse & Schuster, 2000), 보고서 작성하기까지 광범위한 행동에 응용될 수 있다. 일반적으로 운동 과제를 분석하는 것이 학업 및 사회적 행동의 과제분석보다 더 쉽지만 모든 복합적 행동을 가르치는 데에 분석은 똑같이 중요하다. 대부분의 학업기술은 직접적으로 관찰할 수 없는 단계를 포함하고 있다. 세자릿수를 두자릿수로 나누는 문제의 첫 번째 단계는 다음과 같이 제시될 수 있다.

"1. 피제수의 처음 두 자리 혹은 세 자리 수에서 제수를 뺀 횟수를 써라."

틀림없이, 학생이 이것을 수행하기 전에 답해야 할 몇 가지 질문이 생긴다. 처음 두 자리에서 제수를 뺄 수 있는가? 할 수 없다면, 어떻게 해야 할까? 세 자리에서는 몇 번이나 제수를 뺄 수 있을까? 첫 번째 단계에 제시된 행동을 보면 분명히 학생의 수행을 평가할 수 있지만, 어떤 일이 처음으로 벌어지는지를 주시해야 한다. Carter와 Kemp(1996)는 이러한 과제에서는 2단계 과제분석으로 시작하여, 처음에는 관찰할 수 없는 요소를 포함시키고 점차 관찰 가능한 방법—예컨대, 문제를 푸는 학생에게 숨겨진 다음 단계가 무엇인지 묻기—을 포함시켜 나가라고 제안하였다.

원래는 교사와 연구자가 중도 및 최중도 장애를 가진 학습자에게 기초 기술을 가르치기 위해(한 번에 한 단계씩) 그것을 작은 단계로 나눈 과제분석을 사용하였다. 이것은 이 집단뿐만 아니라 다른 학생의 모든 종류의 과제에도 도움이 되는 가치가 있는 도구임이 증명되었다.

과제분석에 포함되는 것의 일반적인 개념을 습득하기 위해 윗옷 입기 같은 간단한 과제를 정해서 그 구성요소를 순서대로 작성해 보자. 그리고 참을성이 강한 친구에게 부탁하여 여러분이 작성한 단계를 순서대로 정확하게 행하도록 해 보자. 염려하지 마라. 다음에는 더욱 잘하게 될 것이다.

과제분석은 중도 및 최중도 장애를 가진 사람에게 복합적인 기능적 및 직업적 기술을 가르치는 프로그램을 위한 기초다. 과제를 충분히 작은 구성요소로 나눔으로써 누구에게든 무엇이든 가르치는 것이 이론적으로 가능하다. 어떤 학생에게 무엇인가를 가르칠 때 시간 제한을 두는 것은 비현실적이다. 교사는 종료행동을 인지할 수 있고 강화할 수만 있다면 자신이 수행할 수 없는 행동까지도 학생이 수행하도록 가르칠 수 있다(Karen, 1974). 몸이 뚱뚱한 중년의 운동 코치가 자신은 할 수 없는 날쌘 동작을 청소년에게 가르치는 것을 떠올려 볼 수 있다.

Moyer와 Dardig(1978)는 과제분석을 위한 기초 틀을 제공하였다. 첫 번째 단계는 학생이 이미 가지고 있는 기술이나 개념이 무엇인지를 결정하는 것이다. 이것을 기술 학습을 위한 선수기술이라고 한다. 연필 잡는 법을 모르는 아동에게 글씨 쓰기를 가르치거나, 기본적 곱셈을 모르는 아동에게 공배수를 가르치려는 사람이라면 누구나 이것이 얼마나 어려운 일인지 알 것이다. 새로운 과제를 분석할 때는 '학생이 이것을 배우기 위해서 미리 알아야 할 것이 무엇인가?'라는 질문을 해 보는 것이 중요하다. 수업을 시작하기 전에 이러한 간단한 질문을 하는 교사들이 많을수록 학교에서 만성적으로 실패하는 아동은 더 적어질 것이다. 비록 과제분석을 시작하기 전에 선수기술의 목록을 작성하는 것이 현명한 일이기는 하지만, 분석 자체의 가장 가치 있는 측면 중 하나는 추가적 선수기술을 밝혀내는 것이다.

교사는 또한 과제를 분석하기 전에 그것을 수행하는 데에 필요한 자료의 목록을 작성해야 한다. 그것은 분석 진행에 필요한 만큼 드러날 것이다. 마지막으로 과제가 수행되는 순서의 모든 구성요소를 목록화해야 한다. 경험에 비추어 간단히 이것을 할 수 있지만 그 과제를 유능하게 수행하는 누군가(기술 숙련자)를 보는 것(Moyer & Dardig, 1978)이 도움이 될 수 있다. '숙련자'에게 단계의 수행 목록을 물어보는 것도 유용할 수 있다.

표 10-1 공중전화 사용을 위한 과제분석 및 각 과제의 수행 제한 시간

	단계	제한 시간
1.	주변에서 전화의 위치를 알아낸다.	2분
2.	전화번호를 찾는다.	1분
3.	동전을 정확하게 준비한다.	30초
4.	왼손으로 수화기를 든다.	10초
5.	수화기를 왼쪽 귀에 대고 소리를 듣는다.	10초
6.	첫 번째 동전을 넣는다.	20초
7.	두 번째 동전을 넣는다.	20초
8~14.	7자리 숫자를 누른다.	각 10초
15.	신호음이 최소한 5회 울릴 때까지 기다린다.	25초
16.	누군가가 받으면 대화를 시작한다.	5초
17.	통화 중이면 전화를 끊고 동전을 꺼낸다.	15초

출처: "Teaching adolescents with severe disabilities to use the public telephone," by D. W. Test, F. Spooner, P. K. Keul, & T. Grossi, 1990, *Behavior Modification, 14*.

Test 등(1990)은 〈표 10-1〉에 제시된 과제분석을 이끌어 내기 위해 버튼형 공중전화 사용 단계를 성인에게 물어보았다. 그리고 장애를 가진 청소년에게 그 과제를 가르치기 위한 프로그램을 구성하는 데에 그 과제분석을 사용하였다. 〈표 10-1〉은 공중전화 사용을 위한 과제분석을 제시하고 있고, 〈표 10-2〉는 음식 준비에 대한 과제분석을 제시하고 있다. 다음 쪽의 사례는 "숙달된 수행을 보고" 단계의 목록을 작성하게 하는 과제분석의 전개를 설명하고 있다.

처음에는 간단한 운동과제를 선수기술과 구성요소로 잘게 나눔으로써 과제분석 요령을 취득할 수 있다. 다음의 행동 연쇄를 논의하면서 이에 대한 많은 예가 나올 것이다. 요리법을 다 아는 사람에게는 많은 조리법이 과제분석의 모델로 제공된다. 요리법을 잘 모르는 사람들은 선수적 개념과 기술의 중요성을 절감한다. '먼저 어린 암탉의 뼈를 발라낸다.'라는 조리법을 보았을 때, 우리는 다음과 같은 선수기술과 개념에 대한 의문을 가지게 된다. "뼈를 발라낸다? 뼈가 발라져 있는 것 같은데. 어린? 포장

표 10-2 **땅콩버터와 젤리 샌드위치 만들기의 과제분석**

1. 빵 상자에서 빵을 꺼낸다.
2. 선반에서 땅콩버터를 꺼낸다.
3. 선반에서 접시를 꺼낸다.
4. 냉장고에서 젤리를 꺼낸다.
5. 서랍에서 식탁용 나이프를 꺼낸다.
6. 키친타월 1장을 준비한다.
7. 빵 봉지의 집게를 제거한다.
8. 접시에 두 조각의 빵을 펼친다.
9. 땅콩버터를 연다.
10. 식탁용 나이프로 땅콩버터를 뜬다.
11. 한 조각의 빵에 땅콩버터를 펴 바른다.
12. 키친타월로 식탁용 나이프를 닦는다.
13. 키친타월을 쓰레기통에 버린다.
14. 젤리를 연다.
15. 식탁용 나이프로 젤리를 뜬다.
16. 나머지 빵에 젤리를 펴 바른다.
17. 식탁용 나이프를 싱크에 넣는다.
18. 빵의 버터와 젤리를 펴 바른 쪽을 서로 포개고 가장자리를 맞춘다.
19. 빵 봉지를 집게로 집고 빵 상자에 넣는다.
20. 땅콩버터의 뚜껑을 닫고 선반에 올려놓는다.
21. 젤리의 뚜껑을 닫고 냉장고에 넣는다.
22. 먹는다!

Cadwallader, 과제분석을 하다

컴퓨터 서비스 업체 직원이 Cadwallader의 사무실 앞에 서서 기다리고 있었다.

"실례합니다." 그는 머뭇거리며 말했다. "새 컴퓨터에 프로그램을 넣어드리려고 왔는데요."

"네, 정말 기다릴 수가 없어요." 업체 직원은 의아스러웠다. 그의 경험으로는 대부분의 사무직원들은 쓰던 것에 익숙해져서 새로운 기술에 반감이 있기 때문이다. 그는 Cadwallader를 만난 적이 없었다.

젊은 직원이 플러그를 뺐다 꽂으면서 계속, '마이크로-프로세서, 메모리, 비트, 칩스, 바이러스, 전자계산서, 인터페이스, 버퍼' 등의 말을 중얼거렸는데 Cadwallader는 그를 무시하고 자신의 일을 계속했다. 곧, 업체 직원은 시스템이 모두 되었다고 말하고 떠날 준비를 했다.

"잠깐만요, 젊은이." Cadwallader가 펜과 노트를 꺼내며 말했다. "당신은 내가 이것을 작동시키는 데에 필요한 기술을 가지고 있다고 생각할지 모르지만 나는 당신이 워드프로세싱 프로그램 각 단계마다 시범을 보이며 알려줬으면 좋겠어요. 지금 시작하세요."

"하지만 이건 최첨단 기술을 사용한 시스템이에요. 검색하고 메인프레임에 접속해서 다운로드하고 CD로 구워서 친구랑 채팅하고 텔레비전 보고 페이스북 체크하고 블로그……" Cadwallader의 얼굴 표정이 직원을 침묵하게 만들었다.

"일 단계가?" 그녀가 재촉했다. 직원이 단계를 목록화하여 실행했고, Cadwallader는 받아 적었다. 그녀는 이 과제분석이 자신뿐만 아니라 새 컴퓨터를 갖게 되는 같은 과 다른 교수들에게도 유용할 거라는 것을 알고 있었다. 직원에게 감사의 말을 하면서 그녀는 한숨을 쉬었다.

"생각만큼 그렇게 많지는 않네." 그녀가 생각했다. "대부분의 교수들이 조금만 가르쳐 주면 쉽게 할 수 있겠어. 그들 대부분이 수년 동안 비효율적인 워드프로세서를 사용하고 있었어. 그러나 Grundy 교수가 더 이상 타이핑은 안 되겠고 워드프로세스를 배워야겠다고 할 때까지 기다려야지."

지에 출생일이 없는데. '사용하거나 얼려 두는' 날짜 이전이면 어린 것인가? 암탉? 이걸 내가 어떻게 알아?" '뼈를 발라내기' 가 뼈를 제거하는 것을 의미한다는 것을 알면 구성요소 기술에 관한 질문이 생겨난다. 닭(어떤 성별이든)에서 뼈를 제거하는 과제는 그 자체가 하나의 분석이다. 그러나 분석이 충분치 않다. 단순히 단계를 읽거나 이 기술의 숙련자가 하는 것을 보는 것만으로 충분치 않다. 최소한 우리는 배워야 한다. 누군가가 각 구성요소를 우리에게 가르쳐 줘야 하고 모든 것을 순서대로 수행하는 것을 보여 줘야 한다. 그렇게 해야만 우리는 과제를 복합적 과제로 합병하여 맛있는 닭 요리를 할 수 있게 된다.

연 쇄

　응용행동분석가는 과제분석의 구성요소를 **행동 연쇄**(behavioral chain)라고 한다. 이상적인 과제분석은 학습자가 언어적 지시나 시범으로써 이미 수행할 수 있는 구성요소로 과제를 나눈다. 일반 학생이나 경도장애 학생을 가르칠 때는 이것이 가능하다. 보통 연쇄는 학습자가 지시로 수행할 수 있는 행동(자극 통제하에 있는 행동)과 배워야 할 한두 가지 행동을 합병하여 구성한다. 학생이 이미 가지고 있는 레퍼토리에 구성요소가 포함된 연쇄를 가르칠 때는 S^{D}의 제시에 대해서만 순서대로 행동을 수행하게 하는 것에 중점을 둔다. 예를 들어, 한 교사가 "수학 문제 풀 준비를 하세요."라고 지시했다고 가정해 보자. 결과는 어수선하다. 어떤 학생은 수학 문제지를 꺼낼 것이고, 어떤 학생은 이를 모방할 것이다. "어서 빨리"라고 교사가 촉구한다. 한두 학생은 연필을 준비하고, 또 다른 몇몇 학생은 여전히 혼란스러워하고 있을 것이다. 수학 문제를 풀 준비는 다음과 같은 일련의 순서를 가지는 행동이다.

① 책상 위의 다른 물건을 치운다.
② 수학 문제지를 꺼낸다.
③ 연필을 꺼낸다.
④ 지시가 있을 때까지 조용히 기다린다.

行동 연쇄

　학급의 학생은 아마도 이러한 각각의 행동을 수행할 수 있을 것이지만, 행동이 제시된 S^D(수학 문제 풀 준비 등)의 통제하에 있지 않다. 교사는 지시가 주어졌을 때 발생할 행동 연쇄를 만들어야 한다. "수학 문제 풀 준비를 하세요."로 시작해서 각 지시를 분리하여 복종을 강화하면서 진행될 수도 있을 것이다. 2개의 단계가 연합될 수 있게 되면 강화는 2개의 연쇄를 완성했을 때만 준다. 마지막으로 교사는 S^{D}만 제공하게 될 것이고 학생은 행동 연쇄를 취득하게 될 것이다.

　행동 연쇄는 강화인자를 얻기 위해 수행해야 하는 모든 행동의 순서다. 많은 복합적인 인간 행동은 이러한 수십 혹은 수백 가지의 구성요소 단계의 연쇄로 구성되어 있다. 강화는 늘 마지막 구성요소가 수행되었을 때만 발생한다. 복합적 행동을 형성하는 순서에서 개별적 반응을 강화하는 지시적 절차를 **연쇄**(chaining)라고 한다.

　행동 연쇄의 진행을 이해하기 위해서는 먼저 어떤 자극이든 그 기능에 의해 정의되어야 하고 동일한 자극이라도 다른 기능을 가질 수 있다는 것을 기억하라. 비슷하게 연쇄에 포함된 행동은 동시에 복합적 기능을 수행할 수도 있다. '수학 문제 풀 준비를 하세요.' 라는 연쇄에서 행동을 생각해 보자. 연쇄가 완전히 성립되었을 때 강화는 마지막 고리 후에만 발생한다. 그러나 연쇄의 마지막 고리는 강화인자와 그로 인해 이전의 고리의 발생 가능성을 높이는 조건화된 강화인자의 짝으로 되어 있다. 각 고리는 계속해서 그 이전의 것과 짝이 된다. 즉, 각 고리는 바로 이전의 고리에 대해 조건화된 강화인자로서의 역할을 한다.

행동 연쇄를 다른 견지에서 볼 수도 있는데, 각 고리는 바로 다음 고리에 대한 S^D로서의 역할을 한다는 것이다. 수학 문제 풀 준비에 대해 다시 생각해 보자.

① 책상 위의 다른 물건을 치운다(②에 대한 S^D).
② 수학 문제지를 꺼낸다(①에 대한 S^{R+}, ③에 대한 S^D).
③ 연필을 꺼낸다(②에 대한 S^{R+}, ④에 대한 S^D).
④ 지시가 있을 때까지 조용히 기다린다(③에 대한 S^{R+}).

각 고리는 다음 고리의 가능성을 높여 준다(Ferster et al., 1975; Staats & Staats, 1963). Test와 Spooner(1996)는 이것을 저녁식사에 초대된 집에 도착하기의 예로 설명하였다. 지시는 다음과 같다. "① 집에서 북쪽으로 첫 번째 정지 표시가 나올 때까지 간다. ② 오른쪽으로 돌아간다(오른쪽을 돌자마자 왼쪽에 노란색 집을 보게 될 것이다). ③ 2개의 정

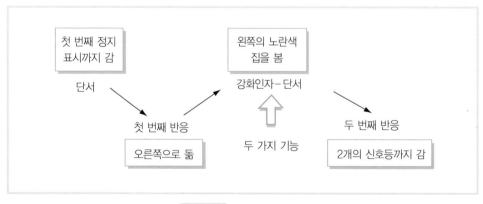

그림 10-2 연쇄 도식의 예

출처: *Community-based instructional support,* by D. W. Test and F. Spooner, 1996, Washington: American Association on Mental Retardation.

지 신호등(정지 표시가 아님)를 지난다. ④ 두 번째 신호등에서 왼쪽으로 돌아간다. ⑤ 독립길에서 오른쪽으로 돌아간다……." (p. 12) [그림 10-2]는 연쇄의 고리가 강화인자와 S^D 둘 다의 역할을 하는 것을 설명해 준다(저자는 S^D 대신에 '단서'를 사용하였음).

또 다른 수준에서 연쇄의 각 구성요소 고리는 또 다른 하나의 연쇄로 설명될 수 있다. 즉, 책상을 치운다는 것은 책과 종이를 들고 책상을 연 다음 책상 안으로 그것을 집어넣는 것을 포함한다. 책을 드는 것 또한 팔 들기, 뻗치기, 손 펴기, 책 집기, 팔 들기로 이루어지는 행동의 연쇄다. 사실 책 집기는 엄지를 갖다 대기… 기다리기 등을 포함하는 또 다른 연쇄이다. 행동을 상세화할 수도 있고 복합성을 높일 수도 있다. 교사는 학년 말에는 이렇게 말할지도 모른다. "여러분, 142쪽의 10문제를 푸세요." 그러면 학생은 신속하게 다음과 같이 할 것이다.

① 수학 문제 풀 준비를 하고
② 책을 펴서
③ 연필을 들고
④ 문제를 모두 푼다.

원래의 연쇄는 이젠 좀 더 복합적인 연쇄의 고리가 되었다. 간단한 행동을 더 길고 복잡한 연쇄로 만드는 것은 인간의 행동을 가장 정교하고 세밀한 형태로 나타내는 것이다. 어떤 학생에게는 연쇄의 각 단계를 언어적으로 촉구하거나 시범 보임으로써 행동 연쇄를 습득시킬 수 있다. 그리고 나서 촉구를 용암하고 고리를 연합한다(Becker, Engelmann, & Thomas, 1975b). 또 다른 학생에게는 연쇄의 분리된 몇몇 단계 혹은 모든 단계에 대해 좀 더 정교한 촉구 절차를 사용하여 가르쳐야 한다. 중도의 신체장애 혹은 인지장애를 가진 학생을 가르칠 때는 누군가가 일시적으로 혹은 영원히 수행을 대신해 주는 연쇄 고리를 알아내야 한다. 그러한 부분적인 참여가 이러한 학생들로 하여금 스스로 가능한 한 많이 행할 수 있게 해 준다. 물론 똑같은 일이 다른 누구에게도 적용될 수 있다. 스스로 잔디를 깎는 중년의 고집 센 어떤 사람이 잔디 깎기 기계의 도움을 받는 것을 상기해 볼 수 있다. 연결 고리의 어떤 것도 수행할 줄 모르는 학생에게 행동 연쇄를 가르치기 위해서 몇 가지 절차가 사용될 수 있다. 가장 일반적으로 사용되는 것은 후진형 연쇄, 전진형 연쇄, 전체과제 제시법 등이다.

❖ 후진형 연쇄

후진형 연쇄(backward chaining)에서는 연쇄의 구성요소가 역순으로 습득된다. 마지막 구성요소를 첫 번째로 가르치고, 다른 요소들은 한 번에 하나씩 추가된다. Delbert와 Harmon(1972)은 아동에게 스스로 옷을 벗는 것을 가르치는 데에 후진형 연쇄를 이용하였다. 아동에게 "Timmy, 셔츠를 벗자."라는 지시를 하고, 그의 셔츠를 머리 위로 당겨 팔을 빼고 목에 셔츠가 걸려 있도록 한다. 아동이 셔츠 밖으로 머리를 빼내지 못하면 신체적으로 안내해 주고 사회적 강화인자를 준다. 이 단계가 숙련될 때까지 훈련한다. 다음 훈련 단계에서는 한쪽 팔만 빼 주고, 그다음 단계에서는 양쪽 팔을 모두 빼주지 않는다. "Timmy, 셔츠를 벗자."라는 S^{D}는 항상 제시되고, 강화인자는 과제가 완성되었을 때만 주어진다. Jerome, Frantino 그리고 Sturmey(2007)는 발달장애 성인에게 인터넷 사용을 가르치는 데에 후진형 연쇄를 사용하였다. 후진형 연쇄는 과제가 완성되었을 때 가장 자연스러운 시점에서 항상 강화인자가 주어지기 때문에 효과적이다. 과제의 모든 필요한 단계가 완성되지 않으면 강화인자를 주지 않아야 한다는 점을 주의해야 한다. 예를 들어, 아이 도우미가 아이가 속옷을 입은 것을 확인하지 않고 아이 혼자 옷 입은 것을 강화해 주었다면 연쇄는 뒤죽박죽이 되거나 연계되지 않으며(Kuhn, Lerman, Vorndran, & Addison, 2006) 바람직한 행동은 더 이상 발생하지 않는다.

❖ 전진형 연쇄

전진형 연쇄(forward chaining)에서는 연쇄의 첫 번째 고리를 먼저 가르치기 시작하여 숙련될 때까지 지속하고 다음 단계로 넘어간다. 학생은 매번 이전에 숙련한 모든 단계를 수행하거나, 아니면 준거에 따라 각 단계를 분리해서 배운 후 고리를 연결한다(Patterson, Panyan, Wyatt, & Morales, 1974). 옷 벗기 기술을 가르치기 위해 전진형 연쇄를 사용하려면 학생에게 옷을 완전히 입히고 시작한다. "Timmy, 셔츠를 벗자."라고 지시한 후, Timmy가 팔을 교차하여 셔츠를 잡도록 촉구해 준다. Timmy 이것을 잘하면 옷을 완전히 벗을 때까지 다음 단계를 추가적으로 가르친다. 전진형 연쇄를 학업에 적용하는 예가 많이 있다. 알파벳 순서대로 쓰기를 가르치는 1학년 담당교사는 처음에 A로 시작하여 26개의 알파벳을 순서대로 쓸 때까지 계속할 수 있다. 주기율표를 순서대로 외우도록 가르치고자 하는 화학교사도 한 번에 몇 가지로 시작하여 하루에 몇 가지씩을 더해 갈 수 있다. 시 암송을 가르치는 교사도 처음에는 한 줄을 외우게 하고 전체를 암송할 수 있을 때까지 한 줄씩 더해 갈 수 있다. 학생에게 보고서를 작성(지극히 복합적인 연쇄)하도록 한 교사는 참고문헌 찾기, 메모하기, 밑줄 치기, 초고 쓰기, 마지막 완성본 쓰기 등을 가르친다.

❖ 전체과제 제시법

언어적 지시, 모델링, 연쇄의 연합

　전체과제 제시법(total task presentation)은 전체 연쇄가 숙련될 때까지 학생으로 하여금 모든 단계를 순서대로 수행하게 하는 것이다. 전체과제 제시법은 학생이 구성요소의 일부 혹은 전체를 이미 숙련하고 있으나 순서대로 수행하지 못할 때 적절한 방법이다. 그러나 새로운 신기한 연쇄를 완전히 가르칠 때도 이 방법을 사용할 수 있다(Spooner, 1981; Spooner & Spooner, 1983; Walls, Zane, & Ellis, 1981). 일반적으로 장애학생에게 기능적 기술을 가르치는 데에 가장 적절하고 효과적인 방법이 이 접근법인 것으로 알려져 있다(Gaylord-Ross & Holvoet, 1985; Kayser, Billingsley, & Neel, 1986; Spooner & Spooner, 1984).

　많은 학업적 연쇄는 전체과제 제시법을 변용한 것이다. 긴 나눗셈을 가르치는 수학교사는 학생에게 도움을 주어 가면서 학생이 전 과정을 숙달할 때까지 문제를 풀게 한다. 지리과목에서는 경도와 위도를 알게 되는 전 과정을 숙달될 때까지 훈련하고, 생물과목에서는 같은 방법으로 현미경 작동법을 배운다.

　비록 전체과제 제시법이 중도 장애를 가진 학생에게 기능적 기술을 가르치는 데에 전진형이나 후진형 연쇄보다 더 효과적이라고 알려져 있지만(Test et al., 1990), 물론 어떤 경우에는 전진형 및 후진형 연쇄도 사용된다. 교사는 자신의 경험상 가장 최선이라고 생각되는 것을 사용하면 된다. 중요한 것은 교사가 전문적 문헌을 정기적으로 구독하는 것이다. 효과적 관리와 교수적 기법에 대한 새로운 결론이 끊임없이 출판되고 있다.

연쇄를 가르치는 방법

　연쇄된 행동을 가르칠 때는 어떤 방법을 선택하든지 진행을 효율적으로 관리하기 위해서 어떠한 조직화가 필요하다. 이는 물론 연쇄의 숙달 진행을 보여 주기 위한 정확한 자료를 기록해 두기 위해서이기도 하다. 교사는 가르칠 단계의 목록과 정반응이나 오반응을 기록할 방법도 필요할 것이다. 대부분의 교사는 양식 자체에 단계를 목

학생: *Hisa*

과제: 손 씻기

준가: 단계의 100% = 1주

단계/반응																			
25.																			
24.																			
23.																			
22.																			
21.																			
20.																			
19.																			
18.																			
17.																			
16.																			
15.																			
14.																			
13. 휴지통에 종이수건 버리기																			
12. 손 비비기																			
11. 종이수건 한 개 빼기																			
10. 종이수건 빼는 곳으로 가기																			
9. 첫물 잠그기																			
8. 더운물 잠그기																			
7. 손을 3차 비비기																			
6. 손을 물에 대기																			
5. 뜰프 누르기																			
4. 손을 비누뜰프 밀에 대기																			
3. 더운물 틀기(빨강)																			
2. 첫물 틀기(파랑)																			
1. 세면대로 가기																			

날짜: 9-6, 9-6, 9-8, 9-8, 9-10, 9-10, 9-13, 9-15, 9-17, 9-20, 9-22, 9-24, 9-27, 9-29, 10-1, 10-3, 10-5, 10-8, 10-10, 10-12

그림 10-3 연쇄과제에 사용되는 자료양식

학생: *Hisa*　　　　교사: *Ms. Ebenezer*　　　　장소: *1층 복도 화장실*

목표: *일주일 동안 손 씻기 단계의 100%를 독립적으로 완수함*

촉구 코드	I	V	g	P

(I = 독립적, V = 언어적 단서, G = 몸짓, P = 신체적 도움)

단계:

단계	9/6	9/6	9/8	9/8	9/10	9/10	9/13	9/15	9/17	9/20	9/22	9/24	9/27	9/29	10/1	10/3
25.																
24.																
23.																
22.																
21.																
20.																
19.																
18.																
17.																
16.																
15.																
14.																
13. 유지통에 종이수건 버리기	g	g	I	I	I	I	I	I	I	I	I	I	I	I	I	I
12. 손 비비기	I	I	I	I	I	I	I	I	I	I	I	I	I	I	I	I
11. 종이수건 1개 빼기	g	g	V	V	I	I	I	I	I	I	I	I	I	I	I	I
10. 종이수건 빼는 곳으로 가기	g	g	g	g	g	g	V	V	V	V	g	V	g	V	V	I
9. 찬물 잠그기	g	P	P	P	P	P	P	g	P	P	P	P	g	g	g	g
8. 더운물 잠그기	P	P	P	P	P	P	P	P	g	g	g	g	g	g	g	I
7. 손을 3회 비비기	g	g	V	V	V	I	I	I	I	I	I	I	I	I	I	I
6. 손을 물 밑에 대기	g	g	I	I	I	I	I	I	I	I	I	I	I	I	I	I
5. 펌프 누르기	I	I	I	I	I	I	I	I	I	I	I	I	I	I	I	I
4. 손을 비누펌프 밑에 대기	g	g	g	V	I	I	I	V	V	I	I	I	V	I	I	I
3. 더운물 틀기(빨강)	P	P	P	P	P	P	P	P	g	V	V	V	I	g	g	g
2. 찬물 틀기(파랑)	P	P	P	P	V	V	V	V	V	V	V	I	I	I	I	I
1. 세면대로 가기	V	V	V	V	V	V	V	V	I	I	I	I	I	I	I	I
날짜	9/6	9/6	9/8	9/8	9/10	9/10	9/13	9/15	9/17	9/20	9/22	9/24	9/27	9/29	10/1	10/3

비고:

그림 10-4 연쇄과제에 사용되는 자료양식(촉구 수준 표시용)

록화하는 것이 더 편리하다는 것을 알게 된다. 특정 연쇄를 위해 양식을 만들어 쓰거나 과제의 단계를 적은 일반적인 자료양식을 만들 수도 있다.

[그림 10-3]은 연쇄과제의 지시에 대한 자료를 이분법으로 기록하도록 구성된 것이다. 자료양식은 최고 25단계까지 기록하도록 구성되어 있으며 왼쪽의 숫자가 적힌 칸에 각 단계에서 필요로 하는 반응을 써 넣도록 되어 있다. 오른쪽으로 이어진 20개의 세로줄은 20회의 시도 혹은 과제 수행 기회를 나타낸다. 각 세로줄은 최고 단계인 25까지의 숫자로 구성된다. 각 시도는 학생이 연쇄과제를 연결하는 모든 단계를 수행하는 기회로 구성된다. 각 시도에 대해 교사는 간단한 동그라미나 사선을 이용하여 ([그림 3-7] 참조) 학생의 각 단계 수행에 대한 정확성을 기록하거나, 그림에서와 같이 정반응을 보인 단계의 숫자는 그대로 두고 오류를 나타낸 단계의 숫자에는 사선을 그어 표시한다. 이러한 형태를 사용하면 양식 자체에 직접 그래프를 그릴 수 있다. 각 시도에서 바르게 수행한 단계의 합에 해당되는 숫자를 까맣게 색칠하여 표시한다. 그리고 시도 간 동그라미를 연결하여 그래프를 그린다. 자료양식에 묘사된 Hisa의 수행은 손 씻기 과제분석의 첫 번째 시도에서 13단계 중 2개를 바르게 수행했다. 그리고 7번째 시도에서는 7개, 17번째 시도에서는 11개의 단계에서 정반응을 보였다.

[그림 10-4]는 연쇄과제에 대한 부호화된 자료를 기록한 것이다. 이 자료양식에는 최고 25단계까지의 과제를 정리할 수 있으며, 왼쪽의 숫자는 각 단계를 표시하는 것으로 각 단계에서 요구되는 반응을 적도록 되어 있다. 오른쪽의 세로줄은 16회의 시도 혹은 과제 수행 기회를 나타낸다. 교사는 각 단계에서 학생에게 주어졌던 촉구 형태를 기록한다. 이 그래프의 자료는 9월 6일의 첫 번째 시도에서 Hisa가 5단계와 12단계를 독립적으로 수행했고, 1단계는 언어적 촉구로, 4, 6, 7, 9, 10, 11, 13단계는 몸짓 촉구로, 그리고 2, 3 단계는 신체적 도움으로 수행했음을 나타내고 있다. 이 자료양식에도 그래프를 직접 그릴 수 있다. 왼쪽의 숫자(단계 숫자)를 그래프의 세로좌표로 이용하는 것이다. 각 시도에서 학생이 독립적으로 수행한 단계의 수를 세어서 그에 상응하는 좌표에 표시를 한다. 제시된 자료에서는 독립적으로 수행한 단계의 수가 2부터 11까지 나타나 있다. 만일 목표에 정반응으로 기록되는 도움의 수준을 정의해 놓았다면, 정반응으로 기록되는 도움의 수준에 대한 반응을 세어서 그래프를 그려야 할 것이다. 예를 들어, 목표가 언어적 촉구로의 수행을 수용한다면 독립적으로 수행한 단계와 언어적 촉구를 얻어 수행한 단계의 합이 그래프로 그려져야 한다.

어떤 수준의 촉구인지를 기록할 수 있도록 자료양식에 공간을 확보하는 것이 좋다. Snell과 Loyd(1991)는 교사들이 학생의 수행을 평가하는 데에 더 일관적이었고, 교사가 학생에 대한 정보를 가지고 있을 때 더 올바른 교수적 결정을 하였음을 밝혔다.

⑨ 형성을 위한 차별강화

이 장에 설명된 행동 절차는 학생이 어느 정도의 촉구로 표적행동의 구성요소를 수행할 수 있다는 것을 전제하고 있다. 바람직한 행동을 특정 자극의 통제하에 두는 차별강화가 강조되었다. 교사가 학생에게 원하는 많은 행동은 학생의 행동 레퍼토리의 일부가 아니다. 그러한 행동을 위해 형성이라는 다른 접근법이 필요하다. 형성(shaping)은 차별강화로서 특정 표적행동에의 연속적 접근으로 정의된다. Becker 등(1975b)은 차별강화와 강화를 위한 준거변경을 형성의 두 가지 주요 요소로 지적하였다. 이 경우 차별강화는 어떤 준거를 충족하는 반응은 강화되고 준거를 충족하지 못하는 반응은 강화되지 못한다는 것으로 규정된다. 강화를 위한 준거는 표적행동에 가까워졌을 때 항상 변한다.

차별강화라는 용어가 자극 통제와 형성에 모두 사용되기는 하지만 용법은 다르다. 자극 통제에서는 S^D의 제시에 대한 반응은 강화되고, 동일한 반응이라도 S^D의 제시에 대한 것은 강화되지 않는다. 강화의 차별화는 선제자극에 달려 있다. 형성 절차에서는 차별강화가 표적행동에 연속적으로 근사한(혹은 점점 더 가까워지는) 반응에 적용된다. 형성과 용암은 모두 차별강화와 점진적 변화를 포함하고 있기 때문에 혼돈되기 쉽다. 다음의 지침은 그 차이를 분명하게 해 준다.

① 용암은 이미 학습된 행동을 다른 자극의 통제하에 두기 위해 사용되는 반면, 형성은 새로운 행동을 가르치기 위해 사용된다.
② 용암을 사용할 때는 행동 자체가 변하지 않고 오직 선제자극만이 변하는 반면, 형성에서는 행동 자체가 변한다.
③ 용암을 사용할 때는 선제자극이 조작되는 반면, 형성을 사용할 때는 후속결과가 조작된다.

형성은 자극 통제 절차가 아니지만 자극 통제, 촉구, 용암, 연쇄 등의 요소를 결합한 많은 교수 전략의 필수적인 부분이기 때문에 이 장에 포함된 것이다.

성공적인 형성 프로그램을 만들기 위해서 교사는 먼저 중재 목적인 종료행동(terminal behavior)을 명확하게 상술해야 한다. 이것은 현재 학생이 할 수 있는 행동 목록에는 없는 행동이 될 것이다. 다음으로 교사는 종료행동과 유사하며 현재 학생이 할 수 있는 행동 레퍼토리에 포함된 행동으로 시작행동(initial behavior)을 규정해야 하며, 종료행동으로의 연속적 근사치를 나타내는 중간행동(intermediate behavior)도 규정해야 한다(Malott et al., 1997). 각 중간 단계는 단계별 목표가 확립될 때까지 강화되고, 그 후에는 강화 준거가 다음 단계로 변경된다.

제1장에서 우리는 학생이 교수가 교실의 한쪽 끝에 서 있는 것을 가르치기 위해 학생이 교수의 행동을 어떻게 만들어 나가는지를 기술했다.

Panyan(1980)은 행동이 형성됨에 따른 행동의 차원(dimension)을 설명하였는데, 이는 제3장에서 설명된 것과 유사하다. 가장 기본적으로 행동의 형태(form 혹은 topography)를 생각해 볼 수 있다. 그 밖에도 반응시간의 길이를 나타내는 지속시간(duration), S^D와 반응 간 시간의 길이를 나타내는 반응시간(latency), 행동의 속도나 유창성을 나타내는 비율(rate), 반응의 강도를 나타내는 힘(force) 등이 있다.

"그가 우리반의 행동형성 프로젝트를 알게 되면 어떻게 반응할지 궁금한 걸."

　형태 차원에 따른 형성의 예는 중도장애 아동에게 소리를 모방하도록 가르치는 것이다. 예를 들어, 교사가 S^D(예: '아')를 제시하고 모방이 이루어지도록 연속적인 근사치를 강화한다. 처음에는 어떤 소리(시작행동)라도 강화하고, 다음에는 비슷한 소리(중간행동)만 강화하며, 마지막으로는 "아"를 정확하게 모방하는 것(종료행동)에 대해서만 강화한다. 자폐 아동의 언어훈련에서는 흔히 아동의 음성이 표적행동에 맞는 것인지를 결정하기가 어렵다. 야구나 골프에서 스윙을 지도하거나, 체조나 펜싱 혹은 아이스스케이팅이나 댄스에서 자세를 지도하기 위해 연속적 근사치를 강화하는 코치들도 형태적 형성에 관심을 가진다.

　많은 교사들이 행동의 지속시간에 대해서 관심을 가진다. 수많은 학생이 과잉적이거나 주의력에 결함이 있는 것으로 평가되기 때문에 기능적인 학생이 되게 하기 위해서는 한 장소에 오래 머물게 하거나 일정 시간 동안 과제에 주의집중하도록 가르치는 것이 중요하게 되었다. 한 교사가 자신의 학생 Harold가 과제시간 20분 동안 자리에 앉아 있기를 원한다고 가정해 보자. 교사는 Harold가 5분 이상 자리에 앉아 있지 못하고 평균 2분 동안 앉아 있을 수 있음을 관찰해 왔다. Harold가 20분 동안 자리에 앉아 있는 것에 대해 강화하는 프로그램이 정해졌다. 그는 결코 강화를 받지 못할 것이다. 대신에 교사는 20분 동안 자리에 앉아 있는 것을 표적행동으로 정의하고 준거에 대한 점진적 서열을 작성하였다.

　① Harold는 3분 동안 자신의 자리에 앉아 있다.
　② Harold는 5분 동안 자신의 자리에 앉아 있다.
　③ Harold는 10분 동안 자신의 자리에 앉아 있다.
　④ Harold는 15분 동안 자신의 자리에 앉아 있다.
　⑤ Harold는 20분 동안 자신의 자리에 앉아 있다.

　이 예는 형성의 또 다른 측면인 교사에게 요구되는 고도의 기술—목적을 향한 단계의 크기를 결정하는—을 설명하고 있다. 만일 단계가 너무 작으면 절차가 필요 이상으로 시간을 소비하고 비효율적이 된다. 반대로 단계가 너무 크면 학생의 반응이 강화받지 못할 것이며 행동은 소멸될 것이다. 마지막으로 교사는 행동을 확실하게 형성하기 위해서는 각 안정기에 어느 정도로 길게 머물러야 하는지를 고려해야 한다.

　프로그램 시작 전에 이 모든 결정을 하는 것이 항상 가능한 것은 아니다. 예를 들어,

Harold의 교사는 Harold가 일주일 내내 5분 동안 자리에 잘 앉아 있었다 하더라도 10분 동안 자리에 앉아 있어야 하는 준거를 충족시키지 못할 수도 있음을 알게 될 것이다. 그렇다면 5분(혹은 4분이라도)으로 되돌아가서 아주 조금씩 점진적으로 10분까지 끌어올려야 할 것이다. 프로그램을 평가하고 맞추는 능력은 형성 절차의 성공에 매우 중요하다.

S^D의 제시와 학생의 반응 간 시간의 길이를 나타내는 반응시간에 대한 관심은 그것을 줄이는 것이다. 예를 들어, 교사가 "수학 문제 풀 준비를 하세요."라고 말했을 때, 그는 항상 학생이 빨리 그렇게 하기를 원한다. 교사는 학생이 훈련에 따라 점점 더 빨리 수학 문제에 반응하기를 원한다. 그러나 때로 교사는 반응시간이 좀 더 길어지기를 원할 수도 있는데, 특히 반응 전에 정지하고 생각할 필요가 있는 충동적인 아동의 경우에 그러하다. 어떤 경우든 형성 반응시간은 다른 차원의 형성에서와 같이 진행된다. 즉, 학생이 나타낸 반응시간으로 시작하여 바람직한 반응시간이 성취될 때까지 강화받는 반응시간을 줄이거나 늘리는 것이다.

반응의 유창성, 비율 혹은 속도를 형성하는 것은 중요하다. 장애아동은 일반학급에서 적절히 수행하지 못하는데, 그들이 어떤 행동을 수행할 수 없어서가 아니라 그 학급에 설정된 기준을 충족시킬 만큼 빠르게 수행하지 못하기 때문이다. 예를 들어, 유창성은 학생에게 시간이 제한된 시험을 치르게 하면서 시험마다 정반응의 수를 조금씩 꾸준히 올려가도록 할 때 형성된다. 깜짝 놀랄 만한 비율로 유창성이 형성된 예는 일상에 많이 있다. 돈을 세는 은행원이나 점원, 양파를 써는 주방장, 혹은 각종 일에서의 숙련가를 생각해 보라.

힘 혹은 강도는 목소리 크기, 쓰기를 할 때의 누르는 힘, 조립할 때의 죄는 힘 등이다. 셀 수 없는 이러한 행동은 힘의 방향으로 형성된다.

형성은 지극히 유용한 교수도구다. 그것은 모든 수준의 학생들에게 새로운 행동을 발달시키는 방법을 제공한다. 그러나 그것 하나만의 사용은 다른 도구를 결합하여 사용하는 절차보다 덜 효율적이다.

앞서 언급한 바와 같이, 형성과 용암은 흔히 함께 결합되어 사용된다. 다음의 일화는 결합된 절차를 설명하고 있다.

〈일화 10-5〉

Wallace 반에서 대문자 A를 배우다.

　Wallace는 반 학생들에게 대문자 A를 가르치려고 했다. 처음에는 학생들에게 "대문자 A를 쓰세요."라고 말했다. 학생들은 이 S^D에 반응하지 않았다. "도표의 이것을 보세요." 그녀가 말했다. "이것처럼 쓰세요." 일부 학생들은 A를 꽤 잘 써서 이 시각적 촉구에 반응했다.

　그러나 "이것이 저 도표의 것과 같아 보이니, Harold?" Wallace가 물었다. 그리고 구어적 교수를 시도했다. "두 개의 사선으로 원뿔 모양을 만들고, 그 중간에 다른 선을 하나 더 긋는 거야."

　일부 학생들이 이 구어적 촉구로 성공할 수 있었다. 그러나 "Ralph, 네 원뿔은 너무 납작해." Wallace가 말했다. Wallace는 교실을 다니면서 잘 쓰도록 학생들의 손을 안내해 주었다. 많은 학생들이 신체적 촉구로 성공할 수 있었다. 그러나 "Melissa, 제발 손에 힘을 빼라. 선생님은 너를 도우려는 거야." Wallace가 답답한 듯 말했다.

　그날 오후 교사 휴게실에서, Wallace는 흥분하며 말했다. "스물다섯 번을 반복할 수는 없어요." 그러자 한 매정한 동료가 소문자를 쉰 번 반복한 자신의 기억을 말해 주었다. Wallace가 흥분하여 완전히 넘어가려 하기 전에, 한 1학년 교사가 이런 양식을 보여 주었다.

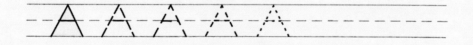

　"이거 보세요." Weatherby가 말했다. "촉구가 완전히 없어질 때까지 아주 조금씩 단서를 줄여가면서, A를 완벽하게 쓸 때까지 성공적인 근사치를 강화해 보세요."

제11장

변화된 행동의 일반화

여러분은 알고 있습니까

- 학생의 행동이 변화되었는지를 판단하는 것은 매우 오랜 시간과 많은 노력이 요구된다는 것을?
- 행동을 변화시키기 위한 프로그램 계획은 많은 연구와 창의력을 필요로 한다는 것을?
- 프로그램 적용에는 시간이 많이 소모된다는 것을?
- 프로그램이 종료되고 유관이 철회되자마자 학생이 프로그램 이전의 행동으로 되돌아가면 교사는 매우 좌절하게 된다는 것을?
- 이러한 실망은 일반화를 위한 프로그램의 중요성을 강조한다는 것을?

앞의 장에서는 적절한 행동을 강화하고, 부적응 행동을 감소하거나 없애는 것 그리고 새로운 행동을 가르치는 것과 관련되는 원칙과 절차를 설명하였다. 앞의 장에서 제시된 행동변화의 기술은 완전하게 연구된 것으로서 그 효용성은 의심의 여지가 없다. 그러나 응용행동분석가는 그들의 기술을 이용하여 변화된 행동이 영원히 변화된 채로 있거나, 훈련된 상황이 아닌 다른 어떤 상황에서도 여전히 변화된 모습으로 나타난다는 것을 완전히 보여 주지는 못하였다. 변화가 지속되지 못하거나 원래의 훈련 장소가 아닌 다른 장면에서, 혹은 원래의 훈련자가 없는 상황에서 행동이 다시 발생한다면 행동변화는 무의미한 것이다.

행동변화를 의미 있는 것으로 만들기 위해 교사는 보편성의 행동 원칙을 사용해야 한다. Baer, Wolf 그리고 Risley(1968)는 응용행동분석을 정의한 그들의 고전적 에세이에서 "행동변화는 그것이 영속적이기만 하다면, 다양한 환경에서 광범위하게 나타나기만 한다면, 관련된 다양한 행동에 걸쳐 나타나기만 한다면, 보편성을 가지는 것이라고 말해도 될 것이다."(p. 96)라고 밝혔다. Baer와 그의 동료들은 행동의 보편성을 시간 간, 장면 간, 행동 간의 세 가지 방면으로 설명하였다. 일반화(generalization)의 이러한 세 가지 형태에 대해서는 이 장의 후반부에서 더 자세히 논의될 것이다. 다음의 일화는 보편성을 가지지 못하는 행동변화를 설명하고 있다.

어떤 사람들은 행동을 변화시키는 것이 항상 개인의 자유를 침해한다고 믿는다.

행동변화가 일반화될 수 있는 방법

〈일화 11-1〉

폭스우드 청소년센터에 있는 학생들은 학교와 기숙사 모두에서 매우 구조화된 프로그램을 가지고 있다. 그들 대부분은 소년원 같은 곳을 드나드는 심각한 행동 문제 때문에 의뢰되었으나 센터의 점수체제 하에서는 별 문제행동을 보이지 않았다. 그렇지만 풀려나게 되면 다시 이전과 동일한 행동을 하였다. 풀려난 학생의 대부분이 몇 달 내에 폭스우드로 되돌아오거나 다른 기관에 수감되었다.

Kitchens 씨는 학습장애 아동을 위한 상담교사다. 그녀는 하루 중 30분은 일반학급에 들어가 학습장애 아동 및 그의 또래들과 수업을 한다. 일반학급 선생님은 학습장애 아동이 Kitchens 씨가 있을 때는 행동을 잘하지만 없는 동안에는 전혀 과제를 하지 않는다고 말했다.

Fonseca 씨의 1학년 학생은 문자카드를 이용하여 큰 수에 대해 공부하고 있었다. 그러나 학생들은 익숙하지 못한 단어를 마주하면 추측하여 답하곤 했다. 그들은 상징과 소리 간의 관계에 기초하여 새로운 단어를 해독하는 것을 배우지 못하였다.

이 예는 학업적 및 사회적 행동이 성공적으로 변화하지 못한 상황을 설명하고 있다. 그러나 변화는 유관이 효과가 있거나 처음의 훈련자가 있을 때만 성취되었다. 응용행동분석 절차가 흔히 특정 상황에서만 행동변화를 가져온다는 것은 의심의 여지가 없다. 제6장에서 설명한 연구설계 중 몇몇은 정말로 이러한 현상을 잘 설명한다. ABAB(반전) 설계는 후속결과를 적용하거나 철회함으로써, 그리고 종속변인(행동)이 조건에 따라 변화하는 것을 보여 줌으로써 행동과 후속결과 간의 기능적 관계를 증명한다. 이 설계에서 행동이 이전의 기초선 수준으로 되돌아가지 않으면 실험자는 기능적 관계를 증명하는 것에 실패한 것이다.

중다기초선설계는 후속결과를 몇 가지 다른 행동, 다른 상황, 혹은 다른 대상에게 적용함으로써 기능적 관계를 증명하는 것이다. 유관이 실행될 때까지 행동이 변화하지 않을 때만 기능적 관계를 알 수 있는 것이다. Baer 등(1968)은 "일반화는 기대하거나 안타까워하기보다는 프로그램되어야 한다."(p. 97)라고 주장했다. 절차와 행동 간의 기능적 관계를 성립시키고자 하는 실험자는 일반화의 발생을 안타까워할 수도 있다. 교사들은 일반화를 기대하기도 하고 그 부재를 안타까워하기도 한다. 실망하는 사람들은 예외 없이 전문적인 일반화를 기대하는 것이다.

만일 행동이 변화될 때 일반화가 자동적으로 일어나지 않는다면 그것은 응용행동분석 절차가 소용없다는 것을 의미하는가? 여러분이라면 우리가 그렇게 생각하지 않는다는 것을 알 것이다. 일반화가 자동적으로 잘 일어나지 않는다는 것은 대부분의 행동분석가들에게 행동변화의 기술만큼이나 효과적인 일반화의 기술을 개발할 필요가 있음을 나타낸다. 그러한 기술은 기능적 관계가 성립된 후에 적용될 것이므로 기능적 관계를 증명할 필요가 없다.

Baer 등(1968)이 주장한 바와 같이 일반화는 프로그램되어야 한다. 이 장에서는 이러한 프로그램의 기초가 되는 일반화의 원리를 설명하고 모든 도표, 그래프, 강화인자가 없어진다 하더라도 학생이 배운 행동이 유지될 가능성을 증가시킬 수 있는 특별한 방법을 제안한다.

1 일반화

제3장에서 우리는 계획된 목표에 대한 반응 서열을 설명하였다. 거기에는 습득의 반응 수준, 유창성, 유지 그리고 일반화가 포함되었다. 장애 학생 각각의 IEP에 유지 및 일반화의 수준이 포함되는 것은 중요하다(Billingsley, 1987). Haring과 Liberty (1990)는 유지 및 일반화 목표와 습득 목표는 행동이 수행되는 조건과 수행을 위해 정의된 준거의 두 가지 측면에서 다르다고 제안하였다. 특정 조건은 장면에 존재하는 것이거나 행동이 궁극적으로 수행될 장면이 되어야 한다. 예를 들어, 일반화 목표가 학생이 패스트푸드 식당에서 음식을 주문하는 것이라면 우리는 가상적 조건하의 교실에서 지시를 시작할 것이다. 아마도 수많은 촉구와 강화인자가 제공될 것이다. 그러나 실제 식당에서 학생은 '뭘 도와드릴까요?' '도와줘요?' '뭐 드실래요?' 혹은 '오늘 특별 메뉴인 버팔로 버거를 드셔 보실래요?'라는 단서에만 반응해야 할 것이다. 직원이나 혹은 손님 중 어떤 사람도 '잘했어.' '잘 기다리고 있네.' 혹은 '돈 잘 꺼냈어.'라고 말하거나 후속결과로서 잘했다고 안아 주거나 토큰을 주거나 포인트를 주지도 않는다(Cihak, Alberto, Kessler, & Taber, 2004). 이러한 촉구와 강화인자는 습득 단계에서는 적절한 것이지만 일반화 목표에서의 조건은 실제 생활환경에서의 조건을 반영해야 한다.

일반화 목표에 제시되는 준거는 문헌에 흔히 나타나는 충분히 훌륭한 수행을 반영하는 것이어야 한다. 제3장에서 논의한 바와 같이 길을 건너기 전에 양쪽을 모두 보는 것처럼 어떤 행동에 대한 수행은 그것이 완전할 때만 훌륭한 것이다. 예를 들어, 우리는 학생이 그룹홈의 옷장에 세탁물을 바로 넣을 수 있을 정도로 세탁실에서 빨래를 잘하고 건조기에 말려서 개킬 수 있는지 물어볼 것이다. 교사는 습득 단계 동안에는 빨래를 잘 접고 정확하게 쌓아 놓는 것을 강조할 것이다. 그러나 옷장을 볼 수 있다면 아마도 수건이 '충분히 잘' 정리되어 있는 것을 볼 수 있을 것이다. Trask-Tyler, Grossi 그리고 Heward(1994)는 먹을 수 있을 만큼 '충분히 잘된 것'을 요리에 대한 정의로 하였다. 수건접기를 가르친 교사처럼 요리교사도 충분히 잘된 요리를 먹는 것을 계획했는지 궁금하다.

일반화 목표의 평가 또한 중요하다(Billingsley, 1987). 우리는 행동이 평가되는 장소와 평가를 하는 사람을 모두 고려해야 한다. 만일 George가 어떤 자판기에서라도 음료수를 뽑을 수 있기를 원한다면 우리는 그가 일주일에 두 번씩 수영하러 가는 지역사회센터에 있는 자판기에서 교수를 시작해야 한다. 우리가 지역사회에서 교수를 실행하고 있기 때문에 다행이라고 생각하지만, 이 기술을 일반화시키는 것은 자판기를 교실에 들여놓는 것보다 더 어렵다는 것을 아는 것이 중요하다(Haring, 1988). George를 지역사회의 모든 자판기에 데리고 다니는 것은 불가능하기 때문에 우리는 간헐적으로 실행한다. 서로 다른 위치에 있는 몇 개의 자판기를 선정하고 음료수 이외의 강화인자나 촉구 없이 George가 음료수를 뽑을 수 있는지를 알아본다. George가 일반화된 기술을 가졌는지에 대해 확신하고 싶다면 교사나 George가 아는 다른 성인이 그의 가까이에 서 있지 않는 것이 중요하다. 일반화 탐사는 학생과 친숙하지 않은 누군가가 하는 것이 가장 좋으며 최소한 일반화가 평가되는 환경에 자연스럽게 존재하는 누군가가 하는 것이 좋다.

일반화를 촉진하기 위한 지침을 제안하기 전에 우리는 몇 가지 형태를 구별할 필요가 있다. 오랜 세월 동안 서로 다른 연구자들은 동일한 일반화에 대해 서로 다른 명칭을 사용하여 왔다. 본 교재에서 사용되는 용어를 단일화하고 일반화의 의미를 명확히 하기 위해 그 의미를 검토해 볼 것이다.

일반화의 첫 번째 종류는 특정 장소에서 특정인에게 훈련받아 온 반응이 다른 장소나 다른 사람에게서 발생하는 것이다. 일반화(generalization; Koegel & Rincover, 1977), 훈련 전이(transfer of training; Kazdin, 2001) 혹은 자극 일반화(stimulus generalization; Barton & Ascione, 1979)라는 이 현상은 학습된 행동이 프로그램의 유관이 철회된 후에도 발생하는 성향을 의미하는 반응 유지(response maintenance; Kazdin, 2001)와는 구별되어야 한다. 반응 유지는 유지(maintenance; Koegel & Rincover, 1977), 소거 저항(resistance to extinction), 내구성(durability) 혹은 행동 지속성(behavioral persistence; Atthowe, 1973)이라고도 한다. 마지막으로 반응 일반화(response generalization)는 표적행동이 수정되었을 때 유사

몇 가지 종류의 일반화가 있다.

표 11-1 일반화의 형태를 설명하기 위한 용어

	일반화		
	자극 일반화	유 지	반응 일반화
동의어	일반화 훈련 전이	반응 유지 소거 저항 내구성 행동 지속성	부수적 행동변화 동반적 행동변화

한 행동에 대해서도 계획되지 않은 변화가 나타나는 것을 의미한다(Twardosz & Sajwaj, 1972). 이러한 현상은 또한 부수적 혹은 동반적 행동변화(concomitant or concurrent behavior change; Kazdin, 1973)라고 한다. 다양한 용어에서 혹은 연구자가 여러 가지 일반화를 구분하지 못하는 것에서 혼란이 야기된다는 것을 쉽게 알 수 있다. 이 장에서는 세 가지 형태에 대해 일반화라는 용어를 사용할 것이며, 자극 일반화, 유지, 반응 일반화는 그것들 간의 구분이 필요할 때 사용될 것이다. 〈표 11-1〉은 행동변화의 보편성을 설명하기 위해 사용되는 용어 간의 관계를 설명한 것이다.

자극 일반화

자극 일반화(stimulus generalization)는 특정 자극(S^D)으로 강화되어 온 반응이 그와는 다르지만 유사한 자극에 대해서도 일어날 때 발생한다. 때로 이것은 훌륭한 일이다. 예를 들어, 부모와 교사는 유아에게 색과 모양 개념을 가르치기 위해 많은 시간을 쓴다. 우리는 '빨강'이나 '세모'의 모든 예를 가르쳐야 한다고 생각하지 않는다. 아동은 우리가 가르치지 않은 빨간색이나 배울 때 보았던 것과 다른 세모를 보고도 빨강과 세모로 알게 될 것이다. 동일한 반응을 야기해야 하는 자극집단을 자극 부류(stimulus class)라고 한다. 자극과 더 유사할수록 자극 일반화는 더 쉽게 일어난다. 앞서 예로 든 것과 같이 상담교사가 나타나면 다르게 행동한 학생은 어떤 교사가 있든 학업을 수행해야 한다는 것을 배우지 못한 것이다. 패스트푸드 식당 점원이 '뭘 도와드릴까요?' 대신에 '뭐 하실래요?'라고 물어 당황한 학생은 주문을 요구하는 질문에는 여러 가지가 있다는 것을 배우지 못한 것이다.

모든 일반화가 좋은 것은 아니다.

자극 일반화(제10장에서 설명된)는 문제가 될 수 있다. 색을 학습한 아동은 흔히 분홍이나 오렌지색 사물을 빨강으로, 혹은 세 변보다 많은 변을 가진 도형을 세모로 알기도 한다. 수염이 있고 안경을 쓴 모든 사람을 '아빠'라고 부르는 아이를 기억해 보라. 어떤 자극은 자극 자체에 의해 부류화된다.

유 지

학생이 수행하기를 원하는 대부분의 행동은 체계적인 응용행동분석 절차가 철회된 후에도 발생해야 한다. 이와 같이 시간에 걸쳐 지속되는 수행을 유지(maintenance)라고 한다. 교사는 학생이 교실에서 정확하게 읽기를 원하고 또 학교가 아닌 곳에서도 정확하게 읽기를 원한다. 학교에서의 수학 문제는 그저 문제일 뿐이지만, 우리는 학생이 가계부를 쓰고 세금 계산을 하며 조리법의 측정 단위를 알기를 원한다. 비록 교실에서의 적응이지만 적절한 사회적 행동 또한 체계적 강화 프로그램이 더 이상 존재하지 않아도 필요한 것이다. 제8장에서 연속 스케줄로 강화되어 온 행동에 대해 정적 강화를 갑작스럽게 철회하면 무슨 일이 발생하는지 살펴보았다. 행동은 감소하다가 마침내 소거된다. 소거는 교사가 부적절한 행동에 대한 관심을 철회할 때 매우 유용한 현상이 될 수 있다. 다시 말해, 교사가 학생에게 체계적으로 어떤 행동을 발달시켜 왔는데, 그것이 오로지 1년 후에 학생을 관찰했을 때 그 행동이 사라졌는지를 알기 위해서였다면 이는 매우 무익한 것이다.

행동 유지에 대한 책임은 가르치는 일의 중요한 부분이다. 교사가 과자나 미소 혹은 칭찬으로 강화하면서 학생 주위를 영원히 따라다니는 것은 불가능한 일이다. 어떤 행동을 발달시키기 위해 사용된 인위적인 유관을 철회할 때 급속히 소거되는 행동은 학습된 것이라고 볼 수 없다. 초기의 실험적 증거는 소거를 예방하기 위해서 특별한 조처가 이루어지지 않는다면 소거가 발생한다는 것을 지적하고 있다(Kazdin, 2001; Rincover & Koegel, 1975; Stokes, Baer, & Jackson, 1974).

> 여러분의 행동이 합격시험으로 더 이상 강화되지 않을 때 만일 이것을 기억하지 못한다면, 행동은 소거될 것이다.

반응 일반화

가끔은 한 행동의 변화가 다른 유사한 행동의 변화도 가져온다. 이러한 유사한 행동을 흔히 반응 일반화(response generalization)라고 한다. 예를 들어, 학생이 곱셈 문제를 푼 것에 대해 강화를 받고 그 후에 곱셈과 나눗셈 문제를 푸는 비율이 모두 증가하였다면, 이는 훈련받지 않은 행동에도 반응 일반화가 발생한 것이다. 불행히도 이러한 종류의 일반화는 잘 일어나지 않는다. 일반적으로 강화받은 특정 행동만이 변화한다. "꽃과 달리 행동은 자연적으로 피지 않는다." (Baer & Wolf, 1970, p. 320)

2 일반화 훈련

변화된 행동의 일반화를 책임지는 것은 장애 학생의 교사에게 특히 중요하다. 법률상 모든 장애 학생은 최소 제한 환경에서 교육받도록 되어 있기 때문에 많은 장애 학생들이 일반학급에서 전적으로 교육받거나 특수학급에서 임시적으로 혹은 하루 중 일부 동안만 교육받는다. 특수교육 교사는 오랜 기간에 걸쳐 혹은 출석일수 내내 체계적인 응용행동분석 절차를 적용할 수 있을지 확신하지 못한다. 전반적 발달장애 학생의 교사라고 하더라도 이 학생들 역시 최소 제한 환경에서 생활하고 학습하고 일할 것이라는 것을 알아야 한다. 즉, 전형적인 또래의 환경과 가능한 한 많이 유사해야 한다. 특수교육 교사는 체계적인 유관관리 프로그램이 가능하지 않은 상황에서도 학생들이 수행할 수 있도록 준비해야 한다.

일반교육 교사는 또한 일반화를 장려하는 기법을 알아야 한다. 그들은 응용행동분석 절차를 통하여 적절한 학업적, 사회적 행동을 배우는 수많은 장애 학생을 만나게 될 것이다. 이 학생들이 그들의 교실에서 적절히 수행하도록 돕기 위해서 일반교육 교사는 그들을 가르칠 기법을 알아야 할 뿐만 아니라 덜 구조화된 장면에서 일반화를 장려하는 기법도 알아야 한다. 장애 학생을 일반 프로그램에 통합시키는 것이 강조되는 최근의 추세로 이러한 기법에 관한 지식은 모든 교사에게 더욱 중요하게 되었다.

앞으로 설명될 일반화 촉구 절차는 행동변화의 일반화에 대한 기술적인 혹은 설득력 있는 정의를 충족시키지 못하는 것을 포함하고 있다. 전통적으로 일반화는 유관이 영향을 미치지 않는 환경에서 행동이 자발적으로 발생했을 때에만 일어난 것으로 간주되어 왔다. 실용적인 측면에서 우리는 일반화가 이루어지기를 원하는 장소에서의 작은 변화에 의한 행동변화도 고려할 것이다. 만일 그러한 변화가 노력 없이 적절하게 만들어질 수 있다면, 그리고 훈련장소에서 습득된 것이 유지될 수 있다면 실용적 측면에서 행동은 일반화된 것이다. Haring과 Liberty(1990)는 교사가 일반화 프로그램에 관한 의사결정을 할 때 도움이 되는 여러 가지 질문을 제안하였다. 교사가 일반화를 위한 평가와 프로그램 개발에서 제기해야 할 질문은 다음과 같은 것들이다.

① 기술이 습득되었는가? 만일 학생이 교수 장면에서 기술을 유창하게, 정확하게, 확실하게 수행할 수 없다면 그가 다른 어떤 장면에서 그것을 수행할 것이라고 희망을 갖는 것은 소용없는 일이다.

② 학생은 기술을 수행하지 않고도 강화인자(자연적 혹은 기타의)를 얻을 수 있는가? 만일 George가 자판기 앞에 무기력하게 서 있을 때 또래가 친절하게(혹은 참을성 없이) 음료수를 꺼내 주었다면, 그는 음료수를 얻기 위해 스스로 동기화되기

가 어렵다.

③ 학생은 기술의 일부를 수행하는가? 학생이 일반화 장소에서 기술의 일부를 수행할 때 교사가 할 일은 과제분석으로 되돌아가서 수행되지 않았거나 놓친 요소에 대한 선제자극과 후속결과를 평가하고, 재훈련에서 좀 더 효과적인 자극을 제공하여 일반화 환경에 효과적일 수 있는 자극을 확인하는 것이다.

Zirpoli와 Melloy(1993, p. 192)는 일반화를 촉진하기 위한 일반적인 지침으로 다음과 같은 사항을 지적하였다.

- 사회적 행동이든 학업적 행동이든 그 행동이 필요한 자연적인 장면에서 가르쳐라.
- 훈련을 위해 다양한 도우미를 고용하라(예: 여러 명의 교사, 부모, 동료). 이것은 특정 상황에서만 행동이 발생하게 될 가능성을 줄여 준다.
- 다양한 장면에서 훈련하라.
- 인위적인 단서와 강화인자를 가능한 한 빨리 좀 더 자연적인 것으로 바꿔라.
- 연속 강화에서 간헐 강화로 변경하라.
- 강화 전달을 점진적으로 지연시켜라.
- 일반화 사례를 강화하라.

Stokes와 Baer(1977, p. 350)는 좀 더 상세하게 일반화 평가와 응용행동분석에서의 훈련에 관한 문헌을 검토하고, 다음과 같은 일반화 평가 혹은 프로그램 개발을 위한 기법을 분류하였다.

- 훈련하고 기대하기
- 연속적 수정
- 자연적 유지 유관의 소개
- 충분한 실례로 훈련
- 느슨한 훈련
- 구별할 수 없는 유관 사용
- 일반 자극으로 프로그램 구성
- 일반화 중재

• 일반화 훈련

지난 30년 동안 Stokes와 Baer(1977)가 검토하여 규명한 범주는 오늘날에도 유용하다. 다음은 Stokes와 Baer가 검토한 것으로, 교실에서 사용할 수 있는 기법의 예다.

훈련하고 기대하기

가끔은 계획되지 않은 일반화가 일어난다. 이것은 훈련받은 기술이 학생에게 특별히 유용하거나 기술 자체가 강화되는 경우에 쉽게 이루어진다. 적절한 행동은 또한 프로그램이 철회된 후에도 지속될 수 있다. 일반아동과 경도장애 아동에게 가르친 많은 행동은 일반화된다. 학교에서 읽기를 배운 학생들은 길거리의 간판을 읽으면서 부모에게 기쁨을 준다. 그러나 이러한 자발적 일반화는 중도장애 학생에게는 쉽게 일어나지 않는다(Horner, McDonnell, & Bellamy, 미발간).

어떤 행동이 자동적으로 일반화된다는 증거가 보고되었음에도 불구하고, 대부분은 그렇지 않다는 것을 기억하는 것이 중요하다. 행동이 일반화될 때 우리는 그것이 왜 그런지에 대해 알지 못한다(Kazdin, 2001). 일반화 장면의 어떤 측면은 조건화된 강화 특성을 습득하는 것일 수 있다. 또 다른 가능성은 응용행동분석 절차의 실행으로 교사나 부모의 행동이 영구히 변하였다는 것과 강화하는 후속결과가 형식적으로 더 이상 계획되어 있지는 않지만 여전히 중재 이전보다 더 빈번히 발생할지도 모른다는 것이다(Kazdin, 2001).

형식적인 유관관리 프로그램을 통하여 습득된 혹은 강화된 행동이 일반화되기를 기대하지만 확신은 없다. 기대는 일반화가 일어나도록 만들지는 못한다. 그것을 기대하는 교사는 학생의 행동을 가까이에서 점검해야 하고, 초기에 기대가 좌절된 학습에 대해서도 즉각 더 효과적인 절차를 적용해야 한다.

아동 행동의 변화는 곧 성인 행동의 변화이기도 하다는 것을 기억하라.

〈일화 11-2〉
Andrews, 기적을 이루다

경제적인 도움을 받기 위해 집에서 과외지도를 하고 있는 Andrews는 Brandon을 지도해 달라는 요청을 받았는데, 그는 7학년 2학기의 성적이 C학점 2개, D학점 2개, 그리고 F점 1개였다. Brandon은 전에 우등생이었기 때문에 그의 부모는 매우 당황하였다. Andrews는 Brandon을 검사하여 학습에 문제가 없음을 알아내고 그가 7학년의 슬럼프에 빠졌다고 판단했다. 그는 교실에서 과제도 하지 않았고 숙제도 하지 않았으며 시험에 대비하여 공부도 하지 않았다. 그에게는 아주 효율적인 공부기술이 있는 듯했는데 단지 그것을 사용하지 않는 것 같았다. Andrews는 일주일에 한 번 과외지도를 받는 것보다는 부모가 유관관리를 하는 것이 좋겠다고 충고했으나, 그들은 과외를 고집했고 아무 프로그램도 실행하지 않았다.

　　Andrews는 Brandon이 학교 교재를 가져오지 않았기 때문에 2주 동안 동 학년 수준의 교재로 지도를 했다. 그녀는 읽기, 학습, 수학문제 풀기 등에 대해서 구어적 칭찬을 많이 했고 Brandon이 기타 다른 과제를 완성하면 게임 같은 어휘 프로그램을 할 수 있도록 했다.

　　세 번째 주에 Brandon의 어머니가 전화를 했다. Brandon의 선생님 3명이 모두 그의 학교 생활이 극적으로 달라졌다는 메시지를 전해 왔다고 했다. 모든 수업에서의 시험과 보고서가 A와 B학점이었다. Brandon의 어머니는 Andrews가 기적을 이루었다고 말해 주었다. Andrews는 겸손하게 아니라고 말하면서 잠시 생각에 잠겼다. "우연한 일인가? 아니면 진짜 내가 뭔가를 했나?"

연속적 수정

　자극 일반화 혹은 장면에 걸친 훈련의 전이 절차는 연속적 수정(sequential modification)이다. 이 절차에서 일반화(실용적 측면에서)는 한 장면에서 성공적으로 행동을 변화시킨 기법이 다른 모든 장면(표적행동이 그 상황에 맞는)에 적용됨으로써 이루어진다. 독립변인과 종속변인 간의 기능적 관계를 밝히기 위하여 상황 간 중다기초선설계를 사용할 때도 이와 동일한 과정이 적용된다. 예를 들어, 특수학급에서는 과제를 잘하지만 일반학급에서는 하지 않는 학생을 위해서 관련 교사는 특수학급에서 사용한 강화체계와 유사한 것을 일반학급에서 사용할 수 있다. 특별훈련 프로그램을 종료한 학생의 행동 유지를 촉진하기 위해서도 유사한 절차가 필요할 것이다. 교사와 부모는 훈련 상황에서 동일한 응용행동분석 절차를 적용하도록 훈련받을 것이다. 어떤 경우에는 일반화 장면에서 동일한 유관을 계획하는 것이 비현실적일 수도 있다. 예를 들어, 일반교육 교사는 특수교육 교사만큼 가까이에서 파괴적 행동을 점검할 수 없고 자주 강화를 해 줄 수도 없다. 비슷하게 부모는 기관에서 적용하는 것만큼 엄밀하게 프로그램을 구조화할 수 없으며 또 그렇게 하려고 하지도 않는다. 이러한 경우 훈련받은 동안에 이루어 놓은 표적행동 비율이 비슷하게라도 유지되도록 프로그램을 수정하여

중다기초선설계에 대해 자세히 알고 싶다면 제6장을 검토하라.

가정은 학교나 다른 기관보다 구조화가 더 어렵다.

환경적 통제를 제공한다. 상황 간 중다기초선설계를 사용한 연구들을 검토해 보면 연속적 수정에 관한 예를 많이 볼 수 있다.

　연속적 수정은 발달장애 학생들에게 처음 배운 기술을 잘 할 줄 모르는 요리하기에 일반화시키기(단순 일반화) 그리고 학습한 기술의 조합이 필요한 좀 더 어려운 요리하기에 일반화시키기를 가르치는 데에 사용되어 왔다(복합적 보편성). 또한 언어훈련과 부적절한 구어 수정에도 사용되어 왔다(Browning, 1983; Drasgow, Halle, & Ostrosky, 1998; Trask-Tyler et al., 1994).

　Anderson-Inman, Walker 그리고 Purcell(1984)은 특수학급에서 일반학급으로의 일반화를 증진하기 위한 환경전이 프로그램(transenvironmental programming)이라는 절차를 사용하였다. 환경전이 프로그램은 표적환경을 평가하여 학생에게 특수학급에서 기술전이 촉진기법을 사용해 일반학급에서의 주요 기술을 가르치고 일반학급에서의 학생의 수행을 평가하는 것이다. 기술전이 촉진기법에는 새롭게 습득된 기술을 일반학급에서 강화하는 것이 포함된다.

　연속적 수정에 의한 행동의 유지와 전이는 기술적으로 우리가 앞서 논의한 일반화로서의 자격이 없을지도 모른다. 동일한 혹은 유사한 응용행동분석 절차를 바뀐 장면에 적용하는 것이 실질적이며 또 성공적이다. 더 오랜 기간 변경된 것의 적용이 필요하다 하더라도 그 효과는 실행을 매우 가치 있는 것으로 만들 것이다. 〈일화 11-3〉은 연속적 수정의 사용에 관한 것이다.

〈일화 11-3〉
Connie, 과제하기를 배우다

Connie는 학습장애 아동을 위한 Gray 선생님의 특수학급 반 2학년 학생이다. Connie는 학업과제를 완성한 것에 대해 자유시간과 교환할 수 있는 포인트를 얻는데, 특수학급에서는 잘하지만 하루의 대부분을 보내는 일반학급에서는 잘하지 못한다. Connie는 교실을 돌아다니며 다른 학생들을 괴롭혔다. Gray 선생님은 일반학급 교사와 의논하여 Connie의 학업과 행동에 관해 표시할 수 있고 이름과 날짜 등이 인쇄된 차트를 만들었다[그림 11-1] 참조). 그리고 Gray 선생님은 일반학급에서의 Connie의 업적에 대해 보너스 포인트를 주었다. Connie는 특수학급보다는 못했지만 일반학급에서 수용할 수 있을 정도로 잘했고, 학업적 성과를 학급의 다른 학생의 것과 비교할 수 있게 되었다. 일반학급 교사는 이 절차가 너무나 인상적이어서 학급에서 문제를 보이는 몇몇 다른 학생의 과제 완성과 행동에 대해서도 특권을 부여하는 절차를 사용하였다.

누구의 행동이 일반화되어 왔는가?

Connie	날짜: ________
과제 완성:	행동:
예 ________	훌륭함 ________
아니요 ________	꽤 잘함 ________
일부 ________	부족함 ________

그림 11-1 Connie의 차트

자연적 유지 유관의 소개

우리는 학생에게 유용한 기능적 기술을 가르치려고 한다.

이상적인 응용행동분석 프로그램은 자연적인 환경에서 강화를 받을 수 있는 행동변화를 추구한다. Baer(1999)는 "지역사회에서의 자연스러운 강화를 받지 못하는 의도적인 행동변화가 되지 않도록 하는 것이 가장 훌륭한 규칙이다." (p. 16)라고 주장하였다. 그는 또한 이 규칙은 필요한 만큼의 추후검사를 제공할 책임이 있을 때만 어겨질 수 있는 것이라고 덧붙였다. 프로그램의 결과로서 학생이 적절하게 행동하는 것이 가장 이상적이다. 학생은 좋은 점수를 받기 위해서 학업과제를 열심히 할 것이고, 교실에서는 교사의 칭찬을 받기 위해 잘 행동할 것이며, 돈 때문에 의무를 수행할 것이다. 자연적 강화인자를 더 강력하게 만드는 것이 가능하다(Horcones, 1992). 만일 교사가 어떻게 해서 학생의 수학 보고서가 A+를 받게 되었는지를 지적하거나, 열심히 일해서 얻은 돈을 쓰는 것이 얼마나 멋진 일인지를 설명한다면, 이러한 자연적 강화인자는 더욱 주목을 끌게 될 것이다. 예를 들어, 중도장애 학생에게 스스로 먹는 것을 가르치기 위해서는 꽤 복잡한 절차—형성, 연쇄, 점진적 안내를 포함하는—가 필요하지만, 스스로 먹는 것은 다른 장소에서 일반화될 것이고 훈련이 철회된 후에도 영속적으로 이루어질 것이다. 왜냐하면 그러한 기술은 자동 정적 강화인자를 갖기 때문이다. 지적장애 학생(Azrin, Sneed, & Foxx, 1973)과 정상 유아(Azrin & Foxx, 2007)의 배변훈련은 유관이 철회된 후에도 유지될 수 있다. 그것은 불편함이 없어지기 때문이다. 또한 읽기나 수학에 관한 기술을 배운 학생은 이 기술을 일반화 프로그램 없이 유지할 수 있다. 그 이유는 그 기술이 유용하기 때문이다. 일부 사회적 행동 또한 일반화된다.

중도장애인의 교육은 기능적 기술, 즉 학교나 직장 및 지역사회에서의 유용한 기술의 훈련에 중점을 두어 왔다. 이 학생들에게 색깔별로 블록 분류하기 같은 의미 없는 학교기술을 가르치기보다는 독립을 위해 필요한 기술, 즉 버스 타기, 세탁기 사용하기, 요리하기, 은행의 ATM 사용하기 등을 가르치는 것이다(Shafer, Inge, & Hill, 1986). O'Reilly, Lancioni 그리고 Kierans(2000)는 3명의 지적장애 성인에게 바에서 자신의 음료를 주문하고 다른 손님들과 상호작용하는 것을 가르쳤다. 이러한 기술은 자연적인 환경으로 인해 더 쉽게 유지된다. 교사가 학생의 생활양식, 관습, 문화 등에 대해 알아야 하는 가장 중요한 이유 중 하나는 그것을 앎으로써 학생의 환경이 어떤 행동을 유지시켜 줄 것인가를 알게 되기 때문이다. 변화시킬 행동(표적행동)을 자연적인 환경에서 유지될 행동으로 선정하는 것에는 행동관련규칙(Relevance of Behavior Rule)이 적용된다. Ayllon과 Azrin은 1968년에 이 규칙을 처음으로 설명하였다. Baer와 Wolf (1970)는 행동관련규칙을 덫(trapping) 형식으로 개념화하였다. 그들은 응용행동분석가가 자연적인 환경으로 강화되는 행동을 일반화할 수 있다면 덫으로 쥐를 잡는 인위적 상황이 만들어질 것이라고 주장하였다. 덫은 다음과 같은 방식으로 작용한다.

매우 비슷한 모델인 쥐덫을 생각해 보자. 쥐덫은 쥐의 행동수정을 이루기 위해 설계된 환경이다. 이러한 수정은 완전한 보편성을 가진다는 것에 주목하라. 덫에 의해 이루어진 행동변화는 모든 환경에 걸쳐 한결같이 나타날 것이며, 쥐의 모든 행동에 확대될 것이고 분명하게 미래까지 지속될 것이다. 더구나 쥐덫은 상대적으로 적은 양의 행동 통제로서 많은 양의 행동변화를 이루어지게 한다. 물론 덫 없이도 쥐를 잡을 수는 있다. 아마도 쥐구멍 밖에서 참을성 있게 기다려서 쥐가 피하는 것보다 더 빨리 잡아야 할 것이다. 그런 후 바람직한 행동변화를 이루기 위해 쥐에게 다양한 형태의 힘을 가해야 할 것이다. 그러나 이러한 수행은 인내심, 협력, 극도의 기민성, 잘 감추어진 신경질 등의 많은 경쟁을 요구한다. 그러나 덫을 가진 사람은 아주 조금의 노력만 필요할 뿐이다. 단지 치즈를 덫에 넣고 쥐가 치즈 냄새를 잘 맡도록 놓아둔다. 이는 결과적으로 쥐의 미래의 행동에 일반적인 변화를 가져오게 된다. 행동주의 용어로 덫의 본질은 덫에 들어가기 위해 상대적으로 단순한 반응만이 필요하다는 것이다. 그러나 일단 들어가면 덫은 일반적인 행동변화를 만들어 내는 데에 저항하지 못한다. 쥐에게 들어가는 반응은 단지 치즈 냄새를 맡는 것이다. 그 뒤로는 모든 것이 거의 자동으로 진행된다. 쥐에게 치즈 냄새를 맡도록 하는 것 외에는 쥐의 행동을 통제할 어떠한 필요도 없다. 그러나 행동변화는 완전히 이루어진다(Baer & Wolf, 1970, p. 321).

어떤 행동은 스스로 덫에 걸리게 한다. 만일 행동이 또래 강화가 증가되도록 일반화될 수 있다면 그것은 자연적 환경에서 유지되기 쉽다. 사회적 및 의사소통 기술, 훈련기술 그리고 심지어 자기주장도 오직 유지되기 위해서 일반화될 필요가 있다(Bourbeau, Sowers, & Close, 1986). 그러한 행동에 가능한 강화 네트워크는 쥐덫과 같이 일단 들어가면 도망칠 수 없는 저항 불가의 환경 덫을 형성할지도 모른다. 불행히도 자연적인 환경에 의해 강화될 행동을 집어내는 것은 어렵다(Kazdin, 2001). 대부분의 자연적 환경은 적절한 행동을 무시하고 관심을 부적절한 행동에 집중하는 듯하다. 경찰관이 운전자를 칭찬하기 위해 차를 정지시키는 일은 거의 없다. 직원들이 제시간에 정기적으로 일에 참여하는 것을 칭찬하는 일도 거의 없다. 교실에서조차도 교사는 잘하고 있는 학생에게는 주의집중을 하지 않고 관심을 주지 않는 반면, 파괴적이거나 산만한 학생을 바로잡으려고 한다. 응용행동분석가가 어떤 행동이 학생의 자연적 환경에 의해 유지될 것이라고 가정하는 것은 현명하지 못한 것이다. 그러나 우리는 자연적 환경에서의 강화 유관에 대한 행동의 유지 혹은 전이가 다음과 같은 것에 의해 촉진될 것이라고 말할 수는 있다.

① 학생의 환경을 관찰하기: 부모, 교사 혹은 기타의 성인이 학생을 위해 바람직한 행동으로 설명한 것은 그들이 강화하는 것이 될 수도 있고 그렇지 않을 수도 있다.

② 관찰에 의해 결정된 것으로서 덫의 대상이 되는 행동을 선정하기: 예를 들어, 교사가 글씨를 잘 쓴 것에 대해 대단하게 강화를 했다면 상담교사는 예쁜 글씨 쓰기가 우선적으로 가르쳐야 할 사항이 아니더라도 학생에게 그것을 가르칠 수 있다.

③ 학생에게 환경으로부터 강화받도록 가르치기: 학생은 적절한 행동에 대해 성인의 관심을 끌어서 칭찬이나 다른 강화인자를 받도록 배울 수 있다. Craft, Alber 그리고 Heward(1998)는 4학년 특수학급 학생들에게 1시간 수업 동안에 '이렇게 하면 되나요?' '보세요, 끝냈어요!' 등의 말을 적절한 수만큼 하도록 가르쳤다. 학생들은 일반학급에서도 이 기술을 수행할 수 있었다. 교사로부터의 칭찬이 늘어났고 그들의 학업 수행도 좋아졌다.

④ 강화가 전달되었을 때 학생이 그것을 인지하도록 가르치기: 일반학급에서 어려움을 겪는 많은 학생들이 미묘한 사회적 강화를 인지할 수 없다는 것이 우리의 경험이었다. 이것은 Bryan과 Bryan(1978)이 사회적 지각의 부족이라고 지적한 기능이다. 어떤 학생은 강화인자로서의 비구어적 의사소통의 미묘함을 알아챌 수 없

일반화를 증진하기 위한 방법

다. 학생에게 그러한 미묘함을 가르치는 것은 자연적 환경의 강화 가능성을 증가시킬 것이다.

교사는 자연적 환경이 강화인자가 되기를 원하지만 이것이 결코 자동적인 진행과정이 아니라는 것을 알아야 한다. 자연적 환경에 대한 평가와 변화된 행동이 얼마나 잘 유지되고 있는지에 대한 주의 깊은 점검이 동반되어야 한다. 〈일화 11-4〉는 자연적으로 발생하는 강화인자를 받음으로써 유지되는 행동을 설명해 준다. 〈일화 11-5〉는 충분한 강화인자를 제공하지 못하는 환경을 설명하고 있다.

〈일화 11-4〉

Alvin, 읽기를 배우다

Alvin은 구치소 내의 Daniel 선생님 반에서 비행청소년으로 판결받았다. 그는 학급에 들어왔을 때 실제로 아무것도 읽지 못했다. 그러나 Daniel은 정반응에 토큰강화를 사용하는 체계적 직접교수법(Adams & Engelmann, 1996)으로 Alvin이 한두 음절의 단어를 음성학적으로 읽을 수 있게 가르쳤다. Daniel은 Alvin이 구치소를 나간 뒤에도 읽을 수 있을지 궁금했다. 왜냐하면 Alvin이 별로 열의가 없었고 학교에서 사용하는 교재의 어휘에도 약했기 때문이다. Alvin은 토큰 조건이 있을 때만 읽었다. Alvin이 풀려나고 약 1년이 지났을 때 Daniel은 우연히 서점에서 그를 만났다. 그는 책이 한아름 든 쇼핑백을 들고 있었으며 한 손에는 책을 펼쳐들고 집중하고 있었다.

〈일화 11-5〉

Marvin, 6학년을 낙제하다

상담교사인 Cohen은 Marvin이 4학년이었을 때부터 2년째 그를 상담해 오고 있다. 그는 Marvin의 교실에서 다른 학생들과 소그룹으로 상담을 진행했는데 가끔은 교실 밖에서 좀 더 강도 높은 과제를 하기도 했다. 4, 5학년 때는 Marvin의 담임 선생님이 칭찬을 많이 하고 과제 완성에 대해 유관적으로 자유시간을 주었기 때문에 Marvin의 학업 성취가 나쁘지 않았다. 5학년 말에는 더 이상 특수학급에 가지 않아도 된다는 판정을 받았다. Cohen은 Marvin이 6학년에서 문제를 가질 수도 있다는 생각은 하지 않았다. 그런데 6학년 담임 선생님인 Roach는 무뚝뚝하고 고집이 센 사람이었다. 그녀는 학생의 좋은 행동에 대해 칭찬하거나, 학업성취에 대해 점수 이외의 후속결과를 제공하는 것의 효과를 믿지 않았다. 그렇게 하는 것을 권유하면 그녀는 "그게 아이들이 학교에 오는 이유예요. 나는 그들을 속이는 것을 믿지 않아요."라고 말했다. Marvin은 이전의 행동으로 되돌아갔다. 그는 교실을 부수고 과제를 하지 않아 결국엔 6학년을 낙제하고 말았다. Cohen은 Marvin을 통해서 두 가지를 배웠다고 생각했다. 첫 번째는 모든 교실에 동일한 조건이 존재한다고 생각하지 말 것과 두 번째로 학생의 행동은 계속해서 변화되고 그것을 지속적으로 좇아야 한다는 것이다.

충분한 실례로 훈련

우리가 학생에게 수행하도록 가르치는 대부분의 학업적, 사회적 행동은 다양한 반응적인 부류다. 즉, 동일한 장소에서 정확하게 동일한 방법으로 수행되는 단일 행동은 거의 없다. 예를 들어, 학생에게 읽기를 가르칠 때 우리는 학생이 습득한 읽기기술이 궁극적으로는 이전에 읽지 못했던 것을 독해하는 데에 적용되기를 기대한다. 물론 우리는 동일 음으로 시작되는 한두 개의 단어를 가르친 후에, 혹은 단어의 뜻을 유추하기 위한 단 하나의 예문을 준 후에 그러한 것을 기대하지는 않는다. 우리는 많은 예제와 수업시간을 통하여 충분한 실례를 제공한다. 유사하게 중도장애 학생에게 지역사회센터에서 하나의 자판기 사용을 가르친 후에 도시에 있는 어떤 자판기라도 사용할 수 있기를 기대하거나, 담임교사에게 아침에 인사하는 것을 가르친 후에 어떤 성인에게라도 인사할 것을 기대하지 않는다. 다시 말하지만, 우리는 충분한 실례로 훈련할 것이다.

❖ 일반적인 사례 프로그래밍

일반적인 사례 프로그래밍(general case programming)은 충분한 실례를 훈련함으로써 일반화를 증진시킨다. 그것은 장애 위험 유아에게 언어, 학업, 사회적 기술을 가르치기 위해 발전되었다(Becker & Engelmann, 1978). 일반적인 사례 프로그래밍은 학생이 어떤 자극군에 관한 과제라도 수행할 수 있도록 충분한 자극군을 사용하는 것을 강조한다. 만일 우리가 아동이 빨간색 사물을 알기를 원할 때 그가 이 과제를 수행할 수 있다는 것을 확신하기 위해서 그를 세상의 모든 빨간색 사물에 노출시켜야 되는 것은 아니다. 우리는 단지 다양한 빨간색 사물에 충분히 노출시키는 것이며, 그는 특정 빨간색 사물을 빨간색으로 알게 될 것이다. 많은 아동에게 빨간색 사물을 집는 것이 그렇게 체계적일 필요는 없다. 우리는 단지 우리 방식대로 어떤 사물이든지 명명만 할 뿐이다. 그러나 장애를 가진 학습자에게는 이 기술의 습득을 촉진할 사물 선정에서 조심스러운 주의가 필요하다.

Engelmann과 Carnine(1982)는 일반적인 사례를 훈련하기 위해 사용되는 예는 동일성(sameness)—모든 자극군에 동일한 특성—과 이질성(difference)—자극군 내의 다양성의 범위—을 가르쳐야 한다고 주장하였다. 다시 말해서, 모든 빨간색 사물은 공통적으로 무엇을 가지고 있고 어떤 점이 다를 수 있으며, 또 그러함에도 여전히 빨간색인지를 가르쳐야 한다는 것이다. 훈련자극의 선정은 일반적인 사례 프로그래밍에서 중요한 요인이다. 훈련 회기에서 사용된 모든 자극이 동일한 농도의 분홍빛 빨간색 사물이었다면, 책상에서 빨간색 책을 가져오라고 부탁을 받은 학생은 책상 위의 책이 오렌지빛 빨강인 경우 심부름을 완수하지 못할 것이다. 일반적인 사례 프로그래밍은 장애가 있거나 없는 학생에게 학업적 행동을 가르치는 데에 매우 성공적으로 적용되어 왔다. 그것은 또한 적절한 사회적 행동을 가르치는 데에도 사용되어 왔다(Engelmann & Colvin, 1983).

일반적인 사례 프로그래밍은 또한 중도장애 학습자에게 언어 전 기술과 언어기술을 가르치는 데에 사용되어 왔다. 예를 들어, 시내의 어느 지역에 있는 어떤 자판기라도 학생이 사용할 수 있도록 가르치기를 원한다면, 교사는 어떤 유형의 자판기가 존재하는가를 알아야 하고(동전 넣는 곳, 기계가 작동되는 법 등) 모든 유형의 자판기에 대한 훈련을 제공해야 한다. 이러한 절차는 전화 걸기 기술을 가르치기, 길 건너기, 손을 닦을 때 다른 비누 사용하기, 우편번호에 따라 우편물 분류하기, 식당의 식탁 치우기, 그 밖의 많은 기술을 가르치는 데에도 똑같이 적용되어 왔다(Bicard, Horan, Plank, & Covington, 2009; Horner, Eberhard, & Sheehan; 1986; Horner, Jones, & Williams, 1985; Horner, Williams, & Stevely, 1984). 비디오테이프 같은 가상 체험의 사용은 실제로 많은 곳을 다닐 필요 없이 더 많은 실례를 통해서 훈련할 수 있게 해 준다(Haring, Breen, Weiner, Kennedy, & Bednersh, 1995).

❖ 다양한 장면, 교사 및 활동의 사용

충분한 실례를 사용하는 또 다른 접근법은 많은 장면이나 서로 다른 훈련자를 통해서 행동을 훈련하는 것이다. 이러한 훈련은 흔히 훈련을 하지 않은 장소에서도 변화된 행동의 일반화를 가져온다(Valdimarsdottir, Halldorsdottir, & Siguroardottir, 2010). 다양한 자극조건에서의 반응훈련은 이전에 훈련받지 않은 조건에서의 일반화 가능성을 증가시킨다는 적지 않은 증거 자료들이 있다. 이러한 훈련은 개인 간 의견교환, 교사나 다른 성인에게 인사하기 등과 같은 다양한 사회적 행동에 성공적이었다(Ducharme & Holborn, 1997; Emshoff, Redd, & Davidson, 1976). 이러한 절차는 변화가 목표가 되고 중재가 되지 않은 장면, 개인, 활동을 평가하는 연속적 수정과는 다르다.

여러 조건에 걸쳐 훈련하지 않는다면 중도장애인의 일탈행동 억제 효과는 특정 상황 및 실험자에게만 나타난다는 것이 입증되어 왔다(Corte, Wolf, & Locke, 1971; Garcia, 1974). 벌 유관의 효과는 정적 강화에 의한 행동변화보다 일반화되기 쉽지 않다는 것이 분명하다. 이것은 최근에 행동 억압 절차를 사용하는 연구가 감소하고 있다는 점에 기여하는 바가 있을 것이다.

충분한 사례를 통한 훈련은 일반화 증진에 관심이 있는 교사에게 생산적인 영역이다. 학생들에게 모든 장면에서 모든 교사나 성인의 출현에 대해 적절한 행동을 수행하도록 가르칠 필요는 없다. 교사는 일반화 반응의 학습이 보장되도록만 훈련하면 되지 학생이 수행하기를 원하는 모든 반응 예를 가르칠 필요가 없다. 읽기를 가르칠 때 그것이 얼마나 어려운 일인가를 상상해 보라. 우리는 학생이 글자나 음절을 일반화해서 이전에 읽을 수 없었던 단어를 해독하기를 기대한다. 학업기술의 교수는 대부분 학생이 이러한 기술을 다른 문제를 해결하는 데에 사용할 수 있고 다양한 과제를 수행할 수 있을 것이라는 가정에 기초하고 있다. 〈일화 11-6〉은 교사들이 훈련자와 장면에 따른 일반화 및 반응 일반화를 프로그램할 때 얼마나 많은 훈련 예시를 사용하는지를 보여 준다.

벌 이후의 일반화에 관한 논의는 제9장을 참고한다.

〈일화 11-6〉
Carol, 복수 사용법을 배우다

Carol은 Sims의 통합유치원 학급에 다니는 5세 언어지체 아이이다. Carol은 여러 가지 사물의 명칭을 배웠으나 단수와 복수를 구분하지 못했다. Sims는 사물이 한 개인 예와 여러 개인 예를 들어 명명해 주었다. "여기 봐, Carol. 코트."(Carol이 자신의 코트를 벗을 때); "Carol, 코트들."(여러 학생들의 코트를 손으로 훑으며); "코트라고 말해 봐."(Carol의 코트를 걸며); "코트들이라고 말해 봐."(Carol의 손으로 걸려 있는 모든 코트를 만지게 하면서). 그녀는 변별훈련 절차를 사용하여 Carol의 구어 반응을 단수와 복수를 모두 바르게 사용하는 정반응의 자극 통제하에 두었다.

소	소들
신발	신발들
개	개들
새	새들
비행기	비행기들

그런 후, 일반화를 위해 검사했다. Carol에게 새로운 그림 한 세트를 보여 주었다.

의자	의자들

Carol은 정반응을 보였다. Carol의 단수와 복수 사용이 훈련받지 않은 단어에 일반화된 것이다. Carol은 다른 여러 가지 훈련받지 않은 단어에 단수와 복수를 바르게 사용하였다. 일반화가 잘되어, 교장 선생님과 교육장이 학급을 방문했을 때 Carol이 다른 학생에게 "남자들(mans)이 왔다."고 말하는 것을 Sims는 들었다. Sims는 유아에게 있어 과잉일반화는 문제될 것이 없다고 생각하고 마음을 가다듬었다. 그리고 불규칙 복수에 대해 가르쳐야겠다고 맘먹었다.

이것은 소를 처음 본 전형적인 도시의 2세 유아가 "멍멍이"라고 부르는 것과 같은 현상이다.

다음의 사례에서 DeWayne은 Grundy 교수를 도와 일반적 사례 프로그래밍의 효과를 설명해 준다.

Grundy 교수, 첨단기술을 쓰다

과학기술을 수업에 적용하는 것에 대한 중요성을 수없이 듣고도 그것을 무시해 온 Grundy 교수는 일부 학생들의 발표를 비디오 녹화하는 것에 마지못해 동의했다. 학생들은 이포트폴리오(e-porfolios)에 비디오 복사본을 넣기로 했다. Grundy는 할 수 없이 디지털 비디오 카메라를 작동시키는 방법을 배우러 다녀온 후 수업에 들어갔는데, 삼각대 위에 설치된 카메라가 연수에서 보았던 것과 달라 보였다. 그는 카메라 주위를 빙 둘러보며 쓸데없이 버튼을 눌러보기도 했다. 결국 Grundy는 발표한 것이 하나도 녹화되지 않은 것 같다고 말했고, DeWayne은 자리에서 뛰쳐나와 카메라 앞으로 왔다.

"걱정 마세요. 교수님." 그가 말했다. "이건 한 번도 보지 못했던 새로운 기종이에요. 하지만 제가 여기서 일해 봤기 때문에 해결할 수 있을 거예요. 학교는 가장 저렴한 입찰값으로 구매를 하죠. 따라서 동일한 업체로부터 구매하는 것이 아니기 때문에 동일한 모델이 없어요!"

"어디 보자." DeWayne은 중얼거렸다. "보통은 전원스위치가 위에 있는데. 아, 여기 있네요. 그럼 '멈춤' 버튼은 어디에 있나. 보통은 오렌지색이나 빨간색이고 오른손잡이에게 편하게 위치해 있지. 오! 잊을 뻔했네, 렌즈뚜껑을 벗겨야 하지. 됐어요. 교수님." DeWayne이 자랑스럽게 말했다. "교수님은 시작하고 정지할 때 이 빨간색 버튼을 누르시기만 하면 돼요. 이 작은 화면을 보세요. 켜 있을 때는 초록불이나 '녹화'라는 글자를 보실 수 있을 거예요."

느슨한 훈련

　행동 원리에 근거한 기법의 교수는 교수요인의 엄격한 통제를 강조하여 왔다 (Becker, Engelmann, & Thomas, 1975a; Stephens, 1976; White & Haring, 1980). 장애 학생을 위한 교수 절차는 흔히 동일한 형식을 고수하기, 미리 결정된 순서로 항목을 제시하기, 다른 기술훈련을 시작하기 전에 기술의 숙달을 요구하기 등과 같이 고정적으로 표준화된다. 특히 심한 장애를 가진 사람들을 가르칠 때에는 이것이 효율적인 교수방법이고 대부분의 특수교육 교사가 그렇게 가르치도록 교육받아 온 방법이기는 하지만, 기술을 일반화하는 데에는 항상 최선의 방법은 아니라는 주장이 많아지고 있다. 1970년대 초에 시작된 고도의 구조화된 훈련으로 다양한 자극이나 반응을 변경하거나 교대하는 것은 1990년대의 장애인을 위한 교수에서 중요한 변화를 가져왔다. Schroeder과 Baer(1972)는 다른 기술을 가르치기 전에 이전의 기술을 숙달하도록 가르쳤을 때보다 회기 내에서 다양한 훈련자극을 제공했을 때 음성 모방기술이 더 잘 일반화되었음을 밝혔다. 연구자들은 음성기술을 배우도록 엄격하게 제한하기(연속적 훈련)보다는 한 회기 내에서 많은 다른 모방을 배우도록 하였다(동시적 훈련).

　Panyan과 Hall(1978)은 두 가지 서로 다른 반응(단순한 따라 하기와 음성 모방)의 습득, 유지, 일반화에서 연속적 훈련과 동시적 훈련의 효과를 연구하였다. 연속적 훈련 절차는 두 번째 반응(음성 모방)의 교수를 시작하기 전에 첫 번째 반응(따라 하기)의 숙달을 요구하였다. 동시적 훈련 절차에서는 두 가지 다른 반응의 훈련이 숙달에 관계없이 한 훈련 회기 내에서 교대로 이루어졌다. 훈련받은 반응의 습득이나 유지에 필요한 시간은 두 조건 간에 차이가 있지 않았으나 훈련받지 않은 반응의 일반화는 동시적 훈련조건에서 더 크게 나타났다. 이러한 연구는 교사들에게 뚜렷한 함의를 가진다. 첫 번째 기술이 두 번째 기술의 선수기술이 아니라면 분명히 다른 기술을 가르치기 전에 하나의 기술을 숙달하는 것이 더 효과적이지는 않다는 것이다. 회기 내에서

때로는 지나친 구조화가 일반화를 방해한다.

의 교대교수는 학습을 방해하지 않을 뿐만 아니라 오히려 일반화를 더 촉진한다. 따라서 "Harold에게 읽기를 가르칠 때까지는 그의 짝짓기 수행에 대해 염려할 필요가 없어."라고 말하는 것은 정당하지 못하다. '느슨하게 훈련하기'는 다양한 장면과 행동을 대상으로 이루어질 수 있다. 우발적 교수(incidental teaching), 자연적 교수(naturalistic teaching), 비집중 교수(nonintensive teaching), 최소 중재(minimal intervention) 등과 같이 장애학생에게 덜 구조화된 활동으로 가르치는 전략이 행동의 습득 향상에 성공적으로 적용되어 왔고 일반화 향상에는 더욱 성공적으로 적용되어 왔다.

Campbell과 Stremel-Campbell(1982)은 2명의 경도 및 중도 장애 소년의 학업 및 자조 기술 학습에서 다양한 문장 및 질문 사용법을 가르쳤다. 목표가 되는 언어기술이 자발적으로 표출되었거나 촉구로 인하여 사용되었을 때 강화를 하였다. 2명의 소년은 학업 및 자조 기술에 따라 언어기술을 습득하였고 일반화되었다. 비집중 교수는 Inglesfield와 Crisp(1985)가 옷 입기 기술을 3일 동안 하루에 10회씩 가르치는 것(많은 특수교육 교사가 초기 기술 습득을 위해 선택하는 접근법)과 15일 동안 하루에 2회 가르치는 것(자연적인 환경에서 발생하는 접근법)의 효과를 비교한 연구에서 사용한 용어다. 연구자들은 일 2회 절차가 초기 학습과 일반화 모두에 더 효과적이었음을 밝혔다.

몇몇 다른 연구도 덜 집중적이고 좀 더 자연적인 교수가 습득 효과의 손실 없이 일반화를 향상시킨다는 것을 지적하고 있다(Carr & Kologinsky, 1983; Koegel, O'Dell, & Koegel, 1987; McGee, Krantz, Mason, & McClannahan, 1983; McGee, Krantz, & McClannahan, 1986; Woods, 1984). 자폐아동의 언어기술을 일반화시킬 때는 직접교수와 자연교수를 함께 사용하는 것이 좋다고 알려져 있다.

자연적인 혹은 느슨한 훈련의 사용은 전통적인 특수교육 교수에서 벗어난 것이다. 그것의 성공은 교사가 그들의 기술을 유지하고 최신 연구를 지속적으로 검토·실행하는 것이 얼마나 중요한지를 말해 주고 있다. 아직도 많은 특수교육 교사가 새로운 기술을 습득시킬 때에 구조화된 교수방법을 계속해서 사용하고 있지만 좀 더 비형식적으로 가르치고 평가하는 것이 빠르게 시작되고 있다.

구별할 수 없는 유관 사용

제8장에서 설명된 바와 같이 소거 저항 혹은 행동 유지는 간헐 강화 스케줄에 의해 크게 연장된다. 간헐 강화는 행동을 고비율로 유지시키는 데에 사용되기도 하고, 강

화를 전적으로 제거하기 위한 한 단계가 되기도 한다. 강화인자를 조금밖에 사용하지 않는 정도로 강화 스케줄을 축소시키는 것이 가능하다. 결과적으로 강화가 모두 철회되어도 행동은 계속될 것이다. 이러한 소거 저항은 영원한 것은 아니다. 행동이 강화되지 않으면 행동은 결국 소거될 것이기 때문이다. 그러나 '결국'이 아주 멀어질 가능성은 있다. 행동은 필요한 만큼 길게 유지될 것이다.

간헐 강화 스케줄이 변화된 행동의 유지를 증가시킨다는 많은 증거가 있다(Kazdin & Polster, 1973; Phillips, Phillips, Fixsen, & Wolf, 1971). 교사는 행동변화 전략을 계획하고 실행할 때 이 점을 고려해야 한다. 비록 간헐 강화가 막연히 지속되어야 한다고 하더라도 스케줄이 매우 축소되어 있다면 이것은 꽤 효과를 나타낼 것이며 유지를 위한 경제적인 수단이 될 것이다.

간헐 강화를 제외한 다른 절차로는 학생의 어떤 반응이 강화될 것이라는 것을 구별하기가 어렵다. 장면에 걸친 일반화를 위한 한 전략은 강화인자의 전달을 지연하는 것이다. Schwarz와 Hawkins(1970)는 수학 및 철자법 수업에서 학생의 행동을 비디오로 촬영하였다. 학교가 파한 후에 학생에게 비디오테이프를 보여 주고 수학수업에서의 적절한 행동에 대해 강화해 주었다. 다음 날 수학수업뿐만 아니라 철자법 수업에서도 행동변화가 뚜렷이 나타났다. 연구자들은 지연된 강화 덕분에 장면에 걸친 일반화가 일어났다고 가정하였다. 그런데 이로 인해 학생은 언제 유관이 성립하는지를 아는 것이 더 어려워졌다. 최근에는 비디오 기록을 유용하고 익숙하게 사용할 수 있게 된 것과 같이 과학기술을 보다 폭넓고 창조적으로 사용할 수 있게 되었다. 이와 관련하여 제12장에서 더 논의될 것이다.

Fowler와 Baer(1981)는 유아의 다양한 행동을 교정하기 위해 지연된 강화 절차를 사용하였다. 유아들은 토큰을 받는 수업시간 후에 즉각 장난감으로 교환할 수 있는 토큰을 받거나, 토큰을 받지 않는 수업시간까지 모두 마친 마지막 시간에 토큰을 받았다. 유아는 적절한 행동을 일반화하였다. 즉, 유아는 마지막 시간까지 강화인자가 주어지지 않을 때 하루 종일 행동을 더 잘했다. 비슷하게 Dunlap, Koegel, Johnson 그리고 O'Neill(1987)은 자폐 학생이 지역사회에서 작업수행을 유지하도록 지연된 강화를 사용하였다.

유관 변별이 잘 되지 않도록 하는 또 다른 강화인자 전달법은 Koegel과 Rincover (1977)가 입증한 방법이다. 연구자들은 자폐 아동들에게 간단한 비구어 모방을 수행하거나 간단한 지시를 따르도록 가르쳤다. 행동이 학습된 후에(연속 강화를 이용하여)

스케줄을 축소하였다. 일단 훈련이 종료되면 연구자들은 변화된 행동이 유지되는지를 평가하기 위해 아동을 관찰하였다. 행동은 궁극적으로 소거되었다. (훈련 시의 스케줄이 축소될수록 소멸 전에 더 많은 반응이 발생한다.) 그러나 소거 후에 비유관 보상의 사용은 행동을 회복시키는 결과를 가져온다. 임의적 간격으로 아동의 반응이 옳든 그르든 간에 아동에게 원래의 훈련 장면에서 주었던 사탕을 주었다. 비유관 보상은 소거를 상당히 지연시켰다. 강화인자는 변별자극의 성질을 확실하게 획득하였다. 이 장면에서 그것은 학생에게 강화가 가능하다는 단서로서의 역할을 하였다. 학생은 반응이 강화될 것임을 구분할 수 없게 되어서 소거 전에 많은 수의 정반응(이전에 강화되었던)을 하였다. 이 절차는 또한 이 장의 후반부에 논의되는 일반 자극의 고안을 설명하고 있다.

간헐 강화 스케줄의 축소는 구별할 수 없는 강화 유관을 만드는 데에 가장 흔히 사용되는 방법이다. 그러나 학생들이 언제 유관 효과가 나타나는지를 잘 모르게 만드는 것은 변화된 행동의 내구성에 달린 문제다. 〈일화 11-7〉은 학생의 그러한 결정이 어려운 것을 설명하고 있다.

〈일화 11-7〉

Bell 선생님, 과제 완성하기를 가르치다

특수학급을 맡고 있는 Bell 선생님의 오전반 지적장애 학생은 매번 과제를 완성하지 못하였다. Bell 선생님은 다른 학생을 가르치는 동안 지적장애 학생에게 읽기, 셈하기, 쓰기 과제를 독립적으로 완성하도록 하였다. 선생님은 오전반이 끝날 때 지적장애 학생에게 각 과제의 완성에 대해 5분의 자유시간과 교환할 수 있는 토큰을 주었다. 이것은 학생으로 하여금 거의 100% 과제를 하도록 만들었다. 선생님은 이제부터는 두 가지 과제에 대해서만 토큰이 주어질 것이고 시간이 끝날 때까지는 토큰을 주지 않을 것이라고 말하였다. 그리고 오전반이 끝날 때 학생에게 3장의 표 중에서 2장을 뽑도록 하여 뽑힌 과제를 완성한 경우에 한해 토큰을 주었다. 학생은 표를 뽑을 때까지 어떤 과제가 보상받을 것인지 모르기 때문에 모든 과제를 완성해야 했다. 강화 스케줄을 더 축소하고자 한 선생님은 이번에는 하루에 두 번 제비뽑기를 할 것이라고 학생에게 말하였다. 첫 번째는 강화를 받을 것인지를 결정하는 '예/아니요' 뽑기이고, 두 번째는 첫 번째에서 '예'를 뽑은 경우에 토큰을 얻을 과제를 선정하는 뽑기였다. 선생님은 토큰을 받을 가능성이 20%에 달하도록 차츰 '아니요' 표를 늘려 나갔다. 학생은 지속적으로 세 가지 과제를 모두 완성하였고, 자신이 토큰을 받을 수 있을지, 어떤 과제에 대해 받을 수 있을지를 모르고 있다가 뽑기를 통해 알게 되어 보상받는 것을 즐기는 듯했다.

일반 자극으로 프로그램 구성

　Walker와 Buckley(1972)는 "다른 장면에서의 대상 내(intra-subject) 행동적 유사성은 부분적으로 장면 간에 존재하는 자극 유사성의 양의 기능일 것이다."(p. 209)라고 주장하였다. Kirby와 Bickel(1988)은 자극 유사성과 그에 따른 자극 통제는 일반화의 주요 요인이라고 제안하였다. 유지나 자극 일반화를 성취하는 가능한 방법은 훈련 장면과 일반화가 되기를 원하는 장면에서 유사한 자극을 숙고하여 프로그램하는 것이다. 이것은 훈련 상황을 자연적 환경과 유사하게 하거나 훈련 상황의 요소를 자연적 환경에서 소개함으로써 성취될 수 있다.

　일반화의 가능성을 증진시키기 위해 자연적 환경요인을 훈련 상황에 적용한 효과에 대한 몇몇 연구가 시행되어 왔다. 예를 들어, Ayllon과 Kelly(1974)는 선택적 함묵증 소녀의 말을 회복시켰다. 훈련 상황(상담가의 사무실)에서 '소녀가 빈번하게 말을 하게 된' 후에는 교실에 있는 것과 유사한 요인을 삽입하였다. 다른 아동들, 칠판, 책상을 사무실에 배치하고 훈련자가 사무실의 앞에 서서 좀 더 교사와 비슷하게 말하고 질문하였다. 훈련은 교실에서도 지속되었다. 교실에서도 말을 하게 되었고 1년 후의 추적조사에서도 몇몇 다른 상황에서 유지되었다. 적용한 처치 때문에 훈련 장면과 자연 장면을 더 유사하게 만든 것의 효과를 평가하기는 어렵지만 교실에의 일반화가 이루어졌고 유지되었다.

　Koegel과 Rincover(1974)는 자폐 아동이 일대일 상황에서 지시에 반응하도록 훈련하였다. 교실 장면으로의 일반화는 훈련 상황에 점진적으로 더 많은 아동을 소개하는 것으로 구성하여 마치 교실 같아 보이도록 하면서 이루어졌다. Livi와 Ford(1985)는 가사기술 일반화는 훈련 상황에서 각 가정에서의 자극과 유사한 것을 사용하였을 때 더 효과적으로 이루어졌음을 밝혔다. (그러므로 학생의 가정에서 기술을 가르치도록 노력해야 한다.) 일반적으로 훈련 동안에 일반화가 이루어질 장면과 유사한 자극을 변별자극으로 사용하는 것은 매우 효과적인 기법으로 밝혀졌다(Stainback, Stainback, & Strathe, 1983). Woods(1987)는 일반화 장면에서의 자극이 자연적인 자극으로 이루어지는 절차가 이전에 논의되었던 자연적인 절차를 변형시킨 것이라고 하였다.

　훈련 장면에 자연적인 자극을 삽입하는 한 가지 방법은 시뮬레이션을 사용하는 것이다. 예를 들어, van den Pol 등(1981)은 경도 지적장애 학생에게 지역사회의 패스트푸드 시설 사용을 가르치기 위해 패스트푸드 사진을 성공적으로 사용하였다. 그렇지

시뮬레이션은 자연적인 환경에서 항상 모든 기술을 가르치는 것보다 더 실질적일 수도 있다.

만 좀 더 심한 장애를 가진 학생에게 가상적 방법을 통하여 지도하는 것은 일반적으로 성공적이지 못하다(Foxx, McMorrow, & Mennemeier, 1984; Marchetti, McCartney, Drain, Hooper, & Dix, 1983). Horner 등(미발간)은 표상적인 것보다는 환경에서의 실제적인 것을 적용한 시뮬레이션이 더 성공적일 것이라고 하였다. 실제적 자극을 사용한 시뮬레이션은 분류 명칭의 이해, 전화 사용, 비디오게임, 생리 처리 등과 같은 많은 일반화 기술을 가르치기 위해 사용되어 왔다(Horner et al., 1984; Hupp, 1986; Richman, Reiss, Bauman, & Bailey, 1984; Sedlack, Doyle, & Schloss, 1982). 훈련 상황의 요소를 일반화 장면에 삽입하여 일반화를 증진시키고자 한 연구는 매우 제한적이다. Rincover 와 Koegel(1975)은 자폐 아동에게 치료자가 모델링한 비구어 행동을 모방하도록 가르쳤다. 아동이 20회의 연속적인 시도에 촉구 없이 정확하게 반응하면 전환을 위한 테스트를 하였다. 전환 테스트에서 정반응을 하지 못한 아동에게는 자극 통제에 대한 평가를 하였다. 훈련환경으로부터의 자극은 한 번에 하나씩 중재 장면에 삽입되었다. 아동이 첫 번째 자극 제시에 정확하게 반응하지 못하면 그 자극은 제거되고 다른 자극을 삽입하였다. 이 절차는 행동을 통제하는 자극이 확인되고 중재 장면에서 반응이 발생할 때까지 계속되었다. 각 아동은 치료실에서 우연적 자극에 선택적으로 반응하는 것으로 밝혀졌다. 이 자극이 중재 장면에 제공되었을 때 각 아동은 정확하게 반응하였다. 그러나 중재 상황에서의 반응의 양은 일관적으로 훈련 상황보다 적었다.

Baer(1999)와 Ayllon, Kuhlman 그리고 Warzak(1983)은 고안된 일반 자극의 사용을 제안하였다. 휴대용 사물이 훈련 장면에서 일반화 장면으로 삽입되었다. Ayllon 등(1983)은 그 사물을 "행운의 부적"이라고 불렀다. 훈련 장면에서 강화와 연관되어 왔던 사물을 간직하는 것은 학업 및 행동 수행을 훨씬 좋게 하는 결과를 가져왔다. Trask-Tyler 등(1994)은 과제 완성에 대한 청각적 지시를 담은 휴대용 테이프플레이어가 중도 장애 학생의 일반화를 개선하는 데에 유용하게 사용될 수 있도록 고안된 일반 자극이라고 제안하였다. 제10장에서 언급된 스케줄, 그림 단서, 기타의 드러나지 않은 항목들의 사용 절차가 모두 새로운 장면과 신기한 과제로의 훌륭한 일반화로 나타났다.

몇몇 연구자는 학생의 또래를 훈련 장면과 일반화 장면에서의 자극으로 사용하는 연구를 하였다. Stokes와 Baer(1976)는 학습장애 학생에게 또래 교수 절차를 통하여 단어 인지를 가르쳤다. 학생은 다른 장면에서 또래교사와 학생들이 함께 있게 될 때까지 기술을 나타내지 못했다. 그다음에는 학생과 또래교사 모두에게 일반화 증가가 나타났다.

Johnston과 Johnston(1972)은 2명의 학생에게 조음을 유지하고 일반화하도록 비슷한 절차를 사용하였다. 각 학생은 상대방의 말을 점검하고 교정하도록 훈련받았고 점검은 토큰으로 강화되었다. 학생은 점검을 할 때 일관적으로 더 말을 정확하게 하였고 더 이상 점검을 하지 않을 때도 유지되었다.

일반 자극으로 프로그램을 만드는 것은 중도 및 최중도 장애를 가진 사람들에게 제공하는 서비스를 완전히 변화시킬 수도 있다. 일반화가 일어날 장면에서 가장 좋은 일반 자극은 그 장면 자체다. 교실에서 행동이 발생하기를 원한다면 분리된 치료실이나 구석이 아닌 교실에서 왜 그것을 가르치지 않는가(Horner & Budd, 1985)? 행동이 지역사회(Bourbeau et al., 1986)나 작업장(Dehaven, Corley, Hofeling, & Garcia, 1982)에서 발생해야 한다면 왜 그곳에서 그것을 가르치지 않는가? Miltenberger 등(1999)은 지적장애 여성에게 성적 학대 예방기술을 가르쳤는데, 그들이 지역사회에서 그 기술을 가르칠 때까지 그 기술은 일반화되어 있지 않았다. 장애인을 위한 지역사회 중심의 프로그램은 이제 실습 위주다.

자극 일반화와 유지를 위한 자극 통제의 효과는 모든 교사들이 고려해야 할 요인이다. 상대적으로 단순하고 경제적인 측정을 통하여 많은 장면에서의 일반화를 보증할 수 있고 훈련이 종료된 후에도 습득된 것을 오래 유지하도록 도울 수 있다.

〈일화 11-8, 11-9〉는 자극의 유사성을 증가시켜 일반화를 이룬 예다.

〈일화 11-8〉

Statler의 학생, 지원 고용의 준비가 되다

Statler는 중도 및 최중도 장애 중학생들의 교사였다. 일부 학생들은 독립적인 고용이 가능한 교육을 받았고 다른 학생들은 지원 환경에서의 고용을 준비하고 있었다. 이 학생들에게는 전일제 코치가 보육원 온실 현장에서 고용을 지원해 주는 것이 목적이다. 교통문제 때문에 학생들을 보육원에 데리고 가는 것은 일주일에 한 번만 가능했다.

Statler는 교실에서 관련 기술을 가르쳤지만 환경이 보육원 환경과는 달랐고 시청각적으로도 산만했기 때문에 걱정이 되었다. 이 문제를 해결하기 위해서 그녀는 보육원에서 몇 가지 소품을 빌려서 교실의 한 코너에 학생들이 작업할 수 있는 소규모 환경을 구성하였다. 또한 보육원 환경과 같은 녹음테이프도 만들었다. 이 테이프를 켜 놓고 교실을 방문하는 사람을 잠시 만나기도 했고 교실을 둘러보며 식물을 점검하고 학생들과 소통하기도 하였다.

〈일화 11-9〉
Sammy, 2학년에 맞게 행동하기를 배우다

Sammy는 발달지체 학생반인 Reddy 선생님 반 아이이다. 그는 학업 성적은 우수했으나 알 수 없는 말을 하고 손과 팔의 움직임이 이상한 행동을 했다. 이 행동은 특수학급에서 DRO 절차의 정적 강화로 통제되었으나, Reddy는 Sammy가 특수학급 이외의 곳에서는 이 행동을 계속할 것이라고 말했다. 특수 프로그램의 목적은 학생을 일반교육 교실로 가능한 한 되돌려 보내는 것이므로 Reddy는 특수학급 밖의 Sammy 행동에 관심이 많았다.

Reddy는 Sammy의 학급에서 2학년생을 데려오기로 했다. 학부모 동의를 거쳐, 모범생인 Brad가 일주일에 세 번 30분씩 그의 교실에 초대되었다. 그는 Brad에게 이 교실에서 하게 될 기본적인 학습 원리를 알려주었다. 또한 그의 관찰 기간 동안 Brad가 Sammy에게 강화물을 주도록 허락했다. Sammy가 일반교육 교실에서 보내기 시작했을 때 Brad가 와서 그를 데리고 가곤 했다. Sammy는 강화물 없이도 2학년 교실에서 일관적으로 잘 행동하였다. Brad의 존재는 Sammy의 바람직한 행동의 S^D가 되었다.

일반화 중재와 일반화 훈련

우리는 학생에게 몇몇 기술을 일반화하도록 가르칠 수 있다.

일반화 중재(mediating generalization)와 일반화 훈련(training to generalize) 등의 일반화를 촉진하기 위한 마지막 두 절차는 함께 살펴볼 것이다. 반응 부류로 일반화를 강화함으로써 일반화의 가능성을 증진시키는 것이 가능하다(Stokes & Baer, 1977). 다시 말해, 학생이 훈련 장소가 아닌 다른 장소에서 행동을 하는 것에 대해 특별히 강화인자를 받는다면 낯선 장면에서 학습한 행동을 수행하는 것은 일반화된 반응 부류가 될 수 있다. 그러면 학생은 일반화하는 것을 배우는 것이다. 충분한 수용언어 능력을 가진 학생에게는 유관을 설명하는 것이 좋다. 즉, 특정 행동을 새로운 장면에서 수행하면 강화인자를 받을 것이라고 설명하는 것이다(Mastropieri & Scruggs, 1984). 변화를 강화함으로써 학생에게 다양한 행동을 가르치는 것도 가능하다. 이것을 위한 한 가지 방법은 지연 강화 스케줄(lag schedule of reinforcement)을 사용하는 것이다. 지연 스케줄은 단서가 되는 이전 반응(지연 1)과 다른 반응에 대해서만 강화를 제공하는 것이다. 이후에는 2개의 이전 반응(지연 2)과 다른 반응에 대해 강화하기 등으로 이루어진다. Cammilleri와 Hanley(2005)는 2명의 일반 초등학교 여아에게 다양한 학업과제 중에서 선택하는 것을 가르치기 위해 지연 12 스케줄을 사용하였다. 선택할 수 있는 활동은 12가지였다. 학생은 첫 번째 선택에 대해 교사의 관심을 2분 동안 가질 수 있는 카드를 받았고 그 이후로도 그러한 선택이 이루어졌다. 지연 스케줄이 적절하게 적용되자 2명의 여학생 모두 선택의 다양성이 증가하였다. Lee, McComas 그리고 Jawor(2002)는 자폐 아동들이 흔히 상동적 반응으로 "뭐 할래?"와 같은 대답을 많이 하기 때문에 3명의 자폐인들에게 다양한 대답을 하게 하기 위해 적절한 반응에 대한 차별강화와 지연 1 스케줄을 적용하였다. 이 절차는 3명 중 2명의 대상에게 효과적이었다.

일반화 중재에서는 학생에게 자신의 적절한 행동 일반화를 점검하고 보고하도록 가르친다. 그러한 프로그램에는 변화된 행동의 일반화와 유지를 보증하는 데에 아마도 가장 유망하다고 볼 수 있는 자기통제 혹은 자기관리가 포함된다. 이 장에서 논의된 많은 연구들의 날짜를 점검해 본다면 아마도 1970년대와 1980년대의 것이 많다는 것을 알 수 있을 것이다. 비록 이러한 절차가 여전히 가치가 있기는 하지만, 많은 연구자가 최근 일반화를 촉진하기 위해 자기관리 훈련에 초점을 맞추고 있다. 이러한 기술을 가르치는 방법에 대해서는 제12장에서 논의될 것이다. 응용행동분석가의 궁극적인 목표는 행동을 자기점검, 자기 집행된 유관, 더 나아가 자기선택 목표 및 절차의 통제하에 두는 것이다.

제12장

자신의 행동을 관리하도록 가르치기

여러분은 알고 있습니까

- 학교 안에서나 학교 밖에서 학생의 교육적 경험을 전적으로 함께할 유일한 누군가를?
- 학생의 일상적 행동과 학습에 가장 잘 맞는 누군가를?
- 학생이 어떤 종류의 강화를 원하는지에 대해 가장 잘 알고 있는 누군가를?
- 그 누군가는 행동을 점검하고 강화하고 유지하기 위해 1차적인 책임을 져야 한다는 것을?

학생의 행동을 관리하는 최적의 사람은 학생이다. 우리는 이러한 행동 중재를 자기 관리(self-management)라고 한다. 여러분의 할머니는 그것을 자기 통제나 자기 훈육이라고 불렀다. 독립적으로 기능하는 사람이라면 누구나 자신의 행동을 관리하는 것을 배워야 한다. 이론가는 일반인의 자기 통제나 자기 훈육 발달(Lloyd & Hughes, 1993), 다른 사람보다 반응적이고 생산적이게 할 수 있는 과정이나 기제 등에 대한 상당한 관심이 있다. 그러한 이론적 관심은 이 책의 내용범위 밖이다. 우리는 학생이 독립적이 되도록 돕기 위해 교사가 사용할 수 있는 상대적으로 간단한 과정에 대해 논의할 것이다. 이러한 절차가 단일하게 혹은 조합을 통하여 효과를 나타내는 이유에 대한 고찰도 포함될 것이다. 비록 많은 연구자들이 이론을 제공하고 있지만, 우리는 실제로 그것들이 단지 그러하다는 것 외에 왜 작용하는지 알지 못한다(Hughes & Lloyd, 1993). 교사로서 우리는 우리가 항상 하는 것을 할 것이고 자료에 근거한 결정을 할 것이며, 그것이 작용하면 지속할 것이고 작용하지 않으면 버리고 다른 것을 시도할 것이다.

이 책 전체를 통하여 우리는 교사가 학생의 행동을 변화시키는 데에 사용하는 절차를 설명하여 왔다. 제11장에서는 변화된 행동을 일반화하여 교사가 지원해야 할 필요성을 최소화하는 방법에 대해 논의하였다. 이 장에서는 학생이 교사의 환경적 조작에 덜 의존하는 기법을 살펴볼 것이다. 논의되는 절차는 학생의 변화에 대한 책임을 요구한다. 모든 접근방법의 초점은 학생이 자신의 행동을 효과적으로 수정하는 사람이 되도록 가르치는 것에 있다. John Dewey(1939)는 수년 전에 "교육의 이상적인 목적은 자기 통제력을 창조하는 것"(p. 75)이라고 주장하였다. 자기 통제를 가진 학생은 성인의 감독이 없을 때도 적절하게 학습하고 행동할 수 있다.

Lovitt(1973)는 "자기 관리 행동은 교육적 역설이 존재하는 학교에서 체계적으로 프로그램되지 않았다. 교육체계에 표현된 목표 중의 하나는 자기 신뢰적이고 독립적인 개인을 창조하는 것이다."(p. 139) 교사로서의 우리의 목적이 학생의 독립을 포함하고 있다는 것에 동의한다면 우리는 학생이 독립적이 되도록 가르쳐야 한다. 비록 총체적인 독립이 모든 학생들에게 가능한 것은 아니라고 하더라도 대부분의 학생은 좀 더 자기 신뢰적이 되도록 배울 수 있다. Kazdin(2001, pp. 302-303)은 외부의 통제요인에 의해 조절되는 것보다 자기 관리가 더 좋은 이유를 다음과 같이 제공하였다.

- 외부 통제요인의 사용은 일관성을 갖지 않는다. 왜냐하면 교사나 다른 사람들은 어떤 행동을 '놓칠' 수 있기 때문이다.
- 다른 장면에서의 외부 요인(교사와 부모와 같은) 간의 의사소통 문제가 프로그램의 성공을 훼손할 수 있다.
- 외부 요인 자체가 행동 수행이나 수행 부족에 대한 환경적 단서가 될 수 있다.
- 개인의 행동변화 프로그램 개발에 대한 기여가 수행을 증가시킬 수 있다.
- 외부 요인은 표적행동이 발생하거나 발생해야 하는 환경에서 항상 이용할 수 있지 않다.

장애 학습자나 일반 학습자 모두 자신의 행동을 점검하고 변화시키도록 배울 수 있다. 우리는 목적 설정, 자기 기록, 자기 평가, 자기 강화 그리고 자기 교수 등을 포함하는 자기 관리에 대해 살펴볼 것이다. 학생은 자신의 행동을 변화시키기 위하여 교사가 사용할 수 있는 어떤 기법이라도 사용할 수 있다. 학생들은 자신의 목적과 목표를 설정하는 것, 자신의 행동에 대한 자료를 기록하는 것, 자신의 행동을 평가하는 것, 자기 강화와 자기 벌을 자신의 후속결과를 제공하는 것을 배울 수 있다. 또한 자기 교수를 사용하여 선제자극을 조작하는 것도 배울 수 있다. 비록 이러한 각각의 자기 관리 기법들은 분리되어 서술되지만, 실제로는 거의 패키지로 적용된다. 그것은 절차의 조합, 예를 들면 자기 강화와 자기 기록, 자기 강화와 자기 교수 등의 형태로 사용된다. 목적 설정, 자기 점검 혹은 평가, 자기 기록, 자기 교수 등이 별도로 논의될 것이지만, 이러한 절차는 서로 함께 사용되어 왔고 직접교수와 모델링과 같은 다른 절차와도 공동으로 널리 사용되어 왔다. 패키지 중의 어떤 요소가 실제로 행동에 영향을 미쳤는지를 확인하는 것은 불가능하다. 최근 다양한 절차의 서로 다른 영향을 알아내기 위한 노력이 있었다(Haisten, 1996). 자기 관리 패키지의 사용을 좀 더 상세하게 살펴보기로 한다.

> 자기 관리는 항상 패키지로 사용된다.

■ 일반적인 경험

자기 관리 절차는 이 책에서 설명된 모든 행동적 절차만큼이나 자연적인 환경의 일부다. 많은 사람들이 자신의 일상적 행동에서 목적 설정, 자기 기록, 자기 강화,

자기 벌, 자기 교수 등을 사용한다.

좀 더 나은 재정적, 정서적, 낭만적 삶의 변화를 원하는 성인은 상업적으로 널리 보급된 자조 및 자기 개선 프로그램을 이용할 수 있다. 사실상 이러한 모든 프로그램은 사용자로 하여금 목적을 설정하고 그것을 문서로 작성하며 행동변화에 사용하도록 격려하는 것으로 시작된다. 새해가 다가오면 누구나 새해의 결심 같은 것으로 목적 설정(goal setting)을 하게 된다. 우리가 제안하는 어떤 전략들은 그러한 결심이 성공적으로 이루어지도록 도울 수 있다.

많은 자영업자 혹은 프리랜서는 생산물을 유지하기 위한 수단으로 자기 기록(self-recording)을 사용한다. 작가 Irving Wallace(1977)는 자신과 Anthony Trollope, Ernest Hemingway를 포함한 많은 작가가 자기 기록법을 실행해 왔다고 설명하였다. 빅토리아 여왕 시대의 소설가인 Trollope는 그러한 자기 기록에 대해 다소 사실적으로 설명했다. "나 이전에도 기록은 있어 왔고 얼마 안 되는 페이지로 지나가 버린 일주일은 내 눈과 입에 물집을 만들어 창피함이 내 가슴에 슬픔으로 남았다." (p. 518)

자기 강화(self-reinforcement) 또한 사람들이 친근하게 사용하는 방법이다. 다음은 한 교사가 학교에서의 일과를 떠올리며 하는 독백이다.

> 또 하루가 시작되었네. 7시까지 버스를 타야 하고……
> Jenny는 떨어져서 발목을 삐었는데 마치 공습경보처럼 소리를 지르고 그의 어머니는 고소할 거라 하고……
>
> Clifford는 6 곱하기 4가 24가 아니라고 우기고……
> 미술실 벽을 파란색으로 하는 것에 대해 두 사람이 싸우고 있고……
>
> Velma는 점심시간마다 왜 내 옆에 앉아서 귀에 대고 말을 하는 건지……
> 그래도 하루 종일 잘 견뎠어. 나는 배스킨 라빈스를 먹을 만해.

만일 이 교사가 자기 벌(self-punishment)에 대해 알고 있다면 아이스크림 먹은 것을 기억하고는 내일쯤에는 양상추와 다이어트 음료를 먹도록 스스로 억제할지도 모른다.

우리 대부분은 또한 자신에게 언어적 촉구를 제공하는 자기 교수(self-instruction)를 행한다. 우리는 복잡하거나 낯선 일을 할 때 가끔은 자신에게 큰 소리로 말한다. 아동도 그러한 자기 교수를 자연스럽게 사용한다. 예를 들면, Kohlberg, Yaeger 그리고 Hjertholm(1968)은 장난감을 가지고 혼자 노는 2세 된 아이의 자기 교수 과정을 기록하였다.

> 바퀴가 여기에 가고, 바퀴는 여기에 가고. 아이고, 전부 다 다시 해야겠다. 이것은 닫아야 해. 봐, 닫아졌어. 이제 전부 다시 시작해야 해. 우리가 왜 이것을 하고 싶어 하는지 너는 아니? 왜냐하면 나는 다르게 갈 필요가 있기 때문이야. 이건 꽤 똑똑하지 않아, 그렇게 생각하지 않아? 그러나 우리는 진짜 차처럼 차를 덮어야 해(p. 695).

행동주의의 창시자인 B. F. Skinner는 자기 관리 기법의 대가였다(Epstein, 1997). 그는 84세의 나이로 죽음을 맞이하기 전날까지 목적 설정, 환경 관리, 자기 기록, 자기 평가 및 강화 사용에 관한 저서를 남겨 믿을 수 없을 만큼 생산적이었다. 그는 늙어서 겪는 어려움을 극복하기 위해 자기 관리의 사용법에 관한 책을 쓰기도 했다(Skinner & Vaughan, 1983). 그 책이 처음 출판되었을 때 우리는 대단한 호기심을 가지고 읽었고 지금도 소장하고 있다.

학생에게 그들의 행동을 관리하도록 가르치는 것은 자연스럽게 발생하는 현상을 체계화하고 더욱 강력하게 만드는 기제다. 어떤 학생은 훈련 없이 효과적인 자기 관리자가 될 수 있고, 어떤 학생은 작은 일에서도 자신의 행동을 관리할 준비가 되어 있지 못할 수 있다. 지적장애 학생(Whitman, 1990)과 학습장애 학생(Baker, 1982; Short & Weissberg-Benchell, 1989), 정서장애 학생(Kern-Dunlap et al., 1992)은 자기 조절 능력이 지체되어 있는 것으로 알려져 왔다. 현명한 교사는 학생이 자신의 행동을 관리할 준비가 되었다는 신호를 보낼 때 그것을 알아차릴 수 있도록 정신을 바짝 차리고 있을 것이며 이러한 준비를 잘 이용할 것이다. 이 장에서 논의되는 전략은 때로 인지적 훈련 전략(Hallahan, Kneedler, & Lloyd, 1983) 혹은 초인지 전략(Borkowski, 1992)이라고 한다. 응용행동분석과는 다소 거리가 있는 다른 전략과 함께 이 전략은 학생이 생각하고 문제를 좀 더 생산적으로 해결하도록 돕는 방법이다.

2 자신의 행동을 관리하도록 학생을 준비시키기

체계적인 행동관리 프로그램을 사용하는 교사는 학생이 자신의 행동을 관리하는 책임을 갖도록 여러 기법을 시도해 볼 수 있다.

- 교사는 학생에게 목적을 설정하도록 요구할 수 있다. "Sammy, 어제는 10분 안에 7문제를 풀었어. 오늘은 몇 개나 풀 수 있다고 생각하니?"
- 교사는 학생에게 자신의 수행을 평가하도록 요구할 수 있다. "Sammy, 답안지를 보고 너의 문제를 점검해 봐. 얼마나 맞았지?"
- 강화를 줄 때, 교사는 학생에게 어떤 행동이 강화를 받는다는 것을 설명할 수 있다. "Sammy, 산수 문제 10개를 맞혔구나. 한 문제당 1점씩 10점을 얻었어."
- 교사는 학생에게 유관을 관련시키도록 요구할 수 있다. "Sammy, 네가 10점을 얻었어. 네가 왜 10점을 얻었지?" 혹은 "Sammy, 네가 10문제를 맞혔어. 그러면 몇 점을 얻지?"
- 교사는 학생에게 전체적인 유관을 설명하도록 요구할 수 있다. "Sammy, 몇 점이지? 왜 그렇지?"
- 교사는 강화인자를 선택하고 행동의 값을 매기는 데에 학생을 참여시킬 수 있다.

이러한 기법을 적용받아 온 학생은 자신의 행동과 그 후속결과에 대해 자진하여 설명할 것이다. 학생에게 몇 점을 얻었는지를 묻고 교사의 감독하에 자신의 포인트를 기록하도록 하는 것은 사소한 일이라 할 수 있다. 궁극적으로는 Sammy가 자신의 답을 검사하고 맞게 푼 문제의 수를 세고 자신의 카드에 점수를 기록할 수 있게 될 것이다.

목적 설정

제9장에서 계약 사용을 설명할 때 교사와 학생의 협상 목적과 유관 문제를 다루었다. 일반적으로 사람들은 교사가 교육의 일부로서 학생을 위한 목적을 설정하는 것으로 알고 있다. 어떤 경우에는 이것이 사실이지만 학생은 자신의 목적을 설정하

도록 배울 수 있다. 자신의 목적을 설정한 학생이 다른 사람에 의해 목적을 부여받은 학생보다 더 잘 수행한다는 명백한 증거가 있다(Johnson & Graham, 1990; Olympia, Sheridan, Jenson, & Andrews, 1994). 이것은 학생에게 선택을 제공하는 것이 학업 수행을 향상시킨다는 증거와 일치한다(Begeny et al., 2010; Mizener & Williams, 2009; Wehmeyer, Agran, & Hughes, 2000). Barry와 Messer(2003)는 ADHD 학생의 과제 이행 행동과 학업 수행을 증가시키고 파괴적 행동을 감소시키기 위해 목적 설정하기, 자기 선택 강화, 자기 강화의 패키지를 사용하였다. Lee와 Tindal(1994)은 성취도가 낮은 한국 학생에게 스스로 수학 문제를 완성하기 위한 목적을 설정하도록 가르쳤다. 학생에게는 그의 전 회기 수행이 나타난 그래프를 제공하고, 완성해야 할 추가 문제 수와 이번 회기에 맞게 풀어야 할 문제 수를 쓰도록 했다. 목적 설정하기는 단서 자기 기록(cued self-recording)만큼이나 좋은 생산성과 정확성의 개선을 가져왔다. 학생은 단서 자기 기록보다 목적 설정하기가 덜 강제적이기 때문에 그것을 더 좋아하였다. Grossi와 Heward(1998)는 지역사회 중심 식당훈련 프로그램에 참여한 발달장애인에게 자기 관리 패키지의 일부로 목적 설정을 가르쳤다. 각 참여자는 그릇 치우기, 접시 쌓기, 바닥 쓸고 닦기, 테이블 세팅하기와 같은 과제의 속도와 지속시간에 대한 목적을 설정하도록 하였다. 목적 설정은 자신의 기초선보다는 높고 기초선 동안의 최고치보다는 낮게 하도록 하였다. 목적이 충족되면 참여자는 일반 고용인이 수행하는 수준으로 설정된 규준에 가까워지도록 자신의 목적 수준을 증가시킨다. 이 절차는 자기 평가에 따라 참여자의 수행을 의미 있게 개선시켰다.

Gureasko-Moore, DuPaul 그리고 White(2006)는 자기 기록과 자기 평가를 사용하였던 패키지의 일부로 목적 설정을 사용하였다. 학생은 ADHD로 진단된 12세 남아였고, 대부분의 그러한 학생들처럼, '교실 준비 행동'에서부터 학업 문제가 생겼다. 학생들은 수업을 제시간에 오지 않았고 교재교구를 가져오지 않았으며 숙제도 하지 않았다. 4명의 학생을 한 집단으로 묶어서 수업 준비와 관련된 자신들의 문제를 기록하게 하였다. 학생들에게 6문항의 체크리스트를 주고 첫 주에 완성하는 것에 얼마나 동의하는지를 물었다. 그들은 각자 체크리스트를 완성했고 연구자와 매일 그것에 대해 이야기 나누었다. 그리고 자신의 수행을 평가하게 하였고 일지에 그 평가를 쓰게 했다. 이러한 절차는 모든 학생들에게 성공적이었다. 연구자와 이야기 나누기는 이틀에 한 번꼴로 줄었고 결국에는 주에 한 번만 하게 되었다. 이러한 향상은 4주 동안 유지되었다.

학생에게 목적 설정을 가르칠 때는 목적을 특별하게, 도전적이지만 성취 가능하게, 그리고 초기 단계에서 달성이 가능하게 설정하도록 돕는 것이 중요하다. 목적 성취가 성공했는지 실패했는지에 대한 피드백을 주는 것도 도움이 된다(Johnson & Graham, 1990).

자료의 자기 기록

제4장에는 자료수집방법이 설명되어 있다.

제4장에서 설명한 것처럼 관찰자가 학생의 행동을 기록하는 것보다는 학생 스스로 자신의 행동을 기록하게 해야 한다. 학생에게 자료를 기록하게 하는 것을 자기 점검(self-monitoring)이라고 하지만, 최근에는 단순히 기록을 하는 것보다는 자신의 수행을 평가하게 할 때 사용되기도 한다. 우리는 두 절차를 구분하기 위해 자기 기록(학생이 기록을 함)과 자기 평가(학생이 자신의 업적을 규준과 비교하도록 함)라는 용어를 사용할 것이다. 우리는 또한 학생이 어떤 소리(보통 녹음된 소리)를 들으면 행동을 수행하고 있는지의 여부를 표시하도록 하는 단서 자기 기록과 표적행동을 수행할 때마다 기호 표시를 하도록 하는 비단서 자기 기록을 구분한다. [그림 12-1]은 학생이 사용할 수 있는 자료수집 양식의 예다.

자기 기록의 반응 효과는 단지 일시적인 것이 될 수도 있다.

자기 기록된 자료는 학생과 교사에게 행동에 관한 구체적인 피드백을 제공한다. 이 정보는 어떤 강화인자가 유용한지를 결정하는 데에 사용될 수 있다. 어떤 경우에 행동에 대한 자료수집은 행동에 대한 반응 효과(reactive effect)를 가질 수도 있다. 행동은 자기 기록 절차의 기능만으로 원하는 방향으로 변화될지도 모른다. 이것만 해도 자기 기록은 행동변화 기법으로서 기능하는 것이다(Rosenbaum & Drabman, 1979). 어떤 경우에 이것은 외적 단서만큼이나 효과적이다(Hayes & Nelson, 1983). 만일 여러분이 작은 노트에 지출한 돈을 써 보는 경험을 했다면 여러분은 이 반응성을 경험했을 것이다. 만일 자기 관리에 관한 책을 읽는 중에 엉뚱한 공상을 하는 횟수를 카드에 기록해 보았다면 아마 공상을 덜 하게 될 것이다. 그러나 Freeman과 Dexter-Mazza(2004)는 성인의 피드백이 파괴적 행동을 하는 청소년의 자기 기록 효과를 증가시켰다고 보고하였다.

자기 관리와 행동변화 기법과 같이 자기 기록은 다양한 장면에서 장애가 있는 학습자와 없는 학습자에게 성공적으로 사용되어 왔다(Crawley, Lynch, & Vannest, 2006; Dalton, Martella, & Marchand-Martella, 1999; Ganz, 2008; Gulchak, 2008; Hutchinson,

이름: _____

날짜: _____

	예 ☺		아니요 ☹	
날짜	첫 번째 벨	두 번째 벨	첫 번째 벨	두 번째 벨

* 이 순간에 나는 과제를 하고 있는가?

그림 12-1 학생 자기 점검 양식

출처: "Self-monitoring for elementary school children with serious emotional disturbances: Classroom applications for increased academic responding," by L. Levendoski, & G. Cartledge, 2000, *Behavioral Disorders, 25*, p. 214.

Murdock, Williamson, & Cronin, 2000; Joseph & Eveleigh, 2011; Kasper-Ferguson & Moxley, 2002; Koegel, Harrower, & Koegel, 1999; Levendoski & Cartledge, 2000; Reinecke, Newman, & Meinberg, 1999; Shimabukuro, Prater, Jenkins, & Edelen-Smith, 1999; Webber, Scheuermann, McCall, & Coleman, 1993; Smith & Sugai, 2000; Wilkinson,

2008; Wolfe, Heron, & Goddard, 2000; Wood, Murdock, & Cronin, 2002; Wood, Murdock, Cronin, Dawson, & Kirby, 1998). 정서 및 행동 장애를 가진 학생의 행동변화는 성공하기가 가장 어려웠는데(Hughes, Ruhl, & Misra, 1989), 자신의 행동변화를 원하지 않는 사람을 대상으로 한 자기 관리의 효과는 확실하지 않다(Hughes & Lloyd, 1993). 자기 기록은 처음 사용될 때는 행동을 변화시킬지도 모르나 그 변화는 자기 강화와 같은 추가적 자기 관리 절차로 지원되지 않는다면 점차 사라질 수도 있다. 자기 기록이 초기의 행동변화 프로그램에 사용되어 왔더라도 그것은 전통적인 교사 관리의 전략에서 초래된 행동변화를 유지하는 데에 가장 효과적이다. 일부 연구는 학생들의 과제 완성이나 정확성 혹은 생산성이 아닌 과제에의 집중을 점검하도록 가르치는 것의 효과에 초점을 맞추어 왔다(Harris, Graham, Reid, McElroy, & Hamby, 1994; Maag, Reid, & DiGangi, 1993; McCarl, Svobodny, & Beare, 1991). 문제는 학생에게 그들이 '주의집중' 하고 있는지 혹은 '열심히 하고' 있는지를 기록하게 하거나 학업과제를 얼마나 많이 완성했는지 혹은 올바르게 했는지를 추적하게 하는 것이 더 효과적인지의 여부다. 두 가지 절차는 모두 효과적인 것으로 밝혀졌으나 많은 학생들이 완성된 과제를 기록하는 것을 더 좋아하는 것으로 나타났다. 교사들도 이 접근법을 더 좋아하는데, 때로는 단지 바빠 보이는 것에 대해 학생들을 격려하기 때문이다. 자기 기록을 사용하여 학생을 가르치는 것은 다음의 요소를 포함한다.

- 표적행동을 선정하기
- 행동을 조작적으로 정의하기
- 자료수집을 위한 적당한 체계를 선정하기(성공적인 자료수집 체계에는 사건기록법, 시간표집법, 영구적 산물 기록법 등이 포함되고, 표시방법에는 빗금 치기, 팔목계수기, 그래프, 도표 등이 포함된다. [그림 12-2]와 [그림 12-3]은 도표의 예다.)
- 학생에게 선정된 자료수집 체계를 가르치기
- 최소한 1회기 동안의 자료 기록 연습을 점검하기
- 학생이 자기 기록을 독립적으로 사용하게 하고 결과를 점검하기

이름: _____　　　　　날짜: _____

	자기 점검
나는 글자를 맞게 썼는가?	_____
나는 문장 끝에 마침표를 찍었는가?	_____
나는 단어 사이를 띄웠는가?	_____
나는 선생님께 제출하기 전에 내 이름을 썼는가?	_____
나는 모든 문제를 풀었는가?	_____
나는 내가 읽은 문단의 답을 점검하였는가?	_____

그림 12-2 언어 활동의 자기 기록 체크리스트

나는?	Terry	Todd
1. 얼굴과 손을 씻었는가?	_____	_____
2. 이를 닦았는가?	_____	_____
3. 머리를 빗었는가?	_____	_____
4. 벗은 옷을 빨래통에 넣었는가?	_____	_____
5. 침대 정리를 했는가?	_____	_____
6. 점심값을 주머니에 넣었는가?	_____	_____
7. 숙제와 책을 챙겼는가?	_____	_____

그림 12-3 가정용 자기 기록 체크리스트

〈일화 12-1〉은 단서 자기 기록을 이용하여 자기관리를 가르치는 예다.

왜 자기 기록이 행동을 변화시키는지에 대한 몇 가지 주장이 있다. 자기 기록을 통하여 학생은 자신의 행동을 점검하고 스스로에게 외형적 보상이나 벌을 부여하기도 하는 것으로 나타났다. Kirby, Fowler 그리고 Baer(1991)는 자기 점검이 학생에게 후속결과를 인식하게 하는 환경적 단서를 제공한다고 강조하였다. 이것은 그렇게 많은 체중감소 및 금연 프로그램이 소량이라도 먹은 것과 조금이라도 피운 것을 기록하도록 요구하는 이유다. 앞서 본 예에서처럼 자기 기록은 행동변화가 바람직한 방향으로 이루어졌을 때 강화하는 속성을 갖는다. 일반적으로 우리는 자기 기록이 행동을

자기 기록 절차가 성공하는 두 가지 이유

〈일화 12-1〉
Dietrich의 학생, 독립적으로 공부하는 것을 배우다

Dietrich는 학습 문제를 가진 초등학생들의 학습도움 교사다. 그녀는 모든 학생이 특수학급에서의 첫 20분 동안 직접교수를 받을 수 있도록 스케줄을 짰다. 따라서 Dietrich가 한 그룹을 가르치고 있을 동안 다른 그룹의 학생들은 독립적으로 공부를 하고 있어야 했다. 그녀는 독립적으로 공부하고 있는 그룹의 학생들에게 토큰 주는 것을 놓칠까 봐 걱정되었다. 그래서 학생들에게 자기 기록을 가르쳤다. 그녀는 자폐아동의 바람직한 행동을 표기하는 데에 사용하는 "클릭커"를 친구에게서 빌렸다. 그녀는 독립적으로 공부하는 학생들을 관찰하면서 모든 학생이 과제를 하고 있을 때만 클릭커를 클릭했다. 학생들은 클릭소리를 들은 만큼 스스로에게 포인트로 보상했다. 얼마 후에 그녀는 직접 교수를 하는 동안 임의적으로 클릭을 하고 독립적으로 공부하는 그룹의 학생들에게는 클릭 소리를 들을 때 공부를 하고 있으면 스스로에게 포인트를 주라고 말했다. 그녀는 이 방법이 매우 효과적임을 알게 되었다. 이것은 한 번에 두 장소에서 일하는 것과 같았다.

변화시킨다고 확신하지만, 관계의 본질은 개인과 상황에 따라 다르다(Kirby, Fowler, & Baer, 1991).

자기 기록 절차를 고려할 때 흔히 제기되는 문제는 학생 기록의 정확성이다. 학생 자료수집의 정확성을 증가시키기 위한 노력은 그리 성공적이지 못했으나(Marshall, Lloyd, & Hallahan, 1993), 대부분의 연구에서 학생의 자기 기록이 교사나 다른 사람이 기록한 것과 비교하여 볼 때 꽤 정확하다는 것을 밝히고 있다. 실제로 학생 기록의 정확성은 행동변화에 거의 영향을 미치지 못하는 것으로 알려졌는데, 부정확한 기록이라 할지라도 긍정적 행동변화를 가져왔기 때문이다(Marshall et al., 1993; Reinecke et al., 1999).

학생들이 속이지는 않을까?

자기 평가

학생에게 자신의 수행을 평가하게 하려면 많은 양식이 필요하다. 학생은 자신의 반응을 교사가 준 정답이나 교사가 제시한 기준과 비교해야 한다(대부분의 학생은 교사의 기준에 가까울 때 강화받는다는 것을 알게 된다). 가끔씩 검사하고 경계를 게을리 하지 않음으로써 학생이 해답을 보고 답을 기록하려는 유혹을 감소시킬 수 있을 것이다. Shimabukuro 등(1999)은 ADD/ADHD 학생에게 독해, 수학, 쓰기에 대한 자기 교정을 하도록 가르쳤다. 학생은 정확성과 생산성을 기록하였는데(완성한 항목 수를 부과된 항목 수와 비교하기), 자신의 점수를 기록하고 그래프로 나타냈다. 철자법(Morton, Heward, & Alber, 1998)과 곱셈(Bennett & Cavanaugh, 1998)의 자기 교정은 학생이 교사에게 피드백을 받기 위해 기다리지 않고 즉각적으로 피드백(각 단어 혹은 수학 문제 후에)을 받게 해 준다. 즉각적 피드백은 수행의 개선을 가져온다. 절차가 복잡할수록 학생은 평가하기가 어려워진다. 예를 들어, Sweeney, Salva, Cooper 그리고 Talbert-Johnson(1993)은 중학생에게 자신이 쓴 글씨에 대해 형태, 간격, 경사, 크기, 일반적인 모양에 근거하여 명료성을 평가하도록 가르쳤다. 이러한 자기 평가와 다른 중재 패키지의 요인들로 인해 학생들 글씨의 명료성이 유의미하게 개선되었다.

학생에게 자신의 행동을 평가하도록 가르치기 위해서는 그들에게 수용할 수 있는 행동과 부적절한 행동을 구분하도록 가르쳐야 한다. Dalton 등(1999)은 학습장애를 가진 2명의 청소년에게 과제 이행 행동과 과제 불이행 행동을 규명하도록 가르치기 위해 직접교수를 사용하였다. 교사는 임의로 예를 제공하고 학생들에게 각 예가 이행인지 불이행인지를 명명하도록 했다. 훈련에는 교사나 또래가 각 행동의 적절한 예를 시범 보이는 것과 두 행동 간의 변별을 가르치는 것이 포함되었다. 학생에게 이러한 변별을 형성해 주기 위해서는 적절한 행동과 부적절한 행동을 시범 보이는 학생의 비디오테이프가 유용하다. Embregts(2000)는 경도장애 학생의 사회적 행동을 개선시키기 위해 비디오테이프를 사용하였다. 테이프는 점심, 저녁 그리고 그룹회의 동안에 만들어졌다. 학생은 교사와 함께 테이프를 보았다. 30초마다 테이프를 정지하고 학생들에게 자신의 행동이 적절한지 부적절한지에 대해 기록하게 하였다. 학생들의 평가가 교사의 평가와 80% 일치하는 회기의 종료 시에만 비교를 하고, 학생들의 정확한 평가에 대해 토큰을 주었다. Kern 등(1995)은 비디오테이프 사용이 자기 관리 절차에 저항적인 사람들(심한 정서장애)에게 자기 평가를 촉진시킨다고 밝혔다.

자기 강화

대부분의 교실에서 교사들은 유관을 준비한다. 그들은 어떤 행동이 기대되고 그 행동을 수행하는 것에 대해 어떤 후속결과가 있을 것인지를 상술한다. 유관은 "만일 네가 작문을 완성하면 5분의 추가 자유시간을 얻을 것이다." "독해 문제를 맞힐 때마다 1개의 토큰을 얻을 것이다." 등과 같이 '만일 ~하면 ~할 것이다'의 문장

교사 통제의 유관으로 시작하라.

형태로 서술된다. 학생은 여러 방법으로 유관관리에 참여할 수 있다. 그들은 강화인자를 선택할 수도 있고, 행동과 관련하여 강화인자의 가치를 결정할 수도 있으며, 수정할 행동을 선택할 수도 있다. 유관관리에 학생을 참여시키는 궁극적인 목적은 그들이 배워 온 행동관리 절차를 사용하도록 장려하는 것이다. 자기 기록과 같이 교사 관리에서 학생 관리 프로그램으로의 전환은 점진적이어야 하고 학생은 자기 강화 혹은 자기 벌의 사용을 명백하게 배워야 한다.

　　자기 결정의 유관과 교사 결정의 유관이 행동변화에 동일하게 효과적일 수 있다는 것이 반복적으로 입증되어 왔다. 사실 자기 결정의 기준과 강화인자는 때로 외적으로 결정된 것보다 더 효과적일 수 있다(Hayes et al., 1985).

　　학생에게 완성된 과제에 대한 자신의 유관을 결정하도록 할 때는 학생이 따라야 할 절차에 대한 특별한 지도가 있어야 한다. 다음의 지도 내용(Felixbrod & O'Leary, 1974, p. 846)은 자기 강화에 대한 많은 연구에서 모델로 사용되어 온 것이다.

① 사람들은 일한 것에 대해 보상을 받는다. 나는 이러한 상(상과 점수 교환표를 가리킴)을 살 수 있는 점수를 네게 줄 것이다. 네가 할 일은 이와 같은 산수 문제에 답하는 것이다. 질문에 차례대로 답해라. 점수를 얻기 위해서는 정답만이 계산에 포함될 것이다. 네게 20분이 주어질 것이다. 그러나 원한다면 20분이 되기 전에 중단할 수도 있다.

② 나는 네가 각 정답에 몇 점씩 보상받기를 원하는지 결정하게 할 것이다. 다음 쪽의 숫자를 보아라(대상이 수행 기준을 선택하는 분리된 쪽을 가리킴). 각 정답에 몇 점을 얻고 싶은지 네가 결정하게 할 것이다. (실험자는 10개의 가능한 수행 기준 목록에 있는 선택 가능한 점수를 가리킨다. '나는 각 정답에 1점, 2점…… 10점씩 얻기를 원해요.') 내가 방을 나가면 네가 각 정답에 대해 받고 싶은 점수에 동그라미를 쳐라.

　　유관관리 체계는 교사가 강화인자의 결정과 집행을 통제하는 데에 가장 많이 실행된다. 교사 통제의 유관관리 기간은 학생에게 자기 강화를 가르치기 전에 선행되어야 한다(King-Sears, 1999). 학생이 체계에 익숙하게 된 후에는 학생들 스스로 유관을 효과적으로 관리할 수 있다. 유관 설정을 학생에게 설명하는 것은 학생이 좀 더 설득력 있는 유관을 설정하고 점진적으로 강화인자를 자기 관리하는 것으로 전이하도록 격려하는 데에 사용될 수 있다.

다음 사례는 자기 기록과 자기 강화 절차를 조합한 예다.

DeWayne, 행동수정 입문을 패스하다.

DeWayne은 패닉상태였다. 중간고사 때, 그의 행동수정 과목 평균은 67점이었다. 만일 낙제하면 그의 평균 평점은 대학에서 유지해야 하는 점수 아래로 떨어진다. 그는 자기 강화에 대한 강의를 듣고 나서 그것을 스스로에게 적용해 보기로 했다.

"다른 계획이 있단 말이야? 오늘 밤 밖으로 나갈 수 있는 충분한 카드가 있는지 모르고 있었어."

DeWayne은 '3×5 카드'를 구했다. 그는 단기와 장기 강화물이 필요하다고 보았다. 자신의 스마트폰에 1시간 타이머를 세팅하고 자신이 책상이나 도서관에서 일어나거나 누군가에게 말하지 않고 1시간 내내 앉아 있으면 3×5 카드에 체크하기로 했다. 그리고 커피를 마시거나 스트레칭을 하면서 다른 사람과 10분 동안 말할 수 있는 것으로 했다. 그리고 체크를 4개 했을 때는 친구와 피자를 먹으러 밖으로 나갈 수 있고, 최소한 4개의 체크가 있는 카드 5장을 모으면 여자친구에게 전화를 걸어 영화를 보러 갈 수 있는 것으로 했다. 그는 자신이 세운 계획의 효과에 대해 좀 회의적이었는데, 효과가 있다는 것을 알게 되었다. 하루 평균 4시간 공부했을 때 그의 학점이 개선되기 시작했다. 그는 학기를 평균 3.0으로 마감할 수 있었고, 응용행동분석이 학생들을 자리에 앉아 있게 하는 장치 이상의 것이라는 확신을 가졌다.

자기 벌

대부분의 자기 관리 절차는 자기 강화를 강조하여 왔다. 그러나 몇몇 연구는 행동을 강화하기보다 벌주는 것을 학생에게 가르치는 것의 효과를 분석하였다. 해리포터(Rowling, 1998)의 팬들은 벽에 머리를 박고, 책상 램프로 자신을 때리며 귀를 비틀고, 심지어는 오븐에 귀를 박으며 자신을 벌주는 요정 Dobby를 기억할 것이다. 가장 많이 연구된 자기 벌의 형태는 학생이 토큰을 뺏길 때와 보상받을 때를 결정해야 하는 토큰 강화체계와 연계하여 반응대가를 사용한 것이다. 최근의 연구에서 자기 벌 절차를 학생들에게 잘 사용하지 않는 것은 긍정적인 행동 중재를 강조하는 것과 관련이 있다. 다음의 예에서 보는 바와 같이, 많은 성인들이 자신의 행동을 관리하기 위해 반응대가를 다른 자기 관리 기법과 함께 사용하고 있다.

Grundy 교수, 집필을 완성하다

Grundy 교수는 패닉상태였다. 이미 마감일이 지난 교재 원고를 주어야 하는 편집인으로부터 이메일을 받은 것이다. '계약 위반'과 '이달 말'이라는 단어를 보고는 빨리 집필에 몰두해야겠다고 생각했다. 그는 최소한 하루에 10페이지씩 써야겠다고 보고, 그렇게 하기 위한 동기화가 필요하다고 생각했다. 그는 워드프로세스용 휴대용 컴퓨터를 샀는데 웹서핑과 채팅으로 많은 시간을 보내고 정작 집필은 거의 하지 않았다. 그는 초콜릿 바를 10조각으로 나누어 접시에 담고 2개의 종이컵을 준비해 1개의 컵에는 조카에게서 빌린 칩 10개를 넣은 후 다른 한 개는 빈 채로 그 옆에 두었다. Grundy의 아내는 커피가 끊이지 않도록 공급해 주었다(그녀는 거실이 책과 종이더미로 지저분해지는 것을 원치 않았으며 색색의 메모지가 여기저기 붙어 있는 것도 원치 않았다).

Grundy 교수의 집필 준비는 거의 1시간이 걸렸다. 그는 시작하기 전에 좀 쉬고 싶었지만 스스로 이를 억제했다. 스크린에 단어를 입력하기 시작하고 각 페이지가 완성될 때마다 초콜릿 1조각을 먹었고, 딴짓을 할 때마다 종이컵의 칩을 한 개씩 빈 컵으로 옮겼다. 그리고 빈 컵에 옮긴 칩이 10개 이상이 되면 추가로 한 페이지를 더 써야 되는 것으로 했다.

Grundy 교수는 이러한 자기관리 체계의 효과가 매우 기뻤다. "놀라워!" 스스로 생각했다. "다른 사람에게 수년 동안 응용행동분석을 가르쳐 왔고 학생들에게 이것을 사용하라고 했으면서도 나는 왜 내가 써보려는 생각은 안 했을까?" 그는 자축의 시간을 갖고 아차 싶은 마음으로 칩을 한 개 옮긴 뒤 집필을 다시 시작했다.

자기 교수

자기 교수는 자신에게 언어적 촉구를 제공하는 절차다. 제10장에서 언급한 바와 같이, 촉구는 변별자극이 원하는 반응을 충분히 야기하지 않을 때 필요한 것이다. 흔히 촉구는 다른 사람에 의해 제공되는데, 자기 교수는 스스로에게 촉구를 제공하는 것이다. 성인들은 어렵거나 친근하지 않은 과제에 참여할 때 스스로 촉구를 한다. 새 차를 운전할 때, 혹은 어려운 댄스 스텝을 배울 때 우리는 그러한 활동을 통하여 스스로에게 말한다. 우리는 글자 쓰기에서 어려운 부분에 부닥칠 때 'c 뒤에는 아니고 e 앞에 I'와 같은 촉구를 사용한다. 어떤 사람은 아직도 전화번호부에서 이름을 찾을 때 'ABC' 노래를 해 보면서 찾을 것이다. 학생에게 자기 교수 전략의 사용을 가르치는 것은 그들이 다른 사람에게 의존하지 않고 스스로에게 언어적 촉구를 제공할 수 있도록 하는 것이다.

자기 교수는 학생이 문제 해결에 필요한 절차를 통하여 스스로를 확인하고 안내할 수 있게 한다. 자기 교수 훈련은 문제 해결하기, 질문에 답하기, 과제 수행하기 등의 과제를 주기 전에 하는 것이다. 자기 교수 절차를 배운 학생은 이 전략을 다른 장면에 일반화(예: 일대일 수업에서 학급수업으로)할 수 있을 것이다(Bornstein & Quevillon, 1976). 셈하기나 쓰기 과제에서 특별히 훈련받지 않았으나 비슷한 절차가 요구되는 발음과제로 일반화하는 것도 가능할 것이다(Burgio, Whitman, & Johnson, 1980).

학생에게 자기 교수 전략을 가르치는 것은 과잉적이고 충동적인 아동에게 주의집중과 과제 이행 행동을 가르치기, 학생의 학업기술을 증가시키기, 적절한 사회적 행동을 증가시키기, 경도, 중도, 최중도 장애를 가진 사람에게 다양한 기술을 가르치기 등에 효과적인 것으로 알려져 왔다(Barkley, Copeland, & Sivage, 1980; Borkowski, 1992; Browder & Shapiro, 1985; Bryant & Budd, 1982; Burgio et al., 1980; Callicott & Park, 2003; Case, Harris, & Graham, 1992; Faloon & Rehfeldt, 2008; Lagomarcino, Hughes, & Rusch, 1989; Peters & Davies, 1981).

자기 교수에 대한 대부분의 연구들은 Meichenbaum과 Goodman(1971)이 개발한 훈련을 적용하여 왔다. 자기 교수를 위한 5단계의 훈련 프로그램은 과잉행동적인 2학년 아동의 자기 통제를 증가시켜 과제에 참여하는 것을 증가시켰고 오류를 감소시켰다. 학생들은 다음과 같은 순서로 된 프로그램을 사용하여 개별적으로 배윘다(Meichenbaum & Goodman, 1971, p. 117).

① 성인이 스스로에게 큰 소리로 말하면서 과제 수행을 시범 보인다(인지적 모델링).
② 모델의 지시에 따라 학생이 동일 과제를 수행한다(명시적, 외부의 안내).
③ 학생이 스스로에게 큰 소리로 지시하면서 과제를 수행한다(외적 자기 안내).
④ 학생이 과제를 이행하면서 스스로에게 지시를 속삭인다(용암, 외적 자기 안내).
⑤ 학생이 내적 언어로 자신의 수행을 안내하면서 과제를 수행한다(내적 자기 지시).

다음 예는 교사가 인지적 모델을 제공하고 학생이 리허설과 외적, 내적으로 수행한 것을 보여 준다. 과제는 줄 모양을 따라 그리는 것이다.

자, 내가 해야 할 게 뭐지? 선생님은 내게 다른 선으로 그림을 따라 그리길 바라서. 나는 천천히 그리고 주의 깊게 가야 해. 자, 선을 밑으로, 밑으로, 좋아. 이제 오른쪽으로, 다 됐어. 좀 더 밑으로 가서 왼쪽으로. 잘했어. 나는 꽤 잘하고 있어. 천천히 하는 것을 기억하자. 이제 다시 뒤로. 아니야, 밑으로 가야 해. 괜찮아, 선을 조심스럽게 지우기만 하면 돼. 좋아. 실수를 하더라도 천천히 조심해서 할 수 있을 거야. 이제 밑으로 가야 해. 끝났어. 내가 해냈어(Meichenbaum & Goodman, 1971, p. 117).

교사는 학생이 효과적이고 완전한 전략을 배울 수 있도록 초기 모델링에 과제 절차를 안내하는 수행 관련 기술을 포함시켜야 한다. 이 기술은 다음과 같은 것을 포함한다(Meichenbaum, 1977, p. 123).

① 문제 정의('내가 해야 할 게 뭐지?')
② 주의집중과 반응 안내에 초점 맞추기('조심스럽게…… 선을 밑으로 그리고.')
③ 자기 강화('좋아, 잘하고 있어.')
④ 실수 교정에 대한 자기 평가('괜찮아…… 실수를 하더라도 천천히 할 수 있어.')

충동적인 학생이 좀 더 사려 깊게 되고 짝짓기 과제를 더 잘 끝낼 수 있도록 돕기 위해 교사는 다음과 같은 전략을 시범 보였다.

자, 내가 무엇을 하려고 하지? 나는 이것들(6개의 서로 다른 것을 가리키며) 중 어느 것이 이 공간(직사각형 모양의 빈 공간을 가리키며)으로 가는지를 알아내야 해. 좋아, 나는 천천히 가는 것을 기억해야 하고 답을 하기 전에 각각을 조심스럽게 점검해야 해. 이것인가(첫 번째 것을 가리키며)? 이것은 똑같은 색이지만 선이 굵어서 다르게 보여. 좋아, 나는 이것이 아니라는 것을 알았어. 이제 다음 것(두 번째 것을 가리키며)을 점검해야 해. 이것은(기준이 되는 것을 가리키며) 위에 선이 있는데, 여기에는 선이 없기 때문에 달라 보여. 좋아, 나는 이것이 아니라는 것을 알았어. 다음엔 이것을(세 번째 것을 가리키며) 점검해야 해. 이것은 똑같아 보인다. 색도 같고 선도 같아. 이것이 바로 그것이란 생각이 들지만 선택하기 전에 다른 것들도 천천히 조심스럽게 점검해야 해…… (나머지 세 가지도 한 번에 하나씩 점검을 계속한다.) 좋아, 나는 모든 것을 천천히 조심스럽게 점검했어. 나는 이것이 맞는 것 같아(바른 것을 가리키며)(Peters & Davies, 1981, p. 379).

Reid와 Lienemann(2006)은 ADHD 학생집단을 대상으로 작문기술을 향상시키기 위해 자기 조절 전략 개발을 적용하였다(Graham & Harris, 2005). 이 전략은 계획하기, 조직화하기, 이야기 쓰기 및 기타 이야기에 필요한 모든 부분을 가르치기 위해 기억술을 사용한다. 학생에게 전략을 가르치기 위해 직접교수와 모델링이 사용되었고 학생들은 이것을 독립적으로 할 수 있었다. 학생들은 자신의 이야기를 평가했다. 모든 학생들은 그들의 이야기에서 단어의 수와 이야기 영역, 그리고 쓰기의 질에 있어 증가를 보였다.

자기 교수는 학생을 좀 더 독립적으로 만들고 변화된 행동을 유지 및 일반화하는 데에 유용한 절차다. 자기 교수가 효과적으로 이루어지는 데에는 몇 가지 요인이 영향을 미친다.

① 과제 수행 동안에 절차의 실제적 실행: Roberts, Nelson 그리고 Olson(1987)은 자기 교수를 사용한 학생과 자기 교수적 전략을 배우기만 한 학생 간에 차이가 없었다고 보고하였다. 그들은 최소한 어떤 경우에서는 특별한 문제를 해결하기 위한 자기 교수 훈련이 인지적 과정의 수정보다는 좋은 학업적 교수가 될 수 있다고 주장하였다.

② 질문에 반응할 수 있는 학생의 능력: Higa, Tharpe 그리고 Calkins(1978)는 유치원

自기 교수의 효과에 영향을 미치는 요인

생과 1학년 학생의 경우 운동반응을 훈련하지 않으면 자기 교수가 실제로 수행을 방해한다는 것을 밝혔다. 자기 교수가 학생의 능력 밖에 있는 과제 수행을 할 수 있게 하지는 않을 것이다.

③ 자기 교수를 고수하기 위한 강화

④ 특정 교수에 초점을 맞추기: 예를 들어, Mishel과 Patterson(1976)은 유치원 아동을 일반적인 교수방법으로 가르쳤을 때보다 인형에게 말하지 않을 것을 특별히 가르쳤을 때 그들이 인형을 대상으로 말하지 않는 것을 더 잘할 수 있다는 것을 밝혔다.

자기 교수 훈련의 결과는 비일관적으로 나타났다. Bornstein(1985)은 결과가 다른 것은 나이, 성별, 인지력, 인종, 역사, 귀인 혹은 인지 스타일 등이 다르기 때문일 수 있다고 제안하면서 "단순히 자기 교수 프로그램은 항상 효과적인 것은 분명히 아니지만 효과적일 수 있다."(p. 70)라고 지적하였다. 앞서 말한 바와 같이, '어떤 것도 항상 효과적이지는 않는다.'

자기 교수를 사용하여 경도 및 중도 장애인을 가르치기 위한 노력은 제10장에서 설명했던 그림 촉구의 사용을 필요로 한다(Pierce & Schreibman, 1994; Steed & Lutzker, 1997). 학생은 다양한 과제를 순서대로 정리한 그림책을 받는다. 학생은 책의 사용법을 배운 후에 교사, 코치 혹은 감독자 없이 교사가 학습참고서를 참고하고 강사가 강의노트를 참고하듯이, 그리고 의사가 '의사용 참고서'를 참고하듯이 책을 참조한다.

대부분의 자기 교수 절차는 자기 점검과 자기 강화를 조합하여 가르친다. 따라서 학생은 행동의 선제자극과 올바른 수행에 대한 후속결과를 스스로에게 제공한다. 다음에서는 자기 관리의 몇 가지 형태를 포함한 중재 패키지의 효과를 검증한 연구에 대해 살펴본다.

❸ 장애 학습자를 위한 자기 관리

우리는 흔히 자기 관리 절차는 고기능의 사람들만이 사용할 수 있는 기법이라고 생각한다. 그런데 사실상 지적장애와 자폐장애를 포함한 중도장애를 가진 많은 학생들에게 자기 관리 절차가 적용되어 왔다(Agran, Fodor-Davis, & Moore, 1992; Dixon et al., 1998; Hughes & Agran, 1993; Mancina, Tankersley, Kamps, Kravits, & Parrett, 2000; Newman, Buffington, & Hemmes, 1996; Newman et al., 1995; Reinecke et al., 1999). Stahmer와 Schreibman(1992)은 자폐 아동의 적절한 놀이를 증가시키기 위해 촉구와 차별강화(실험자가 전달하는) 등의 전통적인 기법과 자기 평가, 자기 기록, 자기 강화 등의 자기 관리 기법 모두를 포함하는 패키지를 사용하였다.

장난감을 적절하게 가지고 노는 행동을 거의 나타내지 않는 3명의 자폐 아동에게 적절한 놀이(예: 퍼즐 맞추기)와 부적절한 놀이(예: 퍼즐 조각을 돌리거나 던지기)를 시범 보이는 실험자를 관찰함으로써 적절한 장난감 놀이를 변별하도록 가르쳤다. 그리고 나서 실험자가 한 것이 '옳은' 것인지를 아동에게 묻고 정반응에 대해서는 강화하였다. 각 아동에게 손목용 알람과 연필로 표시할 수 있는 기록용지를 주고, 알람이 울리는 간격(초기에는 매우 짧게) 동안에 자신이 '옳게' 놀이 했는지를 표시하게 하였다. 학생들은 적절하게 놀이도 하고 기록도 했을 경우 음식물 강화나 유형의 강화물을 받았고, 부적절하게 놀이 한 것을 바르게 기록한 경우에는 칭찬만 받았다. 마지막에는 알람과 기록용지가 제거되었고, 학생에게는 실험자가 방을 나간 간격 동안에 바르게 놀이를 했는지 답하도록 요구했다. 모든 학생의 적절한 놀이비율이 증가하였고, 심지어는 훈련 장면 밖의 장면과 감독을 받지 않을 때에도 증가하였다(일방경으로 관찰됨).

자기 관리 절차는 심각한 장애를 가진 학생이 통합 장면에 완전히 참여하는 기술을 갖게 하는 데에 매우 유망하다(King-Sears, 1999; Koegel et al., 1999). Callahan과 Rademacher(1999)는 2학년 일반학급 시간에 100% 참여할 수 있는 훌륭한 학업기술을 가진 8세 자폐 아동인 Seth를 돕기 위해 자기 관리를 사용하였다. 연구자들은 과제 이행 행동을 정의하고 Seth가 그것을 변별할 수 있도록 가르치기 위해 직접교수를 사용하였다. Seth의 책상에 과제 이행표를 붙이고 가까이에 있는 테이프레코더에서 삑 소리가 나면 웃는 얼굴이나 슬픈 얼굴에 동그라미를 치게 했다. Seth의 준전문적 기록 행동뿐만 아니라 과제 이행 행동과 정확한 기록도 강화되었다. Seth의 과제 이행 행동은 증가되었고 수업 행동 역시 개선되었다.

자폐 학생들에게 자기 관리를 적용한 11편의 논문에 대한 메타분석(Lee, Simpson, & Shogren, 2007)에 의하면 자기 관리는 자폐 학생들에게 효과적인 처치가 될 수 있다. 비록 분석된 논문 중 어떤 것도 대상학생이 일반교육 교실에 배치되어 있지는 않았지만 연구자들은 이러한 연구를 장려하였다.

4 경도장애 학습자를 위한 자기 관리

Cassel과 Reid(1996)는 2명의 경도 지적장애 학생과 2명의 학습장애 학생에게 문장으로 된 수학 문제를 푸는 7단계 전략을 사용하도록 가르치기 위해 직접교수와 자기 교수, 자기 평가, 자기 강화를 포함하는 자기 관리 패키지를 모두 사용하였다. 실험자는 직접교수를 사용하여 학생에게 전략을 가르치고 7단계로 목록화된 촉구 카드를 사용하여 전략을 모델로 보여 주었다. 학생들에게는 각 단계에서 자기 교수에 사용되는 문장과 언어적 자기 강화로 사용될 문장을 말하게 하였고 문제를 풀기 위해 사용되는 전략의 각 단계를 점검하게 하였다. 모든 학생이 문장으로 된 문제 풀기 수행에서 향상을 보였다.

자기 관리 전략은 또한 경도장애 학생의 일반교육 장면에서의 수행을 개선시킬 수 있다(Dalton et al., 1999; Todd, Horner, & Sugai, 1999). Todd 등은 학습장애를 가진 4학년 학생인 Kyle이 교실에서 자기 관리를 사용하도록 가르쳤다. Kyle는 과제 이행과 적절하게 행동한 것에 대해 +를 기록하고 그렇지 않은 것에 대해 0을 기록하도록 촉구하는 소니 워크맨 테이프레코더를 사용하였다. Kyle에게 적절한 행동과 과제 이행 행동을 구분하도록 가르치기 위해 역할놀이와 시뮬레이션이 사용되었다. 또한 Kyle은 스스로 3개의 +를 준 다음에는 손을 들거나 교사에게 가까이 가도록 배웠다. 연구자들은 문제행동이 감소하였고 과제 이행 행동, 전반적인 교사 인식, 과제 완성도 그리고 교사의 칭찬이 증가하였다고 보고하였다.

5 경계선 학생을 위한 자기 관리

몇몇 연구는 장애로 판명되지는 않았으나 학업적 노력이 부족하고 파괴적 행동을 하기 때문에 학교에서 실패 위험에 놓인 학생들을 대상으로 자기 관리 전략을 사용하였다(McDougal & Brady, 1998; Mitchem, Young, West, & Benyo, 2001; Ninness, Ellis, & Ninness, 1999; Wood et al., 1998). Mitchem 등은 교실용 또래보조 자기 관리

(class-wide peer-assisted self-management: CWPASM) 프로그램을 개발하였다. 자기 기록, 또래 모니터링 그리고 강화의 연합이 학업 수행과 행동을 개선하는 성과를 나타냈다.

용어해설

1차 강화인자(primary reinforcer)   개인에게 생
물학적으로 중요한 자극(음식 같은). 이
러한 자극은 본능적으로 동기화된다(자
연적, 비학습된, 무조건적 강화인자라고
도 함).

2차 강화인자(secondary reinforcer)   초기에는
중립적이나 1차 강화인자와의 짝짓기를
통하여 강화의 속성을 획득한 자극(조건
강화인자라고도 함).

AB 설계(AB design)   행동 변화를 나타내는 단
일대상 자료를 그래프로 나타내기 위한
형식. AB 설계는 기초선(A)과 처치(B)
의 2개 구간을 갖는다. 이 설계는 독립변
인의 효과를 복제하지 않기 때문에 독립
변인과 종속변인 간의 기능적 관계를 입
증할 수 없다. 이것은 기본적인 설계로서
이것을 확장하여 기능적 관계를 결정하
는 단일대상 실험설계가 만들어진다.

ABAB 설계(ABAB design)   독립변인이 철회되
었다가 다시 적용되는 AB 설계의 확장.
이러한 반전설계는 독립변인과 종속변
인 간의 기능적 관계를 입증할 수 있다.

S 델타(S$^\triangle$: S delta)   자극 통제 참고.

가로좌표(abscissa)   그래프의 수평축 혹은 x
축. 가로좌표에는 시간 차원(회기)이 제
시된다.

간격 스케줄(interval schedules)   행동발생에
대해 특정 기간 혹은 시간 간격에 따라
강화인자를 전달하는 스케줄. 고정간격
(FI)은 시간간격이 고정적이다. 예를 들
어, FI5는 관찰기간의 매 5분마다 첫 번
째 행동발생을 강화한다. 변동간격(VI)
은 시간간격이 변한다. 예를 들어 VI5는
평균 5분 간격 이후의 첫 번째 행동 발생
을 강화한다.

간격기록법(interval recording)   관찰기간이 짧
은 간격으로 나누어지는 관찰기록 체계.
관찰자는 행동사례가 아닌 행동이 발생
한 간격의 수를 센다.

간헐 스케줄(intermittent schedule)   모든 정반
응이 아닌 몇몇 정반응 혹은 적절한 반응
에 강화가 주어지는 스케줄 혹은 적절한
행동 기간이 경과되었을 때 강화가 주어
지는 스케줄. 여기에는 비율, 간격, 반
응–지속시간 스케줄이 포함된다.

강화 스케줄(schedule of reinforcement)   강화
인자 전달을 위한 시간 패턴(간헐 스케
줄, 간격 스케줄, 비율 스케줄, 반응 지
속시간 스케줄 참고).

강화인자 표집(reinforcer sampling)   학생을 잠
재적 강화인자에 접하도록 하는 것. 교사
는 강화인자 표집을 통하여 학생에게 가

장 효과적인 강화인자가 무엇인지를 결정할 수 있다. 또한 그것은 학생이 이전에 몰랐던 잠재적 강화인자에 익숙하게 해 준다.

강화지연 스케줄(lag schedule of reinforcement) 반응의 다양성을 격려하기 위해 설계된 강화 스케줄. 반응이 특정 수의 이전 반응과 다를 때 지연 스케줄로 강화된다.

개념(concept) 한 집합체의 모든 구성원이 공유하며, 그 집합체의 구성원만이 공유하는 일련의 특성.

개별화교육프로그램(IEP: Individualized Education Program) 특수교육대상자인 모든 학령기 학생을 위해 개발된 문서화된 교육계획.

결정(론)주의(determinism) 인간행동을 포함한 모든 사건이 어떤 고정된 패턴을 따른다는 철학적 신념.

결핍 상태(deprivation state) 학생이 잠재적 강화인자에 접근하지 못하는 상태.

경향(trend) 그래프에 나타나는 자료의 특징. 상향이나 하향 경향은 동일한 방향으로 3개의 자료점이 존재하는 것이다.

계기(occasion) 강화가 더 이상 제공되지 않을 때 행동이 선행사건의 존재 시에 확실하게 발생하면 선행사건이 행동의 '계기가 된다.'고 한다.

계약(contracting) 강화에 대한 유관(만일~이면)을 문서화한 것. 이것은 교사와 학생이 참조할 수 있는 영속적 산물이다.

고정간격 스케줄(FI: fixed-interval schedule) 간격 스케줄 참고.

고정비율 스케줄(FR: fixed-ratio schedule) 비율 스케줄 참고.

고지된 승인(informed consent) 부모(혹은 대리인)와 학생에게 모국어 혹은 다른 의사소통 방법으로 승인되고 동의된 활동과 관련된 모든 정보에 대해 전적으로 고지하는 것을 의미하는 법적 용어.

과잉교정(overcorrection) 부적절한 행동 발생을 감소시키기 위해 사용되는 절차. 학생이 적절한 행동을 과장되게 경험하도록 가르친다. 복원 과잉교정은 학생으로 하여금 환경을 이전의 조건으로 복구하거나 바로잡도록 하는 것이다. 학생은 원래의 조건 이상으로 개선해야 하고, 그것으로 환경을 과잉교정한다. 긍정 연습 과잉교정은 학생에게 적절한 행동의 연습을 과장되게 시키는 것이다.

과제분석(task analysis) 복합 행동을 부분적 요소로 나누는 과정.

관찰기록 체계(observational recording system) 실제의 행동 발생을 기록하는 데에 사용되는 자료수집 방법(사건기록법, 간격기록법, 지속시간기록법, 반응시간기록법).

교대중재설계(alternating treatments design) 두 가지 이상의 중재 효과를 비교하는 단일대상 실험설계. 이것은 처치(때로 기초선을 포함)가 일정한 순서로 변경(중다계획설계, 중다-요소기초선설계, 조건변경설계와 같은)된다기보다는 임의로 변경된다는 점에서 다른 단일대상설계와 다르다.

교육목적(educational goal) 해당 학년 혹은 학습 전반을 계획하는 체제에 대한 진술문. 여기에는 교육자의 책임하에 예상되는 학업 및 사회적 발달의 요인 설정이 포함된다(장기목표라고도 함).

교환 강화인자(backup reinforcer) 특정 수의 토큰이나 포인트 등을 교환할 때 받는 물건.

기능 향상(enhanced functioning) 중재가 성공

적이었음을 나타내는 기능측면에서의 관찰가능하고 측정가능한 개선.

기능분석(functional analysis) 기능적 관계를 입증하기 위해서 행동을 야기하거나 유지하는 것으로 생각되는 변인을 조작함으로써 가설적 관계를 검사하는 절차(반전설계나 중다요소설계).

기능적 관계(functional relation) 종속변인과 독립변인 간 준-인과관계. 이 관계는 독립변인의 도입과 조작의 결과로 종속변인이 바람직한 방향으로 체계적 변화를 이룰 때 존재한다.

기능적 등가훈련(functional equivalency training) (1) 문제행동에 대해 기능평가/분석을 수행하고 (2) 그것을 대치할 수 있는 사회적으로 적절한 행동을 가르치는 과정.

기능평가(functional assessment) 행동을 야기하거나 유지하는 변인에 대한 가설을 세우기 위해서 정보를 수집하는 것. 면접, 체크리스트 혹은 직접 관찰로 이루어질 수 있다.

기초선 자료(baseline data) 표적행동의 작동수준을 나타내는 자료점. 작동수준은 중재전 자연적인 행동발생이다. 기초선 자료는 중재절차의 결과를 비교할 수 있는 사전검사와 유사한 목적으로 사용된다.

다른 행동 차별강화(DRO: differential reinforcement of other behaviors) 표적행동이 특정 기간 동안 나타나지 않을 때 강화를 제공함. 강화는 행동의 비발생과 유관된다.

단일대상설계(single-subject design) 개인의 통제를 다루는 실험 연구(AB 설계, 교대중재설계, 조건변경설계, 준거변경설계, 중다기초선설계, 반전설계 참고).

대체행동 차별강화(DRA: differential reinforcement of alternative behavior) 학생이 현재 나타내고 있는 것보다 더 적절한 행동을 강화함. DRA는 흔히 행동의 방향을 고치는 것과 연계하여 사용된다.

독립변인(independent variable) 행동을 변화시키기 위해서 실험자가 조작하는 처치 혹은 중재.

동시 촉구(simultaneous prompting) 정반응을 보장하는 즉각적이고 통제적인 촉구를 제공하는 것.

등가 자극(stimulus equivalence) 상호 교환 가능하고 동일한 반응을 일으키는 자극.

막대 그래프(bar graph) 수직적 막대를 이용하여 수행수준을 나타낸 그래프(히스토그램이라고도 함).

모델링(modeling) 모방 반응을 촉구하기 위해서 바람직한 행동을 시범 보이는 것.

목적 설정(goal setting) 교사나 어른과 협력하여 학생이 성취하고자 하는 목적을 선택하도록 장려하는 과정.

무오류 학습(errorless learning) 정반응만 나타나게 하기 위하여 S^Ds와 촉구를 조정하는 교수 절차.

무조건 혐오자극(unconditioned aversive stimulus) 개인에게 신체적 고통이나 불쾌함을 가져오는 자극(일반적인, 자연적인, 혹은 비학습된 혐오자극이라고도 함).

반복 측정(repeated measures) 검사나 조사와 같은 단일 측정이기보다는 학생의 행동에 대해 수많은 측정을 하는 단일대상연구 설계의 필요 조건.

반복상(iterative) 효력에 대한 가정을 얻기 위해 절차를 반복적으로 이용하고 분석하여 기법에 대한 지속적인 수정을 하는 것.

반응 일반화(response generalization) 표적행동이 수정되었을 때 유사한 행동의 예정되지 않은 변화.

반응 지속시간 스케줄(response-duration schedules) 학생이 얼마나 오랫동안 연속적 행동을 하는가에 따라 강화가 제공되는 강화 스케줄. 고정반응 지속시간(FRD) 스케줄에서는 강화 제공을 위해 일정한 지속시간이 필요하다. 예를 들어, FRD10분은 적절한 행동이 10분 나타난 뒤에 강화가 주어진다. 변동반응 지속시간(VRD) 스케줄에서는 강화를 위한 시간이 변화한다. 예를 들어 VRD10분은 적절한 행동이 평균 10분 나타난 뒤에 강화가 제공된다.

반응대가(response-cost) 행동발생에 따라 특정 강화인자의 양을 철회함으로써 부적절한 행동을 감소시킴.

반응시간 기록법(latency recording) S^D의 제시와 반응의 시작 간 시간의 양을 기록하는 방법.

반전설계(reversal design) 기능적 관계의 존재를 입증하기 위해서 중재 후에 처치 조건을 제거하는 단일대상실험설계. 이 설계는 기초선, 처치, 처치 제거(기초선 복귀라고도 함), 그리고 재처치의 4구간을 가진다(ABAB 설계라고도 함).

배경사건(setting event) 문화적 영향력에서부터 불편한 환경에 이르기까지 임시적으로 강화인자의 힘을 변경하는 개인 삶에서의 환경요인.

배제 타임아웃(exclusion time-out) 학생을 활동에서 제외시켜 강화에의 접근을 거부함.

벌(punishment) 미래의 행동 비율이나 가능성을 감소시키는, 반응 뒤에 즉각적으로 제시되는 자극.

벌인자(punisher) 미래의 행동 비율이나 가능성을 감소시키는 후속 자극.

변동간격 스케줄(VI: variable-interval schedule) 간격 스케줄 참고.

변동반응 지속시간 스케줄(VRD: variable-response-duration schedule) 반응 지속시간 스케줄 참고.

변인(variable) 연구에 포함된 개인이나 연구의 환경과 연관된 조건에 유일하게 존재하는 속성.

부적 강화(negative reinforcement) 반응 뒤의 즉각적인 혐오적 자극의 제거. 부적 강화는 미래의 행동 비율이나 가능성을 증가시킨다.

부정연습(negative practice) 부적절한 행동의 집중적인 혹은 과장된 연습. 피로나 포만의 결과로 행동발생의 감소가 뒤따른다.

불연속적 행동(discrete behavior) 시작과 끝을 분명하게 변별할 수 있는 행동.

비배제 타임아웃(nonexclusion time-out) 강화인자가 주어지고 있는 교육 장면에서 학생을 제외시키지 않는 타임아웃 절차. 교사는 강화에의 접근을 거부하고, 접근이 거부되는 시간을 알리기 위해 환경을 조작한다.

비유관 강화(NCR: noncontingent reinforcement) 학생의 행동에 상관없이 미리 설정된 간격에 따라 강화인자를 제공하는 것.

비율 부담(ratio strain) 행동의 적절한 비율을 유지하기 위한 정반응과 강화 간 비율이 너무 크다고 할 만큼 강화 스케줄이 빠르게 약화될 때 생기는 행동의 혼란.

비율 스케줄(ratio schedules) 정반응 수에 따라 강화인자를 제공하는 스케줄. 고정비율(FR)스케줄은 적절한 반응수에 따라 강화가 일정하게 주어진다. 예를 들어, FR5는 매 다섯 번째 적절한 반응을 강화한다. 변동비율(VR)스케줄에서는 강화에 요구되는 적절한 반응 수가 변화한다.

예를 들어, VR5는 평균 매 다섯 번째 적절한 반응을 강화한다.

빈도(frequency) 관찰기간 동안에 발생한 행동의 수.

사건기록법(event recording) 관찰기록절차의 하나로 관찰기간 내에 발생하는 행동의 빈도나 득점을 기록함.

사회적 강화인자(social reinforcer) 얼굴 표정, 근접, 접촉, 특권, 약속, 말씨 등을 포함하는 2차 강화인자의 한 부류.

사회적 타당도(social validity) 지역사회에서 변화된 것으로 수용되는 행동의 중요도.

선수기술(prerequisite) 학생이 어떤 과제를 성공적으로 배우기 전에 이미 가지고 있어야 하는 기술.

선제자극(antecedent stimulus) 행동에 선행하는 자극. 이 자극은 특정 행동에 대한 변별자극이 될 수도 있고 되지 않을 수도 있다.

세로좌표(ordinate) 그래프의 세로축 혹은 y축. 세로축에는 표적행동의 양이나 수준이 제시된다.

소거(extinction) 행동 발생을 감소시키기 위해서 이전에 강화된 행동에 대해 강화를 보류함.

습득(acquisition) 학생의 기초적 반응능력 수준. 새롭게 학습한 반응을 일정 수준의 정확성으로 수행하는 것은 학생의 능력을 암시한다.

시간표집법(time sampling) 관찰기간을 동일한 간격으로 나누고 각 간격의 마지막 순간에 표적행동이 발생하는지를 관찰하는 관찰기록체계.

시도(trial) 행동 발생을 위한 불연속적 기회. 시도는 선제자극, 반응, 후속자극 등의 세 가지 행동 요소로서 조작적으로 정의된다. 선제자극의 제시는 시도의 시작을 나타내며, 후속자극의 제시는 시도의 종료를 알리는 것이다.

시작행동(initial behavior) 어떤 중요한 차원에 대해 종료행동과 유사하고(중재의 궁극적 목적) 학생이 이미 수행할 수 있는 행동(형성에 사용되는).

신뢰도(reliability) 관찰자들이 독립적으로 수집한 자료의 일관성. 신뢰도 계수는 다음의 공식으로 결정되며 관찰자 간 일치도라고도 함.

$$\frac{동의}{동의 + 비동의} \times 100 = 일치 \%$$

약화(thinning) 강화를 점진적으로 드물게 하는 것 또는 적절한 행동이 더 많이 나타나야 강화하는 것.

양립불가 행동 차별강화(DRI: differential reinforcement of incompatible behavior) 감소시키기 위한 표적행동과 형태적으로 양립할 수 없는 행동을 강화함.

연쇄(chaining) 행동을 순서대로 강화하여 복합적 행동을 가르치는 교수 절차.

영속적 산물 기록(permanent product recording) 학업과제 같은, 행동의 결과로 초래된 실체나 환경적 결과를 기록함(결과기록법이라고도 함).

용암(fading) S^D가 독립적으로 반응을 야기하도록 하기 위한 점진적 촉구 제거.

유관 관찰(contingent observation) 학생에게 참여하지 않고 다른 학생을 보게 하는 절차.

유지(maintenance) 시간을 넘어, 체계적 응용행동분석절차가 철회된 후에도 행동을 수행하는 능력. 일반화 참고.

유창성(fluency) 학생능력의 두 번째 수준(습득 이후). 유창성은 학생이 정확하게 행동을 수행한 비율을 나타낸다.

응용행동분석(applied behavior analysis) 사회적으로 중요한 행동을 의미 있는 수준으로 변화시키기 위한 행동 원칙의 체계적 적용. 이러한 원칙의 사용자는 연구도구를 통하여 행동과 중재 간의 기능적 관계를 입증할 수 있다.

인도적(humane) 다른 사람을 고려함. 교육에서는 안전하고 안락한 환경을 제공하는 것, 모든 개인을 존중하는 태도로 대하는 것, 효과적인 중재를 제공하는 것이다.

일반화(generalization) 학생의 수행 능력을 처음 습득 시에 설정된 조건 외로 확장함. 자극 일반화는 습득 시의 조건과 다른 조건—단서, 교구, 훈련자 그리고 환경—하의 수행을 의미한다. 유지는 유관이 철회된 후에 학습된 행동의 수행이 계속해서 나타나는 것을 의미한다. 반응 일반화는 직접 처치된 행동과 유사한 행동이 변화하는 것을 의미한다.

일반화된 조건 강화인자(generalized conditioned reinforcer) 다양한 행동과 연관되거나 다양한 1차 혹은 2차 강화인자에의 접근과 연관된 강화인자. 간단히 일반화된 강화인자라고도 한다.

자극 과잉선택(stimulus overselectivity) 자극 전체보다는 자극의 일부 혹은 한 측면에만 주의 집중하는 경향.

자극 부류(stimulus class) 개념 참고.

자극 일반화(stimulus generalization) 일반화 참고.

자극 촉구(stimulus prompt) 무오류 학습 절차에서 흔히 사용되는, 정반응 가능성을 높이기 위한 자극의 변경.

자극 통제(stimulus control) 선제자극이 행동을 야기하거나 행동 발생을 위한 단서로 작용하는 관계. 반복적인 행동 발생은 그것이 강화되는 것에 달려 있다. 반응을 야기하는 적절한 단서로 작용하고 그에 따라 강화가 일어나는 선제자극을 변별자극(S^D)이라고 한다. 반응을 야기하는 적절한 단서로 작용하지 못하고 그에 따라 강화가 일어나지 않는 선제자극을 S 델타(S^{Δ})라고 한다.

자극포만(stimulus satiation) 이전에 어떤 반응을 일으켜 왔던 사물이나 사건이 너무 자주 제시되어 더 반응을 일으키지 못하는 상태.

자기 강화(자기 벌)(self-reinforcement[self punishment]) 스스로 후속반응을 관리하는 것. 학생은 강화인자(혹은 벌인자) 선택과 적용 기준에 대한 결정, 그리고 스스로에게 후속반응을 적용하는 것을 배운다.

자기 교수(self-instruction) 특정 행동을 관리하거나 유지하기 위해서 학생이 스스로에게 언어적 촉구를 제공하는 과정.

자기 기록(self-recording) 자신의 행동에 대한 자료수집(자기관찰, 자기평가, 자기점검이라고도 함).

자기 벌(self-punishment) 행동에 대해 벌의 후속반응을 주는 자기관리.

자발적 승인(voluntary consent) 협박이나 보상에 의하지 않고 얻어지는 승인.

저비율행동 차별강화(DRL: differential reinforcement of lower rates of behavior) 특정 기간 동안의 행동 수가 미리 설정한 한계보다 적거나 같을 때 강화를 제공함. 이것은 행동을 기초선이나 자연적으로 발생하는 빈도보다 낮은 일정 비율로 유지시킨다.

정당행동(lawful behavior) 선행사건과 강화 역사에 대한 지식으로써 예측될 수 있는 행동.

정적 강화(positive reinforcement)　미래의 반응 비율이나 가능성을 증가시키는, 반응 뒤의 즉각적인 자극 제시. S^{R+}로 표시한다.

정적 강화인자(positive reinforcer)　반응 후에 즉각적으로 제시되었을 때 그 반응이 미래에 나타날 비율이나 가능성을 증가시키는 자극.

조건(condition)　행동이 수행되는 자연적 환경이나 교사가 만든 환경.

조건 혐오자극(conditioned aversive stimulus)　고통이나 불쾌함 같은 무조건적 혐오자극과의 짝짓기를 통하여 2차적으로 혐오적 속성을 획득한 자극.

조건변경설계(changing conditions design)　효과를 비교하기 위해서 행동수행 조건을 연속적으로 변경하는 단일대상 실험설계. 이 설계는 변인들 간 기능적 관계를 입증하지 않는다. ABC 설계라고도 한다.

조건화된 강화인자(conditoned reinforcer)　무조건 강화인자 혹은 자연적 강화인자와의 짝짓기를 통하여 강화 기능을 획득한 자극(2차 강화인자 참고).

조작적 정의(operational definition)　표적행동의 구체적 예를 제시하는 것. 이것은 행동발생에 대한 관찰자 간의 불일치를 최소화한다.

종료행동(terminal behavior)　중재의 궁극적 목적(형성에 사용됨).

종속변인(dependent variable)　중재를 통해서 변화될 행동.

준거변경설계(changing criterion design)　강화를 위한 준거를 연속적으로 변경하는 단일대상 실험설계. 준거는 순차적 방식으로 증가되거나 감소된다.

중간행동(intermediate behavior)　종료행동의 연속적 근사치를 나타내는 행동(형성에 사용되는).

중다간헐기법(multiple probe technique)　길어진 중다기초선 동안의 연속적 측정에 대한 대안. 연구자는 중재 이전에 학생의 행동이 변화하지 않았음을 증명하기 위해 매 회기마다 학생의 반응을 기록하기보다는 이따금씩 혹은 스케줄에 맞추어 측정한다.

중다기초선설계(multiple baseline design)　(1) 2명 이상의 학생, (2) 2가지 이상의 행동, 혹은 (3) 2가지 이상의 장면을 통하여 중재가 복제되는 단일대상실험설계. 독립변인의 체계적이고 순서적인 도입에 따라 종속변인이 변화하는 것을 보임으로써 기능적 관계를 입증한다.

중재(intervention)　개인의 행동을 변화시키기 위해서 만들어진 환경적 변화.

지속시간 기록법(duration recording)　관찰기록 절차 중 하나로, 행동의 시작과 종료 간 시간의 양을 기록하는 방법.

집단설계(group design)　개인의 수와 관련된 자료에 초점을 맞추는 실험 연구.

짝짓기(pairing)　2차 강화인자를 조건화하기 위한 1차 강화인자와 2차 강화인자의 동시적 제시. 일단 결합이 형성되면 2차 강화인자는 강화 기능을 갖게 되고, 1차 강화인자는 더 이상 필요하지 않게 된다.

책무성(accountability)　교육에서 목적, 목표, 절차, 그리고 학생의 진전에 대한 평가와 그 공표. 부모, 학교행정가 그리고 정보에 대한 권리를 가진 기타의 정당을 대상으로 한다.

촉구(prompt)　S^D가 바람직한 반응의 원인이 될 가능성을 증가시키는 보충적 자극(보충적 선제자극이라고도 함).

추가학습(overlearning)   학생에게 초기 숙달에 필요한 것보다 더 많이 연습을 제공하는 것.

타임아웃(time-out)   학생을 일정 기간 동안 강화 기회에 접하지 못하게 함으로써 부적절한 행동을 줄이는 것.

타임아웃 리본(time-out ribbon)   학생이 달고 있는 리본으로, 이것이 제거된 것은 강화 기회를 일시적으로 잃었음을 표시함.

통제 제시(controlled presentation)   사건기록법의 변형으로, 반응기회의 수가 미리 결정된 방법. 이 방법은 교수회기당 시도의 수가 특정하게 결정되어 제시된다.

포만(satiation)   결핍상태가 더 이상 없을 때 발생하는 조건.

프로브(probes)   연속적이기보다는 정해진 간격에서의 자료 수집.

프리맥 원리(Premack principle)   고비율 활동이 저비율 활동의 정적 강화인자가 될 수 있음에 대한 원칙(활동 강화라고도 함).

행동(behavior)   개인의 관찰 가능하고 측정 가능한 활동(반응이라고도 함).

행동목표(behavioral objective)   제안된 행동변화에 대한 진술문. 행동목표는 학습자, 행동, 행동이 수행될 조건, 그리고 평가를 위한 준거에 대한 진술이 포함되어야 한다.

행동 추출(pinpointing behavior)   변화의 표적이 되는 행동을 측정 가능하고 관찰 가능한 용어로 상술함.

혐오자극(aversive stimulus)   후속자극으로 제시되었을 때 벌인자의 형태로서 행동의 비율이나 가능성을 감소시키는 자극. 혐오자극은 또한 부적 강화인자와 같이 후속반응으로서 제거되었을 때 행동의 비율과 가능성을 증가시킬 수도 있다.

형성(shaping)   특정 표적행동의 연속적 근사치를 차별강화함으로써 새로운 행동을 가르치는 것.

효력제한(LH: limited hold)   강화인자를 이용할 수 있는 시간을 억제하는, 간격강화에 사용되는 절차.

후속결과(consequence)   특정 반응에 유관되어 제시되는 자극.

휴대 테크놀로지(handheld technology)   교육 애플리케이션이 있는 휴대용 전자 디바이스 종류. 비디오, 오디오녹음기, 듣기 디바이스, 개인용 디지털 보조장치, 휴대용 전자 키보드, 디지털 카메라, 스마트폰 등이 포함되나 이에 한정되는 것은 아님.

번역용어

AB design / AB 설계
ABAB design / ABAB 설계
ABC design / ABC 설계
A-B-C assessment / A-B-C 평가
abscissa / 가로좌표
accountability / 책무성
acquisition / 습득
activity reinforcement / 활동강화
alternating conditions design / 교대조건설계
alternating treatments design / 교대중재설계
analog / 아날로그
anecdotal reports / 일화기록
antecedent stimulus / 선제자극
applied behavior analysis / 응용행동분석
aversive stimulus / 혐오자극
backup reinforcer / 교환 강화인자
bar graph / 막대 그래프
baseline data / 기초선 자료
behavior / 행동
behavior support plan / 행동지원계획
behavioral objective / 행동목표
chaining / 연쇄
changing conditions design / 조건변경설계
changing criterion design / 준거변경설계
concept / 개념
conditioned aversive stimulus / 조건 혐오자극

condition / 조건
conditioned reinforcer / 조건 강화인자
consequence / 후속결과
continuous behavior / 연속 행동
contracting / 계약
controlled presentation / 통제 제시
CRF(continuous schedule of reinforcement) /
    연속강화스케줄
cumulative graph / 누적그래프
dependent variable / 종속변인
deprivation state / 결핍 상태
determinism / 결정(론)주의
directionality / 방향성
discrete behavior / 불연속적 행동
discrimination / 변별
discriminative stimulus / 변별자극(S^D)
DRA(differential reinforcement of alternative
    behavior) / 대체행동 차별강화
DRI(differential reinforcement of incompatible
    behavior) / 양립불가 행동 차별강화
DRL(differential reinforcement of lower rates
    of behavior) / 저비율행동 차별강화
DRO(differential reinforcement of other
    behaviors) / 다른 행동 차별강화
duration recording / 지속시간 기록법
educational goal / 교육목적

enhanced functioning / 기능 향상

errorless learning / 무오류 학습

establishing operation / 유인력

event recording / 사건기록법

exclusion time-out / 배제 타임아웃

extinction / 소거

fading / 용암

FCT(functional communication training) / 기능적 의사소통 훈련

FI(fixed-interval schedule) / 고정간격 스케줄

fluency / 유창성

FR(fixed-ratio schedule) / 고정비율 스케줄

FRD(fixed response duration schedule) / 고정 반응지속시간 스케줄

frequency / 빈도

functional alternative / 기능적 대안

functional analysis / 기능분석

functional assessment / 기능평가

functional equivalency training / 기능적 등가 훈련

functional relation / 기능적 관계

generalization / 일반화

generalized conditioned reinforcer / 일반화된 조건 강화인자

goal setting / 목적 설정

group design / 집단설계

histogram / 히스토그램

humane / 인도적

IEP(Individual Education Program) / 개별화교육프로그램

IFSP(Individualized Family Service Plan) / 개별화가족서비스계획

independent variable / 독립변인

informed consent / 고지된 승인

initial behavior / 시작행동

intermediate behavior / 중간행동

intermittent schedules / 간헐 스케줄

interobserver agreement / 관찰자 간 일치

interval recording / 간격기록법

interval schedules / 간격 스케줄

intervention / 중재

ITP(Individual Transition Plan) / 개별화전환계획

latency recording / 반응시간 기록법

lawful behavior / 정당행동

LH(limited hold) / 효력제한

long term objective / 장기목표

maintenance / 유지

modeling / 모델링

multi element baseline design / 중다요인기초선설계

multiple baseline design / 중다기초선설계

multiple schedule design / 중다계획설계

natural aversive stimulus / 자연적 혐오자극

natural reinforcer / 자연적 강화인자

NCR(noncontingent reinforcement) / 비유관 강화

negative practice / 부정연습

negative reinforcement / 부적 강화

nonexclusion time-out / 비배제 타임아웃

observational recording system / 관찰기록체계

occasion / 원인

operant conditioning / 조작적 조건화

operational definition / 조작적 정의

ordinate / 세로좌표

outcome recording / 결과기록법

overcorrection / 과잉교정

pairing / 짝짓기

permanent product recording / 영속적 산물기록

pinpointing / 추출

PLACHECK / 플라체크

positive-practice overcorrection / 긍정연습 과

잉교정

positive reinforcement / 정적 강화
positive reinforcer / 정적 강화인자
Premack principle / 프리맥 원리
prerequisite / 선수기술
primary reinforcer / 1차 강화인자
prompt / 촉구
punisher / 벌인자
punishment / 벌
rate / 비율
ratio graph / 비율 그래프
ratio schedule / 비율 스케줄
ratio strain / 비율 부담
reinforcer / 강화인자
reinforcer sampling / 강화인자 표집
reliablity / 신뢰도
response-duration schedule / 반응 지속시간 스케줄
respondent conditioning / 수동적 조건화
response-cost / 반응대가
response / 반응
response generalization / 반응 일반화
response prompt / 반응 촉구
restitutional overcorrection / 복원 과잉교정
return to baseline / 기초선 복귀
reversal design / 반전설계
S delta(S△) / S 델타
satiation / 포만
scatter plot assessment / 분산 평가
schedule of reinforcement / 강화 스케줄
SD / S디, 변별자극
seclusionary time-out / 은둔 타임아웃
secondary reinforcer / 2차 강화인자
self-evaluation / 자기 평가
self-instruction / 자기 교수
self-monitoring / 자기 점검

self-observation / 자기 관찰
self-punishment / 자기 벌
self-recording / 자기 기록
self-reinforcement / 자기 강화
setting event / 배경사건
shaping / 형성
single-subject design / 단일대상설계
social reinforcer / 사회적 강화인자
social validity / 사회적 타당성
stimulus class / 자극 부류
stimulus control / 자극 통제
stimulus generalization / 자극 일반화
stimulus overselectivity / 자극 과잉선택
stimulus prompt / 자극 촉구
stimulus satiation / 자극포만
supplementary antecedent stimulus / 보충 선제 자극
task analysis / 과제분석
terminal behavior / 종료행동
thinning / 약화
time-out / 타임아웃
time sampling / 시간표집법
topography / 형태
trend / 경향
trial / 시도
unconditioned aversive stimulus / 무조건 혐오 자극
unconditioned reinforcer / 무조건 강화인자
universal aversive stimulus / 일반적 혐오자극
unlearned aversive stimulus / 비학습 혐오자극
variable-interval schedule(VI) / 변동간격 스케줄
variable-ratio schedule(VR) / 변동비율 스케줄
variable-response-duration schedule(VRD) / 변동반응 지속시간 스케줄
variable / 변인
voluntary consent / 자발적 승인

참고문헌

Abrahams, B., & Geschwind, D. (2008). Advances in autism genetics: On the threshold of a new neurobiology. *Genetics, 9,* 341-355.

Achenbach, T. H., & Lewis, M. (1971). A proposed model for clinical research and its application to encopresis and enuresis. *Journal of American Academy of Child Psychiatry, 10,* 535-554.

Adams, C., & Kelley, M. (1992). Managing sibling aggression: Overcorrection as an alternative to time-out. *Behavior Therapy, 23,* 707-717.

Adams, G., & Engelmann, S. (1996). *Research on direct instruction: 25 years beyond Distar.* Seattle, WA: Educational Achievement Systems.

Adams, N., Martin, R., & Popelka, G. (1971). The influence of time-out on stutterers and their dysfluency. *Behavior Therapy, 2,* 334-339.

Agran, M., Fodor-Davis, J., & Moore, S. (1992). The effects of peer-delivered self-instructional training on a lunch-making work task for students with severe handicaps. *Education and Training in Mental Retardation, 27,* 230-240.

Ahearn, W., Clark, K., DeBar, R., & Florentino, C. (2005). On the role of preference in response competition. *Journal of Applied Behavior Analysis, 38,* 247-250.

Aiken, J. M., & Salzberg, C. L. (1984). The effects of a sensory extinction procedure on stereotypic sounds of two autistic children. *Journal of Autism and Developmental Disorders, 14,* 291-299.

Akmanoglu, N., & Batu, S. (2004). Teaching pointing to numerals to individuals with autism using simultaneous prompting. *Education and Training in Developmental Disabilities, 39,* 326-336.

Alber, S., & Heward, W. (2000). Teaching students to recruit positive attention: A review and recommendations. *Journal of Behavioral Education, 10,* 177-204.

Alberto, P., Heflin, J., & Andrews, D. (2002). Use of the time-out ribbon procedure during community-based instruction. *Journal of Autism and Developmental Disorders, 26,* 297-311.

Alberto, P., Troutman, A., & Briggs, T. (1983). The use of negative reinforcement to condition a response in a deaf-blind student. *Education of the Visually Handicapped, 15,* 43-50.

Alberto, P., Waugh, R., & Fredrick, L. (2010). Teaching the reading of connected text through sight-word instruction to students with moderate intellectual disabilities. *Research in Developmental Disabilities, 31,* 1467-1474.

Alberto, P. A., Sharpton, W., & Goldstein, D. (1979). *Project Bridge: Integration of severely retarded students on regular education campuses.* Atlanta: Georgia Stated University.

Alberto, P. A., Sharpton, W. R., Briggs, A., & Stright, M. H. (1986). Facilitating task acquisition through the use of a self-operated auditory prompting system. *Journal of the Association for Persons with Severe Handicaps, 11*, 85–91.

Allday, R. A., & Pakurar, K. (2007). Effects of teacher greetings on student on-task behavior. *Journal of Applied Behavior Analysis, 40*, 317–320.

Allen-DeBoer, R., Malmgren, K., & Glass, M. (2006). Reading instruction for youth with emotional and behavioral disorders in a juvenile correctional facility. *Behavioral Disorders, 32*, 18–28.

American Psychiatric Association. (2000). *Diagnostic and statistical manual of mental disorders* (fourth edition, text revision; DSM-IV). Washington, DC: Author.

Anderson, N., Hawkins, J., Hamilton, R., & Hampton, J. (1999). Effects of transdisciplinary teaming for students with motor disabilities. *Education and Training in Mental Retardation and Developmental Disabilities, 34*(3), 330–341.

Anderson-Inman, L., Walker, H. M., & Purcell, J. (1984). Promoting the transfer of skills across settings: Trans-environmental programming for handicapped students in the mainstream. In W. Heward, T. E. Heron, D. S. Hill, & J. Trap-Porter (Eds.), *Focus on behavior analysis in education.* Columbus, OH: Merrill.

Apolito, P., & Sulzer-Azaroff, B. (1981). Lemon-juice therapy: The control of chronic vomiting in a twelve-year-old profoundly retarded female. *Education and Treatment of Children, 4*, 339–347.

Ardoin, S. P., Martens, B. K., & Wolfe, L. A. (1999). Using high-probability instruction sequences with fading to increase student compliance during transitions. *Journal of Applied Behavior Analysis, 32*, 339–351.

Ardoin, S. P., Williams, J. C., Klubnik, C., & McCall, M. (2009). Three versus six rereadings of practice passages. *Journal of Applied Behavior Analysis, 42*, 375–380.

Arhar, J., Holly, J., & Kasten, W. (2001). *Action research for teachers.* Upper Saddle River, NJ:

Merrill/Pearson Education.

Arndorfer, R., Miltenberger, R., Woster, S., Rortvedt, A., & Gaffaney, T. (1994). Home-based descriptive and experimental analysis of problem behaviors in children. *Topics in Early Childhood Special Education, 14*(1), 64–87.

Arntzen, E., Halstadtro, A. M., & Halstadtro, M. (2003). Training play behavior in a 5-year-old boy with developmental disabilities. *Journal of Applied Behavior Analysis, 36*, 367–370.

Atthowe, J. M. (1973). Token economies come of age. *Behavior Therapy, 4*, 646–654.

Austin, J., Hackett, S., Gravina, N., & Lebbon, A. (2006). The effects of prompting and feedback on drivers' stopping at stop signs. *Journal of Applied Behavior Analysis, 39*, 117–121.

Austin, J., & Soeda, J. (2008). Fixed-time teacher attention to decrease off-task behaviors of typically developing third graders. *Journal of Applied Behavior Analysis, 41*, 279–283.

Axelrod, S. (1987). Functional and structural analyses of behavior: Approaches leading to reduced use of punishment procedures? *Research in Developmental Disabilities, 8*, 165–178.

Axelrod, S. (1996). What's wrong with behavior analysis? *Journal of Behavioral Education, 6*, 247–256.

Axelrod, S., Moyer, L., & Berry, B. (1990). Why teachers do not use behavior modification procedures. *Journal of Educational and Psychological Consultation, 1*(4), 310–320.

Ayllon, T., & Azrin, N. (1968). The token economy: A motivational system for therapy and rehabilitation. New York: Appleton-Century-Crofts.

Ayllon, T., & Kelly, K. (1974). Reinstating verbal behavior in a functionally mute retardate. *Professional Psychology, 5*, 385–393.

Ayllon, T., Kuhlman, C., & Warzak, W. J. (1983). Programming resource room generalization using Lucky Charms. *Child and Behavior Therapy, 4*, 61–67.

Ayllon, T., Layman, D., & Kandel, H. J. (1975). A behavioral-educational alternative to drug control of hyperactive children. *Journal of Applied Behavior Analysis, 8,* 137-146.

Ayllon, T., & Milan, M. (1979). *Correctional rehabilitation and management: A psychological approach.* New York: Wiley.

Ayllon, T., & Roberts, M. D. (1974). Eliminating discipline problems by strengthening academic performance. *Journal of Applied Behavior Analysis, 7,* 71-76.

Ayllon, T. A. (1963). Intensive treatment of psychotic behavior by stimulus satiation and food reinforcement. *Behavior Research and Therapy, 1,* 53-61.

Ayllon, T. A. (1977). Personal communication.

Ayllon, T. A., & Michael, J. (1959). The psychiatric nurse as a behavior engineer. *Journal of the Experimental Analysis of Behavior, 2,* 323-334.

Azrin, N. H. (1960). Effects of punishment intensity during variable-interval reinforcement. *Journal of the Experimental Analysis of Behavior, 3,* 128-142.

Azrin, N. H., & Foxx, R. M. (1971). A rapid method of toilet training the institutionalized retarded. *Journal of Applied Behavior Analysis, 4,* 89-99.

Azrin, N. H., & Foxx, R. M. (2007). *Toilet training in less than a day.* New York: Pocket Books.

Azrin, N. H., Hake, D. G., Holz, W. C., & Hutchinson, R. R. (1965). Motivational aspects of escape from punishment. *Journal of the Experimental Analysis of Behavior, 8,* 31-44.

Azrin, N. H., & Holz, W. C. (1966). Punishment. In W. A. Honig (Ed.), *Operant behavior: Areas of research and application* (pp. 380-447). New York: Appleton-Century-Crofts.

Azrin, N. H., Holz, W. C., & Hake, D. F. (1963). Fixed-ratio punishment. *Journal of the Experimental Analysis of Behavior, 6,* 141-148.

Azrin, N. H., Hutchinson, R. R., & Hake, D. J. (1966). Extinction-induced aggression. *Journal of the Experimental Analysis of Behavior, 9,* 191-204.

Azrin, N. H., Sneed, T. J., & Foxx, R. M. (1973). Drybed: A rapid method of eliminating bedwetting (enuresis) of the retarded. *Behavior Research and Therapy, 11,* 427-434.

Azrin, N. H., & Wesolowski, M. D. (1974). Theft reversal: An overcorrection procedure for eliminating stealing by retarded persons. *Journal of Applied Behavior Analysis, 7,* 577-581.

Azrin, N. H., & Wesolowski, M. D. (1975). The use of positive practice to eliminate persistent floor sprawling by profoundly retarded persons. *Behavior Therapy, 6,* 627-631.

Baer, A. M., Rowbury, T., & Baer, D. M. (1973). The development of instructional control over classroom activities of deviant preschool children. *Journal of Applied Behavior Analysis, 6,* 289-298.

Baer, D. M. (1971). Behavior modification: You shouldn't. In E. A. Ramp & B. L. Hopkins (Eds.), *A new direction for education: Behavior analysis* (Vol. 1). Lawrence: University of Kansas Support and Development Center for Follow Through.

Baer, D. M. (1977). Just because it's reliable doesn't mean that you can use it. *Journal of Applied Behavior Analysis, 10,* 117-119.

Baer, D. M. (1999). *How to plan for generalization.* Austin, TX: Pro-Ed.

Baer, D. M., & Wolf, M. M. (1968). The reinforcement contingency in preschool and remedial education. In R. D. Hess & R. M. Bear (Eds.), *Early education: Current theory, research, and action.* Chicago: Aldine.

Baer, D. M., & Wolf, M. M. (1970). The entry into natural communities of reinforcement. In R. Ulrich, T. Stachnik & J. Mabry (Eds.), *Control of human behavior* (Vol. 2). Glenview, IL: Scott, Foresman.

Baer, D. M., Wolf, M. M., & Risley, T. R. (1968).

Some current dimensions of applied behavior analysis. *Journal of Applied Behavior Analysis, 1*, 91-97.

Baer, D. M., Wolf, M. M., & Risley, T. R. (1987). Some still-current dimensions of applied behavior analysis. *Journal of Applied Behavior Analysis, 20*, 313-327.

Bailey, D. B., Wolery, M., & Sugai, G. M. (1988). *Effective teaching: Principles and procedures of applied behavior analysis with exceptional children.* Boston: Allyn & Bacon.

Bailey, J. S., & Burch, M. R. (2005). *Ethics for behavior analysts.* Mahwah, NJ: Lawrence Erlbaum Associates.

Bailey, S., Pokrzywinski, J., & Bryant, L. (1983). Using water mist to reduce self-injurious and stereotypic behavior. *Applied Research in Mental Retardation, 4*, 229-241.

Baker, L., Hanley, G., & Mathews, R. (2006). Staff-administered functional analysis and treatment of aggression by an elder with dementia. *Journal of Applied Behavior Analysis, 39*, 469-474.

Baker, L. (1982). An evaluation of the role of metacognitive deficits in learning disabilities. *Topics in Learning and Learning Disabilities, 2*(1), 27-35.

Balsam, P. D., & Bondy, A. S. (1983). The negative side effects of reward. *Journal of Applied Behavior Analysis, 16*, 283-296.

Balson, P. M. (1973). Case study: Encopresis: A case with symptom substitution. *Behavior Therapy, 4*, 134-136.

Bandura, A. (1965). Influence of models' reinforcement contingencies on the acquisition of imitative response. *Journal of Personality and Social Psychology, 1*, 589-595.

Bandura, A. (1969). *Principles of behavior modification.* New York: Holt, Rinehart & Winston.

Bandura, A. (1975). The ethics and social purposes of behavior modification. In C. M. Franks & G. T. Wilson (Eds.), *Annual review of behavior*

therapy, theory & practice (Vol. 3, pp. 13-20). New York: Brunner/Mazel.

Bandura, A. (1977). *Social learning theory.* Upper Saddle River, NJ: Prentice-Hall.

Bannerman, D. J., Sheldon, J. B., Sherman, J. A., & Harchik, A. E. (1990). Balancing the right to habilitation with the right to personal liberties: The rights of people with developmental disabilities to eat too many doughnuts and take a nap. *Journal of Applied Behavior Analysis, 23*, 79-89.

Barbetta, P. (1990). GOALS: A group-oriented adapted levels systems for children with behavior disorders. *Academic Therapy, 25*, 645-656.

Barkley, R., Copeland, A., & Sivage, C. (1980). A self-control classroom for hyperactive children. *Journal of Autism and Developmental Disorders, 10*, 75-89.

Barlow, D., & Hayes, S. (1979). Alternating treatments design: One strategy for comparing the effects of two treatments in a single subject. *Journal of Applied Behavior Analysis, 12*, 199-210.

Barlow, D., & Hersen, M. (1984). *Single case experimental designs: Strategies for studying behavior change.* New York: Pergamon Press.

Baron, A., Kaufman, A., & Rakavskas, I. (1967). Ineffectiveness of "time-out" punishment in suppressing human operant behavior. *Psychonomic Science, 8*, 329-330.

Barrish, H. H., Saunders, M., & Wolf, M. M. (1969). Good behavior game: Effects of individual contingencies for group consequences on disruptive behavior in a classroom. *Journal of Applied Behavior Analysis, 2*, 119-124.

Barry, L., & Burlew, S. (2004). Using social stories to teach choice and play skills to children with autism. *Focus on Autism and Other Developmental Disabilities, 19*, 45-51.

Barry, L., & Messer, J. J. (2003). A practical application of self-management for students diagnosed with attention deficit/hyperactivity disorder. *Journal of Positive Behavioral Interventions, 5,* 238-248.

Barton, E. J., & Ascione, F. R. (1979). Sharing in preschool children: Facilitation, stimulus generalization, response generalization, and maintenance. *Journal of Applied Behavior Analysis, 12,* 417-430.

Barton, L., Brulle, A., & Repp, A. C. (1987). Effects of differential scheduling of time-out to reduce maladaptive responding. *Exceptional Children, 53,* 351-356.

Barton-Arwood, S., Wehby, J., Gunter, P., & Lane, K. (2003). Functional behavior assessment rating scales: Intrarater reliability with students with emotional or behavioral disorders. *Behavioral Disorders, 28,* 386-400.

Bassarath, L. (2001). Conduct disorder: A biophysical review. *Canadian Journal of Psychiatry, 46*(7), 609-617.

Bateman, B., & Linden, M. A. (1990). *Better IEPs* (3rd ed.). Longmont, Co: Sopris West.

Bauer, A., Shea, T., & Keppler, R. (1986). Levels systems: A framework for the individualization of behavior management. *Behavioral Disorders, 12,* 28-35.

Bayley, N. (2005). *Bayley Scales of Infant and Toddler Development* (3rd ed.). Upper Saddle River, NJ: Pearson.

Beare, P., Severson, S., & Brandt, P. (2004). The use of a positive procedure to increase engagement on task and decrease challenging behavior. *Behavior Modification, 28,* 28-44.

Becker, J., Turner, S., & Sajwaj, T. (1978). Multiple behavioral effects of the use of lemon juice with a ruminating toddler-age child. *Behavior Modification, 2,* 267-278.

Becker, W. C., & Engelmann, S. E. (1978). Systems for basic instruction: Theory and applications. In A. Catania & T. Brigham (Eds.), *Handbook of applied behavior analysis: Social and instructional processes* (pp. 57-92). Chicago: Science Research Associates.

Becker, W. C., Engelmann, S., & Thomas, D. R. (1975a). *Teaching 1: Classroom management.* Chicago: Science Research Associates.

Becker, W. C., Engelmann, S., & Thomas, D. R. (1975b). *Teaching 2: Cognitive learning and instruction.* Chicago: Science Research Associates.

Begeny, J. C., Laugle, K. M., Krouse, H. E., Lynn, A. E., Tayrose, M. P., & Stage, S. A. (2010). A control-group comparison of two reading fluency programs: The Helping Early Literacy with Practice Strategies (HELPS) program and the Great Leaps K-2 reading program. *School Psychology Review, 39,* 137-155.

Bekker, M. J., Cumming, T. D., Osborne, N. K. P., Bruining, A. M., McClean, J. M., & Leland, L. S., Jr. (2010). Encouraging electricity savings in a university residential hall through a combination of feedback, visual prompts, and incentives. *Journal of Applied Behavior Analysis, 43,* 327-331.

Bellini, S., & Akullian, J. (2007). A meta-analysis of video modeling and video self-modeling interventions for children and adolescents with autism spectrum disorders. *Exceptional Children, 73,* 264-287.

Benabou, R., & Tirole, J. (2003). Intrinsic and extrinsic motivation. *Review of Economic Studies, 70,* 489-520.

Bennett, K., & Cavanaugh, R. A. (1998). Effects of immediate self-correction, delayed self-correction, and no correction on the acquisition and maintenance of multiplication facts by a fourth-grade student with learning disabilities. *Journal of Applied Behavior Analysis, 31,* 303-306.

Benoit, R. B., & Mayer, G. R. (1974). Extinction: Guidelines for its selection and use. *The Personnel and Guidance Journal, 52,* 290-295.

Berg, W. K., & Wacker, D. P. (1989). Evaluation of tactile prompts with a student who is deaf, blind, and mentally retarded. *Journal of Applied Behavior Analysis, 22,* 93-99.

Berry, H. K. (1969). Phenylketonuria: Diagnosis, treatment and long-term management. In G. Farrell (Ed.), *Congenital mental retardation*. Austin: University of Texas Press.

Bettenhausen, S. (1998). Make proactive modifications to your classroom. *Intervention in School and Clinic, 33*, 182-183.

Bicard, D. F., Horan, J., Plank, E., & Covington, T. (2009). May I take a message? Using general case programming to teach students with disabilities to take and give phone messages. *Preventing School Failure, 54*, 179-189.

Bierman, K., Miller, C., & Stabb, S. (1987). Improving the social behavior and peer acceptance of rejected boys: Effects of social skill training with instruction and prohibitions. *Journal of Consulting and Clinical Psychology, 55*, 194-200.

Bijou, S., Peterson, R., Harris, F., Allen, K., & Johnston, M. (1969). Methodology for experimental studies of young children in natural settings. *Psychological Record, 19*, 177-210.

Bijou, S. W., Peterson, R. F., & Ault, M. H. (1968). A method to integrate descriptive and experimental field studies at the level of data and empirical concepts. *Journal of Applied Behavior Analysis, 1*, 175-191.

Billingsley, F. F. (1987). Where are the generalized outcomes? (An examination of instructional objectives). *Journal of the Association for Persons with Severe Handicaps, 11*, 176-181.

Billingsley, F. F., & Romer, L. T. (1983). Response prompting and the transfer of stimulus control: Methods, research, and a conceptual framework. *Journal of the Association for Persons with Severe Handicaps, 8*, 3-12.

Birkan, B. (2005). Using simultaneous prompting for teaching various discrete tasks to students with mental retardation. *Education and Training in Developmental Disabilities, 40*, 68-79.

Birnbrauer, J. S., Bijou, S. W., Wolf, M. M., & Kidder, J. D. (1965). Programmed instruction in the classroom. In L. P. Ullmann & L. Krasner (Eds.), *Case studies in behavior modification*. New York: Holt, Rinehart & Winston.

Blood, E. (2010). Effects of student response systems on participation and learning of students with emotional and behavioral disorders. *Behavioral Disorders, 35*, 214-228.

Bloom, B. S. (Ed.). (1956). *Taxonomy of educational objectives handbook I: Cognitive domain*. New York: David McKay.

Bollman, J. R., & Davis, P. K. (2009). Teaching women with intellectual disabilities to identify and report inappropriate staff-to-resident interactions. *Journal of Applied Behavior Analysis, 42*, 813-817.

Borkowski, J. G. (1992). Metacognitive theory: A framework for teaching literacy, writing, and math skills. *Journal of Learning Disabilities, 25*(4), 253-257.

Bornstein, P. H. (1985). Self-instructional training: A commentary and state-of-the-art. *Journal of Applied Behavior Analysis, 18*, 69-72.

Bornstein, P. H., & Quevillon, R. P. (1976). The effects of a self-instructional package on overactive preschool boys. *Journal of Applied Behavior Analysis, 9*, 179-188.

Bourbeau, P. E., Sowers, J., & Close, D. E. (1986). An experimental analysis of generalization of banking skills from classroom to bank settings in the community. *Education and Training of the Mentally Retarded, 21*, 98-107.

Boyle, J., & Hughes, C. (1994). Effects of self-monitoring and subsequent fading of external prompts on the on-task behavior and task productivity of elementary students with moderate mental retardation. *Journal of Behavioral Education, 4*, 439-457.

Bradford, S., Shippen, M. E., Alberto, P., Houchins, D. E., & Flores, M. (2006). Using systematic instruction to teach decoding skills to middle school students with moderate intellectual disabilities. *Education and Training in Developmental Disabilities, 41*, 333-343.

Bradley, R., Danielson, L., & Doolittle, J. (2007). Responsiveness to intervention: 1997 to 2007. *Teaching Exceptional Children, 19,* 8-12.

Bradley-Johnson, S., Johnson, C., & Sunderman, P. (1983). Comparison of delayed prompting and fading for teaching preschoolers easily confused letters and numbers. *Journal of School Psychology, 21,* 327-335.

Bradshaw, C., Mitchell, M., & Leaf, P. (2010). Examining the effects of schoolwide positive behavioral interventions and supports on student outcomes: Results from a randomized controlled effectiveness trial in elementary schools. *Journal of Positive Behavior Interventions, 12,* 133-148.

Brigance, A. (1999). *Brigance diagnostic inventory of basic skills* (Revised). Billerica, MA: Curriculum Associates.

Briggs, A., Alberto, P. A., Berlin, K., McKinley, C., Sharpton, W. R., & Ritts, C. (1990). Generalized use of a self-operated audio prompt system. *Education and Training in Mental Retardation, 25,* 381-389.

Britton, L., Carr, J., Kellum, K., Dozier, C., & Weil, T. (2000). A variation of noncontingent reinforcement in the treatment of aberrant behavior. *Research in Developmental Disabilities, 21,* 425-435.

Brobst, B., & Ward, P. (2002). Effects of public posting, goal setting, and oral feedback on the skills of female soccer players. *Journal of Applied Behavior Analysis, 35,* 247-257.

Brooks, A., Todd, A., Tofflemoyer, S., & Horner, R. (2003). Use of functional assessment and a self-management system to increase academic engagement and work completion. *Journal of Positive Behavior Interventions, 5,* 144-152.

Brooks, J. G. (1990). Teachers and students: Constructivists forging new connections. *Educational Leadership, 47*(5), 68-71.

Broussard, C., & Northrup, J. (1995). An approach to functional assessment and analysis of disruptive behavior in regular education classrooms. *School Psychology Quarterly, 10,* 151-164.

Broussard, C., & Northrup, J. (1997). The use of functional analysis to develop peer interventions for disruptive classroom behavior. *School Psychology Quarterly, 12,* 65-76.

Browder, D. M., & Shapiro, E. S. (1985). Applications of self-management to individuals with severe handicaps: A review. *Journal of the Association for Persons with Severe Handicaps, 10,* 200-208.

Brown, K., Wacker, D., Derby, K. M., Peck, S., Richman, D., Sasso, G., et al. (2000). Evaluating the effects of functional communication training in the presence and absence of establishing operations. *Journal of Applied Behavior Analysis, 33,* 53-71.

Browning, E. R. (1983). A memory pacer for improving stimulus generalization. *Journal of Autism and Developmental Disorders, 13,* 427-432.

Bruner, J. S. (1960). *The process of education.* Cambridge, MA: Harvard University Press.

Bryan, L., & Gast, D. (2000). Teaching on-task and on-schedule behaviors to high-functioning children with autism via picture activity schedules. *Journal of Autism and Developmental Disorders, 30*(6), 553-564.

Bryan, T., & Bryan, J. (1978). *Understanding learning disabilities.* Sherman Oaks, CA: Alfred.

Bryant, L. E., & Budd, K. S. (1982). Self-instructional training to increase independent work performance in preschoolers. *Journal of Applied Behavior Analysis, 15,* 259-271.

Buchard, J. D., & Harig, P. T. (1976). Behavior modification and juvenile delinquency. In H. Leitenberg (Ed.), *Handbook of behavior modification and behavior therapy.* Upper Saddle River, NJ: Prentice Hall.

Buggey, T. (1999). Look! I'm on TV: Using videotaped self-modeling to change behavior. *Teaching Exceptional Children, 31,* 27-30.

Buggey, T. (2005a). Applications of video self-modeling with children with autism in a small private school. *Focus on Autism and Other Developmental Disabilities, 20*, 180–204.

Buggey, T. (2005b). Video self-modeling applications with students with autism spectrum disorder in a small private school setting. *Focus on Autism and Other Developmental Disabilities, 20*, 52–63.

Burchard, J. D., & Barrera, F. (1972). An analysis of time-out and response cost in a programmed environment. *Journal of Applied Behavior Analysis, 5*, 271–282.

Burgio, L. D., Whitman, T. L., & Johnson, M. R. (1980). A self-instructional package for increasing attending behavior in educable mentally retarded children. *Journal of Applied Behavior Analysis, 13*, 443–459.

Burke, J. D., Loeber, R., & Birmaher, B. (2002). Oppositional defiant disorder and conduct disorder: A review of the past 10 years, part II. *Journal of the American Academy of Child and Adolescent Psychiatry, 41*(11), 1275–1293.

Byrne, G. (1989). We have met the enemy and it is us! *Science, 243*, 32.

Cade, T., & Gunter, P. (2002). Teaching students with severe emotional or behavioral disorders to use a musical mnemonic technique to solve basic division calculations. *Behavioral Disorders, 27*, 208–214.

Call, N. A., Wacker, D. P., Ringdahl, J. E., & Boelter, E. W. (2005). Combined antecedent variables as motivating operations within functional analyses. *Journal of Applied Behavior Analysis, 38*, 385–389.

Callahan, K., & Rademacher, J. (1999). Using self-management strategies to increase the on-task behavior of a student with autism. *Journal of Positive Behavior Interventions, 1*(2), 117–122.

Callicott, K. J., & Park, H. (2003). Effects of self-talk on academic engagement and academic responding. *Behavioral Disorders, 29*, 48–64.

Cameron, J., Banko, K. M., & Pierce, W. D. (2001). Pervasive negative effects of rewards on intrinsic motivation: The myth continues. *The Behavior Analyst, 24*, 1–44.

Cameron, J., & Pierce, W. D. (1994). Reinforcement, reward, and intrinsic motivation: A meta-analysis. *Review of Educational Research, 64*, 363–423.

Cammilleri, A., & Hanley, G. (2005). Use of a lag differential reinforcement contingency to increase varied selections of classroom activities. *Journal of Applied Behavior Analysis, 38*, 111–115.

Campbell, C. R., & Stremel-Campbell, K. (1982). Programming "loose training" as a strategy to facilitate language generalization. *Journal of Applied Behavior Analysis, 15*, 295–305.

Cannella-Malone, H., O'Reilly, M., da la Cruz, B., Edrisinha, C., Sigafoos, J., & Lancioni, G. E. (2006). *Education and Training in Developmental Disabilities, 41*, 344–356.

Cannon, J., Easterbrooks, S., & Fredrick, L. (2010). Vocabulary acquisition through books in ASL. *Communication Disorders Quarterly, 31*, 96–112.

Capshew, J. H. (1993, Fall). Engineering behavior: Project Pigeon, World War II, and the conditioning of B. F. Skinner. *Technology & Culture*, 835–857.

Carey, R., & Bucher, B. (1983). Positive practice overcorrection: The effects of duration of positive practice on acquisition and response duration. *Journal of Applied Behavior Analysis, 16*, 101–109.

Carpenter, L. B. (2001). Utilizing travel cards to increase productive student behavior, teacher collaboration, and parent-school communication. *Education and Training in Mental Retardation and Developmental Disabilities, 36*, 318–322.

Carpenter, S., & McKee-Higgins, E. (1996). Behavior management in inclusive classrooms. *Remedial and Special Education, 17*, 196–203.

Carr, E., & Durand, M. (1985). Reducing behavior

problems through functional communication training. *Journal of Applied Behavior Analysis, 18,* 111-126.

Carr, E., & Newsom, C. (1985). Demand-related tantrums: Conceptualization and treatment. *Behavior Modification, 9,* 403-426.

Carr, E., Robinson, S., & Palumbo, L. (1990). The wrong issue: Aversive versus nonaversive treatment. The right issue: Functional versus nonfunctional treatment. In A. Repp & N. Singh (Eds.), *Perspectives on the use of nonaversive and aversive interventions for persons with developmental disabilities* (361-379). Sycamore, IL: Sycamore Publishing.

Carr, E. G. (1977). The motivation of self-injurious behavior. A review of some hypotheses. *Psychological Bulletin, 84,* 800-816.

Carr, E. G. (1996). The transfiguration of behavior analysis: Strategies for survival. *Journal of Behavioral Education, 6,* 263-270.

Carr, E. G., Binkoff, J. A., Kologinsky, E., & Eddy, M. (1978). Acquisition of sign language by autistic children. I: Expressive labeling. *Journal of Applied Behavior Analysis, 11,* 489-501.

Carr, E. G., Dunlap, G., Horner, R. H., Koegel, R. L., Turnbull, A. P., Sailor, W., et al. (2002). Positive behavior support: Evolution of an applied science. *Journal of Positive Behavior Intervention, 4,* 4-16.

Carr, E. G., Horner, R. H., Turnbull, A. P., Marquis, J. G., McLaughlin, D. M., McAtee, M. L., et al. (1999). *Positive behavior support as an approach for dealing with problem behavior in people with developmental disabilities: A research synthesis.* Washington, DC: AAMR.

Carr, E. G., & Kologinsky, E. (1983). Acquisition of sign language by autistic children: II. Spontaneity and generalization effects. *Journal of Applied Behavior Analysis, 16,* 297-314.

Carr, E. G., Smith, C. E., Giacin, T. A., Whelan, B. M., & Pancari, J. (2003). Menstrual discomfort as a biological setting event for severe problem behavior: Assessment and intervention. *American Journal on Mental Retardation, 108,* 117-133.

Carr, J., & Britton, L. (1999). Idiosyncratic effects on noncontingent reinforcement on problematic speech. *Behavioral Interventions, 14,* 37-43.

Carr, J., & Burkholder, E. (1998). Creating single-subject design graphs with Microsoft Excel. *Journal of Applied Behavior Analysis, 31,* 245-251.

Carr, J., Coriaty, S., Wilder, D., Gaunt, B., Dozier, C., Britton, L., et al. (2000). A review of "noncontingent" reinforcement as treatment for the aberrant behavior of individuals with developmental disabilities. *Research in Developmental Disabilities, 21,* 377-391.

Carr, J., Dozier, C., Patel, M., Adams, A., & Martin, N. (2002). Treatment of automatically reinforced object mouthing with noncontingent reinforcement and response blocking: Experimental analysis and social validation. *Research in Developmental Disabilities, 23,* 37-44.

Carr, J., Nicolson, A., & Higbee, T. (2000). Evaluation of a brief multiple-stimulus preference assessment in a naturalistic context. *Journal of Applied Behavior Analysis, 33,* 353-357.

Carr, J., Severtson, J., & Lepper, T. (2009). Noncontingent reinforcement is an empirically supported treatment for problem behavior exhibited by individuals with developmental disabilities. *Research in Developmental Disabilities, 30,* 44-57.

Carter, M., & Kemp, C. R. (1996). Strategies for task analysis in special education. *Educational Psychology, 16,* 155-171.

Carter, S., & Wheeler, J. (2007). Functional analysis and reduction of inappropriate spitting. *Education and Training in Developmental Disabilities, 42,* 59-64.

Case, L. P., Harris, K. R., & Graham, S. (1992). Improving the mathematical problem-solving skills of students with learning disabilities. *Journal of Special Education, 26*(1), 1-19.

Casey, S., & Merical, C. (2006). The use of functional communication training without additional treatment procedures in an inclusive school setting. *Behavioral Disorders, 32,* 46-54.

Cashwell, T., Skinner, C., & Smith, E. (2001). Increasing second-grade students' reports of peers' prosocial behaviors via direct instruction, group reinforcement, and progress feedback: A replication and extension. *Education and Treatment of Children, 24,* 161-175.

Cassel, J., & Reid, R. (1996). Use of a self-regulated strategy intervention to improve word problem-solving skills of students with mild disabilities. *Journal of Behavioral Education, 6,* 153-172.

Castles, A., Adams, E. K., Melvin, C. L., Kelsch, C., & Boulton, M. L. (1999). Effects of smoking during pregnancy: Five meta-analyses. *American Journal of Preventive Medicine, 16,* 208-215.

Cavalier, A., Ferretti, R., & Hodges, A. (1997). Self-management within a classroom token economy for students with learning disabilities. *Research in Developmental Disabilities, 18*(3), 167-178.

Cavanaugh, R., Heward, W., & Donelson, F. (1996). Effects of response cards during lesson closure on the academic performance of secondary students in an earth science course. *Journal of Applied Behavior Analysis, 29,* 403-406.

Chadwick, B. A., & Day, R. C. (1971). Systematic reinforcement: Academic performance of underachieving students. *Journal of Applied Behavior Analysis, 4,* 311-319.

Chance, P. (1992, November). The rewards of learning. *Phi Delta Kappan,* 200-207.

Charlop-Christy, M., & Haymes, L. (1998). Using objects of obsession as token reinforcers for children with autism. *Journal of Autism and Developmental Disorders, 28*(3), 189-198.

Chasnoff, I. J., Wells, A. M., Telford, E., Schmidt, C., & Messer, G. (2010). Neurodevelopmental functioning in children with FAS, pFAS, and ARND. *Journal of Developmental and Behavioral Pediatrics, 31,* 192-201.

Cheney, T., & Stein, N. (1974). Fading procedures and oddity learning in kindergarten children. *Journal of Experimental Child Psychology, 17,* 313-321.

Chess, S., & Thomas, A. (1984). *Origins and evolution of behavior disorders.* Cambridge, MA: Harvard University Press.

Chin, H., & Bernard-Opitz, V. (2000). Teaching conversational skills to children with autism. *Journal of Autism and Developmental Disorders, 30*(6), 569-582.

Cicero, F., & Pfadt, A. (2002). Investigation of a reinforcement-based toilet training procedure for children with autism. *Research in Developmental Disabilities, 23,* 319-331.

Cihak, D. F., Alberto, P. A., Kessler, K. B., & Taber, T. A. (2004). An investigation of instructional scheduling arrangements for community-based instruction. *Research in Developmental Disabilities, 25,* 67-88.

Cihak, D., & Alaimo, D. (2003). *Using personal digital assistants (PDA) for collecting observational data in the classroom.* (Bureau for Students with Multiple and Severe Disabilities Monograph.) Atlanta: Georgia State University, Department of Educational Psychology and Special Education.

Cihak, D., Alberto, P., & Fredrick, L. (2007). Use of brief functional analysis and intervention evaluation in public settings. *Journal of Positive Behavior Interventions, 9,* 80-93.

Cihak, D., Alberto, P. A., Taber-Doughty, T., & Gama, R. I. (2006). A comparison of static picture prompting and video prompting simulation strategies using group instructional procedures. *Focus on Autism and Other Developmental Disabilities, 21,* 89-99.

Cihak, D., Fahrenkrog, C., Ayers, K. A., & Smith, C. (2010). The use of video modeling via a video iPod and a system of least prompts to improve transitional behaviors for students with autism spectrum disorders in the general education classroom. *Journal of Positive Behavior Interventions, 12*(2), 103–115.

Cihak, D., & Foust, J. (2008). Comparing number lines and touch points to teach addition facts to students with autism. *Focus on Autism and Other Developmental Disabilities, 23*, 131–137.

Cihak, D. F., Kessler, K. B., & Alberto, P. A. (2007). Generalized use of a handheld prompting system. *Research in Developmental Disabilities, 28*, 397–408.

Cipani, E. (1995). Be aware of negative reinforcement. *Teaching Exceptional Children, 27*(4), 36–40.

Clayton, M., Helms, B., & Simpson, C. (2006). Active prompting to decrease cell phone use and increase seat belt use while driving. *Journal of Applied Behavior Analysis, 39*, 341–349.

Clayton, M. C., & Hayes, L. J. (1999). Conceptual differences in the analysis of stimulus equivalence. *Psychological Record, 49*, 145–161.

Clayton, M. C., & Helms, B. P. (2009). Increasing seat belt use on a college campus: An evaluation of two prompting procedures. *Journal of Applied Behavior Analysis, 42*, 161–164.

Cohen-Almeida, D., Graff, R., & Ahearn, W. (2000). A comparison of verbal and tangible stimulus preference assessments. *Journal of Applied Behavior Analysis, 33*, 329–334.

Cole v. Greenfield-Central Community Schools, 667 F. Supp. 56 (S.D.Ind. 1986).

Cole, G., Montgomery, R., Wilson, K., & Milan, M. (2000). Parametric analysis of overcorrection duration effects. *Behavior Modification, 24*, 359–378.

Coleman, C., & Holmes, P. (1998). The use of noncontingent escape to reduce disruptive behaviors in children with speech delays. *Journal of Applied Behavior Analysis, 31*, 687–690.

Coleman-Martin, M., & Heller, K. (2004). Using a modified constant prompt-delay procedure to teach spelling to students with physical disabilities. *Journal of Applied Behavior Analysis, 37*, 469–480.

Coleman-Martin, M., Heller, K., Cihak, D., & Irvine, K. (2005). Using computer-assisted instruction and the nonverbal reading approach to teach word identification. *Focus on Autism and Other Developmental Disabilities, 20*, 80–90.

Collins, B., & Griffen, A. (1996). Teaching students with moderate disabilities to make safe response to product warning labels. *Education and Treatment of Children, 19*(1), 30–45.

Collins, S., Higbee, T. S., & Salzberg, C. L. (2009). The effects of video modeling on staff implementation of a problem-solving intervention with adults with developmental disabilities. *Journal of Applied Behavior Analysis, 42*, 849–854.

Conley, O., & Wolery, M. (1980). Treatment by overcorrection of self-injurious eye gouging in preschool blind children. *Journal of Behavior Therapy and Experimental Psychiatry, 11*, 121–125.

Connell, J., & Witt, J. (2004). Applications of computer-based instruction: Using specialized software to aid letter-name and letter-sound recognition. *Journal of Applied Behavior Analysis, 37*, 67–71.

Connolly, A. (1998). *Key Math Diagnostic Arithmetic Test* (Revised). Circle Pines, MN: American Guidance Service.

Conroy, M., Asmus, J., Ladwig, C., Sellers, J., & Valcante, G. (2004). The effects of proximity on the classroom behaviors of students with autism in general education settings. *Behavioral Disorders, 29*, 119–129.

Conroy, M., Asmus, J., Sellers, J., & Ladwig, C. (2005). The use of an antecedent-based intervention to decrease stereotypic behavior in a general education classroom. *Focus on Autism and Other Developmental Disabilities, 20*, 223–230.

Conroy, M., Fox, J., Bucklin, A., & Good, W. (1996). An analysis of the reliability and stability of the Motivation Assessment Scale in assessing the challenging behaviors of persons with developmental disabilities. *Education and Training in Mental Retardation and Developmental Disabilities, 31*, 243-250.

Contrucci-Kuhn, S. A., Kuhn, D. E., Lerman, D. C., Vorndran, C. M., & Addison, L. (2006). Analysis of factors that affect responding in a two-response chain in children with developmental disabilities. *Journal of Applied Behavior Analysis, 39*, 263-280.

Conyers, C., Miltenberger, R., Maki, A., Barenz, R., Jurgens, M., Sailer, A., Haugen, M., & Kopp, B. (2004). A comparison of response cost and differential reinforcement of other behavior to reduce disruptive behavior in a preschool classroom. *Journal of Applied Behavior Analysis, 37*, 411-415.

Cooper, J. (1981). *Measuring behavior* (2nd ed.). Columbus, OH: Merrill.

Cooper, J., Heron, T., & Heward, W. (2007). *Applied behavior analysis* (2nd ed.). Upper Saddle River, NJ: Merrill/Pearson Education.

Cooper, L., Wacker, D., Thursby, D., Plagmann, L., Harding, J., Millard, T., et al. (1992). Analysis of the effects of task preferences, task demands, and adult attention on child behavior in outpatient and classroom settings. *Journal of Applied Behavior Analysis, 25*, 823-840.

Copeland, S. R., & Hughes, C. (2000). Acquisition of a picture prompt strategy to increase independent performance. *Education and Training in Mental Retardation and Developmental Disabilities, 35*, 294-305.

Corte, H. E., Wolf, M. M., & Locke, B. J. (1971). A comparison of procedures for eliminating self-injurious behavior of retarded adolescents. *Journal of Applied Behavior Analysis, 4*, 201-213.

Costenbader, V., & Reading-Brown, M. (1995). Isolation timeout used with students with emotional disturbance. *Exceptional Children, 61*(4), 353-363.

Cote, C., Thompson, R., Hanley, G., & McKerchar, P. (2007). Teacher report and direct assessment of preference for identifying reinforcers for young children. *Journal of Applied Behavior Analysis, 40*, 157-166.

Cote, C., Thompson, R., & McKerchar, P. (2005). The effects of antecedent interventions and extinction on toddlers' compliance during transitions. *Journal of Applied Behavior Analysis, 38*, 235-238.

Council for Children with Behavioral Disorders. (2009). CCBD's position summary on the use of seclusion in school settings. *Behavioral Disorders, 34*, 235-247.

Council for Exceptional Children. (2005). CEC code of ethics for educators of persons with exceptionalities. Retrieved May 1, 2007, from http://www.cec.sped.org/Content/NavigationMenu/ProfessionalDevelopment/ProfessionalStandards/CEC.

Council for Exceptional Children. (2010). CEC ethical principles for special education professionals. Retrieved from http://www.cec.sped.org/Content/NavigationMenu/ProfessionalDevelopment/ProfessionalStandards/EthicsPracticeStandards/default.htm.

Cowdery, G., Iwata, B., & Pace, G. (1990). Effects and side effects of DRO as treatment of self-injurious behavior. *Journal of Applied Behavior Analysis, 23*, 497-506.

Cox, A., Gast, D., Luscre, D., & Ayres, K. (2009). The effects of weighted vests on appropriate in-seat behaviors of elementary-age students with autism and severe to profound intellectual disabilities. *Focus on Autism and other developmental disabilities, 24*, 17-26.

Cox, C. D., Cox, B. S., & Cox, D. J. (2005). Long-term benefits of prompts to use safety belts among drivers exiting senior communities. *Journal of Applied Behavior Analysis, 38*, 533-536.

Craft, M. A., Alber, S. R., & Heward, W. L. (1998). Teaching elementary students with developmental disabilities to recruit teacher attention in a general education classroom: Effects on teacher praise and academic productivity. *Journal of Applied Behavior Analysis, 31,* 399–415.

Craighead, W. E., Kazdin, A. E., & Mahoney, M. J. (1976). *Behavior modification: Principles, issues, and application.* Boston: Houghton Mifflin.

Crawford, J., Brockel, B., Schauss, S., & Miltenberger, R. (1992). A comparison of methods for the functional assessment of stereotypic behavior. *Journal of the Association for Persons with Severe Handicaps, 17,* 77–86.

Crawley, S. H., Lynch, P., & Vannest, K. (2006). The use of self-monitoring to reduce off-task behavior and cross-correlation examination of weekends and absences as an antecedent to off-task behavior. *Child & Family Behavior Therapy, 28,* 29–48.

Cronin, K. A., & Cuvo, A. J. (1979). Teaching mending skills to mentally retarded adolescents. *Journal of Applied Behavior Analysis, 12,* 401–406.

Crossman, E. (1975). Communication. *Journal of Applied Behavior Analysis, 8,* 348.

Crozier, S., & Tincani, M. (2005). Using a modified social story to decrease disruptive behavior of a child with autism. *Focus on Autism and Other Developmental Disabilities, 20,* 150–157.

Cruz, L., & Cullinan, D. (2001). Awarding points, using levels to help children improve behavior. *Teaching Exceptional Children, 33,* 16–23.

Cummings, C. (2000). *Winning strategies for classroom management.* Alexandria, VA: Association for Supervision and Curriculum Development.

Cummings, K., Atkins, T., Allison, R., & Cole, C. (2008). Response to intervention: Investigating the new role of special educators. *Teaching Exceptional Children, 40,* 24–31.

Cunningham, E., & O'Neill, R. (2000). Comparison of results of functional assessment and analysis methods with young children with autism. *Education and Training in Mental Retardation and Developmental Disabilities, 35,* 406–414.

Dadson, S., & Horner, R. H. (1993). Manipulating setting events to decrease problem behaviors. *Teaching Exceptional Children, 24,* 53–55.

Dahlquist, L., & Gil, K. (1986). Using parents to maintain improved dental flossing skills in children. *Journal of Applied Behavior Analysis, 19,* 255–260.

Dalton, T., Martella, R., & Marchand-Martella, N. (1999). The effects of a self-management program in reducing off-task behavior. *Journal of Behavioral Education, 9,* 157–176.

Daly, E. J., III, Wells, N. J., Swanger-Gagne, M. S., Carr, J. E., Kunz, G. M., & Taylor, A. M. (2009). Evaluation of the multiple-stimulus without replacement preference assessment method using activities as stimuli. *Journal of Applied Behavior Analysis, 42,* 563–574.

Daly, M., Jacob, S., King, D., & Cheramie, G. (1984). The accuracy of teacher predictions of student reward preferences. *Psychology in the Schools, 21,* 520–524.

Davies, D. K., Stock, S. E., & Wehmeyer, M. L. (2004). A palmtop computer-based intelligent aid for individuals with disabilities to increase independent decision making. *Research & Practice for Persons with Severe Disabilities, 28,* 182–193.

Davis, C. A., Brady, M. P., Williams, R. E., & Burta, M. (1992). The effects of self-operated auditory prompting tapes on the performance fluency of persons with severe mental retardation. *Education and Training in Mental Retardation, 27,* 39–49.

Davis, K., Boon, R., Cihak, D., & Fore, C. (2010). *Focus on Autism and Other Developmental Disabilities, 25,* 12–22.

Davison, G. C., & Stuart, R. B. (1975). Behavior therapy and civil liberties. *American Psychologist, 30*(7), 755–763.

De Lahunt, J., & Curran, J. P. (1976). Effectiveness of negative practice and self-control techniques in the reduction of smoking behavior. *Journal of Consulting and Clinical Psychology, 44,* 1002–1007.

DeCatanzaro, D., & Baldwin, G. (1978). Effective treatment of self-injurious behavior through a forced arm exercise. *Journal of Applied Behavior Analysis, 11,* 433–439.

Dehaven, E. D., Corley, M. J., Hofeling, D. V., & Garcia, E. (1982). Developing generative vocational behaviors in a business setting. *Analysis and Intervention in Developmental Disabilities, 2,* 345–356.

Deitz, D. E. D., & Repp, A. C. (1983). Reducing behavior through reinforcement. *Exceptional Education Quarterly, 3,* 34–46.

Deitz, S. M., & Repp, A. C. (1973). Decreasing classroom misbehavior through the use of DRL schedules of reinforcement. *Journal of Applied Behavior Analysis, 6,* 457–463.

Deitz, S. M., & Repp, A. C. (1974). Differentially reinforcing low rates of misbehavior with normal elementary school children. *Journal of Applied Behavior Analysis, 7,* 622.

Delbert, A. N., & Harmon, A. S. (1972). *New tools for changing behavior.* Champaign, IL: Research Press.

DeLeon, I., & Iwata, B. (1996). Evaluation of a multiple-stimulus presentation format for assessing reinforcer preferences. *Journal of Applied Behavior Analysis, 29,* 519–533.

DeLeon, I. G., Iwata, B. A., Conners, J., & Wallace, M. D. (1999). Examination of ambiguous stimulus preferences with duration-based measures. *Journal of Applied Behavior Analysis, 32,* 111–114.

DeLeon, I., Fisher, W., Herman, K., & Crosland, K. (2000). Assessment of a response bias for aggression over functionally equivalent appropriate behavior. *Journal of Applied Behavior Analysis, 33,* 73–77.

Denny, M. (1980). Reducing self-stimulatory behavior of mentally retarded persons by alternative positive practice. *American Journal of Mental Deficiency, 84,* 610–615.

Denny, P., & Test, D. (1995). Using the one-more-than technique to teach money counting to individuals with moderated mental retardation: A systematic replication. *Education and Treatment of Children, 18*(4), 422–432.

Deno, S., & Jenkins, J. (1967). *Evaluating pre-planned curriculum objectives.* Philadelphia: Research for Better Schools.

Derby, K. M., Wacker, D., Sasso, G., Steege, M., Northup, J., Cigrand, K., et al. (1992). Brief functional assessment techniques to evaluate aberrant behavior in an outpatient setting: A summary of 79 cases. *Journal of Applied Behavior Analysis, 25,* 713–721.

Desrochers, M., Hile, M., & Williams-Mosely, T. (1997). Survey of functional assessment procedures used with individuals who display mental retardation and severe problem behaviors. *American Journal on Mental Retardation, 101,* 535–546.

Devany, J. M., Hayes, S. C., & Nelson, R. O. (1986). Equivalence class formation in language-able and language-disabled children. *Journal of the Experimental Analysis of Behavior, 46,* 243–257.

Dewey, J. (1939). *Experience and education.* New York: Macmillan.

Dickens v. Johnson Country Board of Education, 661 F. Supp. 155 (E. D. Tenn. 1987).

Dixon, M., Jackson, J., Small, St., Horner-King, M., Lik, N., Garcia, Y., & Rosales, R. (2009). Creating single-subject design graphs in Microsoft Excel. *Journal of Applied Behavior Analysis, 42,* 277–293.

Dixon, M. R., Hayes, L. J., Binder, L. M., Manthey, S., Sigman, C., & Zdanowski, D. M. (1998). Using a self-control training procedure to increase appropriate behavior. *Journal of Applied Behavior Analysis, 31,* 203–210.

Doke, L., & Epstein, L. (1975). Oral overcorrection: Side effects and extended applications. *Journal of Experimental Child Psychology, 20,* 496–

511.

Dollard, N., Christensen, L., Colucci, K., & Epanchin, B. (1996). Constructive classroom management. *Focus on Exceptional Children, 29*(2), 1-12.

Donnelly, D., & Olczak, P. (1990). The effect of differential reinforcement of incompatible behaviors (DRI) on pica for cigarettes in persons with intellectual disability. *Behavior Modification, 14*, 81-96.

Dorsey, M. F., Iwata, B. A., Ong, P., & McSween, T. E. (1980). Treatment of self-injurious behavior using a water mist: Initial response suppression and generalization. *Journal of Applied Behavior Analysis, 13*, 343-353.

Dougherty, S., Fowler, S., & Paine, S. (1985). The use of peer monitors to reduce negative interaction during recess. *Journal of Applied Behavior Analysis, 18*, 141-153.

Dowrick, P. W. (1999). A review of self-modeling and related interventions. *Applied and Preventive Psychology, 8*, 23-29.

Drasgow, E., Halle, J. W., & Ostrosky, M. M. (1998). Effects of differential reinforcement on the generalization of a replacement mand in three children with severe language delays. *Journal of Applied Behavior Analysis, 31*, 357-374.

Drash, P., Ray, R. L., & Tudor, R. (1989). An inexpensive event recorder. *Journal of Applied Behavior Analysis, 22*, 453.

Ducharme, D. E., & Holborn, S. W. (1997). Programming generalization of social skills in preschool children with hearing impairments. *Journal of Applied Behavior Analysis, 30*, 639-651.

Ducharme, J., & Van Houten, R. (1994). Operant extinction in the treatment of severe maladaptive behavior. *Behavior Modification, 18*(2), 139-170.

Duker, P., & van Lent, C. (1991). Inducing variability in communicative gestures used by severely retarded individuals. *Journal of Applied Behavior Analysis, 24*, 379-386.

Dunlap, G. (2006). The applied behavior analytic heritage of PBS: A dynamic model of action-oriented research. *Journal of Positive Behavior Interventions, 8*, 58-60.

Dunlap, G., & Kern, L. (1996). Modifying instructional activities to promote desirable behavior: A conceptual and practical framework. *School Psychology Quarterly, 11*, 297-312.

Dunlap, G., Koegel, R. L., Johnson, J., & O'Neill, R. E. (1987). Maintaining performance of autistic clients in community settings with delayed contingencies. *Journal of Applied Behavior Analysis, 20*, 185-191.

Dunlap, K. (1928). A revision of the fundamental law of habit formation. *Science, 67*, 360-362.

Dunlap, K. (1930). Repetition in breaking of habits. *The Scientific Monthly, 30*, 66-70.

Dunlap, K. (1932). *Habits, their making and unmaking.* New York: Liverright.

DuPaul, G., Guevremont, D., & Barkley, R. (1992). Behavioral treatment of attention-deficit hyperactivity disorder in the classroom. *Behavior Modification, 16*, 204-225.

Durand, V. M. (1990). *Severe behavior problems: A functional communication training approach.* New York: Guilford Press.

Durand, V. M. (1999). Functional communication training using assistive devices: Recruiting natural communities of reinforcement. *Journal of Applied Behavior Analysis, 32*, 247-267.

Durand, V. M., Berotti, D., & Weiner, J. (1993). Functional communication training: Factors affecting effectiveness, generalization, and maintenance. In J. Reichle & D. Wacker (Eds.), *Communicative alternatives to challenging behavior: Integrating functional assessment and intervention strategies* (pp. 317-340). Baltimore: Paul Brookes.

Durand, V. M., & Carr, E. (1987). Social influences on "self-stimulatory" behavior. *Journal of Applied Behavior Analysis, 20*, 119-132.

Durand, V. M., & Carr, E. (1991). Functional communication training to reduce challenging behavior: Maintenance and application in new settings. *Journal of Applied Behavior Analysis, 24*, 251-264.

Durand, V. M., & Carr, E. (1992). An analysis of maintenance following functional communication training. *Journal of Applied Behavior Analysis, 25*, 777-794.

Durand, V. M., & Crimmins, D. (1988). Identifying the variables maintaining self-injurious behavior. *Journal of Autism and Developmental Disorders, 18*, 99-117.

Durand, V. M., & Crimmins, D. (1992). *The Motivation Assessment Scale (MAS).* Topeka, KS: Monaco & Associates Inc.

Eber, L., Sugai, G., Smith, C., & Scott, T. M. (2002). Wraparound and positive behavioral interventions and supports in the schools. *Journal of Emotional and Behavioral Disorders, 10*, 171-180.

Ellingson, S., Miltenberger, R., Stricker, J., Galensky, T., & Garlinghouse, M. (2000). Functional assessment and intervention for challenging behaviors in the classroom by general classroom teachers. *Journal of Positive Behavior Interventions, 2*, 85-97.

Ellingson, S., Miltenberger, R., Stricker, J., Garlinghouse, M., Roberts, J., Galensky, T., & Rapp, J. (2000). Analysis and treatment of finger sucking. *Journal of Applied Behavior Analysis, 33*(1), 41-52.

Ellis, D., Cress, P., & Spellman, C. (1992). Using timers and lap counters to promote self-management of independent exercise in adolescents with mental retardation. *Education and Training in Mental Retardation, 27*, 51-59.

Embregts, P. J. C. M. (2000). Effectiveness of video feedback and self-management on appropriate social behavior of youth with mild mental retardation. *Research in Developmental Disabilities, 21*, 409-423.

Emshoff, J. G., Redd, W. H., & Davidson, W. S. (1976). Generalization training and the transfer of treatment effects with delinquent adolescents. *Journal of Behavior Therapy and Experimental Psychiatry, 7*, 141-144.

Engelmann, S., & Carnine, D. (1982). *Theory of instruction: Principles and applications.* New York: Irvington.

Engelmann, S., & Colvin, G. (1983). *Generalized compliance training: A direct-instruction program for managing severe behavior problems.* Austin, TX: Pro-Ed.

Engelmann, S., Meyers, L., Carnine, L., Becker, W., Eisele, J., & Johnson, G. (1988). *Corrective reading: Decoding strategies.* Chicago: Science Research Associates.

Epstein, L. H., Doke, L. A., Sajwaj, T. E., Sorrell, S., & Rimmer, B. (1974). Generality and side effects of overcorrection. *Journal of Applied Behavior Analysis, 7*, 385-390.

Epstein, R. (1997). Skinner as self-manager. *Journal of Applied Behavior Analysis, 30*, 545-568.

Etzel, B. C., & LeBlanc, J. M. (1979). The simplest treatment alternative: The law of parsimony applied to choosing appropriate instructional control and errorless-learning procedures for the difficult-to-teach child. *Journal of Autism and Developmental Disorders, 9*, 361-382.

Fabry, B., Mayhew, G., & Hanson, A. (1984). Incidental teaching of mentally retarded students within a token system. *American Journal of Mental Deficiency, 89*, 29-36.

Fairbanks, S., Sugai, G., Guardino, D., & Lathrop, M. (2007). Response to intervention: Examining classroom behavior support in second grade. *Exceptional Children, 73*, 288-310.

Falcomata, T., Roane, H., Hovanetz, A., Kettering, T., & Keeney, K. (2004). An evaluation of response cost in the treatment of inappropriate vocalizations maintained by automatic reinforcement. *Journal of Applied Behavior Analysis, 37*, 83-87.

Faloon, B. J., & Rehfeldt, R. A. (2008). The role of overt and covert self-rules in establishing a daily living skill in adults with mild developmental disabilities. *Journal of Applied Behavior Analysis, 41*, 393–404.

Farlow, L., & Snell, M. (1994). *Making the most of student performance data.* Washington, DC: American Association on Mental Retardation.

Farrell, A., & McDougall, D. (2008). Self-monitoring of pace to improve math fluency of high school students with disabilities. *Behavior Analysis in Practice, 1*, 26–35.

Favazza, P. C., & Odom, S. L. (1997). Promoting positive attitudes of kindergarten-age children toward people with disabilities. *Exceptional Children, 63*, 405–418.

Favell, J. (1973). Reduction of stereotypes by reinforcement of toy play. *Mental Retardation, 11*, 21–23.

Fee, V., Matson, J., & Manikam, R. (1990). A control group outcome study of a nonexclusionary time-out package to improve social skills with preschoolers. *Exceptionality, 1*, 107–121.

Feeney, T., & Ylvisaker, M. (2008). Content-sensitive cognitive-behavioral supports for young children with TBI. *Journal of Positive Behavior Interventions, 10*, 115–128.

Felixbrod, J. J., & O'Leary, K. D. (1974). Self-determination of academic standards by children: Toward freedom from external control. *Journal of Educational Psychology, 66*, 845–850.

Ferguson, E., & Houghton, S. (1992). The effects of contingent teacher praise, as specified by Canter's assertive discipline programme, on children's on-task behaviour. *Educational Studies, 18*, 83–93.

Ferritor, D. E., Buckholdt, D., Hamblin, R. L., & Smith, L. (1972). The noneffects of contingent reinforcement for attending behavior on work accomplihsed. *Journal of Applied Behavior Analysis, 5*, 7–17.

Ferster, C., & Culbertson, S. (1982). *Behavior principles* (3rd ed.). Upper Saddle River, NJ: Prentice Hall.

Ferster, C. B., Culbertson, S., & Boren, M. C. P. (1975). *Behavior principles* (2nd ed.). Upper Saddle River, NJ: Prentice Hall.

Ferster, C. B., & Skinner, B. F. (1957). *Schedules of reinforcement.* New York: Appleton-Century-Crofts.

Filter, K. J., McKenna, M. K., Benedict, E. A., & Horner, R. H. (2007). Check in/checkout: A post-hoc evaluation of an efficient, secondary-level targeted intervention for reducing problem behaviors in schools. *Education and Treatment of Children, 30*, 69–84.

Finkel, A., Derby, K. M., Weber, K., & McLaughlin, T. F. (2003). Use of choice to identify behavioral function following an inconclusive brief functional analysis. *Journal of Positive Behavior Interventions, 5*, 112–121.

Fisher, W., & Iwata, B. (1996). On the function of self-restraint and its relationship to self-injury. *Journal of Applied Behavior Analysis, 29*, 93–98.

Fisher, W., O'Connor, J., Kurtz, P., DeLeon, I., & Gotjen, D. (2000). The effects of noncontingent delivery of high and low preference stimuli on attention maintained destructive behavior. *Journal of Applied Behavior Analysis, 33*, 79–83.

Fisher, W., Piazza, C., Bowman, L., Hagopian, L., Owens, J., & Slevin, I. (1992). A comparison of two approaches for identifying reinforcers for persons with severe and profound disabilities. *Journal of Applied Behavior Analysis, 25*, 491–498.

Fisher, W., Thompson, R., Piazza, C., Crosland, K., & Gotjen, D. (1997). On the relative reinforcing effects of choice and differential consequences. *Journal of Applied Behavior Analysis, 30*, 423–438.

Fisher, W. W., Kodak, T., & Moore, J. W. (2007). Embedding an identity-matching task within a prompting hierarchy to facilitate acquisition of conditional discriminations in children with autism. *Journal of Applied Behavior Analysis, 40*, 489–499.

Flannery, K., Sugai, G., & Anderson, C. (2009). School-wide positive behavior support in high school. *Journal of Positive Behavior Interventions, 11*, 177-185.

Flood, W., & Wilder, D. (2002). Antecedent assessment and assessment-based treatment of off-task behavior in a child diagnosed with attention-deficit hyperactivity disorder. *Education and Treatment of Children, 25*, 331-338.

Flood, W., Wilder, D., Flood, A., & Masuda, A. (2002). Peer-mediated reinforcement plus prompting as treatment for off-task behavior in children with attention deficit hyperactivity disorder. *Journal of Applied Behavior Analysis, 35*, 199-204.

Flynt, S. W., & Morton, R. C. (2004). Bullying and children with disabilities. *Journal of Instructional Psychology, 31*, 330-339.

Fosnot, C. (1996). Constructivism: A psychological theory of learning. In C. Fosnot (Ed.), *Constructivism: Theory, perspectives, and practice* (pp. 8-33). New York: Teachers College Press.

Fowler, S. A., & Baer, D. M. (1981). "Do I have to be good all day?": The timing of delayed reinforcement as a factor in generalization. *Journal of Applied Behavior Analysis, 14*, 13-24.

Foxx, R., & Bechtel, D. (1982). Overcorrection. In M. Hersen, R. Eisler, & P. Miller (Eds.), *Progress in behavior modification* (Vol. 13, pp. 227-288). New York: Academic.

Foxx, R., & Shapiro, S. (1978). The timeout ribbon: A nonexclusionary timeout procedure. *Journal of Applied Behavior Analysis, 11*, 125-136.

Foxx, R. M., & Azrin, N. H. (1972). Restitution: A method of eliminating aggressive-disruptive behavior of retarded and brain-damaged patients. *Behavior Research and Therapy, 10*, 15-27.

Foxx, R. M., & Azrin, N. H. (1973a). The elimination of autistic self-stimulatory behavior by overcorrection. *Journal of Applied Behavior Analysis, 6*, 1-14.

Foxx, R. M., & Azrin, N. H. (1973b). *Toilet training the retarded: A rapid program for day and nighttime independent toileting.* Champaign, IL: Research Press.

Foxx, R. M., McMorrow, M. J., & Mennemeier, M. (1984). Teaching social/vocational skills to retarded adults with a modified table game: An analysis of generalization. *Journal of Applied Behavior Analysis, 17*, 343-352.

Fradenburg, L., Harrison, R., & Baer, D. (1995). The effect of some environmental factors on inter-observer agreement. *Research in Developmental Disabilities, 16*(6), 425-437.

France, K., & Hudson, S. (1990). Behavior management of infant sleep disturbance. *Journal of Applied Behavior Analysis, 23*, 91-98.

Frank, A. R., Wacker, D. P., Berg, W. K., & McMahon, C. M. (1985). Teaching selected microcomputer skills to retarded students using picture prompts. *Journal of Applied Behavior Analysis, 18*, 179-185.

Franks, C. M., & Wilson, G. T. (Eds.). (1976). *Annual review of behavior therapy, theory & practice.* New York: Brunner/Mazel.

Freeland, J., & Noell, G. (1999). Maintaining accurate math responses in elementary school students: The effects of delayed intermittent reinforcement and programming common stimuli. *Journal of Applied Behavior Analysis, 32*(2), 211-215.

Freeman, K. A., & Dexter-Mazza, E. T. (2004). Using self-monitoring with an adolescent with disruptive classroom behavior. *Behavior Modification, 28*, 402-419.

Friman, P. (1990). Nonaversive treatment of high-rate disruption: Child and provider effects. *Exceptional Children, 57*, 64-69.

Friman, P. (2000). "Transitional objects" as establishing operations for thumb sucking. *Journal of Applied Behavior Analysis, 33*(4),

507–509.

Friman, P., & Poling, A. (1995). Making life easier with effort: Basic findings and applied research on response effort. *Journal of Applied Behavior Analysis, 28*, 583–590.

Fryxell, D., & Kennedy, C. H. (1995). Placement along the continuum of services and its impact on students' social relationships. *Journal of the Association for Persons with Severe Handicaps, 20*, 259–269.

Fuchs, D., & Deshler, D. (2007). What we need to know about responsiveness to intervention (and shouldn't be afraid to ask). *Learning Disabilities Research & Practice, 22*, 129–136.

Fuchs, D., & Fuchs, L. (2005). Responsiveness-to-intervention: A blueprint for practitioners, policymakers, and parents. *Teaching Exceptional Children, 38*, 57–61.

Fuchs, D., & Fuchs, L. (2006). Introduction to Response to Intervention: What, why, and how valid is it? *Reading Research Quarterly, 41*, 95–99.

Fuchs, L., & Fuchs, D. (1986). Effects of systematic formative evaluation: A meta-analysis. *Exceptional Children, 53*, 199–208.

Fuchs, L., & Fuchs, D. (2007). A model for implementing responsiveness to intervention. *Teaching Exceptional Children, 39*, 14–20.

Fuchs, L., Fuchs, D., & Deno, S. (1988). Importance of goal ambitiousness and goal mastery to student achievement. *Exceptional Children, 52*, 63–71.

Fueyo, V., & Bushell, D., Jr. (1998). Using number line procedures and peer tutoring to improve the mathematics computation of low-performing first graders. *Journal of Applied Behavior Analysis, 31*, 417–430.

Fyffe, C., Kahng, S. W., Fittro, E., & Russell, D. (2004). Functional analysis and treatment of inappropriate sexual behavior. *Journal of Applied Behavior Analysis, 37*, 401–404.

Gable, R. (1999). Functional assessment in school settings. *Behavioral Disorders, 24*, 246–248.

Gagne, R. (1985). *The conditions of learning & theory of instruction* (4th ed.). Fort Worth, TX: Holt, Rinehart & Winston, Inc.

Gaisford, K. L., & Malott, R. L. (2010). The acquisition of generalized matching in children with developmental delays. *The Behavior Analyst Today, 11*, 85–94.

Gallagher, P. A. (1979). *Teaching students with behavior disorders: Techniques for classroom instruction.* Denver: Love Publishing.

Ganz, J. (2008). Self-monitoring across age and ability levels: Teaching students to implement their own positive behavioral interventions. *Preventing School Failure, 53*, 39–48.

Garcia, E. (1974). The training and generalization of a conversational speech form in nonverbal retardates. *Journal of Applied Behavior Analysis, 7*, 137–149.

Gast, D. (2010). Single subject research methodology in behavioral sciences. New York: Routledge.

Gast, D., Nelson, C. M. (1977a). Legal and ethical considerations for the use of timeout in special education settings. *The Journal of Special Education, 11*, 457–467.

Gast, D., & Nelson, C. M. (1977b). Time-out in the classroom: Implications for special education. *Exceptional Children, 43*, 461–464.

Gast, D., & Wolery, M. (1987). Severe maladaptive behaviors. In M. E. Snell (Ed.), *Systematic instruction of people with severe handicaps* (3rd ed.). Columbus, OH: Merrill.

Gay, G. (2002). Culturally responsive teaching in special education for ethnically diverse students: setting the stage. *Qualitative Studies in Education, 15*, 613–629.

Gaylord-Ross, R. J., & Holvoet, J. (1985). *Strategies for educating students with severe handicaps.* Boston: Little, Brown.

Gelzheiser, L. M., McLane, M., Meyers, J., & Pruzek, R. M. (1998). IEP-specified peer interaction needs: Accurate but ignored. *Exceptional Children, 65*, 51–65.

Gesell, A., & Ilg, F. L. (1943). *Infant and child in*

the culture of today. New York: Harper.

Gilbert, G. (1975). Extinction procedures: Proceed with caution. *Mental Retardation, 13,* 25-29.

Gilberts, G., Agran, M., Hughes, C., & Wehmeyer, M. (2001). The effects of peer delivered self-monitoring strategies on the participation of students with severe disabilities in general education classrooms. *JASH, 26,* 25-36.

Goldiamond, I. (1975). Toward a constructional approach to social problems: Ethical and constitutional issues raised by applied behavior analysis. In C. M. Franks & G. T. Wilson (Eds.), *Annual review of behavior therapy, theory & practice* (Vol. 3, pp. 21-63). New York: Brunner/Mazel.

Goldstein, K. (1939). *The organism.* New York: American Book.

Golonka, Z., Wacker, D., Berg, W., Derby, K., Harding, J., & Peck, S. (2000). Effects of escape to alone versus escape to enriched environments on adaptive and aberrant behavior. *Journal of Applied Behavior Analysis, 33,* 243-246.

Graff, R., Gibson, L., & Galiatsatos, G. (2006). The impact of high- and low-preference stimuli on vocational and academic performance of youths with severe disabilities. *Journal of Applied Behavior Analysis, 39,* 131-135.

Graff, R., & Libby, M. (1999). A comparison of presession and within-session reinforcement choice. *Journal of Applied Behavior Analysis, 32,* 161-173.

Graham, S., & Harris, K. R. (2005). *Writing better: Effective strategies for teaching students with learning difficulties.* Baltimore: Brookes.

Green, C., Middleton, S., & Reid, D. (2000). Embedded evaluation of preferences sampled from person-centered plans for people with profound multiple disabilities. *Journal of Applied Behavior Analysis, 33,* 639-642.

Green, C., Reid, D., White, L., Halford, R., Brittain, D., & Gardner, S. (1988). Identifying reinforcers for persons with profound handicaps: Staff opinion vs. systematic assessment of preferences.

Journal of Applied Behavior Analysis, 21, 31-43.

Gresham, F., Van, M., & Cook, C. (2006). Social skills training for teaching replacement behaviors: Remediating acquisition deficits in at-risk students. *Behavioral Disorders, 31,* 363-377.

Gresham, R. (2005). Response to Intervention: An alternative means of identifying students as emotionally disturbed. *Education and Treatment of Children, 28,* 328-344.

Gronlund, N. (1985). *Stating objectives for classroom instruction.* New York: Macmillan.

Grossi, T., & Heward, W. (1998). Using self-evaluation to improve the work productivity of trainees in community-based restaurant training program. *Education and Training in Mental Retardation and Developmental Disabilities, 33*(3), 248-263.

Gulchak, D. (2008). Using a mobile handheld computer to teach a student with an emotional and behavioral disorder to self-monitor attention. *Education and Treatment of Children, 31,* 567-581.

Gumpel, T., & Shlomit, D. (2000). Exploring the efficacy of self-regulatory training as a possible alternative to social skills training. *Behavioral Disorders, 25,* 131-141.

Gunby, K. V., Carr, J. E., & LeBlanc, L. A. (2010). Teaching abduction-prevention skills to children with autism. *Journal of Applied Behavior Analysis, 43,* 107-112.

Gunter, P., Reffel, J., Worth, S., Hummel, J., & Gerber, B. (2008). Effects of self-graphing and goal setting on the math fact fluency of students with disabilities. *Behavior Analysis in Practice, 1,* 36-41.

Gureasko-Moore, S., DuPaul, G. J., & White, G. P. (2006). The effects of self-management in general education classrooms on the organizational skills of adolescents with ADHD. *Behavior Modification, 30,* 159-183.

Gursel, O., Tekin-Iftar, E., & Bozkurt, F. (2006).

Effectiveness of simultaneous prompting in small groups: The opportunity of acquiring non-target skills through observational learning and instructive feedback. *Education and Training in Developmental Disabilities, 41,* 225-243.

Haberman, M. (1995). *Star teachers of children in poverty.* West Lafayette, IN: Kappa Delta Pi.

Hagopian, L., Farrell, D., & Amari, A. (1996). Treating total liquid refusal with backward chaining and fading. *Journal of Applied Behavior Analysis, 29,* 573-575.

Hagopian, L., Wilson, D., & Wilder, D. (2001). Assessment and treatment of problem behavior maintained by escape from attention and access to tangible items. *Journal of Applied Behavior Analysis, 34,* 229-232.

Haisten, C. C. (1996). The role of verbalization in correspondence training procedures employed with students with severe emotional/behavioral disorders. Unpublished doctoral dissertation, Georgia State University.

Hall, R. V., Fox, R., Willard, D., Goldsmith, L., Emerson, M., Owen, M., et al. (1971). The teacher as observer and experimenter in the modification of disputing and talking-out behaviors. *Journal of Applied Behavior Analysis, 4,* 141-149.

Hall, R. V., & Fox, R. G. (1977). Changing-criterion designs: An applied behavior analysis procedure. In B. C. Etzel, J. M. LeBlanc, & D. M. Baer (Eds.), *New developments in behavioral research: Theory, method and application.* Hillsdale, NJ: Lawrence Erlbaum Associates, Inc., Publishers (In honor of Sidney W. Bijou).

Hall, R. V., & Hall, M. C. (1980). *How to select reinforcers.* Lawrence, KS: H&H Enterprises.

Hall, R. V., Lund, D., & Jackson, D. (1968). Effects of teacher attention on study behavior. *Journal of Applied Behavior Analysis, 1,* 1-12.

Hallahan, D. P., Kneedler, R. D., & Lloyd, J. W. (1983). Cognitive behavior modification techniques for learning disabled children: Self-instruction and self-monitoring. In J. D. McKinney & L. Feagans (Eds.), *Current topics in learning disabilities* (Vol. 1). Norwood, NJ: Ablex.

Halle, J. W. (1989). Identifying stimuli in the natural environment that control verbal responses. *Journal of Speech and Hearing Disorders, 54,* 500-504.

Halle, J. W., & Holt, B. (1991). Assessing stimulus control in natural settings: An analysis of stimuli that acquire control during training. *Journal of Applied Behavior Analysis, 24,* 579-589.

Hanley, G., Iwata, B., & Roscoe, E. (2006). Some determinants of change in preference over time. *Journal of Applied Behavior Analysis, 39,* 189-202.

Hanley, G., Piazza, C., Fisher, W., & Eidolons, J. (1997). Stimulus control and resistance to extinction in attention-maintained SIB. *Research in Developmental Disabilites, 18,* 251-260.

Hanley, G., Piazza, C., Keeney, K., Blackeley-Smith, A., & Worsdell, A. (1998). Effects of wrist weights on self-injurious and adaptive behaviors. *Journal of Applied Behavior Analysis, 31,* 307-310.

Harding, J., Wacker, D., Berg, W., Barretto, A., Winborn, L., & Gardner, A. (2001). Analysis of response class hierarchies with attention-maintained problem behaviors. *Journal of Applied Behavior Analysis, 34,* 61-64.

Harding, J., Wacker, D., Berg, W., Cooper, L., Asmus, J., Mlela, K., et al. (1999). An analysis of choice making in the assessment of young children with severe behavior problems. *Journal of Applied Behavior Analysis, 32,* 63-82.

Haring, N. G. (1988). *Investigating the problem of skill generalization: Literature review III.* Seattle, WA: Washington Research Organization.

Haring, N. G., & Liberty, K. A. (1990). Matching strategies with performance in facilitating generalization. *Focus on Exceptional Children,* *22*(8), 1-16.

Haring, N. G., & Phillips, E. L. (1962). *Educating emotionally disturbed children.* New York: McGraw-Hill.

Haring, T., Roger, B., Lee, M., Breen, C., & Gaylord-Ross, R. (1986). Teaching social language to moderately handicapped students. *Journal of Applied Behavior Analysis, 19,* 159-171.

Haring, T. G., Breen, C. G., Weiner, J., Kennedy, C. H., & Bednersh, F. (1995). Using videotape modeling to facilitate generalized purchasing skills. *Journal of Behavioral Education, 5,* 29-53.

Harris, F. R., Johnston, M. K., Kelley, C. S., & Wolf, M. M. (1964). Effects of social reinforcement on repressed crawling of a nursery school child. *Journal of Educational Psychology, 55,* 34-41.

Harris, J. (1996). Physical restraint procedures for managing challenging behaviours presented by mentally retarded adults and children. *Research in Developmental Disabilities, 17*(2), 99-134.

Harris, K. R., Graham, S., Reid, R., McElroy, K., & Hamby, R. S. (1994). Self-monitoring of attention versus self-monitoring of performance: Replication and cross-task comparison studies. *Learning Disabilities Quarterly, 17,* 121-139.

Harris, V. W., & Herman, J. A. (1973). Use and analysis of the "Good Behavior Game" to reduce disruptive classroom behavior. *Journal of Applied Behavior Analysis, 6,* 405-417.

Harrison, J., Gunter, P., Reed, T., & Lee, J. (1996). Teacher instructional language and negative reinforcement: A conceptual framework for working with students with emotional and behavioral disorders. *Education and Treatment of Children, 19*(2), 183-196.

Hartmann, D. P., & Hall, R. V. (1976). The changing criterion design. *Journal of Applied Behavior Analysis, 9,* 527-532.

Haupt, E. J., Van Kirk, M. J., & Terraciano, T. (1975). An inexpensive fading procedure to decrease errors and increase retention of number facts. In E. Ramp & G. Semb (Eds.), *Behavior analysis: Areas of research and application.* Upper Saddle River, NJ: Prentice Hall.

Hawken, L., MacLeod, K., & Rawlings, L. (2007). Effects of the behavior education program on office discipline referrals of elementary school students. *Journal of Positive Behavior Interventions, 9,* 94-101.

Hawkins, R. P., & Dotson, V. S. (1975). Reliability scores that delude: An Alice in Wonderland trip through the misleading characteristics of inter-observer agreement scores in interval recording. In E. Ramp & G. Semb (Eds.), *Behavior analysis: Areas of research and application* (pp. 359-376). Upper Saddle River, NJ: Prentice-Hall.

Hay, D., Murray, P., Cecire, S., & Nash, A. (1985). Social learning and social behavior in early life. *Child Development, 56,* 43-57.

Hay, L., Nelson, R., & Hay, W. (1977). Some methodological problems in the use of teachers as observers. *Journal of Applied Behavior Analysis, 10,* 345-348.

Hay, L., Nelson, R., & Hay, W. (1980). Methodological problems in the use of participant observers. *Journal of Applied Behavior Analysis, 13,* 501-504.

Hayes, S. C., & Nelson, R. O. (1983). Similar reactivity produced by external cues and self-monitoring. *Behavior Modification, 7,* 183-196.

Hayes, S. C., Rosenfarb, I., Wulfert, E., Munt, E. D., Korn, Z., & Zettle, R. D. (1985). Self-reinforcement effects: An artifact of social standard setting? *Journal of Applied Behavior Analysis, 18,* 201-214.

Hayes v. Unified School District No. 377, 877 F. 2d 809 (10th Cir. 1989).

Hegel, M., & Ferguson, R. (2000). Differential reinforcement of other behavior (DRO) to reduce aggressive behavior following traumatic brain injury. *Behavior Modification, 24,* 94–101.

Heinicke, M., Carr, J., & Mozzoni, M. (2009). Using differential reinforcement to decrease academic response latencies of an adolescent with acquired brain injury. *Journal of Applied Behavior Analysis, 42,* 861–865.

Hernstein, B. J., & Loveland, D. H. (1964). Complex visual concept in the pigeon. *Science, 146,* 549–550.

Hersen, M., & Barlow, D. H. (1976). *Single-case experimental designs: Strategies for studying behavior change.* New York: Pergamon Press.

Heward, W. L. (2003). Ten faulty notions about teaching and learning that hinder the effectiveness of special education. *The Journal of Special Education, 36,* 186–205.

Hewett, F. M., & Taylor, F. D. (1980). *The emotionally disturbed child in the classroom: The orchestration of success.* Boston: Allyn and Bacon.

Higa, W. R., Tharpe, R. G., & Calkins, R. P. (1978). Developmental verbal control of behavior: Implications for self-instructional training. *Journal of Experimental Child Psychology, 26,* 489–497.

Higbee, T., Carr, J., & Harrison, C. (1999). The effects of pictorial versus tangible stimuli in stimulus-preference assessments. *Research in Developmental Disabilities, 20,* 63–72.

Higgins, J., Williams, R., & McLaughlin, T. F. (2001). The effects of a token economy employing instructional consequences for a third-grade student with learning disabilities: A data-based case study. *Education and Treatment of Children, 24,* 99–106.

Hill, W. F. (1963). *Learning: A survey of psychological interpretations.* San Francisco: Chandler.

Hill, W. F. (1970). *Psychology: Principles and problems.* Philadelphia: Lippincott.

Hillman, H., & Miller, L. (2004). Designing multiple baseline graphs using Microsoft Excel. *The Behavior Analyst Today, 5,* 372–380.

Hinerman, P., Jenson, W., Walker, G., & Peterson, P. (1982). Positive practice overcorrection combined with additional procedures to teach signed words to an autistic child. *Journal of Autism and Developmental Disorders, 12,* 253–263.

Holden, C. (1973). Psychosurgery: Legitimate therapy or laundered lobotomy? *Science, 173,* 1104–1112.

Holland, J. G., & Skinner, B. F. (1961). *The analysis of behavior.* New York: McGraw-Hill.

Holman, J. (1977). The moral risk and high cost of ecological concern in applied behavior analysis. *Journal of Teacher Education, 37,* 27–34.

Holmes, G., Cautela, J., Simpson, M., Motes, P., & Gold, J. (1998). Factor structure of the school reinforcement survey schedule: School is more than grades. *Journal of Behavioral Education, 8,* 131–140.

Homme, L., Csanyi, A., Gonzales, M., & Rechs, J. (1970). *How to use contingency contracting in the classroom.* Champaign, IL: Research Press.

Honig v. Doe, 56 S. Ct. 27 1988.

Horcones, C. L. (1992). Natural reinforcements: A way to improve education. *Journal of Applied Behavior Analysis, 25,* 71–75.

Horn, C., Schuster, J., & Collins, B. (2006). Use of response cards to teach telling time to students with moderate and severe disabilities. *Education and Training in Developmental Disabilities, 41,* 382–391.

Horner, R., & Day, H. (1991). The effects or response efficiency on functionally equivalent competing behaviors. *Journal of Applied Behavior Analysis, 24,* 719–732.

Horner, R., Sprague, J., O'Brien, M., & Heathfield, L. (1990). The role of response efficiency in the reduction of problem behaviors through functional equivalence training: A case study. *Journal of the Association for Persons with Severe Handicaps, 15,* 91–97.

Horner, R., Sugai, G., & Anderson, C. (2010). Examining the evidence base for school-wide positive behavior support. *Focus on Exceptional Children, 42*, 1-14.

Horner, R., Sugai, G., & Vincent, C. (2006). School-wide positive behavior support: Investing in student success. Retrieved January 25, 2008, from http://ici.umn.edu/products/impact/182/over2.html.

Horner, R. D., & Baer, D. M. (1978). Multiple-probe technique: A variation on the multiple baseline. *Journal of Applied Behavior Analysis, 11*, 189-196.

Horner, R. H., & Budd, C. M. (1985). Acquisition of manual sign use: Collateral reduction of maladaptive behavior, and factors limiting generalization. *Education and Training of the Mentally Retarded, 20*, 39-47.

Horner, R. H., Eberhard, J. M., & Sheehan, M. R. (1986). Teaching generalized table bussing: The importance of negative teaching examples. *Behavior Modification, 10*, 457-471.

Horner, R. H., Jones, D., & Williams, J. A. (1985). A functional approach to teaching generalized street crossing. *Journal of the Association for Persons with Severe Handicaps, 13*, 71-78.

Horner, R. H., McDonnell, J. J., & Bellamy, G. T. Undated. Teaching generalized skills: General case instruction in simulation and community settings (Contract No. 300-82-0362). Unpublished manuscript, University of Oregon.

Horner, R. H., & Sugai, G. (2005). School-wide positive behavior support: An alternative approach to discipline in schools. In L. Bambara & L. Kern (Eds.), Positive behavior support, (pp. 359-390). New York: Guilford Press.

Horner, R. H., Williams, J. A., & Stevely, J. D. (1984). Acquisition of generalized telephone use by students with severe mental retardation. Unpublished manuscript.

Horner, R. T., & Harvey, M. T. (2000). Review of antecedent control: Innovative approaches to behavioral support. *Journal of Applied Behavior Analysis, 33*, 643-651.

Horrocks, E., & Higbee, T. (2008). An evaluation of a stimulus preference assessment of auditory stimuli for adolescents with developmental disabilities. *Research in Developmental Disabilities, 29*, 11-20.

Hughes, C., & Agran, M. (1993). Teaching persons with severe disabilities to use self-instruction in community settings: An analysis of applications. *Journal for the Association of Severe Handicaps, 18*, 261-274.

Hughes, C., & Lloyd, J. W. (1993). An analysis of self-management. *Journal of Behavioral Education, 3*, 405-425.

Hughes, C., Ruhl, K. L., & Misra, A. (1989). Self-management with behaviorally disordered students in school settings. A promise unfulfilled. *Behavioral Disorders, 14*, 250-262.

Hughes, C., Rung, L. L., Wehmeyer, M. L., Agran, M., Copeland, S. R., & Hwang, B. (2000). Self-prompted communication book use to increase social interaction among high school students. *Journal of the Association for Persons with Severe Handicaps, 25*, 153-166.

Hughes, M. A., Alberto, P., & Fredrick, L. (2006). Self-operated auditory prompting systems as a function-based intervention in public community settings. *Journal of Positive Behavior Interventions, 8*, 230-243.

Huguenin, N. (1993). Reducing chronic noncompliance in an individual with severe mental retardation to facilitate community integration. *Mental Retardation, 31*, 332-339.

Huguenin, N., & Mulick, J. (1981). Nonexclusionary timeout: Maintenance of appropriate behavior across settings. *Applied Research in Mental Retardation, 2*, 55-67.

Hunley, S., & McNamara, K. (2010). *Tier 3 of the RTI model.* National Association of School Psychologists.

Hunt, P., & Goetz, L. (1997). Research on inclusive educational programs, practices, and outcomes for students with severe disabilities. *Journal of*

Special Education, 31, 3-29.

Hunter, M. (1984). Knowing, teaching, and supervising. In P. Hosford (Ed.), *Using what we know about teaching.* Alexandria, VA: Association for Supervision and Curriculum Development.

Hupp, S. C. (1986). Effects of stimulus mode on the acquisition, transfer, and generalization of categories by severely mentally retarded children and adolescents. *American Journal of Mental Deficiency, 90*, 579-587.

Hurst, M., & Jolivette, J. (2006). Effects of private versus public assessment on the reading fluency of middle school students with mild disabilities. *Education and Training in Developmental Disabilities, 41*, 185-196.

Hutchinson, S. W., Murdock, J. Y., Williamson, R. D., & Cronin, M. E. (2000). Self recording plus encouragement equals improved behavior. *TEACHING Exceptional Children, 32*, 54-58.

Hyman, P., Oliver, C., & Hall, S. (2002). Self-injurious behavior, self-restraint, and compulsive behaviors in Cornelia de Lange syndrome. *American Journal on Mental Retardation, 107*, 146-154.

Inglesfield, E., & Crisp, A. (1985). Teaching dressing skills to the severely mentally handicapped: A comparison of intensive and non-intensive strategies. *British Journal of Mental Subnormality, 31*, 46-53.

Irvin, D., Realon, R., Hartley, J., Phillips, J., Bradley, F., & Daly, M. (1996). The treatment of self-injurious hand mouthing by using a multi-component intervention with individuals positioned in a small group. *Journal of Developmental and Physical Disabilities, 8*(1), 43-59.

Irvin, D. S., Thompson, T. J., Turner, W. D., & Williams, D. E. (1998). Utilizing increased response effort to reduce chronic hand mouthing. *Journal of Applied Behavior Analysis, 31*, 375-385.

Isley, E., Kartsonis, C., McCurley, C., Weisz, K., &

Roberts, M. (1991). Self-restraint: A review of etiology and applications in mentally retarded adults with self-injury. *Research in Developmental Disabilities, 12*, 87-95.

Iwata, B. (1987). Negative reinforcement in applied behavior analysis: An emerging technology. *Journal of Applied Behavior Analysis, 20*, 361-378.

Iwata, B., & Bailey, J. S. (1974). Reward versus cost token systems: An analysis of the effects on students and teacher. *Journal of Applied Behavior Analysis, 7*, 567-576.

Iwata, B., & DeLeon, I. (1996). *The Functional Analysis Screening Tool.* The Florida Center on Self-Injury. Gainesville, FL: The University of Florida.

Iwata, B., Dorsey, M., Slifer, K., Bauman, K., & Richman, G. (1994). Toward a functional analysis of self-injury. *Journal of Applied Behavior Analysis, 27*, 197-209. (Reprint of original article published in *Analysis and Intervention in Developmental Disabilities, 2*, 3-20.)

Iwata, B., Pace, G., Dorsey, M., Zarcone, J., Vollmer, T., Smith, R., et al. (1994). The functions of self-injurious behavior: An experimental epidemiological analysis. *Journal of Applied Behavior Analysis, 27*, 215-240.

Iwata, B., Pace, G., Kalsher, M., Cowdery, G., & Cataldo, M. (1990). Experimental analysis and extinction of self-injurious escape behavior. *Journal of Applied Behavior Analysis, 23*, 11-27.

Iwata, B., Wong, S. E., Riordan, M. M., Dorsey, M. F., & Lau, M. M. (1982). Assessment and training of clinical interviewing skills: Analogue analysis and filed replication. *Journal of Applied Behavior Analysis, 15*, 191-203.

Jahr, E. (2001). Teaching children with autism to answer novel wh-questions by utilizing a multiple exemplar strategy. *Research in Developmental Disabilities, 22*, 407-423.

Jerome, J., Frantino, E. P., & Sturmey, P. (2007).

The effects of errorless learning and backward chaining on the acquisition of Internet skills in adults with developmental disabilities. *Journal of Applied Behavior Analysis, 40,* 185–189.

Johnson, L., McComas, J., Thompson, A., & Symons, F. (2004). Obtained versus programmed reinforcement: Practical considerations in the treatment of escape-reinforced aggression. *Journal of Applied Behavior Analysis, 37,* 239–242.

Johnson, L. A., & Graham, S. (1990). Goal setting and its application with exceptional learners. *Preventing School Failure, 34,* 4–8.

Johnson, P., Schuster, J., & Bell, J. K. (1996). Comparison of simultaneous prompting with and without error correction in teaching science vocabulary words to high school students with mild disabilities. *Journal of Behavioral Education, 6,* 437–458.

Johnston, J., & Pennypacker, H. (1993). *Strategies and tactics of behavioral research* (2nd ed.). Hillsdale, NJ: Erlbaum.

Johnston, J. M., & Johnston, G. T. (1972). Modification of consonant speech-sound articulation in young children. *Journal of Applied Behavior Analysis, 5,* 233–246.

Jolivette, K., Wehby, J., Canale, J., & Massey, N. (2001). Effects of choice-making opportunities on the behavior of students with emotional and behavioral disorders. *Behavioral Disorders, 26,* 131–145.

Jones, K., Drew, H., & Weber, N. (2000). Noncontingent peer attention as treatment for disruptive classroom behavior. *Journal of Applied Behavior Analysis, 33,* 343–346.

Jones, M. C. (1924). A laboratory study of fear: The case of Peter. *The Pedagogical Seminary and Journal of Genetic Psychology, 31,* 308–315.

Joseph, L. M., & Eveleigh, E. L. (2011). A Review of the effects of self-monitoring on reading performance of students with disabilities. *Journal of Special Education, 45,* 143–153.

Journal of Applied Behavior Analysis. (1977). *10,* Society for the Experimental Analysis of Behavior.

Journal of Applied Behavior Analysis. (2000). *33,* Society for the Experimental Analysis of Behavior.

Journal of Applied Behavior Analysis. (2000). *33*(3), 399.

Journal of Applied Behavior Analysis. (2004). *37,* 469–480.

Journal of Applied Behavior Analysis. (2006). *39,* Society for the Experimental Analysis of Behavior.

Journal of Teacher Education. (1986). *37.* Thousand Oaks, CA: Sage.

Kahng, S. W., Abt, K., & Schonbachler, H. (2001). Assessment and treatment of low-rate high-intensity problem behavior. *Journal of Applied Behavior Analysis, 34,* 225–228.

Kahng, S. W., & Iwata, B. (1998). Computerized systems for collecting real-time observational data. *Journal of Applied Behavior Analysis, 31*(2), 253–261.

Kahng, S. W., Iwata, B., Fischer, S., Page, T., Treadwell, K., Williams, D., et al. (1998). Temporal distributions of problem behavior based on scatter plot analysis. *Journal of Applied Behavior Analysis, 31,* 593–604.

Kamps, D. M., Wendland, M., & Culpepper, M. (2006). Active teacher participation in functional behavior assessment for students with emotional and behavioral disorders risks in general education classroom. *Behavior Disorder, 31,* 128–146.

Karen, R. L. (1974). *An introduction to behavior theory and its applications.* New York: Harper & Row.

Karsh, K., Repp, A., Dahlquist, C., & Munk, D. (1995). In vivo functional assessment and multi-element interventions for problem behaviors of students with disabilities in classroom settings. *Journal of Behavioral Education, 5*(2), 189–210.

Kasper-Ferguson, S., & Moxley, R. A. (2002). Developing a writing package with student graphing of fluency. *Education and Treatment of Children, 25*, 249-267.

Kauchak, D. P., & Eggen, P. D. (1998). *Learning and teaching*. Boston: Allyn & Bacon.

Kaufman, A., & Kaufman, N. (2007). *Kaufman Assessment Battery for Children, second edition (KABC-II)*. Upper Saddle River, NJ: Pearson Education.

Kayser, J. E., Billingsley, F. F., & Neel, R. S. (1986). A comparison of in context and traditional instructional approaches: Total task single trial vs. backward chaining multiple trial. *Journal of the Association for Persons with Severe Handicaps, 11*, 28-38.

Kazbour, R. R., & Bailey, J. S. (2010). An analysis of a contingency program on designated drivers at a college bar. *Journal of Applied Behavior Analysis, 43*, 273-277.

Kazdin, A. E. (1973). Methodological and assessment considerations in evaluating reinforcement programs in applied settings. *Journal of Applied Behavior Analysis, 6*, 517-531.

Kazdin, A. E. (1976). Statistical analyses for single-case experimental designs. In M. Hersen & D. Barlow (Eds.), *Single-case experimental designs: Strategies for studying behavior change* (pp. 265-316). New York: Pergamon Press.

Kazdin, A. E. (1977a). Artifact, bias, and complexity of assessment: The ABCs of reliability. *Journal of Applied Behavior Analysis, 10*, 141-150.

Kazdin, A. E. (1977b). Assessing the clinical or applied importance of behavior change through social validation. *Behavior Modification, 1*, 427-451.

Kazdin, A. E. (1977c). *The token economy: A review and evaluation*. New York: Plenum Press.

Kazdin, A. E. (1982). *Single-case research designs*. New York: Oxford University Press.

Kazdin, A. E. (1994). *Behavior modification in applied settings*. Pacific Grove, CA: Brooks/

Cole Publishing Co.

Kazdin, A. E. (1998). *Research design in clinical psychology* (3rd ed.). Boston: Allyn & Bacon.

Kazdin, A. E. (2000). *Behavior modification in applied settings*. Belmont, CA: Wadsworth.

Kazdin, A. E. (2001). *Behavior modification in applied settings* (6th ed.). Belmont, CA: Wadsworth.

Kazdin, A. E. (2011). *Single-case research designs* (2nd ed.). New York: Oxford.

Kazdin, A. E., & Bootzin, R. R. (1972). The token economy: An evaluative review. *Journal of Applied Behavior Analysis, 5*, 343-372.

Kazdin, A. E., & Polster, R. (1973). Intermittent token reinforcement and response maintenance in extinction. *Behavior Therapy, 4*, 386-391.

Keeling, K., Myles, B., Gagnon, E., & Simpson, R. (2003). Using the power card strategy to teach sportsmanship skills to a child with autism. *Focus on Autism and Other Developmental Disabilities, 18*, 105-111.

Keller, C., Brady, M., & Taylor, R. (2005). Using self-evaluation to improve student teacher interns' use of specific praise. *Education and Training in Developmental Disabilities, 40*, 368-376.

Kelley, M. L., & McCain, A. (1995). Promoting academic performance in inattentive children. *Behavior Modification, 19*(3), 357-375.

Kemp, C., & Carter, M. (2006). Active and passive task related behavior, direction following and the inclusion of children with disabilities. *Education and Training in Developmental Disabilities, 41*, 14-27.

Kennedy, C. (2005). *Single-case designs for educational research*. Boston: Allyn & Bacon.

Kennedy, C., & Haring, T. (1993). Teaching choice making during social interactions to students with profound multiple disabilities. *Journal of Applied Behavior Analysis, 26*, 63-76.

Kennedy, C., & Souza, G. (1995). Functional analysis and treatment of eye poking. *Journal of Applied Behavior Analysis, 28*, 27-37.

Kennedy, C. H., & Meyer, K. A. (1998). Establishing operations and the motivation of challenging behavior. In J. K. Luiselli & M. J. Cameron (Eds.), *Antecedent control: Innovative approaches to behavioral support*. Baltimore: Paul H. Brookes.

Kern, L., Dunlap, G., Clarke, S., & Childs, K. (1994). Student-assisted functional assessment interview. *Diagnostique, 19*, 29-39.

Kern, L., Koegel, R., & Dunlap, G. (1984). The influence of vigorous versus mild exercise on autistic stereotyped behaviors. *Journal of Autism and Developmental Disorders, 14*, 57-67.

Kern, L., Mantegna, M., Vorndran, C., Bailin, D., & Hilt, A. (2001). Choice of task sequence to reduce problem behaviors. *Journal of Positive Behavior Interventions, 3*, 3-10.

Kern, L., Wacker, D. P., Mace, F. C., Falk, G. D., Dunlap, G., & Kromrey, J. D. (1995). Improving the peer interactions of students with emotional and behavioral disorders through self-evaluation procedures: A component analysis and group application. *Journal of Applied Behavior Analysis, 28*, 47-59.

Kern-Dunlap, L., Dunlap, G., Clarke, S., Childs, K. E., White, R. L., & Stewart, M. P. (1992). Effects of a videotape feedback package on the peer interactions of children with serious behavioral and emotional challenges. *Journal of Applied Behavior Analysis, 25*, 355-364.

Kerr, M. M., & Nelson, C. M. (2002). *Strategies for addressing behavior problems in the classroom*. Upper Saddle River, NJ: Merrill/Pearson Education.

Kim, O., & Hupp, S. (2007). Instructional interactions of students with cognitive disabilities: Sequential analysis. *American Journal on Mental Retardation, 112*, 94-106.

Kimball, J. W., Kinney, E. M., Taylor, B. A., & Stromer, R. (2003). Lights, camera, action: Using engaging computer-cued activity schedules. *Teaching Exceptional Children, 36*, 40-45.

Kincaid, M., & Weisberg, P. (1978). Alphabet letters as tokens: Training preschool children in letter recognition and labeling during a token exchange period. *Journal of Applied Behavior Analysis, 11*, 199.

Kinch, C., Lewis-Palmer, T., Hagan-Burke, S., & Sugai, G. (2001). A comparison of teacher and student functional behavior assessment interview information from low-risk and high-risk classrooms. *Education and Treatment of Children, 24*, 480-494.

King-Sears, M. E. (1999). Teacher and researcher co-design self-management content for an inclusive setting: Research training, intervention, and generalization effects on student performance. *Education and Training in Mental Retardation and Developmental Disabilities, 34*, 134-156.

Kirby, F. D., & Shields, F. (1972). Modification of arithmetic response rate and attending behavior in a seventh-grade student. *Journal of Applied Behavior Analysis, 5*, 79-84.

Kirby, K. C., & Bickel, W. K. (1988). Toward an explicit analysis of generalization: A stimulus control interpretation. *The Behavior Analyst, 11*, 115-129.

Kirby, K. C., Fowler, S. A., & Baer, D. M. (1991). Reactivity in self-recording: Obtrusiveness of recording procedure and peer comments. *Journal of Applied Behavior Analysis, 24*, 487-498.

Kitchener, R. F. (1980). Ethical relativism and behavior therapy. *Journal of Consulting and Clinical Psychology, 48*, 1-7.

Kleeberger, V., & Mirenda, P. (2010). Teaching generalized imitation skills to a preschooler with autism using video modeling. *Journal of Positive Behavior Interventions, 12*(2), 116-127.

Kleinert, H. L., & Gast, D. L. (1982). Teaching a multihandicapped adult manual signs using a constant time delay procedure. *Journal of the Association of the Severely Handicapped, 6*(4), 25-32.

Knight, M., Ross, D., Taylor, R., & Ramasamy, R. (2003). Constant time delay and interspersal of known items to teach sight words to students with mental retardation and learning disabilities. *Education and Training in Mental Retardation and Developmental Disabilities, 38,* 179–191.

Kodak, T., Grow, L., & Northup, J. (2004). Functional analysis and treatment of elopement for a child with attention deficit hyperactivity disorder. *Journal of Applied Behavior Analysis, 37,* 229–232.

Koegel, L., Koegel, R., & Dunlap, G. (1996). *Positive behavior support.* Baltimore: Paul H. Brookes.

Koegel, R. L., Harrower, J. K., & Koegel, L. K. (1999). Support for children with developmental disabilities in full inclusion classrooms through self-management. *Journal of Positive Behavior Interventions, 1,* 26–34.

Koegel, R. L., O'Dell, M. C., & Koegel, L. K. (1987). A natural language teaching paradigm for nonverbal autistic children. *Journal of Autism and Developmental Disorders, 17,* 187–200.

Koegel, R. L., & Rincover, A. (1974). Treatment of psychotic children in a classroom environment: I. Learning in a large group. *Journal of Applied Behavior Analysis, 7,* 45–59.

Koegel, R. L., & Rincover, A. (1977). Research on the difference between generalization and maintenance in extra-therapy responding. *Journal of Applied Behavior Analysis, 10,* 1–12.

Kohlberg, L., Yaeger, J., & Hjertholm, E. (1968). Private speech: Four studies and a review of theories. *Child Development, 39,* 691–736.

Kohler, F., Strain, P., Hoyson, M., Davis, L., Donina, W., & Rapp, N. (1995). Using a group-oriented contingency to increase social interactions between children with autism and their peers. *Behavior Modification, 19*(1), 10–32.

Kohler, F., Strain, P., Hoyson, M., & Jamieson, B. (1997). Merging naturalistic teaching and peer-based strategies to address the IEP objectives of preschoolers with autism: An examination of structural and child behavior outcomes. *Focus on Autism and Other Developmental Disabilities, 12,* 196–206.

Kohn, A. (1993). *Punished by rewards.* Boston: Houghton Mifflin.

Kohn, A. (1996). *Beyond discipline: From compliance to community.* Alexandria: Association for Supervision and Curriculum Development.

Kohn, A. (2001). Five reasons to stop saying "Good Job." *Young Children, 56,* 24–28.

Kohn, A. (2006). *Beyond discipline: From compliance to community.* Alexandria, VA: Association for Supervision and Curriculum Development.

Konrad, M., Trela, K., & Test, D. (2006). Using IEP goals and objectives to teach paragraph writing to high school students with physical and cognitive disabilities. *Education and Training in Developmental Disabilities, 41,* 111–124.

Krantz, P. J., & McClannahan, L. E. (1993). Teaching children with autism to initiate to peers: Effects of a script-fading procedure. *Journal of Applied Behavior Analysis, 26,* 121–132.

Krantz, P. J., & McClannahan, L. E. (1998). Social interaction skills for children with autism: A script-fading procedure for beginning readers. *Journal of Applied Behavior Analysis, 31,* 191–202.

Krasner, L. (1976). Behavioral modification: Ethical issues and future trends. In H. Leitenberg (Ed.), *Handbook of behavior modification and behavior therapy* (pp. 627–649). Upper Saddle River, NJ: Prentice-Hall.

Kratochwill, T., Hitchcock, J., Horner, R., Levin, J., Odom, S., Rindskopf, D., & Shadish, W. (2010). *Single-case designs technical documentation.* Retrieved from What Works Clearinghouse at http://ies.ed.gov/ncee/wwc/pdf/wwc_scd.pdf.

Kromrey, J., & Foster-Johnson, L. (1996). Determining

the efficacy of intervention: The use of effect sizes for data analysis in single-subject research. *Journal of Experimental Education, 65,* 73-94.

Krumboltz, J. D., & Krumboltz, H. D. (1972). *Changing children's behavior.* Upper Saddle River, NJ: Prentice Hall.

Kuhn, D., DeLeon, I., Fisher, W., & Wilke, A. (1999). Clarifying an ambiguous functional analysis with matched and mismatched extinction procedures. *Journal of Applied Behavior Analysis, 32,* 99-102.

Kuhn, S., Lerman, D., Vorndran, C., & Addison, L. (2006). Analysis of factors that affect responding in a two-response chain in children with developmental disabilities. *Journal of Applied Behavior Analysis, 39,* 263-280.

Lagomarcino, T. R., Hughes, C., & Rusch, F. R. (1989). Utilizing self-management to teach independence on the job. *Education and Training of the Mentally Retarded, 24*(2), 139-148.

Lalli, J., Casey, S., & Kates, K. (1997). Noncontingent reinforcement as treatment for severe problem behavior: Some procedural variations. *Journal of Applied-Behavior Analysis, 30,* 127-137.

Lalli, J., Livezey, K., & Kates, K. (1996). Functional analysis and treatment of eye poking with response blocking. *Journal of Applied Behavior Analysis, 29,* 129-132.

Lalli, J., Zanolli, K., & Wohn, T. (1994). Using extinction to promote response variability in toy play. *Journal of Applied Behavior Analysis, 27,* 735-736.

Lambert, N., Nihira, K., & Leland, H. (1993). *AAMR Adaptive Behavior Scales: School edition* (2nd ed.). Austin, TX: Pro-Ed.

Lancioni, G., O'Reilly, M., & Emerson, E. (1996). A review of choice research with people with severe and profound developmental disabilities. *Research in Developmental Disabilities, 17*(5), 391-411.

Lancioni, G. E., & O'Reilly, M. F. (2001). Self-management of instruction cues for occupation:

Review of studies with people with severe and profound developmental disabilities. *Research in Developmental Disabilities, 22,* 41-65.

Lane, K., Eisner, S., Kretzer, J., Bruhn, A., Crnobori, M., Funke, L., Lerner, T., & Casey, A. (2009). Outcomes of functional assessment-based interventions for students with and at risk for emotional and behavioral disorders in a job-share setting. *Education and Treatment of Children, 32,* 573-604.

Lane, K., Wehby, J., Menzies, H., Doukas, G., Munton, S., & Gregg, R. (2003). Social skills instruction for students at risk for antisocial behavior: The effects of small-group instruction. *Behavioral Disorders, 28,* 229-248.

Lannie, A., & Martens, B. (2004). Effects of task difficulty and type of contingency on students' allocation of responding to math worksheets. *Journal of Applied Behavior Analysis, 37,* 53-65.

Larsson, J. O., Larsson, H., & Lichenstein, P. (2004). Genetic and environmental contributions to stability and change of ADHD symptoms between 8 and 13 years of age: A longitudinal twin study. *American Academy for Child and Adolescent Psychiatry, 43*(10), 1267-1275.

Laski, F. J. (1991). Achieving integration during the second revolution. In H. L. Meyer, C. A. Peck, & L. Brown (Eds.), *Critical issues in the lives of people with severe disabilities* (pp. 409-421). Baltimore: Paul H. Brookes.

Lassman, K., Jolivette, K., & Wehby, J. (1999). Using collaborative behavioral contracting. *Teaching Exceptional Children, 31,* 12-18.

Lattal, K., & Neef, N. (1996). Recent reinforcement-schedule research and applied behavior analysis. *Journal of Applied Behavior Analysis, 29,* 213-230.

Laushey, K., & Heflin, L. J. (2000). Enhancing social skills of kindergarten children with autism through the training of multiple peers as tutors. *Journal of Autism and Developmental Disorders, 30*(3), 183-193.

Le Grice, B., & Blampied, N. M. (1997). Learning to use video recorders and personal computers with increasing assistance prompting. *Journal of Developmental and Physical Disabilities, 9,* 17–29.

Leatherby, J., Gast, D., Wolery, M., & Collins, B. (1992). Assessment of reinforcement preference in multi-handicapped students. *Journal of Developmental and Physical Disabilities, 4*(1), 15–36.

LeBlanc, L., & Matson, J. (1995). A social skills training program for preschoolers with developmental delays. *Behavior Modification, 19*(2), 234–246.

Lee, C., & Tindal, G. A. (1994). Self-recording and goal setting: Effects on on-task and math productivity of low-achieving Korean elementary school students. *Journal of Behavioral Education, 4,* 459–479.

Lee, D., & Belfiore, P. (1997). Enhancing classroom performance: A review of reinforcement schedules. *Journal of Behavioral Education, 7*(2), 205–217.

Lee, R., McComas, J. J., & Jawor, J. (2002). The effect of differential and lag reinforcement schedules on varied verbal responding by individuals with autism. *Journal of Applied Behavior Analysis, 35,* 391–402.

Lee, S., Simpson, R. L., & Shogren, K. A. (2007). Effects and implications of self-management for students with autism: A meta-analysis. *Focus on Autism and Other Developmental Disabilities, 22,* 2–13.

Lennox, D., Miltenberger, R., & Donnelly, D. (1987). Response interruption and DRL for the reduction of rapid eating. *Journal of Applied Behavior Analysis, 20,* 279–284.

Lennox, O. B., & Miltenberger, R. (1989). Conducting a functional assessment of problem behavior in applied settings. *Journal of the Association for Persons with Severe Handicaps, 13,* 304–311.

Lenz, M., Singh, N., & Hewett, A. (1991). Overcorrection as an academic remediation procedure. *Behavior Modification, 15,* 64–73.

Leon, Y., Hausman, N. L., Kahng, S. W., & Becraft, J. L. (2010). Further examination of discriminated functional communication. *Journal of Applied Behavior Analysis, 43,* 525–530.

Lerman, D., & Iwata, B. (1996). Developing a technology for the use of operant extinction in clinical settings: An examination of basic and applied research. *Journal of Applied Behavior Analysis, 29,* 345–382.

Lerman, D., Iwata, B., Rainville, B., Adelinis, J., Crosland, K., & Kogan, J. (1997). Effects of reinforcement choice on task responding in individuals with developmental disabilities. *Journal of Applied Behavior Analysis, 30,* 411–422.

Lerman, D., Iwata, B., Shore, B., & Kahng, S. (1996). Responding maintained by intermittent reinforcement: Implications for the use of extinction with problem behavior in clinical settings. *Journal of Applied Behavior Analysis, 29,* 153–171.

Lerman, D., Iwata, B., & Wallace, M. (1999). Side effects of extinction: Prevalence of bursting and aggression during the treatment of self-injurious behavior. *Journal of Applied Behavior Analysis, 32,* 1–8.

Lerman, D., Kelley, M., Van Camp, C., & Roane, H. (1999). Effects of reinforcement magnitude on spontaneous recovery. *Journal of Applied Behavior Analysis, 32,* 197–200.

Levendoski, L. S., & Cartledge, G. (2000). Self-monitoring for elementary school children with serious emotional disturbances: Classroom applications for increased academic responding. *Behavioral Disorders, 25,* 211–224.

Levingston, H. B., Neef, N. A., & Cihon, T. M. (2009). The effects of teaching precurrent behaviors on children's solution of multiplication and division word problems. *Journal of Applied Behavior Analysis, 42,* 361–367.

Lewis, T., Jones, S., Horner, R., & Sugai, G. (2010).

School-wide positive behavior support and students with emotional/behavioral disorders: Implications for prevention, identification, and intervention. *Exceptionality, 18,* 82–93.

Lewis, T., Scott, T., & Sugai, G. (1994). The problem behavior questionnaire: A teacher-based instrument to develop functional hypotheses of problem behavior in general education classrooms. *Diagnostique, 19*(2-3), 103–115.

Lewis, T., & Sugai, G. (1996). Descriptive and experimental analysis of teacher and peer attention and the use of assessment-based intervention to improve pro-social behavior. *Journal of Behavioral Education, 6,* 7–24.

Liberman, R. P., Teigen, J., Patterson, R., & Baker, V. (1973). Reducing delusional speech in chronic, paranoid schizophrenics. *Journal of Applied Behavior Analysis, 6,* 57–64.

Lien-Thorne, S., & Kamps, D. (2005). Replication study of the First Step to Success early intervention program. *Behavioral Disorders, 31,* 18–32.

Lim, L., Browder, D., & Sigafoos, J. (1998). The role of response effort and motion study in functionally equivalent task designs and alternatives. *Journal of Behavioral Education, 8,* 81–102.

Linton, J., & Singh, N. (1984). Acquisition of sign language using positive practice overcorrection. *Behavior Modification, 8,* 553–566.

Litow, L., & Pumroy, D. K. (1975). A brief review of classroom group-oriented contingencies. *Journal of Applied Behavior Analysis, 8,* 341–347.

Litt, M., & Schreibman, L. (1981). Stimulus-specific reinforcement in the acquisition of receptive labels by autistic children. *Analysis and Intervention in Developmental Disabilities, 1,* 171–186.

Livi, J., & Ford, A. (1985). Skill transfer from a domestic training site to the actual homes of three moderately handicapped students.

Education and Training of the Mentally Retarded, 20, 69–82.

Lloyd, J., Bateman, D., Landrum, T., & Hallahan, D. (1989). Self-recording of attention versus productivity. *Journal of Applied Behavior Analysis, 22,* 315–323.

Lloyd, J., Eberhardt, M., & Drake, G. (1996). Group versus individual reinforcement contingencies within the context of group study conditions. *Journal of Applied Behavior Analysis, 29,* 189–200.

Lloyd, J. W., & Hughes, C. (1993). Introduction to the self-management series. *Journal of Behavioral Education, 3,* 403–404.

Lo, Y., & Cartledge, G. (2006). FBA and BIP: Increasing the behavior adjustment of African American boys in schools. *Behavioral Disorders, 31,* 147–161.

Loncola, J., & Craig-Unkefer, L. (2005). Teaching social communication skills to young urban children with autism. *Education and Training in Developmental Disabilities, 40,* 243–263.

Long, E. S., Hagopian, L. P., DeLeon, I. G., Markefka, J., & Resau, D. (2005). Competing stimuli for the treatment of multiply controlled problem behavior during hygiene routines. *Research in Developmental Disabilities, 26,* 57–69.

Lovaas, O. I., Schreibman, L., Koegel, R. L., & Rhen, R. (1971). Selective responding by autistic children to multiple sensory input. *Journal of Abnormal Psychology, 77,* 211–222.

Lovaas, O. I., & Simmons, J. Q. (1969). Manipulation of self-destruction in three retarded children. *Journal of Applied Behavior Analysis, 2,* 143–157.

Lovitt, T. C. (1973). Self-management projects with children with behavioral disabilities. *Journal of Learning Disabilities, 6,* 138–154.

Luciano, M. C. (1986). Acquisition, maintenance, and generalization of productive intraverbal behavior through transfer of stimulus control procedures. *Applied Research in Mental*

Retardation, 7, 1–20.

Luiselli, J. (1980). Controlling disruptive behaviors of an autistic child: Parent-mediated contingency management in the home setting. *Education and Treatment of Children, 3*, 195–203.

Luiselli, J. (1996). Multicomponent intervention for challenging behaviors of a child with pervasive developmental disorder in a public school setting. *Journal of Developmental and Physical Disabilities, 8*(3), 211–219.

Luiselli, J., & Rice, D. (1983). Brief positive practice with a handicapped child: An assessment of suppressive and re-educative effects. *Education and Treatment of Children, 6*, 241–250.

Luiselli, J. K., & Cameron, M. J. (1998). *Antecedent control: Innovative approaches to behavioral support.* Baltimore: Paul H. Brookes.

Lyon, C., & Lagarde, R. (1997). Tokens for success: Using the graduated reinforcement system. *Teaching Exceptional Children, 29*(6), 52–57.

Maag, J. W., & Anderson, J. (2006). Effects of sound-field amplification to increase compliance of students with emotional and behavior disorders. *Behavioral Disorders, 31*, 378–393.

Maag, J. W., Reid, R., & DiGangi, S. A. (1993). Differential effects of self-monitoring attention, accuracy, and productivity. *Journal of Applied Behavior Analysis, 26*, 329–344.

Mabee, W. (1988). The effects of academic positive practice on cursive letter writing. *Education and Treatment of Children, 11*, 143–148.

MacAulay, D. J. (1999). Classroom environment: A literature review. *Educational Psychology, 10*, 239–253.

MacDuff, G. S., Krantz, P. J., & McClannahan, L. E. (1993). Teaching children with autism to use photographic activity schedules: Maintenance and generalization of complex response chains. *Journal of Applied Behavior Analysis, 26*, 89–97.

Mace, F. C., Lalli, J., & Lalli, E. (1991). Functional analysis and treatment of aberrant behavior. *Research in Developmental Disabilities, 12*, 155–180.

Mace, F. C., Page, T. J., Ivancic, M. T., & O'Brien, S. (1986). Analysis of environmental determinants of aggression and disruption in mentally retarded children. *Applied Research in Mental Retardation, 7*, 203–221.

Mace, F. C., Pratt, J., Prager, K., & Pritchard, D. (2011). An evaluation of three methods of saying "No" to avoid an escalating response class hierarchy. *Journal of Applied Behavior Analysis, 44*, 83–94.

Magee, S., & Ellis, J. (2000). Extinction effects during the assessment of multiple problem behaviors. *Journal of Applied Behavior Analysis, 33*(3), 313–316.

Mager, R. (1997). *Preparing instructional objectives* (3rd ed.). Atlanta, GA: The Center for Effective Performance, Inc.

Maher, G. (1989). Punch out: A behavior management technique. *Teaching Exceptional Children, 21*, 74.

Mahoney, M. J. (1974). *Cognition and behavior modification.* Cambridge, MA: Ballinger.

Mahoney, M. J., Kazdin, A. E., & Lesswing, N. J. (1974). Behavior modification: Delusion or deliverance? In C. M. Franks & G. T. Wilson (Eds.), *Annual review of behavior therapy, theory & practice* (Vol. 2, pp. 11–40). New York: Brunner/Mazel.

Malott, R. W., Whaley, D. C., & Malott, M. E. (1997). *Elementary principles of behavior.* Upper Saddle River, NJ: Prentice Hall.

Mancil, G., Haydon, T., & Whitby, P. (2009). Differentiated effects of paper and computer-assisted social stories on inappropriate behavior in children with autism. *Focus on Autism and Other Developmental Disabilities, 24*, 205–215.

Mancina, C., Tankersley, M., Kamps, D., Kravitz, T., & Parrett, J. (2000). Brief report: Reduction of inappropriate vocalization for a child with autism using a self-management treatment program. *Journal of Autism and Developmental Disorders,*

30, 599–606.

March, R., Horner, R., Lewis-Palmer, T., Brown, D,. Crone, D., Todd, A., et al. (2000). *Functional Assessment Checklist: Teachers and Staff (FACTS)*. Eugene, OR: Educational and Community Supports.

Marchand-Martella, N., Martella, R., Bettis, D., & Blakely, M. (2004). Project PALS: A description of a high school-based tutorial program using corrective reading and peer-delivered instruction. *Reading and Writing Quarterly.*

Marchetti, A. G., McCartney, J. R., Drain, S., Hooper, M., & Dix, J. (1983). Pedestrian skills training for mentally retarded adults: Comparison of training in two settings. *Mental Retardation, 21*, 107–110.

Marholin, D., & Gray, D. (1976). Effects of group response-cost procedures on cash shortages in a small business. *Journal of Applied Behavior Analysis, 9*, 25–30.

Marshall, H. (1965). The effect of punishment on children. A review of the literature and a suggested hypothesis. *Journal of Genetic Psychology, 106*, 23–33.

Marshall, K. J., Lloyd, J. W., & Hallahan, D. P. (1993). Effects of training to increase self-monitoring accuracy. *Journal of Behavioral Education, 3*, 445–459.

Martens, B., Muir, K., & Meller, P. (1988). Rewards common to the classroom setting: A comparison of regular and self-contained room student ratings. *Behavior Disorders, 13*, 169–174.

Martin, J., Rusch, F., James, V., Decker, P., & Trtol, K. (1974). The use of picture cues to establish self-control in the preparation of complex meals by mentally retarded adults. *Applied Research in Mental Retardation, 3*, 105–119.

Martin, R. (1975). *Legal challenges to behavior modification: Trends in schools, corrections, and mental health*. Champaign, IL: Research Press.

Mason, B. (1974). Brain surgery to control behavior. *Ebony, 28*(4), 46.

Mason, L., Kubina, R., Valasa, L., & Cramer, A. (2010). Evaluating effective writing instruction for adolescent students in an emotional and behavior support setting. *Behavioral Disorders, 35*, 140–156.

Mason, S., McGee, G., Farmer-Dougan, V., & Risley, T. (1989). A practical strategy for ongoing reinforcer assessment. *Journal of Applied Behavior Analysis, 22*, 171–179.

Mastropieri, M., Jenne, T., & Scruggs, T. (1988). A level system for managing problem behaviors in a high school resource program. *Behavioral Disorders, 13*, 202–208.

Mastropieri, M. A., & Scruggs, T. E. (1984). Generalization: Five effective strategies. *Academic Therapy, 19*, 427–431.

Mather, N., & Woodcock, R. (2001). *Woodcock Johnson III Tests of Achievement*. Hasca, IL: Riverside.

Matson, J., Esveldt-Dawson, K., & Kazdin, A. E. (1982). Treatment of spelling deficits in mentally retarded children. *Mental Retardation, 20*, 76–81.

Matson, J., & Keyes, J. (1988). Contingent reinforcement and contingent restraint to treat severe aggression and self-injury in mentally retarded and autistic adults. *Journal of the Multihandicapped Person, 1*, 141–148.

Matson, J., Sevin, J., Fridley, D., & Love, S. (1990). Increasing spontaneous language in three autistic children. *Journal of Applied Behavior Analysis, 23*, 227–233.

Matson, J., & Stephens, R. (1977). Overcorrection of aggressive behavior in a chronic psychiatric patient. *Behavior Modification, 1*, 559–564.

Matson, J., & Vollmer, T. (1995). *User's guide: Questions about behavior function (QABF)*. Baton Rouge, LA: Scientific Publishers.

Mayfield, K. H., Glenn, I. M., & Vollmer, T. R. (2008). Teaching spelling through prompting and review procedures using computer-based instruction. *Journal of Behavioral Education, 17*, 303–312.

Mayhew, G., & Harris, F. (1979). Decreasing self-injurious behavior: Punishment with citric acid and reinforcement of alternative behaviors. *Behavior Modification, 3*, 322–336.

Mazaleski, J., Iwata, B., Rodgers, T., Vollmer, T., & Zarcone, J. (1994). Protective equipment as treatment for stereotypic hand mouthing: Sensory extinction or punishment effects? *Journal of Applied Behavior Analysis, 27*, 345–355.

McAdam, D., Klatt, K., Koffarnus, M., Dicesare, A., Solberg, K., Welch, C., & Murphy, S. (2005). The effects of establishing operations on preferences for tangible items. *Journal of Applied Behavior Analysis, 38*, 107–110.

McCarl, J. J., Svobodny, L., & Beare, P. L. (1991). Self-recording in a classroom for students with mild to moderate mental handicaps: Effects on productivity and on-task behavior. *Education and Training in Mental Retardation, 26*, 79–88.

McCarty, T., Griffin, S., Apolloni, T., & Shores, R. (1977). Increased peer-teaching with group-oriented contingencies for arithmetic performance in behavior-disordered adolescents. *Journal of Applied Behavior Analysis, 10*, 313.

McComas, J., Hoch, H., Paone, D., & El-Roy, D. (2000). Escape behavior during academic tasks: A preliminary analysis of idiosyncratic establishing operations. *Journal Applied Behavior Analysis, 33*, 479–493.

McConnell, J. V. (1970). Stimulus/response: Criminals can be brain-washed now. *Psychology Today, 3*, 14–18, 74.

McDonnell, A., & Sturmey, P. (2000). The social validation of three physical restraint procedures: A comparison of young people and professional groups. *Research in Developmental Disabilities, 21*, 85–92.

McDonnell, J., Johnson, J., Polychronis, S., & Risen, T. (2002). Effects of embedded instruction on students with moderate disabilities enrolled in general education classes. *Education and Training in Mental Retardation and Developmental Disabilities, 37*, 363–377.

McDougal, D., & Brady, M. P. (1998). Initiating and fading self-management interventions to increase math fluency in general education classes. *Exceptional Children, 64*, 151–166.

McGee, G. G., Krantz, P. J., Mason, D., & McClannahan, L. E. (1983). A modified incidental-teaching procedure for autistic youth: Acquisition and generalization of receptive object labels. *Journal of Applied Behavior Analysis, 16*, 329–338.

McGee, G. G., Krantz, P. J., & McClannahan, L. E. (1986). An extension of incidental teaching procedures to reading instruction for autistic children. *Journal of Applied Behavior Analysis, 19*, 147–157.

McGinnis, J. C., Friman, P., & Carlyon, W. (1999). The effect of token rewards on "intrinsic" motivation for doing math. *Journal of Applied Behavior Analysis, 32*, 375–379.

McIntosh, K., Borgmeier, C., Anderson, C., Horner, R., Rodriguez, B., & Tobin, T. (2008). Technical adequacy of the Functional Assessment Checklist: Teachers and Staff (FACTS) FBA interview measure. *Journal of Positive Behavior Intervention, 10*, 33–45.

McKeegan, G., Estill, K., & Campbell, B. (1984). Use of nonseclusionary time-out for the elimination of stereotypic behavior. *Journal of Behavior Therapy and Experimental Psychiatry, 15*, 261–264.

McSweeny, A. J. (1978). Effects of response cost on the behavior of a million persons: Charging for directory assistance in Cincinnati. *Journal of Applied Behavior Analysis, 11*, 47–51.

Mechling, L. (2006). Comparison of the effects of three approaches on the frequency of stimulus activation, via a single switch, by students with profound intellectual disabilities. *The Journal of Special Education, 40*, 94–102.

Mechling, L., Gast, D., & Cronin, B. (2006). The effects of presenting high-preference items, paired with choice, via computer-based video programming on task completion of students with autism. *Focus on Autism and Developmental Disabilities, 21,* 7-13.

Mechling, L., & Ortega-Hurndon, F. (2007). Computer-based video instruction to teach young adults with moderate intellectual disabilities to perform multiple step, job tasks in a generalized setting. *Education and Training in Developmental Disabilities, 42,* 24-37.

Mechling, L. C., Gast, D. L., & Langone, J. (2002). Computer-based video instruction to teach persons with moderate intellectual disabilities to read grocery aisle signs and locate items. *The Journal of Special Education, 35,* 224-240.

Meichenbaum, D. H. (1977). *Cognitive-behavior modification: An integrative approach.* New York: Plenum Press.

Meichenbaum, D. H., & Goodman, J. (1971). Training impulsive children to talk to themselves: A means of developing self-control. *Journal of Abnormal Psychology, 77,* 115-126.

Mesmer, E. M., Duhon, G. J., & Dodson, K. G. (2007). The effects of programming common stimuli for enhancing stimulus generalization of academic behavior. *Journal of Applied Behavior Analysis, 40,* 553-557.

Meyer, K. (1999). Functional analysis and treatment of problem behavior exhibited by elementary school children. *Journal of Applied Behavior Analysis, 32,* 229-232.

Michael, J. (1982). Distinguishing between discriminative and motivational functions of stimulus. *Journal of the Experimental Analysis of Behavior, 37,* 149-155.

Michael, J. (2000). Implications and refinements of the establishing operation concept. *Journal of Applied Behavior Analysis, 33,* 401-410.

Miles, N. I., & Wilder, D. A. (2009). The effects of behavioral skills training on caregiver implementation of guided compliance. *Journal of Applied Behavior Analysis, 42,* 405-410.

Mills, G. (2003). *Action research: A guide for the teacher researcher* (2nd ed.). Upper Saddle River, NJ: Merrill/Pearson Education.

Miltenberger, R., Rapp, J., & Long, E. (1999). A low-tech method for conducting real-time recording. *Journal of Applied Behavior Analysis, 32*(1), 119-120.

Miltenberger, R. G., Roberts, J. A., Ellingson, S., Galensky, T., Rapp, J. T., Long, E. S., et al. (1999). Training and generalization of sexual abuse prevention skills for women with retardation. *Journal of Applied Behavior Analysis, 32,* 385-388.

Mishel, W., & Patterson, C. J. (1976). Substantive and structural elements of effective plans for self-control. *Journal of Personality and Social Psychology, 34,* 942-950.

Mitchell, R. J., Schuster, J. W., Collins, B. C., & Gassaway, L. J. (2000). Teaching vocational skills with a faded auditory prompting system. *Education and Training in Mental Retardation and Developmental Disabilities, 35,* 415-427.

Mitchem, K. J., Young, K. R., West, R. P., & Benyo, J. (2001). CWPASM: A classwide peer-assisted self-management program for general education classrooms. *Education and Treatment of Children, 24,* 111-140.

Mizener, B. H. von, & Williams, R. H. (2009). The effects of student choices on academic performance. *Journal of Positive Behavior Interventions, 11,* 110-128.

Mogel, S., & Schiff, W. (1967). Extinction of a head-bumping symptom of eight years' duration in two minutes: A case report. *Behavior Research and Therapy, 5,* 131-132.

Molgaard, K. (2001). *Count It* V 2.7 Manual. Retrieved August 18, 2002, from http://palmguy. surfhere.net.

Moore, J., & Edwards, R. (2003). An analysis of aversive stimuli in classroom demand contexts. *Journal of Applied Behavior Analysis, 36,* 339-348.

Moore, J., Edwards, R., Wilczynski, S., & Olmi, D. (2001). Using antecedent manipulations to distinguish between task and social variables associated with problem behaviors exhibited by children of typical development. *Behavior Modification, 25*, 287–304.

Morales v. Turman, 1974, 383 F. Supp. 53 (E.D. TX.).

Morgan, R. L., & Salzberg, C. L. (1992). Effects of video-assisted training on employment-related social skills of adults with severe mental retardation. *Journal of Applied Behavior Analysis, 25*, 365–383.

Morris, R. (1976). *Behavior modification with children.* Cambridge, MA: Winthrop Publications.

Morrow, W. R., & Gochors, H. L. (1970). Misconceptions regarding behavior modification. *The Social Service Review, 44*, 293–307.

Morse, T. E., & Schuster, J. W. (2000). Teaching elementary students with moderate disabilities how to shop for groceries. *Exceptional Children, 66*, 273–288.

Morse, T. E., & Schuster, J. W. (2004). Simultaneous prompting: A review of the literature. *Education and Training in Developmental Disabilities, 39*, 153–168.

Morton, W. L., Heward, W. L., & Alber, S. R. (1998). When to self-correct: A comparison of two procedures on spelling performance. *Journal of Behavioral Education, 8*, 321–335.

Mosk, M. D., & Bucher, B. (1984). Prompting and stimulus shaping procedures for teaching visual-motor skills to retarded children. *Journal of Applied Behavior Analysis, 17*, 23–34.

Mowrer, D., & Conley, D. (1987). Effect of peer administered consequences upon articulatory responses of speech defective children. *Journal of Communication Disorders, 20*, 319–326.

Moyer, J. R., & Dardig, J. C. (1978). Practical task analysis for educators. *Teaching Exceptional Children, 11*, 16–18.

Mueller, M., Wilczynski, S., Moore, J., Fusilier, I., & Trahant, D. (2001). Antecedent manipulations in a tangible condition: Effects of stimulus preference on aggression. *Journal of Applied Behavior Analysis, 34*, 237–240.

Munk, D. D., & Repp, A. C. (1994). The relationship between instructional variables and problem behavior: A review. *Exceptional Children, 60*, 390–401.

Nanda, A., & Fredrick, L. (2007). The effects of combining repeated reading with reading mastery on first graders' oral reading fluency. *Journal of Direct Instruction, 7*, 17–27.

Neef, N., McCord, B., & Ferreri, S. (2006). Effects of guided notes versus completed notes during lectures on college students' quiz performance. *Journal of Applied Behavior Analysis, 39*, 123–130.

Neef, N., Nelles, D., Iwata, B., & Page, T. (2003). Analysis of precurrent skills in solving mathematics story problems. *Journal of Applied Behavior Analysis, 36*, 21–33.

Neef, N., Walters, J., & Engel, A. (1984). Establishing generative yes/no responses in developmentally disabled children. *Journal of Applied Behavior Analysis, 17*, 453–460.

Neisworth, J., Hunt, F., Gallop, H., & Nadle, R. (1985). Reinforcer displacement: A preliminary study of the clinical application of CRF/EXT effect. *Behavior Modification, 9*, 103–115.

Nelson, C., McDonnell, A., Johnston, S., Crompton, A., & Nelson, A. (2007). Keys to play: A strategy to increase the social interactions of young children with autism and their typically developing peers. *Education and Training in Developmental Disabilities, 42*, 165–181.

Nelson, J. R., Roberts, M., Mathur, S., & Rutherford, R. (1999). Has public policy exceeded our knowledge base? A review of the functional behavioral assessment literature. *Behavioral Disorders, 24*, 169–179.

Newman, B., Buffington, D. M., & Hemmes, N. S. (1996). External and self-reinforcement used to increase the appropriate conversation of autistic teenagers. *Education and Training in Mental Retardation and Developmental Disorders, 31,* 304–309.

Newman, B., Buffington, D. M., O'Grady, M. A., McDonald, M. E., Poulson, C. L., & Hemmes, N. S. (1995). Self-management of schedule-following in three teenagers with autism. *Behavioral Disorders, 20,* 191–196.

Newman, B., Reinecke, D. R., & Kurtz, A. L. (1996). Why be moral: Humanist and behavioral perspectives. *The Behavior Analyst, 19,* 273–280.

Nichols, P. (1992). The curriculum of control: Twelve reasons for it, some arguments against it. *Beyond Behavior, 3,* 5–11.

Ninness, H. A. C., Ellis, J., & Ninness, S. K. (1999). Self-assessment as a learned reinforcer during computer interactive math performance: An experimental analysis. *Behavior Modification, 23,* 403–418.

Northup, J. (2000). Further evaluation of the accuracy of reinforcer surveys: A systematic replication. *Journal of Applied Behavior Analysis, 33,* 335–338.

Northup, J., George, T., Jones, K., Broussard, C., & Vollmer, T. (1996). A comparison of reinforcer assessment methods: The utility of verbal and pictorial choice procedures. *Journal of Applied Behavior Analysis, 29,* 201–212.

Nozyce, M. L., Lee, S. S., Wiznia, A., Nachman, S., Mofenson, L. M., Smith, M. E., et al. (2006). A behavioral and cognitive profile of clinically stable HIV-infected children. *Pediatrics, 117,* 763–770.

Oakes, W., Mathur, S., & Lane, K. (2010). Reading interventions for students with challenging behavior: A focus on fluency. *Behavioral Disorders, 35,* 120–139.

Odom, S., & Strain, P. (1986). A comparison of peer-initiation and teacher-antecedent interventions for promoting reciprocal social interaction of autistic preschoolers. *Journal of Applied Behavior Analysis, 19,* 59–71.

O'Donnell, J. (2001). The discriminative stimulus for punishment or SDp. *The Behavior Analyst, 24,* 261–262.

O'Leary, K. D. (1972). The assessment of psychopathology in children. In H. C. Quay & J. S. Werry (Eds.), *Psychopathological disorders of childhood* (pp. 234–272). New York: Wiley.

O'Leary, K. D., & Becker, W. C. (1967). Behavior modification of an adjustment class. *Exceptional Children, 33,* 637–642.

O'Leary, K. D., Becker, W. C., Evans, M. B., & Saudargas, R. A. (1969). A token reinforcement program in a public school: A replication and systematic analysis. *Journal of Applied Behavior Analysis, 2,* 3–13.

O'Leary, K. D., Kaufman, K., Kass, R., & Drabman, R. (1970). The effects of loud and soft reprimands on the behavior of disruptive students. *Exceptional Children, 37,* 145–155.

O'Leary, K. D., & O'Leary, S. G. (Eds.). (1977). *Classroom management: The successful use of behavior modification* (2nd ed.). New York: Pergamon Press.

O'Leary, K. D., Poulos, R. W., & Devine, V. T. (1972). Tangible reinforcers: Bonuses or bribes? *Journal of Consulting and Clinical Psychology, 38,* 1–8.

Oliver, C., Murphy, G., Hall, S., Arron, K., & Leggett, J. (2003). Phenomenology of self-restraint. *American Journal on Mental Retardation, 108,* 71–81.

Oliver, C., Oxener, G., Hearn, M., & Hall, S. (2001). Effects of social proximity on multiple aggressive behaviors. *Journal of Applied Behavior Analysis, 34*(1), 85–88.

Ollendick, T., & Matson, J. (1976). An initial investigation into the parameters of overcorrection. *Psychological Reports, 39,* 1139–1142.

Ollendick, T., Matson, J., Esveldt-Dawson, K., & Shapiro, E. (1980). Increasing spelling achievement: An analysis of treatment procedures utilizing an alternating treatments design. *Journal of Applied Behavior Analysis, 13,* 645–654.

Olympia, D. E., Sheridan, S. M., Jenson, W. R., & Andrews, D. (1994). Using student-managed interventions to increase homework completion and accuracy. *Journal of Applied Behavior Analysis, 27*(1), 85-99.

O'Neill, R., Horner, R., Albin, R., Sprague, J., Storey, K., & Newton, J. S. (1997). *Functional assessment and program development for problem behavior* (2nd ed.). Pacific Grove, CA: Brooks/Cole Publishing Co.

O'Reilly, M., Lancioni, G., King, L., Lally, G., & Dhomhnaill, O. (2000). Using brief assessments to evaluate aberrant behavior maintained by attention. *Journal of Applied Behavior Analysis, 33*, 109-112.

O'Reilly, M., Lancioni, G., & Taylor, I. (1999). An empirical analysis of two forms of extinction to treat aggression. *Research in Developmental Disabilities, 20*, 315-325.

O'Reilly, M. F., Lancioni, G. E., & Kierans, I. (2000). Teaching leisure social skills to adults with moderate mental retardation: An analysis of acquisition, generalization, and maintenance. *Education and Training in Mental Retardation and Developmental Disabilities, 35*(3), 250-258.

Orsborn, E., Patrick, H., Dixon, R., & Moore, D. (1995). The effects of reducing teacher questions and increasing pauses on child talk during morning news. *Journal of Behavioral Education, 5*(3), 347-357.

Ottenbacher, K. (1993). Interrater agreement of visual analysis in single-subject decisions: Quantitative review and analysis. *American Journal on Mental Retardation, 98*, 135-142.

Ottenbacher, K., & Cusick, A. (1991). An empirical investigation of interrater agreement for single-subject data using graphs with and without trend lines. *Journal of the Association for Persons with Severe Handicaps, 16*, 48-55.

Pace, G., Ivancic, M., Edwards, G., Iwata, B., & Page, T. (1985). Assessment of stimulus preference and reinforcer value with profoundly retarded individuals. *Journal of Applied Behavior Analysis, 18*, 249-255.

Pace, G., Iwata, B., Edwards, G., & McCosh, K. (1986). Stimulus fading and transfer in the treatment of self-restraint and self-injurious behavior. *Journal of Applied Behavior Analysis, 19*, 381-389.

Paclawskyj, T., Matson, J., Rush, K., Smalls, Y., & Vollmer, T. (2000). Questions about behavioral function (QABF): A behavioral checklist for functional assessment of aberrant behavior. *Research in Developmental Disabilities, 21*, 223-229.

Panyan, M. C., & Hall, R. V. (1978). Effects of serial versus concurrent task sequencing on acquisition, maintenance, and generalization. *Journal of Applied Behavior Analysis, 11*, 67-74.

Panyan, M. P. (1980). *How to use shaping*. Lawrence, KS: H&H Enterprises.

Parsons, M., Reid, D., & Green, C. (2001). Situational assessment of task preferences among adults with multiple severe disabilities in supported work. *JASH, 26*, 50-55.

Partin, T., Robertson, R., Maggin, D., Oliver, R., & Wehby, J. (2010). Using teacher praise and opportunities to respond to promote appropriate student behavior. *Preventing School Failure, 54*, 172-178.

Patel, M., Carr, J., Kim, C., Robles, A., & Eastridge, D. (2000). Functional analysis of aberrant behavior maintained by automatic reinforcement: Assessment of specific sensory reinforcers. *Research in Developmental Disabilities, 21*, 393-407.

Patterson, E. T., Panyan, M. C., Wyatt, S., & Morales, E. (1974, September). Forward vs. backward chaining in the teaching of vocational skills to the mentally retarded: An empirical analysis. Paper presented at the 82nd Annual Meeting of the American Psychological Association, New Orleans.

Patterson, G. R. (1965). An application of

conditioning techniques to the control of a hyperactive child. In L. P. Ullmann & L. Krasner (Eds.), *Case studies in behavior modification* (pp. 370–375). New York: Holt, Rinehart & Winston.

Pelios, L., Morren, J., Tesch, D., & Axelrod, S. (1999). The impact of functional analysis methodology on treatment choice for self-injurious and aggressive behavior. *Journal of Applied Behavior Analysis, 32*, 185–195.

Peters, R., & Davies, K. (1981). Effects of self-instructional training on cognitive impulsivity of mentally retarded adolescents. *American Journal of Mental Deficiency, 85*, 377–382.

Petscher, E., Rey, C., & Bailey, J. (2009). A review of empirical support for differential reinforcement of alternative behavior. *Research in Developmental Disabilities, 30*, 409–425.

Phillips, E. L., Phillips, E. A., Fixsen, D. L., & Wolf, M. M. (1971). Achievement place: Modification of the behaviors of predelinquent boys within a token economy. *Journal of Applied Behavior Analysis, 4*, 45–59.

Piaget, J., & Inhelder, B. (1969). *The psychology of the child*. New York: Basic Books.

Piazza, C., Adelinis, J., Hanley, G., Goh, H., & Delia, M. (2000). An evaluation of the effects of matched stimuli on behaviors maintained by automatic reinforcement. *Journal of Applied Behavior Analysis, 33*, 13–27.

Piazza, C., Moes, D., & Fisher, W. (1996). Differential reinforcement of alternative behavior and demand fading in the treatment of escape-maintained destructive behavior. *Journal of Applied Behavior Analysis, 29*, 569–572.

Pierce, K. I., & Schreibman, L. (1994). Teaching daily living skills to children with autism in unsupervised settings through pictorial self-management. *Journal of Applied Behavior Analysis, 27*, 471–481.

Pierce, W. D., & Cheney, C. (2004). *Behavior analysis and learning* (3rd ed.). Mahwah, NJ: Lawrence Erlbaum.

Pigott, H. E., Fantuzzo, J., & Clement, P. (1986). The effects of reciprocal peer tutoring and group contingencies on the academic performance of elementary school children. *Journal of Applied Behavior Analysis, 19*, 93–98.

Pinkston, E. M., Reese, N. M., LeBlanc, J. M., & Baer, D. M. (1973). Independent control of a preschool child's aggression and peer interaction by contingent teacher attention. *Journal of Applied Behavior Analysis, 6*, 115–124.

Poling, A., & Byrne, T. (1996). Reactions to Reese: Lord, let us laud and lament. *The Behavior Analyst, 19*, 79–82.

Poling, A., Methot, L., & LeSage, M. (1994). *Fundamentals of behavior analytic research*. New York: Plenum Press.

Poling, A., & Normand, M. (1999). Noncontingent reinforcement: An inappropriate description of time-based schedules that reduce behavior. *Journal of Applied Behavior Analysis, 32*, 237–238.

Polirstok, S. R., & Greer, R. D. (1977). Remediation of mutually aversive interactions between a problem student and four teachers by training the student in reinforcement techniques. *Journal of Applied Behavior Analysis, 10*, 707–716.

Polloway, E., & Polloway, C. (1979). Auctions: Vitalizing the token economy. *Journal for Special Educators, 15*, 121–123.

Preis, J. (2006). The effect of picture communication symbols on the verbal comprehension of commands by young children with autism. *Focus on Autism and Other Developmental Disabilities, 21*, 194–210.

Premack, D. (1959). Toward empirical behavior laws: I. Positive reinforcement. *Psychological Review, 66*, 219–233.

Proctor, M., & Morgan, D. (1991). Effectiveness of a response cost raffle procedure on the disruptive classroom behavior of adolescents with behavior problems. *School Psychology Review*,

20, 97-109.

Pugach, M. C., & Warger, C. L. (1996). *Curriculum trends, special education, and reform: Refocusing the conversation.* New York: Teacher's College Press.

Quinn, M. M., Osher, D., Warger, C. L., Hanley, T. V., Bader, B. D., & Hoffman, C. C. (2000).

Rachman, S. (1963). Spontaneous remission and latent learning. *Behavior Research and Therapy, 1*, 3-15.

Rao, S. M., & Gagie, B. (2006). Learning through seeing and doing: Visual supports for children with autism. *Teaching Exceptional Children, 38*, 26-33.

Rapport, M. D., Murphy, H. A., & Bailey, J. S. (1982). Ritalin vs response cost in the control of hyperactivity children: A within-subject comparison. *Journal of Applied Behavior Analysis, 15*, 205-216.

Raschke, D. (1981). Designing reinforcement surveys: Let the student choose the reward. *Teaching Exceptional Children, 14*, 92-96.

Raskind, W. H. (2001). Current understanding of the genetic basis of reading and spelling disability. *Learning Disability Quarterly, 24*(3), 141-157.

Rathovan, Natalie (1999). *Effective school interventions.* New York: Guilford Press.

Reed, G., Piazza, C., Patel, M., Layer, S., Bachmeyer, M., Bethke, S., & Gutshall, K. (2004). On the relative contributions of noncontingent reinforcement and escape extinction in the treatment of food refusal. *Journal of Applied Behavior Analysis, 37*, 27-42.

Reed, H., Thomas, E., Sprague, J., & Horner, R. (1997). The student guided functional assessment interview: An analysis of student and teacher agreement. *Journal of Behavioral Education, 7*(1), 33-45.

Regan, K., Mastropieri, M., & Scruggs, T. (2005). Promoting expressive writing among students with emotional and behavioral disturbance via dialogue journals. *Behavioral Disorders, 31*, 33-50.

Rehfeldt, R. A., Dahman, D., Young, A., Cherry, H., & Davis, P. (2003). Using video modeling to teach simple meal preparation skills in adults with moderate and severe mental retardation. *Behavioral Interventions, 18*, 209-218.

Rehfeldt, R. A., & Hayes, L. J. (1998). The operant respondent distinction revisited: Toward an understanding of stimulus equivalence. *Psychological Record, 48*, 187-210.

Reichow, B., Barton, E., Sewell, J., Good, L., & Wolery, M. (2010). Effects of weighted vests on the engagement of children with developmental delays and autism. *Focus on Autism and Other Developmental Disabilities, 25*, 3-11.

Reid, R., & Lienemann, T. O. (2006). Self-regulated strategy development for written expression with students with attention deficit hyperactivity disorder. *Exceptional Children, 73*, 53-68.

Reinecke, D. R., Newman, B., & Meinberg, D. (1999). Self-management of sharing in preschoolers with autism. *Education and Training in Mental Retardation, 34*, 312-317.

Reitman, D., & Drabman, R. (1999). Multifaceted uses of a simple time-out record in the treatment of a noncompliant 8-year-old boy. *Education and Treatment of Children, 22*, 136-145.

Remington, B. (1991). *The challenge of severe mental handicap: A behavior analytic approach.* New York: Wiley & Sons.

Repp, A. (1983). *Teaching the mentally retarded.* Upper Saddle River, NJ: Prentice Hall.

Repp, A., Deitz, S., & Deitz, D. (1976). Reducing inappropriate behaviors in classrooms and in individual sessions through DRO schedules of reinforcement. *Mental Retardation, 14*, 11-15.

Repp, A., Felce, D., & Barton, L. (1988). Basing the treatment of stereotypic and self-injurious behavior on hypotheses of their causes. *Journal of Applied Behavior Analysis, 21*, 281-290.

Repp, A., Felce, D., & Barton, L. (1991). The effects of initial interval size on the efficacy of DRO schedules of reinforcement. *Exceptional*

Children, 58, 417-425.

Repp, A. C., Barton, L., & Brulle, A. (1983). A comparison of two procedures for programming the differential reinforcement of other behavior. *Journal of Applied Behavior Analysis, 16,* 435-445.

Repp, A. C., & Deitz, D. E. D. (1979). Reinforcement-based reductive procedures: Training and monitoring performance of institutional staff. *Mental Retardation, 17,* 221-226.

Repp, A. C., Nieminen, G., Olinger, E., & Brusca, R. (1988). Direct observation: Factors affecting the accuracy of observers. *Exceptional Children, 55,* 29-36.

Repp, A. C., Roberts, D. M., Slack, D. J., Repp, C. F., & Berkler, M. S. (1976). A comparison of frequency, interval, and time-sampling methods of data collection. *Journal of Applied Behavior Analysis, 9,* 501-508.

Reynolds, G. S. (1961). Behavioral contrast. *Journal of the Experimental Analysis of Behavior, 4,* 57-71.

Richards, S., Taylor, R., Ramasamy, R., & Richards, R. (1999). *Single subject research: Applications in educational and clinical settings.* San Diego: Singular Publishing Inc.

Richman, D., Berg, W., Wacker, D., Stephens, T., Rankin, B., & Kilroy, J. (1997). Using pretreatment and posttreatment assessments to enhance and evaluate existing treatment packages. *Journal of Applied Behavior Analysis, 30,* 709-712.

Richman, D., Wacker, D., Asmus, J,. Casey, S., & Andelman, M. (1999). Further analysis of problem behavior in response class hierarchies. *Journal of Applied Behavior Analysis, 32,* 269-283.

Richman, D., Wacker, D., & Winborn, L. (2000). Response efficiency during functional communication training: Effects of effort on response allocation. *Journal of Applied Behavior Analysis, 34,* 73-76.

Richman, G. S., Reiss, M. L., Bauman, K. E., &

Bailey, J. S. (1984). Teaching menstrual care to mentally retarded women: Acquisition, generalization, and maintenance. *Journal of Applied Behavior Analysis, 17,* 441-451.

Rimm, D. C., & Masters, J. C. (1979). *Behavior therapy: Techniques and empirical findings.* New York: Academic Press.

Rincover, A. (1981). *How to use sensory extinction.* Lawrence, KS: H&H Enterprises.

Rincover, A., & Devany, J. (1982). The application of sensory extinction procedures to self-injury. *Analysis and Intervention in Developmental Disabilities, 2,* 67-81.

Rincover, A., & Koegel, R. L. (1975). Setting generality and stimulus control in autistic children. *Journal of Applied Behavior Analysis, 8,* 235-246.

Risley, T. R. (1975). Certify procedures not people. In W. S. Wood (Ed.), *Issues in evaluating behavior modification* (pp. 159-181). Champaign, IL: Research Press.

Ritschl, C., Mongrella, J., & Presbie, R. (1972). Group time-out from rock and roll music and out-of-seat behavior of handicapped children while riding a school bus. *Psychological Reports, 31,* 967-973.

Rivera, M. O., Koorland, M. A., & Fueyo, V. (2002). Pupil-made pictorial prompts and fading for teaching sight words to a student with learning disabilities. *Education and Treatment of Children, 25,* 197-207.

Roberts, R. N., Nelson, R. O., & Olson, T. W. (1987). Self-instruction: An analysis of the differential effects of instruction and reinforcement. *Journal of Applied Behavior Analysis, 20,* 235-242.

Roberts, M. (1988). Enforcing chair timeouts with room time-outs. *Behavior Modification, 12,* 353-370.

Roberts-Gwinn, M., Luiten, L., Derby, K., Johnson, T., & Weber, K. (2001). Identification of competing reinforcers for behavior maintained by automatic reinforcement. *Journal of Positive*

Behavior Interventions, 3, 83-87.

Rodewald, H. K. (1979). *Stimulus control of behavior.* Baltimore: University Park Press.

Rodi, M. S., & Hughes, C. (2000). Teaching communication book use to a high school student using a milieu approach. *Journal of the Association for Persons with Severe Handicaps, 25,* 175-179.

Rogers, C. R., & Skinner, B. F. (1956). Some issues concerning the control of human behavior: A symposium. *Science, 124,* 1057-1066.

Rollings, J., Baumeister, A., & Baumeister, A. (1977). The use of overcorrection procedures to eliminate the stereotyped behaviors of retarded individuals: An analysis of collateral behaviors and generalization of suppressive effects. *Behavior Modification, 1,* 29-46.

Romaniuk, C., Miltenberger, R., Conyers, C., Jenner, N. H., Jurgens, M., & Ringenberg, C. (2002). The influence of activity choice on problem behaviors maintained by escape versus attention. *Journal of Applied Behavior Analysis, 35,* 349-362.

Roscoe, E., Iwata, B., & Kahng, S. W. (1999). Relative versus absolute reinforcement effects: Implications for preference assessments. *Journal of Applied Behavior Analysis, 32,* 479-493.

Rosenbaum, M. S., & Drabman, R. S. (1979). Self-control training in the classroom: A review and critique. *Journal of Applied Behavior Analysis, 12,* 467-485.

Rotholz, O., & Luce, S. (1983). Alternative reinforcement strategies for the reduction of self-stimulatory behavior in autistic youth. *Education and Treatment of Children, 6,* 363-377.

Rothstein, L. F. (1990). *Special education law.* New York: Longman.

Rowling, J. K. (1998). *Harry Potter and the chamber of secrets.* New York: Scholastic Press.

Rusch, F., & Close, D. (1976). Overcorrection: A procedural evaluation. *AAESPH Review, 1,* 32-45.

Rusch, F., Connis, R., & Sowers, J. (1978). The modification and maintenance of time spent attending to task using social reinforcement, token reinforcement and response cost in an applied restaurant setting. *Journal of Special Education Technology, 2,* 18-26.

Rutherford, B. (1940). The use of negative practice in speech therapy with children handicapped by cerebral palsy, athetoid type. *Journal of Speech Disorders, 5,* 259-264.

Ryan, C. S., & Hemmes, N. S. (2005). Effects of the contingency for homework submission on homework submission and quiz performance in a college course. *Journal of Applied Behavior Analysis, 38,* 79-88.

Ryan, J. B., & Peterson, R. L. (2004). Physical restraint in schools. *Behavior Disorders, 29,* 154-168.

Ryan, J. B., Peterson, R. L., & Rozalski, M. (2007). State policies concerning the use of seclusion timeout in schools. *Education & Treatment of Children, 30,* 215-239.

Salend, S., & Gordon, B. (1987). A group-oriented time-out ribbon procedure. *Behavioral Disorders, 12,* 131-137.

Salend, S., & Kovalich, B. (1981). A group response cost system mediated by free tokens. *American Journal of Mental Deficiency, 86,* 184-187.

Salend, S., & Lamb, E. (1986). Effectiveness of a group-managed interdependent contingency system. *Learning Disability Quarterly, 9,* 268-273.

Salend, S., & Maragulia, D. (1983). The time-out ribbon: A procedure for the least restrictive environment. *Journal for Special Educators, 20,* 9-15.

Salend, S., & Meddaugh, D. (1985). Using a peer-mediated extinction procedure to decrease obscene language. *The Pointer, 30,* 8-11.

Sasso, G., Conroy, M., Stichter, J., & Fox, J. (2001). Slowing down the bandwagon: The misapplication of functional assessment for students with emotional or behavioral disorders. *Behavioral Disorder, 26,* 282-296.

Sasso, G., Reimers, T., Cooper, L., Wacker, D., Berg, W., Steege, M., et al. (1992). Use of descriptive and experimental analyses to identify the functional properties of aberrant behavior in school settings. *Journal of Applied Behavior Analysis, 25,* 809-821.

Saudargas, R., & Zanolli, K. (1990). Momentary time sampling as an estimate of percentage time: A field validation. *Journal of Applied Behavior Analysis, 23,* 533-537.

Saunders, R., & Koplik, K. (1975). A multi-purpose data sheet for recording and graphing in the classroom. *AAESPH Review, 1,* 1.

Savner, J., & Myles, B. S. (2000). *Making visual supports: Work in the home and community: Strategies for individuals with autism and Asperger Syndrome.* Shawnee Mission, KS: Autism Asperger Publishing Company.

Schilling, D., & Cuvo, A. (1983). The effects of a contingency-based lottery on the behavior of a special education class. *Education and Training of the Mentally Retarded, 18,* 52-58.

Schloss, P., & Smith, M. (1987). Guidelines for ethical use of manual restraint in public school settings for behaviorally disordered students. *Behavioral Disorders, 12,* 207-213.

Schlosser, R., Walker, E., & Sigafoos, J. (2006). Increasing opportunities for requesting in children with developmental disabilities residing in group homes thorough pyramidal training. *Education and Training in Developmental Disabilities, 41,* 244-252.

Schmit, J., Alper, S., Raschke, D., & Ryndak, D. (2000). Effects of using a photographic cueing package during routine school transitions with a child who has autism. *Mental Retardation, 38,* 131-137.

Schnaitter, R. (1999). Some criticisms of behaviorism. In B. A. Thyer (Ed.), *The philosophical legacy of behaviorism.* Dordrecht, The Netherlands: Kluwer Academic Publishers.

Schneider, N., & Goldstein, H. (2010). Using social stories and visual schedules to improve socially appropriate behaviors in children with autism. *Journal of Positive Behavior Interventions, 12,* 149-160.

Schoen, S., & Nolen, J. (2004). Decreasing acting-out behavior and increasing learning. *Teaching Exceptional Children, 37,* 26-29.

Schopler, E., Van Bourgondien, M., Wellman, G., & Love, S. (2010). *Childhood Autism Rating Scale* (2nd ed.). Upper Saddle River, NJ: Pearson.

Schreibman, L. (1975). Effects of within-stimulus and extra-stimulus prompting on discrimination learning in atuistic children. *Journal of Applied Behavior Analysis, 8,* 91-112.

Schreibman, L., & Charlop, M. H. (1981). S^D versus S^D fading in prompting procedures with autistic children. *Journal of Experimental Child Psychology, 34,* 508-520.

Schroeder, G. L., & Baer, D. M. (1972). Effects of concurrent and serial training on generalized vocal imitation in retarded children. *Development Psychology, 6,* 293-301.

Schroeder, S. R., & MacLean, W. (1987). If it isn't one thing, it's another: Experimental analysis of covariation in behavior management data of severely disturbed retarded persons. In S. Landesman & P. Vietze (Eds.), *Living environments and mental retardation* (pp. 315-338). Washington, DC: AAMD Monograph.

Schroeder, S. R., Oldenquist, A., & Rohahn, J. (1990). A conceptual framework for judging the humaneness and effectiveness of behavioral treatment. In A. C. Repp & N. N. Singh (Eds.), *Perspectives on the use of nonaversive and aversive interventions for persons with developmental disabilities.* New York: Sycamore.

Schug, M. C., Tarver, S. G., & Western, R. D. (2001). *Direct instruction and the teaching of early reading Wisconsin's teacher-led insurgency.* Thiensville, WI: Wisconsin Policy Research Institute.

Schultz, D. P. (1969). *A history of modern psychology.* New York: Academy Press.

Schumaker, J. B., Hovell, M. F., & Sherman, J. A. (1977). An analysis of daily report cards and parent-managed privileges in the improvement of adolescents' classroom performance. *Journal of Applied Behavior Analysis, 10,* 449-464.

Schussler, N. G., & Spradlin, J. E. (1991). Assessment of stimuli controlling the requests of students with severe mental retardation during a snack routine. *Journal of Applied Behavior Analysis, 24,* 791-797.

Schwarz, M. L., & Hawkins, R. P. (1970). Application of delayed reinforcement procedures to the behavior of an elementary school child. *Journal of Applied Behavior Analysis, 3,* 85-96.

Scott, T. (2001). A schoolwide example of positive behavioral support. *Journal of Positive Behavior Interventions, 3,* 88-94.

Scott, T., & Nelson, C. M. (1999). Using functional behavioral assessment to develop effective intervention plans: Practical classroom applications. *Journal of Positive Behavior Interventions, 1,* 242-251.

Scott, T., Payne, L., & Jolivette, K. (2003). Preventing predictable problem behaviors by using positive behavior support. *Beyond Behavior, 13,* 3-7.

Sedlak, R. A., Doyle, M., & Schloss, P. (1982). Video games: A training and generalization demonstration with severely retarded adolescents. *Education and Training for the Mentally Retarded, 17,* 332-336.

Shabani, D. B., Katz, R. C., Wilder, D. A., Beauchamp, K., Taylor, C. R., & Fischer, K. J. (2002). Increasing social initiations in children with autism: Effects of a tactile prompt. *Journal of Applied Behavior Analysis, 35,* 79-83.

Shafer, M. S., Inge, K. J., & Hill, J. (1986). Acquisition, generalization, and maintenance of automated baking skills. *Education and*

Training of the Mentally Retarded, 21, 265-272.

Shimabukuro, S. M., Prater, M. A., Jenkins, A., & Edelen-Smith, P. (1999). The effects of self-monitoring of academic performance on students with learning disabilities and AAA/ADHD. *Education and Treatment of Children, 22,* 397-414.

Shore, B., Iwata, B., DeLeon, I., Kahng, S., & Smith, R. (1997). An analysis of reinforcer substitutability using object manipulation and self-injury as competing responses. *Journal of Applied Behavior Analysis, 30,* 21-41.

Short, E. J., & Weissberg-Benchell, J. (1989). The triple alliance for learning: Cognition, metacognition, and motivation. In C. B. McCormick, G. E. Miller, & M. Pressley (Eds.), *Cognitive strategy research: From basic research to educational applications* (pp. 33-63). New York: Springer-Verlag.

Shriver, M. D., & Allen, K. D. (1997). Defining child noncompliance. An examination of temporal parameters. *Journal of Applied Behavior Analysis, 30,* 173-176.

Shukla, S., Kennedy, C., & Cushing, L. S. (1999). Intermediate school students with severe disabilities: Supporting their social participation in general education classrooms. *Journal of Positive Behavior Interventions, 1*(3), 130-140.

Sidman, M. (1960). *Tactics of scientific research: Evaluating experimental data in psychology.* Boston: Authors Cooperative.

Siegel, G. M., Lenske, J., & Broen, P. (1969). Suppression of normal speech disfluencies through response cost. *Journal of Applied Behavior Analysis, 2,* 265-276.

Siegel, L. (2007). *IEP guide.* Berkeley, CA: Nolo.

Sigafoos, J. (1998). Choice making and personal selection strategies. In J. K. Luiselli & M. J. Cameron (Eds.), *Antecedent control: Innovative approaches to behavioral support* (pp. 187-221). Baltimore: Paul H. Brooks.

Silverman, K., Watanabe, K., Marshall, A., & Baer,

D. (1984). Reducing self-injury and corresponding self-restraint through the strategic use of protective clothing. *Journal of Applied Behavior Analysis, 17,* 545-552.

Simmons, D., Fuchs, D., Fuchs, L., Hodges, J., & Mathes, P. (1994). Importance of instructional complexity and role reciprocity to classwide peer tutoring. *Learning Disabilities Research & Practice, 9,* 203-212.

Simon, J. S., & Thompson, R. H. (2006). The effects of undergarment type on the urinary continence of toddlers. *Journal of Applied Behavior Analysis, 39,* 363-368.

Simpson, R. G., & Eaves, R. C. (1985). Do we need more qualitative research or more good research? A reaction to Stainback and Stainback. *Exceptional Children, 51,* 325-329.

Singh, N. (1987). Overcorrection of oral reading errors. *Behavior Modification, 11,* 165-181.

Singh, N., Dawson, M., & Manning, P. (1981). Effects of spaced responding DRL on the stereotyped behavior of profoundly retarded persons. *Journal of Applied Behavior Analysis, 14,* 521-526.

Singh, N., Lancioni, G., Joy, S., Winton, A., Sabaawi, M., Wahler, R., & Singh, J. (2007). Adolescents with conduct disorder can be mindful of their aggressive behavior. *Journal of Emotional and Behavioral Disorders, 15,* 56-63.

Singh, N., & Singh, J. (1986). Increasing oral reading proficiency: A comparative analysis of drill and positive overcorrection procedures. *Behavior Modification, 10,* 115-130.

Singh, N., & Singh, J. (1988). Increasing oral reading proficiency through overcorrection and phonic analysis. *American Journal of Mental Retardation, 93,* 312-319.

Singh, N., Singh, J., & Winton, A. (1984). Positive practice overcorrection of oral reading errors. *Behavior Modification, 8,* 23-37.

Singleton, D. K., Schuster, J. W. Morse, T. E., & Collins, B. (1999). A comparison of antecedent prompt and test and simultaneous prompting procedures in teaching grocery words to adolescents with mental retardation. *Education and Training in Mental Retardation and Developmental Disabilities, 34,* 182-199.

Singleton, K. C., Schuster, J. W., & Ault, M. J. (1995). Simultaneous prompting in a small group instructional arrangement. *Education and Training in Mental Retardation and Developmental Disabilities, 30,* 219-230.

Skinner, B. F. (1953). *Science and human behavior.* New York: Macmillan.

Skinner, B. F. (1957). *Verbal behavior.* New York: Appleton-Century-Crofts.

Skinner, B. F. (1963). Operant behavior. *American Psychologist, 18,* 503-515.

Skinner, B. F. (1968). *The technology of teaching.* New York: Appleton-Century-Crofts.

Skinner, B. F. (1969). Communication. *Journal of Applied Behavior Analysis, 2,* 247.

Skinner, B. F. (1971). *Beyond freedom and dignity.* New York: Knopf.

Skinner, B. F., & Vaughan, M. E. (1983). *Enjoy old age: A program of self-management.* New York: Warner Books.

Slavin, R. E. (1991, February). Group rewards make groupwork work: A response to Kohn. *Educational Leadership,* 89-91.

Smith, B., & Sugai, G. (2000). A self-management functional assessment-based behavior support plan for a middle school student with EBD. *Journal of Positive Behavior Intervention, 2,* 208-217.

Smith, B., Sugai, G., & Brown, D. (2000). A self-management functional assessment-based behavior support plan for a middle school student with EBD. *Journal of Positive Behavior Interventions, 2,* 208-218.

Smith, D. (1979). The improvement of children's oral reading through the use of teacher modeling. *Journal of Learning Disabilities, 12,* 172-175.

Smith, L. M., LaGasse, L. L., Derauf, C., Grant, P.,

Rizwan, S., et al. (2006). The Infant Development, Environment, and Lifestyle Study: Effects of prenatal methamphetamine exposure, polydrug exposure, and poverty on intrauterine growth. *Pediatrics, 118*, 1149-1156.

Smith, R., & Churchill, R. (2002). Identification of environmental determinants of behavior disorders through functional analysis of precursor behaviors. *Journal of Applied Behavior Analysis, 35*, 125-136.

Smith, R., Iwata, B., Goh, H., & Shore, B. (1995). Analysis of establishing operations for self-injury maintained by escape. *Journal of Applied Behavior Analysis, 28*, 515-535.

Smith, R., Iwata, B., & Shore, B. (1995). Effects of subject versus experimenter-selected reinforcers on the behavior of individuals with profound developmental disabilities. *Journal of Applied Behavior Analysis, 28*, 61-71.

Smith, R. G., & Iwata, B. A. (1997). Antecedent influences on behavior disorders. *Journal of Applied Behavior Analysis, 30*, 343-375.

Smith, R. L., Collins, B. C., Schuster, J. W., & Kleinert, H. (1999). Teaching table cleaning skills to secondary students with moderate/severe disabilities: Facilitating observational learning during instructional downtime. *Education and Training in Mental Retardation and Developmental Disabilities, 34*, 342-353.

Smith, R., Russo, L., & Le, D. (1999). Distinguishing between extinction and punishment effects of response blocking: A replication. *Journal of Applied Behavior Analysis, 32*(3), 367-370.

Smith, S., & Farrell, D. (1993). Level system use in special education: Classroom intervention with prima facie appeal. *Behavioral Disorders, 18*(4), 251-264.

Snell, M., & Loyd, B. (1991). A study of effects of trend, variability, frequency, and form of data on teachers' judgments about progress and their decisions about program change. *Research in Developmental Disabilities, 12*, 41-62.

Sobsey, D. (1990). Modifying the behavior of behavior modifiers. In A. Repp & N. Singh (Eds.), *Perspectives on the use of nonaversive and aversive interventions for persons with developmental disabilities* (pp. 421-433). Sycamore, IL: Sycamore Publishing.

Solomon, R. W., & Wahler, R. G. (1973). Peer reinforcement control of classroom problem behavior. *Journal of Applied Behavior Analysis, 6*, 49-56.

Sparrow, S., Cicchetti, O., & Balla, D. (2007). *Vineland Adaptive Behavior Scale, second edition (Vineland-II)*. Upper Saddle River, NJ: Merrill/Pearson Education.

Spitz, D., & Spitz, W. (1990). Killer pop machines. *Journal of Forensic Science, 35*, 490-492.

Spooner, F. (1981). An operant analysis of the effects of backward chaining and total task presentation. *Dissertation Abstracts International, 41*, 3992A [University Microfilms No. 8105615].

Spooner, F., & Spooner, D. (1983). Variability: An aid in the assessment of training procedures. *Journal of Precision Teaching, 4*(1), 5-13.

Spooner, F., & Spooner, D. (1984). A review of chaining techniques: Implications for future research and practice. *Education and Training of the Mentally Retarded, 19*, 114-124.

Sprague, J., Holland, K., & Thomas, K. (1997). The effect of noncontingent sensory reinforcement, contingent sensory reinforcement, and response interruption on stereotypical and self-injurious behavior. *Research in Developmental Disabilities, 18*, 61-77.

Spriggs, A. D., Gast, D. L., & Ayres, K. M. (2007). Using picture activity schedule books to increase on-schedule and on-task behaviors. *Education and Training in Developmental Disabilities, 42*, 209-223.

Staats, A. W., & Staats, C. K. (1963). *Complex human behavior*. New York: Holt, Rinehart & Winston.

Stafford, A., Alberto, P., Fredrick, L., Heflin, J., & Heller, K. (2002). Preference variability and the instruction of choice making with students with severe intellectual disabilities. *Education and Training in Mental Retardation and Developmental Disabilities, 37*, 70-88.

Stahmer, A. C., & Schreibman, L. (1992). Teaching children with autism appropriate play in unsupervised environments using a self-management treatment package. *Journal of Applied Behavior Analysis, 25*, 447-459.

Stainback, S., & Stainback, W. (1984). Broadening the research perspective in special education. *Exceptional Children, 50*, 400-408.

Stainback, S., & Stainback, W. (1992). Schools as inclusive communities. In W. Stainback & S. Stainback (Eds.), *Controversial issues confronting special education: Divergent perspectives* (pp. 29-43). Boston: Allyn & Bacon.

Stainback, W., Payne, J., Stainback, S., & Payne, R. (1973). *Establishing a token economy in the classroom.* Columbus, OH: Merrill.

Stainback, W., Stainback, S., & Strathe, M. (1983). Generalization of positive social behavior by severely handicapped students: A review and analysis of research. *Education and Training of the Mentally Retarded, 18*, 293-299.

Steed, S. E., & Lutzker, J. R. (1997). Using picture prompts to teach an adult with developmental disabilities to independently complete vocational tasks. *Journal of Developmental and Physical Disabilities, 9*, 117-133.

Steege, M., & Northup, J. (1998). Functional analysis of problem behavior: A practical approach for school psychologists. *Proven Practice, 1*, 4-12.

Steege, M., Wacker, D., Cigrand, K., Berg, W., Novak, C., Reimers, T., et al. (1990). Use of negative reinforcement in the treatment of self-injurious behavior. *Journal of Applied Behavior Analysis, 23*, 459-467.

Stella, M. E., & Etzel, B. C. (1978). *Procedural variables in errorless discrimination learning: Order of S^D and S^D manipulation.* Toronto, Canada: American Psychological Association.

Stephens, T. M. (1976). *Directive teaching of children with learning and behavioral handicaps.* Columbus, OH: Merrill.

Stern, G., Fowlers, S., & Kohler, F. (1988). A comparison of two intervention roles: Peer monitor and point-earner. *Journal of Applied Behavior Analysis, 21*, 103-109.

Steuart, W. (1993). Effectiveness of arousal and arousal plus overcorrection to reduce nocturnal bruxism. *Journal of Behavior Therapy & Experimental Psychiatry, 24*, 181-185.

Stevens, K. B., & Schuster, J. W. (1987). Effects of a constant time delay procedure on the written spelling performance of a learning disabled student. *Learning Disability Quarterly, 10*, 9-16.

Stevenson, J., & Clayton, F. (1970). A response duration schedule: Effects of training, extinction, and deprivation. *Journal of the Experimental Analysis of Behavior, 13*, 359-367.

Stewart, C., & Singh, N. (1986). Overcorrection of spelling deficits in mentally retarded persons. *Behavior Modification, 10*, 355-365.

Stewart, M., & Bengier, D. (2001). An analysis of volleyball coaches' coaching behavior in a summer volleyball team camp. *Physical Educator, 58*, 86-103.

Stewart, S. C., & Evans, W. H. (1997). Setting the stage for success: Assessing the instructional environment. *Preventing School Failure, 41*(2), 53-56.

Stokes, T. F., & Baer, D. M. (1976). Preschool peers as mutual generalization-facilitating agents. *Behavior Therapy, 7*, 549-556.

Stokes, T. F., & Baer, D. M. (1977). An implicit technology of generalization. *Journal of Applied Behavior Analysis, 10*, 349-367.

Stokes, T. F., Baer, D. M., & Jackson, R. L. (1974). Programming the generalization of a greeting response in four retarded children. *Journal of Applied Behavior Analysis, 7*, 599-610.

Stolz, S. B. (1977). Why no guidelines for behavior

modification? *Journal of Applied Behavior Analysis, 10,* 541-547.

Strauss, A. A., & Lehtinen, L. E. (1947). *Psychopathology and education of the brain-injured child.* New York: Grune & Stratton.

Streifel, S., & Wetherby, B. (1973). Instruction-following behavior of a retarded child and its controlling stimuli. *Journal of Applied Behavior Analysis, 6,* 663-670.

Stringer, E. (2004). *Action research in education.* Upper Saddle River, NJ: Merrill/Prentice Hall.

Stromer, R., MacKay, H., McVay, A., & Fowler, T. (1998). Written lists as mediating stimuli in the matching-to-sample performances of individuals with mental retardation. *Journal of Applied Behavior Analysis, 31*(1), 1-19.

Sturmey, P. (1994). Assessing the functions of aberrant behaviors: A review of psychometric instruments. *Journal of Autism and Developmental Disorders, 24,* 293-304.

Sugai, G., & Horner, R. (1999). Discipline and behavioral support: Practices, pitfalls, and promises. *Effective School Practices, 17,* 10-22.

Sugai, G., Horner, R., Dunlap, G., Hieneman, M., Lewis, T., Nelson, C., et al. (1999). *Applying positive behavior support and functional behavior assessment in schools.* Eugene, OR: OSEP Center on Positive Behavioral Interventions and Supports.

Sugai, G., Horner, R. H., Dunlap, G., Hieneman, M., Lewis, T. J., Nelson, C. M., et al. (2000). Applying positive behavioral support and functional behavioral assessment in schools. *Journal of Positive Behavioral Interventions, 2,* 131-143.

Sulzer-Azaroff, B., & Mayer, G. R. (1977). *Applying behavior-analysis procedures with children and youth.* New York: Holt, Rinehart & Winston.

Sulzer-Azaroff, B., & Mayer, G. R. (1986). *Achieving educational excellence.* New York: Holt, Rinehart & Winston.

Sulzer-Azaroff, B., Thaw, J., & Thomas, C. (1975). Behavioral competencies for the evaluation of behavior modifiers. In W. S. Wood (Ed.), *Issues in evaluating behavior modification* (pp. 47-98). Champaign, IL: Research Press.

Summers, J., Rincover, A., & Feldman, M. (1993). Comparison of extra-and within-stimulus prompting to teach prepositional discriminations to preschool children with developmental disabilities. *Journal of Behavioral Education, 3*(3), 287-298.

Sumner, J., Meuser, S., Hsu, L., & Morales, R. (1974). Overcorrection treatment of radical reduction of aggressive-disruptive behavior in institutionalized mental patients. *Psychological Reports, 35,* 655-662.

Sundberg, M. L., & Partington, J. W. (1999). The need for both discrete trial and natural environment language training for children with autism. In P. M. Ghezzi, W. L. Williams, & J. E. Carr (Eds.), *Autism: Behavior analytic perspectives* (pp. 139-156). Reno, NV: Context Press.

Sutherland, K., Wehby, J., & Copeland, S. (2000). Effect of varying rates of behavior-specific praise on the on-task behavior of students with EBD. *Journal of Emotional and Behavioral Disorders, 8,* 2-8.

Sutherland, K., Wehby, J., & Yoder, P. (2002). Examination of the relationship between teacher praise and opportunities for students with EBD to respond to academic requests. *Journal of Emotional and Behavioral Disorders, 10,* 5-13.

Sweeney, W. J., Salva, E., Cooper, J. O., & Talbert-Johnson, C. (1993). Using self-evaluation to improve difficult-to-read handwriting of secondary students. *Journal of Behavioral Education, 3,* 427-443.

Symons, F., McDonald, L., & Wehby, J. (1998). Functional assessment and teacher collected data. *Education and Treatment of Children, 21,* 135-159.

Szatmari, P., Paterson, A., Zwaigenbaum, L.,

Roberts, W., Brian, J., & Liu, X. Q. (2007). Mapping autism risk loci using genetic linkage and chromosomal rearrangements. *Nature Genetics, 39*, 319-328.

Taber, T. A., Alberto, P. A., & Fredrick, L. D. (1998). Use of self-operated auditory prompts by workers with moderate mental retardation to transition independently through vocational tasks. *Research in Developmental Disabilities, 19*, 127-145.

Tang, J,. Patterson, T., & Kennedy, C. (2003). Identifying specific sensory modalities maintaining the stereotypy of students with multiple profound disabilities. *Research in Developmental Disabilities, 24*, 433-451.

Tapp, J., Wehby, J., & Ellis, D. (1995). A Multi-option observation system for experimental studies: MOOSES. *Behavior Research Methods, Instruments, & Computers, 27*, 25-31.

Tawney, J., & Gast, D. (1984). *Single subject research in special education.* Columbus, OH: Merrill.

Taylor, B. A., Hughes, C. A., Richard, E., Hoch, H., & Coello, A. R. (2004). Teaching teenagers with autism to seek assistance when lost. *Journal of Applied Behavior Analysis, 37*, 79-82.

Taylor, B. R., & Levin, L. (1998). Teaching a student with autism to make verbal initiations: Effects of a tactile prompt. *Journal of Applied Behavior Analysis, 31*, 651-654.

Terrace, H. S. (1966). Stimulus control. In W. K. Honig (Ed.), *Operant behavior: Areas of research and application.* New York: Appleton-Century-Crofts.

Tessing, J., Napolitano, D., McAdam, D., DiCesare, A., & Axelrod, S. (2006). *Journal of Applied Behavior Analysis, 39*, 501-506.

Test, D. W., & Spooner, F. (1996). *Community-based instructional support.* Washington, DC: American Association on Mental Retardation.

Test, D. W., Spooner, F., Keul, P. K., & Grossi, T. (1990). Teaching adolescents with severe disabilities to use the public telephone. *Behavior Modification, 14*, 157-171.

Thomas, J. D., Presland, I. E., Grant, M. D., & Glynn, T. L. (1978). Natural rates of teacher approval and disapproval in grade-7 classrooms. *Journal of Applied Behavior Analysis, 11*, 91-94.

Thompson, R., Fisher, W., & Contrucci, S. (1998). Evaluating the reinforcing effects of choice in comparison to reinforcement rate. *Research in Developmental Disabilities, 19*, 181-187.

Thompson, R., Fisher, W., Piazza, C., & Kuhn, D. (1998). The evaluation and treatment of aggression maintained by attention and automatic reinforcement. *Journal of Applied Behavior Analysis, 31*, 103-116.

Thorndike, E. L. (1905). *The elements of psychology.* New York: Seiler.

Thorndike, E. L. (1931). *Human learning.* New York: Appleton-Century-Crofts.

Tingstrom, D., Sterling-Turner, H., & Wilczynski, S. (2006). The Good Behavior Game: 1969-2002. *Behavior Modification, 30*, 225-253.

Tiong, S. J., Blampied, N. M., & Le Grice, B. (1992). Training community-living, intellectually handicapped people in fire safety using video prompting. *Behaviour Change, 9*, 65-72.

Todd, A., Campbell, A., Meyer, G., & Horner, R. (2008). The effects of a targeted intervention to reduce problem behaviors. *Journal of Positive Behavior Interventions, 10*, 46-55.

Todd, A. W., Horner, R. H., & Sugai, G. (1999). Self-monitoring and self-recruited praise: Effects on problem behavior, academic engagement, and work completion in typical classroom. *Journal of Positive Behavior Interventions, 1*, 66-76.

Tolman, E. C. (1932). *Purposive behavior in animals and men.* New York: Appleton-Century-Crofts.

Touchette, P., MacDonald, R., & Langer, S. (1985). A scatter plot for identifying stimulus control of problem behavior. *Journal of Applied Behavior Analysis, 18*, 343-351.

Touchette, P. E., & Howard, J. S. (1984). Errorless learning: Reinforcement contingencies and stimulus control transfer in delayed prompting. *Journal of Applied Behavior Analysis, 17*, 175–188.

Trant, L. (1977). Pictorial token card (communication). *Journal of Applied Behavior Analysis, 10*, 548.

Trap, J. J., Milner-Davis, P., Joseph, S., & Cooper, J. O. (1978). The effects of feeback and consequences on transitional cursive letter formation. *Journal of Applied Behavior Analysis, 11*, 381–393.

Trask-Tyler, S. A., Grossi, T. A., & Heward, W. L. (1994). Teaching young adults with developmental disabilities and visual impairments to use tape-recorded recipes: Acquisition, generalization, and maintenance of cooking skills. *Journal of Behavioral Education, 4*, 283–311.

Tucker, M., Sigafoos, J., & Bushnell, H. (1998). Use of noncontingent reinforcement in the treatment of challenging behavior: A review and clinical guide. *Behavior Modification, 22*, 529–547.

Turnbull, H. R., Wilcox, B., Stowe, M., & Turnbull, A. (2001). IDEA requirments for use of PBS. *Journal of Positive Behavior Interventions, 3*, 11–18.

Twardosz, S., & Sajwaj, T. (1972). Multiple effects of a procedure to increase sitting in a hyperactive, retarded boy. *Journal of Applied Behavior Analysis, 5*, 73–78.

Twyman, J., Johnson, H., Buie, J., & Nelson, C. M. (1994). The use of a warning procedure to signal a more intrusive timeout contingency. *Behavioral Disorders, 19*(4), 243–253.

Ulman, J. D., & Sulzer-Azaroff, B. (1975). Multi-element baseline design in educational research. In E. Ramp & G. Semb (Eds.), *Behavior analysis: Areas of research and application* (pp. 377–391). Upper Saddle River, NJ: Prentice-Hall.

Umbreit, J. (1995). Functional assessment and intervention in a regular classroom setting for the disruptive behavior of a student with attention deficit hyperactivity disorder. *Behavior Disorders, 20*, 267–278.

Umbreit, J., Ferro, J., Liaupsin, C., & Lane, K. (2007). *Functional behavioral assessment and function-based intervention.* Upper Saddle River, NJ: Merrill/Pearson Education.

Umbreit, J., Lane, K., & Dejud, C. (2004). Improving classroom behavior by modifying task difficulty: Effects of increasing the difficulty of too-easy tasks. *Journal of Positive Behavior Interventions, 6*, 13–20.

Valdimarsdottir, H., Halldorsdottir, L. Y., & Siguroardottir Z. G. (2010). Increasing the variety of foods eaten by a picky eater: Generalization of effects across caregivers and settings. *Journal of Applied Behavior Analysis, 43*, 101–105.

Van Camp, C., Lerman, D., Kelley, M., Contrucci, S., & Vorndran, C. (2000). Variable-time reinforcement schedules in the treatment of socially maintained problem behavior. *Journal of Applied Behavior Analysis, 33*, 545–557.

Van Camp, C., Lerman, D., Kelley, M., Roane, H., Contrucci, S., & Vorndran, C. (2000). Further analysis of idiosyncratic antecedent influences during the assessment and treatment of problem behavior. *Journal of Applied Behavior Analysis, 33*(2), 207–221.

van den Pol, R. A., Iwata, B. A., Ivancic, M. T., Page, T. J., Need, N. A., & Whitely, F. P. (1981). Teaching the handicapped to eat in public places: Acquisition, generalization and maintenance of restaurant skills. *Journal of Applied Behavior Analysis, 14*, 61–69.

Van Houten, R. (1993). The use of wrist weights to reduce self-injury maintained by sensory reinforcement. *Journal of Applied Behavior Analysis, 26*, 197–203.

Van Houten, R., Axelrod, S., Bailey, J. S., Favell, J. E., Foxx, R. M., Iwata, B. A., et al. (1988). The right to effective behavioral treatment. *The Behavior Analyst, 11*, 111–114.

Van Houten, R., Nau, P., Mackenzie-Keating, S.,

Sameoto, D., & Colavecchia, B. (1982). An analysis of some variables influencing the effectiveness of reprimands. *Journal of Applied Behavior Analysis, 15,* 65–83.

Van Houten, R., & Retting, R. A. (2001). Increasing motorist compliance and caution at stop signs. *Journal of Applied Behavior Analysis, 34,* 185–193.

Van Houten, R., & Thompson, C. (1976). The effects of explicit timing on math performance. *Journal of Applied Behavior Analysis, 9,* 227–230.

Van Laarhoven, T., & Van Laarhoven-Myers, T. (2006). Comparison of three video-based instructional procedures for teaching daily living skills to persons with developmental disabilities. *Education and Training in Developmental Disabilities, 41,* 365–381.

Van Laarhoven, T., Zurita, L. M., Johnson, J. W., Grider, K. M., & Grider, K. L. (2009). A comparison of self, other, and subjective video models for teaching daily living skills to individuals with developmental disabilities. *Education and Training in Developmental Disabilities, 44,* 509–522.

Vasta, R., & Wortman, H. A. (1988). Nocturnal bruxism treated by massed negative practice. *Behavior Modification, 12,* 618–626.

Vaughn, S., Bos, C., & Schumm, J. (2000). *Teaching exceptional, diverse, and at-risk students in the general education classroom.* Boston: Allyn & Bacon.

Vegas, K., Jenson, W., & Kircher, J. (2007). A single-subject meta-analysis of the effectiveness of time-out in reducing disruptive classroom behavior. *Behavioral Disorders, 32,* 109–121.

Vollmer, T. (1999). Noncontingent reinforcement: Some additional comments. *Journal of Applied Behavior Analysis, 32,* 239–240.

Vollmer, T., & Bourret, J. (2000). An application of the matching law to evaluate the allocation of two- and three-point shots by college basketball players. *Journal of Applied Behavior Analysis, 33*(2), 137–150.

Vollmer, T., & Iwata, B. (1992). Differential reinforcement as treatment for behavior disorder: Procedural and functional variations. *Research in Developmental Disabilities, 13,* 393–417.

Vollmer, T., Iwata, B,. Zarcone, J., Smith, R., & Mazaleski, J. (1993). The role of attention in the treatment of attention-maintained self-injurious behavior: Noncontingent reinforcement and differential reinforcement of other behavior. *Journal of Applied Behavior Analysis, 26,* 9–21.

Vollmer, T., Marcus, B., & Ringdahl, J. (1995). Noncontingent escape as treatment for self-injurious behavior maintained by negative reinforcement. *Journal of Applied Behavior Analysis, 28,* 15–26.

Vollmer, T., Ringdahl, J., Roane, H., & Marcus, B. (1997). Negative side effects of noncontingent reinforcement. *Journal of Applied Behavior Analysis, 30,* 161–164.

Vollmer, T., Roane, H., Ringdahl, J., & Marcus, B. (1999). Evaluating treatment challenges with differential reinforcement of alternative behavior. *Journal of Applied Behavior Analysis, 32,* 9–23.

Voltz, D. L. (2003). Personalized contextual instruction. *Preventing School Failure, 47,* 138–143.

Wacker, D., Berg, W., Wiggins, B., Muldoon, M., & Cavanaugh, J. (1985). Evaluation of reinforcer preferences for profoundly handicapped students. *Journal of Applied Behavior Analysis, 18,* 173–178.

Wacker, D. P., & Berg, W. K. (1983). Effects of picture prompts on the acquisition of complex vocational tasks by mentally retarded adolescents. *Journal of Applied Behavior Analysis, 16,* 417–433.

Walker, H. M., & Buckley, N. K. (1972). Programming generalization and maintenance of treatment effects across time and across settings. *Journal of Applied Behavior Analysis*, 5, 209–224.

Walker, H. M., Mattsen, R. H., & Buckley, N. K. (1971). The functional analysis of behavior within an experimental class setting. In W. C. Becker (Ed.), *An empirical basis for change in education*. Chicago: Science Research Associates.

Walker, H. M., & Shinn, M. R. (2002). Structuring school-based interventions to achieve integrated primary, secondary, and tertiary prevention goals for safe and effective schools. In M. Shinn, H. Walker, & G. Stoner (Eds.), *Interventions for academic and behavior problems II: Prevention and remedial approaches*. Silver Spring, MD: National Association of School Psychologists.

Wallace, I. (1977). Self-control techniques of famous novelists. (Introduction by J. J. Pear.) *Journal of Applied Behavior Analysis*, 10, 515–525.

Wallace, M., Doney, J. K., Mintz-Resudek, C. M., & Tarbox, R. F. (2004). Training educators to implement functional analyses. *Journal of Applied Behavior Analysis*, 37, 89–92.

Wallace, M., & Knight, D. (2003). An evaluation of a brief functional analysis format within a vocational setting. *Journal of Applied Behavior Analysis*, 36, 125–128.

Walls, R. T., Zane, T., & Ellis, W. D. (1981). Forward chaining, backward chaining, and whole task methods for training assembly tasks. *Behavior Modification*, 5, 61–74.

Walton, D. (1961). Experimental psychology and the treatment of a tiqueur. *Journal of Child Psychology and Psychiatry*, 2, 148–155.

Waters, M., Lerman, D., & Hovanetz, A. (2009). Separate and combined effects of visual schedules and extinction plus differential reinforcement on problem behavior occasioned by transitions. *Journal of Applied Behavior Analysis*, 42, 309–313.

Watras, J. (1986). Will teaching applied ethics improve schools of education? *Journal of Teacher Education*, 37, 13–16.

Watson, J. B. (1914). *Behavior: An introduction to comparative psychology*. New York: Holt, Rinehart & Winston.

Watson, J. B. (1919). *Psychology from the standpoint of a behaviorist*. Philadelphia: Lippincott.

Watson, J. B. (1925). *Behaviorism*. New York: Norton.

Watson, J. B., & Raynor, R. (1920). Conditioned emotional reactions. *Journal of Experimental Psychology*, 3, 1–4.

Watson, L. S. (1967). Application of operant conditioning techniques to institutionalized severely and profoundly retarded children. *Mental Retardation Abstracts*, 4, 1–18.

Waugh, R. E., Alberto, P. A., & Fredrick, L. D. (2010). Effects of error correction during assessment probes on the acquisition of sight words for students with moderate intellectual disabilities. *Research in Developmental Disabilities*, 32, 1, 47–57.

Webber, J., Scheuermann, B., McCall, C., & Coleman, M. (1993). Research on self-monitoring as a behavior management technique in special education classrooms: A descriptive review. *Remedial and Special Education*, 14, 38–56.

Wechsler, D. (2003). *The Wechsler Intelligence Scale for Children-IV*. San Antonio, TX: The Psychological Corporation.

Wehby, J. H., & Hollahan, M. S. (2000). Effects of high-probability requests on the latency to initiate academic tasks. *Journal of Applied Behavior Analysis*, 33, 259–262.

Wehmeyer, M. L., Agran, M., & Hughes, C. (2000). A national survey of teachers' promotion of self-determination and student-directed learning. *Journal of Special Education*, 34, 58–68.

Weinstein, C. S. (1992). Designing the instructional environment: Focus on seating. Bloomington,

IN: Proceedings of Selected Research and Development Presentations at the Convention of the Association for Educational Communications and Technology. (ERIC Document Reproduction Service No. ED 348 039)

Werry, J. S. (1986). Organic factors in childhood psychopathology. In H. G. Quay & J. S. Werry (Eds.), *Psychopathological disorders of childhood* (3rd ed.). New York: Wiley.

Werts, M. G., Caldwell, N. K., & Wolery, M. (2003). Instructive feedback: Effects of a presentation variable. *Journal of Special Education, 37*, 124-135.

Werts, M., Zigmond, N., & Leeper, D. (2001). Paraprofessional proximity and academic engagement: Students with disabilities in primary-aged classrooms. *Education and Training in Mental Retardation and Developmental Disabilities, 36*, 424-440.

White, A., & Bailey, J. (1990). Reducing disruptive behaviors of elementary physical education students with sit and watch. *Journal of Applied Behavior Analysis, 23*, 353-359.

White, M. A. (1975). Natural rates of teacher approval and disapproval in the classroom. *Journal of Applied Behavior Analysis, 8*, 367-372.

White, O., & Liberty, K. (1976). Evaluation and measurement. In N. G. Haring & R. L. Schielfelbusch (Eds.), *Teaching special children* (pp. 31-71). New York: McGraw-Hill.

White, O. R. (1977). Behaviorism in special education: An arena for debate. In R. D. Kneedler & S. G. Tarber (Eds.), *Changing perspectives in special education*. Columbus, OH: Merrill.

White, O. R., & Haring, N. G. (1980). *Exceptional teaching* (2nd ed.). Columbus, OH: Merrill.

Whitman, T. L. (1990). Self-regulation and mental retardation. *American Journal on Mental Retardation, 94*(4), 347-362.

Wicker, T. (1974, February 8). A bad idea persists.

The New York Times, p. 31.

Wilcox, B,. & Bellamy, G. T. (1982). *Design of high school programs for severely handicapped students*. Baltimore: Paul H. Brookes.

Wilder, D., Chen, L., Atwell, J., Pritchard, J., & Weinstein, P. (2006). Brief functional analysis and treatment of tantrums associated with transitions in preschool children. *Journal of Applied Behavior Analysis, 39*, 103-107.

Wilder, D., Harris, C,. Reagan, R., & Rasey, A. (2007). Functional analysis and treatment of noncompliance by preschool children. *Journal of Applied Behavior Analysis, 40*, 173-177.

Wilder, D., Normand, M., & Atwell, J. (2005). Noncontingent reinforcement as treatment for food refusal and associated self-injury. *Journal of Applied Behavior Analysis, 38*, 549-553.

Wilkinson, G. (2006). *Wide Range Achievement Test 4*. Los Angeles, CA: Western Psychological Services.

Wilkinson, L. A. (2005). Self-management for high-functioning children with autism spectrum disorders. *Intervention in School and Clinic, 43*, 150-157.

Williams, G,. Pérez-González, L. A., & Vogt, K. (2003). The role of specific consequences in the maintenance of three types of questions. *Journal of Applied Behavior Analysis, 36*, 285-296.

Williams, J., Koegel, R., & Egel, A. (1981). Response-reinforcement relationships and improved learning in autistic children. *Journal of Applied Behavior Analysis, 14*, 53-60.

Wilson, P. G., Schepis, M. M., & Mason-Main, M. (1987). In vivo use of picture prompt training to increase independent work at a restaurant. *Journal of the Association for Persons with Severe Handicaps, 12*, 145-150.

Wilson, R., Majsterek, D., & Simmons, D. (1996). The effects of computer-assisted versus teacher-directed instruction on the multiplication performance of elementary students with learning disabilities. *Journal of Learning*

Disabilities, 29(4), 382–390.

Winborn-Kemmerer, L., Wacker, D., Harding, J., Boelter, E., Berg, W., & Lee, J. (2010). Analysis of mand selection across different stimulus conditions. *Education and Treatment of Children, 33,* 49–64.

Winett, R. A., & Winkler, R. C. (1972). Current behavior modification in the classroom: Be still, be quiet, be docile. *Journal of Applied Behavior Analysis, 5,* 499–504.

Wolery, M., & Gast, D. L. (1984). Effective and efficient procedures for the transfer of stimulus control. *Topics in Early Childhood Special Education, 4,* 52–77.

Wolf, M. (1978). Social validity: The case for subjective measurement or how applied behavior analysis is finding its heart. *Journal of Applied Behavior Analysis, 11,* 203–214.

Wolfe, L. H., Heron, T. E., & Goddard, Y. I. (2000). Effects of self-monitoring on the on-task behavior and written language performance of elementary students with learning disabilities. *Journal of Behavioral Education, 10,* 49–73.

Wong, H. K., & Wong, R. T. (2009). *The first days of school: How to be an effective teacher.* Mountain View, CA: Harry K. Wong Publications, Inc.

Wood, S. J., Murdock, J. Y., & Cronin, M. E. (2002). Self-monitoring and at-risk middle school students. *Behavior Modification, 26,* 605–626.

Wood, S. J., Murdock, J. Y., Cronin, M. E., Dawson, N. M., & Kirby, P. C. (1998). Effects of self-monitoring on on-task behaviors of at-risk middle school students. *Journal of Behavioral Education, 8,* 263–279.

Woods, T. S. (1984). Generality in the verbal tacting of autistic children as a functional of "naturalness" in antecedent control. *Journal of Behavior Therapy and Experimental Psychiatry, 15,* 27–32.

Woods, T. S. (1987). Programming common antecedents: A practical strategy for enhancing the generality of learning. *Behavioural*

Psychotherapy, 15, 158–180.

Worsdell, A., Iwata, B., & Wallace, M. (2002). Duration-based measures of preference for vocational tasks. *Journal of Applied Behavior Analysis, 35,* 287–290.

Wright, C., & Vollmer, T. (2002). Evaluation of a treatment package to reduce rapid eating. *Journal of Applied Behavior Analysis, 35,* 89–93.

Wright, H. (1960). Observational study. In P. H. Mussen (Ed.), *Handbook of research methods in child development.* New York: Wiley.

Wyatt v. Stickney, 344 F. Supp. 373, 344 F. Supp. 387 (M. D. Ala. 1972) affirmed sub nom.

Wylie, A., & Grossman, J. (1988). Response reduction through superimposition of continuous reinforcement: A systematic replication. *Journal of Applied Behavior Analysis, 21,* 201–206.

Yarbrough, S., & Carr, E. (2000). Some relationships between informant assessment and functional analysis of problem behavior. *Amercian Journal on Mental Retardation, 105,* 130–151.

Yates, A. J. (1958). Symptoms and symptom substitution. *Psychological Review, 65,* 371–374.

Yates, A. J. (1970). *Behavior therapy.* New York: Wiley.

Yell, M., & Stecker, P. (2003). Developing legally correct and educationally meaningful IEPs using curriculum-based measurement. *Assessment for Effective Intervention, 28,* 73–88.

Zanolli, K., Daggett, J., Ortiz, K., & Mullins, J. (1999). Using rapidly alternating multiple schedules to asses and treat aberrant behavior in natural settings. *Behavior Modification, 23,* 358–379.

Zarcone, J., Crosland, K., Fisher, W., Worsdell, A., & Herman, K. (1999). A brief method for conducting negative-reinforcement assessment. *Research in Developmental Disabilities, 20,* 107–124.

Zarcone, J., Iwata, B., Mazaleski, J., & Smith, R. (1994). Momentum and extinction effects on self-injurious escape behavior and noncompliance. *Journal of Applied Behavior Analysis, 27*, 649-658.

Zarcone, J., Iwata, B., Vollmer, T., Jagtiani, S., Smith, R., & Mazaleski, J. (1993). Extinction of self-injurious escape behavior with and without instructional fading. *Journal of Applied Behavior Analysis, 26*, 353-360.

Zarcone, J., Rodgers, T, Iwata, B., Rourke, D., & Dorsey, M. (1991). Reliability analysis of the Motivational Assessment Scale: A failure to replicate. *Research in Developmental Disabilities, 12*, 349-360.

Zhou, L., Goff, G., & Iwata, B. (2000). Effects of increased response effort on self-injury and object manipulation as competing responses. *Journal of Applied Behavior Analysis, 33*, 29-40.

Zigmond, N., Jenkins, J., Fuchs, D., Deno, S., & Fuchs, L. (1995). When students fail to achieve satisfactorily: A reply to McLeskey and Waldron. *Phi Delta Kappan, 77*, 303-305.

Zimmerman, E. H., & Zimmerman, J. (1962). The alteration of behavior in a special classroom situation. *Journal of the Experimental Analysis of Behavior, 5*, 59-60.

Zirpoli, T. J., & Melloy, K. J. (1993). *Behavior management: Applications for teachers and parents.* New York: Macmillan.

Zuna, N., & McDougall, D. (2004). Using positive behavioral support to manage avoidance of academic tasks. *Teaching Exceptional Children, 37*, 18-24.

찾아보기

〈인 명〉

B

Bloom, B. S. 104
Bruner, J. 30

C

Cameron, J. 54
Carr, E. 53, 357
Cooper, J. 205
Crossman, E. 41

D

Dewey, J. 492
Durand, V. M. 357

F

Freud, S. 27

G

Gronlund, N. 104

H

Hall, R. V. 309

K

Kazdin, A. E. 165, 196, 318, 492

M

Meichenbaum, D. H. 507
Morris. R. 88

O

O'Leary, K. D. 61

〈내 용〉

저자 소개

Paul A. Alberto

조지아 주립대학교 교수

Anne C. Troutman

멤피스 대학교 교수

역자 소개

이효신(Lee Hyoshin)

대구대학교 대학원 특수교육학과 석 · 박사
대구대학교 유아특수교육과 교수

〈주요 저 · 역서〉
최신행동수정, 최신특수교육, 발달장애 아동 평가

교사를 위한
응용행동분석
Applied Behavior Analysis for Teachers(9th ed.)

2014년 8월 29일 1판 1쇄 발행
2021년 5월 20일 1판 5쇄 발행

지은이 • Paul A. Alberto • Anne C. Troutman
옮긴이 • 이 효 신
펴낸이 • 김 진 환
펴낸곳 • ㈜ **학지사**

　　　　　04031 서울특별시 마포구 양화로 15길 20 마인드월드빌딩 5층

대표전화 • 02) 330-5114　　　팩스 • 02) 324-2345

등록번호 • 제313-2006-000265호

홈페이지 • http://www.hakjisa.co.kr
페이스북 • https://www.facebook.com/hakjisabook

ISBN 978-89-997-0468-0 93370

정가 **23,000원**

역자와의 협약으로 인지는 생략합니다.
파본은 구입처에서 교환하여 드립니다.

이 도서의 국립중앙도서관 출판시도서목록(CIP)은 서지정보유통지원시스템
홈페이지(http://seoji.nl.go.kr)와 국가자료공동목록시스템(http://www.nl.go.kr/kolisnet)
에서 이용하실 수 있습니다.
(CIP제어번호: CIP2014023749)

출판 · 교육 · 미디어기업 **학지사**

간호보건의학출판 **학지사메디컬** www.hakjisamd.co.kr
심리검사연구소 **인싸이트** www.inpsyt.co.kr
학술논문서비스 **뉴논문** www.newnonmun.com
원격교육연수원 **카운피아** www.counpia.com